NOMOSLEHRBUCH

Prof. Dr. Dr. Hauke Brettel
Johannes Gutenberg-Universität Mainz

Prof. Dr. Hendrik Schneider
Universität Leipzig

Wirtschaftsstrafrecht

3. Auflage

Die Deutsche Nationalbibliothek verzeichnet diese Publikation in
der Deutschen Nationalbibliografie; detaillierte bibliografische
Daten sind im Internet über http://dnb.d-nb.de abrufbar.

ISBN 978-3-8487-5916-3 (Print)
ISBN 978-3-7489-0042-9 (ePDF)

3. Auflage 2021
© Nomos Verlagsgesellschaft, Baden-Baden 2021. Gedruckt in Deutschland. Alle Rechte, auch die des Nachdrucks von Auszügen, der fotomechanischen Wiedergabe und der Übersetzung, vorbehalten.

Vorwort zur 3. Auflage

Spezialisierungen sind in einer arbeitsteilig organisierten Gesellschaft nicht hinwegzudenken. Sie prägen auch das moderne Strafrecht, wie nicht zuletzt der Begriff eines „Wirtschaftsstrafrechts" zeigt. Sein Gegenstandsbereich ist weit weniger konturiert als das sog. Kernstrafrecht. Auch sind die denkbaren Betrachtungsgegenstände so vielfältig, dass ihnen ein Lehrbuch von angemessenem Umfang nicht vollständig Rechnung tragen kann. Unvermeidlich sind also Schwerpunktsetzungen und Verzicht. Ihn haben wir auch in der dritten Auflage durch Beschränkung auf solche Schwerpunktbereiche geübt, die nach unseren eigenen Eindrücken aus der Justiz- bzw. Beratungspraxis sowie deren wissenschaftlicher Begleitung besondere Bedeutung in Theorie und Praxis haben.

An welchen Zielsetzungen sich dieses Lehrbuch dabei orientiert, ist in dem mit „Einleitung" überschriebenen Eingangsabschnitt näher beschrieben. Deshalb soll an dieser Stelle nur das Hauptanliegen hervorgehoben werden: Das Buch möchte Studierenden der Rechtswissenschaft Grundlagenwissen vermitteln und dabei den Blick für die rechtsdogmatischen und kriminalpolitischen Zusammenhänge sowie das klausurpraktische Gespür schärfen, um namentlich auf die Bewältigung unbekannter Fälle vorzubereiten. Dazu wird die Rechtsmaterie – ohne enzyklopädischen Ehrgeiz – in ihren systematischen, historischen und kriminologischen Zusammenhängen dargestellt. Dabei werden angesprochene Themen zusammenhängend abgehandelt, um durch eine in sich geschlossene Darstellung von zusätzlichen Quellen weitgehend unabhängig zu machen und zugleich dem Umstand Rechnung zu tragen, dass vermeintlich Bekanntes in Sachverhalten des Wirtschaftslebens oft in einem neuen Gewand auftritt. Didaktische Hilfsmittel sollen dabei unterstützen, das Wesentliche rasch erfassen und wiederholen zu können. Weiterführende Literaturhinweise möchten überdies bei Interesse eine intensivere Beschäftigung mit dem jeweiligen Problemfeld ermöglichen. Dabei geht die Darstellung vom Gesetzesstand im Frühjahr 2020 aus und berücksichtigt Literatur und Rechtsprechung bis zu diesem Zeitpunkt.

Wir freuen uns, dass unser Buch in den beiden Vorauflagen positiv aufgenommen wurde und uns der Verlag um die Erstellung der dritten Auflage gebeten hat. Die Konzeption haben wir unverändert gelassen. In der Darstellung des Besonderen Teils war das Geschäftsgeheimnisgesetz einzuarbeiten. Interessante neue Entwicklungen in der Rechtsprechung gab es im Zusammenhang mit dem praxiswichtigen § 266a StGB. Auch hat uns das derzeit im Gesetzgebungsprozess befindliche „Verbandssanktionengesetz" (der deutschen Variante eines Unternehmensstrafrechts) unter anderem dafür Anlass gegeben, einen neuen Abschnitt zu den Sanktionen im Bereich des Wirtschaftsstrafrechts einzufügen.

Die Arbeit an der Drittauflage hat erneut von der Unterstützung unserer Mitarbeiterinnen und Mitarbeiter sehr profitiert. Ihnen, das heißt Lisa Bayer, Linda Brand, Esther Gresser, Babette Lenuzza, Laura Seifert, Veronika Schultze, Marisa Weinand, Hans-Henning Gonska, RA Dr. Niels Kaltenhäuser, Johann Ostermiller, Yannick Ramm und Marius Riebel danken wir dafür herzlich. Überdies gilt unser Dank den Studierenden, Kolleginnen und Kollegen und anderen Leserinnen und Lesern für Ihre Hinweise und Kritik.

Mainz und Leipzig im Sommer 2020

Inhalt

Vorwort zur 3. Auflage   5

Abkürzungsverzeichnis   19

Literaturverzeichnis   23

Einleitung   29

§ 1   Grundlagen des Wirtschaftsstrafrechts   32
    I.   Begriff der Wirtschaftskriminalität   32
        1. Übernahme des Katalogs des § 74 c Abs. 1 GVG zur Definition des Begriffs „Wirtschaftsstrafrecht" – strafverfahrensrechtlicher Ansatz   32
        2. Eingrenzung des Begriffs des Wirtschaftsstrafrechts über die Rechtsgutslehre – strafrechtsdogmatische Definition   33
        3. Spezifika in der Person der Täter, der Angriffsrichtung oder der Tatbegehung – kriminologische Definition   34
          a) Täterbezogene Definitionen   34
          b) Differenzierung nach der Angriffsrichtung der Straftat   36
          c) Tatbezogene Definition   37
        4. Schlussfolgerung   37
        5. Wiederholung   39
    II. Historische, kriminalpolitische und kriminologische Grundlagen des Wirtschaftsstrafrechts   40
        1. Historische Grundlagen des deutschen Wirtschaftsstrafrechts   40
          a) Mittelalter/Frühe Neuzeit   40
          b) Wirtschaftsstrafrechtliche Latenzphase im 19. Jahrhundert   40
          c) Wirtschaftsstrafrecht als Instrument zur Bewältigung der Sozialen Frage im frühen 20. Jahrhundert   41
          d) Wirtschaftsstrafrecht als Teil des Kriegsstrafrechts im Nationalsozialismus   42
          e) Entwicklung des Wirtschaftsstrafrechts in der Bundesrepublik Deutschland   43
            aa) Die Wirtschaftsstrafgesetze von 1949/1954   43
            bb) Das Ordnungswidrigkeitengesetz von 1952   44
            cc) Das Gesetz gegen Wettbewerbsbeschränkung von 1957   44
            dd) Die „Ära Jahn" und ihre Folgen   46
            ee) Die Gesetze zur Bekämpfung der Wirtschaftskriminalität von 1976 und 1986   46
            ff) Gesetz zur Änderung des Außenwirtschaftsgesetzes, des Strafgesetzbuches und anderer Gesetze von 1992   47
            gg) Das Gesetz zur Bekämpfung des illegalen Rauschgifthandels und anderer Erscheinungsformen der organisierten Kriminalität von 1992   48
            hh) Das Wertpapierhandelsgesetz von 1994   48
            ii) Das Gesetz zur Bekämpfung der Korruption von 1997   48
            jj) Das 6. Gesetz zur Reform des Strafrechts von 1998   49

		kk)	Das Gesetz zur Bekämpfung von Steuerverkürzungen bei der Umsatzsteuer und zur Änderung anderer Steuergesetze (StVBG) von 2001	49
		ll)	Das Gesetz zur Erleichterung der Bekämpfung von illegaler Beschäftigung und Schwarzarbeit von 2002 und das Gesetz zur Intensivierung der Bekämpfung der Schwarzarbeit und damit zusammenhängender Steuerhinterziehung von 2004	50
		mm)	Ausführungsgesetz zum Zweiten Protokoll vom 19.6.1997 zum Übereinkommen über den Schutz der finanziellen Interessen der EG usw. von 2002	50
		nn)	Das Gesetz zur Bekämpfung der Korruption von 2015 und das Gesetz zur Bekämpfung der Korruption im Gesundheitswesen von 2016	51
		oo)	Das Gesetz zur Vermögensabschöpfung von 2017	51
		pp)	Das Gesetz zum Schutz von Geschäftsgeheimnissen von 2019	52
	f)	Ausblick		52
	g)	Wiederholung		53
2.	Kriminalpolitische Grundlagen des Wirtschaftsstrafrechts			53
	a)	Evolution des Wirtschaftsstrafrechts nach dem Modell des politisch-publizistischen Verstärkerkreislaufs		53
		aa)	Beispielhafte Verdeutlichung des politisch-publizistischen Verstärkerkreislaufs	53
		bb)	Ursachen der besonderen Bedeutung des politisch-publizistischen Verstärkerkreislaufs im Wirtschaftsstrafrecht	56
	b)	Kompensation von Beweisschwierigkeiten durch die Verwendung unbestimmter Rechtsbegriffe in „Auffangtatbeständen", die Kategorie der Leichtfertigkeit und die Aufweichung der Zurechnungskriterien des Allgemeinen Teils		60
	c)	Sekundärwirkung des Wirtschaftsstrafrechts – Folgen für Wirtschaft und Justiz		61
		aa)	Prozessuale Überdruckventile	61
		bb)	Notwendigkeit strafrechtlicher Präventivberatung	62
	d)	Wiederholung		65
3.	Kriminologische Grundlagen			65
	a)	Kriminalität aus Unkenntnis der Grenzen zwischen erlaubtem und verbotenem Verhalten, echte Wirtschaftskriminalität und Krisenkriminalität		65
	b)	Theorien zur Entstehung von Wirtschaftskriminalität		68
	c)	Struktur und Umfang von Wirtschaftskriminalität		72
	d)	Unternehmen als Opfer		73
	e)	Ertrag wirtschaftskriminologischer Forschungsergebnisse		74
	f)	Wiederholung		75

§ 2	Bereichsübergreifende Aspekte im materiellen Wirtschaftsstrafrecht	76
I.	Vorbemerkungen	76
II.	Rechtsquellen für das Wirtschaftsstrafrecht	76
III.	Charakteristika der rechtlichen Vorgaben	76
	1. Vorbemerkungen	76
	2. Sonderdelikte	77

3.	Generalklauseln	77
4.	Blankettstrafgesetze	78
	a) Begriff des Blankettstrafgesetzes	78
	b) Blankettmerkmale und normative Tatbestandsmerkmale	79
	c) Vorsatzanforderungen bei Blankettnormen	80
	d) Wiederholungsfragen	81
5.	Abstrakte Gefährdungsdelikte	81
6.	Erfassung von Umgehungshandlungen	82
7.	Gesetzliche Vermutungen	83
IV.	Grundprinzipien strafrechtlicher Verantwortungszuweisung	83
1.	Strafbarkeit von Unternehmen	83
	a) Überblick	83
	b) Argumente für eine Unternehmensstrafe	84
	c) Argumente gegen eine Unternehmensstrafe	85
	d) Folgerungen	86
2.	Organ- und Vertreterhaftung § 14 StGB (§ 9 OWiG)	86
	a) Überblick	86
	b) § 14 als Ausdehnung des Täterkreises	88
	c) Voraussetzungen	89
	aa) § 14 Abs. 1	89
	bb) § 14 Abs. 2	90
	cc) § 14 Abs. 3	90
	dd) Organ- bzw. Vertretungsbezug	91
3.	Betriebliche Aufsichtspflichtverletzungen § 130 OWiG	92
	a) Vorbemerkungen	92
	b) Anwendbarkeit	93
	c) Voraussetzungen	93
	d) Rechtsfolgen	95
4.	Tatbeteiligung nach den §§ 25 ff.	95
	a) Einführung	95
	b) Mittäterschaft	96
	c) Anstiftung	96
	d) Mittelbare Täterschaft (Organisationsherrschaft)	97
	aa) Grundzüge	97
	bb) Einwände gegen das Konzept	97
	cc) Organisationsherrschaft in Wirtschaftsunternehmen	98
	dd) Organisationsherrschaft in der Rspr.	100
	ee) Voraussetzungen der Organisationsherrschaft	101
5.	Geschäftsherrenhaftung	101
6.	Bestrafung bei horizontaler Aufgabenverteilung in Leitungsgremien	102
7.	Wiederholungsfragen	103
V.	Einzelaspekte	103
1.	Kausalität	103
	a) Problem der ungewissen Kausalbeziehung	104
	aa) Überblick	104
	bb) Äquivalenzformel	104
	cc) Lehre von der gesetzmäßigen Bedingung	105
	dd) Risikoerhöhungslehre	105

	ee)	Lösung der Rspr.	106
	ff)	Lösung durch den Gesetzgeber	107
b)	Problem der Kausalität bei Gremienentscheidungen		108
	aa)	Überblick	108
	bb)	Äquivalenzformel	108
	cc)	Lösung der Rspr.	108
	dd)	Lehre von der gesetzmäßigen Bedingung	109
	ee)	Bezug auf Verhaltensnormen	109
c)	Wiederholungsfragen		110

2. Garantenstellung — 110
   a) Produzenten gefährlicher Produkte — 110
      aa) Überblick — 110
      bb) Garantenstellung aus Ingerenz — 111
      cc) Weitere Vorschläge zur Herleitung einer Garantenstellung — 111
      dd) Wiederholungsfragen — 112
   b) Compliance-Beauftragte — 113
      aa) Bestehen einer Garantenstellung nach der Rspr. — 113
      bb) Kritik am Bestehen einer Garantenstellung — 113
      cc) Ableitungsgründe für das Bestehen einer Garantenstellung — 114
      dd) Inhalt und Umfang der Garantenpflicht — 115
   c) Geschäftsherren — 117
3. Berufsgemäßes Verhalten — 118
   a) Einstieg — 118
   b) Streitstand zur Strafbarkeit berufsgemäßen Verhaltens — 118
   c) Rspr. zum berufsgemäßen Verhalten — 119
   d) Kriterien zur Strafbarkeit berufsgemäßen Verhaltens — 120
   e) Wiederholungsfragen — 121
4. Notstand — 121
5. Behördliche Genehmigung — 123
   a) Überblick — 123
   b) Strafrechtliche Relevanz — 123
   c) Einbeziehung in die strafrechtliche Prüfung — 124
   d) Wiederholungsfragen — 125
6. Tatbestands- und Verbotsirrtümer — 125
   a) Überblick — 126
   b) Tatbestandsirrtümer — 126
   c) Verbotsirrtümer — 126
   d) Deskriptive und normative Tatbestandsmerkmale — 127
   e) Rechtsirrtümer im Wirtschaftsstrafrecht — 129
   f) Wiederholungsfragen — 130

§ 3 Teilbereiche des materiellen Wirtschaftsstrafrechts — 131
I. Betrug § 263 — 131
1. Überblick — 131
   a) Praxisrelevanz — 131
   b) Normzweck und Struktur — 132
2. Tatbestandsvoraussetzungen — 132
   a) Täuschung — 132
      aa) Tatsachen — 132

		bb)	Mittel der Täuschung	133
		cc)	Adressat der Täuschung	136
	b)	Irrtum		136
	c)	Vermögensverfügung		138
		aa)	Grundlagen	138
		bb)	Person des Verfügenden	139
		cc)	Erfordernis eines Verfügungsbewusstseins	140
		dd)	Vermögensminderung und Vermögensschaden	141
	d)	Vermögensschaden		141
		aa)	Begriff des Vermögens	141
		bb)	Grundlagen der Schadensermittlung	142
		cc)	Persönlicher Schadenseinschlag	144
		dd)	Bewusste Selbstschädigung des Vermögens	144
		ee)	Schadensbegründende Vermögensgefährdung	145
		ff)	Eingehungs- und Erfüllungsbetrug	146
		gg)	Person des Geschädigten	148
	e)	Kausalität und funktionaler Zusammenhang		149
	f)	Subjektiver Tatbestand		149
3.	Weitere gesetzliche Vorgaben zur Strafbarkeit			150
4.	Konkurrenzen im Bereich des Wirtschaftsstrafrechts			151
5.	Spezifische Erscheinungsformen im Wirtschaftsleben			151
	a)	§ 263 beim Submissionsbetrug		151
	b)	§ 263 beim Anstellungsbetrug		153
	c)	§ 263 beim Darlehens- bzw. Kreditbetrug		153
	d)	§ 263 beim Abrechnungsbetrug		154
	e)	§ 263 beim Kapitalanlagebetrug		155
	f)	§ 263 beim Insertionsoffertenbetrug		156
	g)	§ 263 beim Lastschriftbetrug		157
	h)	§ 263 beim Subventionsbetrug		158
6.	Wiederholungsfragen			158
II. Betrugsnahe Delikte				159
1.	Vorbemerkungen			159
2.	Computerbetrug § 263 a			160
	a)	Überblick		160
	b)	Mehrfachrelevante Voraussetzungen		161
	c)	Tathandlungen		162
		aa)	Unrichtige Gestaltung des Programms Var. 1	162
		bb)	Verwendung unrichtiger oder unvollständiger Daten Var. 2	163
		cc)	Unbefugte Verwendung von Daten Var. 3	164
		dd)	Unbefugte Einwirkung auf den Ablauf Var. 4	165
	d)	Taterfolge		166
	e)	Subjektive Voraussetzungen		167
	f)	Lösung des Einstiegsfalls		167
3.	Subventionsbetrug § 264			167
	a)	Überblick		167
		aa)	Gesetzgebungsgeschichte	168
		bb)	Praxisrelevanz	168
		cc)	Verfassungsmäßigkeit	169

	dd)	Normzweck	169
	ee)	Normcharakter	169
	ff)	Normstruktur	170
b)	Subventionen Abs. 8		170
	aa)	Allgemeine Hinweise	170
	bb)	Subventionen nach nationalem Recht S. 1 Nr. 1	170
	cc)	Subventionen nach EU-Recht S. 1 Nr. 2	173
	dd)	Beschränkung auf direkte Subventionen	174
c)	Subventionsgeber		174
d)	Subventionserhebliche Tatsachen Abs. 9		174
	aa)	Allgemeine Hinweise	174
	bb)	Bezeichnung als subventionserheblich Nr. 1	175
	cc)	Materielle Subventionserheblichkeit Nr. 2	176
e)	Tatvarianten Abs. 1		176
	aa)	Unrichtige oder unvollständige Angaben Nr. 1	176
	bb)	In Unkenntnis lassen Nr. 3	179
	cc)	Gebrauch unrechtmäßig erworbener Bescheinigungen Nr. 4	180
	dd)	Verwendung entgegen Verfügungsbeschränkung Nr. 2	180
f)	Subjektiver Tatbestand		181
g)	Tätige Reue Abs. 6		182
h)	Regelbeispiele Abs. 2		183
i)	Konkurrenzen		183
4. Kapitalanlagebetrug § 264 a			184
a)	Überblick		184
	aa)	Gesetzesgeschichte	184
	bb)	Schutzgut	185
	cc)	Deliktsnatur	185
	dd)	Praxis	186
b)	Objektiver Tatbestand		186
	aa)	Täter	186
	bb)	Anlageobjekte	186
	cc)	Tatmittel	188
	dd)	Tathandlung	189
	ee)	Tatmodalitäten	192
	ff)	Beendigung	192
c)	Subjektiver Tatbestand		193
d)	Tätige Reue		193
e)	Konkurrenzen		193
5. Kreditbetrug § 265 b			194
a)	Überblick		194
	aa)	Einstiegsfall	194
	bb)	Praxisrelevanz	194
	cc)	Normzweck	194
	dd)	Schutzgut	195
	ee)	Normstruktur	195
b)	Betriebskredite als Tatbestand		196
c)	Täter		197
d)	Kreditgeber		198

		e) Tathandlung		198
		aa) Gemeinsamkeiten der Tathandlungen		198
		bb) Schriftliche Falschangaben (§ 265 b Abs. 1 Nr. 1)		201
		cc) Unterlassen nachträglicher Mitteilungen (§ 265 b Abs. 1 Nr. 2)		202
		f) Taterfolg		203
		g) Subjektiver Tatbestand		204
		h) Tätige Reue		204
		i) Konkurrenzen		204
	6.	Wiederholungsfragen		204
III.	Untreue § 266			206
	1.	Überblick		206
		a) Kennzeichen		206
		b) Praxisrelevanz		206
		c) Verfassungsmäßigkeit		207
		d) Normzweck und Struktur		208
	2.	Objektiver Tatbestand		210
		a) Täter		210
		aa) Innehaben einer Verfügungs- und Verpflichtungsbefugnis Var. 1		210
		bb) Innehaben einer Vermögensbetreuungspflicht Var. 2		211
		b) Tathandlung		216
		aa) Missbrauch		216
		bb) Treubruch		220
		c) Taterfolg		222
		aa) Vermögensnachteil		222
		bb) Schadensbegründende Vermögensgefährdung		223
		cc) Entgangene Vermögensmehrung		225
		dd) Schwarze Kassen		226
		d) Kausalität und Zurechnung		227
	3.	Subjektiver Tatbestand		227
	4.	Wiederholungsfragen		229
IV.	Insolvenzdelikte			230
	1.	Überblick über die Insolvenzdelikte		230
	2.	Praxisrelevanz der Insolvenzdelikte		231
	3.	Bankrott § 283		231
		a) Tatbestandsvoraussetzungen		231
		aa) Krisensituation		231
		bb) Täter		232
		cc) Tathandlungen § 283 Abs. 1		233
		dd) Weitere Tathandlungen		234
		b) Objektive Bedingung der Strafbarkeit		234
	4.	Besonders schwerer Fall des Bankrotts § 283 a		235
	5.	Verletzung der Buchführungspflicht § 283 b		236
	6.	Gläubigerbegünstigung § 283 c		236
	7.	Schuldnerbegünstigung § 283 d		236
	8.	Insolvenzverschleppung § 15 a Abs. 4, 5 InsO		237
		a) Tatbestandsvoraussetzungen		237
		aa) Zahlungsunfähigkeit oder Überschuldung		237
		bb) Täter		237

			cc) Tathandlung	238
		b)	Fahrlässige Tatbegehung, § 15 a Abs. 5 InsO	238
			Exkurs: Firmenbestattung	238
	9.	§ 266 a Vorenthalten und Veruntreuen von Arbeitsentgelt		239
		a)	Voraussetzungen	240
			aa) Sozialversicherungspflichtiges Beschäftigungsverhältnis	240
			bb) Arbeitgeber	240
			cc) Tathandlung § 266 a Abs. 1	241
			dd) Tathandlung § 266 a Abs. 2	241
			ee) Tathandlung § 266 a Abs. 3	242
		b)	Irrtum über das Vorliegen eines Beschäftigungsverhältnisses	242
		c)	Verjährung	243
V.	Korruptionsdelikte			244
	1.	Überblick über die Korruptionstatbestände des deutschen StGB		244
		a)	Amtsdelikte – Der Vorteilnehmer ist Amtsträger	244
		b)	Der Vorteilnehmer ist Angestellter oder Beauftragter eines Unternehmens	245
		c)	Der Vorteilnehmer ist Angehöriger eines Heilberufs	246
		d)	Struktur der Korruptionsdelikte	246
	2.	Praxisrelevanz der Korruptionsdelikte		248
	3.	Die Amtsdelikte der §§ 331 ff.		249
		a)	Gemeinsame Voraussetzungen der §§ 331 ff.	249
			aa) Der Begriff des Amtsträgers	249
			bb) Der Begriff des Vorteils	250
			cc) Die Tathandlungen der §§ 331 ff.	253
		b)	Spezifika des Tatbestands der Vorteilsannahme (§ 331) und der Vorteilsgewährung (§ 333)	253
			aa) Der Zusammenhang zwischen Vorteilszuwendung und Dienstausübung – die Unrechtsvereinbarung i.S.d. §§ 331, 333	253
			bb) Die Genehmigung gem. §§ 331 Abs. 3, 333 Abs. 3	255
		c)	Spezifika der Tatbestände der Bestechlichkeit gem. § 332 und Bestechung gem. § 334	256
		d)	Besonders schwere Fälle der Bestechlichkeit und Bestechung gem. § 335	257
	4.	Der Straftatbestand der Bestechlichkeit und Bestechung im geschäftlichen Verkehr gem. § 299		259
		a)	Normzweck und Struktur des § 299	259
		b)	Sonderdeliktscharakter des § 299 Abs. 1	259
			aa) Unternehmen	260
			bb) Angestellter	260
			cc) Beauftragter	261
		c)	Unlautere Bevorzugung im Wettbewerb (Abs. 1 Nr. 1, Abs. 2 Nr. 1)	262
		d)	Pflichtverletzung (Abs. 1 Nr. 2, Abs. 2 Nr. 2)	262
	5.	Bestechlichkeit und Bestechung im Gesundheitswesen, §§ 299 a, b		264
		a)	Angehörige eines Heilberufs	264
		b)	Vorliegen eines Wettbewerbs- bzw. Marktverhaltens, §§ 299 a, b Nr. 1–3	265
		c)	Weitere Tatbestandsmerkmale	267

		d) Konkurrenzen	267
		e) Exkurs	269
	6.	Internationale Dimensionen des Korruptionsstrafrechts	269
	7.	Wiederholung	272
VI.	Delikte gegen den Wettbewerb und gegen die Verletzung gewerblicher Schutzrechte		273
	1.	Praxisrelevanz der Wettbewerbsdelikte	273
	2.	Der Schutz nach dem Geschäftsgeheimnisgesetz (GeschGehG)	274
		a) Allgemeines	274
		aa) Historie	274
		bb) Überblick und Systematik des GeschGehG	275
		b) Die Straftatbestände des § 23 GeschGehG	276
		aa) Überblick	276
		bb) Normzweck	276
		cc) Gemeinsame Tatbestandsmerkmale	277
		dd) Betriebsspionage nach § 23 Abs. 1 Nr. 1 i.V.m. § 4 Abs. 1 Nr. 1 GeschGehG	280
		ee) Eigeneröffnete Geheimnishehlerei nach § 23 Abs. 1 Nr. 2 i.V.m. § 4 Abs. 2 Nr. 1 a GeschGehG	281
		ff) Geheimnisverrat nach § 23 Abs. 1 Nr. 3 i.V.m. § 4 Abs. 2 Nr. 3 GeschGehG	281
		gg) Fremderöffnete Geheimnishehlerei nach § 23 Abs. 2 i.V.m. § 4 Abs. 1 Nr. 2, Nr. 3 GeschGehG	283
		hh) Vorlagenfreibeuterei nach § 23 Abs. 3 i.V.m. § 4 Abs. 2 Nr. 2, Nr. 3 GeschGehG	283
		c) Die Tatbestandsausnahmen des § 5 GeschGehG	284
		aa) Ausübung des Rechts der freien Meinungsäußerung und der Informationsfreiheit	284
		bb) „Whistleblowing"	285
		cc) Offenlegung durch Arbeitnehmer gegenüber der Arbeitnehmervertretung	287
		d) Qualifikationstatbestände	287
		e) Die speziellen Rechtfertigungsgründe des GeschGehG	287
		aa) Rechtfertigungsgründe aus § 3 GeschGehG	287
		bb) Rechtfertigungsgrund des § 23 Abs. 6 GeschGehG	288
		f) Sonstiges	289
	3.	Der Schutz nach dem Gesetz gegen den unlauteren Wettbewerb (UWG)	289
		a) Bedeutung des UWG	289
		b) Die Straftatbestände des § 16 UWG	289
		aa) § 16 Abs. 1 UWG: Unwahre und irreführende Werbung	289
		bb) § 16 Abs. 2 UWG: Progressive Kundenwerbung	292
	4.	Produktpiraterie	294
		a) Begriff Produktpiraterie	294
		b) Umfang	294
		c) Auswirkungen	295
		d) Überblick über Maßnahmen der Europäischen Zusammenarbeit	295
		aa) Europäisches Patentabkommen von 1973	296
		bb) Gemeinschaftsmarke von 1994	296

		cc)	EU-Richtlinie zur Durchsetzung der Rechte des geistigen Eigentums von 2004	296
		dd)	EU-Richtlinie zur Angleichung der Rechtsvorschriften der Mitgliedstaaten über die Marken von 2015	296
	e)	Überblick über nationale Regelungen		297
		aa)	Produktpirateriegesetz (1990)	297
		bb)	Strafbare Verletzungen der Gesetze zum Schutz des geistigen Eigentums	297
	f)	Wiederholung		301
VII.	Kartellbußgeldrecht			303
	1.	Überblick		303
		a)	Begriffsbestimmungen	303
		b)	Rechtsgut	303
		c)	Rechtsgrundlagen	304
			aa) Europäisches Kartellrecht	304
			bb) Nationales Kartellrecht	304
			cc) Verhältnis der Rechtssysteme	304
		d)	Zuständigkeiten bei der Rechtsanwendung	305
	2.	Täter von Kartellrechtswidrigkeiten		305
	3.	Einzelne Kartellrechtswidrigkeiten		306
		a)	Kartellrechtswidrigkeiten nach AEUV	306
			aa) Normadressaten	306
			bb) Art. 101 Abs. 1 AEUV	307
			cc) Art. 102 S. 1 AEUV	313
		b)	Kartellrechtswidrigkeiten nach § 81 GWB	315
			aa) Vorbemerkungen	315
			bb) § 81 Abs. 1 GWB	315
			cc) § 81 Abs. 2 Nr. 1 GWB	315
			dd) § 81 Abs. 2 Nr. 2 bis 7 GWB	317
			ee) § 81 Abs. 3 GWB	318
			ff) Subjektive Tatseite	318
			gg) Verjährung	319

§ 4	Maßnahmen zur Prävention aus der Unternehmensperspektive – Compliance	320
I.	Begriff	320
II.	Funktionen von Compliance	321
	1. Präventive Funktionen	321
	2. Repressive Funktionen	325
III.	Compliance-Management im Unternehmen	327
	1. Hindernisse und mögliche Fehlinterpretationen	327
	2. Compliance-Organisation	328
	3. Compliance-Instrumente	329
	4. Compliance-Kultur	329
	5. Kommunikationsrichtung	330
	6. Wirkungsrichtung	332
	7. Effizienz	332
IV.	Wiederholung	333

§ 5	**Sanktionen**	335
I.	Überblick	335
II.	Berufsverbot nach den §§ 70 ff.	337
	1. Ausgangspunkt	337
	2. Voraussetzungen	337
	a) Anlasstat	337
	b) Gefahrenprognose	338
	3. Rechtsfolgen	338
	4. Einstiegsfall: Verhängung eines Berufsverbotes	339
	5. Wiederholungsfragen	339
III.	Einziehung (von Tatprodukten, Tatmitteln und Tatobjekten)	339
	1. Überblick	339
	2. Voraussetzungen	340
	a) Gegenstand der Einziehung	340
	b) Von der Einziehung Betroffener	341
	c) Vorsatztat	342
	d) Verhältnismäßigkeit	342
	3. Rechtsfolge	342
	4. Verfahren	342
	5. Einziehung aus Anlass von Ordnungswidrigkeiten	342
	6. Einstiegsfall: Einziehung des PKW	343
	7. Wiederholungsfragen	343
IV.	Gewinn- bzw. Vermögensabschöpfung	343
	1. Überblick	343
	2. Einziehung von Taterträgen (Verfall) bei Straftaten	344
	a) Anknüpfungstat der Einziehung	344
	b) Gegenstand der Einziehung	344
	c) Adressat der Einziehung	345
	d) Rechtsfolgen	345
	3. Gewinnabschöpfung bei Ordnungswidrigkeiten	346
	4. Abschöpfung des Mehrerlöses nach dem Wirtschaftsstrafgesetz	347
	5. Einstiegsfall: Möglichkeit der Gewinnabschöpfung	348
	6. Wiederholungsfragen	348
V.	Verbandsgeldbußen	349
	1. Geldbußen nach § 30 OWiG	349
	a) Verhängung	349
	aa) Adressaten einer Verbandsgeldbuße	349
	bb) Verbandsbezogene Anknüpfungstat	349
	cc) Ermessen	350
	b) Bemessung	351
	2. Geldbußen bei Kartellrechtsverstößen	351
	a) Unternehmensgeldbußen nach dem GWB	351
	b) Unternehmensgeldbußen nach Art. 23 der Verordnung (EG) Nr. 1/2003	353
	3. Einstiegsfall: Festsetzung einer Verbandsgeldbuße	353
	4. Wiederholungsfragen	354
Definitionen		355
Stichwortverzeichnis		361

Abkürzungsverzeichnis

a.A.	andere(r) Ansicht
abl.	ablehnend
ABl.L	Amtsblatt (der EU), Reihe „L"
Abs.	Absatz
Abschn.	Abschnitt
a.E.	am Ende
AEUV	Vertrag über die Arbeitsweise der Europäischen Union
a.F.	alte Fassung
AG	Aktiengesellschaft
AktG	Aktiengesetz
Alt.	Alternative
a.M.	andere(r) Meinung
AMG	Arzneimittelgesetz
Anm.	Anmerkung
AO	Abgabenordnung
Art.	Artikel
A&R	Arzneimittel und Recht – Zeitschrift für Arzneimittelrecht und Arzneimittelpolitik
AT	Allgemeiner Teil
Aufl.	Auflage
Az.	Aktenzeichen
BAT	Bundesangestelltentarifvertrag
BayObLG	Bayerisches Oberstes Landesgericht
BBG	Bundesbeamtengesetz
Bd.	Band
BeamtStG	Gesetz zur Regelung des Statusrecht der Beamtinnen und Beamten in den Ländern
BeckOK	Beck'scher Online-Kommentar
BeckRS	Beck-Rechtssachen
Beschl.	Beschluss
Bespr.	Besprechung
bespr.	besprochen
BetrVG	Betriebsverfassungsgesetz
BGB	Bürgerliches Gesetzbuch
BGBl.	Bundesgesetzblatt (Teil, Seite)
BGH	Bundesgerichtshof
BGHSt	Entscheidungen des Bundesgerichtshofes in Strafsachen
BGHZ	Entscheidungen des Bundesgerichtshofes in Zivilsachen
BKA	Bundeskriminalamt
BKartA	Bundeskartellamt
BR-Drucks.	Bundesrats-Drucksache
Bsp.	Beispiel
bspw.	beispielsweise
BT	Bundestag/Besonderer Teil
BT-Drucks.	Bundestags-Drucksache
BtMG	Betäubungsmittelgesetz
BVerfG	Bundesverfassungsgericht
BVerfGE	Entscheidungen des Bundesverfassungsgerichtes
bzgl.	bezüglich
bzw.	beziehungsweise
CCZ	Corporate Compliance Zeitschrift

DDR	Deutsche Demokratische Republik
ders.	derselbe
d.h.	das heißt
diff.	differenzierend
DIHK	Deutsche Industrie-und Handelskammer
DJT	Deutscher Juristentag
Drs./Drucks.	Drucksache
e.A.	eine(r) Ansicht
-E	-Entwurf
EALG	Entschädigungs- und Ausgleichsleistungsgesetzes
EG	Europäische Gemeinschaft
EGStGB	Einführungsgesetz zum Strafgesetzbuch
EKD	Evangelische Kirche in Deutschland
EU	Europäische Union
EuGH	Europäischer Gerichtshof
f.	folgende
FCPA	Foreign Corrupt Practices Act
ff.	fortfolgende
FK-KartR	Frankfurter Kommentar zum Kartellrecht
FlErwV	Verordnung über den Erwerb land- und forstwirtschaftlicher Flächen und das Verfahren nach dem Ausgleichsleistungsgesetz
Fn.	Fußnote
FS	Festschrift
GA	Goltdammer's Archiv für Strafrecht
GebrMG	Gebrauchsmustergesetz
gem.	gemäß
GMV	Gemeinschaftsmarke
GeschmMG	Geschmacksmustergesetz
GesR	GesundheitsRecht, Zeitschrift für Arztrecht, Krankenhausrecht, Apotheken- und Arzneimittelrecht
GG	Grundgesetz
ggf.	gegebenenfalls
GmbH	Gesellschaft mit beschränkter Haftung
GmbHG	Gesetz betreffend die Gesellschaften mit beschränkter Haftung
GRUR	Gewerblicher Rechtsschutz und Urheberrecht
GrSen	Große(r) Senat
GSSt	Großer Senat für Strafsachen
GVG	Gerichtsverfassungsgesetz
GWB	Gesetz gegen Wettbewerbsbeschränkungen
HalbleiterSchG	Halbleiterschutzgesetz
HessLAG	Landesarbeitsgericht Hessen
HGB	Handelsgesetzbuch
h.L.	herrschende Lehre
h.M.	herrschende Meinung
HRRS	Höchstrichterliche Rechtsprechung für Strafrecht
Hrsg.	Herausgeber
InsO	Insolvenzordnung
IntBestG	Gesetz zur Bekämpfung internationaler Bestechung
i.S.d.	im Sinne des
i.S.e.	im Sinne eines/einer
i.S.v.	im Sinne von
i.V.m.	in Verbindung mit
JA	Juristische Arbeitsblätter
jew.	jeweils

JR	Juristische Rundschau
JURA	Juristische Ausbildung
JuS	Juristische Schulung
JZ	Juristenzeitung
Kap.	Kapitel
KG	Kommanditgesellschaft
K/N/P	Kindhäuser/Neumann/Päffgen, Kommentar zum Strafgesetzbuch
KPMD	Kriminalpolizeiliche Meldedienst
KrimJ	Kriminologisches Journal
krit.	kritisch
KV	Kassenärztliche Vereinigung
LG	Landgericht
lit.	Buchstabe
LK	Leipziger Kommentar
m.Anm.	mit Anmerkung
MarkenG	Markengesetz
MDR	Monatsschrift für Deutsches Recht
Mio.	Million(-en)
Mrd.	Milliarde(-n)
MschrKrim	Monatsschrift für Kriminologie und Strafrechtsreform
MüKo	Münchener Kommentar
m.w.N.	mit weiteren Nachweisen
NJW	Neue Juristische Wochenschrift
NK	Nomos-Kommentar
Nr.	Nummer
NStZ	Neue Zeitschrift für Strafrecht
NstZ-RR	NStZ-Rechtsprechungs-Report
o.Ä.	oder Ähnliches
OECD	Organisation für Economic Co-operation and Development
o.g.	oben genannt
OHG	offene Handelsgesellschaft
OLG	Oberlandesgericht
OLGSt	Entscheidungen der Oberlandesgerichte zum Straf- und Strafverfahrensrecht
OStA	Oberstaatsanwalt
OWiG	Gesetz über Ordnungswidrigkeiten
PatG	Patentgesetz
PKS	Polizeiliche Kriminalstatistik
PrPG	Gesetz zur Stärkung des Schutzes des geistigen Eigentums und zur Bekämpfung der Produktpiraterie
rd.	rund
RegE	Regierungsentwurf
RevReg	Revisionsregister
RG	Reichsgericht
RGSt	Entscheidungen des Reichsgerichts in Strafsachen
RiStBV	Richtlinien für das Strafverfahren und das Bußgeldverfahren
Rn.	Randnummer
Rs.	Rechtssache
Rspr	Rechtsprechung
S.	Satz/Seite
s.a.	siehe auch
SächsHSG	Sächsisches Hochschulgesetz
SGB	Sozialgesetzbuch
SK	Systematischer Kommentar

Slg.	Sammlung
s.o.	siehe oben
sog.	sogenannt
Ss.	Strafsachen und Bußgeldsachen
StBAG	Steuerbeamten-Ausbildungsgesetz
StGB	Strafgesetzbuch
StPO	Strafprozessordnung
str.	strittig
StraFo	Strafverteidiger-Forum
StrR	Strafrecht
StrRG	Gesetz zur Reform des Strafrechts
st. Rspr.	ständige Rechtsprechung
StV	Strafverteidiger (Zeitschrift)
StVG	Straßenverkehrsgesetz
StVBG	Steuerverkürzungsbekämpfungsgesetz
s.u.	siehe unten
SubvG	Subventionsgesetz
u.a.	unter anderem
UrhG	Urheberrechtsgesetz
U.S.C.	The Code of Laws of the United States of America
UStG	Umsatzsteuergesetz
usw.	und so weiter
u.U.	unter Umständen
UWG	Gesetz gegen den unlauteren Wettbewerb
v.	vom/von
Var.	Variante
VerbStrG	Verbandsstrafgesetz
vgl.	vergleiche
VO	Verordnung
Vol.	Volume
VwGO	Verwaltungsgerichtsordnung
VwV	Verwaltungsvorschrift
VwVfG	Verwaltungsverfahrensgesetz
WettbR	Wettbewerbsrecht
WiGBl.	Gesetzblatt der Verwaltung des Vereinigten Wirtschaftsgebietes
WiKG	Gesetz zur Bekämpfung der Wirtschaftskriminalität
WissR	Zeitschrift für Wissenschaftsrecht
WiStG	Wirtschaftsstrafgesetz
wistra	Zeitschrift für Wirtschafts- und Steuerstrafrecht
WpHG	Wertpapierhandelsgesetz
WRP	Wettbewerb in Recht und Praxis
Ws.	Beschwerden in Strafsachen und Bußgeldsachen
z.B.	zum Beispiel
Ziff.	Ziffer
ZIS	Zeitschrift für Internationale Strafrechtsdogmatik
ZJS	Zeitschrift für das juristische Studium
z.T.	zum Teil
ZPO	Zivilprozessordnung
ZRP	Zeitschrift für Rechtspolitik
Zs.	Beschwerden in Strafsachen
ZStW	Zeitschrift für die gesamte Strafrechtswissenschaft
z.T.	zum Teil
zust.	zustimmend
ZweR	Zeitschrift für Wettbewerbsrecht

Literaturverzeichnis

Achenbach, Hans/ Ransiek, Andreas/ Rönnau, Thomas: Handbuch Wirtschaftsstrafrecht, 5. Auflage, Heidelberg 2019.
Albus, Esther: Die Zusammenarbeit zwischen Industrien und Ärzten an medizinischen Hochschuleinrichtungen – unter dem Verdacht der Vorteilsnahme und Bestechlichkeit gem. §§ 331, 332 StGB?, Baden-Baden 2007.
Amelung, Knut: Individuelle Verantwortung und Beteiligungsverhältnisse bei Straftaten in bürokratischen Organisationen des Staates, der Wirtschaft und der Gesellschaft, Sinzheim 2000.
Bannenberg, Britta/ Jehle, Jörg-Martin: Wirtschaftskriminalität, Mönchengladbach 2010.
Barton, Stephan u.a.: Festschrift für Thomas Fischer, München 2018.
Beck, Susanne/ Valerius, Brian: Fälle zum Wirtschaftsstrafrecht, München 2009.
Beck, Ulrich: Risikogesellschaft. Auf dem Weg in eine andere Moderne, Frankfurt am Main 1986.
Berlit, Wolfgang: Markenrecht, 11. Auflage, München 2019.
Bienert, Gunter/ Hein, Dieter: Auf einen Blick. Pharma Verhaltenskodex in der Praxis, 2. Auflage, Hamburg 2012.
Binding, Karl: Handbuch des Strafrechts Bd. I, Leipzig 1885.
Bock, Dennis: Criminal Compliance, Schriften zu Compliance, Band 1, 2. Auflage Baden-Baden 2013.
Bock, Dennis: Wiederholungs- und Vertiefungskurs Strafrecht, 2. Auflage, Berlin u.a. 2016.
Bock, Michael: Kriminologie, 5. Auflage, München 2019.
Boemke, Susanne/ Schneider, Hendrik: Korruptionsprävention im Gesundheitswesen, Düsseldorf 2011.
Brettel, Hauke/ Schneider, Hendrik: Wirtschaftsstrafrecht, 2. Auflage, Baden-Baden 2018.
Bundeskriminalamt: Korruption Bundeslagebild 2018, Wiesbaden 2019.
Bundeskriminalamt: Wirtschaftskriminalität Bundeslagebild 2009, Wiesbaden 2010.
Bundeskriminalamt: Wirtschaftskriminalität Bundeslagebild 2018, Wiesbaden 2019.
Bundesministerium des Innern: Polizeiliche Kriminalstatistik 2018, Berlin 2019.
Claassen, Laura: Neutralisierungstechniken und kognitive Dissonanz – Ein Beitrag zur Prävention von Wirtschaftskriminalität, Marburg 2013.
Clinard, Marshall B./ Quinney, Richard: Criminal Behavior Systems: A Typology, New York 1967.
Coleman, J.W.: The criminal elite. Understanding white-collar crime, 6. Auflage, New York 2006.
Dannecker, Gerhard u.a. (Hrsg.): Festschrift für Harro Otto, Köln u.a. 2007.
Dietmeier, Frank: Blankettstrafrecht, Marburg 2002.
Dölling, Dieter: Handbuch zur Korruptionsprävention für Wirtschaftsunternehmen und öffentliche Verwaltung, München 2006.
Dölling, Dieter (Hrsg.): Jus humanum, Grundlagen des Rechts und Strafrecht, Festschrift für Ernst-Joachim Lampe, Berlin 2003.
Dölling, Dieter/ Duttge, Gunnar/ König, Stefan/ Rössner, Dieter: Nomos Kommentar Gesamtes Strafrecht, 4. Auflage, Baden-Baden 2017.
Eidenmüller, Horst/ Stürner, Rolf: Münchener Kommentar zur Insolvenzordnung, Band 1, 3. Auflage, München 2013.
Eisele, Jörg: Strafrecht Besonderer Teil II, 5. Auflage, Stuttgart 2019.
Emmerich, Volker/ Lange, Knut Werner: Kartellrecht, 14. Auflage, München 2018.
Enderle, Bettina: Blankettstrafgesetze, Frankfurt am Main u.a. 2000.
Engisch, Karl: Untersuchungen über Vorsatz und Fahrlässigkeit im Strafrecht, Berlin 1930.
Erbs, Georg/ Kohlhaas, Max: Strafrechtliche Nebengesetze, 212. Ergänzungslieferung 2017.
Eser, Albin u.a.: Festschrift für Theodor Lenckner zum 70. Geburtstag, München 1998.
Esser, Robert u.a.: Festschrift für Hans-Heiner Kühne zum 70. Geburtstag, Heidelberg 2013.
Fezer, Karl-Heinz: Lauterkeitsrecht, 3. Auflage, München 2016.

Literaturverzeichnis

Fischer, Thomas: Strafgesetzbuch und Nebengesetze, Kommentar, 66. Auflage, München 2019.
Fortun, Steffen: Die behördliche Genehmigung im strafrechtlichen Deliktsaufbau, Berlin 1997.
Fox, Thomas: Lessons learned on compliance and ethics: The Best from the FCPA Compliance and Ethics Blog, Houston 2012.
Freund, Georg: Strafrecht Allgemeiner Teil, 3. Auflage, Berlin 2019.
Friedhoff, Tobias: Die straflose Vorteilsannahme, Heidelberg u.a. 2012.
Frisch, Wolfgang: Tatbestandsmäßiges Verhalten und Zurechnung des Erfolgs, Heidelberg 1988.
Frister, Helmut: Strafrecht Allgemeiner Teil, 8. Auflage, München 2018.
von Gamm, Otto F./ Raisch, Peter/ Tiedemann, Klaus: Festschrift für Gerd Pfeiffer zum Abschied aus dem Amt als Präsident des Bundesgerichtshofes, Köln 1988.
Geiß, Karlmann u.a.: Festschrift aus Anlass des fünfzigjährigen Bestehens von Bundesgerichtshof, Bundesanwaltschaft und Rechtsanwaltschaft beim Bundesgerichtshof, Köln u.a. 2000.
Göhler, Erich: Gesetz über Ordnungswidrigkeiten, Kommentar, 17. Auflage, München 2017.
Göppinger, Hans/ Bock, Michael: Kriminologie, 6. Auflage, München 2008.
Görling, Helmut/ Bannenberg, Britta/ Inderst, Cornelia: Compliance, Aufbau – Management – Risikobereiche, Heidelberg 2010.
Götting, Horst-Peter/ Meyer, Justus/ Vormbrock, Ulf: Gewerblicher Rechtsschutz und Wettbewerbsrecht, Baden-Baden 2011.
Habersack, Mathias: Münchener Kommentar zum Bürgerlichen Gesetzbuch, Band 6, 7. Auflage, München 2017.
Hanack, Ernst-Walter u.a.: Festschrift für Hanns Dünnebier zum 75. Geburtstag, Berlin u.a. 1982.
Hanack, Ernst-Walter: Festschrift für Peter Rieß zum 70. Geburtstag, Berlin 2002.
Hardtung, Bernhard: Erlaubte Vorteilsannahme – §§ 331 StGB, 70 BBG, 10 BAT – Zugleich ein Beitrag zur Einheit der Rechtsordnung und zur „Rückwirkung" behördlicher Genehmigungen im Strafrecht, Berlin 1994.
Harte-Bavendamm, Henning/ Henning-Bodewig, Frauke: Kommentar zum UWG, 4. Auflage, München 2016.
Hartung/ Bues/ Halbleib, Legal Tech. Die Digitalisierung des Rechtsmarktes, München 2018.
Hassemer, Winfried: Produktverantwortung im modernen Strafrecht, 2. Auflage, Heidelberg 1996.
Hauschka, Christoph E.: Corporate Compliance, Handbuch der Haftungsvermeidung im Unternehmen, 3. Auflage, München 2016.
v. Heintschel-Heinegg, Bernd: Beck'scher Online Kommentar StGB, 34. Edition, München 2017.
Hefendehl, Roland: Empirische und dogmatische Fundamente, kriminalpolitischer Impetus. Symposium für Bernd Schünemann zum 60. Geburtstag, Köln, Berlin, München 2005.
Hefendehl, Roland: Vermögensgefährdung und Exspektanzen, Berlin 1994.
Heinrich, Bernd et al. (Hrsg.): Festschrift für Ulrich Weber zum 70. Geburtstag, Bielefeld 2004.
Hellmann, Uwe: Wirtschaftsstrafrecht, 5. Auflage, Stuttgart 2018.
Hellmann, Uwe/ Schröder, Christian: Festschrift für Hans Achenbach zum 70. Geburtstag, Heidelberg 2011.
Hilgendorf, Eric: Strafrechtliche Produzentenhaftung, Berlin 1993.
Hilgendorf, Eric: Tatsachenaussagen und Werturteile im Strafrecht, Berlin 1998.
Hillenkamp, Thomas: 32 Probleme aus dem Strafrecht – Allgemeiner Teil, 14. Auflage, München 2012.
Hirsch, Hans Joachim u.a.: Festschrift für Günter Kohlmann zum 70. Geburtstag, Berlin 2003.
Ibold, Victoria: Unternehmerische Entscheidungen als pflichtwidrige Untreuehandlungen. Dargestellt am Beispiel von Bestechungshandlungen zugunsten eines Unternehmens, Berlin 2011.
Immenga, Ulrich/ Mestmäcker, Ernst-Joachim: Wettbewerbsrecht, Band 1: Kommentar zum europäischen Kartellrecht, 6. Auflage, München 2019
Immenga, Ulrich/ Mestmäcker, Ernst-Joachim: Wettbewerbsrecht, Band. 2: GWB/Teil 1, §§ 1–96, 130–131, 5. Auflage, München 2014.

Literaturverzeichnis

Inderst, Cornelia/ Bannenberg, Britta/ Poppe, Sina (Hrsg.): Compliance, 2. Auflage, München 2013.
Ingerl, Reinhard/ Rohnke, Christian: Markengesetz, 3. Auflage, München 2010.
Jäger, Wolfgang/ Pohlmann, Petra/ Schröder, Jörg: Frankfurter Kommentar zum Kartellrecht, Loseblattsammlung, Grundwerk mit 79. Ergänzungslieferung, Köln 2013.
Jakobs, Günther: Strafrecht, Allgemeiner Teil, 2. Auflage, Berlin u.a., 1991.
Jescheck, Hans-Heinrich/ Vogler, Theo: Festschrift für Herbert Tröndle zum 70. Geburtstag, Berlin 1989.
Jescheck, Hans-Heinrich/ Weigend, Thomas: Lehrbuch des Strafrechts, Allgemeiner Teil, 5. Auflage, Berlin 1996.
Joecks, Wolfgang/ Miebach, Klaus: Münchener Kommentar zum Strafgesetzbuch, Band 1 bis 6, München 2003–2009.
Joecks, Wolfgang/ Miebach, Klaus: Münchener Kommentar zum Strafgesetzbuch, Band 5, München 2019.
Joecks, Wolfgang et.al: Recht – Wirtschaft – Strafe, Festschrift für Erich Samson, Heidelberg 2010.
Kasiske, Peter: Wirtschaftsstrafrecht, Stuttgart 2013.
Kempf, Eberhard/ Lüderssen, Klaus/ Volk, Klaus: Die Handlungsfreiheit des Unternehmers. Wirtschaftliche Perspektiven, strafrechtliche und ethische Schranken, Berlin 2009.
Kindhäuser, Urs/ Schramm, Edward: Strafrecht. Besonderer Teil I, 9. Auflage, Baden-Baden 2019.
Kindhäuser, Urs: Strafrecht Besonderer Teil II, 10. Auflage, Baden-Baden 2019.
Kindhäuser, Urs/ Neumann, Ulfrid/ Paeffgen, Hans-Ullrich: Nomos Kommentar Strafgesetzbuch, 5. Auflage, Baden-Baden 2017.
Kißling, Kristin: Die latente Funktion von Compliance: Eine Analyse der Wirkungszusammenhänge von Compliance Maßnahmen auf das Dunkelfeld der Wirtschaftskriminalität, Marburg 2016.
Klebe, Thomas u.a.: Festschrift für Wolfgang Däubler zum 60. Geburtstag, Frankfurt am Main 1999.
Kling, Michael/ Thomas, Stefan: Kartellrecht, 2. Auflage, München 2017.
Köhler, Helmut/ Bornkamm, Joachim: Kommentar zum UWG, 35. Auflage, München 2017.
König, Klaus/ Benz, Angelika: Privatisierung und staatliche Regulierung: Bahn, Post und Telekommunikation, Rundfunk, Baden-Baden 1997.
Kraatz, Erik: Wirtschaftsstrafrecht, 2. Auflage, München 2017.
Krause, Rüdiger u.a.: Recht der Wirtschaft und der Arbeit in Europa: Gedächtnisschrift für Wolfgang Blomeyer, Berlin 2004.
Krekeler, Wilhelm/ Werner, Elke: Unternehmer und Strafrecht, München 2006.
Kroeschell, Karl/ Cordes, Albrecht/ Nehlsen-von Stryk, Karin: Deutsche Rechtsgeschichte, 9. Auflage, Köln 2008.
Kudlich, Hans: Die Unterstützung fremder Straftaten durch berufsbedingtes Verhalten, Berlin 2004.
Kudlich, Hans/ Oğlakcıoğlu, Temmuz Mustafa: Wirtschaftsstrafrecht, 2. Auflage, Heidelberg 2014.
Kühl, Kristian/ Seher, Gerhard: Rom, Recht, Religion. Symposion für Udo Ebert zum 70. Geburtstag, Tübingen 2011.
Küper, Wilfried/ Zopfs, Jan: Strafrecht Besonderer Teil, 10. Auflage, Heidelberg 2018.
Labsch, Karl Heinz: Untreue (§ 266 StGB), Lübeck 1983.
Lackner, Karl/ Kühl, Kristian: Strafgesetzbuch Kommentar, 29. Auflage, München 2018.
Ladiges, Manuel: Zivilrechtsakzessorietät des Computerbetrugs (zugleich Anmerkung zu BGH, wistra 2017, 268), wistra 2017, 255–259.
Laufhütte, Heinrich Wilhelm/ Rissing-van Saan, Ruth/ Tiedemann, Klaus: Leipziger Kommentar zum Strafgesetzbuch, 11. Auflage, Berlin 2005.
Laufhütte, Heinrich Wilhelm/ Rissing-van Saan, Ruth/ Tiedemann, Klaus: Leipziger Kommentar zum Strafgesetzbuch, Band 10, 12. Auflage, Berlin 2008.

Laufhütte, Heinrich Wilhelm/ Rissing-van Saan, Ruth/ Tiedemann, Klaus: Strafgesetzbuch, Großkommentar, Band 1 bis 14, 12. Auflage, Berlin 2010.
Leipold, Klaus/ Tsambikakis, Michael/ Zöller, Mark Alexander: AnwaltKommentar StGB, 3. Auflage, Heidelberg 2020.
Leitner, Werner/ Rosenau, Henning: Nomos Kommentar, Wirtschafts- und Steuerstrafrecht, 1. Auflage, Baden-Baden 2017.
Lettl, Tobias: Kartellrecht, 4. Auflage, München 2017.
Löwenheim, Ulrich/ Meessen, Karl Matthias/ Riesenkampff, Alexander/ Meyer-Lindemann, Hans Jürgen: Kommentar zum Kartellrecht, 4. Auflage, München 2020.
Maurach, Reinhart/ Schroeder, Friedrich-Christian/ Maiwald, Manfred/ Hoyer, Andreas/ Momsen, Carsten: Strafrecht Besonderer Teil, Teilband 1, 11. Auflage, Heidelberg 2019.
Meier, Bernd-Dieter: Strafrechtliche Sanktionen, 5. Auflage, Berlin 2019.
Michalski, Lutz et al. (Hrsg.): Kommentar zum GmbHG, 3. Auflage, München 2017.
Mitsch, Wolfgang: Strafrecht Besonderer Teil 2, 3. Auflage 2015.
Momsen, Carsten/ Grützner, Thomas: Wirtschafts- und Steuerstrafrecht, Handbuch für die Unternehmens- und Anwaltspraxis, München 2020.
Müller-Gugenberger, Christian/ Bieneck, Klaus: Wirtschaftsstrafrecht, Handbuch des Wirtschaftsstraf- und Ordnungswidrigkeitenrechts, 6. Auflage, Köln 2015.
Neubacher, Frank/ Kubink, Michael: Festschrift für Michael Walter zum 70. Geburtstag, Berlin 2014.
Nietsch, Michael: Unternehmenssaktionen im Umbruch, Baden-Baden 2016.
Otto, Harro: Grundkurs Strafrecht. Die einzelnen Delikte, 7. Auflage, Berlin 2005.
Paeffgen, Hans-Ullrich/ Böse, Martin u.a.: Strafrechtswissenschaft als Analyse und Konstruktion: Festschrift für Ingeborg Puppe zum 70. Geburtstag, Berlin 2011.
Park, Tido: Handkommentar Kapitalmarktstrafrecht, 5. Auflage, Baden-Baden 2020.
Papathanasiou, Konstantina: Irrtum über normative Tatbestandsmerkmale, Berlin 2014.
Pawlik, Michael: Das unerlaubte Verhalten zum Betrug, Köln 1999.
Piper, Henning/ Ohly, Ansgar/ Sosnitza, Olaf: Kommentar zum UWG, 7. Auflage, München 2016.
Prittwitz, Cornelius: Strafrecht und Risiko. Untersuchungen zur Krise von Strafrecht und Kriminalpolitik in der Risikogesellschaft, Frankfurt am Main 1993.
Putz, Sarah Antonia: Strafrechtliche Produktverantwortlichkeit, insbesondere bei Arzneimitteln, Frankfurt am Main 2004.
Rackow, Peter: Neutrale Handlungen als Problem des Strafrechts, Frankfurt am Main u.a. 2007.
Ransiek, Andreas: Unternehmensstrafrecht – Strafrecht, Verfassungsrecht, Regelungsalternativen, Heidelberg 1996.
Rengier, Rudolf/ Hilgendorf, Eric: Festschrift für Wolfgang Heinz zum 70. Geburtstag, Baden-Baden 2012.
Rengier, Rudolf: Strafrecht Besonderer Teil I, 21. Auflage, München 2019.
Rengier, Rudolf: Strafrecht Besonderer Teil II, 18. Auflage, München 2017.
Reus, Katharina: Das Recht in der Risikogesellschaft. Der Beitrag des Strafrechts zum Schutz vor modernen Produktgefahren, Berlin 2010.
Rogall, Klaus u.a.: Festschrift für Hans-Joachim Rudolphi zum 70. Geburtstag, München/ Neuwied 2004.
Rönnau, Thomas/ Schneider, Frédèric, Der Compliance-Beauftragte als strafrechtlicher Garant, ZIP 2010, 53–61.
Rotsch, Thomas: Criminal Compliance vor den Aufgaben der Zukunft, Baden-Baden 2013.
Roxin, Claus: Strafrecht – Band I Grundlagen, der Aufbau der Verbrechenslehre, 4. Auflage, München 2006.
Rudolphi, Hans-Joachim: Die Gleichstellungsproblematik der unechten Unterlassungsdelikte und der Gedanke der Ingerenz, Göttingen 1966.
Rudolphi, Hans-Joachim/ Deiters, Mark/ Wolter, Jürgen: Systematischer Kommentar zum Strafgesetzbuch, Band 1, §§ 1–37 StGB, 9. Auflage, Köln 2017.

Literaturverzeichnis

Rudolphi, Hans-Joachim/ Deiters, Mark/ Wolter, Jürgen: Systematischer Kommentar zum Strafgesetzbuch, Band 5, §§ 242–302 StGB, 9. Auflage, Köln 2019.
Samson, Erich u.a.: Festschrift für Gerald Grünwald zum 70. Geburtstag, Baden-Baden 1999.
Satzger, Helmut: Der Submissionsbetrug, Berlin 1994.
Satzger, Helmut/ Schluckebier, Wilhelm/ Widmaier, Gunter: Strafgesetzbuch, Kommentar, 4. Auflage, Köln 2019.
Schneider, Hendrik/ John, Dieter: Das Unternehmen als Opfer von Wirtschaftskriminalität. Eine viktimologische Untersuchung: Public und Private Sector im Vergleich, Köln 2013.
Schneider, Hendrik/ John, Dieter: Der Wirtschaftsstraftäter in seinen sozialen Bezügen. Aktuelle Forschungsergebnisse und Konsequenzen für die Unternehmenspraxis, Köln 2009.
Schneider, Hendrik u.a.: Festschrift für Manfred Seebode zum 70. Geburtstag, Berlin 2008.
Schönke, Adolf/ Schröder, Horst: Strafgesetzbuch, Kommentar, 30. Auflage, München 2019.
Schünemann, Bernd: Methodenprobleme bei der Abgrenzung von Betrug und Diebstahl in mittelbarer Täterschaft, GA 1969, 46–56.
Schünemann, Bernd u.a.: Festschrift für Claus Roxin zum 70. Geburtstag, Berlin 2001.
Seebode, Manfred: Festschrift für Günter Spendel zum 70. Geburtstag, Berlin 1992.
Sieber, Ulrich u.a.: Strafrecht und Wirtschaftsstrafrecht: Dogmatik, Rechtsvergleich, Rechtstatsachen; Festschrift für Klaus Tiedemann zum 70. Geburtstag, Köln u.a. 2008.
Spring, Patrick: Die strafrechtliche Geschäftsherrnhaftung, Passau 2009.
Statistisches Bundesamt: Rechtspflege – Strafverfolgung, Wiesbaden 2012.
Stöckel, Maximiliane: Handbuch Marken- und Designrecht, 3. Auflage, Berlin 2013.
Streeck, Wolfgang: Gekaufte Zeit. Die vertagte Krise des demokratischen Kapitalismus, Frankfurt 2013
Streng, Franz: Strafrechtliche Sanktionen: die Strafzumessung und ihre Grundlagen. 3. Auflage, Stuttgart 2012.
Tiedemann, Klaus: Wirtschaftsstrafrecht, 5. aktualisierte und erweiterte Auflage, München 2017.
Timm, Frauke: Gesinnung und Straftat, Besinnung auf ein rechtsstaatliches Strafrecht, Strafrechtliche Abhandlungen, Band 237, Berlin 2012.
Ulsenheimer, Klaus: Arztstrafrecht in der Praxis, 4. Auflage, Heidelberg 2008.
Verein Arzneimittel und Kooperation im Gesundheitswesen e.V. (AKG), Bundesverband der Pharmazeutischen Industrie e.V. (BPI): Kooperationen im Gesundheitswesen auf dem Prüfstand – Die §§ 299 a,b StGB in der Praxis, Baden-Baden 2018.
Voit, Wolfgang: Transparenz/ Neue Produkte – 18. Gespräche zum Pharmarecht, Baden-Baden 2017.
Volk, Klaus: Münchner Anwaltshandbuch, Verteidigung in Wirtschafts- und Steuerstrafsachen, 2. Auflage, München 2014.
Voit, Wolfgang: Transparenz/ Neue Produkte – 18. Gespräche zum Pharmarecht, Baden-Baden 2017.
Wabnitz, Heinz-Bernd/ Janovsky, Thomas/ Schmitt, Lothar: Handbuch des Wirtschafts- und Steuerstrafrechts, Kriminalität in der Wirtschaft, 5. Auflage, München 2020.
Welzel, Hans: Das deutsche Strafrecht, 11. Auflage, Berlin u.a. 1969.
Wessels, Johannes/ Beulke, Werner/ Satzger, Helmut: Strafrecht Allgemeiner Teil, 49. Auflage, Heidelberg 2019.
Wessels, Johannes/ Hettinger, Michael/ Engländer, Armin: Strafrecht Besonderer Teil 1, 43. Auflage, Heidelberg 2019.
Wessels, Johannes/ Hillenkamp, Thomas: Strafrecht Besonderer Teil 2, 34. Auflage, Heidelberg 2011.
Wieland, Josef/ Steinmeyer, Roland/ Grüninger, Stephan: Handbuch Compliance-Management, 2. Auflage, Berlin 2014.
Wittig, Petra: Wirtschaftsstrafrecht, 4. Auflage, München 2017.
Wohlleben, Marcus: Beihilfe durch äußerliche neutrale Handlungen, München 1997.
Wolff-Reske, Monika: Berufsbedingtes Verhalten als Problem mittelbarer Erfolgsverursachung, Baden-Baden 1995.

Einleitung

Das vorliegende Lehrbuch versteht sich als Einführung in das Wirtschaftsstrafrecht und wendet sich in erster Linie an Studierende der Rechtswissenschaft in den einschlägigen Schwerpunktbereichen.

Unter dem Begriff des „Wirtschaftsstrafrechts" wird eine nicht eindeutig bestimmbare Rechtsmaterie zusammengefasst. Jeder Autor eines Lehrbuchs zum Wirtschaftsstrafrecht, aber auch jeder Hochschullehrer, der eine entsprechende Lehrveranstaltung abhält, wird daher eigene Akzente setzen. Auch deshalb ist es bspw. zur Prüfungsvorbereitung unerlässlich, neben der Lektüre eines Lehrbuchs die jeweiligen Veranstaltungen der Universität zu besuchen. In diesem Buch werden die Schwerpunkte im Bereich des Grundlagenwissens gesetzt. Dies schließt die Darstellung der historischen Grundlagen und der kriminologischen Bezüge des Wirtschaftsstrafrechts sowie der unternehmensinternen Präventionsansätze, die auch unter dem Begriff „Compliance" zusammengefasst werden, ein. Im Hinblick auf die Strafrechtsdogmatik wird das Augenmerk vor allem auf Probleme des Allgemeinen Teils gerichtet. Der Allgemeine Teil des Wirtschaftsstrafrechts ist zwar keine eigenständige Rechtsmaterie, die sich vom Allgemeinen Teil des StGB, den Sie als Leser dieses Buches bereits kennen müssen, unterscheidet. Die überwiegend an Fallkonstellationen der Straßen-, Elends- und Gewaltkriminalität entwickelten Zurechnungs- und Argumentationsfiguren des Allgemeinen Strafrechts erfordern aber häufig eine Spezifizierung, wenn sie auf Sachverhalte des Wirtschaftslebens bezogen werden. Dies gilt etwa im Hinblick auf die Abschichtung von Verantwortungsbereichen für den Eintritt bestimmter tatbestandsmäßiger Erfolge, wenn ihre Verursachung auf arbeitsteiligen Prozessen in Unternehmen beruht. Daher werden bestimmte Fragestellungen des Allgemeinen Teils, z.B. der Kausalität und der objektiven Zurechnung, der Abgrenzung zwischen Täterschaft und Teilnahme oder auch der Abgrenzung zwischen Tatbestands- und Verbotsirrtum, vorliegend anhand von Sachverhalten des Wirtschaftslebens dargestellt, problematisiert und spezifiziert. Wir verfolgen weiterhin das Anliegen, die wesentlichen kriminalpolitischen Entwicklungslinien aufzuzeigen und nehmen dazu Stellung, soweit dies in diesem Rahmen möglich ist. Einem Trend zur Fiskalisierung des Wirtschaftsstrafrechts, einer Marginalisierung grundlegender Prinzipien der Strafrechtsbegrenzung zugunsten eines strafrechtlichen Aktionismus und der Befürwortung eines „elastischen" Wirtschaftsstrafrechts stehen wir kritisch gegenüber.

Im Bereich des Besonderen Teils bleibt das vorliegende Buch auch in der dritten Auflage exemplarisch. Angesichts der Komplexität und der Dynamik von Wirtschaftsleben und Wirtschaftsstrafrecht erscheint, schon mit Blick auf den Darstellungsraum in einem Lehrbuch, die Befriedigung eines Vollständigkeitsanspruchs aussichtslos. Unweigerlich ist also eine Auswahlentscheidung zu treffen, die sich vorrangig am didaktischen Nutzen zu orientieren hat. Diese einfache Grundüberlegung hat die Gestaltung des vorliegenden Lehrbuchs bestimmt. Für die spätere Bewältigung auch komplexer Sachverhalte dürfte am besten gerüstet sein, wer Grundlagen des Wirtschaftsstrafrechts sicher beherrscht und vor allem ein zuverlässiges Grundverständnis der Problemzusammenhänge hat. Dessen bedarf es insbesondere, um im permanenten Wandel des Wirtschaftsstrafrechts mit überzeugenden Ergebnissen bestehen zu können. Demgegenüber erschien uns verzichtbar, in einem Besonderen Teil sämtliche Regelungszusammenhänge durchzudeklinieren, die dem Wirtschaftsstrafrecht zugerechnet werden. Auch geht dieser Verzicht auf ein Bewusstsein für die Halbwertzeit zurück, die für

Einleitung

den Wissensbestand in Teilen des Wirtschaftsstrafrechts gilt. In didaktischer Reduktion ist somit manches bewusst nicht in die Darstellung eingegangen, was aus unserer Sicht den Blick auf wesentlicher Erscheinendes verstellt und dadurch das Bemühen um ein fundiertes und dabei zugleich anwendungsorientiertes Grundverständnis geschwächt hätte.

Soweit Sie sich zu weiteren Themen aus dem Bereich des Wirtschaftsstrafrechts, wie z.B. über das Medizinwirtschaftsstrafrecht, das Arbeitsstrafrecht[1] (illegale Beschäftigung von Ausländern und illegale Arbeitnehmerüberlassung) oder über die Verleitung zu Börsenspekulationsgeschäften[2] informieren wollen, wird auf die umfassenden Handbücher[3] zum Wirtschaftsstrafrecht, einschlägige Fachzeitschriften (wistra, NZWiST, medstra) und auf Lehrbücher verwiesen, die andere Schwerpunkte verfolgen. Bspw. enthalten die Lehrbücher von *Hellmann*[4], *Kasiske*[5] und *Kraatz*[6], über die hier dargestellten Delikte hinaus Ausführungen zum Kapitalmarktstrafrecht[7] und je nach Schwerpunktsetzung der Autoren auch zum Urheberstrafrecht sowie zu prozessrechtlichen Besonderheiten.

Wirtschaftsstrafrecht hat auch mit Blick auf die steigende Bedeutung dieser Materie in der Praxis zu Recht einen hohen Stellenwert in der universitären Ausbildung im Schwerpunktbereich Kriminalwissenschaften. Für einschlägig ausgebildete Juristinnen und Juristen stehen zahlreiche Betätigungsfelder offen. Nicht zuletzt die fortgesetzte, in diesem Werk kritisch hinterfragte Expansion des Wirtschaftsstrafrechts ist ein Motor, der unserem Fach zuverlässig neue Probleme und Aufgaben vorgibt. Eine der großen neuen Herausforderungen wird das kommende Verbandssanktionengesetz darstellen, das der Gesetzgeber trotz der Corona-Krise unter dem missverständlichen Etikett „Gesetz zur Stärkung der Integrität in der Wirtschaft" vorantreibt. Das Gesetz wird insbesondere zu einem Bedeutungszuwachs der internen Untersuchungen führen und der weiteren Implementierung von Compliance in der deutschen Wirtschaft Vorschub leisten. In beiden Bereichen ergeben sich Betätigungsfelder für im Wirtschaftsstrafrecht ausgewiesene Juristinnen und Juristen.

Auch im Bereich der Strafverteidigung in Wirtschaftsstrafsachen bestehen günstige berufliche Chancen – ein wichtiger Gesichtspunkt für freiberuflich in eigener Praxis tätige Juristinnen und Juristen. Im Strafverfahren ergibt sich ein besonderer Reiz auch deshalb, weil aufgrund der oft komplexen Sachverhalte in Wirtschaftsstrafverfahren größere Handlungsspielräume und Einflussmöglichkeiten der Verteidigung bestehen, als bei der Verteidigung in Mord- und Totschlagsprozessen oder im Bereich der Drogenkriminalität.

Daneben ergeben sich berufliche Chancen in Unternehmen, weil bspw. Positionen in Compliance-Abteilungen mit im Strafrecht ausgewiesenen Juristinnen und Juristen besetzt werden, oder allgemein Unternehmensjuristinnen und -juristen heute auch das

---

1 Vgl. dazu *Kasiske*, Wirtschaftsstrafrecht, Rn. 319 ff.; *Kraatz*, Wirtschaftsstrafrecht, Rn. 435 ff.; *Kudlich/Oglakcioglu*, Wirtschaftsstrafrecht, Rn. 539 ff.; *Hellmann*, Wirtschaftsstrafrecht, Rn. 911 ff.
2 Vgl. dazu *Kraatz*, Wirtschaftsstrafrecht, Rn. 416; *Kasiske*, Wirtschaftsstrafrecht, Rn. 411 ff.; *Hellmann*, Wirtschaftsstrafrecht, Rn. 116 ff.
3 *Achenbach/Ransiek/Rönnau* (Hrsg.): Handbuch Wirtschaftsstrafrecht; *Müller-Gugenberger/Bieneck* (Hrsg.): Wirtschaftsstrafrecht; *Momsen/Grützner* (Hrsg.): Wirtschafts- und Steuerstrafrecht.
4 *Hellmann*, Wirtschaftsstrafrecht, Rn. 1 ff.
5 *Kasiske*, Wirtschaftsstrafrecht, Rn. 377 ff.
6 *Kraatz*, Wirtschaftsstrafrecht, Rn. 376 ff.
7 Das vorliegende Lehrbuch setzt diesbezüglich einen Schwerpunkt bei § 264 a.

Einleitung

Wirtschaftsstrafrecht im Blick haben sollten. Die Justiz fordert ebenfalls zunehmend auch im Bereich des Strafrechts Spezialisierungen. Dies gilt allgemein in Bezug auf das Wirtschaftsstrafrecht, aber auch im Hinblick auf die noch weitergehende Profilbildung, wie etwa bei den „Schwerpunktstaatsanwaltschaften für Wirtschaftskriminalität" bzw. der „Schwerpunktstaatsanwaltschaft für Betrug im Gesundheitswesen" oder bei einer „Zentralstelle für Medizinwirtschaftsstrafrecht, ZMS".

Auf diese neuen Betätigungsfelder will das vorliegende Buch neugierig machen, Sie außerdem mit dem erforderlichen Grundlagenwissen versehen und Ihr Problembewusstsein wecken.

§ 1 Grundlagen des Wirtschaftsstrafrechts

I. Begriff der Wirtschaftskriminalität

1 ▶ *Einstiegsfall:* Arzt X rechnet zur Steigerung seiner Erlöse gegenüber seiner Kassenärztlichen Vereinigung (KV) fiktive Leistungen basierend auf den Krankenkassendaten von Verstorbenen ab. Prüfen Sie, nach welchem der folgenden Standpunkte ein Fall der Wirtschaftskriminalität vorläge. Begründen Sie Ihren Standpunkt. ◀

2 Bis heute ist es nicht nur für Studierende schwer, die Inhalte des Wirtschaftsstrafrechts adäquat von anderen strafrechtlichen Materien abzugrenzen und eine klare Einordnung der dazugehörigen Delikte und Problemstellungen vorzunehmen.

3 Unterschiedliche Anknüpfungspunkte (z.B. Strafrecht versus Kriminologie), verschiedene Forschungsinteressen der Autoren (z.B. Prävention von Wirtschaftskriminalität, Entstehung der Wirtschaftskriminalität, Umfang der Wirtschaftskriminalität, ökonomische Strukturen und Wirtschaftskriminalität; Prinzipien der Gesetzgebung im Wirtschaftsstrafrecht, Prinzipien der Auslegung wirtschaftsstrafrechtlicher Normen) und der ständige Wandel der Materie (Stichwort: „Evolution des Wirtschaftsstrafrechts") führen zu **heterogenen Definitionen der Begriffe „Wirtschaftskriminalität" und „Wirtschaftsstrafrecht"**, mit der Konsequenz, dass Forschungsergebnisse schwer vergleichbar sind und unterschiedliche Vorstellungen hinsichtlich der von der Materie des Wirtschaftsstrafrechts erfassten Straftatbestände und Problemstellungen existieren.

4 Auch für die **Prüfungsvorbereitung** ist dieser Befund problematisch. Jeder Hochschullehrer wird bei der Konzeption einschlägiger Vorlesungen – mehr als sonst im Bereich des strafrechtlichen Curriculums – eigene Akzente setzen und unterschiedliche Straftatbestände und dogmatische Probleme als solche des Wirtschaftsstrafrechts identifizieren und in Vorlesungen und Klausuren behandeln. Daher ist in der Ausbildung grundsätzlich zu empfehlen, sich genau über die lokalen Gepflogenheiten zu unterrichten und sich hieran zu orientieren. Bei einiger Vereinfachung lassen sich folgende Definitionsansätze unterscheiden:

1. Übernahme des Katalogs des § 74 c Abs. 1 GVG zur Definition des Begriffs „Wirtschaftsstrafrecht" – strafverfahrensrechtlicher Ansatz

5 Vielfach wird der Begriff des Wirtschaftsstrafrechts über die gesetzliche Regelung des § 74 c Abs. 1 GVG eingegrenzt. Unter Wirtschaftsstraftaten versteht man demnach diejenigen Delikte, die in den **Zuständigkeitsbereich der Wirtschaftsstrafkammer** fallen. Die Wirtschaftsstrafkammer ist (neben dem Schwurgericht und der Staatsschutzstrafkammer) eine besondere Strafkammer beim Landgericht.[1] Besondere Strafkammern sollen sicherstellen, dass die zuständigen Richter über die in dem jeweiligen Bereich erforderlichen Spezialkenntnisse verfügen. Dementsprechend unterscheidet § 74 c GVG zwischen zwei Typen von Katalogtaten. In den Zuständigkeitsbereich der Wirtschaftsstrafkammer fallen erstens Taten, bei denen Spezialkenntnisse aus dem Bereich der Wirtschaft seitens des Gesetzgebers grundsätzlich als erforderlich erachtet werden (hierzu gehören bspw. bestimmte Straftatbestände des Nebenstrafrechts, § 74 c Abs. 1 Nr. 1–4 GVG). Zweitens handelt es sich um bestimmte, in § 74 c Abs. 1 Nr. 6 GVG aufgeführte Straftatbestände des Kernstrafrechts, die aber nur dann die Zuständigkeit

---

1 Näher unter § 1, Rn. 53.

I. Begriff der Wirtschaftskriminalität § 1

der Wirtschaftsstrafkammer begründen, wenn „zur Beurteilung des Falles besondere Kenntnisse des Wirtschaftslebens erforderlich sind" (z.b. der Abrechnungsbetrug des Vertragsarztes, der subtile Kenntnisse des ärztlichen Abrechnungswesens voraussetzt[2], oder Untreue bei der Vergabe riskanter Immobilienkredite oder bei der Bewilligung von Prämienzahlungen an Vorstandsmitglieder im sog. „Mannesmannprozess"[3]).

Die Definition des Begriffs der Wirtschaftskriminalität über § 74c GVG ist insbesondere bei **kriminalstatistischen Erhebungen** oder im Rahmen der **kriminologischen Forschung**[4], die bisweilen mit Akten der Wirtschaftsstrafkammern arbeitet, besonders praktikabel. So stellt bspw. das Bundeskriminalamt in dem von ihm herausgegebenen Bundeslagebild Wirtschaftskriminalität[5] auf den Katalog des § 74c Abs. 1 GVG ab. Im Rahmen der statistischen Erfassung der Straftaten durch die Polizei werden die unter § 74c Abs. 1 GVG fallenden Tatbestände dem Bereich der Wirtschaftskriminalität zugeordnet und sodann in der Polizeilichen Kriminalstatistik (PKS) unter einem bestimmten „Summenschlüssel" gesondert zusammengefasst.

6

Bei näherer Betrachtung zeigt sich indessen, dass von § 74c Abs. 1 GVG auch Delikte erfasst werden, bei denen die Tat nicht im Zusammenhang mit der Ausübung einer legitimen Berufstätigkeit oder legalen wirtschaftlichen Betätigung steht, ein Vermögensbezug fehlt[6] oder das Wirtschaftsleben insgesamt nicht die Plattform darstellt, auf der die Straftaten begangen wurden und Tatgelegenheiten entstanden. Zum Beispiel fallen bestimmte Zollvergehen, zu denen auch der „Zigarettenschmuggel" gehört, nach § 74c Abs. 1 Nr. 3 GVG in den Zuständigkeitsbereich der Wirtschaftsstrafkammer, bei denen jedenfalls unter einem kriminologischen Blickwinkel die Zuordnung zum Wirtschaftsstrafrecht nicht plausibel erscheint. Denn die Täter dieses Deliktsspektrums begehen häufig auch andere Delikte aus dem Bereich der Elends- und Straßenkriminalität (und weisen daher nicht die für Wirtschaftsstraftäter charakteristische Spezialisierung auf Wirtschaftsstraftaten auf) und der modus operandi der Tatbegehung lässt keine wirtschaftsstrafrechtlichen Spezifika erkennen.

7

2. Eingrenzung des Begriffs des Wirtschaftsstrafrechts über die Rechtsgutslehre – strafrechtsdogmatische Definition

In der deutschen Strafrechtswissenschaft wird weiterhin der Versuch unternommen, eine Eingrenzung des Begriffs des Wirtschaftsstrafrechts über die **Rechtsgutslehre** vorzunehmen. Charakteristisch für Wirtschaftsstraftaten sei nicht nur die Beeinträchtigung von Individualrechtsgütern (z.B. Eigentum und Vermögen der einzelnen natürlichen oder juristischen Person), sondern zugleich auch die Verletzung „**überindividueller (sozialer) Rechtsgüter des Wirtschaftslebens**"[7]. Man möchte unter Wirtschaftskriminalität daher insbesondere solche Delikte und Verhaltensweisen zusammenfassen, die sich durch eine **verflüchtigende Opfereigenschaft** auszeichnen, bei denen Staat und

8

---

2 *Schneider/Geiger*, Der ärztliche Honoraranspruch, ein „Killerlohn"? Ein Beitrag zur Problematik des Abrechnungsbetruges privatliquidierender Ärzte und zugleich Besprechung von BGH, GesR 2012, 286, GesR 2013, 7 ff.
3 LG Düsseldorf 22.7.2004 – XIV 5/03; BGH 21.12.2005 – 3 StR 470/04.
4 *Schneider/John*, Der Wirtschaftsstraftäter in seinen sozialen Bezügen. Empirische Befunde und Konsequenzen für die Unternehmenspraxis, in: Bannenberg/Jehle (Hrsg.): Wirtschaftskriminalität; *Schneider*, Kognitive Dissonanz als Präventionsstrategie. Überlegungen zu den Möglichkeiten der Neutralisierung von Neutralisierungstechniken, in: Neubacher/Kubink (Hrsg.): FS Walter zum 70. Geburtstag, Berlin 2014, S. 195–211.
5 Bundeslagebild Wirtschaftskriminalität 2018, S. 2.
6 *Tiedemann*, AT, § 1, Rn. 61.
7 *Grunst/Volk*, in: Volk (Hrsg.): Verteidigung in Wirtschafts- und Steuerstrafsachen, § 1, Rn. 11.

Gesellschaft als Ganzes geschädigt werden und die Schäden oft immaterieller Art sind (Vertrauen in die Seriosität der Wirtschaft, die Rechtmäßigkeit des Verwaltungshandelns, die moralische Integrität der politischen Institutionen). Diskutiert wird insofern z.b. das Rechtsgut **„Vertrauen in die Funktionsfähigkeit der Märkte"**[8], das in unterschiedlichen Ausprägungen nach h.M. z.B. bereits durch die Tatbestände des Kapitalanlagebetruges (§ 264 a[9]) und des Kreditbetruges (§ 265 b) geschützt wird. So wird hinsichtlich des Kapitalanlagebetruges angenommen, dieser schütze das Vertrauen der Allgemeinheit in den Kapitalmarkt und dessen Funktionstüchtigkeit[10]. Vergleichbar wird das Schutzgut des Tatbestands des Kreditbetruges gem. § 265 b im Schutz des Kreditmarktes[11] gesehen, für dessen Funktionsfähigkeit das Vertrauen in die Redlichkeit der Kreditantragsteller von wesentlicher Bedeutung sei.

9   Auch dieser Ansatz hat seine Schwächen. Das Konzept des Vertrauensmissbrauchs, auf das auch im internationalen Schrifttum, als definitorisches Element zur Charakterisierung der deliktischen Vorgehensweise bei Wirtschaftsstraftaten, teilweise abgestellt wird („concept of trust in fiduciary relationships"[12]), ist wenig trennscharf. Im Übrigen besteht die Besorgnis, dass die abstrakten Topoi des Vertrauensmissbrauchs und der Vertrauenserosion vom Gesetzgeber und/oder der Rspr. im Rahmen einer extensiven Auslegung bestimmter Tatbestandsmerkmale als **Trojanisches Pferd** eingesetzt werden, um Verhaltensweisen zu kriminalisieren, die noch keine Beeinträchtigung konkreter Individualrechtsgüter darstellen. So handelt es sich bei den genannten §§ 264 a und 265 b um **Vorfelddelikte**, die bereits eingreifen sollen, bevor es zu einem Vermögensschaden i.S.d. § 263 kommt und die daher „im Vorfeld" einer Betrugsstrafbarkeit liegen.[13]

10 Da bei derartigen überindividuellen „geistigen" Rechtsgütern, wie dem „Vertrauen in die Funktionsfähigkeit der Märkte", die Vorstellung der Rechtsgutsverletzung eine **empirisch kaum messbare Fiktion** darstellt, ist die Strafwürdigkeit und Strafbedürftigkeit des erfassten tatbestandsmäßigen Verhaltens fraglich und sollte zum Anlass für eine Überprüfung des **Entkriminalisierungsbedarfs** genommen werden.

3. Spezifika in der Person der Täter, der Angriffsrichtung oder der Tatbegehung – kriminologische Definition

11 Auch die Kriminologie bemüht sich seit dem beginnenden 20. Jahrhundert um eine Definition des Begriffs des Wirtschaftsstrafrechts.

a) Täterbezogene Definitionen

12 Auf den amerikanischen Kriminalsoziologen *Edwin Sutherland* ist der bekannte und in verschiedene Sprachen (franz.: „crime en col blanc"; ital.: „criminalita in colletti bianchi") übersetzte Begriff des **„White-Collar-Crime"** zurückzuführen. **„White-Collar-Crimes"** sind nach *Sutherland* Straftaten, die von Personen mit hohem gesellschaftlichem Ansehen und sozialem Status im Rahmen ihrer beruflichen Tätigkeit begangen wer-

---

8   *Beckemper*, Das Rechtsgut „Vertrauen in die Funktionsfähigkeit der Märkte", ZIS 2011, 318 ff.
9   Vorschriften ohne Angabe sind solche des StGB.
10 *Wohlers*, in: MüKo StGB, § 264 a, Rn. 5.
11 *Perron*, in: Schönke/Schröder, StGB, § 265 b, Rn. 3.
12 *Shapiro*, Collaring the crime, not the criminal: Reconsidering the concept of white collar crime, American Sociological Review 55 (1990), 346 ff.
13 Kritisch: *Bock*, Criminal Compliance, S. 237 ff. m.w.N.

I. Begriff der Wirtschaftskriminalität

den.[14] *Sutherlands* täterorientierte Definition verwendet den Begriff des „weißen Kragens" in Abgrenzung vom „**Blaumann**" („blue collar worker") des Fabrikarbeiters und um zu zeigen, dass diese Tätergruppe zwar nicht die typischen Merkmale eines Kriminellen aufweist, gleichwohl aber besonders sozialschädliche Taten begehen kann, die ebenfalls das Etikett der Kriminalität verdienen.[15]

Trotz seiner **großen Einprägsamkeit und Suggestivkraft**, ist der Begriff des White-Collar-Crime für eine einheitliche Definition der Wirtschaftskriminalität sowohl unter strafrechtlichen, als auch unter kriminologischen Gesichtspunkten wenig geeignet, um den Untersuchungsgegenstand adäquat einzugrenzen. Denn erstens werden Wirtschaftsstraftaten nicht ausschließlich von Führungspersonen und Personen mit hohem Sozialstatus begangen und zweitens begehen Personen mit hohem Sozialstatus auch Taten, die keinen Bezug zum Wirtschaftsleben aufweisen (vgl. z.B. der Drogenskandal um den ehemaligen Bundestagsabgeordneten Volker Beck (Bündnis 90/DIE GRÜNEN)). Zudem verringert sich die Brauchbarkeit des Definitionsansatzes mit der fortschreitenden Schichtnivellierung und dem abnehmenden Anteil der Arbeiterschaft im Zuge der Abwendung von der sog. „**Fordistischen Warenproduktion**"[16], so dass er auch in der zeitgenössischen Kriminologie nur noch unter historischen Gesichtspunkten erwähnt wird.

Ein für die wirtschaftskriminologische Ursachenforschung relevanter Begriff der Wirtschaftskriminalität versteht diese als Fallgruppe der „**Kriminalität bei sonstiger sozialer Unauffälligkeit**"[17]. Hierdurch soll hervorgehoben werden, dass sich der Wirtschaftsstraftäter in der Regel weder durch sein äußeres Erscheinungsbild, seine soziale Position oder durch Spezifika des Verhaltens im Leistungs-, Freizeit-, oder Kontaktbereich „verrät" und daher bestimmte kriminologische Diagnose- und Prognoseverfahren hier nicht einschlägig sind. Ganz im Gegenteil ist der „typische" Wirtschaftsstraftäter nämlich zumeist familiär eingebunden, hat unauffällige Sozialkontakte und führt einen bürgerlichen Lebensstil. Er verfügt über einen **Zugang zu legitimen Erwerbsmöglichkeiten** und repräsentiert seinen Berufsstand durch Statussymbole bzw. das Tragen der jeweiligen „Insignien". Der Eintritt in die Kriminalität äußert sich **nicht parallel zu einem Zusammenbruch des Leistungsbereiches**, wie dies bei vielen Tätern der Straßen- und Elendskriminalität der Fall ist. Der Zugang zur Wirtschaftskriminalität eröffnet sich für ihn gerade erst durch die Ausübung seines Berufes (Wirtschaftskriminalität als „**special opportunity crime**"). Dies zeigt sich auch daran, dass viele praxisrelevante Tatbestände des Wirtschaftsstrafrechts als **Sonderdelikte** ausgestaltet sind, die nur begangen werden können, wenn der Täter über die jeweilige berufliche Position verfügt.

▶ **Merke Sonderdelikte:** Als Sonderdelikte bezeichnet man, in Abgrenzung zu den Jedermannsdelikten, Straftatbestände, die nur durch einen bestimmten Täterkreis verwirklicht werden können, d.h. beim Täter wird ein besonderes persönliches Merkmal i.S.d. §§ 14, 28 vorausgesetzt. Die Täterqualifikationen sind zumeist abstrakte Kategorien, z.B. „Arbeitgeber" bei

---

14 *Sutherland*, White-Collar criminality, American Sociological Review Vol. 5 (1940), 1 ff.
15 *Schneider*, in: Göppinger Kriminologie, § 25, Rn. 5.
16 Produktionsweise von Konsum- und Verbrauchsgütern, für die die Automobilfertigung an den Fließbändern („Fließbandfertigung") des Henry Ford charakteristisch ist und die auf dem Ansatz der erwerbslebenslangen Vollzeitbeschäftigung des Arbeiters bei einem Arbeitnehmer beruht, näher: *Rifkin*, The end of work. The decline of the global labor force and the dawn of the post market era, New York 2004.
17 *Schneider*, Das Leipziger Verlaufsmodell wirtschaftskriminellen Handelns. Ein integrativer Ansatz zur Erklärung von Kriminalität bei sonstiger sozialer Unauffälligkeit, NStZ 2007, 555 ff.

§ 266 a, „Mitglied des Vertretungsorgans" bei § 15 a InsO usw. Knüpft das Strafgesetz an bestimmte Berufsgruppen an (wie bei §§ 299 a, 299 b), die selektiv kriminalisiert werden, ist dies im besonderen Maße kriminalpolitisch rechtfertigungsbedürftig. Es ist nicht selbstverständlich, dass der Gesetzgeber Bestechung und Bestechlichkeit bei Freiberuflern nicht allgemein unter Strafe stellt, sondern nur bei Ärzten und Apothekern und daher zum Beispiel Rechtsanwälte und Architekten verschont.[18]

Viele praxisrelevante Straftatbestände des Wirtschaftsstrafrechts sind als Sonderdelikte ausgestaltet. Hierzu gehören bspw. die Tatbestände der Vorteilsannahme und Bestechlichkeit, die nur von Amtsträgern i.S.d. § 11 Abs. 1 Nr. 2 begangen werden können. Zu unterscheiden ist zwischen echten und unechten Sonderdelikten. Echte Sonderdelikte können nur von Tätern begangen werden, die bestimmte besondere persönliche Merkmale aufweisen. Unechte Sonderdelikte sind im Grundtatbestand als Jedermannsdelikte ausgestaltet. Das besondere persönliche Merkmal kann aber den Anwendungsbereich einer Qualifikation eröffnen (z.B. § 133 Abs. 3) oder begründet das Vorliegen eines Regelbeispiels (z.B. § 263 Abs. 3 Nr. 4). ◄

Allerdings ist auch diese kriminologische Zuordnung für die Strafrechtsdogmatik wenig geeignet und kaum ein sachdienliches Kriterium, um Deliktsgruppen – für den Zweck eines Lehrbuchs oder die Darstellung in der Vorlesung – adäquat voneinander abzugrenzen.

b) Differenzierung nach der Angriffsrichtung der Straftat

15 Im Anschluss an eine Publikation der amerikanischen Kriminologen *Clinard & Quinney*[19] hat sich vornehmlich in den Ländern, die eine **Strafbarkeit der juristischen Person** kennen (Unternehmensstrafrecht[20]), eine Differenzierung des Begriffs White-Collar-Crime in die Untergruppen „occupational crime" und „corporate crime" entwickelt. In Deutschland ist insofern die Unterscheidung zwischen Betriebskriminalität und Unternehmenskriminalität gebräuchlich.

16 Dabei versteht man unter „**corporate crimes**" (Unternehmenskriminalität) Straftaten, die im wirtschaftlichen Interesse eines Unternehmens durch Unternehmensangehörige zum Nachteil einer natürlichen Person oder eines anderen Unternehmens begangen werden, wogegen der Täter bei den „**occupational crimes**" in seinem eigenen Interesse unter Ausnutzung seiner beruflichen Position und zum Schaden des eigenen Arbeitgebers (Betriebskriminalität) oder eines Dritten handelt.[21]

17 Die Schwäche dieses Ansatzes wird durch die Tatsache begründet, dass bestimmte Wirtschaftsstraftaten, wie z.B. **Steuerhinterziehung,** auch außerhalb von Unternehmen begangen werden können und, dass die Erscheinungsformen der Betriebs- und Unternehmenskriminalität daher nur einen Teil der Wirtschaftskriminalität abdecken.[22] Gleichwohl ist die Unterscheidung zwischen corporate und occupational crime z.B. für die **unternehmensinterne Prävention**[23] hilfreich, weil insofern auf unterschiedliche Adressaten und Strategien abzustellen ist.

---

18 Verkannt bei *Krüger,* Kooperation versus Korruption im Gesundheitswesen – Gedanken zu §§ 299 a, 299 b StGB, NZWiSt 2017, 129 ff., 137.
19 *Clinard/Quinney,* Criminal Behavior Systems: A Typology, New York 1967.
20 Vgl. hierzu § 1, Rn. 69 ff.
21 *Clinard/Quinney,* Criminal Behavior Systems: A Typology, New York 1967, S. 188.
22 *Wittig,* Wirtschaftsstrafrecht, § 2, Rn. 14.
23 Vgl. hierzu die Ausführungen zu Corporate Compliance unter § 4, Rn. 2 f.

c) Tatbezogene Definition

Ein tatbezogener Ansatz von *Edelhertz* (1970)[24] kennzeichnet den Begriff Wirtschaftskriminalität dadurch, dass der mehrheitlich in der Erzielung von **Vermögensvorteilen** bestehende tatbestandliche Erfolg **ohne physisches Zutun** herbeigeführt wird. Nach *Edelhertz* seien bei der Wirtschaftskriminalität stets folgende Elemente zu finden:

- die deliktische Absicht werde verschleiert,
- der Handelnde verlasse sich auf die Sorglosigkeit seines Opfers,
- es komme zu einer Selbstschädigung des Opfers, infolge einer Einwilligung in die Vermögensverschiebung,
- der Täter handele in Verdeckungsabsicht, um die negativen Folgen der Tat gegenüber dem Opfer zu verschleiern und
- errichte eine Fassade, um die wahre Natur der Vorkommnisse zu verhüllen.

In neuerer Zeit wird hinsichtlich des modus operandi bei der Begehung von Wirtschaftsstraftaten auch auf das Kriterium des **Vertrauensmissbrauchs**[25] abgestellt. Ein Leitkriterium dieser Definition ist die besondere Sozialschädlichkeit der Wirtschaftskriminalität, die in Deutschland auch unter dem Stichwort der **Sog- und Spiralwirkung** diskutiert und mit der Rechtsgutstheorie verbunden wird. Darunter versteht man die Folgewirkungen von Wettbewerbsverzerrungen, die durch Vorsprünge des mit unlauteren Mitteln arbeitenden Wirtschaftsstraftäters bzw. Unternehmens entstehen (z.B. Insolvenzen der redlich arbeitenden Unternehmen oder Nachahmungseffekte, um Wettbewerbsvorsprünge aufzuholen).

Ein noch weiterer Begriff der Wirtschaftskriminalität findet sich bei *Bussmann*, nach dem alle strafbaren oder schädigenden Handlungen zur Wirtschaftskriminalität gehören, die wirtschaftlich motiviert sind. Diese wirtschaftliche Motivation könne in wirtschaftlichen Transaktionen des Täters[26] oder im Allgemeinen im Bereicherungsinteresse erblickt werden.[27] Derartige Handlungen ließen sich „der Wirtschaft als Funktionssystem" zuordnen.[28] Letztlich geht durch einen solch ausufernden Begriff der Wirtschaftskriminalität jedoch dessen Spezifität verloren. Fraglich wird dann, welche kriminellen Handlungen nicht unter den Begriff der Wirtschaftskriminalität fallen.[29] Auch entfernt sich ein derartiges Begriffsverständnis von der in der Rechtspraxis etablierten Terminologie und ist dem notwendigen Dialog von Wissenschaft und Praxis abträglich.

4. Schlussfolgerung

Der Streit um den adäquaten Begriff des Wirtschaftsstrafrechts ist daher allgemeinverbindlich nicht zu entscheiden und jeweils von der wissenschaftlichen Fragestellung abhängig. Zusammenfassend kann man konstatieren, dass der Begriff des Wirtschafts-

---

24 *Edelhertz*, The nature, impact and prosecution of white collar crime, Washington DC 1970.
25 *Shapiro*, Collaring the crime, not the criminal: Reconsidering the concept of white collar crime, American Sociological Review 55 (1990), 346 ff.
26 *Bussmann*, Wirtschaftskriminologie I, Rn. 16.
27 *Bussmann*, in: Hermann/Pöge (Hrsg.): Kriminalsoziologie, S. 339; *Bussmann*, Wirtschaftskriminologie I, Rn. 1 ff.
28 *Bussmann*, Wirtschaftskriminologie I, Rn. 22.
29 Ausführlich dazu *Schneider*, Rezension von: Bussmann, Kai-D.: Wirtschaftskriminologie I. Grundlagen – Markt- und Alltagskriminalität, GA 2019, 474.

strafrechts – ebenso wie zahlreiche Tatbestandsmerkmale wirtschaftsstrafrechtlicher Normen[30] – **zwar kernprägnant, aber nicht randscharf** ist. Insbesondere die Fallkonstellationen, die unter den Begriff des „Top-Management-Fraud" fallen und die in den letzten Jahren Schlagzeilen in den internationalen Zeitungen gemacht haben, wird jeder mit dem Begriff des Wirtschaftsstrafrechts assoziieren und sämtliche der oben genannten Ansätze zur Definition des Begriffs Wirtschaftsstrafrecht würden diese alltagsweltliche Subsumtion stützen.

22 *In der VW-Abgasaffäre, die im September 2015 aufgedeckt wurde und deren Ermittlungen noch nicht abgeschlossen sind, wird der Volkswagen-AG vorgeworfen, eine illegale Abschalteinrichtung in die Motorensoftware einiger Dieselfahrzeuge eingebaut zu haben, um insb. US-Amerikanische Abgasnormen zu umgehen. Weltweit sind ca. 11 Mio. Fahrzeuge betroffen. Nach dem gegenwärtigen Stand der Ermittlungen, der den Medien zu entnehmen ist, war dieser Betrug bis in die oberste Führungsebene bekannt. Bisher mussten diverse Top-Manager ihren Posten verlassen. Im Juni 2016 leitete die Staatsanwaltschaft Braunschweig Ermittlungen gegen den ehemaligen VW-Vorstandsvorsitzenden Martin Winterkorn wegen des Verdachts auf Marktmanipulation ein, im Januar 2017 auch wegen des Verdachts des Betrugs. Er soll Informationen über den Abgas-Skandal zurückgehalten haben, um den Wert der Aktien nicht zu gefährden. „Es bestehen zureichende tatsächliche Anhaltspunkte dafür, dass die Pflicht zu einer Mitteilung über die zu erwartenden erheblichen finanziellen Verluste des Konzerns bereits zu einem früheren Zeitpunkt bestanden haben könnte.", teilte die Staatsanwaltschaft Braunschweig in einer Presseerklärung mit.[31] Ebenfalls wegen Marktmanipulation wird seit November 2016 auch gegen den ehemaligen Finanzvorstand Pötsch ermittelt. Der Schaden der Aktionäre soll mehrere Milliarden Euro betragen. Im April 2019 wurde gegen fünf Beschuldigte, u.a. Winterkorn Anklage wegen Betrugs in einem besonders schweren Fall, Verstoß gegen das Gesetz gegen den unlauteren Wettbewerb und Untreue erhoben.[32] Da das Landgericht Braunschweig Zweifel am Vorliegen eines hinreichenden Tatverdachts geäußert und deshalb weitere Ermittlungen angeordnet hat, ist ein sich lang hinziehendes Zwischenverfahren zu erwarten.*

23 An den Randzonen werden die Begriffe und Definitionen demgegenüber unscharf. Es ist fraglich, ob der Warendiebstahl des Lagerarbeiters oder der Verkauf einer gestohlenen Kreditkarte an einen Hehler unter den Begriff Wirtschaftsstrafrecht fallen soll oder nicht. Zu diesem Ergebnis käme jedenfalls der wenig spezifische Begriff der Wirtschaftskriminalität bei *Bussmann*, nach dessen Verständnis auch das Fahren ohne Fahrausweis, der Versicherungsbetrug, aber auch die Raubkriminalität zur Wirtschaftskriminalität gehören.[33]

24 Gleichwohl ist es sinnvoll, an dem Begriff des Wirtschaftsstrafrechts festzuhalten und die Materie demnach auch in Lehrbüchern und Vorlesungen als **separaten Teil der Gesamten Strafrechtswissenschaft** zu behandeln. Denn insoweit geht es nicht nur um die Abgrenzung bestimmter Gruppen von Straftatbeständen des Kern- und Nebenstrafrechts, sondern auch um kriminalpolitische, kriminologische, strafverfahrensrechtli-

---

30 Vgl. hierzu § 1, Rn. 87 ff.
31 https://www.tagesschau.de/inland/vw-winterkorn-ermittlungen-101.html (zugegriffen am 21.1.2020).
32 https://staatsanwaltschaft-braunschweig.niedersachsen.de/startseite/aktuelles/presseinformationen/anklage-im-diesel-skandal-176101.html (zugegriffen am 14.3.2020).
33 *Bussmann*, in: Hermann/Pöge (Hrsg.): Kriminalsoziologie, S. 339, mit Verweis auf *Bussmann*, Wirtschaftskriminologie I, Rn. 1 ff.

I. Begriff der Wirtschaftskriminalität § 1

che, strafrechtsdogmatische und sanktionsrechtliche Besonderheiten, die das Wirtschaftsstrafrecht kennzeichnen und seinen „Sonderstatus" in Forschung und Lehre rechtfertigen. Freilich können diese Spezifika der Materie „Wirtschaftsstrafrecht" nur dann adäquat erfasst werden, wenn bereits eine solide Wissensbasis in den Grundlagen des Strafrechts erworben wurde. Insofern kann das vorliegende Buch insbesondere dann mit Gewinn gelesen werden, wenn dies im Anschluss an den Besuch der Vorlesungen zum Allgemeinen und Besonderen Strafrecht und zum Strafverfahrensrecht, mithin im Studium des Schwerpunktbereichs erfolgt.

5. Wiederholung

Für das eingangs geschilderte Beispiel[34] ergeben sich ausgehend von den dargestellten Standpunkten folgende Ergebnisse: Legt man den strafverfahrensrechtlichen Standpunkt zugrunde, wäre das Vorliegen von Wirtschaftskriminalität zu bejahen, weil die in § 74c Abs. 1 Nr. 6 GVG genannten Straftatbestände des Kernstrafrechts zur Wirtschaftskriminalität gezählt werden, sofern „zur Beurteilung des Falles besondere Kenntnisse des Wirtschaftslebens erforderlich sind". Diese Voraussetzung ist vorliegend zu bejahen. Die strafrechtliche Beurteilung des Falles kommt ohne Kenntnisse des subtilen ärztlichen Abrechnungswesens, auch im Rahmen der Bestimmung der Schadenshöhe, nicht aus. Sieht man die Besonderheit des Wirtschaftsstrafrechts hingegen in der Verletzung „überindividueller Rechtsgüter des Wirtschaftslebens" (strafrechtsdogmatische Definition), ist der vorliegende Fall nicht der Wirtschaftskriminalität zuzuordnen. Denn § 263, den der Arzt verwirklicht hat, schützt nach h.M. ausschließlich das Rechtsgut „Vermögen" des Geschädigten. Ausgehend von der Differenzierung zwischen „corporate crime" und „occupational crime" läge Wirtschaftskriminalität in der Form von occupational crime vor, weil der Arzt unter Ausnutzung seiner beruflichen Position fremdes Vermögen geschädigt hat. „Corporate crime" ist indessen schon deshalb zu verneinen, weil der freiberuflich in eigener Praxis arbeitende Mediziner nicht als Angehöriger eines Unternehmens handelt. Nach dem in der Kriminologie vertretenen täterbezogenen Ansatz dürfte von Wirtschaftskriminalität auszugehen sein, weil es sich bei dem Arzt um einen Täter mit hoher sozialer Stellung („White-Collar Criminal") handeln dürfte. Auch nach dem Verständnis von Wirtschaftskriminalität als „Kriminalität bei sonstiger sozialer Unauffälligkeit" wird im vorliegenden Fall von Wirtschaftskriminalität auszugehen sein, auch wenn sich aus dem Sachverhalt keine eindeutigen Angaben ergeben. Da der Arzt ohne physisches Zutun durch die Abrechnungserklärung widerrechtliche Vermögensvorteile erlangt und dabei das Vertrauen der Kassenärztlichen Vereinigung in eine ordnungsgemäße Abrechnung missbraucht, ist nach der tatbezogenen Definition von *Edelhertz* ebenfalls Wirtschaftskriminalität zu bejahen.

Literaturtipp zur Vertiefung:
Dannecker/Bülte, in: Wabnitz/Janovsky/Schmitt (Hrsg.): Handbuch Wirtschafts- und Steuerstrafrecht, 5. Auflage 2020, Kapitel 1, S. 5 – 84.

---

34 Vgl. § 1, Rn. 1.

II. Historische, kriminalpolitische und kriminologische Grundlagen des Wirtschaftsstrafrechts

1. Historische Grundlagen des deutschen Wirtschaftsstrafrechts

27 Wirtschaft und Marktgeschehen werden seit jeher als Quelle von Gelegenheiten angesehen, sich auf Kosten Anderer zu Unrecht zu bereichern. Entsprechende Ansätze finden sich z.B. bei *Thomas von Aquin* (1225–1274), der in einer Abhandlung zum Betrug im Wirtschaftsleben konstatiert, Markthändler verletzten häufig die Grundprinzipien des gerechten Warenaustauschs, indem sie Fehler ihrer Waren verschweigen und diese zu unangemessen hohen Preisen verkaufen. Die Bestrafung entsprechenden Fehlverhaltens geht daher mit der Ausdifferenzierung des Wirtschaftslebens einher und entwickelt sich parallel. Bereits im Mittelalter existieren Delikte, die Eingriffe in das Wirtschaftsleben mit Strafe bedrohen. Unter einem historischen Blickwinkel lassen sich folgende Entwicklungsphasen zu einem modernen Wirtschaftsstrafrecht unterscheiden:

a) Mittelalter/Frühe Neuzeit

28 Mit der Entstehung der Städte entwickelte sich im Mittelalter die Markt- und Geldwirtschaft mit der Folge, dass zum Zweck der Verfügbarkeit und Gerechtigkeit in der Verteilung lebensnotwendiger Güter, auch Straftatbestände im Bereich der Wirtschaft normiert wurden.[35] Man versuchte Zinswucher und Bildung von Handelsmonopolen durch Vorschriften wie dem Wucherverbot der Reichspolizeiordnung von 1577 entgegenzuwirken und eine gerechte Preisstabilität zu erhalten.[36]

29 Die Verwendung von falschem Maß und Gewicht oder die Verfälschung von Lebensmitteln und unerlaubter Zwischenhandel wurden mit harten Strafen bedroht.[37] In den Normensammlungen dieser Zeit erscheint seit dem 16. Jahrhundert der Betrug und ab dem 18. Jahrhundert kann eine klare Differenzierung zwischen Diebstahl und Unterschlagung ausgemacht werden.

b) Wirtschaftsstrafrechtliche Latenzphase im 19. Jahrhundert

30 Das 19. Jahrhundert lässt sich in Europa allgemein als das Zeitalter der Bürgerlichen Gesellschaft und der Nationalstaaten charakterisieren. Es ist geprägt durch den **Siegeszug der modernen Naturwissenschaften** und durch die **Industrialisierung** („industrielle Revolution"), die durch die Nutzung der Dampfkraft (im Anschluss an *James Watts* Erfindung der Dampfmaschine im Jahr 1769) möglich wird.

31 Schrittmacher der Modernisierung und der Errichtung von Industriebetrieben war insbesondere Preußen. Hier kam es zu bedeutenden Reformen (Gemeindeverfassungs- und Gewerberecht, Agrar-, Militär- und Bildungswesen: Einführung der Schulpflicht, Humboldtsche Hochschulreform), die sich auch auf die Wirtschaft auswirkten und mit denen der Anschluss an den Entwicklungsstand der Nachbarländer gesucht wurde. Die Gewerbeordnung von 1869 im Zuge der Übernahme der *Stein-Hardenbergschen* Reformen führte durch den darin normierten **Grundsatz**, der in Preußen schon 1810 eingeführten **Gewerbefreiheit**, letztendlich zu der Abschaffung der Wirtschaftsordnung der Stände. An die Stelle dieser überkommenen **Bremse des Wirtschaftslebens** trat die

---

35 *Richter*, in: Müller-Gugenberger/Bieneck (Hrsg.): Wirtschaftsstrafrecht, § 1, Rn. 34 f.
36 *Kroeschell/Cordes/Nehlsen-von Stryk*, Deutsche Rechtsgeschichte, S. 306.
37 *Kroeschell/Cordes/Nehlsen-von Stryk*, Deutsche Rechtsgeschichte, S. 306.

II. Historische, kriminalpolitische und kriminologische Grundlagen § 1

durch die Gewerbeordnung normierte und gesicherte Freiheit des Unternehmertums für jeden, der sich marktwirtschaftlich entfalten wollte. So lautete § 1 der Gewerbeordnung des Norddeutschen Bundes vom 21.6.1869: „Der Betrieb eines Gewerbes ist Jedermann gestattet, soweit nicht durch dieses Gesetz Ausnahmen oder Beschränkungen vorgeschrieben oder zugelassen sind." § 4 legt fest: „Den Zünften und kaufmännischen Korporationen steht ein Recht, Andere von dem Betriebe eines Gewerbes auszuschließen, nicht zu."

In der zweiten Hälfte des 19. Jahrhunderts stand die Industrialisierung schließlich in voller Blüte. Die Erträge wurden infolge des technischen Fortschritts und der Arbeitsteilung vervielfacht, die Bevölkerung wuchs, vor allem in den Städten. Außerdem wandelte sich durch den aufstrebenden Liberalismus die Einstellung zu Staat und Recht. In Übereinstimmung mit dem **ökonomischen Paradigma** *Adam Smiths* (Hauptwerk: Wohlstand der Nationen – Eine Untersuchung seiner Natur und seiner Ursachen, Originaltitel: An Inquiry into the Nature and Causes of the Wealth of Nations, GB 1776) galten das Privateigentum, die freie Entfaltung des Einzelnen und der freie Wettbewerb als erfolgversprechende Grundlage der staatlichen Wirtschaftspolitik.[38]

32

Die Aufgabe des Staates und insbesondere des Strafrechts[39] sah man im Zeitalter der Bürgerlichen Gesellschaft insbesondere in dem **Schutz des Individuums und dessen Rechtsgütern**. Im Mittelpunkt der Diskussion stand die **freiheitssichernde Funktion des Strafrechts** und dessen **rechtsstaatliche Grundlagen** (Bestimmtheitsgebot, keine Strafe ohne Gesetz), die letztlich auch im StGB von 1871 verwirklicht wurden. Die Vorstellung, das Strafrecht als Instrument zur Lenkung der Wirtschaft einzusetzen, war den damaligen Entscheidungsträgern fremd. Staatliche Eingriffe in die Märkte sollten generell so weit als möglich unterbleiben, dies galt erst recht für das Strafrecht. Allein der Preis sollte die unterschiedlichen Interessen in Einklang bringen. Die Verletzung von Kollektivrechtsgütern wurde dem Verwaltungsrecht zugeordnet, so dass Wucher oder Monopolmissbrauch lediglich „Polizey-Übertretungen" und keine Verbrechen darstellten.

33

Diese Einengung der Schutzfunktion des Strafrechts auf Individualrechtsgüter bedingte, dass das **Wirtschaftsstrafrecht in dieser Zeit kaum existieren konnte.**[40]

34

c) Wirtschaftsstrafrecht als Instrument zur Bewältigung der Sozialen Frage im frühen 20. Jahrhundert

Zu Beginn des 20. Jahrhunderts forderte die Notlage wirtschaftlich schwacher Gruppierungen („**Soziale Frage**"), aufgrund der Folgen des Ersten Weltkrieges, eine Regulierung der Wirtschaft, auch mit den Mitteln des Strafrechts, von dem man sich zunehmend eine **folgenorientierte Steuerungswirkung** versprach. Die Großstadt wurde – auch von Strafrechtswissenschaftlern und Kriminologen – als Brutstätte der Kriminalität angesehen. Freilich geriet insofern vor allem die **Elends- und Straßenkriminalität** in das Blickfeld, wie bspw. folgende „Zustandsbeschreibung" des Juristen *Erich Wulffen* in seinem 1910 erschienenen Werk „Der Sexualverbrecher" zum Ausdruck bringt:

35

---

38 *Köbler*, Deutsche Rechtsgeschichte, S. 180.
39 Vgl. z.B. das einflussreichste Lehrbuch des Strafrechts der damaligen Zeit, *Anselm von Feuerbachs* 1801 erstmals erschienenes „Lehrbuch des in Deutschland geltenden peinlichen Rechts".
40 *Richter*, in: Müller-Gugenberger/Bieneck (Hrsg.): Wirtschaftsstrafrecht, § 1, Rn. 34 f.

36 „Industrie und Gewerbe führen in den Städten und deren nächster Umgebung zu übermäßigen Menschenanhäufungen, die an sich entsittlichend wirken (…). Die Wohnungsverhältnisse in solchen Zentren tragen ebenfalls zur Erhöhung der Verurteilungsziffern bei. Die Eltern schlafen mit ihren Kindern zusammen; der Logisbursche treibt mit der Frau Ehebruch, mit den Kindern Unzucht. Das Familienleben wird stark geschädigt. Alkoholgenuss und Genusssucht werden in den großen Zentren gefördert. (…). Ein Heer von Schwachsinnigen, Hysterischen, Epileptikern, schweren Neurasthenikern, chronischen Alkoholisten, alle zur allgemeinen Verbrechensverübung und zur Begehung von Sittlichkeitsdelikten im Besonderen bereit, wächst in den Industriezentren empor"[41].

37 Vor diesem Hintergrund entstand eine auf Verordnungen und Rechtssätzen basierende **staatliche Lenkung des Wirtschaftslebens** (sog. „Wirtschaftsverwaltungsrecht"), die als **Boden des modernen deutschen Wirtschaftsstrafrechts** betrachtet werden kann. Am 4.8.1914 wurde das Gesetz über die Ermächtigung des Bundesrats zu wirtschaftlichen Maßnahmen etc. im Falle kriegerischer Ereignisse verabschiedet (vgl. § 3: „Der Bundesrat wird ermächtigt, während der Zeit des Krieges diejenigen gesetzlichen Maßnahmen anzuordnen, welche sich zur Abhilfe wirtschaftlicher Schädigungen als notwendig erweisen"). So entwickelten sich zahlreiche Vorschriften gegen **Wucher und Preistreiberei**, die darauf abzielten, der notleidenden Bevölkerung eine Lebensgrundlage zu erhalten. Bspw. wurde das unbefugte Beiseiteschaffen von beschlagnahmten Vorräten mit Gefängnis- oder hoher Geldstrafe bedroht und der Handel verwaltungsrechtlich stärker reguliert.[42] Viele der neuen Vorschriften, wie die Reichsabgabenordnung von 1919, systematisierten ferner erstmalig noch unübersichtliche Bereiche wie die Steuergesetzgebung.[43]

38 Der Mangelzustand an Gütern blieb jedoch auch nach Kriegsende bestehen und als Reaktion auf die voranschreitende Inflation wurden Sanktionen ausgeweitet und Sondergerichte (Wuchergerichte) eingeführt. Angesichts der Sozialen Frage geriet das Wirtschaftsmodell des Liberalismus zunehmend als solches in die Kritik. Gleichwohl blieben **radikal-antikapitalistische Positionen** im zeitgenössischen strafrechtlichen und kriminologischen Schrifttum Mindermeinung.

d) Wirtschaftsstrafrecht als Teil des Kriegsstrafrechts im Nationalsozialismus

39 Das Wirtschaftssystem des Nationalsozialismus oszillierte zwischen Markt- und ausgeprägten Planvorgaben, die spätestens mit Beginn des Zweiten Weltkrieges alleine der Durchsetzung von Kriegszielen dienten. Am 4.9.1939 wurde von den Nationalsozialisten die **Kriegswirtschaftsverordnung** (eine sog. „Schubladenverordnung", die schon lange vor Kriegsbeginn entworfen worden war) in Kraft gesetzt. Durch diese Verordnung wurde insbesondere das Delikt des **„Kriegswirtschaftsverbrechens"** eingeführt: „Wer Rohstoffe oder Erzeugnisse, die zum lebenswichtigen Bedarf der Bevölkerung gehören, vernichtet, beiseiteschafft oder zurückhält und dadurch böswillig die Deckung dieses Bedarfs gefährdet, wird mit Zuchthaus oder Gefängnis bestraft. In besonders schweren Fällen kann auf Todesstrafe erkannt werden."

---

41 *Wulffen*, Der Sexualverbrecher, Berlin 1910, S. 292.
42 *Richter*, in: Müller-Gugenberger/Bieneck (Hrsg.): Wirtschaftsstrafrecht, § 1, Rn. 43 ff.
43 *Tiedemann*, AT, § 1, Rn. 74.

Charakteristisch für die nationalsozialistische Normsetzung sind die **Koppelung aus unbestimmten Rechtsbegriffen und weitem Strafrahmen**, hier zwischen einem Tag Gefängnisstrafe und Todesstrafe, die den Einzelnen der Willkür des Richters aussetzte.

e) Entwicklung des Wirtschaftsstrafrechts in der Bundesrepublik Deutschland

Nach Kriegsende sollte dieser Zustand beseitigt werden und strafrechtliche Normen sollten wieder rechtsstaatlichen Anforderungen genügen. Mit dem Inkrafttreten des Grundgesetzes im Jahr 1949 und der Bekennung der Bundesrepublik Deutschland zur **sozialen Marktwirtschaft** wurde der Grundstein einer neuen Wirtschaftsordnung gelegt.

Unter der sozialen Marktwirtschaft versteht man ein von *Alfred Müller-Armack* und *Ludwig Erhard* (vgl. dessen 1957 erschienenes Buch „Wohlstand für Alle") entwickeltes wirtschaftspolitisches Leitbild, nach der Marktwirtschaft und soziale Gerechtigkeit in Einklang gebracht werden sollen. Im Gegensatz zu den ökonomischen Grundannahmen des **Wirtschaftsliberalismus** (s.o. *Adam Smith*) und der Idee der freien Marktwirtschaft, geht die Theorie der sozialen Marktwirtschaft davon aus, dass sich nicht alle Facetten des Wirtschaftslebens durch Marktmechanismen regeln lassen, sondern dass es bereichsspezifisch, insbesondere zur Sicherung von Gemeinwohlinteressen, einer staatlichen Intervention bedarf. Der zweite Bundeskanzler und frühere Wirtschaftsminister im Kabinett *Adenauers*, *Ludwig Erhard* (Amtszeit von 1963–1966), bringt das Anliegen der sozialen Marktwirtschaft auf einer Rede anlässlich des Parteikongresses der CDU am 28.8.1948 in Recklinghausen wie folgt auf den Punkt:

> „Nicht die freie Marktwirtschaft des liberalistischen Freibeutertums einer vergangenen Ära (…), sondern die sozial verpflichtete, die das einzelne Individuum wieder zur Geltung kommen lässt, die den Wert der Persönlichkeit oben anstellt und der Leistung dann auch den verdienten Ertrag zugute kommen lässt, das ist die Marktwirtschaft moderner Prägung".

Nach damaliger (und heutiger) Vorstellung, ist **Strafrecht ein entscheidendes Regulativ**, um das „liberalistische Freibeutertum" in die Schranken zu verweisen. Die bis heute nicht abgeschlossene Evolution des Wirtschaftsstrafrechts, die seit den 70er Jahren des 20. Jahrhunderts durch **fortschreitende Neukriminalisierung** und damit den **Abbau der Handlungsfreiheit des Unternehmers** gekennzeichnet ist, verläuft in folgenden Wellen:

aa) Die Wirtschaftsstrafgesetze von 1949/1954

Das erste Wirtschaftsstrafgesetz (WiStG) von 1949 (vom 26.7.1949, WiGBl. 1949, 193) zählte enumerativ das geltende Wirtschaftsstrafrecht auf und nahm in § 6 den Lehren des Strafrechtsdogmatikers und Rechtshistorikers *Eberhard Schmidt*[44] folgend eine **Abgrenzung zwischen Wirtschaftsstraftaten und Wirtschaftsordnungswidrigkeiten** vor. Das Wirtschaftsstrafgesetz 1954 (vom 9.7.1954, BGBl. I, S. 175, in Kraft getreten am 10.7.1954) vereinfachte das Wirtschaftsstrafrecht weiter durch eine Reduzierung der Straftatbestände. Die verbleibenden strafrechtlichen Normen betrafen dabei vornehmlich das Preis- und Wucherstrafrecht.[45] Besondere praktische Bedeutung erlangten der Tatbestand der „Mietpreisüberhöhung" sowie die „Abschöpfung des Mehrer-

---

44 *Schmidt*, Das neue westdeutsche Wirtschaftsstrafrecht, Tübingen 1950, S. 26 ff.
45 *Richter*, in: Müller-Gugenberger/Bieneck (Hrsg.): Wirtschaftsstrafrecht, § 1, Rn. 43 ff.

löses". So handelte nach § 5 Abs. 1 ordnungswidrig, wer vorsätzlich oder leichtfertig unangemessen hohe Entgelte für die Vermietung von Räumen zum Wohnen forderte, sich versprechen ließ oder annahm. Ein etwaiger überschüssiger Mehrerlös war dann an das Land abzuführen, § 8 Abs. 1 S. 1.

bb) Das Ordnungswidrigkeitengesetz von 1952

46 Das Ordnungswidrigkeitengesetz (vom 25.3.1952, BGBl. I, S. 177, in Kraft getreten am 1.4.1952) unterschied im Jahr 1952 nun grundsätzlich zwischen sozialethisch bedeutsamen Straftaten und sozialethisch neutralen Ordnungswidrigkeiten. Verwaltungsbehörden dürfen seitdem keine Geldstrafen, sondern nur noch Geldbußen anordnen, welche lediglich eine nachträgliche Pflichtenmahnung und kein sozialethisches Unwerturteil ausdrückt.[46] Es erfolgte eine Umwandlung jeglicher Übertretungen im Kern- und Nebenstrafrecht in Ordnungswidrigkeiten, wenn keine Hochstufung zur Straftat stattfand.[47] Das OWiG von 1952 wurde durch das Gesetz über Ordnungswidrigkeiten aus dem Jahr 1968 (vom 24.5.1968, BGBl. I, S. 481, in Kraft getreten am 1.10.1968) ersetzt und unterlag seit seiner Einführung zahlreichen Veränderungen. Auch fanden die für das Wirtschaftsstrafrecht besonders hervorzuhebenden Vorschriften der §§ 30, 130 OWiG im weiteren Verlauf Eingang in das OWiG. Die Verbandsgeldbuße nach § 30 OWiG vereinheitlichte dabei zahlreiche unterschiedliche Spezialvorschriften über Geldbußen gegen juristische Personen.

cc) Das Gesetz gegen Wettbewerbsbeschränkung von 1957

47 Das Gesetz gegen Wettbewerbsbeschränkungen (GWB) (vom 27.7.1957, BGBl. I, S. 2114, in Kraft getreten am 1.1.1958) bildete die Grundlage der freien Preisbildung und des freien Wettbewerbs und stand im Zusammenhang mit der Entwicklung der sozialen Marktwirtschaft. *Ludwig Erhard* hatte dazu in seiner Monographie „Wohlstand für alle" ausgeführt: „Nach meiner Auffassung beinhaltet die soziale Marktwirtschaft eben nicht die Freiheit der Unternehmer, durch Kartellabmachungen die Konkurrenz auszuschalten; sie beinhaltet vielmehr die Verpflichtung, sich durch eigene Leistung im Wettbewerb mit den Konkurrenten die Gunst des Verbrauchers zu verdienen. Nicht der Staat hat darüber zu entscheiden, wer am Markt obsiegen soll, aber auch nicht eine unternehmerische Organisation wie ein Kartell, sondern ausschließlich der Verbraucher. Den Gegenpol der wirtschaftlichen Freiheit stellt die Ausprägung wirtschaftlicher Macht dar. Der Gesetzgeber muss also dem Problem der wirtschaftlichen Macht als einem möglichen Störfaktor des marktwirtschaftlichen Gleichgewichts seine besondere Aufmerksamkeit schenken."

48 Herzstück des Gesetzes ist das bußgeldbewehrte grundsätzliche Kartellverbot in § 1 GWB[48], das heute wie folgt lautet: „Vereinbarungen zwischen Unternehmen, Beschlüsse von Unternehmensvereinigungen und aufeinander abgestimmte Verhaltensweisen, die eine Verhinderung, Einschränkung oder Verfälschung des Wettbewerbs bezwecken oder bewirken, sind verboten". Im Bereich des Kartellrechts zeigt sich in besonderer

---

46 *Wittig*, Wirtschaftsstrafrecht, § 3, Rn. 10 f.
47 *Richter*, in: Müller-Gugenberger/Bieneck (Hrsg.): Wirtschaftsstrafrecht, § 1, Rn. 56.
48 Zum Kartellbußgeldrecht siehe § 3, Rn. 681 ff.

Weise der starke europarechtliche Einfluss auf das Strafrecht bzw. Bußgeldrecht.[49] Die Globalisierung der Wirtschaft fordert eine Harmonisierung der nationalen Regelungen zum Kartellrecht.[50] Für die Verhängung eines Bußgeldes in einem Kartellverfahren ist die Europäische Kommission zuständig, sobald sich das Kartell auf den Wettbewerb in mehreren Mitgliedstaaten auswirkt (vgl. Art. 11 Abs. 6 VO 01/2003). Handelt es sich nicht um ein solches länderübergreifendes Kartell, so ist für die Verfolgung und Bußgeldverhängung innerhalb Deutschlands entweder das Bundeskartellamt, bei Wirkung der Wettbewerbsbeschränkung über das Gebiet eines Bundeslandes hinaus, oder die jeweilige Landeskartellbehörde zuständig (vgl. § 48 Abs. 2 S. 1 GWB). Die Europäische Kommission und die nationalen Wettbewerbsbehörden arbeiten in Kartellverfahren eng zusammen. Durch zentrale Entscheidungen des EuGH zum Kartellschadensersatzrecht („Courage" (EuGH 20.9.2001 – C-453/99), „Kone" (EuGH 5.6.2014 – C-557/12) und zuletzt „Skanska" (EuGH 14.3.2019 – C-724/17)) ist außerdem zu erkennen, dass das Kartellschadensersatzrecht in den Dienst einer quasistrafrechtlichen Präventionsfunktion gestellt wird. So wurden die Beteiligten des sog. „Zuckerkartells" vom Bundeskartellamt zwar „lediglich" mit einer Geldbuße i.H. v. 280 Mio. EUR sanktioniert. Die Forderungen auf Schadensersatz betrugen aber rund 400 Mio EUR.[51] Insgesamt zeigt sich an dieser Rechtsmaterie die allmähliche Übernahme des aus dem US-Recht stammenden Paradigmas des „private law enforcement". Die Stärkung der privaten Rechtsdurchsetzung dient demnach nicht lediglich der Verbesserung der gerichtlichen Geltendmachung von Individualinteressen, sondern sie stellt ein zweites Modell der Regulierung dar, das dem Schutz überindividueller Rechtsgüter (wie beispielsweise der Funktionsfähigkeit des Binnenmarktes) dient. In einem liberalen Wirtschaftsstrafrecht ist diese Entwicklung im Sinne des fragmentarischen Charakters des Wirtschaftsstrafrechts zu unterstützen. Sie führt aber zu einer Schieflage zugunsten der Interessen der Geschädigten gegenüber den in Anspruch genommenen Unternehmen. So kann gem. den Prämissen der Skanska-Entscheidung des EuGH und unter Durchbrechung des dem deutschen Gesellschaftsrechts innewohnenden Trennungsprinzips auch ein Unternehmensnachfolger oder eine am Kartellrechtsverstoß der Tochtergesellschaft unbeteiligte Muttergesellschaft auf Schadensersatz in Anspruch genommen werden (str.).

Die Relevanz des Kartellverbots zeigt sich in Deutschland am Skandal um das sog. „Wurstkartell". Das Bundeskartellamt verhängte nach einer anonymen Anzeige im Jahr 2014 wegen illegaler Preisabsprachen Bußgelder gegen 22 Wursthersteller in Höhe von insgesamt ca. 338 Millionen EUR. Den namenhaften Wurstherstellern wurde vorgeworfen, etwa 12 Jahre lang wettbewerbswidrige Preiserhöhungen abgesprochen zu haben. Weiterhin einigten sich die Beteiligten darauf einheitlich auf die großen Einzelhandelsketten im Lebensmitteleinzelhandel zuzugehen, um gemeinsam ihre Preiser-

49

---

49 *Bosch*, Die Entwicklung des deutschen und europäischen Kartellrechts, NJW 2019, 1724; *Timmerbein/Blome*, Steter Tropfen höhlt den Stein – Die „wirtschaftliche Einheit" im deutschen Kartellrecht nach der 9. GWB-Novelle, BB 2017, 1544 ff.
50 Vgl. zuletzt Richtlinie (EU) 2019/1 vom 11.12.2018 zur Stärkung der Wettbewerbsbehörden der Mitgliedstaaten im Hinblick auf eine wirksamere Durchsetzung der Wettbewerbsvorschriften und zur Gewährleistung des reibungslosen Funktionierens des Binnenmarkts, abrufbar unter: https://eur-lex.europa.eu/legal-content/DE/TXT/PDF/?uri=CELEX:32019L0001&from=EN (zugegriffen am 14.3.2020).
51 *Poelzig/Bauermeister*, Kartellrechtsdurchsetzung, ne bis in idem, Verhältnismäßigkeit (Teil 1), NZKart 2017, 491 ff.

höhungsforderungen durchzusetzen.⁵² Die damals geltende Gesetzeslage bot jedoch ein „Schlupfloch", das als „Wurstlücke" bekannt wurde: Konzerne konnten im Kartellverfahren Bußgeldern entgehen, indem sie die von den Geldbußen betroffenen Tochterunternehmen durch Umstrukturierung auflösten und das Vermögen der Firma auf andere Gesellschaften übertrugen. Diese Haftungslücke wurde mit der 9. Novelle des Gesetzes gegen Wettbewerbsbeschränkungen (GWB) zum 1.6.2017 geschlossen.⁵³

Andere Kartellskandale in Deutschland waren das „Bierkartell" (2006 – 2008)⁵⁴, das Kaffeekartell (2000 – 2009)⁵⁵ und das Schienenkartell (2001 – 2011)⁵⁶. Die EU-Kommission verhängte im Jahr 2018 gegen Google eine Geldbuße in Höhe von 4,45 Milliarden EUR wegen Missbrauchs der Marktmacht bei Android-Mobilgeräten.⁵⁷

50 Es gelang in dieser Phase jedoch nicht, die Materie des Wirtschaftsstrafrechts übersichtlich zu ordnen. Dies führte gerade im Zuge der Entwicklung des „**Wirtschaftswunders**" und des rasanten technischen Fortschritts zu Problemen in der Verfolgung und Ahndung von Wirtschaftskriminalität. In den 70er Jahren rückten daher die Wirtschaftskriminalität und die sich daraus ergebende Aufgabe der „Bekämpfung" in den Fokus von Politik sowie juristischer Lehre und Forschung.

dd) Die „Ära Jahn" und ihre Folgen

51 Unter Bundesjustizminister *Jahn* (im Kabinett des SPD Bundeskanzlers *Willy Brandt*, 1969–1974) sollte entschiedener gegen Wirtschaftskriminalität vorgegangen werden. Ferner galt es, die (behauptete) Ungleichbehandlung der Wirtschaftsstraftäter zu anderen Tätern durch unterschiedlich intensive Kriminalisierung und Sanktionierung entsprechenden Fehlverhaltens aufzuhalten und zu beseitigen („Umkriminalisierung" – Entkriminalisierung im Mikrobereich, Neu-Kriminalisierung im Makrobereich – war die Parole⁵⁸). 1972 wurde eine Sachverständigenkommission zur „Bekämpfung" der Wirtschaftskriminalität eingerichtet, die in den Folgejahren zahlreiche Vorschläge zur Erweiterung des Strafrechts im Bereich wirtschaftlichen Handelns sowie zur Steigerung der Effizienz in der Verfolgung von Wirtschaftskriminalität vorlegen konnte.

ee) Die Gesetze zur Bekämpfung der Wirtschaftskriminalität von 1976 und 1986

52 In den Jahren 1976 und 1986 wurden im Zuge dieser Reformen, insbesondere zwei Gesetze zur Bekämpfung von Wirtschaftskriminalität (Erstes Gesetz zur Bekämpfung der Wirtschaftskriminalität vom 29.7.1976, BGBl. I, S. 2034, in Kraft getreten am

---

52 Fallbericht Bundeskartellamt, Aktenzeichen B12–13/09, abrufbar unter: https://www.bundeskartellamt.de/SharedDocs/Entscheidung/DE/Fallberichte/Kartellverbot/2017/B12-13-09.pdf?__blob=publicationFile&v=4 (zugegriffen am 14.3.2020).
53 Siehe dazu *Timmerbein/Blome*, Steter Tropfen höhlt den Stein – Die „wirtschaftliche Einheit" im deutschen Kartellrecht nach der 9. GWB-Novelle, BB 2017, 1544 ff.
54 https://www.bundeskartellamt.de/SharedDocs/Meldung/DE/Pressemitteilungen/2014/13_01_2014_Fernsehbiere.html (zugegriffen am 14.3.2020).
55 https://www.bundeskartellamt.de/SharedDocs/Meldung/DE/Pressemitteilungen/2009/21_12_2009_Kaffeeröster.html (zugegriffen am 14.3.2020).
56 https://www.bundeskartellamt.de/SharedDocs/Meldung/DE/Pressemitteilungen/2012/05_07_2012_Schienenkartell.html (zugegriffen am 14.3.2020).
57 https://ec.europa.eu/germany/news/20180718-kommission-google-android-strafe-von-434-milliarden-euro_de (zugegriffen am 14.3.2020).
58 *Lüderssen*, Regulierung, Selbstregulierung und Wirtschaftsstrafrecht. Versuch einer interdisziplinären Systematisierung, in: Kempf/Lüderssen/Volk (Hrsg.): Die Handlungsfreiheit des Unternehmers – wirtschaftliche Perspektiven, strafrechtliche und ethische Schranken, S. 241 ff., 246.

1.9.1976; Zweites Gesetz zur Bekämpfung der Wirtschaftskriminalität vom 15.5.1986, BGBl I, S. 721, in Kraft getreten am 1.8.1986) verabschiedet, durch die zunächst **neue Straftatbestände** im Vorfeld des Betruges wie **Subventionsbetrug** (§ 264) und **Kreditbetrug** (§ 265 b) geschaffen sowie die **Bankrottdelikte** (§ 283 ff.) neu geregelt und in das StGB transferiert wurden. Ferner wurde der Wuchertatbestand (§ 302 a) neu gefasst. Um der steigenden Bedeutung der **elektronischen Datenverarbeitung und des bargeldlosen Zahlungsverkehrs** Rechnung zu tragen und weitere behauptete Strafbarkeitslücken zu schließen, wurde durch das 2. WiKG das **Computerstrafrecht,** mit den Tatbeständen des Computerbetruges (§ 263 a), der Fälschung gespeicherter Daten (§ 269) und der Täuschung im Rechtsverkehr bei der Datenverarbeitung (§ 270), der Tatbestand des Missbrauchs von Scheck- und Kreditkarten (§ 266 b) sowie der Tatbestand des **Kapitalanlagebetrugs** (§ 264 a) im Vorfeld des § 263, verabschiedet. Weitere Änderungen und Erweiterungen betreffen die **Wirtschaftsspionage** (§ 17 UWG) und andere Delikte im UWG.

Weiterhin erfolgte eine Novellierung des § 14 Abs. 2 S. 1 Nr. 2 und damit die **Ausdehnung der Verantwortlichkeit in Unternehmen.** Zur Effizienzsteigerung im Bereich der Strafverfolgung errichtete man in einigen Bundesländern seit 1968 **Schwerpunktstaatsanwaltschaften** und polizeiliche Spezialdienststellen. Diese Maßnahmen wurden durch Reformen im administrativen Bereich, wie z.B. der Entwicklung eines Zentralregisters für unlautere Gewerbetreibende sowie die Einrichtung einer zentralen Steuerstraftäterkartei abgerundet.

Auf der gerichtlichen Ebene sind für die Bearbeitung von Wirtschaftsstrafsachen seit Anfang der 70er Jahre zudem in erster Instanz gem. § 74 c GVG besondere **Wirtschaftsstrafkammern** zuständig, in denen die Richter über wirtschaftswissenschaftliche Kenntnisse verfügen sollen. Die für die Verfolgung von Wirtschaftskriminalität zuständigen **Schwerpunktstaatsanwaltschaften,** die in den letzten 20 Jahren etabliert worden sind, sind mit Dezernenten besetzt, die ausschließlich im Bereich von Wirtschaftsstraftaten ermitteln, so dass auf Seiten der Verfolgungsbehörden Spezialisten an der Überführung von Wirtschaftsstraftätern arbeiten. Ebenso wie die Rechtsmaterie des Wirtschaftsstrafrechts differenzieren sich auch die Ermittlungsbehörden weiter aus. So gibt es bspw. in Hessen eine Zentralstelle zur Bekämpfung von Vermögensstraftaten und Korruption im Gesundheitswesen, die bei der Generalstaatsanwaltschaft Frankfurt eingerichtet ist und ausschließlich Fälle aus diesem Spektrum der Wirtschaftskriminalität verfolgt.

Des Weiteren sind folgende gesetzgeberische Maßnahmen zur Bekämpfung und Regelung des Wirtschaftsstrafrechts getroffen worden:

ff) Gesetz zur Änderung des Außenwirtschaftsgesetzes, des Strafgesetzbuches und anderer Gesetze von 1992

In dem Gesetz zur Änderung des Außenwirtschaftsgesetzes, des Strafgesetzbuches und anderer Gesetze (vom 28.2.1992, BGBl I, S. 372, in Kraft getreten zum 7.3.1992) wurde das für den Verfall, als Sanktion zur Gewinnabschöpfung, geltende Nettoprinzip durch das Bruttoprinzip ersetzt. Danach ist für den Umfang des Verfalls nicht nur der Gewinn, sondern grundsätzlich alles maßgeblich, was der Täter für die Tat oder aus ihr erlangt hat. Den Gewinn mindernde Aufwendungen sind nicht zu berücksichtigen. So sollte der Organisierten Kriminalität die wirtschaftliche Grundlage genommen werden.

gg) Das Gesetz zur Bekämpfung des illegalen Rauschgifthandels und anderer Erscheinungsformen der organisierten Kriminalität von 1992

56 Durch das Gesetz zur Bekämpfung des illegalen Rauschgifthandels und anderer Erscheinungsformen der Organisierten Kriminalität *(vom 15.7.1992, BGBl I, S. 1302, in Kraft getreten am 22.9.1992)* wurde der Geldwäsche-Tatbestand (§ 261) eingeführt (später ergänzt und flankiert durch das Geldwäschegesetz vom 25.10.1995), welcher durch das Gesetz zur Verbesserung der Bekämpfung der Organisierten Kriminalität (vom 4.5.1998, BGBl. I, S. 845, in Kraft getreten am 9.5.1998) erweitert und verschärft wurde. Um bestehende Lücken bei der Gewinnabschöpfung zu schließen, kam es sanktionsrechtlich zu der Einführung des Erweiterten Verfalls nach § 73 d. Hierdurch kann der Verfall eines Vermögensgegenstandes auch dort angeordnet werden, wo dessen Herkunft aus einer konkreten, abgeurteilten Straftat nicht festgestellt werden kann.[59] Zugleich wurde die Vermögensstrafe nach § 43 a eingeführt, welche das Gericht neben einer lebenslangen oder einer zeitigen Freiheitsstrafe von mehr als zwei Jahren verhängen können sollte, sofern der angewendete Straftatbestand auf diese Vorschrift verwies. Die Höhe des Geldbetrages sollte durch den Wert des Vermögens des Täters begrenzt sein. Wegen Verstoßes gegen das Bestimmtheitsgebot (Art. 103 Abs. 2 GG) wurde die Vorschrift des § 43 a durch die Entscheidung des BVerfG vom 20.3.2002 für verfassungswidrig und nichtig erklärt.[60]

hh) Das Wertpapierhandelsgesetz von 1994

57 Um das Vertrauen in die Funktionsfähigkeit des deutschen Finanzmarktes auszubauen und weil die auf Selbstkontrolle basierende Insiderhandelsrichtlinie vom 13.11.1970 als nicht mehr ausreichend erachtet wurde, stellte das infolge des Zweiten Finanzmarktförderungsgesetzes eingeführte Wertpapierhandelsgesetz (vom 26.7.1994, BGBl. I, S. 1759, in Kraft getreten am 1.8.1994) den Verstoß von Insidern gegen sie treffende Erwerbs- oder Veräußerungsverbote in § 38 Abs. 1 Nr. 1–3, Abs. 2 i.V.m § 14 WpHG unter Strafe. Diese Pönalisierung ist aufgrund der ultima-ratio-Charakteristik des Strafrechts in Frage zu stellen.

ii) Das Gesetz zur Bekämpfung der Korruption von 1997

58 Im Jahr 1997 wurde durch das Gesetz zur Bekämpfung der Korruption (vom 13.8.1997, BGBl. I, S. 2038, in Kraft getreten am 20.8.1997) der Abschnitt „Straftaten gegen den Wettbewerb" und die Straftatbestände der §§ 298, 299 in das StGB eingefügt. Des Weiteren wurden der Amtsträgerbegriff in § 11 Abs. 1 Nr. 2 geändert und die Bestechungsdelikte neu gestaltet.[61] Nach den Gesetzesmaterialien stand die Reform unter dem übergeordneten Ziel des Bundes und der Länder „alle Anstrengungen" zu unternehmen, um jeder Form von Korruption vorzubeugen und sie zu bekämpfen[62]. Zur Verbesserung der Strafverfolgung kam es in einigen Bundesländern parallel zum Aufbau sog. „**Eingreifreserven**" und „**Ermittlungsgruppen**" der Staatsanwaltschaft, de-

---

59 Vgl. *Grunst/Volk*, in: Volk (Hrsg.): Verteidigung in Wirtschafts- und Steuerstrafsachen, § 1, Rn. 80.
60 BVerfG 20.3.2002 – 2 BvR 794/95, BVerfGE 105, 135 ff.
61 *Wittig*, Wirtschaftsstrafrecht, § 3, Rn. 19; *Dölling*, Gutachten zum 61. DJT 1996, Bd. I.
62 BT-Drucks. 13/8079, S. 2.

II. Historische, kriminalpolitische und kriminologische Grundlagen

ren Aufgabe ausschließlich in der Bekämpfung von Betrug und Korruption im Gesundheitswesen besteht.[63]

jj) Das 6. Gesetz zur Reform des Strafrechts von 1998

Das 6. Gesetz zur Reform des Strafrechts (6. StrRG) (vom 26.1.1998, BGBl. I, S. 164, in Kraft getreten am 1.4.1998) führte unter anderem zu einer Reformierung des Betrugstatbestandes. Die bisher unbenannten besonders schweren Fälle des Betruges wurden in § 263 Abs. 3 durch die Aufnahme von Regelbeispielen ersetzt und dadurch die Anwendung dieser Strafzumessungsvorschrift durch das Anführen konkreter Anhaltspunkte erleichtert. Zur Bekämpfung der professionellen und Organisierten Kriminalität wurde der neue Qualifikationstatbestand des § 263 Abs. 5 eingeführt, der die Tat in Fällen kumulativ vorliegender Gewerbs- und Bandenmäßigkeit zum Verbrechen hochstuft. Auch in § 264 Abs. 3 wird auf § 263 Abs. 5 verwiesen und in § 266 Abs. 2 erfolgt zusätzlich ein Verweis auf die Regelbeispiele des § 263 Abs. 3. Weiterhin kam es im Zuge dieser Reform zu einer Neufassung des § 265, wonach bereits bestimmte Handlungen im Vorfeld des § 263 bestraft werden. Dieser Tatbestand des Versicherungsmissbrauchs ist gegenüber dem ebenfalls durch das 6. StrRG neu eingeführten Versicherungsbetrug nach § 263 Abs. 3 S. 2 Nr. 5 ausdrücklich subsidiär.

59

kk) Das Gesetz zur Bekämpfung von Steuerverkürzungen bei der Umsatzsteuer und zur Änderung anderer Steuergesetze (StVBG) von 2001

Durch das Steuerverkürzungsbekämpfungsgesetz (vom 19.12.2001, BGBl. I, S. 3922, in Kraft getreten am 1.1.2002) fanden Änderungen der Abgabenordnung (AO), des Umsatzsteuergesetzes (UStG) und des Strafgesetzbuchs (StGB) statt. So wurden der Straftatbestand der gewerbs- oder bandenmäßigen Steuerhinterziehung (§ 370a AO) sowie der gewerbs- oder bandenmäßigen Schädigung des Umsatzsteueraufkommens (§ 26c UStG) eingeführt. Der neu eingeführte § 370a AO wurde zudem als Vortat der Geldwäsche in § 261 Abs. 1 S. 3 eingefügt, wodurch eine bessere Bekämpfung der Organisierten Kriminalität angestrebt wurde.[64]

60

Dabei kannte § 370a AO das Tatbestandsmerkmal der Verkürzung von Steuern „in großem Ausmaß", welches durch das Steuerbeamtenausbildungsgesetz (StBAG) (vom 23.7.2002, BGBl. I, S. 2715, in Kraft getreten am 27.7.2002) eingefügt wurde. Ein Jahr später vertrat der BGH allerdings den Standpunkt, dass die Norm gegen das Bestimmtheitsgebot verstoße (BGH 22.7.2004 – 5 StR 85/04, NJW 2004, 2990). Bereits im Orientierungssatz der Entscheidung heißt es:

61

> „Das in dem Straftatbestand der gewerbsmäßigen und bandenmäßigen Steuerhinterziehung gem. § 370a AO entscheidende Verbrechensmerkmal der Steuerverkürzung „in großem Ausmaß" erscheint unter Bedacht auf Art. 103 Abs. 2 GG nicht ausreichend be-

62

---

63 Über die Tätigkeit der Eingreifreserve entscheidet der Generalstaatsanwalt nach § 145 Abs. 1 GVG. Sie unterstützt die lokale Staatsanwaltschaft verfahrensbezogen. Zur Verfolgungspraxis der Staatsanwaltschaften vgl. die empirische Untersuchung von *Meier/Homann*, Die Verfolgungspraxis der Staatsanwaltschaften und Gerichte bei Vermögensstraftaten im System der gesetzlichen Krankenversicherung, MschrKrim 92 (2009), 359 ff.; vgl. auch *Gatzweiler*, Zuwendung und Korruption, ein Bericht aus der Sicht eines Strafverteidigers, Wissenschaftsrecht 35 (2002), 333: „Die Bekämpfung tatsächlicher und vermeintlicher Korruption hat in der Arbeit der Staatsanwaltschaften – insbesondere ihrer Schwerpunktabteilungen für Wirtschaftskriminalität – in der Bundesrepublik Deutschland einen Grad der Bedeutung erlangt, der früher unvorstellbar erschienen wäre".
64 Vgl. *Grunst/Volk*, in: Volk (Hrsg.): Verteidigung in Wirtschafts- und Steuerstrafsachen, § 1, Rn. 69.

stimmt. Es läßt sich nicht erkennen, unter welchen Voraussetzungen dieses Tatbestandsmerkmal erfüllt ist, welche Anknüpfungspunkte maßgeblich sein sollen und ob es auf den jeweiligen Einzelfall ankommt oder ob bei einer Vielzahl von Hinterziehungstaten eine Gesamtbetrachtung des Tatbildes entscheidend sein soll."

63 Um einer Aufhebung der Norm durch das Bundesverfassungsgericht zuvorzukommen, hat der Gesetzgeber den Tatbestand sodann aufgehoben und die Verkürzung in „großem Ausmaß" zum Regelbeispiel in § 370 Abs. 3 S. 2 Nr. 1 Alt. 1 AO herabgestuft.

ll) Das Gesetz zur Erleichterung der Bekämpfung von illegaler Beschäftigung und Schwarzarbeit von 2002 und das Gesetz zur Intensivierung der Bekämpfung der Schwarzarbeit und damit zusammenhängender Steuerhinterziehung von 2004

64 Das Gesetz zur Erleichterung der Bekämpfung von illegaler Beschäftigung und Schwarzarbeit (vom 23.7.2002, BGBl. I, S. 2787, in Kraft getreten am 1.8.2002) führte zu einer Änderung des Straftatbestandes des Vorenthaltens und Veruntreuens von Arbeitsentgelt nach § 266 a und einer damit verbundenen Verschärfung. So wurde eine Entscheidung für die Lohnpflichttheorie in Abgrenzung von der Lohnzahlungstheorie getroffen. Die Lohnzahlungstheorie ging dabei davon aus, dass eine zweckwidrige Verwendung der Arbeitnehmerbeiträge erforderlich sei, während es die Lohnpflichttheorie ausreichen lässt, dass die Beiträge seitens der Arbeitgeber nicht bei Fälligkeit gezahlt werden.[65] Zudem wurden durch § 266 a Abs. 4 Regelbeispiele für besonders schwere Fälle eingeführt. Diese wurden als notwendig erachtet, um der „massenhaften Begehung als auch der Tatbegehung in großem Umfang Rechnung"[66] zu tragen. Infolge des Gesetzes zur Intensivierung der Bekämpfung der Schwarzarbeit und damit zusammenhängender Steuerhinterziehung von 2004 (vom 23.7.2004, BGBl. I, S. 1842, in Kraft getreten am 1.8.2004) kam es zur Einfügung von § 266 a Abs. 2. Danach wird an § 370 Abs. 1 AO angeknüpft und auch das Vorenthalten von Beiträgen des Arbeitgebers zur Sozialversicherung pönalisiert. Ziel der Gesetzesänderung war hierbei die Schließung etwaiger Strafbarkeitslücken in Fällen der geringfügigen Beschäftigung, die dadurch entstanden, dass ein Beitragsbetrug nach § 263 Abs. 1 an der fehlenden Erregung eines Irrtums scheiterte.[67]

mm) Ausführungsgesetz zum Zweiten Protokoll vom 19.6.1997 zum Übereinkommen über den Schutz der finanziellen Interessen der EG usw. von 2002

65 Das Ausführungsgesetz zum Zweiten Protokoll vom 19.6.1997 zum Übereinkommen über den Schutz der finanziellen Interessen der EG usw. von 2002 (vom 22.8.2002, BGBl. I, S. 3387, in Kraft getreten am 30.8.2002) änderte die Vorschriften der Einziehung (§§ 74 ff.). Gem. § 75 S. 1 Nr. 3 ist die Einziehung gegen alle rechtsfähigen Personengesellschaften möglich. In § 75 S. 1 Nr. 5 wurde zudem der Täterkreis der Bezugstat auf alle verantwortlich handelnden Leitungspersonen ausgedehnt.[68]

---

65 Vgl. *Ziemons*, in: Michalski GmbHG, § 43, Rn. 678.
66 *Radtke*, in: MüKo StGB, § 266 a, Rn. 108.
67 Vgl. *Grunst/Volk*, in: Volk (Hrsg.): Verteidigung in Wirtschafts- und Steuerstrafsachen, § 1, Rn. 74.
68 Vgl. *Grunst/Volk*, in: Volk (Hrsg.): Verteidigung in Wirtschafts- und Steuerstrafsachen, § 1, Rn. 82.

II. Historische, kriminalpolitische und kriminologische Grundlagen § 1

nn) Das Gesetz zur Bekämpfung der Korruption von 2015 und das Gesetz zur Bekämpfung der Korruption im Gesundheitswesen von 2016

Im Jahr 2015 wurde das Gesetz zur Bekämpfung der Korruption von 1997 (Rn. 57) durch die Einführung des sog. Geschäftsherrenmodells in § 299 Abs. 1 Nr. 2 (Gesetz vom 20.11.2015, BGBl. I 2015, S. 2025, in Kraft getreten am 26.11.2015) weiter verschärft.[69] Dieses soll das sog. Wettbewerbsmodell derart ergänzen, dass auch die Förderung eigener Interessen, betriebsinterne Bestechungshandlungen oder Einwirkungshandlungen auf rechtserhebliche Entscheidungen des Bestochenen, also alle Bestechungen und Bestechlichkeiten unter Strafe gestellt werden.[70] Grundlage für das Geschäftsherrenmodell ist die Umsetzung des Rahmenbeschlusses des Rates der Europäischen Union 2003/568/JI vom 22.7.2003[71]. Mit diesem sollte ein einheitlicher nationaler Standard der europäischen Rechtsordnungen bei der Strafbarkeit der Korruption im Geschäftsverkehr geschaffen werden.

Im Jahr 2016, in der 18. Legislaturperiode, wurden außerdem die §§ 299 a und b, Bestechlichkeit und Bestechung im Gesundheitswesen, in das StGB eingefügt.[72] Dieses Gesetz geht zurück auf einen Beschluss des Großen Senats des Bundesgerichtshofes aus dem Jahre 2012, wonach die Bestechung von Vertragsärzten weder gem. §§ 331 ff. als Amtsträger, noch gem. § 229 als Beauftragte der gesetzlichen Krankenkassen strafbar sei. Diese Regelungslücke müsse durch den Gesetzgeber geschlossen werden.[73]

oo) Das Gesetz zur Vermögensabschöpfung von 2017

Das Gesetz zur Reform der strafrechtlichen Vermögensabschöpfung von 2017 (Gesetz vom 13.4.2017, BGBl. I 2017 Nr. 22, S. 872, in Kraft getreten am 1.7.2017) verfolgt das Ziel, das zu diesem Zeitpunkt geltende Recht der Vermögensabschöpfung durch eine grundlegende Reform zu vereinfachen und Regelungslücken zu schließen. Das Institut des „Verfalls" im StGB und die Möglichkeit der vorläufigen Sicherstellung von Vermögenswerten in der StPO stellten zwar grds. durchdachte Abschöpfungsinstrumente dar. Allerdings war das Regelungsmodell komplex und insbesondere im Bereich der Opferentschädigung mit zahlreichen Problemen behaftet.[74] Das Gesetz geht zurück auf die Richtlinie 2014/42/EU vom 3.4.2014 über die Sicherstellung und Einziehung von Tatwerkzeugen und Erträgen aus Straftaten in der Europäischen Union.[75] Die Opferentschädigung wurde durch die Anspruchsbefriedigung im Strafvollstreckungsverfahren (§ 459 g StPO) oder im Insolvenzverfahren (§ 111 i StPO) und die Abschaffung der sog. „Rückgewinnungshilfe" neu geregelt. Damit soll das sog. „Windhundrennen", bei dem die Tatopfer in einem zivilrechtlichen Verfahren die Durchsetzung ihrer Ansprüche erstreiten und in einem gesonderten strafprozessualen Verfahren die Zwangsvollstreckung erreichen müssen, abgeschafft werden. Weiterhin wurden die Regelungen zur vorläufigen Sicherstellung gestärkt und Abschöpfungslücken in Bezug auf

66

67

---

69 S. näher § 3, Rn. 540.
70 BT-Drucks. 17/13087, S. 6.
71 Abrufbar unter https://eur-lex.europa.eu/legal-content/DE/LSU/?uri=CELEX:32003F0568 (zugegriffen am 14.3.2020).
72 Durch das Gesetz vom 30.5.2016, BGBl. I 2016, S. 1254, in Kraft getreten am 4.6.2016; *Schneider*, medstra 4/2016, 195 ff.; ders. in: Transparenz/Neue Produkte – 18. Marburger Gespräche zum Pharmarecht, S. 221 ff.
73 BGH 29.3.2012 – GSSt 2/11, Rn. 46.
74 Vgl. Gesetzesentwurf der Bundesregierung, BT-Drucks. 18/9525.
75 Abrufbar unter https://eur-lex.europa.eu/legal-content/DE/TXT/?uri=CELEX:32014L0042 (zugegriffen am 14.3.2020).

nachträglich entdecktes Vermögen und Vermögen unklarer Herkunft geschlossen.[76] Durch dieses Gesetz zeichnet sich in bedenklicher Weise die zunehmende „Fiskalisierung des Strafrechts" auch als Tendenz im Wirtschaftsstrafrecht ab.[77]

Der Bundesgerichtshof hat dem Bundesverfassungsgericht mit dem Beschluss vom 7.3.2019 – 3 StR 192/18 die Frage zur Entscheidung vorgelegt, ob die Übergangsvorschrift des Art. 316 h S. 1 EGStGB insofern mit dem Grundgesetz vereinbar ist, als dass sie bestimmt, dass die Einziehung von Tatererträgen nach § 76 a Abs. 2 S. 1 i.V.m. § 78 Abs. 1 S. 2 sowie § 76 b Abs. 1 rückwirkend auf Straftaten anzuwenden ist, die vor Inkrafttreten des Gesetzes begangen wurden. Nach Ansicht des Bundesgerichtshofs verstößt diese Regelung gegen das verfassungsrechtliche Verbot echt rückwirkender Gesetze.

pp) Das Gesetz zum Schutz von Geschäftsgeheimnissen von 2019

68 Das Gesetz zum Schutz von Geschäftsgeheimnissen (GeschGehG) von 2019 (Gesetz vom 18.4.2019, BGBl. I 2019, S. 466 ff., in Kraft getreten am 26.4.2019) dient der Umsetzung der Richtlinie (EU) 2016/943 des Europäischen Parlaments und des Rates vom 8.6.2016 zum Schutz von Geschäftsgeheimnissen vor rechtswidrigem Erwerb sowie rechtswidriger Nutzung und Offenlegung. Auch in dieser Umsetzung zeigt sich die zunehmende Relevanz europäischer Regelungen von grenzüberschreitenden vertraulichen Geschäftsinformationen durch die Globalisierung in der Wirtschaft. Das GeschGehG ist nun das zentrale Schutzgesetz für Geschäftsgeheimnisse. § 23 GeschGehG als Strafvorschrift löst die §§ 17–19 UWG a.F. ab.

f) Ausblick

69 Abzuwarten bleiben die Änderungen durch die Umsetzung des im August 2019 vom BMJV vorgelegten Entwurfes für ein Verbandssanktionengesetz, welcher eine erhebliche Neuregelung in der Verfolgung und Sanktionierung im Unternehmensstrafrecht vorsieht.[78]

Die zunehmenden europarechtlichen Einflüsse im deutschen Wirtschaftsstrafrecht werden sich wohl zukünftig auch durch die bevorstehende Implementierung des europäischen Staatsanwalts (durch die Verordnung des Rates der Europäischen Union, 2017/1939 vom 12.10.2017[79]) zeigen. Diese europäische Behörde soll ab 2020 agieren

---

76 Vgl. Gesetzesentwurf der Bundesregierung, BT-Drucks. 18/9525; Überblick bei *Trüg*, Die Reform der strafrechtlichen Vermögensabschöpfung, NJW 2017, 1913 ff.; *Meißner*, Die Reform der strafrechtlichen Vermögensabschöpfung – ein Ehrgeizprojekt oder: Höher, schneller, weiter ... das neue Abschöpfungsrecht aus Sicht des Strafverteidigers, KriPoz 2017, 237 ff.
77 Näheres bei *Schneider*, Discipline and Punishment. The Draft of the Act on Combating Corporate Crime, CEJ 2019, Vol. 5 Nr. 2, 26 ff.; zur Fiskalisierung *Frommel*, Die Entformalisierung des Strafrechts und der neue fiskalische Blick in sog. Reformgesetze, exemplarisch gezeigt beim Prostitutionsschutzgesetz – ProstSchG 2017, NK 2018, 115 ff., die von einer „bemerkenswerten Unbestimmtheit" des Gesetzes zur Vermögensabschöpfung spricht, ebd. 115.
78 Siehe dazu *Schneider*, Discipline and Punishment. The Draft of the Act on Combating Corporate Crime, CEJ 2019, Vol. 5 Nr. 2, 26 ff.; *ders.*, Das Unternehmen als Projektionsfläche kollektiver Strafbedürfnisse – Über die soziale Konstruktion der Täter- und Opferrolle, in: Jahn/Schmitt-Leonardy/Schoop (Hrsg.), Das Unternehmensstrafrecht und seine Alternativen, 2016, S. 23 ff.
79 Abrufbar unter https://eur-lex.europa.eu/legal-content/DE/TXT/?uri=CELEX:32017R1939 (zugegriffen am 14.3.2020).

II. Historische, kriminalpolitische und kriminologische Grundlagen § 1

und Missbrauch und Unterschlagung von EU-Geldern und sonstige Straftaten gegen finanzielle Interessen der EU verfolgen.[80]

Die kurze Skizze der Historie des Wirtschaftsstrafrechts dokumentiert eindrucksvoll das sich immer schneller drehende Rad der Neukriminalisierung nach dem Muster des **politisch-publizistischen Verstärkerkreislaufs**.[81] Offensichtlich wird trotz der Erkenntnis, dass das moderne „Kriminalitätsbekämpfungsstrafrecht" in allen Bereichen als gesellschaftspolitisches Steuerungsinstrument weitgehend versagt hat, seitens der Politik und unter Zustimmung breiter Teile der deutschen Strafrechtswissenschaft nach wie vor auf Strafrecht gesetzt.

Die Vielzahl der strafrechtlichen Normen steigert nicht nur die Komplexität des Wirtschaftsstrafrechts, sondern kann sich langfristig auch auf die gesamtgesellschaftliche Akzeptanz der wirtschaftsstrafrechtlichen Normen auswirken. Insofern ist näher auf die kriminalpolitischen und kriminologischen Spezifika des Wirtschaftsstrafrechts zu verweisen.

g) Wiederholung

Gibt es einen Zusammenhang zwischen der volkswirtschaftlichen Grundausrichtung eines Landes und der Dichte an Normen seines Wirtschaftsstrafrechts?

Antwort: Mit der volkswirtschaftlichen Grundausrichtung einer Ökonomie erfolgt ein Bekenntnis zu marktregulierenden Maßnahmen, um vor allem Gemeinwohlinteressen zu wahren. Insbesondere durch Instrumente des Wirtschaftsstrafrechts kann dabei in den Markt eingegriffen werden, um ungewünschtes Verhalten zu sanktionieren, woraus sich eine hohe Dichte an Normen des Wirtschaftsstrafrechts ergibt. Liberale Wirtschaftssysteme gehen hingegen von einer Selbstregulierung des Marktes aus und fokussieren den Schutz der Individualrechte. Konsequenz daraus ist, dass auf ein umfassendes Sanktionsgefüge im Bereich des Wirtschaftsstrafrechts verzichtet wird.

Literaturtipp zur Vertiefung:
Sehr zu empfehlen: *Nöckel*, Grund und Grenzen eines Marktwirtschaftsstrafrechts, Heidelberg 2012.

2. Kriminalpolitische Grundlagen des Wirtschaftsstrafrechts

a) Evolution des Wirtschaftsstrafrechts nach dem Modell des politisch-publizistischen Verstärkerkreislaufs

aa) Beispielhafte Verdeutlichung des politisch-publizistischen Verstärkerkreislaufs

Der Begriff des politisch-publizistischen Verstärkerkreislaufs geht zurück auf den Hamburger Kriminologen *Scheerer*[82], der anhand dieses Begriffes die Dynamik der Gesetzgebung im Betäubungsmittelstrafrecht der späten 60er und 70er Jahre des 20. Jahrhunderts analysiert. Die dort entwickelten Grundannahmen über den Zusammenhang zwischen Medienberichterstattung, öffentlicher Meinungsbildung und Gesetzgebung lassen sich uneingeschränkt auch auf das Wirtschaftsstrafrecht übertragen:

---

80 Dazu *Kubiciel*, Der Betrieb 2020 (noch nicht erschienen).
81 Siehe dazu näher unten, § 1, Rn. 69 ff.
82 *Scheerer*, Der politisch-publizistische Verstärkerkreislauf, Kriminologisches Journal 10/78, 223 ff.

75 Durch **dramatisierende und emotionalisierende Medienberichte** über „Kriminalitätsskandale", zumeist in der Phase laufender Ermittlungsverfahren, werden zunächst „**Reizworte**" (heute z.B.: „Steueroase", „Investment Banking", „Schneeballsystem"[83]) geprägt und moralische Grenzen des sozialen Systems neu festgelegt (z.B. hinsichtlich der Frage der „Steuerehrlichkeit" und des Gewichts einer Straftat der Steuerhinterziehung). Der einsetzende öffentliche Diskurs (z.B. in Talkshows, Reportagen, Interviews) einschließlich der moralischen Bewertung durch „Meinungsführer" des politischen Journalismus und der politischen Parteien dient der Legitimation einer Forderung nach „hartem Durchgreifen" und mündet in einen Appell an den Gesetzgeber, rechtspolitisch tätig zu werden, vgl. bspw. die Äußerung des SPD-Abgeordneten *Dirk Wiese* gegenüber der Stuttgarter Nachrichten am 23.4.2015:[84]

> „Wir brauchen dringend ein wirksames Unternehmensstrafrecht, das ein scharfes Schwert im Kampf gegen Wirtschaftskriminalität ist. Nicht nur eine konkrete Person, sondern auch das Unternehmen als Ganzes soll belangt werden können."

76 Je offener und nachhaltiger die entsprechenden Forderungen geäußert werden, desto weniger gelingt es dem herrschenden „politisch-administrativen System"[85], sich den Kriminalisierungsforderungen zu verschließen. Im Folgenden ist es daher zu erwarten, dass der Gesetzgeber die Forderungen aufgreift und die behauptete Regelungslücke durch neue „schärfere" Gesetze schließt. In der Regel basiert dieser Mechanismus zunehmender Kriminalisierung **weder auf einer sorgfältigen Analyse des bestehenden Handlungsbedarfs** (z.B. einer Analyse von Struktur, Umfang und Bedeutung der als strafwürdig und sicherheitsrelevant empfundenen Sachverhalte), noch auf der **gebotenen Prüfung von Alternativen zum Strafrecht**, z.B. in Gestalt einer Prüfung der Effizienz der „Selbstregulierung" durch Berufsfachverbände, der Wirksamkeit berufsrechtlicher Sanktionen oder des Wirtschaftsverwaltungsrechts usw.

---

83 *Lüderssen*, Regulierung, Selbstregulierung und Wirtschaftsstrafrecht. Versuch einer interdisziplinären Systematisierung, in: Kempf/Lüderssen/Volk (Hrsg.): Die Handlungsfreiheit des Unternehmers – wirtschaftliche Perspektiven, strafrechtliche und ethische Schranken, S. 241 ff., 247.
84 Kritische Ausführungen zum Thema Emotionalisierung: *Schneider*, Das Unternehmen als Projektionsfläche kollektiver Strafbedürfnisse – Über die soziale Konstruktion der Täter- und Opferrolle, in: Jahn/Schmitt-Leonardy/Schoop (Hrsg.): Das Unternehmensstrafrecht und seine Alternativen, Baden-Baden 2016.
85 *Scheerer*, Der politisch-publizistische Verstärkerkreislauf, Kriminologisches Journal 10/78, 225.

II. Historische, kriminalpolitische und kriminologische Grundlagen § 1

Abbildung 1: Politisch-publizistischer Verstärkerkreislauf

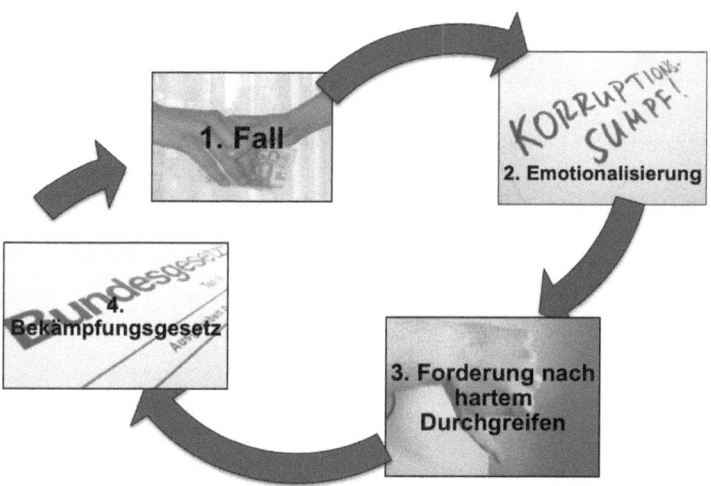

Dieses Muster der Evolution des Wirtschaftsstrafrechts lässt sich international nachweisen. Der bekannte Sarbanes-Oxley Act aus dem Jahr 2002, ein US-Bundesgesetz, ist eine unmittelbare Reaktion des amerikanischen Gesetzgebers auf die „Bilanzskandale" bei den Unternehmen Enron und WorldCom und wurde von dem damaligen Präsidenten *George Bush* mit den Worten „no more easy money for corporate criminals – just hard time" eingeführt.[86] Neben einer **drastischen Verschärfung der Strafen für bestimmte Wirtschaftsstraftaten** (die Obergrenze der zeitigen Freiheitsstrafe beträgt bei zahlreichen Tatbeständen zwanzig Jahre) enthält das Bundesgesetz Vorschriften, die Unternehmen im Anwendungsbereich des Sarbanes-Oxley Acts zu Compliance-Maßnahmen verpflichten. Ebenfalls zu erwähnen ist der 2010 erlassenen Dodd-Frank-Act, ein US-amerikanisches Bundesgesetz, das eine Reaktion auf die Finanzmarktkrise 2007/08 darstellt. Um das Ziel, den Finanzmarkt der USA zu stabilisieren, effektiv zu erreichen, werden Whistle-Blower besonders belohnt. Nach Section 922 (Section bedeutet nach unserer Terminologie „Paragraf") erhalten Whistle-Blower, deren Informationen zur Verfolgung einer Straftat geeignet sind, 10 bis 30 % der verhängten Geldstrafe gegen das betreffende Unternehmen. Hiermit soll das **Entdeckungsrisiko von Betriebs- und Unternehmenskriminalität erhöht** werden.

▶ **Hintergrundinformation Enron und WorldCom:** Die amerikanischen Großkonzerne Enron und WorldCom manipulierten über mehrere Jahre hinweg ihre Bilanzen. Im Jahr 2002 wurden Fehlbuchungen aufgedeckt, die im Fall des Telekommunikationsunternehmens WorldCom Milliardenhöhe erreichten. Die Gewinne der Konzerne wurden dabei „aufgebläht" und ein geringer Verschuldungsgrad angegeben, um den Börsenwert der Unternehmen zu maximieren. Der Chef des Energiekonzerns Enron, *Jeff Skilling*, wurde im Jahr 2006 wegen Betrugs und Insiderhandel zu 24 Jahren und WorldCom-Chef *Bernard Ebbers* im Jahr 2005 zu 25 Jahren Haft verurteilt. ◀

---

86 *Hefendehl*, Enron, WorldCom, and the consequences: Business Criminal Law between doctrinal requirements and the hopes of crime policy, Buffalo Criminal Law Review 2005, 51 ff.; *Janke*, Kompendium Wirtschaftskriminalität, Frankfurt am Main 2008, S. 31 ff. (Enron), 35 ff. (Worldcom).

80 Auch in Deutschland lässt sich der Mechanismus des politisch-publizistischen Verstärkerkreislaufs anhand zahlreicher Beispiele nachweisen. Ein bekanntes Beispiel stellt die Diskussion über die Abschaffung oder Einschränkung des Instituts der Selbstanzeige im Steuerstrafrecht aufgrund der causa *Hoeneß* dar.

81 Ein weiteres folgenreiches Beispiel ist die Ausweitung des Korruptionsstrafrechts aus Anlass bestimmter Vorkommnisse im Gesundheitswesen. Nachdem der Große Senat des Bundesgerichtshofs[87] im Frühjahr 2012 die Anwendung des geltenden Korruptionsstrafrechts (§§ 299 f., 331 ff.) auf freiberuflich tätige, niedergelassene Ärzte abgelehnt hatte, forderten zahlreiche Verbände, Parteien und auch Strafrechtswissenschaftler sowie Richter und Staatsanwälte den Gesetzgeber zum Handeln auf. Dieser führte die Tatbestände § 299 a und § 299 b in das StGB ein (Gesetz zur Bekämpfung von Korruption im Gesundheitswesen vom 30.5.2016, BGBl. I 2016 Nr. 25, S. 1254, in Kraft getreten am 4.6.2016).[88]

bb) Ursachen der besonderen Bedeutung des politisch-publizistischen Verstärkerkreislaufs im Wirtschaftsstrafrecht

82 Dieses Muster, nach dem sich die Verschärfung des geltenden Strafrechts vollzieht, betrifft heute (neben der „Terrorismusbekämpfung") insbesondere das Wirtschaftsleben. Seit der Subprime-Krise wird der Ruf nach Regulierung der Wirtschaft, auch durch Wirtschaftsstrafrecht, insbesondere über den Rational-Choice-Approach forciert.[89]

Hintergrundinformation Subprime-Krise: Der Begriff Subprime steht für Hypothekenkredite mit geringer Bonität der Kreditnehmer. Die Krise hatte ihren Ausgangspunkt in den USA im Frühjahr 2007. Kredite wurden damals an Kunden vertrieben, die nicht über ausreichende Mittel zur Tilgung verfügten. Zudem war (und ist) die Beleihung der Immobilie in den USA mit 100 oder 110 % üblich. Da die Refinanzierung der US-Hypothekenkredite in Gestalt von Kreditverbriefungen auf den internationalen Finanzmarkt verlagert wurde, erreicht die Subprime-Krise in der Folgezeit auch andere Industrieländer und löste die weltweite Finanzkrise aus.[90]

83 Im strafrechtswissenschaftlichen Schrifttum wurde diese Entwicklung ferner in den 90er Jahren des 20. Jahrhunderts plausibel über das sozialwissenschaftliche Paradigma der **Risikogesellschaft** erklärt. Das gleichnamige Werk mit dem Untertitel „Auf dem Weg in eine andere Moderne" aus dem Jahr 1986 des Soziologen *Ulrich Beck* ist ein Deutungsversuch der „fortgeschrittenen Moderne"[91], der an die „Logik der Risikoproduktion", gemeint sind u.a. industrielle Großrisiken z.B. der Kernenergie (Nuklearkatastrophen von Tschernobyl 1986 und Fukushima 2011) aber auch an diese überla-

---

87 BGH 29.3.2012 – GSSt 2/11, BGHSt 57, 202.
88 § 3, Rn. 542 ff.; ein weiteres Beispiel für das Wachstum des Wirtschaftsstrafrechts stellt die Initiative gegen Sportkorruption dar. Der Bundestag hat am 9.3.2017 den Gesetzentwurf zur Strafbarkeit von Sportwettbetrug und der Manipulation berufssportlicher Wettbewerbe, BT-Drucks. 18/8831, gemäß der Beschlussempfehlung des Ausschusses für Recht und Verbraucherschutz vom 8.3.2017, BT-Drucks. 18/11445, beschlossen. Der neue Straftatbestand des Sportwettbetruges gem. § 265 a StGB-E soll wegen der „oftmals gegebenen Nähe zur Organisierten Kriminalität" in den Kreis der Geldwäschevortaten des § 261 StGB aufgenommen werden.
89 *Schneider*, Generalprävention im Wirtschaftsstrafrecht, in: Hilgendorf/Rengier (Hrsg.): Festschrift für Wolfgang Heinz zum 70. Geburtstag, S. 663 ff.
90 Vgl. *Weber*, Die Subprime-Krise. Ursachen und Folgen für das Kreditwesen; https://www.bundesbank.de/resource/blob/688860/507c972a84adea9dcb68f40e22427770/mL/2008-04-25-weber-subprime-krise-ursachen-und-folgen-fuer-kreditwesen-download.pdf (zugegriffen am 21.1.2020).
91 *Beck*, Risikogesellschaft. Auf dem Weg in eine andere Moderne, S. 25.

gernde „gesellschaftliche, biographische und kulturelle Risiken und Unsicherheiten"[92], anknüpft. Für *Beck* gibt es in den Medien reflektierte **Definitionskämpfe zwischen Risikoproduzenten und Risikokonsumenten** im Hinblick auf Ausmaß und Bedeutung der Risiken, so dass soziale Sachverhalte und Problemlagen ihre Eindeutigkeit verloren haben („Experten und Gegenexperten" stehen sich in einem „unversöhnlichen Meinungsstreit gegenüber"[93]). Die besondere Ausweitung und Konjunktur, die das Wirtschaftsstrafrecht in Kriminalpolitik und Rechtspraxis derzeit kennzeichnet, kann auch über das sozialwissenschaftliche Deutungsschema der „**Gesellschaft der Singularitäten**" (*Reckwitz*) erklärt werden.[94] Westliche Industriegesellschaften sind demnach einem Strukturwandel ausgesetzt, der durch eine übersteigerte Individualisierung gekennzeichnet ist. Individuen, ihre „Profile" und Lebensstile aber auch Produkte, Projekte, Arbeitsprozesse und -ergebnisse usw. werden nur dann als wertvoll erkannt, wenn sie einzigartig sind. Die Verwirklichung dieser modernen Bewertungsschemata der kompetitiven Singularitäten wird durch die „digitale Revolution" ermöglicht und beschleunigt. Als Kehrseite dieser Entwicklung kommt es zu einem Verlust an Gemeinschaft und Solidarität, zu gesellschaftlicher Polarisierung und Desintegration. Strafrecht ist unter diesem Blickwinkel der „Kitt" der Gesellschaft der Singularitäten. Die Rückkehr des Paradigmas des „bösen Täters" und die Strafbedürfnisse gegenüber dem Unternehmen[95] erfüllen daher eine „Sündenbockfunktion", die in Bezug auf grundlegende Orientierungswerte der Gesetzeskonformität Normstabilisierung und „Kollektivbewusstsein" (*Durkheim*) erzeugen soll. Der Brückenschlag zwischen den soziologischen Grundannahmen von *Andreas Reckwitz* zu der modernen Kriminalpolitik und Strafrechtswissenschaft ist bislang noch nicht gezogen worden. Demgegenüber ist das (ältere) Konzept der Risikogesellschaft durch Strafrecht rezipiert.

In der **Strafrechtswissenschaft** wurde das Paradigma der Risikogesellschaft zunächst von *Wolter*[96] und sodann insbesondere von dem Frankfurter Strafrechtslehrer *Cornelius Prittwitz* aufgegriffen. *Prittwitz* legt zunächst dar, dass die Neukriminalisierungen insbesondere zwischen 1970 und 1990 die Bereiche der von *Beck* identifizierten Großrisiken betreffen (Umwelt- und Wirtschaftsstrafrecht). Ferner sei der Anspruch des Gesetzgebers erkennbar, dem „Problemdruck der Risikogesellschaft"[97] durch ein „folgenorientiertes", elastisches Strafrecht entgegenzusteuern. Hieraus folge – so *Prittwitz* – bspw. die **zunehmende Bedeutung von Gefährdungsdelikten**: Der Nachweis von Schäden fällt oft schwer, also werden leichter nachweisbare Gefährdungen kriminalisiert.[98] Allerdings beschränken sich die Bereiche, in denen der Gesetzgeber den Typus des Gefährdungsdelikts einsetzt, indessen nicht auf die von *Beck* angeführten industriellen

84

---

92 Beck, Risikogesellschaft. Auf dem Weg in eine andere Moderne, S. 115.
93 Beck, Risikogesellschaft. Auf dem Weg in eine andere Moderne, S. 319.
94 Reckwitz, Die Gesellschaft der Singularitäten – Zum Strukturwandel der Moderne.
95 Vgl. *Schneider*, Das Unternehmen als Projektionsfläche kollektiver Strafbedürfnisse – Über die soziale Konstruktion der Täter- und Opferrolle, in: Jahn/Schmitt-Leonardy/Schoop (Hrsg.): Das Unternehmensstrafrecht und seine Alternativen, 2016, S. 23 ff.
96 *Wolter*, Objektive und personale Zurechnung, 1981, S. 36, prägte den Begriff des Risikostrafrechts. Dass es sich dabei um ein weniger gelungenes Schlagwort zur Kritik der präventiven Ausrichtung des geltenden Strafrechts handelt, konstatiert bereits Reus, Recht in der Risikogesellschaft, 2010, S. 77 f. Das Strafrecht befasst sich stets mit Risiken. Die u.a. seitens der Frankfurter Schule unter dem Topos des Risikostrafrechts monierte Gestalt des Strafrechts betrifft vielmehr im Allgemeinen Fragen der Reichweite von Strafe.
97 *Prittwitz*, Strafrecht und Risiko, S. 246.
98 *Prittwitz*, Strafrecht und Risiko, S. 249, eingehend und mit weiteren Beispielen ferner *Lüderssen*, Regulierung, Selbstregulierung und Wirtschaftsstrafrecht. Versuch einer interdisziplinären Systematisierung, in: Kempf/Lüderssen/Volk (Hrsg.): Die Handlungsfreiheit des Unternehmers – wirtschaftliche Perspektiven, strafrechtliche und ethische Schranken, S. 241 ff., 255 f.

Großrisiken, bei denen es aufgrund möglicher katastrophaler globaler Auswirkungen von Rechtsgutsverletzungen (z.b. Nuklearkatastrophen) in der Tat angezeigt sein kann, bereits die Gefährdung unter Strafe zu stellen. Vielmehr wird auch Fehlverhalten bei massenhaft vorkommenden ökonomischen Transaktionen durch Gefährdungsdelikte kriminalisiert. Konjunktur hat insoweit insbesondere das **abstrakte Gefährdungsdelikt**, für das auch der Nachweis einer Gefahr nicht erforderlich ist (z.b. §§ 264 Subventionsbetrug; 264 a Kapitalanlagebetrug; 265 b Kreditbetrug; 298 Wettbewerbsbeschränkende Absprachen bei Ausschreibungen).

85 ▶ **Merke Gefährdungsdelikte:** Straftatbestände, die – im Gegensatz zu den Verletzungsdelikten – nicht auf die Beeinträchtigung eines Rechtsguts, sondern auf dessen Gefährdung abstellen. Bei den konkreten Gefährdungsdelikten wird vorausgesetzt, dass sich das Tatobjekt tatsächlich in Gefahr befunden hat, das Ausbleiben des Schadens daher nur auf Zufall beruht. Beim abstrakten Gefährdungsdelikt ist die Strafbarkeit vom tatsächlichen Eintritt einer Gefahr unabhängig. Der Straftatbestand knüpft insoweit lediglich an die als gefährlich eingeschätzte Tätigkeit an.[99] ◀

86 Der mit dem modernen Strafrecht in der Risikogesellschaft sowie der „Gesellschaft der Singularitäten" einhergehende Paradigmenwechsel zu einer erheblichen Vorverlagerung der Strafbarkeit erfolgt neben der zunehmenden Implementierung von Gefährdungsdelikten weiter durch die verstärkte Aufnahme von Universalrechtsgütern (zu denken ist nur an das „Rechtsgut" der Volksgesundheit, vgl. allgemein zu dieser Problematik bereits oben *§ 1, Rn. 8*), die in ihrer eigentümlichen Unbestimmtheit kaum mehr Schutz vor der strafenden Hand des Staates gewähren. Darüber hinaus ist gerade im Nebenstrafrecht eine zunehmende Regelungsdichte zu verzeichnen. Zu Recht merken die Vertreter der Frankfurter Schule in diesem Zusammenhang an, dass das so pervertierte Strafrecht auf diese Weise die eigene Zielsetzung i.S.e. präventiven Vermeidung von Straftaten nicht zu realisieren vermag. Das „moderne" Strafrecht zieht sich auf den Rang eines symbolischen Mahnmals zurück.[100]

87 Eine weitere Besonderheit der Gesetzgebungstechnik, insbesondere im Bereich der Vorschriften des Wirtschaftsstrafrechts, stellen sog. **Blankettnormen** dar. Der Hintergrund liegt in Folgendem: Um eine erhöhte Flexibilität, welche im (als statisch empfundenen) Gesetzgebungsverfahren schwer zu erreichen ist, gerade im Umgang mit neuartigen technischen oder wirtschaftlichen Erscheinungsformen zu gewährleisten, soll eine effiziente Anpassung auch auf Gesetzesebene gelingen. Die Lösung wird dabei zunehmend in Blankettnormen gesehen, die das von der Sanktionsnorm jeweils gemeinte rechtlich missbilligte Verhalten durch Verweis auf eine an anderer Stelle auffindbare Verhaltensnorm beschreiben. Denkbar sind in diesem Zusammenhang statische und dynamische Verweisungen. Besondere Schwierigkeiten weisen qualifizierte Blankettnormen auf, nach denen sich strafbar macht, wer einer Rechtsverordnung zuwiderhandelt, sofern die entsprechende Rechtsverordnung für einen konkreten Tatbestand ausdrücklich auf die Straf- bzw. Bußgeldvorschrift zurückverweist. Die Ermächtigung zum Erlass der Rechtsverordnung ist in der Regel in demselben Gesetz wie die Blankettnorm geregelt. Solch eine Rückverweisungstechnik verstößt aber gegen den Gesetzlichkeitsgrundsatz des Art. 103 Abs. 2 GG. So wird auf diese Weise dem Verordnungsgeber eine sachliche Kompetenz zur Entscheidung über das „Ob" einer Bestrafung eingeräumt, die ihm qua

---

99 Grundlegend: *Roxin*, AT I, § 10, Rn. 123 f.
100 Vgl. ausführlich *Timm*, Gesinnung und Straftat, S. 227 ff. m.w.N.

II. Historische, kriminalpolitische und kriminologische Grundlagen § 1

Verfassung vor dem Hintergrund des Gewaltenteilungsgrundsatzes nicht zusteht. Denn nunmehr entscheidet in diesen Fällen allein der Verordnungsgeber als Repräsentant der Exekutive über die Strafbarkeit eines spezifischen Verhaltens.[101]

▶ **Merke Blanketttatbestände:** Sog. Blanketttatbestände liegen vor, wenn Tatbestand und Strafdrohung derart getrennt sind, dass die Ergänzung der Strafvorschrift durch einen zugehörigen Tatbestand von anderer Stelle und zu einer anderen Zeit selbstständig vorgenommen wird.[102] Sie dienen vor allem der Flexibilisierung des Rechts und sollen eine schnelle Anpassung des Strafrechts an Veränderungen in Technik und Wirtschaft gewährleisten.[103] Die Abgrenzung zu den normativen Tatbestandsmerkmalen ist fließend und von großer Tragweite, weil die Ausfüllungsnormen von Blanketttatbeständen dem Bestimmtheitsgebot genügen müssen, die in Bezug genommenen Normen normativer Tatbestandsmerkmale hingegen nicht.[104] ◀   88

Die von *Beck* aus der Perspektive der Sozialwissenschaften und von *Prittwitz* im Rahmen seiner strafrechtlichen Analysen herangezogenen Risiken lassen sich angesichts der jüngsten Gefährdungslagen ergänzen („Bankenkrise", Euro- und Finanzmarktkrise, wirtschaftliche und „Compliance"-Risiken angesichts der Globalisierung) und wiederum ist es das Strafrecht, das nicht als ultima ratio, sondern als zentrales Steuerungsinstrument eingesetzt und daher „instrumentalisiert" wird.[105]   89

Für die Problematik der Neukriminalisierung nach dem Muster des politisch-publizistischen Verstärkerkreislaufs ist weiterhin bedeutsam, dass **keine** maßgeblichen **Bremsen** der Entwicklung zu einem folgenorientierten Risiko-Wirtschaftsstrafrecht ersichtlich sind.[106] Insbesondere die Kriminologie, deren h.M. im Bereich des Jugendstrafrechts und der Elends-, Drogen- und Straßenkriminalität eine strafrechtskritische Position einnimmt und Skepsis gegenüber einer folgenorientierten Steuerungswirkung äußert, befürwortet Neukriminalisierung und einen „starken" durchsetzungsfähigen Staat, soweit es um die „Bekämpfung" von Umwelt- und Wirtschaftsdelikten geht. Die entsprechenden Beiträge, insbesondere aus der Feder sog. „kritischer" Kriminologen, begründen ihre Forderungen mit behaupteten gesellschafts- und wirtschaftspolitischen Notwendigkeiten. Mehr oder weniger offen treten dabei anti-kapitalistische Ressentiments zu Tage: Die „Beutegesellschaft" („Predatory Society") bzw. die „Kultur des   90

---

101 Nachweise bei *Freund*, in: MüKo AMG, Vor §§ 95 ff., Rn. 52 ff. m.w.N.
102 BGH, 9.3.1954 – 3 StR 12/54, BGHSt 6, 40 f.
103 *Hohmann*, Gedanken zur Akzessorietät des Strafrechts, ZIS 2007, 42 f.
104 Vgl. *Schneider*, Entwurf des § 299 a StGB-E, Anwendungsfragen und verfassungsrechtliche Bedenken, S. 21: Hiernach stellte § 299 a Abs. 1 Nr. 2, Abs. 2 Nr. 2 StGB-E mit seinem Merkmal der Berufsausübungspflichten einen Blanketttatbestand dar, da diese nur unter Rückgriff auf das jeweilige Berufsrecht bestimmt werden können.
105 *Lüderssen*, Regulierung, Selbstregulierung und Wirtschaftsstrafrecht. Versuch einer interdisziplinären Systematisierung, in: Kempf/Lüderssen/Volk (Hrsg.): Die Handlungsfreiheit des Unternehmers – wirtschaftliche Perspektiven, strafrechtliche und ethische Schranken, S. 241 ff., 249; vgl. auch die Darstellung bei *Timm*, Gesinnung und Straftat, S. 224 ff.
106 Auch in der Strafrechtswissenschaft finden sich nur wenige Bündnispartner im Kampf gegen das wuchernde Wirtschaftsstrafrecht. Kritische Äußerungen finden sich z.B. bei *Bock*, Criminal Compliance, S. 136 ff. m.w.N., insbesondere in Arbeiten der „Frankfurter Schule": „Der Gesetzgeber (…) neigt zu Exzessen. Besonders im Wirtschaftsstrafrecht besteht ständig die Gefahr und Versuchung, auf der Grundlage notwendigerweise begrenzter Erfahrungen volkswirtschaftlich kaum ins Gewicht fallende Missstände durch umfassende wirtschaftsgesetzgeberische Maßnahmen bekämpfen zu wollen. Strafrecht mutiert zur politischen Scheinwaffe. Dem Gesetzgeber scheinen bisweilen die Wirkungen des legislativen Aktes gleichgültig, er will sich selbst entlasten, exemplarisch Aktivität nachweisen. Exzessive Strafdrohungen bringen nur den Seelenhaushalt ihrer Verfechter ins Lot, haben aber keine feststellbaren sozialen Folgen."

Wettbewerbs" müsse in ihre Schranken verwiesen werden[107], „Asozialitäten" der „Angepassten" müssten mit den Mitteln des Strafrechts wirksam bekämpft werden.[108]

91 Derartige Forderungen werden wohl auch deshalb vielfach als überzeugend empfunden, weil bestimmte wirtschaftsstrafrechtlich (oder auch medizinstrafrechtlich) relevante Sachverhalte (z.B. im Zusammenhang mit Hedgefonds, Derivaten, Leerverkäufen usw., im Medizinstrafrecht hinsichtlich klinischer Studien, Kooperationskonstrukten zwischen Pharmaindustrie und Medizinern oder niedergelassenen Ärzten und Krankenhäusern) intransparent und durch ausgeprägte Informationsasymmetrien zwischen den Marktteilnehmern (**Risikoproduzenten**) und den Wählern und ggf. betroffenen Bürgern (**Risikokonsumenten**) oder Patienten gekennzeichnet sind. Die mediale Inszenierung bestimmter „Pflichtverletzungen" oder „korruptiver Netzwerke" trifft insofern auf tiefsitzende, diffuse **Viktimisierungsängste**, die nur durch das harte Durchgreifen des starken Staates gegen die „Snakes in Suits"[109] wieder beruhigt werden können.

b) Kompensation von Beweisschwierigkeiten durch die Verwendung unbestimmter Rechtsbegriffe in „Auffangtatbeständen", die Kategorie der Leichtfertigkeit und die Aufweichung der Zurechnungskriterien des Allgemeinen Teils

92 Neben dem Typus des Gefährdungsdeliktes lassen sich weitere Techniken der Normsetzung und Norminterpretation im Wirtschaftsstrafrecht identifizieren, mit denen insbesondere Beweisproblemen begegnet werden soll.

93 Im objektiven Tatbestand werden vielfach **unbestimmte** und demnach im Hinblick auf Art. 103 Abs. 2 GG bedenkliche[110] **Rechtsbegriffe** eingesetzt, die allenfalls kernprägnant, nicht aber randscharf sind.[111] Da es bei einzelnen Tatbestandsmerkmalen kaum möglich ist, an „die Grenzen des möglichen Wortsinnes zu stoßen"[112], lassen sich mit ihnen unproblematisch und im Rahmen des juristisch „vertretbaren" beliebige kriminalpolitische Vorstellungen dogmatisch adeln und umsetzen.

94 Besonders deutlich wird dies z.B. bei dem Begriff des Amtsträgers i.S.d. § 11 Abs. 1 Nr. 2c und dem des Beauftragten eines Unternehmens (§ 299). Beide Rechtsbegriffe haben die Aufgabe, den Täterkreis der als Sonderdelikte ausgestalteten Straftatbestände der §§ 299f., 331ff. zu definieren und innerhalb des Systemzusammenhangs der Normen die Funktion eines Auffangtatbestandes.[113] Durch die offene Formulierung der Tatbestandsvoraussetzungen (vgl. § 11 Abs. 1 Nr. 2c: „sonstige Stel-

---

107 *Karstedt*, Beutegesellschaft: Zur moralischen Ökonomie moderner Marktgesellschaften, Soziale Probleme 1998, S. 99ff. unter Bezug auf *Blumberg*, The Predatory Society. Deception in the American Marketplace, 1989.
108 *Frehsee*, Zur Abweichung der Angepassten, KrimJ 1991, 25ff.
109 *Babiak/Hare*, Snakes in Suits. When psychopaths go to work, 2007.
110 *Schneider*, Unberechenbares Strafrecht – Vermeidbare Bestimmtheitsdefizite im Tatbestand der Vorteilsannahme und ihre Auswirkungen auf die Praxis des Gesundheitswesens, in: Schneider u.a. (Hrsg.), Festschrift für Manfred Seebode zum 70. Geburtstag, 2008, S. 331 ff.
111 Die beiden Begriffe gehen zurück auf *Steiner*, Nach Babel. Aspekte der Sprache und des Übersetzens, 1992, S. 129ff.
112 *Tag*, Drittmitteleinwerbung – strafbare Dienstpflicht? Überlegungen zur Novellierung des Straftatbestands der Vorteilsannahme, JR 2004, 50, 52.
113 Der Bundestag geht in seiner Begründung zum Entwurf des Korruptionsbekämpfungsgesetzes explizit davon aus, dass die Erstreckung der Amtsträgereigenschaft auf die Beschäftigten privatrechtlich organisierter Rechtssubjekte im Bereich der öffentlichen Aufgabenwahrnehmung notwendig sei, um „erhebliche Strafbarkeitslücken, insbesondere bei der Bekämpfung von Korruption" zu schließen (BT-Drucks. 13/5584, S. 12); Bzgl. § 299 vgl. *Dannecker*, in: NK StGB, § 299, Rn. 34; *Heine/Eisele*, in: Schönke/Schröder, StGB, § 299, Rn. 12; *Tiedemann*, in: LK StGB, § 299, Rn. 16.

II. Historische, kriminalpolitische und kriminologische Grundlagen § 1

le", "Aufgaben der öffentlichen Verwaltung", bzw. § 299: "Beauftragter", "Unternehmen") ist eine extensive Auslegung möglich und nach Auffassung zahlreicher Autoren und der Rspr. zur Schließung von Strafbarkeitslücken sogar geboten.[114] Ähnliches gilt für den Begriff der "gravierenden Pflichtverletzung" (§ 266), die "gelockerte Unrechtsvereinbarung" (§§ 331, 333) oder selbst für den Begriff des Arbeitgebers in § 266a, der in der Praxis insbesondere dann zu Problemen führt, wenn es um den Abschluss sog. "Schein-Werkverträge"[115] geht.

Im **subjektiven Tatbestand** werden Beweisschwierigkeiten zudem in manchen Tatbeständen durch die Kategorie der "**Leichtfertigkeit**" gegengesteuert, vgl. z.B. §§ 264 Abs. 4, 261 Abs. 5. Auch hier sind die Tatbestände als Auffangtatbestände ausgestaltet und greifen ein, wenn Vorsatz sich nicht nachweisen lässt. 95

Weitere Lockerungen zur Kompensation von Beweisschwierigkeiten betreffen den **Allgemeinen Teil**, z.B. die Ersetzung des Kausalitätsnachweises durch die Feststellung von "Korrelationen"[116], das Ausweichen auf unechte Unterlassungsdelikte bei fehlendem Nachweis eines Tatbeitrages durch aktives Tun durch Ausweitung der "Garantenhaftung"[117] sowie die Kriminalisierung einer strafrechtsfeindlichen Gesinnung bei objektiv neutralen Handlungen.[118] 96

c) Sekundärwirkung des Wirtschaftsstrafrechts – Folgen für Wirtschaft und Justiz

aa) Prozessuale Überdruckventile

Werden die Schleusen des materiellen Rechts durch die fortgesetzte Evolution des Wirtschaftsstrafrechts geöffnet, muss die Flut potenzieller Straftaten durch die Strafrechtspflege und ihre Instanzen bewältigt werden. Dies ist ohne maßgebliche Aufstockung der personellen Ressourcen unmöglich und führt zu einem inflationären Ausweichen auf das "soft law" der §§ 153 ff. StPO, dem die Funktion eines prozessualen "**Überdruckventils**" der **materiellrechtlichen Hypertrophie** zukommt. Die von einem Ermittlungsverfahren betroffenen Beschuldigten können – auch wenn sie sich durch wirtschaftsstrafrechtlich erfahrene Verteidiger vertreten lassen – in vielen Fällen kaum voraussehen, ob der ermittelte Sachverhalt zu einer Verurteilung durch ein Gericht oder zu einem Freispruch führen würde. Diese Unsicherheiten, die für beide Seiten, Verteidigung einerseits und Staatsanwaltschaft andererseits bestehen, sind die Anknüp- 97

---

114 Vgl. zum Begriff des Beauftragten *Fischer*, StGB, § 299, Rn. 15 f.; *Krick*, in: MüKo StGB, § 299, Rn. 1 ff. sowie 31 f. (m.w.N. zur Rspr.): "Beauftragter ist jeder, der – ohne Inhaber oder Angestellter eines Betriebes zu sein – aufgrund seiner Stellung im Betrieb berechtigt und verpflichtet ist, für den Betrieb geschäftlich zu handeln, und unmittelbar oder mittelbar Einfluss auf die im Rahmen des Geschäftsbetriebes zu treffenden Entscheidungen ausüben kann. Der Begriff ist weit auszulegen." Danach sei die Beauftragung faktisch zu bestimmen und könne auch gerichtlich oder behördlich erfolgen; ein Rechtsgeschäft ist nicht zwingend vorausgesetzt. Zum Begriff des geschäftlichen Betriebes vgl. nur *Bannenberg*, in: NK Gesamtes Strafrecht, § 299, Rn. 6: "Dieser Begriff ist sehr weit zu verstehen".
115 *Schüren*, Abgrenzung und Identifikation von Schein-Werkverträgen – Eine Skizze, in: Klebe u.a. (Hrsg.): Festschrift für Wolfgang Däubler zum 60. Geburtstag, 1999, S. 90 ff.
116 *Lüderssen*, Regulierung, Selbstregulierung und Wirtschaftsstrafrecht. Versuch einer interdisziplinären Systematisierung, in: Kempf/Lüderssen/Volk (Hrsg.): Die Handlungsfreiheit des Unternehmers – wirtschaftliche Perspektiven, strafrechtliche und ethische Schranken, S. 241 ff., 255: Beispiel BGH 6.7.1990 – 2 StR 549/89, BGHSt 37, 106 (Ledersprayfall); BGH 2.8.1995 – 2 StR 221/94, BGHSt 41, 206 (Holzschutzmittelfall).
117 *Schneider/Gottschaldt*, Offene Grundsatzfragen der strafrechtlichen Verantwortlichkeit von Compliance-Beauftragten in Unternehmen, ZIS 2011, 573 ff.
118 *Schneider*, Neutrale Handlungen: Ein Oxymoron im Strafrecht? Zu den Grenzlinien der Beihilfe, NStZ 2004, 312 ff.

fungspunkte für verfahrensbeendende Absprachen bereits im Ermittlungsverfahren. Insofern kann zwischen den Verfahrensbeteiligten relativ frei, d.h. insbesondere ohne störenden Bürokratismus (außerhalb des formalen Korsetts der Hauptverhandlung und der Prämissen des § 257c StPO) ausgehandelt werden, durch welche Leistungen sich der Beschuldigte von den weiteren Verfolgungs- und Verurteilungsrisiken freikaufen kann.

98 Die offenen Grenzen des materiellen Rechts führen demnach dazu, dass das Strafrecht prozessual vielfach nicht oder nur eingeschränkt durchgesetzt wird. Demgegenüber betreffen die Wirtschaftsstrafverfahren, über die in öffentlicher Hauptverhandlung entschieden wird, entweder Fälle, in denen keine Einigung im Ermittlungsverfahren zustande kam (Fall des früheren Bundespräsidenten *Wulff*) bzw. denen ein besonderes Gewicht zukommt oder die Sachverhalte rechtlich und tatsächlich derart eindeutig sind, dass die Staatsanwaltschaft ihrerseits keinen Anknüpfungspunkt für das Angebot der konsensualen Erledigung sieht und deshalb Strafbefehl beantragt oder in schwerwiegenden Fällen Anklage erhebt.

bb) Notwendigkeit strafrechtlicher Präventivberatung

99 Aufgrund der hohen „Haftungsrisiken" bei der Begehung von Wirtschaftsstraftaten ist strafrechtliche Präventivberatung die Regel. Zur Definition der Rechtsrisiken werden bestimmte Geschäftsabläufe im Vorfeld der Transaktion strafrechtlich begutachtet. Da die Entscheidungsträger in den Unternehmen häufig keine Juristen sind und in den Rechtsabteilungen nur selten auf Strafrecht spezialisierte Rechtswissenschaftler arbeiten, wird die strafrechtliche Prüfung in der Regel ausgelagert und auch aus Gründen der Haftungsdelegation Dritten überantwortet. Der externe Sachverstand wird ferner deshalb benötigt, weil das Wirtschaftsstrafrecht in seiner Auslegung durch die höchstrichterliche Rspr. mittlerweile derart komplex ist, dass es von den Normadressaten nicht mehr überblickt und durchschaut werden kann.

100 Die **Grenzen zwischen erlaubter Geschäftstüchtigkeit und Straftat sind flüssig** und die Expertisen der Strafjuristen sollen die Spielräume des noch Zulässigen ausloten und vor dem Zugriff des Staatsanwaltes schützen. Dies eröffnet Spielräume für den sog. „Gamester-Lawyer"[119], dessen Aufgabe darin besteht, die Löcher in den Maschen des Strafrechtszauns zu finden und die unternehmerischen Transaktionen in der Grauzone zwischen Legalität und Straftat zu ermöglichen.

101 Das unklare Wirtschaftsstrafrecht verursacht zunächst **direkte Kosten**, die für die **Vergütung der externen Berater** anfallen. Außerdem entstehen **Sekundärkosten** aufgrund der **Verlangsamung der Geschäftsprozesse** und der Reibungsverluste, die durch die Angst und Zögerlichkeit der Mitarbeiter verursacht werden, aufgrund der Unkenntnis der Grenzen des Strafrechts und ohne Absicherung durch ein externes Gutachten oder ein Votum der Compliance-Abteilung folgenschwere Fehler zu begehen. Außerdem steigt die **Gefahr der Instrumentalisierung des Strafrechts**: Möglicherweise strafrechtlich relevante Sachverhalte werden als Druckmittel der Durchsetzung wirtschaftlicher Interessen eingesetzt, z.B. bei arbeitsrechtlichen und/oder gesellschaftsrechtlichen Auseinandersetzungen (Kündigung, Einziehung von Gesellschaftsanteilen), beim Unternehmenskauf (zur Senkung des Kaufpreises, soweit derartige Sachverhalte im Rahmen einer due diligence bekannt werden), bei der Geltendmachung von Schadensersatzan-

---

119 Vgl. *Rosen et.al.*, The Two Faces of Lawyers, Georgetown Journal of Legal Ethics, Vol. 22, 2009, 201 ff.

sprüchen oder beim Aushandeln eines außergerichtlichen Vergleichs. In diesem Kontext spielen auch die Ermittlungen Privater („**private bzw. internal investigations**"[120]) eine zunehmende Rolle. Mit Blick auf die Gefahren und Probleme, die sich für das Unternehmen aus dem staatlichen Ermittlungsverfahren ergeben:

- Kontrollverlust über die Vorgehensweise der Informationsgewinnung,
- Kontrollverlust hinsichtlich der Folgen der gewonnenen Beweise,
- Kontrollverlust hinsichtlich der Medienberichterstattung und des Umfangs der an die Öffentlichkeit gelangenden Informationen,
- Reputationsverlust durch die Medienberichterstattung insbesondere bei corporate crime,
- mögliche Zufallsfunde im Rahmen der staatlichen Ermittlungen,
- erhebliche Dauer und ungewisser Ausgang des staatlichen Ermittlungsverfahrens,

schalten die Unternehmensverantwortlichen bei vorliegendem Anfangsverdacht (sowohl bei corporate als auch bei occupational crime)[121] in der Regel nicht die staatlichen Ermittlungsbehörden ein, sondern klären den Sachverhalt durch eigene Ermittlungen oder die Ermittlungen der forensic services der Wirtschaftsprüfungsgesellschaften schnell und effizient. Die auf diese Weise in dicken Akten für den Auftraggeber zusammengetragenen Beweise (Auswertung von Festplatten und E-Mail-Korrespondenz, Befragung von Mitarbeitern und anderen „Zeugen", „Vernehmung" der „Beschuldigten") sind die Tatsachenbasis zur Durchsetzung der monetären Interessen im Fall der oben genannten Strategie der Instrumentalisierung des Strafrechts. Sie verkörpern die zumindest latente Drohung, sofern keine Einigung herbeigeführt werden sollte, könne man den Sachverhalt auch zur Anzeige bringen. Diese (Teil-)Privatisierung der Strafrechtspflege „**im Schatten des Leviathan**" ist ein Begleitprodukt der geschilderten Evolution des Wirtschaftsstrafrechts. Sie birgt wiederum zahlreiche noch ungelöste Herausforderungen für die Strafrechtswissenschaft (z.B. hinsichtlich der Verwertbarkeit der durch Private erlangten Ermittlungsergebnisse im Strafverfahren, des Spannungsverhältnisses zwischen arbeitsrechtlichen Aufklärungs- und Mitwirkungsobliegenheiten und dem prozessualen Schweigerecht und der Selbstbelastungsfreiheit, usw.).[122]

In dem im Entwurf befindlichen Verbandssanktionengesetz sind mehrere Bestimmungen Internal Investigations gewidmet. Die Durchführung interner Untersuchungen wird mit einer fakultativen Strafmilderung honoriert, § 18 Verbandssanktionengesetz. An die Durchführung von Internen Untersuchungen, die zu Strafmilderungen führen können, werden sodann Voraussetzungen gekoppelt, die mit unbestimmten Rechtsbegriffen umschrieben werden. Die Interne Untersuchung muss „wesentlich" dazu beigetragen haben, dass die Tat aufgeklärt wurde. Die Zusammenarbeit mit den Ermittlungsbehörden im Rahmen der Internen Untersuchung muss „uneingeschränkt" stattgefunden haben. Die „wesentlichen" Dokumente müssen nach Abschluss der Internen Untersuchung zur Verfügung gestellt worden sein. Ferner setzt die Strafmilderung voraus, dass die Interne Untersuchung nicht von einer Person durchgeführt wurde, die zu-

---

120 Vgl. etwa *Bittmann/Molkenbur*, Private Ermittlungen, arbeitsrechtliche Aussagepflicht und strafprozessuales Schweigerecht, wistra 2009, 373 ff.
121 Vgl. § 1, Rn. 15.
122 *Baur/Holle*, Entwurf eines Verbandssanktionengesetzes – Eine erste Einordnung, ZRP 2019, 186; *Teicke*, Gute Unternehmenspraxis für Internal Investigations – Praxistipps zur erfolgreichen Umsetzung unter Berücksichtigung des VerSanG-E, CCZ 2019, 298; *Naber*, Befragung von Mitarbeitern im Rahmen von Internal Investigations – Vorgehensweise und aktuelle Herausforderungen, CCZ 2020, 36.

gleich die Rolle des Unternehmens- oder Individualverteidigers eingenommen hat. Die Durchführung einer Internen Untersuchung kann nach § 42 Verbandssanktionengesetz auch dazu führen, dass von der Verfolgung einstweilen abgesehen wird.

103 Aus der summarischen Bestandsaufnahme der genannten kriminalpolitischen Grundlagen und der Struktur des gegenwärtigen Wirtschaftsstrafrechts lassen sich folgende Fragestellungen ableiten:
- Bedeutung der Prinzipien zur **Begrenzung des Wirtschaftsstrafrechts**, z.B. durch den Bestimmtheitsgrundsatz, das ultima-ratio-Prinzip sowie die Grundsätze der „asymmetrischen Akzessorietät"[123] und der Subsidiarität sowie der Proceduralisierung.[124]
- **Effizienz des Wirtschaftsstrafrechts** als Präventionsinstrument, z.B. hinsichtlich der Mechanismen der Generalprävention[125], wirtschaftskriminologische Wirkungsforschung der Mechanismen der primären und sekundären Prävention.[126]
- **Ökonomische Folgen der Kriminalisierung**, Auswirkungen auf die Wirtschaft.[127]
- **Feststellung des Entkriminalisierungsbedarfs** insbesondere bei Tatbeständen, die in der Praxis keine Bedeutung aufweisen.

104 Zusammenfassend ergeben sich daher folgende problematische Strukturmerkmale des Wirtschaftsstrafrechts der Risikogesellschaft:

Tabelle 1: Strukturmerkmale des Wirtschaftsstrafrechts der Risikogesellschaft

Herausforderungen der Risikogesellschaft	Wirtschaftsstrafrecht der Risikogesellschaft
„produzierte" Großrisiken für Umwelt, Wirtschaft und Gesellschaft	Vorverlagerung des Schutzes durch Strafrecht mithilfe von - Vorfelddelikten - abstrakten Gefährdungsdelikten
Beweisprobleme aufgrund komplexer Sachverhalte bei arbeitsteiliger Produktion von Risiken	- Lockerung der Gesetzesbindung durch interpretationsoffene Tatbestandsmerkmale - Ausweitung der Zurechnungskategorien des Allgemeinen Teils - Aufweichung des subjektiven Tatbestands z.B. durch das Merkmal der „Leichtfertigkeit"

---

123 § 3, Rn. 399.
124 Hierzu *Hamm*, in: Kempf/Lüderssen/Volk (Hrsg.): Die Handlungsfreiheit des Unternehmers – wirtschaftliche Perspektiven, strafrechtliche und ethische Schranken, S. 44 ff.; *Schneider*, Wachstumsbremse Wirtschaftsstrafrecht, NK 2012, 30 ff.
125 Hierzu *Schneider*, Generalprävention im Wirtschaftsstrafrecht. Voraussetzungen von Normanerkennung und Abschreckung, in: Rengier/Hilgendorf (Hrsg.): Festschrift für Wolfgang Heinz zum 70. Geburtstag, S. 663 ff.
126 *Schneider/John*, Das Unternehmen als Opfer von Wirtschaftskriminalität. Eine viktimologische Untersuchung: Public und Private Sector im Vergleich, S. 20 ff.
127 *Schneider*, Wachstumsbremse Wirtschaftsstrafrecht. Problematische Folgen überzogener Steuerungsansprüche und mangelnder Randschärfe in der wirtschaftsstrafrechtlichen Begriffsbildung, NK 2012, 30 ff.; *Nestler*, in: Kempf/Lüderssen/Volk (Hrsg.): Die Handlungsfreiheit des Unternehmers – wirtschaftliche Perspektiven, strafrechtliche und ethische Schranken, S. 80 ff.

II. Historische, kriminalpolitische und kriminologische Grundlagen § 1

Herausforderungen der Risikogesellschaft	Wirtschaftsstrafrecht der Risikogesellschaft
Unsichere Urteilsprognose sowohl für die Staatsanwaltschaft als auch den Beschuldigten	■ konsensuale Erledigungsstrategien ■ Privatisierung der Ermittlungstätigkeit ■ Instrumentalisierung des Strafrechts für eigene ökonomische Zwecke der Normbenefiziare

d) Wiederholung

Versuchen Sie, einige Strukturmerkmale des Wirtschaftsstrafrechts der Risikogesellschaft anhand des Gesetzeswortlauts zu identifizieren.

Literaturtipps zur Vertiefung:

Beck, Risikogesellschaft. Auf dem Weg in eine andere Moderne, Frankfurt am Main 1986.
Reckwitz, Die Gesellschaft der Singularitäten – Zum Strukturwandel der Moderne, Berlin 2019.
Schneider, Wachstumsbremse Wirtschaftsstrafrecht. Problematische Folgen überzogener Steuerungsansprüche und mangelnder Randschärfe in der wirtschaftsstrafrechtlichen Begriffsbildung, NK 2012, 30–37.
Schneider, Das Unternehmen als Projektionsfläche kollektiver Strafbedürfnisse – Über die soziale Konstruktion der Täter- und Opferrolle, in: Jahn/Schmitt-Leonardy/Schoop (Hrsg.): Das Unternehmensstrafrecht und seine Alternativen, Baden-Baden 2016, 23–40.
Schneider, Discipline and Punishment. The Draft of the Act on Combating Corporate Crime, CEJ 2019, Vol. 5 Nr. 2, 11–25.

3. Kriminologische Grundlagen

▶ *Einstiegsfall:* X hat nach der Wende einen ehemaligen DDR-Fleischereibetrieb in ein florierendes Unternehmen (GmbH) überführt. Im Zuge der sog. BSE-Krise (Rinderseuche BSE (Bovine Spongiforme Enzephalopathie) gerät das Unternehmen allerdings in eine wirtschaftliche Schieflage, weil der Absatz von Rindfleisch drastisch einbricht. Als Ausweg aus der Krise entwickelt X einen Business-Plan, der ein Konzept eines modernen Catering-Modells beinhaltet. Hierfür benötigt er Investitionskapital und einen entsprechenden Bankkredit. Als er von verschiedenen Banken abgewiesen wird, überlegt er sich gemeinsam mit seinem Buchhalter Y, einem Kollegen aus DDR-Zeiten, bei einem weiteren Versuch der Beantragung eines Unternehmenskredits Unterlagen mit „frisierten" Bilanzen vorzulegen. Dies gelingt auch. Leider wird der Kredit gleichwohl notleidend, weil auch das Catering-Konzept scheitert. X und Y rechtfertigen sich damit, lediglich die Arbeitsplätze in dem „Traditionsunternehmen" bewahrt haben zu wollen. ◀

a) Kriminalität aus Unkenntnis der Grenzen zwischen erlaubtem und verbotenem Verhalten, echte Wirtschaftskriminalität und Krisenkriminalität

Aufgrund der **Komplexität der wirtschaftsstrafrechtlichen Sachverhalte** liegt dem Normbruch nicht immer eine bewusste Entscheidung, ein Strafgesetz zu übertreten, zugrunde. Eine Vielzahl von Straftaten wird insbesondere aus Unkenntnis der Grenzen zwischen erlaubtem und verbotenem Verhalten oder aufgrund einer Verkennung des einer ökonomischen Transaktion zugrunde liegenden Sachverhalts begangen[128]. Die

---

128 *Bock*, Criminal Compliance, S. 155.

Marktteilnehmer sind bei derartigen Fallkonstellationen der Auffassung, sie nutzten eine ökonomisch vorteilhafte und rechtlich unbedenkliche, allenfalls „grenzwertige" Rechtsstruktur, die aber im Nachhinein durch die Instanzen der formellen Sozialkontrolle als Straftat etikettiert wird. Hierzu gehören bspw.:

- die rechtliche Ausgestaltung bestimmter Leistungen als Werkvertrag oder freiem Dienstleistungsvertrag, um größere Flexibilität der Zusammenarbeit nutzen zu können oder Sozialversicherungsbeiträge, die bei einem Beschäftigungsverhältnis nach § 7 SGB IV entstehen, zu sparen (Strafbarkeitsrisiko gem. § 266 a),
- die rechtliche Zulässigkeit bestimmter Einladungen an Amtsträger[129] und andere „Government Officials", siehe hierzu die aktuelle Diskussion zum Thema „Hospitality und Strafrecht"[130] (Strafbarkeitsrisiko gem. §§ 331 ff.),
- die rechtlichen Grenzen zulässigen Sponsorings (Strafbarkeitsrisiko gem. §§ 299 f., 331 ff.)[131],
- die rechtlichen Grenzen der Vergütung marketingwirksamer Studien mit bereits zugelassenen Medikamenten[132] (Strafbarkeitsrisiko gem. §§ 299, 299 a, 299 b, 331 ff.),
- die Frage der Angemessenheit der Vergütung beim Leistungsaustausch aufgrund gegenseitiger Verträge als Indikator einer Unrechtsvereinbarung gem. §§ 299, 299 a, 299 b, 331 ff.
- die Abgrenzung zwischen zulässiger Erlösoptimierung und Betrug bei der Abrechnung stationärer oder ambulanter ärztlicher Behandlungsmaßnahmen (Strafbarkeitsrisiko gem. § 263)[133],
- die Frage der Grenzen für die strafrechtlich relevante Pflichtverletzung bei Risikogeschäften, z.B. bei der Kreditvergabe (Strafbarkeitsrisiko gem. § 266).

109 Die Straftat kann insoweit weder durch spezifische Merkmale in der Person des Wirtschaftsstraftäters (abgesehen von einer unter Umständen ausgeprägten Risikofreudigkeit), noch aus situativen Gegebenheiten (günstige Tatgelegenheit) erklärt werden. Sie ist vielmehr ein Produkt „kriminogener Normgebung" bzw. des „Trends zum ungenauen Strafrecht"[134] (Lückenschließung durch unbestimmte Rechtsbegriffe usw.)[135] und resultiert aus dem Umstand, dass vielfach ex ante nicht sicher prognostizierbar ist, ob Staatsanwaltschaften und Gerichte den Sachverhalt ex post als Straftat beurteilen.[136] Die geschilderten Defizite im Hinblick auf das „Orientierungswissen" (Kenntnis

---

129 BGH 14.10.2008 – 1 StR 260/08, BGHSt 53, 6.
130 Leitfaden „Hospitality und Strafrecht" auf der Internetpräsenz des DOSB, https://www.dosb.de/sonderseiten/news/news-detail/news/der-leitfaden-fuer-hospitality-und-strafrecht-ist-aktualisiert/ (zugegriffen am 20.1.2020).
131 *Schneider*, in: Boemke/Schneider, Korruptionsprävention im Gesundheitswesen, S. 31 ff.
132 *Schneider/Strauß*, Die Zukunft der Anwendungsbeobachtungen. Rechtssichere Grenzen zwischen Korruption und zulässiger Kooperation angesichts der aktuellen Vorlagebeschlüsse des 3. und 5. Strafsenats des Bundesgerichtshofs, HRRS 2011, 333 ff.
133 *Schneider/Reich*, Abrechnungsbetrug durch „Upcoding". Ein Beitrag zu den Fallgruppen der „konkludenten Täuschung" im Straftatbestand des Betruges, HRRS 2012, 267 ff.
134 *Heinz*, in: Eser/Kaiser (Hrsg.): Strafrechtsreform, Strafverfahrensrecht, Wirtschafts- und Umweltstrafrecht, Strafvollstreckungsrecht/Zweites Deutsch-Ungarisches Kolloquium über Strafrecht und Kriminologie, 1995, S. 155 ff.; ferner *Bock*, Criminal Compliance, S. 157: „Der Gesetzgeber hat Strafbarkeiten so ausgedehnt, dass sie mit normalem Rechtsgefühl nicht mehr zu fassen sind. Wer aber nicht ein inneres Gefühl für Verbotenheit hat, hat wenig Hemmungen, die Tat zu vollbringen".
135 Siehe oben, § 1, Rn. 87 ff.
136 Näher zu der Differenz zwischen der strafrechtlichen Beurteilung ex post und ex ante: *Rotsch*, in: Achenbach/Ransiek/Rönnau (Hrsg.): Handbuch Wirtschaftsstrafrecht, S. 65: „Im Wirtschaftsstrafrecht (...)

der wesentlichen Regelungsinhalte der Norm) haben ferner negative Auswirkungen auf die **Normanerkennung** und den **Legitimitätsglauben** (Glaube an die Berechtigung des Strafgesetzes) durch die Normadressaten. Werden strafrechtliche Bestimmungen als schikanös wahrgenommen, beeinträchtigt dies daher die **generalpräventive Wirkung des Strafrechts**. Die Kriminalstrafe verliert ihre Dignität als sozialethisches Unwerturteil und wird zu einem allgemeinen „Haftungsrisiko"[137] degradiert, von dem jeder Unternehmer einmal betroffen sein kann.[138]

Neben den Taten aus Unkenntnis zwischen erlaubtem und verbotenem Verhalten gibt es Fälle, in denen sich die Wirtschaftsstrafrat für den oder die Täter als einziger Ausweg aus einer hoffnungslosen wirtschaftlichen Lage darstellt. **Biographische Wendepunkte** (mit hohen finanziellen Belastungen verbundene Ehescheidung, Verlust des Arbeitsplatzes, Konjunkturrückgang, branchenspezifische Krisen) können „**Krisenkriminalität**"[139] nach sich ziehen. Charakteristisch für Krisenkriminalität ist ein innerer Konflikt, der in der Psychologie als „kognitive Dissonanz"[140] beschrieben wird: Da der Krisentäter in der Regel ein nichtdelinquentes Selbstbild hat, kommt es zur **Reibung an Konformitätswerten** und zu einem „schlechten Gewissen". Andererseits führt der Verzicht auf den Gewinn aus der Straftat ebenfalls zu einer unerwünschten, für den Täter nicht tolerierbaren Situation: Insolvenz, Verlust des Arbeitsplatzes und unter Umständen auch das endgültige Scheitern eines bestimmten Lebenstraumes. Ein zentraler Indikator für die Reibung an Konformitätswerten sind „**Neutralisierungstechniken**"[141], d.h. Argumentationsstrategien, mit denen der Täter die Tat vor sich selbst und vor Dritten rechtfertigt: „I did it for my family", „I did it for the sake of Enron", „we did it for the shareholders".[142] In forensischen Interviews imponiert die **ausgeprägte Geständnisbereitschaft der Krisentäter**, die nicht selten bereits bei einem ersten Vorhalt eine „Lebensbeichte" ablegen.[143]

110

Neben den beiden bereits erläuterten Typen der Taten aus Unkenntnis der Grenzen des Strafrechts und der Krisenkriminalität gibt es „echte Wirtschaftskriminalität". Echte Wirtschaftskriminalität ist ein bewusster Verstoß gegen den „ethisch konsentierten und

111

---

führen weiche, an der Grenze zur verfassungswidrigen Unbestimmtheit formulierte Tatbestände zu größter Verhaltensunsicherheit. Das Risiko der wirtschaftlich Tätigen ist insoweit ein zweifaches. Nicht nur das ökonomisch-unternehmerische Risiko ist für den Betreffenden (häufig nur schwer) abzuwägen; auch das Risiko, sich strafrechtlich relevant zu verhalten, ist meist deutlich weniger absehbar als in weiten Bereichen des Kernstrafrechts."

137 Vgl. z.B. den Untertitel der bekannten CCZ (Corporate Compliance Zeitschrift): Zeitschrift zur Haftungsvermeidung im Unternehmen; ebenso der Untertitel von *Hauschka*, Corporate Compliance: Handbuch der Haftungsvermeidung im Unternehmen.
138 Näher: *Schneider*, Generalprävention im Wirtschaftsstrafrecht. Voraussetzungen von Normanerkennung und Abschreckung, in: Rengier/Hilgendorf (Hrsg.): Festschrift für Wolfgang Heinz zum 70. Geburtstag, S. 663 ff.
139 Näher: *Schneider/John*, Der Wirtschaftsstraftäter in seinen sozialen Bezügen. Aktuelle Forschungsergebnisse und Konsequenzen für die Unternehmenspraxis, S. 15 ff.
140 *Schneider*, Kognitive Dissonanz als Präventionsstrategie. Überlegungen zu den Möglichkeiten der Neutralisierung von Neutralisierungstechniken, in: Neubacher/Kubink (Hrsg.): Festschrift für Michael Walter zum 70. Geburtstag, S. 195–211; *Claassen*, Neutralisierungstechniken und kognitive Dissonanz – Ein Beitrag zur Prävention von Wirtschaftskriminalität, 2013.
141 *Sykes/Matza*, Techniques of Neutralization: A Theory of Delinquency, American Sociological Review 22 (1957), 664 ff.
142 *Heath*, Business Ethics and Moral Motivation: A Criminological Perspective, Journal of Business Ethics 83 (2008), 595 ff., 608.
143 *Schneider/John*, Der Wirtschaftsstraftäter in seinen sozialen Bezügen. Aktuelle Forschungsergebnisse und Konsequenzen für die Unternehmenspraxis, S. 23.

daher vom Normadressaten internalisierten Normappell".[144] Ausschlaggebend sind **personale** (d.h. besondere Eigenschaften bzw. Lebensstil des Täters und entsprechende Präferenzen) und/oder **situative** (Verlockungen günstiger Tatgelegenheiten) **Risikofaktoren**, die in kriminologischen Theorien spezifiziert und systematisiert werden.[145]

112 Zusammenfassend kann die geschilderte „Trias der Wirtschaftskriminalität" daher wie folgt beschrieben werden:

Tabelle 2: „Trias der Wirtschaftskriminalität"

Typus	Kennzeichen	Erklärungsansatz	Beispiel
1. Tat aus Unkenntnis der Grenzen des Strafrechts	Aufgrund fehlenden Orientierungswissens wird ein Strafgesetz übertreten, Struktur des Verbotsirrtums	Kriminogene Gesetzgebung	Krankenhaus X beschäftigt niedergelassene Ärzte im Rahmen einer Nebentätigkeit auf der Grundlage eines freien Beschäftigungsverhältnisses. Der Staatsanwalt geht von einem Arbeitsverhältnis aus und ermittelt wegen § 266a
2. Krisenkriminalität	Straftat ist eine Bewältigungsstrategie und dient der Beseitigung von Finanzknappheit in einer persönlichen Krise. Die Tat selbst fällt i.S.e. bewusst riskanten Verhaltens entweder in Typus 1 oder in Typus 3	Ökonomische Drucksituation, die durch eine persönliche Lebenskrise entstanden ist	Nach einer Scheidung kann Rechtsanwalt X den Kredit für das Einfamilienhaus nicht mehr bedienen. Um die Privatinsolvenz abzuwenden, verwendet er Geld seiner Mandanten, mit dem er den Dispositionskredit seines Girokontos vorübergehend ausgleicht
3. „echte" Wirtschaftskriminalität	Übertretung des Strafgesetzes im kernprägnanten, eindeutigen Bereich des Straftatbestandes	Personale und/oder situative Risikofaktoren führen zur Wirtschaftsstraftat	Geschäftsführer X des Krankenhauses Y bestellt für Y Multimedianachttische, für die das Klinikum keine Verwendung hat. 10 % des Kaufpreises erhält er in bar vom Veräußerer der Tische als „kickback"

b) Theorien zur Entstehung von Wirtschaftskriminalität

113 Kriminologische Theorien beinhalten im Gegensatz zu den Theorien in der Rechtswissenschaft, bei denen es sich um Lehrmeinungen handelt, Aussagen über die empirische Lebenswirklichkeit. Daraus folgt, dass sie sich, z.B. im Rahmen empirischer Untersuchungen, in der Wirklichkeit bewähren müssen und verworfen werden, wenn sie sich

---

144 *Rotsch*, in: Achenbach/Ransiek (Hrsg.): Handbuch Wirtschaftsstrafrecht, S. 58.
145 Vgl. § 1, Rn. 105 ff.

II. Historische, kriminalpolitische und kriminologische Grundlagen § 1

als nicht tragfähig herausstellen.¹⁴⁶ Die Kriminologie unterscheidet zwischen allgemeinen Kriminalitätstheorien, die für sich beanspruchen, alle Erscheinungsformen der Kriminalität zu erklären und spezifischen Theorien, die auf bestimmte Erscheinungsformen der Kriminalität, z.B. Wirtschaftskriminalität, zugeschnitten sind.

So handelt es sich bspw. bei der von *Sutherland*¹⁴⁷, auf den der Begriff des White Collar Crime zurückzuführen ist, entwickelten „Theorie der differenziellen Kontakte" um eine **allgemeine Kriminalitätstheorie**, die als sog. „Lerntheorie" konzipiert ist. Nach *Sutherland* wird kriminelles Verhalten (d.h. z.B. Fähigkeiten und Fertigkeiten, Straftaten zu begehen, aber auch bestimmte deliktische Werthaltungen und Einstellungen) gelernt wie jedes andere Verhalten auch. Maßgeblich für die Lernprozesse sind nach *Sutherland* die Kontakte des Menschen, die sich nach Priorität, Häufigkeit und Dauer unterscheiden können. *Sutherlands* Theorie erklärt demnach Lernprozesse in (arbeitsplatzbezogenen) Subkulturen oder Wiederholungs- und Nachahmungseffekte bei erfolgreichen Tätern.   114

Weiterhin kann man zwischen Theorien unterscheiden, die für die Entstehung von Wirtschaftskriminalität in erster Linie auf **Systembedingungen** abstellen und solchen, die **primär das Individuum** und seine personalen Risikofaktoren fokussieren.   115

So ist nach dem amerikanischen Soziologen *Coleman* primär die „**Culture of Competition**" westlich geprägter Volkswirtschaften für die Entstehung von Wirtschaftsstraftaten verantwortlich.¹⁴⁸ Vergleichbar argumentieren *Shover & Grabosky*, eine hohe „Versorgung" des Marktes mit Verlockungen wie Steuersparmodellen, hohen Vertriebsprovisionen¹⁴⁹, Subventionen¹⁵⁰ oder Insiderwissen in Bezug auf die Entwicklung von Aktienkursen („supply of lure") führe zu einem Ansteigen der Rate potenziell der Versuchung erliegender Personen und damit im Ergebnis zu mehr Wirtschaftskriminalität. Anschauungen, die primär auf Marktbedingungen abstellen, tendieren im Rahmen der Prävention zu einem Abbau vertriebsorientierter Vergütungssysteme und fordern ein Plus an staatlicher Aufsicht und Kontrolle. Parallel kritisieren sie den „**Neoliberalismus**" in Gestalt von Deregulierung (Abbau bürokratisch-politischer Kontrollen), Ökonomisierung (z.B. des Gesundheitswesens) und Globalisierung und allgemein das Ziel der Wohlstandsvermehrung durch Wirtschaftswachstum.¹⁵¹   116

Soweit im Rahmen der Theoriebildung primär auf die Person des Wirtschaftsstraftäters Bezug genommen wird, ist es plausibel, sowohl auf situative als auch auf personale Risikofaktoren abzustellen. Eine derartige Systematisierung erfolgt z.B. im **Leipziger Verlaufsmodell wirtschaftskriminellen Handelns**¹⁵², das aufgrund der empirischen Un-   117

---

146 *Bock*, in: Göppinger Kriminologie, § 7, Rn. 2.
147 Vgl. § 1, Rn. 12.
148 *Coleman J.W.*, Toward an integrated theory of white collar crime, American Journal of Sociology 93 (1987), 406 ff.; *ders.*, The criminal elite. Understanding white-collar crime.
149 Z.B. für den Vertrieb von Krediten bei Erwerb selbstgenutzter Immobilien, vgl. hierzu: *Shover/Grabosky*, Forestalling the next epidemic of white-collar crime: Linking policy to theory, Criminology & Public Policy 9 (2010), 642.
150 Beispiele für derartige Anreize könnten in Deutschland das Elterngeld für Selbständige (Verlockung, sich das Gehalt vom Staat bezahlen zu lassen und dabei gleichwohl Vollarbeit zu leisten) oder der Bezug von Kurzarbeitergeld für die Angestellten (die dann in Wahrheit keine Kurzarbeit leisten) usw. sein.
151 Grundlegend: *Streeck*, Gekaufte Zeit. Die vertagte Krise des demokratischen Kapitalismus, 2013.
152 *Schneider/John*, Der Wirtschaftsstraftäter in seinen sozialen Bezügen. Empirische Befunde und Konsequenzen für die Unternehmenspraxis, in: Bannenberg/Jehle (Hrsg.): Wirtschaftskriminalität, S. 159 ff.; *Schneider*, Das Leipziger Verlaufsmodell wirtschaftskriminellen Handelns. Ein integrativer Ansatz zur Erklärung von Kriminalität bei sonstiger sozialer Unauffälligkeit, NStZ 2007, 555 ff.

tersuchung „Der Wirtschaftsstraftäter in seinen sozialen Bezügen" weiterentwickelt werden konnte.[153]

118 Danach ist auf der situativen Ebene zwischen Gelegenheitsergreifern und Gelegenheitssuchern zu unterscheiden. **Gelegenheitsergreifer** treffen im Arbeitsleben auf eine günstige Tatgelegenheit, die durch eine Gewinnmöglichkeit und ein niedriges Entdeckungsrisiko gekennzeichnet ist. Die Tat kann unter Umständen ausschließlich über die Tatgelegenheitsstruktur erklärt werden, d.h. jedermann kann den entsprechenden Verlockungen erliegen. Das Ergreifen der günstigen Gelegenheit wird weiterhin durch das Vorliegen personaler Risikofaktoren begünstigt. **Gelegenheitssucher** müssen demgegenüber erst durch bestimmte Manipulationen Tatgelegenheiten erzeugen und somit mehr Energie in die Tatbegehung investieren. In diesem Fall kann die Tat nur durch ergänzend vorliegende individuelle Risikofaktoren erklärt werden.

119 Diese sind im Leipziger Modell wie folgt systematisiert:

Tabelle 3: Leipziger Modell wirtschaftskriminellen Handelns

	Kriminogene Situation	
	Wahrnehmungsfilter	
„Puristische" Wertorientierung		Kenntnis der Abläufe
Stufe 1	**Bemerken** *der Situation*	
Blockade ←		→ freier Blick
	Individuelle Risikofaktoren	
■ Zufriedenheit und Wertschätzung ■ adäquates Anspruchsniveau ■ reales Verhältnis zu Geld und Eigentum ■ moderne idealistische oder traditionelle Werte, social bonds		■ Frustration und Kränkung ■ inadäquates Anspruchsniveau ■ fehlendes Verhältnis zu Geld und Eigentum ■ moderne materialistische Werte ■ Neutralisierungsstrategien ■ arbeitsplatzbezogene Subkultur
Stufe 2	**Bewerten** *der Situation als*	
Sicherheitslücke ←		→ günstige Gelegenheit
	Verdichtung des individuellen Risikos	
Verhaltensalternativen		„Kritische" Relevanzbezüge
Stufe 3	**Handeln** *in der Situation*	
Fantasie ←		→ Straftat

Quelle: *Schneider*, in: Göppinger Kriminologie, S. 428 (ergänzt).

120 Als Auslöser für die Interpretation bestimmter Ausgangslagen, denen der Gelegenheitsergreifer ausgesetzt ist, als günstige Gelegenheit und als Motive für die Begehung von

---

153 *Schneider/John*, Der Wirtschaftsstraftäter in seinen sozialen Bezügen. Aktuelle Forschungsergebnisse und Konsequenzen für die Unternehmenspraxis, S. 23.

II. Historische, kriminalpolitische und kriminologische Grundlagen § 1

Straftaten kommen z.B. bestimmte Gefühlslagen („negative emotions") in Betracht, die aus negativ empfundenen Beziehungen zu anderen Personen, z.B. Kollegen und Vorgesetzten resultieren. Frustration in Folge von erlebter Zurücksetzung oder Kränkung kann das Bedürfnis wecken, „Gegenmaßnahmen" in der Form einer strafbaren Handlung, zum Nachteil des für die negativen Gefühle Verantwortlichen (z.B. des Arbeitgebers) zu ergreifen. Außerdem kann auf finanzielle Drucksituationen Bezug genommen werden, die z.B. bei der Krisenkriminalität bestehen oder sich aus „Lebensstilen" und „biografischen Wendepunkten" ergeben. Der Bereich Lebensstil wird im Leipziger Modell durch die Begriffe des persönlichen „**Anspruchsniveaus**" und des „**Verhältnisses zu Geld und Eigentum**"[154] gekennzeichnet. Das Anspruchsniveau kann trotz erheblicher Möglichkeiten, sich materielle Wünsche zu erfüllen, inadäquat sein, wenn ein zu Geldknappheit führender Lebensstil gepflegt oder im Verlauf des Lebens eingeschlagen wird und zusätzlich ein unrealistisches Verhältnis zu Geld und Eigentum vorliegt (lifestyle earning & burning money). Eine derartige Konstellation liegt z.B. bei den Tätern mit einem „**wirtschaftskriminologischen Belastungssyndrom**" vor.[155]

Unter dem Gesichtspunkt individueller Risikofaktoren und Protektoren sind auch die **Bindungsebenen** des Individuums zu interpretieren („äußerer und innerer" Halt des Einzelnen, „social bonds"). Persönliche Bindungen und Kontakte zu anderen Individuen oder Gruppen (Prokreationsfamilie, Kollegen, Freunde) sind unter dem Gesichtspunkt des äußeren Halts bedeutsam. Auch im Berufsleben können **arbeitsplatzbezogene Subkulturen**[156] entstehen, denen eine „krimovalente" (d.h. kriminalitätsbegünstigende) Bedeutung zukommt. Nach den Annahmen des Leipziger Modells entwickeln sich derartige Subkulturen sukzessive durch eine zeitliche Verschiebung des Tagesablaufs, insbesondere durch die Ausdehnung des Leistungsbereichs in den Freizeitbereich (**Störung der „work-life-balance"**) und die Verschmelzung von Leistungs- und Freizeitbereich. In diesem Kontext kommt es zu einer berufsspezifischen Selektion und Beschränkung selbst gewählter Kontakte und zur Konstitution abgrenzbarer Werte und Verhaltensweisen, deren abweichender Charakter von den handelnden Individuen oft selbst kaum noch wahrgenommen wird. Gleichwohl kann sich das Verhalten bei rein formaler Betrachtung als sozial unauffällig darstellen, weil die subkulturelle Orientierung in ein Berufsleben integriert ist und sich selbst für Familienmitglieder lediglich als berufliche Eingebundenheit oder als Leben ohne Freizeit darstellt. Das **kriminoresistente** (vor Kriminalität schützende) **Pendant** der geschilderten Kontakte stellt die Existenz „tragender Bindungen"[157] zur Herkunftsfamilie, zur Prokreationsfamilie und zu nicht delinquenten Freunden außerhalb und innerhalb des Berufslebens dar, die das **soziale Kapital** des Handelnden bilden.[158] Schließlich ergibt sich **innerer Halt** aus der **Wertorientierung** des Handelnden.

Die Unterscheidung zwischen Stufe 2 und Stufe 3 des Leipziger Modells trägt dem Befund Rechnung, dass nicht jeder, der eine Situation als günstige Gelegenheit interpre-

---

154 *Schneider*, in: Göppinger Kriminologie, § 25, Rn. 26.
155 *Schneider/John*, Der Wirtschaftsstraftäter in seinen sozialen Bezügen. Aktuelle Forschungsergebnisse und Konsequenzen für die Unternehmenspraxis, S. 14.
156 Näher zu diesem Begriff: *Coleman J.W.*, Toward an integrated theory of white collar crime, American Journal of Sociology 93 (1987), 422.
157 *Bock*, Kriminologie, S. 171 ff.; *Laub/Sampson*, Turning Points in the Life Course: Why Change Matters to the Study of Crime, Criminology (1993), 304.
158 *Coleman J.S.*, Social capital in the creation of human capital, American Journal of Sociology 94 (1988), 102 ff.; zur Bedeutung von „sozialem Kapital" in entwicklungsdynamischen Modellen: *Laub/Sampson*, Turning Points in the Life Course: Why Change Matters to the Study of Crime, Criminology (1993), 309 ff.

tiert, diese auch in entsprechende Aktionen umsetzt. Ausschlaggebend sind eine Kumulation und Intensitätssteigerung der personalen Risiken. So ist es denkbar, dass das Anspruchsniveau oder ein bestimmter Lebensstil um jeden Preis beibehalten werden müssen und der Proband z.B. in einer finanziellen Krise auf keinen Fall von bestimmten kostspieligen Aktivitäten oder Gütern Abstand nehmen kann. Mit Blick auf das Kontaktverhalten ist an eine besonders intensive Hinwendung zu einer arbeitsplatzbezogenen Subkultur zu denken, die das Kontaktverhalten sogar derart beherrschen kann, dass die Wahrnehmung der Umwelt Züge **mangelnder Realitätskontrolle** annimmt.

123 Das Leipziger Modell und die in ihm systematisierten kriminologischen Theorien erlauben eine kriminologische Diagnose im Einzelfall. So bietet es sich z.B. an, im Rahmen der Personaleinstellung bei sicherheitsrelevanten Tätigkeitsbereichen als Strategie des „**gate keeping**" (im Rahmen des arbeitsrechtlich Zulässigen) gezielt nach bestimmten personalen Risikofaktoren zu „screenen". Auch im laufenden Arbeitsverhältnis sollte bei offensichtlichen biographischen Wendepunkten ferner auf „**red flags**" im Hinblick auf das Entstehen bestimmter personaler Risikofaktoren geachtet werden. Ferner bietet es sich wegen der überragenden Bedeutung der Tatgelegenheiten an, im Unternehmen insofern Risikoanalysen durchzuführen und prophylaktische Maßnahmen[159] zu ergreifen.

c) Struktur und Umfang von Wirtschaftskriminalität

124 Struktur und Umfang der Wirtschaftskriminalität sind schwer festzustellen. Aussagen über den **Umfang der Wirtschaftskriminalität** im Hellfeld der registrierten Kriminalität können nur anhand der polizeilichen Daten getroffen werden. Diese sind allerdings nicht als Spiegel oder repräsentativer Ausschnitt der Verbrechenswirklichkeit, sondern primär als Information über die Tätigkeit der Polizei zu verstehen: Nach dem vom Bundeskriminalamt herausgegebenen **Bundeslagebild Wirtschaftskriminalität** waren im Jahr 2018 **50.550 Fälle** (rd. 1,0 %) der polizeilich bekannt gewordenen Straftaten der Wirtschaftskriminalität gem. § 74 c Abs. 1 Nr. 1 bis 6 b GVG zuzuordnen. **24.625 Tatverdächtige** wurden registriert. Der Anteil der nichtdeutschen Tatverdächtigen betrug 23 % und ist damit deutlich niedriger als deren Anteil an den Gesamtstraftaten (30,5 %).

125 In etwa 89 % der polizeilich registrierten Fälle von Wirtschaftskriminalität wurde eine Schadenssumme erfasst. Die hiernach rechnerisch festgestellte **Gesamtschadenssumme betrug 3,356 Mrd. EUR**. Auch wenn der Schaden, der durch Wirtschaftskriminalität verursacht wurde, damit (anders als in den Vorjahren) nur noch 46 % des durch Kriminalität verursachten Gesamtschadens ausmacht, unterstreicht die Gesamtsumme der Schäden weiterhin die erheblichen Auswirkungen der Wirtschaftskriminalität.

---

159 Siehe § 4, Rn. 23 ff.

II. Historische, kriminalpolitische und kriminologische Grundlagen § 1

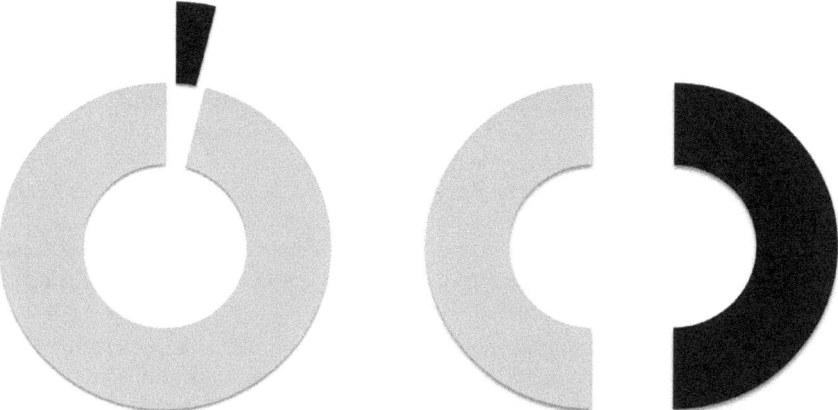

Abbildung 2: Gesamtschaden   Abbildung 3: Anteil an Gesamtschaden

Jeweils schwarz dargestellt: Geringer Anteil der Wirtschaftskriminalität an Straftaten (Abbildung 2) und hoher Anteil an Gesamtschadenssumme (Abbildung 3).

Über das **Dunkelfeld** liegen keine verlässlichen Informationen vor. Grundsätzlich sind das relative und das absolute Dunkelfeld zu unterscheiden. Das absolute Dunkelfeld bezieht sich auf Straftaten, die selbst vom Opfer, z.B. dem betroffenen Unternehmen, noch nicht entdeckt wurden. Mit dem Begriff des relativen Dunkelfeldes werden Straftaten bezeichnet, die zwar vom Opfer oder Dritten bemerkt wurden, aus verschiedenen Gründen aber nicht zur Anzeige gekommen sind und die daher den Instanzen der formellen Sozialkontrolle nicht bekannt sind (und somit nicht in der Statistik auftauchen). Bereits das relative Dunkelfeld scheint sehr hoch zu sein. Befragungen von Unternehmen im Hinblick auf die Viktimisierung (= das Opferwerden) ergeben, dass zwischen 37 % und 90 % der Unternehmen innerhalb eines Zeitraums von einem bis drei Jahren mindestens einmal von Kriminalität betroffen waren.[160] Anzeige wird bei entdeckter Kriminalität ab einer bestimmten Erheblichkeitsschwelle nach einschlägigen Erkenntnissen etwa in der Hälfte der vom Unternehmen registrierten Fälle erstattet.[161]

d) Unternehmen als Opfer

Auch die wirtschaftsviktimologische Forschung (Unternehmen als Opfer von Wirtschaftskriminalität) steckt erst in den Anfängen. Erste Forschungsresultate[162] legen nahe, dass der Gesichtspunkt der **Opfermitverantwortung** für die Entstehung der Wirtschaftsstraftat mit ausschlaggebend ist. Ferner lassen sich Opferkarrieren nach dem Schema der „**erlernten Hilflosigkeit**" nachweisen.

Offensichtlich entstehen günstige Tatgelegenheiten, die von den „Gelegenheitsergreifern" genutzt werden, auch aufgrund eines unzureichenden internen Kontrollsystems, fehlender oder unvollständig implementierter Compliance-Instrumente[163] und nachläs-

---

160 Nachweise bei *Schneider/John*, Das Unternehmen als Opfer von Wirtschaftskriminalität. Eine viktimologische Untersuchung: Public und Private Sector im Vergleich, S. 10.
161 *Bussmann*, in: Guzy/Birkel/Mischkowitz (Hrsg.): Organisationen als Opfer, Viktimisierungsbefragungen in Deutschland 2015, S. 363.
162 Z.B. *Schneider/John*, Das Unternehmen als Opfer von Wirtschaftskriminalität. Eine viktimologische Untersuchung: Public und Private Sector im Vergleich.
163 § 4, Rn. 23.

siger bzw. überforderter Aufsichtsratsmitglieder. Im Bereich des Top Management Fraud kann sich dieses Risikosyndrom verhängnisvoll auswirken. Verfügt das Unternehmen nicht über ein Hinweisgebersystem[164], kann ein „**bottom-up-Kontrollvakuum**" bestehen, das zudem durch einen **autokratischen Führungsstil** der deliktisch handelnden Geschäftsführungsorgane begünstigt wird. Mitarbeiter sehen unter diesen Voraussetzungen keine Möglichkeit, Verdachtsmomente zu melden, bzw. sie verzichten hierauf, weil sie Entdeckung und Repression fürchten. Aufsichtsratsmitglieder lassen sich bisweilen durch den deliktisch handelnden Geschäftsführer oder Vorstand in eine „Komforthaltung" versetzen und hinterfragen bestimmte Unterlagen oder Geschäftsvorfälle nicht. Unter diesen Voraussetzungen kann ein Unternehmen über einen längeren Zeitraum nachhaltig viktimisiert werden, es drohen hohe finanzielle Verluste.

129 Insbesondere bei mittelständischen Unternehmen kann der finanzielle Primärschaden (Vermögensschaden, der unmittelbar durch die Straftaten entstanden ist) und der Sekundärschaden (Kosten für Internal Investigations, Kosten für eine arbeits- und ggf. gesellschaftsrechtliche Auseinandersetzung mit den Tätern) so hoch ausfallen, dass eine Umgestaltung und Modernisierung des internen Kontrollsystems und des Compliance-Management-Systems aus Kostengründen nicht möglich ist. Wurden entsprechende Anstrengungen bereits unternommen und konnten diese die Viktimisierung nicht verhindern, kann der Opferstatus ferner als unabänderlich wahrgenommen werden. Der Ausbau der Präventionsmaßnahmen wird sodann unterlassen, weil er von den Verantwortlichen als ineffizient wahrgenommen wird. Insoweit droht die Gefahr der Opferkarriere als Folge einer „erlernten Hilflosigkeit".[165]

e) Ertrag wirtschaftskriminologischer Forschungsergebnisse

130 Die hier aus Raumgründen nur skizzenhaft und unvollständig dargelegten wirtschaftskriminologischen Forschungsergebnisse lassen vielfältige Anwendungsbezüge erkennen. Aufgrund der wirtschaftsviktimologischen Erkenntnisse und den bereits vorliegenden Forschungsergebnissen zur Wirksamkeit von Compliance-Instrumenten ist eine evidenzbasierte Kriminalprävention im Unternehmen möglich.

131 Die Erkenntnisse zu den Tatgelegenheitsstrukturen der Wirtschaftsstraftat lassen sich im Rahmen einer situativen Kriminalprävention, die Tatgelegenheiten reduzieren will, gewinnbringend einsetzen. Forschungsergebnisse über die Person des Wirtschaftsstraftäters und seine Neutralisierungsstrategien können ferner im Rahmen der personalen Prävention (unternehmensinterne Workshops, Awareness-Training) in unternehmensinternen Programmen eingesetzt werden (siehe hierzu näher unter Compliance).[166]

---

164 § 4, Rn. 28 f.
165 Ausführlich zu diesen Befunden anhand empirischer Daten: *Schneider/John*, Das Unternehmen als Opfer von Wirtschaftskriminalität. Eine viktimologische Untersuchung: Public und Private Sector im Vergleich; *Boemke/Grau/Kißling/Schneider*, Evidenzbasierte Kriminalprävention im Unternehmen. Wirksamkeit von Compliance Maßnahmen in der deutschen Wirtschaft – Ein empirisches Forschungsvorhaben, Denkströme. Journal der sächsischen Akademie der Wissenschaften 9/2012, 79 ff.
166 *Schneider*, Kognitive Dissonanz als Präventionsstrategie. Überlegungen zu den Möglichkeiten der Neutralisierung von Neutralisierungstechniken, in: Neubacher/Kubink (Hrsg.): Festschrift für Michael Walter zum 70. Geburtstag, S. 195 ff.

II. Historische, kriminalpolitische und kriminologische Grundlagen   § 1

f) Wiederholung

Ordnen Sie die Straftaten von X und Y im **Einstiegsfall** kriminologisch in die oben genannten Rubriken ein. Mithilfe welcher Theorien könnte man die Taten kriminologisch erklären?

132

Antwort: Nach den dargestellten Überlegungen zur Wirtschaftskriminalitäts-Trias aus „Taten aus Unkenntnis der Grenzen zwischen erlaubtem und verbotenem Verhalten", „Krisenkriminalität" und „echter Wirtschaftskriminalität"[167] fällt der **Einstiegsfall** ersichtlich in das Spektrum der Krisenkriminalität. Die Übertretung des Straftatbestandes (§ 263) ist eindeutig und daher „echte Wirtschaftskriminalität". Die BSE-Krise wird zur persönlichen Lebenskrise der Täter, die um ihr Lebenswerk bangen. Unter Berücksichtigung des Leipziger Modells liegt daher eine ökonomische Drucksituation vor, die zur Wirtschaftsstraftat geführt hat. Ausgeprägte Neutralisierungsstrategien als Indikator der Reibung an Konformitätswerten sind erkennbar.

Literaturtipps zur Vertiefung:

133

Bussmann/Niemeczeck/Vockrodt, Compliance und Unternehmenskultur. Eine empirische Untersuchung zur Wirksamkeit von Anti-Korruptionsprogrammen, MschKrim 2016, 23-41.

Hermann/Pohlmann/Klinkhammer, Grenzen formeller Regulierung: Wie informelle Normen und kriminogene Werte die Korruptionsbereitschaft von Managern beeinflussen, MschKrim 2019, 104-118.

Kölbel, Unternehmenskriminalität und (Selbst-)regulierung, MschKrim 2017, 430-452.

Kölbel, Die dunkle Seite des Strafrechts, NK 2019, 249-268.

Schneider/John, Das Unternehmen als Opfer von Wirtschaftskriminalität. Eine viktimologische Untersuchung: Public und Private Sector im Vergleich, Köln 2013.

Singelnstein, Steuerhinterziehung: steigende Moral, weniger Verfahren, mehr Verurteilte? MschKrim 2015, 48-69.

---

[167] Vgl. § 1, Rn. 102 ff.

§ 2 Bereichsübergreifende Aspekte im materiellen Wirtschaftsstrafrecht

I. Vorbemerkungen

1 Dem besonderen Teil des Strafgesetzbuchs ist ein allgemeiner Teil vorangestellt, der Grundprinzipien der strafrechtlichen Bewertung – wie etwa zu Täterschafts- und Teilnahmeformen oder zur Unterlassungsstrafbarkeit – zusammenfasst. Neben diesen allgemeinen Regeln der §§ 1 bis 79b gibt es keinen eigenständigen Sonderbereich spezifischer Grundregeln für die (wirtschafts-)strafrechtliche Bewertung. Wirtschaftsstrafrecht ist **kein in sich abgeschlossenes „Sonderstrafrecht"**, das einen eigenen allgemeinen Teil i.S.e. Sonderdogmatik für sich beansprucht. **Art. 1 EGStGB** ordnet vielmehr die Geltung der allgemeinen Regeln des StGB auch für das Nebenstrafrecht an. Entsprechend sind nach diesen Regeln auch jene Problemkonstellationen zu bewältigen, die zu einem allgemeinen Teil des Wirtschaftsstrafrechts zusammengefasst werden.[1]

2 Dass dennoch die Abgrenzung „allgemeiner" Gesichtspunkte sinnvoll ist, ergibt sich aus der **Mehrfachrelevanz bestimmter Aspekte.** Denn eine Reihe von rechtlichen Phänomenen begegnet dem Rechtsanwender im Wirtschaftsstrafrecht an unterschiedlicher Stelle, so etwa abstrakte Gefährdungsdelikte[2], Blankettnormen[3] oder damit einhergehende Irrtumsprobleme. Solche Kategorien lassen sich aus einzelnen Anwendungszusammenhängen herauslösen und in einem bereichsübergreifenden Teil zusammenfassen, der seine Eigenständigkeit innerhalb des Wirtschaftsstrafrechts behauptet, nicht jedoch gegenüber den allgemeinen Regeln des Kernstrafrechts. Diese gelten vielmehr auch im Wirtschaftsstrafrecht, das insbesondere den grundlegenden Garantien eines rechtsstaatlichen Strafrechts verpflichtet ist.

II. Rechtsquellen für das Wirtschaftsstrafrecht

3 Gesetzliche Vorgaben für das Wirtschaftsstrafrecht finden sich nicht zusammengefasst sondern über die Rechtsordnung verteilt. Aus dem **Strafgesetzbuch** werden bspw. die §§ 263 ff., 266 ff., 283 ff., 291, 298 f. und 331 ff. dem Wirtschaftsstrafrecht zugerechnet, vom **Nebenstrafrecht** etwa das Wettbewerbsstrafrecht (vgl. GWB u. UWG), das Steuerstrafrecht (s. §§ 370 ff. AO), das Kapitalmarktstrafrecht (§§ 38, 39 WpHG) oder auch Strafvorschriften zum Schutz des geistigen Eigentums (PatG, UrhG). Zudem zählt man bestimmte Ordnungswidrigkeiten ebenfalls zum „Wirtschaftsstrafrecht", so dass auch dem **Gesetz über Ordnungswidrigkeiten (OWiG)** – so etwa dessen § 130 – Aufmerksamkeit gilt.

III. Charakteristika der rechtlichen Vorgaben

1. Vorbemerkungen

4 Bereits die **Vielgestaltigkeit des Wirtschaftslebens** mit der Folge heterogener Regelungsbedürfnisse erschwert, das Wirtschaftsstrafrecht einheitlichen Prinzipien zu unterwerfen. Gleichwohl gibt es Charakteristika der rechtlichen Vorgaben, deren Kenntnis wirt-

---

1 So spielen bspw. auch im Wirtschaftsstrafrecht objektive Strafbarkeitsbedingungen (s. etwa § 283 Abs. 6) oder Strafaufhebungsgründe – wie z.B. Regelungen zur tätigen Reue nach den §§ 264 Abs. 5, 264a Abs. 3, 265b Abs. 2 oder die Selbstanzeige bei der Steuerhinterziehung gem. § 371 AO – eine Rolle.
2 S. dazu § 2, Rn. 16 ff.
3 Näher dazu § 2, Rn. 7 ff.

III. Charakteristika der rechtlichen Vorgaben § 2

schaftsstrafrechtliche Bewertungen in ganz unterschiedlichen Regelungszusammenhängen erleichtert. Dabei lassen sich **Merkmale der Regelungstechnik** zwanglos mit Kennzeichen des modernen Wirtschaftslebens in Zusammenhang bringen, so etwa mit dessen Dynamik und den darauf folgenden Notwendigkeiten einer Anpassung des Rechts. Zu solchen Wechselbeziehungen enthält dieses Buch eine ausführliche Darstellung im Abschnitt „Kriminalpolitische Grundlagen des Wirtschaftsstrafrechts", worauf die nachfolgende (knappe) Zusammenfassung von charakteristischen Gestaltungsprinzipien bei den wirtschaftsstrafrechtlichen Vorgaben aufbaut.

2. Sonderdelikte

Viele Wirtschaftsstraftaten sind echte Sonderdelikte, d.h. sie können nur von **Tätern mit bestimmten Merkmalen** – wie z.B. dem Innehaben einer spezifischen Pflichtenstellung[4] – begangen werden.[5] Von **Bedeutung** ist eine solche „Täterqualifikation" (wie sonst auch im Strafrecht) bspw. für die Abgrenzung von Täterschaft und Teilnahme oder für die Bewertungen im Zusammenhang mit § 28. Wer die besondere Tätereigenschaft nicht aufweist (sog. Extraneus), kann nicht Täter i.S.d. § 25 StGB sein[6], während der Inhaber der Täterqualifikation (sog. Intraneus) auch dann Täter ist, wenn er unter dem Aspekt der Tatherrschaft nur als Teilnehmer anzusehen wäre.[7] Für das Wirtschaftsstrafrecht ist in diesem Zusammenhang von Belang, dass im modernen Wirtschaftsleben eine **Aufgabendelegation** allgegenwärtig ist und damit regelmäßig die Frage aufkommt, wie hier die Beachtung von Sonderpflichten strafrechtlich abgesichert werden kann.[8] Unechte Sonderdelikte, bei denen besondere Tätereigenschaften strafschärfend (und nicht wie bei den echten Sonderdelikten strafbegründend) wirken, spielen im Wirtschaftsstrafrecht nur eine untergeordnete Rolle.[9]

5

3. Generalklauseln

Häufig enthalten wirtschaftsstrafrechtliche Vorgaben Generalklauseln wie etwa den Hinweis auf die „ordnungsgemäße Wirtschaft" (s. § 283 Abs. 1 Nr. 8) oder die „Sorgfalt eines ordentlichen Geschäftsmannes" (vgl. § 43 Abs. 1 GmbHG). Solche Klauseln passen sich mit ihren **allgemein gehaltenen Formulierungen** eher den Veränderungen im Wirtschaftsleben an als konkretere und spezifischere Rechtsvorgaben. Zugleich sind Generalklauseln als Bestandteile von Tatbeständen[10] wegen des **Bestimmtheitsgrundsatzes** und der **ultima-ratio-Funktion des Strafrechts** restriktiv (und damit zum Teil enger als außerhalb des Strafrechts) auszulegen.[11] Beispielsweise können die zivilrechtlichen Sorgfaltsmaßstäbe für die ordentliche und gewissenhafte Entscheidung

6

---

4 Man spricht dann auch von „Pflichtdelikt". Beispiele dafür sind etwa § 266 (der auf Treuepflichtige abstellt), § 266a (der deliktisches Handeln von Arbeitgebern erfasst), oder § 327 (mit Betreibern einer illegalen Anlage als Täter).
5 *Roxin*, AT I, § 10, Rn. 129.
6 Für ihn stellt sich die Frage nach der Zurechnung besonderer persönlicher Merkmale gem. § 14 StGB, § 9 OWiG.
7 *Wittig*, Wirtschaftsstrafrecht, § 6, Rn. 71 f.
8 S. dazu § 2, Rn. 19 ff.
9 *Wittig*, Wirtschaftsstrafrecht, § 6, Rn. 5.
10 Dazu können sie auch über einen Verweis in Blankettstrafgesetzen werden, s. § 2, Rn. 7 ff.
11 *Wittig*, Wirtschaftsstrafrecht, § 6, Rn. 23 f. m.w.N.

über eine Spenden- oder Prämiengewährung nicht ohne Weiteres bei der Prüfung eines Untreuevorwurfs (§ 266) angewendet werden.[12]

4. Blankettstrafgesetze

a) Begriff des Blankettstrafgesetzes

7   Des Weiteren sind Normen des Wirtschaftsstrafrechts nicht selten **akzessorisch**, d.h. sie nehmen Bezug auf außerstrafrechtliche Vorgaben. Ob und inwieweit dann auch ein außerstrafrechtliches Normverständnis oder umgekehrt eine **eigenständige wirtschaftsstrafrechtliche Deutung** gilt, wird dabei regelmäßig kontrovers diskutiert. Mit außerstrafrechtlichen Regelungen sind insbesondere Blankettnormen verknüpft. Sie gibt es vor allem im Nebenstrafrecht, wo diese Art der Gesetzestechnik laut BGH wegen „*der übersichtlichen und leichten Durchführung von Änderungen*" naheliege[13].

8   ▶ **Definitionen: Blankettstrafgesetze**[14] sind Sanktionsnormen, die nicht selbst die Voraussetzungen der Sanktionierung abschließend festlegen, sondern dazu den Inhalt anderer Normen (Ausfüllungsnormen) mitberücksichtigen. An die Stelle von Tatbestandsbeschreibungen tritt hier (ganz oder teilweise) die Verweisung auf eine anderweitige Regelung.[15] Der Verbotsinhalt erschließt sich damit erst durch Berücksichtigung anderer Gesetze, Rechtsverordnungen oder Verwaltungsakte.[16] **Blankettmerkmale** sind dabei jene Tatbestandsmerkmale, die zur Inhaltsbestimmung der Strafnorm auf ausfüllende (regelmäßig außerstrafrechtliche) Normen Bezug nehmen.[17] Zur Erfassung des vollständigen Tatbestands ist die Ausfüllungsnorm in die Blankettnorm hineinzulesen.[18] ◀

▶ **Beispiel:** Nach § 283 b Abs. 1 Nr. 1 wird bestraft, wer Handelsbücher nicht führt, „*zu deren Führung er gesetzlich verpflichtet ist*". Wann allerdings eine solche gesetzliche Buchführungspflicht besteht, ist § 283 b selbst nicht zu entnehmen. Dies ergibt sich vielmehr aus § 238 HGB, wonach „*jeder Kaufmann*" zur Führung von Handelsbüchern verpflichtet ist. Anhand von § 283 b Abs. 1 Nr. 1 allein ist damit nicht erkennbar, unter welchen Voraussetzungen das als strafwürdig angesehene tatbestandliche Unrecht vorliegt. Dazu muss vielmehr die gesetzliche Regelung der Buchführungspflicht in § 238 HGB in die Deliktsbeschreibung des § 283 b Abs. 1 hinein gelesen werden. Verbunden sind die beiden Normen dabei über das Blankettmerkmal in § 283 b Abs. 1 Nr. 1, dass der Täter zur Führung von Handelsbüchern „*gesetzlich verpflichtet*" sein muss. ◀

9   Verbreitet wird bei Blankettstrafgesetzen danach unterschieden, ob sie auf Normen anderer Rechtssetzungsinstanzen (dann: „**Außenverweisung**" bzw. Blankettnorm im engeren Sinne) oder derselben Rechtssetzungsinstanz (hier: „**Binnenverweisung**" bzw.

---

12 Vgl. etwa BGH 6.12.2001 – 1 StR 215/01, BGHSt 47, 187 – SSV Reutlingen; BGH 21.12.2005 – 3 StR 470/04, BGHSt 50, 331 – Mannesmann.
13 BGH 8.1.1965 – 2 StR 49/64, BGHSt 20, 177, juris Rn. 10.
14 Den Begriff hat bereits Binding gebraucht, s. *Binding*, Handbuch des Strafrechts Bd. I, 1885, S. 180.
15 *V. Heintschel-Heinegg*, in: BeckOK StGB, § 1, Rn. 1212.
16 BGH 9.3.1954 – 3 StR 12/54, BGHSt 6, 30–41; *Enderle*, Blankettstrafgesetze, Frankfurt am Main u.a. 2000, S. 7; *Zieschang*, in: Achenbach/Ransiek/Rönnau (Hrsg.): Handbuch Wirtschaftsstrafrecht, IV 1, Rn. 5; *Wessels/Beulke/Satzger*, AT, Rn. 165.
17 *Dietmeier*, Blankettstrafrecht, Marburg 2002, S. 39 ff.
18 BVerfG 1.3.1978 – 1 BvR 786/70, 1 BvR 793/70, 1 BvR 168/71, 1 BvR 95/73, BVerfGE 47, 285 (309 f.). Man spricht auch von einem „Zusammenlesen" von Blanketttatbestand und blankettausfüllender Norm, s. *Wittig*, Wirtschaftsstrafrecht, § 6, Rn. 171.

III. Charakteristika der rechtlichen Vorgaben § 2

Blankettnormen im weiteren Sinne) verweisen.[19] Beide Varianten hat das Bundesverfassungsgericht als „vielfach übliche und notwendige gesetzestechnische Methode" anerkannt[20], die Referenz eines Blankettstrafgesetzes (= Verweisungsnorm) muss also nicht notwendig eine Bezugsnorm derselben rechtsetzenden Instanz sein.[21] Zulässig sind auch Verweisungen auf das Unionsrecht, die an den gleichen verfassungsrechtlichen Anforderungen zu messen sind wie das innerstaatliche Recht.[22]

b) Blankettmerkmale und normative Tatbestandsmerkmale

Von Blankettnormen streng zu unterscheiden sind „Vollnormen", die normative (d.h. wert- bzw. normenbezogene) Tatbestandsmerkmale enthalten.[23] Dieses Abgrenzungserfordernis offenbart sich insbesondere beim Blick auf den **Bestimmtheitsgrundsatz nach Art. 103 Abs. 2 GG:** An ihm müssen sich nämlich nur die Bezugsnormen von Blankettgesetzen und nicht auch die von normativen Tatbestandsmerkmalen messen lassen. Denn bei Blankettstrafgesetzen ergibt sich der Gesamttatbestand erst unter Einbeziehung einer **Ausfüllungsnorm**, die als **Bestandteil des Tatbestands** ebenfalls den Anforderungen des Art. 103 Abs. 2 GG genügen muss.[24] Hingegen spielen die Referenznormen von normativen Tatbestandsmerkmalen (lediglich) im Rahmen der Tatbestandsauslegung eine Rolle und sind nicht selbst Bestandteil des Tatbestands.[25]

10

Bei Blankettnormen gilt dem **Bestimmtheitsgebot nach Art. 103 Abs. 2 GG im Zusammenhang mit Verweisungsketten** besondere Aufmerksamkeit: Solche Normenverknüpfungen sind zwar nicht per se unzulässig, ihre Nachverfolgung kann jedoch – gerade beim Hintereinanderschalten mehrerer Normen – für den Rechtsunterworfenen unzumutbar sein. Auch muss für die gesamte Normenkette die **Beachtung des Parlamentsvorbehalts** sichergestellt sein, d.h. die Entscheidung über das „Ob" der Strafbarkeit beim deutschen Gesetzgeber verbleiben. Problematisch können deshalb bspw. Verweise auf EG-Verordnungen sein, die es im deutschen Nebenstrafrecht oft gibt[26] und die als Teil des europäischen Gemeinschaftsrechts der unmittelbaren Gestaltungsmacht des deutschen Gesetzgebers entzogen sind. Dynamische Verweisungen auf EU-Recht „*in der jeweils gültigen Fassung*"[27] sind daher verfassungsrechtlich ebenso bedenklich wie sog. Rückverweisungsklauseln. Diese ermächtigen dazu, in einer Rechtsverordnung mit Rückverweis auf ein Blankettstrafgesetz Tatbestände zu benennen, die nach dem Blankettstrafgesetz als Straftat zu ahnden sind.[28] Die Strafbarkeitsvoraussetzungen

11

---

19 S. *Rogall*, in: Karlsruher Kommentar zum OWiG, Vor § 1, Rn. 16; *Wittig*, Wirtschaftsstrafrecht, § 6, Rn. 15 f.
20 BVerfG 21.9.2016 – 2 BvL 1/15, NJW 2016, 3648 (3650) (Rn. 42).
21 S.a. BVerfG 25.7.1962 – 2 BvL 4/62, BVerfGE 14, 245 (252); BVerfG 1.12.1992 – 1 BvR 88/91, BVerfGE 87, 399 (407).
22 Dazu BVerfG 13.10.1970 – 2 BvR 618/68, BVerfGE 29, 198 (210); BVerfG 21.9.2016 – 2 BvL 1/15, NJW 2016, 3648 (3650 f.) (Rn. 45).
23 S. *Rogall*, in: Karlsruher Kommentar zum OWiG, Vor § 1, Rn. 16. Zum Begriff der normativen Tatbestandsmerkmale s.a. § 2, Rn. 126.
24 BVerfG 25.7.1962 – 2 BvL 4/62, BVerfGE 14, 245 (252); BGH 13.7.1978 – 4 StR 82/78, BGHSt 28, 72 (73). Zu Bestimmtheitsanforderungen bei Blankettnormen s.a. LG Stade 15. 3.2017 – 600 KLs 1100 Js 7647/10 (1/15), wistra 2017, 451.
25 BVerfG 18.5.1988 – 2 BvR 579/84, BVerfGE 78, 205 (213).
26 *Wittig*, Wirtschaftsstrafrecht, § 3, Rn. 33.
27 Als „dynamisch" bezeichnet man die Verweisung eines Blanketttatbestands auf eine Vorschrift in der jeweils geltenden Fassung, während bei einer konkrete Fassung der Ausfüllungsnorm von einer „statischen" Verweisung in Bezug genommen wird, s. Tiedemann, Wirtschaftsstrafrecht, § 5, Rn. 250.
28 *Wittig*, Wirtschaftsstrafrecht, § 6, Rn. 19 a; s.a. *Satzger*, in: Satzger/Schluckebier/Widmaier, § 1, Rn. 65; *Kraatz*, Wirtschaftsstrafrecht, Rn. 15 m.w.N.

sind vom deutschen Gesetzgeber selbst hinreichend deutlich zu umschreiben[29], insbesondere müssen bei Verweis auf eine Rechtsverordnung die Voraussetzungen der Strafbarkeit schon aufgrund des Gesetzes (und nicht erst aufgrund der Rechtsverordnung) vorhersehbar sein.[30] Denn nach dem Grundsatz der Gewaltenteilung obliegt dem Gesetzgeber die Entscheidung über die Strafbarkeit, während der Verordnungsgeber Straftatbestände lediglich konkretisieren darf.[31] Unter Hinweis darauf erklärte das BVerfG[32] eine unionsrechtsakzessorische Blankettnorm aus dem „Rindfleischetikettierungsgesetz" (RiFlEtikettG)[33] für verfassungswidrig, die es der Exekutive überließ, durch Rechtsverordnung die EU-Rechtsakte auszuwählen und zu bezeichnen, die straf- bzw. bußgeldbewehrt sein sollen.[34] Dies war schon deshalb ein „Paukenschlag"[35], weil es im Wirtschaftsstrafrecht zahlreiche Blankettgesetze mit dem gleichen gesetzgebungstechnischen Regelungsmuster (z.B. im Lebensmittel- und Futtermittelgesetzbuch, LFGB[36]) gibt. Für den Gesetzgeber besteht hier also mit Blick auf das Bestimmtheitsgebots nach Art. 103 Abs. 2 GG und den Parlamentsvorbehalt gem. Art. 80 Abs. 1 GG Handlungsbedarf.[37]

12   Die **Abgrenzung von Blankettstrafgesetzen und normativen Tatbestandsmerkmalen** (wie etwa die „Urkunde" bei § 267) bereitet schon wegen der Gemeinsamkeit eines Normenbezugs Schwierigkeiten. Dabei konnte über die maßgeblichen Unterscheidungsmerkmale bisher keine Einigkeit erzielt werden. Zum Teil wird die Einordnung als Blankettmerkmal oder normatives Tatbestandsmerkmal davon abhängig gemacht, ob eine andere Norm **ausdrücklich oder nur stillschweigend in Bezug genommen** wird.[38] Dies allerdings – so die Kritik – hänge auch von Zufälligkeiten ab. Andere sehen es als wesentlich an, ob der **Unrechtstypus** ohne eine Ausfüllungsnorm **erkennbar** sei (so bei normativen Tatbestandsmerkmalen) bzw. ob die **Norm** ihn **inhaltlich „offen"** lasse (dann: Blankettnorm).[39]

c) Vorsatzanforderungen bei Blankettnormen

13   Die Voraussetzungen der Ausfüllungsnormen (s.o.) werden als **Teil des Tatbestands** der betreffenden Strafnorm angesehen. Deshalb muss sich der Tätervorsatz gem. § 16 Abs. 1 auch auf die Voraussetzungen der ausfüllenden Norm beziehen[40] – bei einer Verletzung der Buchführungspflicht nach § 283 b Abs. 1 Nr. 1 also bspw. auf die Kaufmannseigenschaft als Auslöser einer Buchführungspflicht.

---

29 Vgl. BVerfG 3.7.1962 – 2 BvR 15/62, BVerfGE 14, 174 (185 f.); BVerfG 21.9.2016 – 2 BvL 1/15, NJW 2016, 3648 (3651) (Rn. 46) m.w.N.
30 Vgl. BVerfG 3.7.1962 – 2 BvR 15/62, BVerfGE 14, 174 (185 f.); BVerfG 22.6.1988 – 2 BvR 234/87, BVerfGE 78, 374 (382 f.).
31 Vgl. bereits BVerfG 3.7.1962 – 2 BvR 15/62, BVerfGE 14, 174 (185 f.); BVerfG 23.5.1967 – 2 BvR 534/62, BVerfGE 22, 21.
32 S. BVerfG 21.9.2016 – 2 BvL 1/15, NJW 2016, 3648 m. Anm. Hecker.
33 Konkret ging es um § 10 Abs. 1 RiFlEtikettG i.V.m. Abs. 3 RiFlEtikettG.
34 Vgl. *Hecker*, Anmerkung zu BVerfG 21.9.2016 – 2 BvL 1/15 (Verfassungswidrige Strafvorschrift im Rindfleischetikettierungsgesetz), NJW 2016, 3648 (3653).
35 So *Hecker*, Anmerkung zu BVerfG 21.9.2016 – 2 BvL 1/15 (Verfassungswidrige Strafvorschrift im Rindfleischetikettierungsgesetz), NJW 2016, 3648 (3653).
36 Vgl. § 58 Abs. 3 Nr. 1 LFGB i.V.m. § 62 Abs. 1 Nr. 1 LFGB; dazu Dannecker ZIS 2016, 723.
37 Dazu *Hecker*, Anmerkung zu BVerfG 21.9.2016 – 2 BvL 1/15 (Verfassungswidrige Strafvorschrift im Rindfleischetikettierungsgesetz), NJW 2016, 3653; v. Heintschel-Heinegg, in: BeckOK StGB, § 1, Rn. 1212.
38 Vgl. BVerfG 8.5.1974 – 2 BvR 636/72, BVerfGE 37, 201 (208 f.).
39 S. etwa BVerfG 18.5.1988 – 2 BvR 579/84, BVerfGE 78, 205 (214); zum Ganzen *Wittig*, Wirtschaftsstrafrecht, § 6, Rn. 18.
40 *Frister*, AT, 11. Kapitel, Rn. 37.

III. Charakteristika der rechtlichen Vorgaben § 2

▶ **Problem:** Diese Notwendigkeit eines Vorsatzbezugs auf die Merkmale der ausfüllenden Norm ist in Rspr. und Literatur allgemein anerkannt.[41] Umstritten ist aber, ob sich der Vorsatz außerdem auf das Blankettmerkmal selbst beziehen muss und damit eine **Kenntnis von** Existenz oder Wirksamkeit **der ausfüllenden Norm** voraussetzt. Auf § 283 b Abs. 1 Nr. 1 bezogen ist man sich also bspw. einig, dass der Täter die Buchführungspflicht wissentlich und willentlich verletzen muss. Ob ihm darüber hinaus bekannt zu sein hat, dass er – wie es das Blankettmerkmal in § 283 b Abs. 1 Nr. 1 vorsieht – wegen § 238 HGB zur Führung von Handelsbüchern „gesetzlich verpflichtet" ist, wird demgegenüber kontrovers diskutiert.[42] Kennzeichnend für ein Blankettmerkmal ist der Verweis auf eine andere Norm. Soweit man also das Blankettmerkmal selbst vom Vorsatz umfasst sehen will, erklärt man das Wissen um die Existenz einer bestimmten Norm (bei § 283 b Abs. 1 Nr. 1 die Norm, die „gesetzlich verpflichtet") und damit eine **Rechtsvorstellung zum Vorsatzinhalt**. Zum Teil wird dies als ein **Ausnahmefall von der im Übrigen geltenden Schuldtheorie**[43] für möglich gehalten. Über das Blankettmerkmal werde die in Bezug genommene Norm selbst nämlich ausdrücklich zu einem Tatbestandsmerkmal des betreffenden Delikts. Auf diese Norm selbst müsse sich daher gem. § 16 Abs. 1 auch der Vorsatz beziehen.[44] Rspr. und h.L. sehen darin jedoch einen unsachgemäßen Umgang mit dem Verweis selbst. Es sei nämlich lediglich eine **Frage der Gesetzestechnik**, ob die Voraussetzungen der Strafbarkeit in einem Strafgesetz selbst oder unter Verweis auf weitere (außerstrafrechtliche) Normen zum Ausdruck gebracht werden. Bei einem Verweis durch Blankettmerkmale würde daher (lediglich) der Inhalt der in Bezug genommenen Norm, nicht aber die Norm selbst zum Merkmal des gesetzlichen Tatbestands. Entsprechend müsse sich der Vorsatz auf den Inhalt, nicht jedoch die Existenz der korrespondierenden Norm beziehen. Der Irrtum über ein objektives Merkmal der ausfüllenden Norm sei also ein Tatbestandsirrtum, während eine **Unkenntnis der ausfüllenden Norm** als Verbotsirrtum nach den **Maßgaben des § 17** zu behandeln wäre.[45] In der Fallbearbeitung sollte zunächst die Einordnung als Blanketttatbestand und anschließend das dafür geltende Vorsatzprofil herausgearbeitet werden.[46] ◀

d) Wiederholungsfragen

1. Was ist unter dem Begriff der Blankettnorm zu verstehen? *Rn. 8*
2. Wie ist der Irrtum über das Vorliegen eines Tatbestandsmerkmals zu bewerten, das sich allein aus der Norm ergibt, auf die in der Blankettnorm verwiesen wird? *Rn. 14*

5. Abstrakte Gefährdungsdelikte

Das Wirtschaftsleben bietet vielfältige Möglichkeiten zur Herbeiführung massiver Schäden. Dabei wird in entsprechenden „Gefahrenbereichen" nicht selten eine Bestrafungsnotwendigkeit gesehen, obwohl ein Nachweis der Strafbarkeitsvoraussetzungen

---

41 BGH 22.7.1993 – 4 StR 322/93, NStZ 1993, 594; *Jakobs*, AT, Abschn. 8, Rn. 47; *Jescheck/Weigend*, AT, § 29 II, Rn. 3 a; *Vogel*, in: LK StGB, § 16, Rn. 27.
42 *Frister*, AT, 11. Kapitel, Rn. 36 f.
43 Sie kann gem. § 17 über Art. 1 EGStGB auch im Nebenstrafrecht Geltung beanspruchen. Der Vorsatztheorie ist in diesem Rechtsbereich also ebenfalls – wie auch im Ordnungswidrigkeitenrecht wegen § 11 Abs. 2 OWiG – eine Absage zu erteilen.
44 *Puppe*, in: K/N/P, § 16, Rn. 64 ff.
45 S. zum Ganzen *Frister*, AT, 11. Kapitel, Rn. 38 m.w.N.
46 *Wittig*, Wirtschaftsstrafrecht, § 6, Rn. 166.

erhebliche Probleme bereitet. Gesetzliche Vorgaben sollen dann eine Art „erleichterten" Einsatz des Strafrechts unter **Umgehung von Nachweisschwierigkeiten** ermöglichen. Z.B. kommen die Mittel des Strafrechts bei Verhaltensnormverstößen zum Einsatz, ohne dass Negativkonsequenzen der Normwidrigkeiten im Einzelfall konkret nachgewiesen sind.[47]

So spielen im Wirtschaftsstrafrecht abstrakte Gefährdungsdelikte eine große Rolle[48], die auch dann bestraft werden, wenn die Schädigung oder konkrete Gefährdung eines (Individual-) Rechtsguts nicht nachgewiesen ist.[49] Hier genügt vielmehr die **Herbeiführung einer abstrakten Gefahr** (etwa durch das Inverkehrbringen gefährlicher Produkte[50]), wobei es regelmäßig um Gefahren für **Allgemeininteressen** (wie bspw. die Funktionsfähigkeit der Kreditwirtschaft[51]) geht. Die Schwierigkeiten einer weitergehenden – etwa auf Kausalität oder konkrete Gefährdungen gerichteten – Beweisführung sind damit ausgeräumt. Zugleich wird hier regelmäßig die **„Vorverlagerung"** der Strafdrohung in das Vorfeld einer eigentlichen Rechtsgutsverletzung bzw. der Bezug auf konturlose Allgemeininteressen kritisiert.[52]

6. Erfassung von Umgehungshandlungen

17 Zur Erweiterung der Bestrafungsmöglichkeiten sollen zudem sog. Umgehungsklauseln[53] beitragen, die sich auf Handlungen zur Umgehung von strafbewehrten Ge- oder Verboten beziehen[54]. Typischerweise sind solche Umgehungshandlungen darauf gerichtet, die tatsächliche Herbeiführung einer strafrechtlich bedenklichen Konsequenz durch **Vorspiegelung eines anderen (unbedenklichen) Zustands** zu kaschieren. Entspricht die Umgehungshandlung selbst dabei keiner tatbestandlichen Verhaltensbeschreibung, erscheint eine Bestrafungsmöglichkeit wegen des **Gesetzlichkeitsprinzips** nach Art. 103 Abs. 2 GG fragwürdig. Dies gilt auch dann, wenn die fragliche Handlung von anderen (außerstrafrechtlichen) Normen i.S.e. Umgehungsklausel erfasst wird.[55] Während eine Umgehungshandlung auf einen ernstlich gewollten Rechtszustand gerichtet ist, sind die Rechtsfolgen einer Scheinhandlung (wie bspw. der scheinbaren Wohnsitzverlagerung ins Ausland, um einer Besteuerung im Inland zu entgehen) nicht ernsthaft gewollt und deshalb unwirksam.[56]

---

47 Beweiserleichterungen bringen bspw. auch mit sich, dass für eine Bestrafung im Wirtschaftsstrafrecht nicht selten (anstelle eines Vorsatzes) bloße Leichtfertigkeit (vgl. etwa §§ 261 Abs. 5, 264 Abs. 4 und 283 Abs. 4 und 5), d.h. eine Fahrlässigkeit von der Art einer groben Fahrlässigkeit im Zivilrecht (s. etwa BGHSt 14, 240 (255); BGH 17.7.1997 – 1 StR 791/96, BGHSt 43, 158 (168)) genügt.
48 Dies gilt insbesondere im Zusammenhang mit dem Vermögensschutz, s. *Wittig*, Wirtschaftsstrafrecht, § 6, Rn. 7.
49 S. zum Begriff des abstrakten Gefährdungsdelikts *Roxin*, AT I, § 10, Rn. 123.
50 S. etwa § 95 AMG (Arzneimittelgesetz).
51 Vgl. § 265 b; s.a. § 3, Rn. 288 ff.
52 S. etwa *Hassemer*, Kennzeichen und Krisen des modernen Strafrecht, ZRP 1992, 378 (381); vgl. a. *Roxin*, AT I, § 2, Rn. 69; *Wittig*, Wirtschaftsstrafrecht, § 6, Rn. 11.
53 Vgl. etwa § 4 SubvG.
54 S. etwa § 42 AO, der den Missbrauch von steuerlich relevanten Gestaltungsmöglichkeiten durch Umgehungsgeschäfte in Bezug nimmt.
55 S. zum Ganzen *Wittig*, Wirtschaftsstrafrecht, § 6, Rn. 25 ff.
56 S. dazu bspw. § 41 AO, wonach Scheingeschäfte und Scheinhandlungen für die Besteuerung unerheblich sind. Vgl. a. *Wittig*, Wirtschaftsstrafrecht, § 6, Rn. 25.

7. Gesetzliche Vermutungen

Hingegen erfährt der Zugriffsbereich des Strafrechts keine Ausdehnung durch die Berufung auf gesetzliche Vermutungen, wie es sie in ausländischen Strafrechtsordnungen bzw. dem EU-Recht gibt. Entsprechende Vermutungsregeln schaffen zwar ebenfalls Erleichterungen bei der Beweisführung, sind jedoch nicht mit Fundamentalprinzipien wie dem **Schuldgrundsatz** oder dem **Zweifelssatz** vereinbar und damit **im Strafrecht deplatziert**. Einem staatlichen Strafanspruch ist nur zu unterwerfen, wem persönlich Vorwerfbares nachgewiesen wurde.[57]

IV. Grundprinzipien strafrechtlicher Verantwortungszuweisung

1. Strafbarkeit von Unternehmen

▶ *Einstiegsfall:* Die Firma Chemie Grünenthal brachte 1957 ein Schlafmittel unter dem Handelsnamen „Contergan" in den Handel. In den Jahren 1958 und 1959 gingen zunächst vereinzelt und dann in den Jahren 1960 und 1961 vermehrt Meldungen über Nebenwirkungen – insbesondere über Nervenschäden in Form von sensibler Polyneuritis – bei dem Hersteller ein. Daraufhin ließ das Unternehmen das Arzneimittel im Mai 1961 unter Rezeptpflicht stellen, zog es aber nicht aus dem Handel. Dies geschah erst im November 1961, als der Verdacht aufkam, Contergan verursache Missbildungen. Kurz danach meldeten sich mehrere hundert Frauen, die Kinder mit schweren Missbildungen zur Welt gebracht hatten. Im damaligen Verfahren gelang nicht der Nachweis, dass das Mittel Contergan für die Missbildungen der Kinder ursächlich war. Vorausgesetzt, der Nachweis wäre gelungen – hätte eine Strafe gegen die Firma Grünenthal verhängt werden können bzw. erscheint dies nach aktueller Rechtslage sinnvoll?[58] *Rn. 22, 26* ◀

a) Überblick

Juristische Personen und andere Personenmehrheiten sind von vornherein nicht in der Lage, **in einem ontologischen Sinne zu handeln**. Dies müssen vielmehr natürliche Personen (bspw. als Unternehmensvertreter) für sie tun. Daraus ergibt sich nicht zwangsläufig, dass Fehlverhalten auch nur Negativkonsequenzen für natürliche Personen haben kann. Vielmehr stellt sich gesondert die Frage, ob Unternehmen – trotz fehlender „natürlicher" Handlungsfähigkeit – für Normverletzungen durch ihre Mitarbeiter bzw. Vertreter bestraft werden sollten.

So können Verbände bzw. Unternehmen in Deutschland bei Ordnungswidrigkeiten selbst zur Verantwortung gezogen werden. § 30 OWiG bestimmt nämlich, dass als Nebenfolge eine **Geldbuße gegen juristische Personen und Personenvereinigungen** ausgesprochen werden kann. Voraussetzung dafür ist, dass der Täter als Organ bzw. Vertreter einer juristischen Person eine Straftat oder Ordnungswidrigkeit begangen hat, durch die Pflichten der juristischen Person verletzt worden sind oder diese bereichert worden ist oder bereichert werden sollte. Nach § 30 Abs. 4 OWiG kann gegen den Verband sogar dann eine Geldbuße verhängt werden, wenn wegen der Tat ein Straf- oder Bußgeldverfahren gegen das verantwortliche Organ nicht eingeleitet oder eingestellt bzw. von Strafe abgesehen wird.

---

[57] *Brettel*, Aktuelle Rspr. zur Bebußung von Kartellordnungswidrigkeiten, ZWeR 2013, 200 (222); *Brettel/Thomas*, Unternehmensbußgeld, Bestimmtheitsgrundsatz und Schuldprinzip, ZWeR 2009, 25 (58).
[58] LG Aachen 18.12.1970 – 4 KMs 1/68–15–115/67, JZ 1971, 507.

22 Eine **Strafbarkeit juristischer Personen ist hingegen nicht vorgesehen,** vielmehr gilt der Grundsatz „societas delinquere non potest"[59]. Die Möglichkeit, Unternehmen selbst zu bestrafen (Unternehmens- oder Verbandstrafen), sieht das deutsche Strafrecht also nicht vor. Damit weicht die Rechtslage in Deutschland von den Haftungsmodellen in anderen Staaten zum Teil erheblich ab: In den USA bspw. werden Kapitalgesellschaften bereits seit Beginn des 20. Jahrhunderts (auch) strafrechtlich verantwortlich gemacht. Auch wird juristischen Personen in den Ländern des Common Law (wie England, Schottland oder Zypern), in Spanien, den Niederlanden, Portugal oder Frankreich eine Art strafrechtliche Verantwortung zugeschrieben.[60]

b) Argumente für eine Unternehmensstrafe

23 Dass das deutsche Recht diese Möglichkeit nicht vorhält, hat Anlass zur (Reform-)Diskussion gegeben.[61] So wird die Notwendigkeit von Unternehmensstrafen mit dem Schlagwort von der „**organisierten Unverantwortlichkeit**" anschaulich gemacht.[62] Im Hintergrund steht die Befürchtung, dass in weit verzweigten Unternehmensorganisationen eventuell kein individuell Verantwortlicher ausgemacht werden kann.[63] In hochkomplexen Strukturen sind Fehlleistungen Einzelner oft nicht ohne Weiteres erkennbar, was überdies eine **besondere Gefährlichkeit** bedingt. Für sie wurde bereits ein Vergleich mit der Raubtierhaltung gezogen, weil Unternehmensorgane bzw. -vertreter sich im Hinblick auf den Einfluss in „ihrer" Organisation in einer ähnlichen Lage wie Tierbändiger befänden, die vor gefährlichen, aber nur bedingt kontrollierbaren Raubtieren schützen sollen.[64] Dabei können Fehler, die für sich betrachtet relativ geringfü-

---

[59] BGH 25.7.1952 – 1 StR 272/52, BGHSt 3, 130 (132); *Scholz,* Strafbarkeit juristischer Personen?, ZRP 2000, 435–440.
[60] *Joecks,* in: MüKo StGB, Vor § 25, Rn. 16 m.w.N.
[61] Die Justizministerkonferenz in Berlin hat am 14.11.2013 den „Entwurf eines Gesetzes zur Einführung der strafrechtlichen Verantwortlichkeit von Unternehmen und sonstigen Verbänden" beschlossen, s. Gesetzesentwurf VerbStrG, Landtag Nordrhein-Westfalen, Information 16/127, S. 1 ff. Ihm lag unter anderem die Vorstellung zugrunde, dass das bisherige Ordnungswidrigkeitenrecht für die wirkungsvolle Bekämpfung von aus Unternehmen heraus begangenen Straftaten nicht ausreiche und effektive Compliance-Anreize fehlten. Vorgeschlagen wurde ein selbstständiger Verbandsstraftatbestand (§ 2 VerbStrG-E) mit Bezug auf verbandsbezogene Zuwiderhandlungen sowie Aufsichtspflichtverletzungen (ähnlich wie die §§ 9, 30, 130 OWiG). Bei den Rechtsfolgen sieht der Entwurf unter anderem eine Differenzierung zwischen Verbandsstrafen und Verbandsmaßregeln (wie etwa den Ausschluss von Subventionen oder von der Vergabe öffentlicher Aufträge sowie eine Verbandsauflösung, vgl. §§ 4 ff. VerbStrG-E) vor. Vorschläge auf prozessualer Ebene betreffen unter anderem die Einführung des Legalitätsgrundsatzes (anstelle des Opportunitätsprinzips im Ordnungswidrigkeitenrecht) sowie eine Anwendung von strafprozessualen Maßnahmen gegenüber Unternehmen. Vieles liefert Diskussionsstoff, etwa im Abgleich mit dem Doppelbestrafungsverbot (bspw. bei Identität zwischen Organ und Gesellschafter) oder – mit Blick auf besondere Härten – beim Zusammentreffen von Bruttovermögensabschöpfung gemäß § 73 und Unternehmensgeldbuße. Allerdings ist der Reformeifer in diesem Zusammenhang ohnehin etwas erlahmt: Der Koalitionsvertrag sieht (lediglich) vor, dass ein „Unternehmensstrafrecht für multinationale Konzerne" geprüft und im Übrigen das Ordnungswidrigkeitenrecht ausgebaut werden soll, während der Entwurf des VerbStrG unerwähnt bleibt, s. Koalitionsvertrag 2013 zwischen CDU, CSU und SPD zur 18. Legislaturperiode, 5. Moderner Staat, innere Sicherheit und Bürgerrechte, S. 145. S.a. *Hoven,* Der nordrhein-westfälische Entwurf eines Verbandsstrafgesetzbuches – Eine kritische Betrachtung von Begründungsmodell und Voraussetzungen der Straftatbestände, ZIS 1/2014, S. 19 ff.
[62] Vgl. nur *Otto,* Die Strafbarkeit von Unternehmen und Verbänden, S. 8; *Stratenwerth,* Strafrechtliche Unternehmenshaftung?, in: Geppert u.a. (Hrsg.), Festschrift für Rudolf Schmitt zum 70. Geburtstag, Tübingen, 1992, S. 301.
[63] *Joecks,* in: MüKo StGB, Vor § 25, Rn. 18.
[64] So *Freund,* in: MüKo StGB, Vor § 13, Rn. 148, der sich zugleich gegen eine Verbandsstrafe ausspricht.

c) Argumente gegen eine Unternehmensstrafe

Gleichwohl sind Unternehmensstrafen wegen einer **Unvereinbarkeit mit dem Schuldprinzip** abzulehnen.[65] Strafe setzt Schuld und damit personales Unrecht i.S.e. eigenen **personalen Fehlleistung** voraus, zu der nur natürliche Personen fähig sind. Bestraft wird allein, wem die Straftat als **freies Willenswerk** zuzurechnen ist; Bestrafungsvoraussetzung ist also eigenes personales Fehlverhalten.[66] Deshalb ist es im Strafrecht auch nicht ohne Weiteres – wie etwa im Zivil- oder Polizeirecht – möglich, einer juristischen Person die von ihrem Organ oder Vertreter getroffenen Entscheidungen „zuzurechnen" mit der Folge, dass die juristische Person haftet. Mit der Schuld ihrer Organe ist eine Schuld der juristischen Person so wenig gegeben, wie eine Beteiligung nach den §§ 25 ff. Teilnahme an der Schuld der anderen Beteiligten bedeutet (§ 29).[67] Strafrechtlich verantwortlich ist nur, wer den fehlerhaft abgelaufenen Entscheidungsprozess (als Vorgang) in rechtlich zu beanstandender Weise selbst beeinflusst hat.[68]

Anders als natürliche Personen können juristische Personen jedoch nicht selbst auf Entscheidungen Einfluss nehmen. „Hinter" ihnen stehen vielmehr natürliche Personen (wie etwa Organe oder Vertreter). Zwar gibt der Begriff der Handlungsfähigkeit als solcher nicht vor, dass der Träger dieser Fähigkeit eine natürliche Person sein müsse.[69] Dies ergibt sich jedoch bei der gebotenen Begriffsbestimmung von der **Funktionsweise im Strafrechtssystem** her. Denn wie das Recht allgemein steht auch das Strafrecht im Dienste der **Verhaltenskontrolle**.[70] Von vornherein kann Recht nur Wirkungen über die Beeinflussung der menschlichen Psyche entfalten und damit nur auf natürliche Personen Einfluss nehmen. Nur sie sind durch rechtliche Vorgaben beeinflussbar und damit allein taugliche Normadressaten bei der *„Gestaltung der Welt in den Bahnen des Rechts"*[71]. Im Mittelpunkt des (Straf-)Rechtsgeschehens stehen damit Rechtssubjekte, die im natürlichen Sinn handlungsfähig sind. Daran fehlt es bei juristischen Personen, die zugleich nach herkömmlichem Verständnis nicht strafrechtlich verantwortlich sein können.[72] Sie mit den Mitteln des Strafrechts zur Verantwortung zu ziehen erscheint von vornherein nur dann möglich, wenn das derzeitige Individualstrafrecht mit seinen rechtsstaatlichen Errungenschaften zuvor grundlegend umgestaltet wurde.[73]

---

65 *Wessels/Beulke/Satzger*, AT, Rn. 14; *Jescheck*, Die strafrechtliche Verantwortlichkeit der Personenverbände, ZStW 65 (1953), S. 210, 213; s. *Schünemann*, Die aktuelle Forderung eines Verbandsstrafrechts – Ein kriminalpolitischer Zombie, ZIS 1/2014; *Otto*, Die Haftung für kriminelle Handlungen im Unternehmen, Jura 1998, 409 (415 f.); *Frister*, AT, 3. Kap, Rn 14–16; *Köhler*, AT, S. 557.
66 *Scholz*, Strafbarkeit juristischer Personen?, ZRP 2000, 438; BGH 18.3.1952 – GSSt 2/51, BGHSt 2, 194 (200).
67 *Jakobs*, AT, Abschn. 6, Rn. 45.
68 BGH 18.3.1952 – GSSt 2/51, BGHSt 2, 194 (200).
69 *Jakobs*, AT, Abschn. 6, Rn. 44.
70 Vgl. *Kindhäuser*, StR AT, § 2, Rn. 1.
71 *Freund*, in: MüKo StGB, Vor § 13, Rn. 147.
72 *Wessels/Beulke/Satzger*, AT, Rn. 14; BVerfG 25.10.1966 – 2 BvR 506/63, BVerfGE 20, 323 (336), NJW 1967, 195; BT-Drucks. 12/192, S. 32; BayObLG, 25.02.72 – RReg. 8 St 517/71 OWi, NJW 1972, 1771 (1772); OLG Dresden, 20.03.97 – 2 Ss (Owi) 71/97, NStZ 1997, 348 (349); *Roxin*, AT I, § 8, Rn. 58 ff.; *Göhler*, OWiG, Vor § 1, Rn. 31.
73 *Freund*, in: MüKo StGB, Vor § 13, Rn. 147. So stimmen etwa die Bemühungen um den strafrechtlichen Handlungsbegriff, in denen sich „die gesamte Entwicklung der neueren Strafrechtsdogmatik" widerspiegeln soll, bei aller Verschiedenheit in der Bezugnahme auf menschliches Verhalten überein, s. etwa *Roxin*, AT I, § 8, Rn. 6 ff.; *Wessels/Beulke/Satzger*, AT, Rn. 124 ff.

d) Folgerungen

25 Wegen des Erfordernisses, den Verantwortlichen innerhalb eines arbeitsteilig tätigen Kollektivs zu identifizieren, kann das gegenwärtige Individualstrafrecht im Einzelfall zu unbefriedigenden Ergebnissen kommen. Von einer **Anpassung der Beteiligungsdogmatik**[74] erhofft man sich allerdings, angemessener auf Normverstöße reagieren zu können. Überdies steht fest, dass Rechtsverstöße für Verbände bzw. Unternehmen **außerstrafrechtliche Negativkonsequenzen** von großer Erheblichkeit haben können. So besteht nicht nur die bereits erwähnte Möglichkeit einer Verhängung von Unternehmensgeldbußen nach § 30 OWiG (s.o.), sondern bspw. auch die einer Betriebsschließung nach § 35 GewO. Dabei werden insbesondere **wirtschaftsverwaltungsrechtliche Maßnahmen** für die meisten Fälle als ausreichend, zum Teil gar als übermäßig angesehen.[75] Auch ist an polizeiliche **Maßregeln der Besserung und Sicherung** zu denken, die dann allerdings als solche zu bezeichnen und ggf. polizeirechtlich zu rechtfertigen wären.[76]

26 Bei einer Befassung mit der „strafrechtlichen Verantwortlichkeit" von juristischen Personen oder von Personenvereinigungen aus **strafprozessualer Warte** kann es von vornherein nur um eine Ergänzung, nicht aber um einen Ersatz für die Bestrafung der agierenden oder unterlassenden natürlichen Personen gehen. Ungeachtet verbandsstrafrechtlicher Regelungen verpflichtet das **Legalitätsprinzip** nämlich die Strafverfolgungsorgane dazu, die individuelle Verantwortlichkeit von (Leitungs-)Personen in Unternehmen zu ermitteln.[77] Für den **Einstiegsfall** heißt das: Nach deutschem Strafrecht ist eine Unternehmensstrafe nicht denkbar. Insofern ist eine Bestrafung des Unternehmens Chemie Grünenthal selbst ausgeschlossen.

2. Organ- und Vertreterhaftung § 14 StGB (§ 9 OWiG)

27 ▶ *Einstiegsfall:* Die X-GmbH befindet sich in wirtschaftlichen Schwierigkeiten, weshalb ihr Geschäftsführer G sein Amt niederlegt. A und B, die Gesellschafter der X-GmbH, bestellen im Anschluss keinen Notgeschäftsführer, obwohl sie erkennen, dass dadurch die Arbeitnehmeranteile zur Sozialversicherung nicht an die zuständige Einzugsstelle weitergeleitet werden. Haben sich A und B nach § 266 a strafbar gemacht? *Rn. 35* ◀

a) Überblick

28 Ohne einen grundlegenden Umbau der Strafrechtsdogmatik kommt die Bestrafung von Unternehmen nicht in Betracht.[78] Zugleich sind oft Unternehmen selbst Pflichten zugewiesen, bei deren Verletzung (etwa mit Blick auf den Rechtsgüterschutz) ein Ruf nach strafrechtlichen Konsequenzen laut wird. Ein Schutz mit den Mitteln des Strafrechts ist hier nur möglich, wenn jene natürlichen Personen bestraft werden können, die zur Erfüllung der fraglichen Unternehmenspflicht handeln müssen. Diese Personen sind strafrechtlich verantwortlich zu machen für die Verletzung von Pflichten, die eigentlich das

---

[74] S. etwa § 2, Rn. 51 ff.
[75] Z.B. im Bezug auf eine öffentlich-rechtliche Vergabesperre – S. *Schünemann*, Die aktuelle Forderung eines Verbandsstrafrechts – Ein kriminalpolitischer Zombie, ZIS 1/2014, S. 16; *Schuler*, Strafrechtliche und ordnungswidrigkeitenrechtliche Probleme bei der Bekämpfung von Submissionsabsprachen, Konstanz 2002, S. 11.
[76] S. *Freund*, in: MüKo StGB, Vor § 13, Rn. 147. In der Praxis spielen insbesondere die Verfallsregelungen und das dort geltende Bruttoprinzip eine Rolle.
[77] *Joecks*, in: MüKo StGB, Vor § 25, Rn. 18; *Freund*, in: MüKo StGB, Vor § 13, Rn. 147.
[78] S. dazu § 2, Rn. 19 ff.

IV. Grundprinzipien strafrechtlicher Verantwortungszuweisung § 2

Unternehmen selbst treffen. Dazu bedarf es Mechanismen i.S.e. Art „Zurechnung", die ein **Einrücken der Handlungsakteure in die Pflichtenstellung des Unternehmens** plausibel machen.

Ein vergleichbares Problem ergibt sich daraus, dass die Akteure im modernen Wirtschaftsleben – wie etwa Betriebs- bzw. Unternehmensinhaber – nicht sämtliche der ihnen zugewiesenen Aufgaben selbst erfüllen können. Vielmehr sind sie dazu (ebenfalls) auf Andere angewiesen, die insbesondere in Produktions- und Dienstleistungsprozesse eingeschaltet werden und ihrerseits für die Einhaltung der gesetzlichen Vorschriften sorgen müssen. Ohne eine solche **Arbeitsteilung** kann ein zeitgemäßes Wirtschaftssystem nicht mehr funktionieren. **Aufgabendelegation** ist also eine Notwendigkeit, deren Sicherstellung auch im öffentlichen Interesse an einer prosperierenden Wirtschaft liegt.[79] Oft ergibt sich dabei (ebenso wie bei einer Pflichtenzuweisung an juristische Personen), dass der eigentlich Verpflichtete – z.B. der Unternehmensinhaber – nicht handelt, während der Handelnde „*nicht oder jedenfalls nicht in erster Linie verpflichtet ist und deshalb der Verantwortung ferner steht*".[80]

Bei einer solchen **Entkopplung von Pflichtenzuweisung und Pflichtenwahrnehmung** werden Strafbarkeitslücken befürchtet, weil der Handelnde nicht verantwortlich ist und der Verantwortliche nicht handelt.[81] Aus diesem „*juristischen Patt*"[82] sollen Regelungen zur Bestrafung oder Bebußung von nicht-verantwortlichen Akteuren bzw. nicht-aktiven Verantwortlichen herausführen.

Zu diesen Normen gehört § 14.[83] Sein erster Absatz ermöglicht die Bestrafung von **Organen und gesetzlichen Vertretern** für die Verletzung von Pflichten, die (eigentlich) den Vertretenen (wie z.B. ein Unternehmen) treffen. Abs. 2 des § 14 sieht eine vergleichbare Haftungsausdehnung auf jene vor, die zur **Leitung eines Betriebs** oder zur Wahrnehmung von **Aufgaben eines Betriebsinhabers** beauftragt sind. Abs. 3 schließlich betrifft ein „organschaftliches" Tätigwerden ohne eine wirksame Bestellung als Organ, Vertreter oder Beauftragter. 29

Jeweils ist diese Erstreckung der strafrechtlichen Verantwortung nur bei Gesetzen vorgesehen, nach denen „*besondere persönliche Merkmale die Strafbarkeit begründen*". Damit sollen Strafbarkeitslücken geschlossen werden, die bei „**Sonderdelikten mit Statusbezeichnungen**"[84] entstehen können.[85] Ist tauglicher Täter bspw. ein „*Arbeitgeber*" oder „*Schuldner*", so kann diese Täterbeschreibung auch auf juristische Personen zu- 30

---

79 S. etwa *Rogall*, in: Karlsruher Kommentar zum OWiG, § 130, Rn. 3.
80 BT-Drucks. 5/1269, S. 69.
81 Dabei ist das Innehaben einer spezifischen Pflichtenstellung eine Sondereigenschaft. Das geschilderte Problem betrifft damit Sonderdelikte, d.h. Straftaten, die nur von Tätern mit besonderen Eigenschaften begangen werden können, s. *Wessels/Beulke/Satzger*, AT, Rn. 56. Bei den jedermann möglichen Allgemeindelikten (vgl. *Wessels/Beulke/Satzger*, AT, Rn. 54) gelten die §§ 25 ff. ohne spezifische Anpassungsnotwendigkeiten. Im Ordnungswidrigkeitenrecht ist nach dem Einheitstäterbegriff des § 14 Abs. 1 OWiG jeder Täter, der sich an einer Ordnungswidrigkeit beteiligt.
82 So *Achenbach*, Diskrepanzen im Recht der ahndenden Sanktionen gegen Unternehmen, in: Beiträge zur Rechtswissenschaft, Küper u. Welp (Hrsg.): Festschrift für Walter Stree und Johannes Wessels zum 70. Geburtstag, Heidelberg, 1993, S. 545, 547.
83 Eine mit § 14 vergleichbare Regelung findet sich in § 9 OWiG. Ein Rückgriff auf diese Normen kommt auf verschiedenen hierarchischen Ebenen eines Unternehmens in Betracht, s. *Wittig*, Wirtschaftsstrafrecht, § 6, Rn. 102.
84 *Fischer*, StGB, § 14, Rn. 1 b. S. zu Sonderdelikten a. § 2, Rn. 5 ff.
85 Vorgesehen ist die Haftungserstreckung nach § 14 also nur für solche Tatbestände, die für Personen Sonderpflichten begründen. Entsprechend muss beim Rückgriff auf § 14 sichergestellt sein, dass der fragliche Tatbestand tatsächlich ein Sonderdelikt beschreibt, s. *Kühl*, in: Lackner/Kühl, StGB, § 14, Rn. 1.

treffen. Dies allerdings führt zu dem oben skizzierten „juristischen Patt"[86]. Juristische Personen sind dann nämlich (sonderpflichtige) Normadressaten – und gleichzeitig (nach richtigem Verständnis des Schuldprinzips) weder handlungs- noch schuldfähig. Für sie handeln vielmehr natürliche Personen, die jedoch ihrerseits – in den von § 14 erfassten Fällen – nicht selbst sonderpflichtig und damit keine tauglichen Täter sind.[87] Ohne die Haftungserstreckung des § 14 gäbe es somit eine Vielzahl von strafbaren Handlungen ohne taugliche Täter.

b) § 14 als Ausdehnung des Täterkreises

31 Um dies zu verhindern, dehnt § 14 den Geltungsbereich bestimmter Tatbestände (im Sinne einer Verantwortungsverschiebung „nach unten"[88]) auf Organe, Vertreter oder Beauftragte des sonderpflichtigen Normadressaten aus. **Erstreckt wird die strafrechtliche Verantwortlichkeit** dabei auf jene, die es vertretungsweise übernommen haben, dem Normadressaten obliegende Sonderpflichten zu erfüllen.[89] Sie können gem. § 14 für den Verstoß gegen Normen haften, die sich primär an ihr Unternehmen als juristische Personen richten. Dazu ermöglicht § 14 die Anwendung von Normen, nach denen besondere persönliche Merkmale die Strafbarkeit begründen, auch auf Organe, Vertreter bzw. Beauftragte des Normadressaten (z.B. des Betriebsinhabers). Auf diese Weise werden insbesondere die Exkulpationsmöglichkeiten einer Unternehmensleitung eingeschränkt, so dass neben das zivilrechtliche Organisationsverschulden ein weiterer Haftungsmodus tritt. Dies ist vor allem im **Nebenstrafrecht** von Bedeutung, weil es hier in großem Umfang um die strafrechtliche Erfassung von Unternehmenspflichten geht.[90]

32 § 14 erfüllt damit eine wichtige Funktion beim strafrechtlichen Schutz vor Rechtsgutsbeeinträchtigungen, die aus Unternehmen heraus entstehen. In Großorganisationen ist nämlich die Identifikation von strafrechtlich Verantwortlichen wegen der komplexen Strukturen und funktionalen Differenzierungen oft schwierig. Arbeitsteilung, komplizierte Abläufe oder die Delegation von Aufgaben führen nicht selten dazu, dass ein strafrechtlicher Verantwortungszusammenhang nur mit Mühen bis hin zu Einzelakteuren nachverfolgt werden kann. § 14 erlangt hier Bedeutung, weil er Unternehmensorganen bzw. -vertretern Verantwortung zuweisen und damit die Suche nach Verantwortlichen abkürzen kann. Mit § 14 ist sichergestellt, dass beim „*Handeln für einen anderen*" (wie es in der Überschrift zu § 14 heißt) nicht der Zusammenhang von Freiheitsbetätigung und Verantwortlichkeit durchbrochen ist. Dies leistet einen Beitrag dazu, dass die Befriedigung legitimer Strafbedürfnisse nicht an der – nach dem Schuldprinzip geltenden – Beschränkung von strafrechtlicher Haftung auf natürliche Personen scheitert.[91]

Dabei wird der Strafgrund – für Abs. 1 und Abs. 2 einheitlich – darin gesehen, dass das Organ bzw. der Vertreter Pflichten des Vertretenen übernommen hat und dadurch in

---

86 *Achenbach*, Diskrepanzen im Recht der ahndenden Sanktionen gegen Unternehmen, in: Beiträge zur Rechtswissenschaft, Küper u. Welp (Hrsg.): Festschrift für Walter Stree und Johannes Wessels zum 70. Geburtstag, Heidelberg, 1993, S. 545, 547.
87 *Momsen/Laudien*, in: BeckOK StGB, § 14, Rn. 1 und 5.
88 S. *Tiedemann*, Wirtschaftsstrafrecht, § 8 Rn. 435.
89 BGH 15.5.2012 – 3 StR 118/11, NJW 2012, 2366 (2367).
90 Entsprechend wirkt sich § 14 vor allem im Nebenstrafrecht aus, gilt jedoch für das gesamte Strafrecht, *Fischer*, StGB, § 14, Rn. 1 b; *Momsen/Laudien*, in: BeckOK StGB, § 14, Rn. 3 ff. S.a. zu den Einzelheiten des Anwendungsbereichs der Vorschrift *ders.*, in: BeckOK StGB, § 14, Rn. 12 ff.
91 *Momsen/Laudien*, in: BeckOK StGB, § 14, Rn. 1.

die Pflichtenposition des Vertretenen eingerückt ist (**Pflichtentheorie**). Strafrechtlich belangt wird ein Organ bzw. Vertreter dann für Pflichtverletzungen, deretwegen sich – bei unterstellter Handlungs- und Schuldfähigkeit – auch der Vertretene strafbar machen würde.[92] § 14 sieht also nicht eine Zurechnung des Organ- bzw. Vertreterverhaltens zum Vertretenen vor, sondern bezweckt eine Ausdehnung der Reichweite bestimmter Tatbestände auf die Vertreter der ursprünglichen Normadressaten. Dessen bedarf es nicht, wenn den Handelnden selbst die maßgebliche Sonderpflicht (z.B. eine Vermögensbetreuungspflicht nach § 266) trifft, was deshalb vor einem Rückgriff auf § 14 zu prüfen ist.

▶ **Hinweis zur Fallbearbeitung:** Ein Rückgriff auf § 14 kommt nicht in Betracht, wenn das Organ bzw. der Vertreter selbst die vom Tatbestand vorausgesetzten **Sondereigenschaften** hat. Dies ist daher **vorrangig zu prüfen** (so bspw. das Innehaben einer eigenständigen Vermögensbetreuungspflicht bei § 266).[93] ◀

33

c) Voraussetzungen

aa) § 14 Abs. 1

§ 14 Abs. 1 sieht die beschriebene Ausdehnung des Täterkreises auf (wirksam bestellte) gesetzliche Vertreter von juristischen Personen, rechtsfähigen Personengesellschaften oder „anderen" vor. **Juristische Personen** i.S.d. § 14 Abs. 1 Nr. 1 sind Organisationen mit eigener Rechtspersönlichkeit wie z.B. eine Aktiengesellschaft oder eine GmbH. Zu den rechtsfähigen Personengesellschaften gem. § 14 Abs. 1 Nr. 2 zählen die OHG und die KG.[94] Entsprechend ermöglicht § 14 beispielsweise eine Vertreterhaftung von Vorstandsmitgliedern einer Aktiengesellschaft (§§ 76, 78, 85 AktG), Geschäftsführern einer GmbH (§ 35 GmbHG), Gesellschaftern einer OHG (§ 125 HGB) oder Komplementären einer KG (§§ 161 Abs. 2, 125 HGB). Dabei kommt es nach der Rspr. bei Anwendung des § 14 Abs. 1 Nr. 1 für die Einstufung als „vertretungsberechtigt" auf die Verantwortlichkeit nach außen aufgrund wirksamer Bestellung zum Organ der juristischen Person an. Rechtsgeschäftlich bedeutsame Kompetenzen im Innenverhältnis hingegen werden – anders als vom Schrifttum – nicht berücksichtigt, was beispielsweise bei der Erfassung von „Strohmännern" eine Rolle spielt.[95] Zu den gesetzlichen Vertretern „eines anderen" nach § 14 Abs. 1 Nr. 3 gehören bspw. Nachlass- oder Insolvenzverwalter.

34

▶ **Definition:** Mit „*besondere[n] persönliche[n] Merkmale[n]*" ist in § 14 Abs. 1 etwas anderes gemeint als in § 28, nämlich – nach herrschender, aber umstrittener Meinung – solche Statusmerkmale, aus denen sich objektiv eine Sonderrolle ergibt und die auf einen anderen übertragen werden können.[96] ◀

35

Dies gilt bspw. für das Innehaben von Sonderpflichten, die Personengruppen (wie z.B. Unternehmern oder Arbeitgebern) zur **Gewährleistung eines bestimmten Zustands** auferlegt werden. Auch trifft der Merkmalsbegriff des § 14 Abs. 1 auf Täterbeschreibungen zu, die Personenmehrheiten und natürliche Person einschließen, weil für diese (wie z.B. für Veranstalter) **Organe bzw. Vertreter gleichwertig handeln** können. Nicht zu

---

92 *Radtke*, in: MüKo StGB, § 14, Rn 16; *Momsen/Laudien*, in: BeckOK StGB, § 14, Rn. 8.
93 *Wittig*, Wirtschaftsstrafrecht, § 6, Rn. 78.
94 *Kühl*, in: Lackner/Kühl, StGB, § 14, Rn. 2.
95 *Wittig*, Wirtschaftsstrafrecht, § 6 Rn. 68.
96 *Böse*, in: K/N/P, § 14, Rn. 12 ff.; *Kühl*, in: Lackner/Kühl, StGB, § 14, Rn. 10.

den besonderen persönlichen Merkmalen i.S.d. § 14 Abs. 1 zählen hingegen alle subjektiven täterschaftlichen Merkmale wie z.b. Gesinnungen, Motive und Absichten.[97] Das Gleiche gilt für höchstpersönliche Merkmale, bei denen der Normadressat von einem Anderen nicht gleichwertig repräsentiert werden kann – so etwa bei einer nicht auswechselbaren Täterlage wie z.b. der eines Schiffsführers (vgl. § 297) oder bei Merkmalen, die aus Rechtsgründen personengebunden sind (so bspw. eine Amtsträgereigenschaft).[98]

Im **Einstiegsfall** haben A und B den Straftatbestand des § 266a Abs. 1 nicht erfüllt, die Voraussetzungen des § 14 Abs. 1 liegen nicht vor. § 266a Abs. 1 kann nämlich nur durch einen Arbeitgeber (im vorliegenden Fall: die X-GmbH) begangen werden, nicht jedoch durch (Mit-)Gesellschafter der X-GmbH (wie A und B). Nach § 14 Abs. 1 Nr. 1 kommt eine Strafbarkeit vor dem Hintergrund des Analogieverbots nur für denjenigen in Betracht, der im Zeitpunkt der Tatbegehung vertretungsberechtigtes Organ einer juristischen Person (hier: der X-GmbH) ist, was auf den Geschäftsführer einer GmbH, nicht jedoch auf deren Gesellschafter zutrifft. Die Gesellschaft wird gem. § 35 Abs. 1 GmbH durch den oder die Geschäftsführer nach außen vertreten. Ein Gesellschafter hingegen ist auch dann nicht zur Vertretung der GmbH berechtigt, wenn der Geschäftsführer wirksam abberufen wird oder sein Amt niedergelegt hat und kein neuer Geschäftsführer bestellt worden ist. In diesem Fall ist die Gesellschaft (nach außen hin) handlungsunfähig.[99]

bb) § 14 Abs. 2

36 In Abs. 2 wird der Anwendungsbereich des § 14 auf Personen erstreckt, die (zumindest teilweise) mit der Leitung eines Betriebes (Nr. 1) bzw. der Wahrnehmung von Aufgaben des Betriebsinhabers (Nr. 2) rechtswirksam *„beauftragt"* sind.[100] Dazu muss die Aufgabenwahrnehmung in die eigenverantwortliche Entscheidungsgewalt des Beauftragten übergehen, d.h. eigenverantwortlich, selbstständig und weisungsfrei erfolgen.[101] § 14 Abs. 2 unterscheidet ausdrücklich zwischen Betrieben und Unternehmen (vgl. § 14 Abs. 2 S. 2), ohne dass Unterschiede und ihre Bedeutung bisher hinreichend klar geworden sind. Eine verbreitete Deutung geht dahin, in Unternehmen einen übergeordneten Zusammenschluss mehrerer Betriebe zu sehen, die ihrerseits eine gewisse Selbstständigkeit aufweisen.[102]

Definition: Betrieb ist eine nicht nur vorübergehend zusammengefasste Organisationseinheit von Personen und Sachmitteln mit dem Zweck, unter einheitlicher Leitung Leistungen hervorzubringen oder zur Verfügung zu stellen.[103]

cc) § 14 Abs. 3

37 § 14 Abs. 3 erweitert den Anwendungsbereich des § 14 um jene Fälle, in denen Aufgaben eines Organs oder Vertreters **ohne wirksame Bestellung** wahrgenommen werden.

---

97 S.a. BGH 9.12.1993 – 4 StR 416/93, BGHSt GrS 40, 8, 19.
98 *Böse*, in: K/N/P, § 14, Rn. 12 ff.; *Kühl*, in: Lackner/Kühl, StGB, § 14, Rn. 9 ff. jew. m.w.N.
99 S. OLG Naumburg 23.7.2002 – 9 U 67/02.
100 Für das Ordnungswidrigkeitenrecht s. § 9 Abs. 2 OWiG.
101 Vgl. BGH 12.9.2012 – 5 StR 363/12, BGHSt 58, 10 (12 ff.); BGH 7.4.2016 – 5 StR 332/15, NStZ 2016, 460 (461 f.).
102 Vgl. *Perron/Eisele*, in: Schönke/Schröder, § 14, Rn. 28 f.; *Radtke*, in: MüKo StGB, § 14, Rn. 93.
103 *Radtke*, in: MüKoStGB, § 14, Rn. 92.

Unstreitig gilt er bei einer beabsichtigten, aber (z.B. wegen Geschäftsunfähigkeit) nicht wirksam gewordenen Organ- bzw. Vertreterbestellung.[104] War eine solche Bestellung von vornherein niemals beabsichtigt (so dass ein Bestellungsakt gänzlich fehlt), wendet die Rspr.[105] § 14 Abs. 3 – zur Vermeidung von Strafbarkeitslücken und unter Hinweis auf eine bei § 14 Abs. 3 maßgebliche faktische Betrachtungsweise – bei einer **rein faktischen Geschäftsführung** ebenfalls an. Dies wird im Schrifttum hingegen unter Hinweis auf den Gesetzeswortlaut und das Analogieverbot des Art. 103 Abs. 2 GG abgelehnt.[106]

dd) Organ- bzw. Vertretungsbezug

§ 14 setzt in allen Varianten einen sog. Vertretungsbezug[107], d.h. ein **Handeln „als"** **Organ oder Vertreter** bzw. aufgrund einer Beauftragung voraus. Ausgeschlossen werden damit Tathandlungen, die nur bei Gelegenheit einer Organ- bzw. Vertretertätigkeit – und nicht gerade in der Rolle als Organ, Vertreter oder Beauftragter – vorgenommen werden.[108]

▶ **Problem:** Die Anforderungen an den Vertretungsbezug sind umstritten. In der Rspr. dominierte lange die (inzwischen aufgegebene[109]) sog. **Interessentheorie**[110], wonach das Organ bzw. der Vertreter beim Rückgriff auf § 14 zumindest auch im wirtschaftlichen Interesse des Vertretenen bzw. Auftraggebers handeln müsse. Dieses Kriterium allerdings verengt den Anwendungsbereich des § 14 unter anderem bei Insolvenzdelikten und bedingt dadurch Ungleichheiten etwa bei der Behandlung von juristischen Personen und Einzelkaufleuten.[111] Auch deshalb stellt die Rspr. für den fraglichen Vertretungsbezug inzwischen bei rechtsgeschäftlichem Handeln auf ein **Tätigwerden im Namen des Vertretenen** bzw. auf die Herbeiführung von bindenden **Rechtsfolgen für den Vertretenen** ab. Dabei werde ein Handeln als Organ bspw. dadurch deutlich, dass der Täter aufgrund seiner besonderen Organstellung überhaupt in der Lage sei, den Vertretenen rechtlich zu binden.[112] In ähnlicher Weise wird in der Strafrechtswissenschaft auf einen **objektiv-funktionalen Zusammenhang** (sog. Funktionsmodell) bzw. auf eine **wertungsmäßige Zurechenbarkeit** (sog. Zurechnungsmodell) abgestellt.[113] Danach handelt – auch bei ausschließlich eigenem Interesse – „als" Vertreter, wer bei Rechtsgeschäften im Namen des Vertretenen auftritt bzw. Rechtswirkungen herbeiführt, die den Vertreter treffen. Ein rein tatsächliches Handeln wird als Vertreterhandeln i.S.d. § 14 angesehen, wenn es gerade durch die Vertreterrolle ermöglicht wurde (objektiv-funk-

---

104 Radtke, in: MüKo StGB, § 14, Rn. 118.
105 Vgl. BGH 28.5.2002 – 5 StR 16/02, BGHSt 47, 324 (325 f.); BGH 10.5.2000 – 3 StR 101/00; BGHSt 46, 62 (64); BGH 28.6.1966 – 1 StR 414/65, BGHSt 21, 101 (103).
106 Radtke, in: MüKo StGB, § 14, Rn. 124.
107 Z.T. ist auch von Rollenbezug die Rede, s. etwa Radtke/Petermann, in: MüKo StGB, vor § 283, Rn. 57.
108 BT-Drucks. 14/8998, S. 8; Radtke/Petermann, in: MüKo StGB, vor § 283, Rn. 57; Radtke, Die strafrechtliche Organ- und Vertreterhaftung (§ 14 StGB) vor der Neuausrichtung?, JR 2010, 233 (235).
109 BGH 15.5.2012 – 3 StR 118/11, NJW 2012, 2366 (2367): „An der Interessentheorie hält der Senat nicht weiter fest". S.a. BGH 30.8.2011 – 3 StR 228/11, NStZ-RR 2012, 80; BGH 15.9.2011 – 3 StR 118/11, NStZ 2012, 89 (91), BGH 15.11.2012 – 3 StR 199/12, BeckRS 2013, 03967 Rn 7.
110 S. etwa BGH 4.4.1979 – 3 StR 488/78, BGHSt 28, 371 (373 f.); BGH 20.5.1981 – 3 StR 94/81, BGHSt 30, 127 (129 ff.); BGH 6.11.1986 – 1 StR 327/86, BGHSt 34, 221 (223); BGH 14.12.1999 – 5 StR 520/99, NStZ 2000, 206 (207).
111 BGH 15.5.2012 – 3 StR 118/11, NJW 2012, 2366 (2367 f.); Radtke/Petermann, in: MüKo StGB, vor § 283, Rn. 59.
112 BGH 15.5.2012 – 3 StR 118/11, NJW 2012, 2366 (2368 f.).
113 BGH 15.9.2011 – 3 StR 118/11, BGH NStZ 2012, 89; Radtke, in: MüKo StGB, § 14, Rn. 60 ff.

tionaler Zusammenhang) bzw. von einer Zustimmung des Vertretenen getragen ist oder nach außen hin als Erfüllung einer Rechtspflicht des Vertretenen erscheint (wertungsmäßige Zurechenbarkeit).[114] ◂

3. Betriebliche Aufsichtspflichtverletzungen § 130 OWiG

a) Vorbemerkungen

▸ *Einstiegsfall:* A betreibt ein Taxenunternehmen mit 15 Fahrzeugen und verschiedenen festangestellten Fahrern, zu denen F gehört. Der Betrieb ist so organisiert, dass die Fahrer selbst über einen Schlüssel für ihr Fahrzeug verfügen, welches sie zu Beginn ihrer Schicht ohne weitere Rückmeldung besteigen. Kontakt zu A nehmen die Fahrer erst im Rahmen der Abrechnung auf, d.h. regelmäßig erst einen Tag nach der Fahrschicht. F besteigt zu Schichtbeginn unter Einfluss von Marihuana – mit glasigen, wässrigen Augen, leicht geröteten Bindehäuten sowie auffällig veränderten Pupillen – sein Fahrzeug. Während der Fahrt verursacht F einen Unfall, bei dem sein Fahrgast verletzt wird. Kann A für den Unfall (mit) zur Verantwortung gezogen werden? Rn. 41 ◂

40 § 14 sieht eine Haftungsausdehnung auf solche Personen vor, die *„zur kollektiven Sinnbestimmung im wirtschaftlich tätigen Verband"*[115] befugt sind. Damit erfasst er von vornherein nur einen Teil der Personenbeziehungen im Zusammenhang mit einer Aufgaben- bzw. Pflichterfüllung. Insbesondere werden Aufgaben auch an Betriebs- bzw. Unternehmensangehörige delegiert, die nicht Vertreter, Organe oder Beauftragte i.S.d. § 14 sind.

Für diese Fälle sieht § 130 OWiG im Recht der Ordnungswidrigkeiten vor, dass der Geschäftsherr auch für Pflichtverletzungen seiner Mitarbeiter (mit) zur Verantwortung gezogen werden kann. Diese Norm nimmt dabei auf eine **Aufsichtspflichtverletzung** – und damit auf einen anderen Anknüpfungsmoment als § 14 – Bezug, um einen Zusammenhang zwischen inkriminierter Handlung und rechtlicher Verantwortung sicherzustellen. Nach dieser Vorschrift fällt bei der Verletzung betriebsbezogener Pflichten (unter näher bezeichneten Voraussetzungen) dem *„Inhaber eines Betriebes oder Unternehmens"* (vgl. § 130 Abs. 1 S. 1 OWiG) eine bußgeldrechtliche Verantwortung zu, wenn die fragliche Pflichtverletzung durch die gebotene Aufsicht verhindert oder wesentlich erschwert worden wäre. Um einer Haftung zu entgehen, sind Betriebs- bzw. Unternehmensinhaber damit gehalten, Normverstößen in ihrem Aufsichtsbereich entgegenzuwirken und Vorkehrungen gegen die Vernachlässigung betriebsbezogener Pflichten zu treffen. Die Rede ist auch von einer **„Garantenstellung kraft Organisationszuständigkeit"**.[116]

41 § 130 OWiG setzt damit die Verletzung einer eigenen Primärpflicht – nämlich einer Aufsichtspflicht – voraus. Von einer solchen Aufsichtspflichtverletzung des Taxenunternehmers ging bspw. das AG Hamburg[117] für einen vergleichbaren Sachverhalt wie im **Einstiegsfall** aus. Taxenunternehmer müssten nach Auffassung des Gerichts ihren Betrieb so organisieren, dass vor Schichtbeginn eine wenigstens oberflächliche Kontrolle der Fahrtüchtigkeit bei den Angestellten stattfände. Wie bei § 14 geht es auch bei § 130 OWiG um die Sicherung von Zurechnung durch Schließung kriminalpolitisch

---

114 *Schünemann*, in: LK StGB, § 14, Rn. 50 ff.
115 So die Formulierung bei *Rogall*, in: Karlsruher Kommentar zum OWiG, § 130, Rn. 4.
116 *Rogall*, in: Karlsruher Kommentar zum OWiG, § 130, Rn. 1.
117 Vgl. AG Hamburg 2.3.2012 – 234 OWi 420/11, BeckRS 2013, 01395.

IV. Grundprinzipien strafrechtlicher Verantwortungszuweisung § 2

unerwünschter Strafbarkeitslücken.[118] Beim dafür vorgesehenen Modus sind die beiden Vorschriften jedoch grundverschieden. § 130 OWiG sieht ausgehend vom Primärdelikt eine **Haftungserstreckung „nach oben"** vor, indem ein Zusammenhang zu einer Aufsichtspflicht des Geschäftsherrn hergestellt wird. Bei § 14 hingegen wird eine Primärverpflichtung „nach unten" auf ein Organ bzw. Vertreter als Akteur projiziert, um darüber strafrechtlich zur Verantwortung ziehen zu können.

b) Anwendbarkeit

§ 130 OWiG enthält zwar keine Subsidiaritätsklausel, wird jedoch als **subsidiärer Tatbestand** betrachtet. Darum soll es in der Sache auch bei der Einordnung als Auffangtatbestand gehen, die teilweise favorisiert, zum Teil aber auch als terminologisch unglücklich angesehen wird.[119] Jenseits solcher Begriffsunsicherheiten besteht Einigkeit darüber, dass § 130 OWiG nicht eingreift, wenn der Aufsichtspflichtige die Zuwiderhandlung in dem von ihm zu beaufsichtigenden Bereich selbst begeht. Dabei sperrt sowohl eine Rolle als (Neben-)Täter und Teilnehmer als auch in Form einer Organ- bzw. Vertreterhaftung gem. § 14 den Rückgriff auf § 130 OWiG, wovon auch die Rspr. ausgeht[120]. § 130 OWiG ist also nur dann anwendbar, wenn dem Betriebsinhaber **keine Beteiligung an der Straftat** bzw. Ordnungswidrigkeit seines Mitarbeiters nachgewiesen werden kann.[121]

42

c) Voraussetzungen

§ 130 OWiG ist als **Sonderdelikt** an die „*Inhaber eines Betriebes oder Unternehmens*"[122] adressiert.[123] „*Inhaber*" ist dabei, wer die für § 130 OWiG bedeutsamen betriebs- oder unternehmensbezogenen Pflichten zu erfüllen hat; auf Kapitalbeteiligungen oder Eigentumsverhältnisse kommt es hingegen nicht an.[124] Eine Betriebs- bzw. Unternehmensinhaberschaft kann als besonderes persönliches Merkmal über § 9 OWiG[125] Organen, Vertretern und Beauftragten zugeordnet werden. Geahndet wird – in der Kategorie eines **echten Unterlassungsdelikts**[126] – das Unterlassen von Aufsichtsmaßnahmen, „*die erforderlich sind, um in dem Betrieb oder Unternehmen Zuwiderhandlungen gegen Pflichten zu verhindern, die den Inhaber treffen.*" Dabei sind Pflichten, „*die den Inhaber treffen*", nicht irgendwelche, sondern nur solche im Zusammenhang mit

43

---

118 S. dazu *Rogall*, Dogmatische und kriminalpolitische Probleme der Aufsichtspflichtverletzung in Betrieben und Unternehmen (§ 130 OWiG), ZStW 98 (1986), S. 573, 578; *Rogall*, in: Karlsruher Kommentar zum OWiG, § 130, Rn. 4.
119 *Rogall*, in: Karlsruher Kommentar zum OWiG, § 130, Rn. 124 m.w.N.
120 KG 17.3.1971 – 2 Ws (B) 232/70, JR 1972, 121, OLG Düsseldorf 25.7.1989 – 5 Ss (Owi) 263/89 – (Owi) 106/89 I, VRS 67, 370; *Rogall*, in: Karlsruher Kommentar zum OWiG, § 130, Rn. 124 m.w.N.
121 S. *Wittig*, Wirtschaftsstrafrecht, § 6, Rn. 128 m.w.N.
122 Als ein solcher kommt auch eine juristische Person in Betracht, die bei einer Aufsichtspflichtverletzung i.S.d. § 130 OWiG selbst Adressat einer Geldbuße sein kann (s. § 30 OWiG). Weil sie allerdings nicht selbst handlungsfähig ist (s. dazu § 2, Rn. 20), muss dazu einem Vertreter, Organ oder Beauftragten der juristischen Person deren Betriebsinhaberschaft gem. § 9 OWiG als besonderes persönliches Merkmal zugerechnet werden können, s.a. *Wittig*, Wirtschaftsstrafrecht, § 6, Rn. 129.
123 Die Sondereigenschaft, Inhaber eines Unternehmens bzw. Betriebes zu sein, kann dabei unter den Voraussetzungen des § 9 OWiG Organen, Vertretern und Beauftragten zugeordnet werden, s. dazu § 2, Rn. 27 ff.
124 *Rogall*, in: Karlsruher Kommentar zum OWiG, § 130, Rn. 25, *Wittig*, Wirtschaftsstrafrecht, § 6, Rn. 131. Zum Unterschied zwischen Betrieb und Unternehmen s. § 2, Rn. 33.
125 S. dazu § 2, Rn. 27 ff.
126 *Bock*, Strafrechtliche Aspekte der Compliance-Diskussion – § 130 OWiG als zentrale Norm der Criminal Compliance, ZIS 2009, 68 (72).

der Führung eines Betriebes oder Unternehmens.¹²⁷ Umstritten ist, ob in einem Konzern (d.h. in einem Verbund von rechtlich selbstständigen Unternehmen zu einem eigenen Zweck) die Muttergesellschaft zur Aufsicht über die Tochtergesellschaften verpflichtet ist.¹²⁸

44 Für die Bestimmung der Aufsichtserfordernisse im konkreten Beurteilungsfall ist von Bedeutung, dass nicht gegen jedwede Form von Zuwiderhandlung Vorsorge betrieben werden kann. Vielmehr ist eine Bußgeldandrohung auf den Verzicht von solchen Aufsichtsmaßnahmen zu beschränken, die zur **Abwehr betriebstypischer Gefahren** geboten sind.¹²⁹ Solchen Gefahren ist bspw. durch transparente und möglichst lückenlose Zuständigkeitszuweisungen zu begegnen.¹³⁰ Auch zählt § 130 Abs. 1 S. 2 OWiG ausdrücklich *„die Bestellung, sorgfältige Auswahl und Überwachung von Aufsichtspersonen"* zu den erforderlichen Aufsichtsmaßnahmen. Im Übrigen hängt die Erforderlichkeit von Aufsichtsmaßnahmen von den konkreten **Einzelumständen im betroffenen Betrieb** bzw. **Unternehmen** ab.¹³¹ Auch gibt es eine Zumutbarkeitsgrenze für Aufsichtspflichten, die aus der gesetzlichen Beschränkung auf die „gehörige Aufsicht" hergeleitet wird.

45 ▶ **Hintergrundinformation:** § 130 OWiG spielt auch im Zusammenhang mit den Regeln der **Criminal Compliance**¹³² eine Rolle. Die Vorschrift wird mitunter als indirekte Verpflichtung zur Einführung von Compliance-Maßnahmen angesehen. Dahinter steht die Überlegung, dass es sich beim Compliance Management um eine Form der Ausübung von Aufsicht handelt. Das Unterlassen entsprechender Compliance Maßnahmen und damit die so verstandene Verletzung der Aufsichtspflicht können dann als Anknüpfungspunkt für eine (Verbands-)Geldbuße herangezogen werden. ◀

46 § 130 OWiG erfasst sowohl die **vorsätzliche** als auch die **fahrlässige** Aufsichtspflichtverletzung. Die tatsächlich begangene Zuwiderhandlung des Mitarbeiters ist (als objektive Bedingung einer Ahndung) nicht notwendiger Vorsatzbestandteil. Erkannt bzw. fahrlässig verkannt haben muss der Aufsichtspflichtige daher zwar eine betriebstypische Gefahr von Zuwiderhandlungen, nicht jedoch das konkrete Verhalten des Mitarbeiters.¹³³

47 Wie sonst auch bei den Ordnungswidrigkeiten ist zudem (als Pendant zur Schuld bei Straftaten) eine **Verantwortlichkeit i.S.d. § 12 OWiG** Voraussetzung für die Verhängung eines Bußgelds.

48 **Objektive Bedingung einer Ahndung**¹³⁴ ist zudem, dass eine zu beaufsichtigende Person eine *„solche"* Zuwiderhandlung begangen hat, wie sie in § 130 Abs. 1 S. 1 OWiG

---

127 Zur Beaufsichtigung von Tochtergesellschaften durch die Muttergesellschaft in einem Konzern s. *Rogall*, in: Karlsruher Kommentar zum OWiG, § 130, Rn. 27 f.; *Tiedemann*, Strafrechtliche Grundprobleme im Kartellrecht, NJW 1979, 1849 (1852); *Wittig*, Wirtschaftsstrafrecht, § 6, Rn. 132 m.w.N.
128 S. dazu *Wittig*, Wirtschaftsstrafrecht, § 6, Rn. 132.
129 *AchenbachAchenbach*, in: Achenbach/Ransiek/Rönnau (Hrsg.): Handbuch Wirtschaftsstrafrecht, I. Teil, 3. Kap., Rn. 53 f.; *Rogall*, Dogmatische und kriminalpolitische Probleme der Aufsichtspflichtverletzung in Betrieben und Unternehmen (§ 130 OWiG), ZStW 98 (1986), S. 573, 588 ff., 597 ff.
130 *Tiedemann*, Wirtschaftsstrafrecht, § 9, Rn. 453; *Wittig*, Wirtschaftsstrafrecht, § 6, Rn. 140.
131 OLG Jena 2.11.2005 – 1 Ss 242/05, NStZ 2006, 533 (543); *Wittig*, Wirtschaftsstrafrecht, § 6, Rn. 140.
132 S. dazu § 4.
133 *Többens*, Die Bekämpfung der Wirtschaftskriminalität durch die Troika der §§ 9, 130 und 30 des Gesetzes über Ordnungswidrigkeiten, NStZ 1999, 1 (3 f.); *Wittig*, Wirtschaftsstrafrecht, § 6, Rn. 144.
134 Zu dieser Einordnung s. BGH 10.9.2003 – 2 ARs 258/03–2 AR 164/03, NStZ 2004, 699 (700); *Achenbach*, in: Achenbach/Ransiek/Rönnau (Hrsg.): Handbuch Wirtschaftsstrafrecht, 1. Teil, 3. Kap., Rn. 60; *Gürtler*, in: Göhler, § 130 OWiG, Rn. 17; *Rogall*, in: Karlsruher Kommentar zum OWiG, § 130, Rn. 20.

beschrieben ist. Insbesondere werden damit nur Zuwiderhandlungen gegen Verhaltensgebote erfasst, deren Missachtung **mit Strafe oder Geldbuße** *„bedroht"* ist. Im konkreten Einzelfall muss die Pflichtverletzung daher keine Strafe oder Ahndung nach sich ziehen, sondern nur dem äußeren Geschehensablauf einer Straftat oder Ordnungswidrigkeit entsprechen. Dies ist bspw. bei Sonderdelikten von Bedeutung, deren tatbestandliche Umschreibungen nur bei Tätern mit bestimmten Merkmalen zutreffen.[135] Ihnen kann allerdings ein äußerer Geschehensablauf entsprechen, der sich auch ohne die besondere Täterqualifikation herbeiführen lässt (und ohne dass eine Haftungserstreckung nach den §§ 14 StGB, 9 OWiG erfolgt).[136] Entsprechend ist zwar eine vorsätzliche bzw. fahrlässige sowie rechtswidrige Begehung der Anknüpfungstat Voraussetzung, nicht jedoch eine tatbestandsmäßige, schuldhafte oder vorwerfbare.[137]

Erforderlich ist zudem ein Zurechnungszusammenhang dahin gehend, dass die Zuwiderhandlung des Mitarbeiters *„durch die gehörige Aufsicht verhindert oder wesentlich erschwert worden wäre"*. Dabei liegt eine wesentliche Erschwerung der Zuwiderhandlung dann vor, wenn das pflichtgemäße **Aufsichtsverhalten zumindest geeignet** war, die Gefahr einer Zuwiderhandlung zu beseitigen.[138] Eines (hypothetischen) Kausalzusammenhangs zwischen der unterlassenen Aufsichtsmaßnahme und der Zuwiderhandlung bedarf es nicht.[139]

d) Rechtsfolgen

Nach § 130 Abs. 3 OWiG hängt die Bußgeldobergrenze davon ab, ob die zu beaufsichtigende Person eine Straftat oder eine Ordnungswidrigkeit begangen hat. § 130 OWiG bezieht sich auf Aufsichtspflichten, die „Inhaber eines Betriebes oder Unternehmens" treffen. Auch juristische Personen oder Personenvereinigungen können Betriebs- bzw. Unternehmensinhaber und damit aufsichtspflichtig i.S.d. § 130 OWiG sein. Wird in diesem Fall eine Ordnungswidrigkeit nach § 130 OWiG begangen, so ermöglicht § 30 OWiG die Verhängung einer (Verbands-)Geldbuße gegen die juristische Person oder Personenvereinigungen und damit den Betrieb bzw. das Unternehmen selbst, was § 130 OWiG besondere Relevanz verleiht.

4. Tatbeteiligung nach den §§ 25 ff.

▶ *Einstiegsfall:* Apotheker A betreibt eine Apotheke mit 12 angestellten Apothekern, zu denen auch B gehört. Um möglichst großen Arzneimittelumsatz zu erzielen, hat A die ausdrückliche Anweisung erteilt, verschreibungspflichtige Arzneimittel auch ohne entsprechende Rezepte herauszugeben. Macht sich A, der selbst nicht im Verkauf tätig ist, nach § 95 AMG strafbar, wenn B seine Anweisung befolgt? *Rn. 55 ff., 64* ◀

a) Einführung

Nicht selten wird die Notwendigkeit gesehen, Leitungspersonen in Wirtschaftsunternehmen wegen Straftaten zu belangen, die von ihren Mitarbeitern begangen wurden.

---

135 S. dazu § 2, Rn. 5.
136 S.a. *Wittig*, Wirtschaftsstrafrecht, § 6, Rn. 147.
137 S. dazu a. *Hellmann*, Wirtschaftsstrafrecht, Rn. 1080; *Wittig*, Wirtschaftsstrafrecht, § 6, Rn. 147.
138 *Achenbach*, in: Achenbach/Ransiek/Rönnau (Hrsg.): Handbuch Wirtschaftsstrafrecht, 1. Teil, 3. Kap., Rn. 62.
139 *Hellmann*, Wirtschaftsstrafrecht, Rn. 1081.

Bei einer solchen vertikalen **Verantwortungsverlagerung „nach oben"**[140] fällt allerdings die Rolle der Leitungspersonen oft nicht in das Muster einer klassischen Form von Täterschaft und Teilnahme. Deshalb wird schon seit Längerem lebhaft über weitergehende Varianten der Unrechtszurechnung diskutiert, so etwa über eine **Anpassung der herkömmlichen Täterschafts- und Teilnahmeformen.**

b) Mittäterschaft

53 Ein Vorschlag dazu stuft Organisationslenker unter bestimmten Voraussetzungen als Mittäter ein. Eine mittelbare Täterschaft käme nicht in Betracht, wenn der Tatnächste voll verantwortlich handele. Denn dies widerspreche dem sog. **Verantwortungsprinzip**[141], wonach ein Hintermann grundsätzlich dann nicht mittelbarer Täter sein könne, wenn der Tatmittler voll deliktisch handele. Bei freiverantwortlicher Tatbegehung komme also nur eine Mittäterschaft des Hintermanns in Betracht. Dessen **Tatherrschaft** werde mit Blick auf seine **Kontrolle über die Organisation** plausibel. Als Mittäter könne daher bestraft werden, wer im organisierten Rahmen eines Macht- oder Unternehmensapparates strafbare Handlungen anordne. Zum gemeinsamen Tatentschluss als Voraussetzung einer Mittäterschaft verhelfe dabei das Bewusstsein von Weisungsgeber und Weisungsnehmer, dass eine Handlung entsprechend der Weisung vollzogen werden soll.[142]

54 Dem ist entgegenzuhalten, dass die Befolgung einer Anordnung bzw. eines Befehls in der Regel nicht auf einen gemeinsamen Entschluss zurückgeht, insbesondere der Untergebene nicht im Bewusstsein einer gemeinsamen Entscheidung handelt. Eine Hierarchie ist gerade darauf angelegt, dass sich der eine den **Entschlüssen des anderen unterordnet**. Auch eine gemeinschaftliche Tatausführung liegt nicht vor, weil sich der Schreibtischtäter eben **nicht „die Hände schmutzig"** macht.[143]

c) Anstiftung

55 Eine andere Auffassung favorisiert die Bestrafung des Hintermanns als Anstifter zur Tat.[144] Auch dies wird jedoch den **Bedingungen hierarchischer Organisationsstrukturen** zum Teil nicht gerecht. Soweit nämlich der Organisationslenker (etwa ein Betriebsleiter) von der Ausführung seiner Direktiven ausgehen darf, weil der Handlungsvollzug durch (austauschbare) Untergebene sichergestellt sei, hängt eine Tatbestandsverwirklichung allein von seinem Willen ab. Er beherrscht als **zentrale Gestalt** die von ihm befohlenen Straftaten und muss sich dazu – anders als ein Anstifter – nicht erst einen Täter suchen. Er braucht vielmehr lediglich eine Anweisung oder einen Befehl erteilen, während ein Anstifter erst mit dem potenziellen Täter Kontakt aufnehmen und ihn für seinen Plan gewinnen muss.[145]

---

140 *Wittig*, Wirtschaftsstrafrecht, § 6, Rn. 102.
141 *Fischer*, StGB, § 25, Rn. 11.
142 *Otto*, AT, § 21, IV 3 d; *Jescheck/Weigend*, AT, § 62 II. 8., S. 670.
143 *Roxin*, AT II, § 25, Rn. 121.
144 *Herzberg*, in: Amelung (Hrsg.): Individuelle Verantwortung, S. 48; *Rotsch*, Tatherrschaft kraft Organisationsherrschaft, ZStW 2000, 562; *ders.*, Die Rechtsfigur des Täters hinter dem Täter bei Begehung von Straftaten im Rahmen organisatorischer Machtapparate und ihre Übertragbarkeit auf wirtschaftliche Organisationsstrukturen, NStZ 1998, 491–495.
145 *Roxin*, AT II, § 25, Rn. 126 f.

d) Mittelbare Täterschaft (Organisationsherrschaft)

aa) Grundzüge

Wegen solcher Vorbehalte gegen eine Mittäterschafts- oder Anstifterlösung gilt deshalb einer besonderen Form der mittelbaren Täterschaft[146] große Aufmerksamkeit, deren Kennzeichen von *Roxin*[147] herausgearbeitet wurden. Im Zentrum der Betrachtung steht hier eine sog. Organisationsherrschaft: Ergeben könne sich eine **Tatherrschaft** auch **durch die Kontrolle eines Machtapparats**, innerhalb dessen die Ausführung von Befehlen auch ohne Zwang und Täuschung gesichert sei. Der Apparat als solcher gewährleiste hier den Vollzug von Direktiven, weil selbst beim Ausfall eines einzelnen Befehls- bzw. Anordnungsempfängers genügend andere für den einen Vollzug bereitstünden. Nicht der unmittelbare Täter, sondern der Hintermann an den „Schalthebeln der Macht" entscheide hier darüber, ob es zur Tat komme oder nicht. Sein Defizit bei der physischen Beherrschung der Ausführungshandlung könne durch die zielsichere Inanspruchnahme des Macht- bzw. Unternehmensapparates ausgeglichen werden.[148]

Das vom Hintermann eingesetzte Werkzeug sei dabei das System selbst, dessen Funktionsfähigkeit vom wechselnden Bestand seiner Mitglieder unabhängig sei. Es funktioniere gleichsam automatisch, ohne dass es auf die individuelle Person des Ausführenden ankomme. Eine unbegrenzte Ersetzbarkeit („**Fungibilität**") des unmittelbaren Täters garantiere dem Hintermann, dass die Tat ausgeführt werde und mache ihn damit zum Beherrscher des Geschehens. Die Untergebenen würden dabei im Bewusstsein handeln, durch eine Weigerung den Anordnungsvollzug nicht verhindern zu können und in diesem Sinne austauschbar zu sein. An Stelle der individuellen Willensherrschaft im Rahmen von Zwei-Personen-Verhältnissen trete hier also die organisatorisch vermittelte Tatherrschaft in entsprechend strukturierten Machtapparaten.[149]

bb) Einwände gegen das Konzept

Dieser Vorschlag einer Ableitung von Tatherrschaft aus Organisationsherrschaft blieb nicht unwidersprochen. So wird ein **Widerspruch zum Verantwortungsprinzip** gesehen, wonach ein voll verantwortlicher Tatmittler nicht zugleich Werkzeug eines anderen sein könne.[150] Andere sehen diesen Einwand dadurch entkräftet, dass die Unterlegenheit des Tatmittlers nur für die mittelbare Täterschaft im klassischen Sinne charakteristisch sei. Auch ohne eine solche Unterlegenheit könne es einen Legitimationsgrund dafür geben, dem Hintermann eine Sonderverantwortlichkeit für die fragliche Straftat zuzuschreiben.[151] Tatsächlich erscheint plausibel, dass **Weisungsverhältnisse und Befehlshierarchien** andere Verhältnisse als Zwei-Personen-Beziehungen schaffen. Insbesondere ein Gefühl von Austauschbarkeit und Unterworfenheit beim Weisungsempfänger lässt erwarten, dass der Inhaber der Anordnungs- bzw. Befehlsgewalt die Handlungsbereitschaft des unmittelbaren Täters zu kontrollieren vermag.

Einwände gegen den Rückgriff auf Organisationsherrschaft betreffen auch die Grundannahme, in dem beschriebenen Machtapparat dürfe sich der Befehlsgeber der Befehls-

---
146 S. *Wittig*, Wirtschaftsstrafrecht, § 6, Rn. 107.
147 *Roxin*, AT II, § 25, Rn. 105 ff.
148 *Roxin*, AT II, § 25, Rn. 105 ff.; *Heine/Weißer*, in: Schönke/Schröder, § 25, Rn. 27; *Roxin*, Organisationsherrschaft als eigenständige Form mittelbarer Täterschaft, SchwZstr. 2007, S. 10.
149 *Roxin*, AT II, § 25, Rn. 107 ff.; *Heine/Weißer*, in: Schönke/Schröder, § 25, Rn. 27, jew. m.w.N.
150 *Jescheck/Weigend*, AT, § 62 II. 8., S. 670.
151 *Freund*, AT, § 10, Rn. 103 ff.

ausführung und damit der Deliktsverwirklichung sicher sein. In Wahrheit **könne sich der Tatmittler nämlich weigern** und würde dadurch zum Hindernis auf dem Weg zur Tatbestandsverwirklichung, bspw. wenn ein Grenzsoldat daneben schieße und einen Flüchtenden entkommen lasse.[152] Auch dieser Einwand soll allerdings das Modell der Organisationsherrschaft nicht infrage stellen, weil darin lediglich der Hinweis auf ein mögliches Scheitern der Tatausführung im Versuchsstadium zu sehen wäre. Auch eine mittelbare Täterschaft unter den Bedingungen der Organisationsherrschaft könne im Versuch stecken bleiben, wenn die Automatik des Handlungsvollzugs im Einzelfall versage. Sie funktioniere jedoch im Normalfall, was zum Festhalten am Modell der Organisationsherrschaft berechtige.[153]

59 Andere beziehen sich auf das Konstitutionsmerkmal der Austauschbarkeit von Befehlsempfängern und wenden ein, dass bei einem solchen Austausch **nicht mehr dieselbe Tat** vorliege.[154] Dies wiederum soll entkräften, dass der Hintermann von vornherein nur jeweils eine Tat begehe, auch wenn er sich zu deren Verwirklichung eventuell verschiedener Personen bediene.[155]

60 Überdies wird moniert, dass der Bezug auf eine Organisationsherrschaft mit einer unzulässigen **Berücksichtigung hypothetischer Handlungen** Dritter verbunden sei. Der Machtapparat garantiere dem Befehlsgeber zwar, dass seine Direktiven unabhängig von der Person des Ausführenden verwirklicht würden. Mit einer tatsächlichen Beherrschung des konkreten Einzelgeschehens sei dies allerdings nicht gleichzusetzen.[156] Diesem Einwand wird entgegengehalten, dass das Funktionieren des Apparates eine Realität und keine Hypothese sei. In dem beschriebenen Machtapparat könne sich der Befehlsgeber darauf verlassen, dass seine Anweisungen umgesetzt und angewiesene Straftaten somit begangen würden. Insbesondere entscheide – anders als etwa bei der Anstiftung – nicht der unmittelbare Täter darüber, ob es wirklich zur Tat komme, oder diese unterbleibe. Eine „Ersatzursachenherrschaft"[157] gewährleiste also die Tatbestandsverwirklichung und damit die Tatherrschaft des Hintermanns.[158]

61 Des Weiteren soll gegen die Idee einer Organisationsherrschaft sprechen, dass der **unmittelbare Täter als Spezialist** auch unersetzlich und damit nicht austauschbar sein könne.[159] Diese Möglichkeit wird allerdings als singuläre Variante gesehen, die einer Annahme von Organisationsherrschaft in anderen Konstellationen nicht entgegenstünde. Zugeschnitten wäre dieses Modell auf Taten, die unter wiederkehrenden ähnlichen Gegebenheiten durch austauschbare Person ausgeführt würden.[160]

cc) Organisationsherrschaft in Wirtschaftsunternehmen

62 Mit Blick auf organisierte Machtapparate wird davon gesprochen, dass die Möglichkeit mittelbarer Täterschaft *„wohl als weitgehend gesichert gelten"* dürfe[161]. Eine Geltung für Straftaten im Zusammenhang mit einer Unternehmenstätigkeit ist damit aller-

---

152 *Herzberg*, in: Amelung (Hrsg.): Individuelle Verantwortung, S. 39, zitiert in: *Roxin*, AT II, § 25, Rn. 114.
153 *Roxin*, AT II, § 25, Rn. 114.
154 *Rotsch*, Tatherrschaft kraft Organisationsherrschaft, ZStW 2000, 528.
155 *Roxin*, AT II, § 25, Rn. 117.
156 *Rotsch*, Neues zur Organisationsherrschaft, NStZ 2005, 13 (14).
157 Zitat nach *Hoyer*, in: SK-StGB, § 25, Rn. 91.
158 *Roxin*, AT II, § 25, Rn. 117.
159 *Freund*, AT, § 10, Rn. 92.
160 *Roxin*, AT II, § 25, Rn. 119.
161 *Heine/Weißer*, in: Schönke/Schröder, § 25, Rn. 28.

IV. Grundprinzipien strafrechtlicher Verantwortungszuweisung § 2

dings nicht sichergestellt. Im Gegenteil: Das Konzept der Organisationsherrschaft ist **auf organisatorische Machtapparate zugeschnitten**, denen wirtschaftliche Unternehmen nicht ohne Weiteres zugeordnet werden können. Vor allem hat beim Rückgriff auf Organisationsherrschaft eine Sicherheit des Anordnungsvollzugs Bedeutung, die in wirtschaftlichen Unternehmen nicht selbstverständlich gewährleistet ist.

So ist im Hinblick auf Leitungspersonen in Wirtschaftsunternehmen bereits zweifelhaft, ob sie die erforderliche Machtstellung für einen **automatisierten Anordnungsvollzug** innehaben. Denn Organisationsstrukturen in Wirtschaftsunternehmen sind oft nicht hierarchisch-linear, sondern an funktioneller Differenzierung und Dezentralisierung orientiert.[162]

Auch kennzeichnet am Wirtschaftsleben beteiligte Organisationen zumeist ein anderes **Verhältnis zur Rechtsordnung** als jene organisatorischen Machtapparate, auf die sich das Modell der Organisationsherrschaft bezieht. Dieser Unterschied spielt beim Rückgriff im vorliegenden Zusammenhang jedoch eine große Rolle: Denn grundsätzlich hat ein Hintermann bei voller Verantwortlichkeit des Tatmittlers keine Steuerungsmacht über das Tatgeschehen, weil eine freie Entscheidung des Vordermanns dem Vorhaben eine andere Richtung geben kann. Namentlich ist eine solche Richtungsänderung zu erwarten, wenn einem Rechtstreuen ein rechtswidriges Ansinnen unterbreitet wird. Wer sich dem Recht verpflichtet fühlt, bringt einer rechtswidrigen Direktive Widerstand entgegen; hier wirkt sich die geltende Rechtsordnung also hemmend auf den Anordnungs- bzw. Befehlsvollzug aus.[163] Eine „**Rechtsgelöstheit" der Organisationsmitglieder** ist damit wesentliche Bedingung eines hinreichend verlässlichen Anordnungsvollzugs i.S.d. Konzepts der Organisationsherrschaft. Und tatsächlich kennzeichnet eine kollektive Abkehr vom Recht bspw. Staatsverbrechen, terroristische Delikte oder organisierte Kriminalität. Ein Wirtschaftsbetrieb hingegen ist in der Regel nicht auf kriminelle Aktivitäten angelegt, wie dies der beschriebene Automatismus eines Anordnungsvollzugs in organisatorischen Machtapparaten voraussetzt. Vielmehr **arbeitet ein Unternehmen (zumeist) auf der Basis des Rechts** und auch die Belegschaft hat sich nicht vom Recht gelöst. In Wirtschaftsunternehmen hat das Recht somit als Konkurrenzfaktor zur Ergebenheit der Weisungsunterworfenen wesentlich stärkeres Gewicht. Wer also als Vorgesetzter in einem Wirtschaftsbetrieb zur Tatbestandserfüllung auffordert, muss mit einer Rechtsverbundenheit seiner Mitarbeiter und damit einem tathinderlichen Loyalitätsmangel rechnen. Die Aufforderung zur Begehung einer Straftat birgt damit ein Risiko, insbesondere bietet sie Angriffsfläche in der **miteinander konkurrierenden Belegschaft**.

Auch die **psycho-soziale Lage des Weisungsempfängers**, der eine rechtswidrige Anordnung ausführen soll, entspricht nicht ohne Weiteres dem Konzept der Organisationsherrschaft. Er hat nicht zwangsläufig das Bewusstsein, als austauschbares Rädchen in einem unabhängig von ihm arbeitenden Apparat nichts daran ändern zu können, dass es zur Straftat kommt. Vielmehr weiß er, dass auch sein Unternehmen grundsätzlich zur Rücksichtnahme auf das Recht verpflichtet ist. Auf dessen Seite kann er sich deshalb schlagen, ohne damit die gleichen Risiken wie in einem Terrorregime oder einer Terrorgruppe eingehen zu müssen.[164]

---

162 *Heine/Weißer*, in: Schönke/Schröder, § 25, Rn. 30.
163 Vgl. *Heine/Weißer*, in: Schönke/Schröder, § 25, Rn. 30; *Roxin*, Täterschaft und Tatherrschaft, S. 249.
164 *Roxin*, AT II, § 25, Rn. 130 ff.; *Fischer*, StGB, § 25, Rn. 14.

63 Andererseits sind für solche „rechtsgelösten" Organisationen Gewalttaten typisch, für Wirtschaftsunternehmen hingegen Vermögensdelikte und damit **Straftaten mit einer wesentlich niedrigeren Hemmschwelle.**[165] Entsprechend fällt deren Begehung einem Weisungsempfänger leichter, womit ein reibungsloser Anordnungsvollzug wahrscheinlicher wird. Hier offenbart sich somit ein Gesichtspunkt, der – gegenläufig zum Aspekt der Rechtsverbundenheit – eher für die Möglichkeit einer Organisationsherrschaft in Wirtschaftsunternehmen spricht. Generalisierende Vorannahmen werden dadurch erschwert – geboten erscheint, das Vorliegen einer Organisationsherrschaft im Einzelfall konkret festzustellen.

dd) Organisationsherrschaft in der Rspr.

64 Die Rspr. erkennt eine mittelbare Täterschaft auf Grundlage von Organisationsherrschaft sowohl im Zusammenhang mit staatlichen Machtapparaten als auch bei kriminellen und sogar betrieblichen **Organisationen mit regelhaften Abläufen** an.[166] Der Hintermann habe Tatherrschaft, wenn er unter Ausnutzung von Organisationsstrukturen regelhafte Abläufe auslöse, die zu der erstrebten Tatbestandsverwirklichung führten.[167] Im Einstiegsfall etwa wäre A nach Auffassung des BGH[168] wegen eines Verstoßes gegen § 95 AMG zu belangen, wenn B seine Anweisung befolgt. Die mittelbare Täterschaft von A ergebe sich dann aus der Stellung als betriebliches Leitungsorgan. Denn es lägen hierarchische Organisationsstrukturen vor, die regelhafte Abläufe erzeugten. Daraus könne auf eine mittelbare Täterschaft des A geschlossen werden, ohne dass auf die Frage der Verantwortlichkeit des unmittelbaren Täters eingegangen werden müsse. Für praktisch jede Organisationsform (insbesondere für Wirtschaftsunternehmen) akzeptiert der BGH die Möglichkeit einer mittelbaren Täterschaft von Leitungspersonen trotz voller Verantwortlichkeit der Tatmittler, wenn strukturelle Rahmenbedingungen zur Tatbestandsverwirklichung ausgenutzt werden. Die organisatorischen Gegebenheiten – so die Rspr. – wirkten nämlich in spezifischer Weise auf Organisationsangehörige, was sich der Inhaber von Anordnungsgewalt zu Nutze machen könne.[169] Um gegenüber einer arbeitsteiligen Mittäterschaft abzugrenzen, forderte der 2. Strafsenat allerdings, dass bei mittelbarer Täterschaft ein räumlicher, zeitlicher und hierarchischer **Abstand zwischen Organisationsspitze und unmittelbar Ausführenden** bestehen müsse.[170]

65 Trotz dieser Einschränkung geht es aus den dargelegten Gründen jedoch zu weit, Organisationsstrukturen jeder Art in das Modell der Organisationsherrschaft einzubeziehen. Nach dem BGH muss der Hintermann dazu (lediglich) Organisationsstrukturen mit regelhaften Abläufen und eine unbedingte Tatbereitschaft des Vordermanns ausnutzen sowie in subjektiver Hinsicht den Erfolg als Ergebnis seiner Anordnung wol-

---

165 *Hellmann/Beckemper*, Wirtschaftsstrafrecht, Rn. 935.
166 Bereits in seiner „Mauerschützen-Entscheidung" wies der BGH darauf hin, dass es Rahmenbedingungen mit regelhaften Abläufen insbesondere bei *unternehmerischen oder geschäftsähnlichen Organisationsstrukturen*" gebe, s. BGH 26.7.1994 – 5 StR 98/94, NStZ 1994, 537 (538); s. bspw. auch BGH 13.5.2004 – 5 StR 73/03, BGHSt 49, 147 (163) – Bremer Vulkan; BGH 2.11.2007 – 2 StR 384/07, NStZ 2008, 89.
167 BGH 8.11.1999 – 5 StR 632/98, BGHSt 45, 270 (296); BGH 26.8.2003 – 5 StR 145/03, BGHSt 48, 331 (342); BGH 25.11.1997 – 1 StR 465/97, NJW 1998, 767 (769).
168 Vgl. BGH 3.7.2003 – 1 StR 453/02, NStZ 2004, 457.
169 S. etwa BGH 26.8.2003 – 5 StR 145/03, BGHSt 48, 331 (342); BGH 13.5.2004 – 5 StR 73/03, BGHSt 49, 147 (163); BGH 2.11.2007 – 2 StR 384/07; NStZ 2008, 89; s.a. *Heine/Weißer*, in: Schönke/Schröder, § 25, Rn. 29.
170 BGH 2.11.2007 – 2 StR 384/07, NStZ 2008, 90 (90).

IV. Grundprinzipien strafrechtlicher Verantwortungszuweisung § 2

len.[171] Darin liegt zugleich eine zu starke **Fixierung auf subjektive Voraussetzungen** anstelle von tatherrschaftssichernden Kriterien. Denn die Konzeption des BGH benutzt jede irgendwie geartete soziale Verantwortung der Leitungsebene einer beliebigen Organisation zur Herleitung einer Tatherrschaft. Ein hinreichender Tatbestandsbezug ist dadurch jedoch nicht sichergestellt.[172] Ohnehin ist ein **Wille zur Tatherrschaft in einer Führungsetage selten** anzutreffen. Dort nämlich ist man in der Regel nur an einem bestimmten Ergebnis, nicht jedoch an der Art und Weise seiner Herbeiführung interessiert. Dies wird bspw. offenbar, wenn Mitarbeiter nur eingeschränkt angeleitet und beaufsichtigt werden.[173]

ee) Voraussetzungen der Organisationsherrschaft

Damit zeichnen sich die Bedingungen ab, die bei einer mittelbaren Täterschaft unter Berufung auf eine Organisationsherrschaft sichergestellt sein müssen: Voraussetzung ist zum einen eine hinreichende **Anordnungs- bzw. Befehlsgewalt** des Hintermanns im Rahmen der Organisation. Des Weiteren muss sich die Organisation im Bereich ihrer strafrechtlich relevanten Tätigkeit **vom Recht gelöst** haben. Zudem muss der Vollzieher der Anordnung in der Weise **ersetzbar** sein, dass im Fall seines Ausfalls ein anderer an seine Stelle tritt.[174] Keineswegs darf also eine Organisationsherrschaft in jeder hierarchischen Beziehung vermutet werden. Insbesondere wenn Straftaten aus Unternehmen heraus begangen werden, sind die geschilderten Voraussetzungen (wie dargelegt) in der Regel nicht erfüllt. Mit einem rechtsgelösten Machtapparat ist ein Unternehmen nämlich nicht zu vergleichen. 66

5. Geschäftsherrenhaftung

Einem gleichwohl bestehenden Bedürfnis, auch Leitungspersonen von Unternehmen für betriebsbezogene Straftaten verantwortlich machen zu können, ist daher meist auf andere Weise Rechnung zu tragen. Beschritten wird dazu bspw. ein Weg über die Kategorie der **Garantenstellung des Geschäftsherrn**[175], soweit eine Leitungsperson Straftaten pflichtwidrig nicht verhindert. De lege ferenda sei auch im deutschen Recht eine mittelbare Täterschaft kraft Pflichtenstellung als eigenständige Form der mittelbaren Täterschaft anzuerkennen. Bis dann müsse man sich vor allem mit den Regeln der Unterlassungstäterschaft behelfen.[176] 67

In diesem Sinne spricht man von einer strafrechtlichen Geschäftsherrenhaftung, wenn Vorgesetzte in Unternehmen für **Straftaten ihrer Untergebenen** als (Überwacher-)Garant strafrechtlich zur Verantwortung gezogen werden.[177] 68

---

171 Vgl. BGH 2.11.2007 – 2 StR 384/07, NStZ 2008, 90 (90); *Heine/Weißer*, in: Schönke/Schröder, § 25, Rn. 29.
172 *Heine/Weißer*, in: Schönke/Schröder, § 25, Rn. 30, m.w.N.
173 *Winkelbauer*, Umweltstrafrecht und Unternehmen, in: Eser u.a. (Hrsg.): Festschrift für Theodor Lenckner, München 1998, S. 654 ff.; *Heine/Weißer*, in: Schönke/Schröder, Vor §§ 25 ff., Rn. 103.
174 *Fischer*, StGB, § 25, Rn. 11.
175 Darauf bezogen spricht man von der strafrechtlichen Geschäftsherrenhaftung. Sie kann aus der Herrschaft über Untergebene und dem Umstand abgeleitet werden, dass der Unternehmenleiter die Taten durch ein Machtwort unterbinden könnte (s.u.). Weiterführend: *Spring*, Die strafrechtliche Geschäftsherrenhaftung, Passau 2009.
176 BGH 20.10.2011 – 4 StR 71/11, BGHSt 57, 42; *Roxin*, AT II, § 25, Rn. 136 f.
177 S. etwa BGH 20.10.2011 – 4 StR 71/11, BeckRS 2011, 27599; BGH 17.7.2009 – 5 StR 394/08, BGHSt 54, 44–52, Eine andere Frage ist, ob Vorgesetzte als (Beschützer-)Garanten Schäden von ihren Untergebenen oder außenstehenden Dritten abzuwenden haben. Hier ist vieles unklar; vertragliche Beziehungen oder außer-

69 Zur Verhinderung solcher Straftaten ist eine Leitungsperson dann aufgerufen, wenn sie als Garant gem. § 13 Abs. 1 „*rechtlich dafür einzustehen hat, dass der Erfolg [hier: einer Straftatbegehung durch Untergebene] nicht eintritt*". An verschiedenen Stellen weist das Gesetz selbst Vorgesetzten eine solche Einstandspflicht zu[178], für den Geschäftsherrn gilt dies jedoch nicht.

6. Bestrafung bei horizontaler Aufgabenverteilung in Leitungsgremien

70 Gerade in Leitungsgremien von größeren Unternehmen (wie z.B. dem Vorstand einer Aktiengesellschaft) ist es üblich und rechtlich zulässig, dass den einzelnen Gremienmitgliedern spezifische Aufgabenbereiche zur eigenverantwortlichen Betreuung zugewiesen sind.[179] Bei einer solchen „horizontalen" Aufgabenverteilung gilt auch im Strafrecht das sog. **Ressortprinzip**, wonach grundsätzlich nur eine Verantwortlichkeit für den zugewiesenen Zuständigkeitsbereich besteht.[180] Denn unternehmensinterne Aufgabenzuweisungen begründen Sonderverantwortlichkeiten und beschränken Handlungsbefugnisse. Insbesondere besteht bei ausdrücklichen Zuständigkeitsverteilungen nur eingeschränkt die Möglichkeit, Vorgänge in einem fremden Ressort zu beeinflussen. Deshalb dürfen die Mitglieder einer Geschäftsleitung auch **darauf vertrauen**, dass die Kollegen ihre Aufgaben im jeweils eigenen Zuständigkeitsbereich pflichtgemäß erfüllen.[181]

71 Ergänzt werden diese Maßgaben durch die Grundsätze der **Allzuständigkeit** und der **Generalverantwortung** von Mitgliedern einer Geschäftsleitung für die Belange der Gesellschaft. Danach ist – auch bei einer grundsätzlichen Trennung der Aufgaben- und Verantwortungsbereiche – in bestimmten Situationen jedes einzelne Mitglied einer Geschäftsführung für sämtliche Angelegenheiten der Gesellschaft (mit-)verantwortlich.[182]

72 Dies wird bspw. bei **bereichsübergreifenden Problemen** mit Auswirkungen auf das Unternehmen als Ganzes (wie etwa bei der Krisensituation des Bekanntwerdens einer Gesundheitsgefährdung durch Unternehmensprodukte) angenommen.[183] Überdies ist von Mitgliedern einer Geschäftsleitung angesichts ihrer besonderen Beziehung zur Gesellschaft zu verlangen, dass sie bei **erkennbaren Fehlleistungen ihrer Kollegen** mögliche und zumutbare Gegensteuerungsmaßnahmen ergreifen.[184] Auch können (sekundäre) Überwachungspflichten bestehen, soweit es zwar noch nicht zu Pflichtverletzungen gekommen ist, mit Fehlleistungen eines an sich zuständigen Kollegen jedoch gerechnet werden muss.[185]

---

strafrechtliche gesetzliche Verpflichtungen (etwa aus § 618 BGB) begründen nicht ohne Weiteres eine Beschützergarantenstellung, s.a. *Wittig*, Wirtschaftsstrafrecht, § 6, Rn. 57 f.
178 S. etwa § 357 StGB oder § 41 Wehrstrafgesetz (WStG).
179 *Wittig*, Wirtschaftsstrafrecht, § 6, Rn. 119.
180 BGH 6.7.1990 – 2 StR 549/89; BGHSt 37, 106 (126) („Ledersray-Fall"); OLG Düsseldorf 23.3.1981 – 5 Ss (OWi) 120/81 I, NStZ 1981, 265; BGH 6.11.2018 – II ZR 11/17, wistra 2019, 378; *Schmidt-Salzer*, Strafrechtliche Produktverantwortung, NJW 1988, 1937 (1940); *ders.*, Konkretisierungen der strafrechtlichen Produkt- und Umweltverantwortung, NJW 1996, 1 (5); *Perron/Eisele*, in: Schönke/Schröder, § 14, Rn. 19.
181 *Hellmann/Beckemper*, Wirtschaftsstrafrecht, Rn. 929; *Wittig*, Wirtschaftsstrafrecht, § 6, Rn. 120.
182 BGH 6.7.1990 – 2 StR 549/89; BGHSt 37, 106 (126) („Ledersray-Fall"); BGH 15.10.1996 – VI ZR 319/95, BGHZ 133, 370 (370); *Schmidt-Salzer*: Strafrechtliche Produktverantwortung – Das Ledersray-Urteil des BGH, NJW 1990, 2966 (2970).
183 BGH 6.7.1990 – 2 StR 549/89; BGHSt 37, 106 (124).
184 BGH 6.7.1990 – 2 StR 549/89, BGHSt 37, 106 (124 ff.); BGH 15.10.1996 – VI ZR 319/95, NJW 1997, 130 (132) m.w.N.
185 BGH 15.10.1996 – VI ZR 319/95, BGHZ 133, 370 (378).

V. Einzelaspekte

7. Wiederholungsfragen

1. Sieht das geltende deutsche Strafrecht eine Verbandsstrafe vor? *Rn. 22*
2. Welche Gründe sprechen für eine Verbandsstrafe und welche dagegen? *Rn. 23 ff.*
3. Was ist mit Tatherrschaft kraft Organisationsherrschaft gemeint? Was ist davon zu halten? *Rn. 56 ff.*
4. Wie verfährt der Bundesgerichtshof im Hinblick auf das Modell der Tatherrschaft kraft Organisationsherrschaft? Bestehen gegen die Vorgehensweise des Bundesgerichtshofs Bedenken? *Rn. 64 ff.*
5. Welche Kriterien sind für die Annahme einer Organisationsherrschaft aufzustellen? *Rn. 66*

Literaturtipps zur Vertiefung:

Bock, Strafrechtliche Aspekte der Compliance-Diskussion – § 130 OWiG als zentrale Norm der Criminal Compliance, ZIS 2009, 68–81.
Engelhart, Verbandsverantwortlichkeit – Dogmatik und Rechtsvergleichung, NZWiSt 2015, 201–209.
Fink, Gilt „nemo tenetur se ipsum accusare" auch für juristische Personen?, WiStra 2014, 457–463.
Hoven, Der nordrhein-westfälische Entwurf eines Verbandsstrafgesetzbuches – Eine kritische Betrachtung von Begründungsmodell und Voraussetzungen der Straftatbestände, ZIS 2014, S. 19–30.
Kuhlen, Personifizierte Unternehmensdelinquenz: Die Anwendung der §§ 13, 14, 25 ff. StGB auf Manager als Unternehmensstrafrecht de lege lata, WiStra 2016, 465–470.
Laue, Die strafrechtliche Verantwortlichkeit von Verbänden, Jura 2010, S. 339–346.
Mitsch, Täterschaft und Teilnahme bei der „Verbandsstraftat", NZWiSt 2014, 1–5.
Radtke, Die strafrechtliche Organ- und Vertreterhaftung (§ 14 StGB) vor der Neuausrichtung?, JR 2010, S. 233–238.
Ransiek, Zur strafrechtlichen Verantwortung von Unternehmen, NZWiSt 2012, S. 45–51.
Rotsch, Die Rechtsfigur des Täters hinter dem Täter bei Begehung von Straftaten im Rahmen organisatorischer Machtapparate und ihre Übertragbarkeit auf wirtschaftliche Organisationsstrukturen, NStZ 1998, S. 491–495.
Rotsch, Neues zur Organisationsherrschaft, NStZ 2005, S. 13–18.
Scholz, Strafbarkeit juristischer Personen?, ZRP 2000, S. 435–440.
Schröder, Unternehmensverantwortung und Unternehmenshaftung von und in Konzernen – zur Zukunft des Unternehmenskriminalstrafrechts, NZWiSt 2016, 452–463.
Schünemann, Die aktuelle Forderung eines Verbandsstrafrechts – Ein kriminalpolitischer Zombie, ZIS 2014, S. 1–18.
Seier, Löhr: Schwerpunktbereichsklausur – Wirtschaftsstrafrecht: Die insolvente GmbH, JuS 2006, 241–246.
Többens, Die Bekämpfung der Wirtschaftskriminalität durch die Troika der §§ 9, 130 und 30 des Gesetzes über Ordnungswidrigkeiten, NStZ 1999, S. 1–8.

V. Einzelaspekte

1. Kausalität

▶ ***Einstiegsfall:*** Die A-GmbH stellte Ledersprays her und vertrieb diese über zwei Tochtergesellschaften. Im Herbst 1980 gingen bei ihr erste Meldungen über gesundheitliche Schäden ein, die beim Benutzen der Sprays aufgetreten waren. Es handelte sich dabei um Atembeschwerden, Übelkeit und Fieber; teilweise traten sogar lebensgefährliche Lungenödeme auf. Trotz intensiver Nachforschungen konnte jedoch kein Fabrikationsfehler festgestellt werden. Unter dem Eindruck weiterer Schadensmeldungen fand am 12.5.1981 eine Sondersitzung der Geschäftsführung der A-GmbH statt. Man beschloss, Warnhinweise auf allen Spraydosen anzubringen. Ein Rückruf wurde abgelehnt. Die Geschäftsführer der Tochtergesellschaften wurden über diesen Beschluss informiert. Erst nachdem die Gesundheitsbehörden interveniert hatten, wurde im September 1983 die Produktion der Ledersprays eingestellt und eine Rückrufaktion durchgeführt. Der Wirkstoff, der die Körperschäden verursachte, konnte bis heute nicht isoliert werden. Haben sich die Geschäftsführer der A-GmbH durch eine Beteiligung am Beschluss vom 12.5.1981 strafbar gemacht?[186] *Rn. 84 ff.* ◄

a) Problem der ungewissen Kausalbeziehung

aa) Überblick

76 In unterschiedlichen Spielarten spielen im Wirtschaftsstrafrecht auch Kausalitätsprobleme eine Rolle. Dazu gehört die Ursachenfeststellung, wenn es um komplexe Bedingungszusammenhänge an den Randzonen menschlichen Wissens geht. Nicht selten fehlt es in den Fallkonstellationen des Wirtschaftsstrafrechts an hinreichenden Kenntnissen über die maßgeblichen Wirkmechanismen. Solche Wissensdefizite aber behindern die Feststellung, ob eine bestimmte Verhaltensweise (wie etwa das **Inverkehrbringen eines gefährlichen Produkts**) für eine konkrete Rechtsgutsbeeinträchtigung ursächlich war. Zuweilen ist nicht einmal die generelle Schädlichkeit des fraglichen Verhaltens sicher.[187]

77 Die Strafrechtsdogmatik steht in solchen Beurteilungssituationen (insbesondere im Bereich der sog. **strafrechtlichen Produkthaftung**) vor großen Herausforderungen. Bei Erfolgsdelikten etwa ist der **Nachweis von Kausalzusammenhängen** bzw. einer Quasi-Kausalität unverzichtbar. Die Rspr. aber sah sich in der Vergangenheit schon wiederholt etwa damit konfrontiert, dass die Kausalität des Inverkehrbringens eines Produkts für eingetretene Rechtsgutsverletzungen nicht einwandfrei nachgewiesen werden konnte. Als Beispiele dafür haben etwa der Contergan-Fall[188], das Ledersprayverfahren[189] oder der Holzschutzmittel-Prozess[190] traurige Berühmtheit erlangt. In keinem dieser Fälle konnte zweifelsfrei geklärt werden, ob das jeweilige Produkt ursächlich für die geltend gemachten Körperschäden war. Teilweise blieb sogar ungewiss, ob die entsprechenden Produkte diese Schäden überhaupt hervorrufen konnten.[191]

bb) Äquivalenzformel

78 Herkömmliche Instrumente der Kausalitätsdogmatik geraten hier an ihre Grenzen. So wird, um den Kausalnachweis zu führen, verbreitet auf die sog. Äquivalenzformel zurückgegriffen, wonach jede Handlung (i.S.e. aktiven Tuns) für einen Erfolg kausal ist, wenn sie nicht hinweggedacht werden kann, ohne dass der Erfolg entfiele (**condicio**

---

186 BGH 6.7.1990 – 2 StR 549/89, BGHSt 37, 106 f.; NJW 1990, 2560 ff.
187 Vgl. *Reus*, Recht in der Risikogesellschaft, S. 105.
188 LG Aachen 18.12.1970 – 4 KMs 1/68–15–115/67, JZ 1971, 504.
189 BGH 6.7.1990 – 2 StR 549/89, BGHSt 37, 106.
190 BGH 2.8.1995 – 2 StR 221/94, BGHSt 41, 206.
191 Vgl. *Reus*, Recht in der Risikogesellschaft, S. 106; zur sog. statistischen (probabilistischen) Kausalität s. etwa *Heger*, in: Lackner/Kühl, StGB vor § 13, Rn. 11; *Roxin*, AT I, § 11, Rn. 35 ff.; *Wittig*, Wirtschaftsstrafrecht, § 6, Rn. 45.

V. Einzelaspekte

sine qua non).[192] Ein Unterlassen soll entsprechend für einen Erfolg **quasi-kausal** sein, wenn das gebotene Handeln nicht hinzu gedacht werden kann, ohne dass der Erfolg *„mit an Sicherheit grenzender Wahrscheinlichkeit"* entfiele.[193]

Allerdings vermag die Äquivalenzformel weder im Hinblick auf aktives Tun noch auf Unterlassen Kausalitätsvorstellungen zu vermitteln, wenn die entsprechenden **Ursache-Wirkungs-Zusammenhänge nicht bekannt** sind. Ob nämlich mit Hinweg- oder Hinzudenken eines Umstands der fragliche Erfolg entfällt oder nicht, kann nur mit einer zuverlässigen Vorstellung von den Kausalbeziehungen beurteilt werden. Über Defizite beim Wissen über Wirkungszusammenhänge vermag also die Äquivalenztheorie nicht hinweg zu helfen.[194]

cc) Lehre von der gesetzmäßigen Bedingung

Ähnlich verhält es sich mit der sog. Lehre von der gesetzmäßigen Bedingung, die bei der Kausalitätsfeststellung zunehmend favorisiert wird. Nach diesem Konzept ist ein aktives Tun für einen bestimmten Erfolg ursächlich, wenn es aufgrund einer **gesetzmäßigen Beziehung** im konkreten Erfolg tatsächlich wirksam geworden ist.[195] Ein Unterlassen steht immer dann in einem gesetzmäßigen Zusammenhang mit dem eingetretenen tatbestandlichen Erfolg, wenn die ausgebliebene Handlung – ggf. auch erst im Zusammenspiel mit anderen Umständen – den Erfolg abgewendet hätte.[196] Die Kausalitätsfeststellung gründet also jeweils auf einer Gesetzmäßigkeit, anhand derer eine Verknüpfung zwischen Bedingung und Erfolg identifiziert werden kann. Auch hier gelingt somit der Kausalnachweis nur, wenn die **maßgeblichen Wirkungszusammenhänge vorab bekannt** sind.

dd) Risikoerhöhungslehre

Um den aufgezeigten Nachweisschwierigkeiten bei ungewissen Kausalbeziehungen zu entgehen, wird auf die sog. Risikoerhöhungslehren Bezug genommen.[197] Sie wurden für die Erfolgszurechnung entwickelt und lassen es dafür genügen, dass durch ein pflichtwidriges Verhalten die **Gefahr für das beeinträchtigte Rechtsgut erhöht** wurde.[198] Teile des Schrifttums sehen dies auch für den Kausalitätsnachweis im Rahmen der Produktverantwortlichkeit als maßgeblich an. Sie nehmen Ursächlichkeit zwischen zwei Ereignissen an, wenn das erste Ereignis eine Risikosteigerung für das zweite Er-

---

192 BGH 28.9.1951 – 2 StR 391/51, BGHSt 1, 332; BGH 30.6.1982 – 2 StR 226/82, BGHSt 31, 98; BGH 18.9.1985 – 2 StR 378/85, BGHSt 33, 322; BGH 30.3.1993 – 5 StR 720/92, BGHSt 39, 197; *Fischer*, StGB, Vor § 13, Rn. 21.
193 *Freund*, in: MüKo StGB, Vor § 13, Rn. 335 m.w.N.; BGH 6.7.1990 – 2 StR 549/89, BGHSt, 37, 106, 126.
194 *Wessels/Beulke/Satzger*, AT, Rn. 231; *Eisele*, in: Schönke/Schröder, Vor §§ 13 ff., Rn. 74; *Roxin*, AT I, § 11, Rn. 15.
195 *Freund*, in: MüKo StGB, Vor §§ 95 ff., AMG, Rn. 66; *Eisele*, in: Schönke/Schröder, Vor §§ 13 ff., Rn. 75; *Roxin*, AT I, § 11, Rn. 15 jew. m.w.N.
196 *Engisch*, Untersuchungen über Vorsatz und Fahrlässigkeit im Strafrecht, Berlin 1930, Fn. 227, S. 29 ff.; in diesem Sinne etwa auch BGH 16.2.2000 – 2 StR 582/99, StV 2001, 616 (617).
197 *Hoyer*, Die traditionelle Strafrechtsdogmatik vor neuen Herausforderungen – Probleme der strafrechtlichen Produkthaftung, GA 1996, 160 (169); BGH 6.7.1990 – 2 StR 549/89, BGHSt 37, 106 (112); zustimmend: *Kuhlen*, Strafhaftung bei unterlassenem Rückruf gesundheitsgefährdender Produkte, NStZ 1990, 567; *ders.*, Grundfragen der strafrechtlichen Produkthaftung, JZ 1994, 1145; *Brammsen*, Erfolgszurechnung bei unterlassener Gefahrverminderung, MDR 1989, 123 ff.; *Otto*, AT, § 9, Rn. 100 f.
198 *Roxin*, Pflichtwidrigkeit und Erfolg bei fahrlässigen Delikten, ZStW 74 (1962), S. 430 ff.; *Jäger*, in: SK-StGB, Vor § 1, Rn. 113; *Puppe*, Zurechnung und Wahrscheinlichkeit, ZStW 95 (1983), S. 287 ff.

eignis beinhalte und dadurch weitere Risikosteigerungen (etwa durch zusätzliche Ereignisse) obsolet würden.[199]

82 Diese Argumentation in Anlehnung an die Risikoerhöhungslehren begegnet jedoch Einwänden.[200] So ist eine Risikoverwirklichung und nicht eine (bloße) Risikosteigerung nachzuweisen, wenn eine Erfolgsbewirkung zum Vorwurf gemacht wird. Eine Risikosteigerung durch pflichtwidriges Verhalten belegt nicht die Erfolgswirksamkeit dieses Verhaltens im konkreten Einzelfall, was zu Konflikten mit dem Grundsatz **in dubio pro reo** führt. Eine Bestrafung wegen vollendeten Erfolgsdelikts läuft dann auf eine unzulässige Verdachtsstrafe hinaus.[201] Auch wandelt das angesprochene Theorem **Verletzungsdelikte in Gefährdungsdelikte** um, indem die Strafbarkeit statt von der Bewirkung des Verletzungserfolgs von der Erhöhung der Gefahr eines Erfolgseintritts abhängig gemacht wird.[202] Dem steht bereits der Wortlaut der Verletzungsdelikte entgegen, der zugleich die Grenze der Auslegung markiert.[203] Ein Rekurs auf die sog. „Risikoerhöhungslehren" wird daher in diesem Zusammenhang als verfehlt angesehen.[204]

ee) Lösung der Rspr.

83 Die Rspr. versucht mit den **Mitteln des Prozessrechts**, der Schwierigkeiten ungewisser Kausalitäten Herr zu werden.[205] Maßgeblich ist dabei die Handhabung von Kausalität als Gegenstand der freien richterlichen Beweiswürdigung i.S.d. § 261 StPO. Um von etwas überzeugt zu sein, müsse ein Gericht nämlich nach weit überwiegender Auffassung[206] Feststellungen (lediglich) mit einem ausreichenden Maß an Sicherheit treffen. Vernünftige Zweifel dürften dabei nicht verbleiben, **absolute Gewissheit sei hingegen nicht gefordert**.[207] Am Vorliegen einer Kausalbeziehung dürfe es also (lediglich) keine vernünftigen Zweifel geben, während eine Identifikation als bspw. gesetzmäßige Bedingung hingegen nicht erforderlich sei.[208]

---

199 *Hoyer*, Die traditionelle Strafrechtsdogmatik vor neuen Herausforderungen – Probleme der strafrechtlichen Produkthaftung, GA 1996, 160 (169); BGH 6.7.1990 – 2 StR 549/89, BGHSt 37, 106 (112); zustimmend: *Kuhlen*, Strafhaftung bei unterlassenem Rückruf gesundheitsgefährdender Produkte, NStZ 1990, 567; *ders.*, Grundfragen der strafrechtlichen Produkthaftung, JZ 1994, 1145.
200 S. etwa *Freund*, Täuschungsschutz und Lebensmittelstrafrecht – Grundlagen und Perspektiven, ZLR 1994, 278; *Hilgendorf*, Strafrechtliche Produzentenhaftung, 1993, S. 130; *Wessels/Beulke/Satzger*, AT, Rn. 306 f.
201 *Freund*, in: MüKo StGB, § 13, Rn. 223 m.w.N.
202 Zu abstrakten Gefährdungsdelikten s.u. sowie § 2, Rn. 16 ff.
203 Ebenso im Kontext mit einer Risikominderung: *Bock*, Wiederholungs- und Vertiefungskurs Strafrecht, S. 40.
204 *Freund*, in: MüKo StGB, Vor §§ 95 ff. AMG, Rn. 76; *Schünemann*, Die deutschsprachige Strafrechtswissenschaft nach der Strafrechtsreform im Spiegel des Leipziger Kommentars und des Wiener Kommentars, GA 1985, 341 (354 ff.).
205 BGH 6.7.1990 – 2 StR 549/89, BGHSt 37, 106 (111 ff.); BGH 2.8.1995 – BGHSt, 41, 206, 214 f.; LG Aachen 18.12.1970 – 4 KMs 1/68–15–115/67, JZ 1971, 510 ff.; *Bode*, Zur strafrechtlichen Produkthaftung, in: Geiß u.a. (Hrsg.): 50 Jahre Bundesgerichtshof (FS BGH), 2000, S. 515, 518 ff.; zust.: *Kuhlen*, Strafhaftung bei unterlassenem Rückruf gesundheitsgefährdender Produkte, NStZ 1990, 567; *ders.*, Grundfragen der strafrechtlichen Produkthaftung, JZ 1994, 1145; *Ransiek*, Unternehmensstrafrecht – Strafrecht, Verfassungsrecht, Regelungsalternativen, Heidelberg 1996, S. 163 f.
206 BGH 28.11.1950 – 2 StR 42/50, BGH NJW 1951, 122; OLG Celle 23.3.1976 – 1 Ss 1/76, NJW 1976, 2030 (2031); BGH 25.9.1957 – 4 StR 354/57, BGHSt 11, 1; a.A. *Herdegen*, Strafrichterliche Aufklärungspflicht und Beweiswürdigung, NJW 2003, 3513 (3515).
207 Bisher: BGH 9.2.1957 – 2 StR 508/56, BGHSt 10, 208 (209); BGH 7.6.1979 – 4 StR 441/78, BGHSt 29, 18 (20); BGH 25.9.1957 – 4 StR 354/57, BGHSt 11, 1; BGH 5.12.1950 – 3 StR 27/50, NJW 1951, 83; RGSt 61, 202 (206).
208 Laut BGH könne das Gericht sogar „*zu Ergebnissen gelangen, die Vertreter der maßgeblichen naturwissenschaftlichen Fachrichtungen mit ihren Methoden allein nicht belegen könnten*", s. BGH 2.8.1995 – 2 StR 221/94.

V. Einzelaspekte § 2

Darauf berief sich das Gericht bspw. im Contergan-Fall[209], um den **objektiv fehlenden naturwissenschaftlichen Nachweis** der Ursächlichkeit zu überspielen. Inwieweit schwere Missbildungen bei tausenden von Kindern mit der chemischen Wirkungsweise des Medikaments Contergan zusammenhingen, konnte nicht einwandfrei rekonstruiert werden. Darauf kam es nach Auffassung des Gerichts jedoch auch nicht an, da **Kausalität subjektiv** zu bestimmen sei. Maßgeblich wäre, dass der fragliche Kausalzusammenhang dem Gericht hinreichend gewiss erschiene.[210] Auf der Basis dieser Argumentation war es möglich, der Entscheidung auch solche Kausalzusammenhänge zugrunde zu legen, deren Existenz und Abläufe naturwissenschaftlich ungeklärt oder umstritten sind.[211]

Dem wird zu Recht entgegengehalten, dass eine Hypothese nicht durch subjektive Gewissheit zu einer erwiesenen Tatsache wird. Anderenfalls hinge die Strafbarkeit allein von der subjektiven Meinung des jeweiligen Richters ab, was schon mit Blick auf die Gefahr von Willkür nicht in Betracht kommt.[212] Darüber hinaus verstößt die **Subjektivierung des Kausalitätsnachweises** gegen den Grundsatz **in dubio pro reo**. Denn wenn der erforderliche Ursachenzusammenhang gerade nicht nachzuweisen ist, verbleiben ernstliche Zweifel, die einen Freispruch zur Folge haben müssen.[213]

84

Im **Einstiegsfall** etwa hängt eine Bestrafung der Geschäftsführer wegen fahrlässiger Körperverletzung durch Unterlassen nach den §§ 222, 13[214] unter anderem davon ab, dass von den vorliegenden Gesundheitsschäden ausgehend ein Kausalzusammenhang zur Anwendung des Ledersprays zurück zu verfolgen ist. Mithilfe der Äquivalenzformel und der Lehre von der gesetzmäßigen Bedingung kann dies von vornherein nur gelingen bei tatsächlicher Kenntnis jener Auswirkungen, die ein Kontakt mit dem Spray für die menschliche Gesundheit hat. Ohne dieses Wissen ist die Kausalbeziehung zwischen Lederspray und Gesundheitsschäden allenfalls anhand der Risikoerhöhungslehren bzw. subjektiv zu bestimmen, was allerdings auf die beschriebenen Vorbehalte trifft.

ff) Lösung durch den Gesetzgeber

Allgemein anerkannte Strategien zur Bewältigung unklarer Kausalverhältnisse stehen damit gegenwärtig nicht zur Verfügung. Der Gesetzgeber hat allerdings wiederholt auf Fallkonstellationen reagiert, in denen die beschriebenen Feststellungsschwierigkeiten

85

---

209 LG Aachen 18.12.1970 – 4 KMs 1768, 15–115/67, JZ 1971, 507 ff.
210 LG Aachen 18.12.1970 – 4 KMs 1768, 15–115/67, JZ 1971, 510.
211 Vergleichbar reduzierte Beweisanforderungen finden sich auch in BGH-Entscheidungen: Im sog. Lederspray-Verfahren (BGH 6.7.1990 – 2 StR 549/89, BGHSt 37, 106 (111 ff.)) bspw. verlangte der BGH für den Nachweis eines Kausalzusammenhangs zwischen Produktbeschaffenheit und Gesundheitsschäden beim Verbraucher keinen Beleg für die konkrete Schadensbewirkung, sondern begnügte sich damit, dass andere Schadensursachen ausgeschlossen werden könnten. Für diesen Ursachenausschluss wiederum genüge – so der BGH im sog. Holzschutzmittel-Prozess (s. BGH 2.8.1995 – 2 StR 221/94, BGHSt 41, 206, 216) – dass „nach einer Gesamtbewertung der naturwissenschaftlichen Erkenntnisse und anderer Indiztatsachen" eine „(Mit-)verursachung des Holzschutzmittels „zweifelsfrei" festgestellt sei.
212 Hassemer, Produktverantwortung im modernen Strafrecht, 2. Auflage, Heidelberg 1996, S. 44 ff.
213 Zur weiteren, ausführlichen Argumentation vgl. statt vieler Reus, Recht in der Risikogesellschaft, S. 110 f.; BVerfG 23.9.1987 – 2 BvR 814/87, NJW 1988, 477; BGH 9.2.1951 – 4 StR 49/50, NJW 1951, 325; OLG Hamm 10.4.2008 – 2 Ss 134/08, NJW 1951, 286.
214 Die Geschäftsführer haben sich mit Beschluss vom 12.5.1981 mehrheitlich gegen einen Rückruf des Sprays ausgesprochen. (Bloß) Fahrlässigkeit ist hier deshalb in Betracht zu ziehen, weil nach dem Sachverhalt nicht sicher feststeht, dass die Geschäftsführer mit Gesundheitsschäden bei Anwendung des Sprays rechneten.

einen Einsatz des Strafrechts zunächst verhindert haben. So wurden vor allem in das Nebenstrafrecht Straftatbestände zur Erfassung von **abstrakten Gefährdungsdelikten** eingefügt[215], bei denen es nicht auf einen Kausalzusammenhang zwischen Täterverhalten und Schaden bzw. konkreter Gefährdung ankommt.[216]

b) Problem der Kausalität bei Gremienentscheidungen

aa) Überblick

86 Ebenfalls unter dem Gesichtspunkt der Kausalität bereitet die rechtliche Bewältigung von Kollegialentscheidungen Probleme. Gerade in (Wirtschafts-)Unternehmen werden Entscheidungen nicht selten durch ein Gremium getroffen, etwa wenn ein mehrköpfiger Vorstand Beschlüsse über das künftige Vorgehen auf dem Markt fasst. Hat ein solcher Beschluss zu Verletzungsfolgen beigetragen, so stellt sich die Frage nach dem Kausalbeitrag, den die einzelnen **Gremienmitglieder durch ihr Abstimmungsverhalten** dazu geleistet haben. So wäre bspw. der Beschluss der Geschäftsleitung vom 12.8.1981 im beschriebenen Lederspray-Fall Teil einer schadensbewirkenden Kausalkette, soweit die Gesundheitsschädlichkeit des in Rede stehenden Ledersprays feststünde.

Selbst wenn allerdings ein Gremienbeschlusses kausal ist, kann nicht ohne Weiteres auf Kausalbeiträge der einzelnen Gremienmitglieder geschlossen werden. Vergleichsweise leicht fällt dies, wenn die weitere Entwicklung zum Schädigungserfolg von einem einstimmigen Beschluss abhängt, der auch gefasst wird. Hier liegt ebenso ein Fall der **kumulativen Kausalität**[217] vor wie bei Beschlüssen, die einer einfachen Mehrheit bedürfen und mit nur einer Stimme Mehrheit zustande kommen – jeweils hängt der Beschluss nämlich von jeder einzelnen Ja-Stimme ab. Dies gilt hingegen nicht, wenn **mehr Ja-Stimmen abgegeben werden als zur Beschlussfassung benötigt** werden.

bb) Äquivalenzformel

87 Die condicio sine qua non-Formel verhilft hier **nicht zu angemessenen Lösungen**. Denn unter Berufung auf ihre Maßgaben kann sich jeder Einzelne seiner strafrechtlichen Verantwortlichkeit mit einem Hinweis auf das Abstimmungsverhalten der Anderen entziehen. Selbst wenn man nämlich seine einzelne Stimme hinwegdenkt, wäre ein Beschluss mit den anderen Ja-Stimmen genauso zustande gekommen. Nach der Denklogik der Äquivalenzformel hätte dann bspw. im Lederspray-Fall kein einziger Geschäftsführer eine Ursache für das Inverkehrbringen des Mittels gesetzt.[218]

cc) Lösung der Rspr.

88 Der Bundesgerichtshof sah im sog. Lederspray-Fall die Lösung des aufgeworfenen Kausalitätsproblems darin, die Mitglieder des Entscheidungsgremiums als **Mittäter** einzustufen.[219] So konnte jeder Einzelne für das „gemeinschaftliche" Abstimmungsverhalten im Hinblick auf eine gefährliche Körperverletzung durch Unterlassen verant-

---

215 S. zum Vertrieb gefährlicher Produkte etwa die §§ 95 Arzneimittelgesetz (AMG) oder 58, 59 Lebensmittel-, Bedarfsgegenstände- und Futtermittelgesetzbuch (LFGB).
216 S. zu den abstrakten Gefährdungsdelikten § 2, Rn. 16 ff.
217 Danach kann jedes Verhalten als kausal für den Erfolg erachtet werden, das zwar nicht für sich genommen, aber in Kumulation mit dem Beitrag eines anderen den Erfolg herbeiführt, s BGH 6.7.1990 – 2 StR 549/89, BGHSt 37, 106 (130 ff.) m.w.N.
218 Vgl. *Freund*, in: MüKo StGB AMG, Vor §§ 95 ff., Rn 64.
219 BGH 6.7.1990 – 2 StR 549/89, BGHSt 37, 106 (129 f.).

wortlich gemacht werden. Zudem berief sich der Bundesgerichtshof zur Begründung der Strafbarkeit auf die Grundsätze der sog. **kumulativen Kausalität**.

Beide Ableitungsgründe der Strafbarkeitsbegründung haben allerdings **Kritik** erfahren. So widerspricht die Einstufung der Gremienmitglieder als Mittäter der herkömmlichen Auffassung, dass Mittäterschaft einen gemeinsamen Tatplan und eine gemeinsame Tatausführung voraussetzt.²²⁰ Diese Bedingungen sind nämlich nicht erfüllt, soweit es um das Abstimmungsverhalten in Kollegialorganen geht, in denen jedes Mitglied für sich ein gleichberechtigtes Stimmrecht hat. 89

dd) Lehre von der gesetzmäßigen Bedingung

Eher können nachvollziehbare Ergebnisse mithilfe der Lehre von der gesetzmäßigen Bedingung erzielt werden.²²¹ Kommen bspw. Geschäftsentscheidungen in einem Unternehmen stets durch einfachen Mehrheitsbeschluss dreier gleichberechtigter Geschäftsführer zustande, so können jeweils zwei Geschäftsführer oder alle drei gemeinsam einen Beschluss herbeiführen. Jeweils sind dabei alle „Ja-Stimmen" ursächlich i.S.e. gesetzmäßigen Bedingung.²²² Dies gilt auch für die Variante des einstimmigen Beschlusses. Hier wäre zwar ein Beschluss (allerdings kein einstimmiger) auch mit einer Ja-Stimme weniger zustande gekommen. Damit ist jedoch lediglich ein hypothetischer Verlauf identifiziert, der an der konkreten **Mit-Wirksamkeit der „eigentlich" überflüssigen Stimmen** nichts ändert.²²³ Unter Bezug auf die Lehre von der gesetzmäßigen Bedingung lässt sich also die Kausalität kollektiver Entscheidungen und der diesen zugrunde liegenden Einzelentscheidungen regelmäßig sachgerecht **beschreiben**.²²⁴ 90

ee) Bezug auf Verhaltensnormen

Ein weiterer Vorschlag zur Problemlösung richtet das Augenmerk weg von der Kausalitätsebene und hin zu den Verhaltenspflichten. Fest stehe nämlich in den betrachteten Fällen schadensbewirkender Gremienentscheidungen, dass in das konkrete Abstimmungsergebnis jede einzelne Ja-Stimme eingeflossen sei. Die **konkrete Gestalt des Beschlusses** werde also von jeder einzelnen Zustimmung mitbestimmt. Zugleich solle das fragliche Abstimmungsergebnis jeweils im Dienste des Rechtsgüterschutzes vermieden werden. Jede einzelne Zustimmungserteilung verletze damit die spezifische Verhaltenspflicht, jenen schadensträchtigen Verlauf zu vermeiden, der tatsächlich zu dem konkreten Abstimmungsergebnis geführt habe.²²⁵ Anders als in den Fällen ungewisser Kausalverläufe (wie etwa dem Contergan-Fall) stehe damit hier fest, dass der Erfolg in seiner konkreten Art und Weise vom jeweiligen Täterverhalten (nämlich dem Abstimmungsverhalten) mitbestimmt werde. Dieses Verhalten habe zu einem Ergebnis beigetragen, das um des Rechtsgüterschutzes willen vermieden werden soll. Eine **Mitverantwortung** 91

---

220 *Samson*, Probleme strafrechtlicher Produkthaftung, StV 1991, 182 (184); *Puppe*, Anm. zu BGH 6.7.1990 – 2 StR 549/89, BGHSt 37, 107, JR 1992, 30 (32); s.a. OLG Schleswig 27.4.1981 – 1 Ss 756/80, NStZ 1982, 116 f.
221 *Hilgendorf*, Zur Kausalität im Arzneimittelstrafrecht, PharmR 1994, 303 (307).
222 Beispiel nach: *Hilgendorf*, Zur Kausalität im Arzneimittelstrafrecht, PharmR 1994, 303 (307).
223 A.A. wohl *Walter*, in: LK StGB, Vor § 13, Rn. 82 ff. (eine Ja-Stimme könne für den Beschluss ohne Belang geblieben sein), aber: Ohne die fragliche Ja-Stimme läge nicht der konkret gefasste Beschluss vor, s.a. *Puppe*, in: K/N/P, Vor § 13, Rn. 108.
224 *Hilgendorf*, Zur Kausalität im Arzneimittelstrafrecht, PharmR 1994, 303 (307).
225 *Freund*, in: MüKo StGB, Vor §§ 95 ff. AMG, Rn. 69; *Putz*, Strafrechtliche Produktverantwortlichkeit, insbesondere bei Arzneimitteln, 2004, S. 18 ff.; vgl. auch *Freund*, in: MüKo StGB, Vor § 13, Rn. 346.

für den konkret schadensträchtigen Verlauf zum Erfolg habe jeder, der seine Zustimmung erteile. Dies gelte auch dann, wenn auf anderen Wegen oder auf andere Art und Weise derselbe Enderfolg (hier der Beschluss) – vielleicht sogar zur selben Zeit – eingetreten wäre.[226] Auf Basis dieser Konzeption bzw. nach den Maßgaben der Lehre von der gesetzmäßigen Bedingung lässt sich auch im **Einstiegsfall** die Kausalität des Abstimmungsverhaltens am ehesten bestimmen.

c) Wiederholungsfragen

92
1. Inwieweit kann das Inverkehrbringen von Produkten als strafrechtlich relevantes Verhalten Kausalitätsprobleme aufwerfen? *Rn. 76 f.*
2. Welche Theorien werden zur Lösung des Problems vertreten? *Rn. 78 ff.*
3. Inwieweit können Gremienentscheidungen Kausalitätsprobleme aufwerfen? *Rn. 86*
4. Wie kann der Kausalitätsnachweis bei Gremienentscheidungen dennoch gelingen? *Rn. 87 ff.*

2. Garantenstellung

▶ *Einstiegsfall:* Die X-GmbH, ein Spielzeughersteller, stellt für Kinder unter drei Jahren das Stofftier „Kuschel-Bär" her. Dieses ist ordnungsgemäß mit der Kennzeichnung versehen, keine verschluckbaren Kleinteile zu enthalten. Nach Aufnahme des Vertriebs stellt sich allerdings heraus, dass sich (was nicht Teil der ordnungsgemäß durchgeführten Prüfung vor Markteinführung war) bei einer üblichen Maschinenwäsche mit höheren Temperaturen die Kunststoff-Augen des Stoffbären ablösen. Diese Augen sind verschluckbar und somit gefährlich. G, der Geschäftsführer der X-GmbH, erhält Kenntnis hiervon. Er verzichtet aber auf einen Rückruf oder eine entsprechende Kundeninformation, um eine negative Berichterstattung zu vermeiden. In der Folgezeit verschluckt der 4 Monate alte Säugling S eines der Kunststoff-Augen seines „Kuschel-Bären" und erstickt. Hat sich G strafbar gemacht? *Rn. 92 ff., 97* ◀

a) Produzenten gefährlicher Produkte

aa) Überblick

93
Unterlassungsdelikte stehen im Wirtschaftsstrafrecht insbesondere im Zusammenhang mit der Kontrolle von Risiken in Rede. Dabei beschäftigt vor allem die Frage nach der Garantenstellung. Um sie geht es bspw., wenn ein **Produkt** in rechtlich nicht zu beanstandender Weise **in Verkehr gebracht wurde**, sich danach jedoch als bedenklich erweist und dadurch Anlass für gegensteuernde Maßnahmen wie Warnung oder Rückruf gibt.[227] Hier stellt sich vor allem die Frage, ob der Inverkehrbringer zur Veranlassung der erforderlichen Gegenmaßnahmen rechtlich verpflichtet ist.

---

[226] Eingehend dazu *Frisch*, Tatbestandsmäßiges Verhalten und Zurechnung des Erfolgs, S. 562 ff.; vgl. auch *Freund*, AT, § 5, Rn. 84; *ders.*, in: MüKo StGB, Vor §§ 95 ff. AMG, Rn. 72 ff.

[227] Sind die von einem Produkt ausgehenden Gefahren bereits von Anfang an erkennbar, so stellt das Inverkehrbringen des fraglichen Produkts zumindest eine Sorgfaltswidrigkeit dar. Damit liegt zugleich ein gefährdendes pflichtwidriges Vorverhalten vor, das eine Garantenstellung aus Ingerenz begründet.

bb) Garantenstellung aus Ingerenz

Antworten darauf werden unter anderem unter Rückgriff auf eine Verantwortlichkeit aus sog. Ingerenz gesucht, d.h. einer Garantenstellung wegen **gefährdendem Vorverhalten**[228]. Für sie ist umstritten, ob sie nur bei Pflichtwidrigkeit des vorangegangenen Tuns in Betracht kommt[229], was auch für die beschriebenen Produkthaftungsfälle von Bedeutung ist.

An einem **pflichtwidrigen Vorverhalten fehlt** es nämlich, wenn ein Produkt unter Einhaltung der einschlägigen Rechtsvorgaben und damit in pflichtgemäßer Weise in Verkehr gebracht wurde. Dabei kann eine Pflichtwidrigkeit namentlich nicht aus einer Bedenklichkeit des Produkts abgeleitet werden, wenn es zum Zeitpunkt des Inverkehrbringens an hinreichenden Anhaltspunkten für eine – erst später erkennbare – Gefährlichkeit des Produkts gefehlt hat.[230] Auch ist die Herleitung einer Garantenstellung über eine vorangegangene Pflichtwidrigkeit problematisch, wenn es zu **personellen Veränderungen auf Täterseite** kommt. Der BGH verweist in diesem Zusammenhang darauf, dass Mitglieder einer Geschäftsleitung nach dem Gesellschaftsrecht die Aufgaben und Pflichten ihrer Vorgänger übernehmen.[231] Eine strafrechtliche Ingerenzgarantenstellung kommt allerdings nur bei eigenem Fehlverhalten in Betracht.[232]

cc) Weitere Vorschläge zur Herleitung einer Garantenstellung

Der Bundesgerichtshof rückt zunehmend vom Erfordernis eines pflichtwidrigen Vorverhaltens ab.[233] Zu einer offenen **Preisgabe dieses Erfordernisses** bei der Ingerenz, das im Schrifttum in zunehmendem Maße als verfehlt angesehen wird[234], konnte sich der Bundesgerichtshof bislang allerdings noch nicht durchringen.[235] Zugleich liefert die Ablehnung des Pflichtwidrigkeitserfordernisses noch keine Begründung für eine Son-

---

228 S. zur Ingerenzgarantenstellung: *Rudolphi*, Die Gleichstellungsproblematik der unechten Unterlassungsdelikte und der Gedanke der Ingerenz, 1966, S. 154 ff.; s. dazu auch BGH 29.7.1970 – 2 StR 221/70, BGHSt 23, 327; BGH 19.7.1973 – 4 StR 284/73, BGHSt 25, 218; BGH 6.5.1986 – 4 StR 150/86, BGHSt 34, 82 m. Anm. *Rudolphi* JR 1987, 162; *Stein*, Garantenpflicht aufgrund vorsätzlich-pflichtwidriger Ingerenz, JR 1999, 265 (271), jew. m.w.N.
229 BGH 23.9.1997 – 1 StR 430/97, NStZ 1998, 84; BGH 24.9.1998 – 4 StR 272/98, NJW 1999, 69 (71); BGH 16.2.2000 – 2 StR 582/99, NStZ 2000, 414; *Freund*, in: MüKo StGB, § 13, Rn. 129; *Fischer*, StGB, § 13, Rn. 50; *Ransiek*, Das unechte Unterlassungsdelikt, JuS 2010, 589; s.a. *Herzberg*, Zur Garantenstellung aus vorangegangenem Tun, JZ 1986, 986; *Jakobs*, AT, Abschn. 29, Rn. 39 ff; *Arzt*, Zur Garantenstellung beim unechten Unterlassungsdelikt, JA 1980, 712 (716); *Wessels/Beulke/Satzger*, AT, Rn. 1200; zum Ganzen *Hillenkamp*, AT, 29. Problem, S. 247.
230 Dass der BGH im sog. Ledersray-Verfahren (s. BGH 6.7.1990 – 2 StR 549/89) von einem grundsätzlichen Verbot sprach, „*Gefahren zu schaffen, aus denen sich [...] im weiteren Fortgang körperliche Schäden für Dritte entwickeln*", ist zu Recht kritisiert worden. Denn soweit Produktgefahren nicht objektiv vorhersehbar sind, kann ihre Schaffung auch nicht (als Sorgfaltswidrigkeit) zum Vorwurf gemacht werden, s. *Roxin*, AT II, § 32, Rn. 199; *Wittig*, Wirtschaftsstrafrecht, § 6, Rn. 55 jew. m.w.N.
231 BGH 6.7.1990 – 2 StR 549/89; BGHSt 37, 106 (120).
232 *Brammsen*, Strafrechtliche Rückrufpflichten bei fehlerhaften Produkten?, GA 1993, 97; *Hellmann/Beckemper*, Wirtschaftsstrafrecht, Rn. 941.
233 Vgl. dazu die ausführliche Zusammenfassung bei *Freund*, in: MüKo StGB, § 13, Rn. 124 ff.; ebenso *Hellmann/Beckemper*, Wirtschaftsstrafrecht, Rn. 940.
234 Vgl. etwa *Stein*, in: SK-StGB, § 13, Rn. 53 ff.; *Freund*, in: MüKo StGB, § 13, Rn. 129; *Herzberg*, Zur Garantenstellung aus vorangegangenem Tun, JZ 1986, 986; *Jakobs*, AT, Abschn. 29, Rn. 39 ff.; zweifelnd: *Wessels/Beulke/Satzger*, AT, Rn. 1200.
235 BGH 23.9.1997 – 1 StR 430/97, NStZ 1998, 84; BGH 24.9.1998 – 4 StR 272/98, NJW 1999, 69 (71); BGH 16.2.2000 – 2 StR 582/99, NStZ 2000, 414; BGH 16.2.2000 – 2 StR 582/99, StV 2001, 616 (617) m.w.N.; *Spring*, Die strafrechtliche Geschäftsherrenhaftung, S. 243, Fn. 780.

derverantwortlichkeit des Herstellers in den hier betrachteten Fällen, worum man sich entsprechend anderweitig bemüht.

96 Ein Vorschlag dazu knüpft an ein **„qualifiziert riskantes"** Vorverhalten an, d.h. an Verhaltensweisen, die (wie etwa das Inverkehrbringen von Arzneimitteln) gefährlicher als alltägliche Handlungen sind. Hier wäre ein (Gestattungs-)Vorbehalt dahin gehend anzunehmen, dass bei entsprechendem Bedarf eine Verpflichtung zur Gefahrabwendung bestehe. Dabei müsse dies nicht ausdrücklich erklärt werden, vielmehr sei eine entsprechende Sonderverantwortlichkeit selbstverständlich und ergebe sich deshalb auch stillschweigend. Die besondere Pflichtenstellung sei quasi **Kehrseite** bzw. **„Gegenleistung"** jener Vorteile, die durch die qualifiziert riskante Tätigkeit erlangt würden. Der Produzent verhielte sich selbstwidersprüchlich, wenn er die übernommene Gefahrenabwendungsaufgabe nicht als die seine auffassen wollte. Auch nach dem Inverkehrbringen bestehe danach also eine **Sonderverantwortlichkeit** für bestimmte Gefahrenabwendungsmaßnahmen. Mögliche Schädigungen – etwa für Leib oder Leben – seien durch gegensteuernde Maßnahmen zu vermeiden. Wer dies unterlasse, lege ein tatbestandsmäßiges Körperverletzungs- oder Tötungsverhalten an den Tag.[236]

97 Andere begründen eine Garantenstellung mit der **Übernahme von Überwachungspflichten**. Wer als Hersteller oder anderweitig Beteiligter – wie bspw. **G im Einstiegsfall** – den Kontakt mit einem gefährlichen Produkt „vermittele", eröffne eine Gefahrenquelle und werde dadurch zum Überwachergaranten. Was ihm dann obliege, könne in Orientierung an den zivilrechtlichen Verkehrssicherungspflichten bestimmt werden.[237] Zur näheren Begründung einer solchen Übernahmeverantwortlichkeit des Produzenten wird unter anderem darauf verwiesen, dass der Erwerber die Unbedenklichkeit eines Produkts in der modernen Warengesellschaft in der Regel nicht überprüfen könne. Deshalb bliebe ihm nur das Vertrauen darauf, dass der Produzent sämtliche Sicherheitsstandards einhalte und notfalls über nachträglich bekannt gewordene Produktgefahren informiere. Auch habe der Produzent im Hinblick auf diese Gefahren in aller Regel einen **zeitlichen Wissensvorsprung**, da er zumeist als erster umfassende Information über Unregelmäßigkeiten erhalte. Überdies könne er am ehesten wirksam auf Produktgefahren reagieren.[238]

dd) Wiederholungsfragen

98 1. Was ist unter Ingerenzverantwortlichkeit zu verstehen? *Rn. 94*
2. Welche Konsequenzen werden für ein „qualifiziert riskantes" Vorverhalten diskutiert? *Rn. 96*

---

236 BGH 31.1.2002 – 4 StR 289/01, BGHSt 47, 224 ff.; BGH 6.3.2008 – 4 StR 669/07, NStZ 2008, 391 f.; *Heger*, in: Lackner/Kühl, StGB, § 13, Rn. 13; *Stein*, in: SK-StGB, § 13, Rn. 19; *Freund*, in: MüKo StGB, § 13, Rn. 122; *Herzberg*, Zur Garantenstellung aus vorangegangenem Tun, JZ 1986, 990.
237 *Brammsen*, Strafrechtliche Rückrufpflichten bei fehlerhaften Produkten?, GA 1993, 110 ff.; *Hellmann/Beckemper*, Wirtschaftsstrafrecht, Rn. 941.
238 *Roxin*, AT II, § 32, Rn. 201 ff.; *Beulke/Bachmann*, Die „Lederspray-Entscheidung" – BGHSt 37, 106, JuS 1992, 737 (740).

b) Compliance-Beauftragte

aa) Bestehen einer Garantenstellung nach der Rspr.

Für Diskussionsstoff sorgt auch die Frage nach der Garantenstellung eines Compliance-Beauftragten, dessen Rechtsstellung vor dem Hintergrund des „Dieselskandals" wieder vermehrt diskutiert wird.[239] Der **5. Strafsenat** des Bundesgerichtshofs hat sich im Rahmen eines obiter dictum für eine strafrechtliche Garantenstellung und damit für die generelle Möglichkeit einer Unterlassungsstrafbarkeit ausgesprochen.[240] Dabei charakterisierten die Richter in diesem Zusammenhang das Aufgabengebiet eines Compliance-Beauftragten als „*Verhinderung von Rechtsverstößen, insbesondere auch von Straftaten, die aus dem Unternehmen heraus begangen werden*"[241].

bb) Kritik am Bestehen einer Garantenstellung

Dass der BGH von der Möglichkeit einer Garantenstellung des Compliance-Beauftragten ausgeht, hat nicht nur Zustimmung erfahren. So soll auch hier das **Eigenverantwortlichkeitsprinzip** dagegen sprechen, denn die Eigenverantwortung strafbarer (Haupt-)Akteure unterbreche die normative Verantwortung des Unterlassenden.[242] Allerdings sperrt eigenverantwortliches Handeln nicht den strafrechtlichen Zugriff auf ebenfalls Verantwortliche[243], wie bspw. beim Blick auf Nebentäterschaft, Anstiftung oder Beihilfe deutlich wird. Auch kann Unterlassen ein vorwerfbarer Beitrag zu einem Unrechtsgeschehen sein, das ein Anderer eigenverantwortlich herbeigeführt hat. Oft kommt es nämlich durch eigenverantwortliches Fehlverhalten Dritter zu jenen Situationen, die eine Erfolgsabwendungspflicht des Garanten erst auslösen. Dass ein Anderer unerwünschte Zustände eigenverantwortlich herbeiführt, stellt Garanten dabei nicht frei. Ist bspw. ein Compliance-Beauftragter durch seinen Arbeitsvertrag auf das Unternehmensinteresse verpflichtet, wird seine Bestrafung bei pflichtwidrigem Geschehenlassen einer Straftat aus dem Unternehmen heraus nicht dadurch gehindert, dass sich der Haupttäter eigenverantwortlich für das fragliche Delikt entschieden hat.[244]

Als weiteres Argument gegen eine Garantenstellung des Compliance-Beauftragten gelten **Mängel der Eingriffskompetenz**. Könne der Beauftragte keinen Einfluss nehmen, dürfe ihm auch keine Garantenstellung zugeschrieben werden.[245] Dem wird entgegengehalten, dass die Frage der Eingriffskompetenz nicht die Garantenstellung, sondern die Möglichkeit der Erfolgsabwendung betreffe. Diese sei als eigenständige Tatbe-

---

239 S. dazu § 4. Die Grundsätze der Geschäftsherrenhaftung können auf Compliance-Beauftragte nicht ohne Weiteres übertragen werden. Denn Compliance-Beauftragte haben im Gegensatz zum Geschäftsherrn gegenüber einem Großteil der im Betrieb Beschäftigten keine Weisungsbefugnis, so dass darauf auch keine Garantenverantwortlichkeit zurückgeführt werden kann; s.a. *Kasiske*, Wirtschaftsstrafrecht, Rn. 47.
240 BGH 17.7.2009 – 5 StR 394/08, BGHSt 54, 44 ff.
241 BGH 17.7.2009 – 5 StR 394/08, BGHSt 54, 44 (49 f.) unter Bezug auf *Bürkle*, in: Hauschka (Hrsg.): Corporate Compliance, S. 1155.
242 *Kretschmer*, Garantenstellung eines Leiters der Innenrevision einer Anstalt des öffentlichen Rechts, JR 2009, 474 (477).
243 S.a. § 2, Rn. 51 ff.
244 *Schneider*, Überwachergaranten im Unternehmen. Neue Probleme der Geschäftsherrenhaftung am Beispiel der Entscheidung des Bundesgerichtshofs vom 17.7.2009 – 5 StR 394/08, in: Kühl/Seher (Hrsg.): Rom, Recht, Religion. Symposion für Udo Ebert zum 70. Geburtstag, 2011, S. 349, 360.
245 *Kasiske*, Wirtschaftsstrafrecht, Rn. 47.

standsvoraussetzung des unechten Unterlassungsdelikts unabhängig von der Garantenstellung zu prüfen.[246]

102 Des Weiteren wird die Annahme einer strafrechtlichen Garantenstellung des Compliance-Beauftragten in einem **Widerspruch zu** § 130 OWiG gesehen.[247] Nach dieser Vorschrift nämlich würden Aufsichtspflichtverletzungen nur als Ordnungswidrigkeit und nicht als Straftat verfolgt. Deshalb käme auch keine Aufwertung zu Straftaten über den Umweg der Unterlassungsdogmatik in Betracht. Eine „Sperrwirkung" vermag eine Norm allerdings von vornherein nur in ihrem Anwendungsbereich zu entfalten. Dieser beschränkt sich bei § 130 OWiG auf Aufsichtspflichtverletzungen. Wird darüber hinaus weiteres Unrecht realisiert, ist auf dessen Bewältigung nicht wegen § 130 OWiG zu verzichten.

cc) Ableitungsgründe für das Bestehen einer Garantenstellung

103 Mit einer Widerlegung von Einwänden gegen die Garantenstellung des Compliance-Beauftragten ist diese allerdings noch nicht hergeleitet. Der Rückgriff auf die Kategorie der **Beschützergarantenstellung** hilft hier nicht weiter, weil für eine solche Pflichtenstellung des Compliance-Officers sowohl eine Rechtsgrundlage als auch Maßgaben für die Begrenzung entsprechender Einstandspflichten fehlen.[248] Bei fehlender „Herrschaft über Untergebene"[249] kommt überdies keine Überwachergarantenstellung für die „Gefahrenquelle Unternehmen" in Betracht. Hier kann die Herleitung von Garantenpflichten also an den Hierarchien im Unternehmen (insbesondere im Verhältnis zu Vorgesetzten) scheitern.[250]

104 Als Entstehungsgrund für eine Überwachergarantenstellung bietet sich allerdings der **Arbeitsvertrag** an, der zwischen Compliance-Beauftragtem und Unternehmen geschlossen wird.[251] Wenn nämlich durch Vertrag konkret vereinbarte **Pflichten freiwillig übernommen** werden, kann daraus auch eine Garantenstellung erwachsen. Im Einklang damit verwies der BGH zur Begründung einer Garantenstellung von Compliance-Beauftragten darauf, dass rechtliche Einstandspflichten durch die Übernahme eines Pflichtenkreises entstehen können.[252] Diese Pflichtenübernahme wäre bspw. durch Dienstvertrag möglich, wobei (zudem) eine tatsächliche Übernahme des Pflichtenkreises für die Begründung einer Garantenstellung erforderlich sei.[253] Allerdings begründe auch nicht jede vertraglich vereinbarte und tatsächliche Übernahme eines Pflichtenkreises

---

246 *Schneider*, Überwachergaranten im Unternehmen. Neue Probleme der Geschäftsherrnhaftung am Beispiel der Entscheidung des Bundesgerichtshofs vom 17.7.2009 – 5 StR 394/08, in: Kühl/Seher (Hrsg.): Rom, Recht, Religion. Symposion für Udo Ebert zum 70. Geburtstag, 2011, S. 349, 360.
247 *Stoffers*, Anm. zu BGH 17.7.2009 – 5 StR 394/08, NJW 2009, 3176.
248 Vgl. *Schneider*, Überwachergaranten im Unternehmen. Neue Probleme der Geschäftsherrnhaftung am Beispiel der Entscheidung des Bundesgerichtshofs vom 17.7.2009 – 5 StR 394/08, in: Kühl/Seher (Hrsg.): Rom, Recht, Religion. Symposion für Udo Ebert zum 70. Geburtstag, 2011, S. 349, 354 f.
249 *Schall*, Grund und Grenzen der strafrechtlichen Geschäftsherrnhaftung, in: Rogall u.a. (Hrsg.): Festschrift für Hans-Joachim Rudolphi zum 70. Geburtstag, München/Neuwied 2004, S. 267 ff.
250 Vgl. *Schneider*, Überwachergaranten im Unternehmen. Neue Probleme der Geschäftsherrnhaftung am Beispiel der Entscheidung des Bundesgerichtshofs vom 17.7.2009 – 5 StR 394/08, in: Kühl/Seher (Hrsg.): Rom, Recht, Religion. Symposion für Udo Ebert zum 70. Geburtstag, S. 349, 356.
251 *Schneider*, Überwachergaranten im Unternehmen. Neue Probleme der Geschäftsherrnhaftung am Beispiel der Entscheidung des Bundesgerichtshofs vom 17.7.2009 – 5 StR 394/08, in: Kühl/Seher (Hrsg.): Rom, Recht, Religion. Symposion für Udo Ebert zum 70. Geburtstag, S. 349, 357.
252 BGH 17.7.2009 – 5 StR 394/08, BGHSt 54, 44 (48).
253 Vgl. BGH 8.11.2000 – 5 StR 433/00, BGHSt 46, 196 (202 f.); BGH 16.11.1993 – 4 StR 648/93, BGHSt 39, 392 (399), zitiert in: BGH 17.7.2009 – 5 StR 394/08, BGHSt 54, 44 (48).

eine strafrechtliche Garantenstellung. Vielmehr müsse als weitere Bedingung noch ein **besonderes Vertrauensverhältnis** hinzukommen, „*das den Übertragenden gerade dazu veranlasst, dem Verpflichteten besondere Schutzpflichten zu überantworten*".[254]

Welche Garantenpflichten dann konkret bestünden, ergebe sich aus den besonderen Verhältnissen und dem Zweck der Beauftragung. Entscheidend wäre dabei die Zielrichtung der Beauftragung.[255] So könne der Beauftragte (lediglich) verpflichtet sein, Unternehmensprozesse zu optimieren und gegen das Unternehmen gerichtete Pflichtverstöße aufzudecken bzw. zu verhindern. Ggf. obliege ihm jedoch auch, vom Unternehmen ausgehende Rechtsverstöße zu beanstanden und zu unterbinden. Ein damit Beauftragter habe regelmäßig eine Garantenpflicht i.S.d. § 13 Abs. 1, „*solche im Zusammenhang mit der Tätigkeit des Unternehmers stehende Straftaten zu verhindern*".[256]

105

Neben einem Vertrag kommt – ausgehend vom Gedanken der Geschäftsherrenhaftung für betriebsbezogene Straftaten nachgestellter Mitarbeiter – auch eine **Delegation von rechtlichen Einstandspflichten** als Grund für eine Überwachergarantenstellung in Betracht. Dafür spricht auch § 14 Abs. 2, wobei von vornherein nur an nachgeordnete Mitarbeiter delegiert werden kann.[257]

106

dd) Inhalt und Umfang der Garantenpflicht

Zu Existenz, Inhalt und Reichweite einer Garantenstellung des Compliance-Beauftragten können **keine pauschalen Aussagen** getroffen werden. Hier geht es nicht um ein feststehendes Berufsbild, vielmehr werden die Aufgaben von Compliance-Beauftragten in jedem Unternehmen und in jeder Branche **unterschiedlich definiert**. Zu beachten sind also Unterschiede bei den Erscheinungsformen der Compliance.[258] Welche Pflichten einem Compliance-Beauftragten tatsächlich obliegen, ist daher anhand der konkreten **Verhältnisse im Einzelfall** zu bestimmen. Dabei spielen bspw. die vertraglichen Vereinbarungen zwischen Unternehmen und Beauftragten, die Stellenbeschreibung oder der tatsächliche Aufgabenbereich eine Rolle. Maßgeblich ist das konkrete Spektrum der vertraglich vereinbarten, tatsächlich übernommenen und erfüllbaren Aufgaben.[259]

107

Die **Bedingung der vertraglichen Vereinbarung** trägt dabei zu Grund und Grenzen der Erfolgsabwendungspflicht bei. So darf der Garant von einem Einschreiten absehen, wenn die vertraglich vereinbarten Überwachungs- und Schutzpflichten nur bestimmte Handlungen vorsehen, zu denen die erforderliche Handlung nicht gehört. Der Arbeitsvertrag begründet also nicht nur die Garantenstellung, sondern er begrenzt auch die dem Garanten obliegenden Pflichten.[260]

108

---

254 Vgl. BGH 8.11.2000 – 5 StR 433/00, BGHSt 46, 196 (202 f.); BGH 16.11.1993 – 4 StR 648/93, BGHSt 39, 392 (399), zitiert in: BGH 17.7.2009 – 5 StR 394/08, BGHSt 54, 44 (48).
255 BGH 17.7.2009 – 5 StR 394/08, BGHSt 54, 44 (49).
256 BGH 17.7.2009 – 5 StR 394/08, BGHSt 54, 44 (50); vgl. *Kraft/Winkler*, Zur Garantenstellung des Compliance-Officers – Unterlassungsstrafbarkeit durch Organisationsmangel?, CCZ 2009, 29 (32).
257 *Schneider*, Überwachergaranten im Unternehmen. Neue Probleme der Geschäftsherrenhaftung am Beispiel der Entscheidung des Bundesgerichtshofs vom 17.7.2009 – 5 StR 394/08, in: Kühl/Seher (Hrsg.): Rom, Recht, Religion. Symposion für Udo Ebert zum 70. Geburtstag, 2011, S. 349, 361 f.
258 S.a. *Rönnau/Schneider*, Der Compliance-Beauftragte als strafrechtlicher Garant, ZIP 2010, 53–61.
259 S. zum Ganzen *Schneider*, Überwachergaranten im Unternehmen. Neue Probleme der Geschäftsherrenhaftung am Beispiel der Entscheidung des Bundesgerichtshofs vom 17.7.2009 – 5 StR 394/08, in: Kühl/Seher (Hrsg.): Rom, Recht, Religion. Symposion für Udo Ebert zum 70. Geburtstag, 2011, S. 349, 358 ff.
260 *Schneider/Gottschaldt*, Offene Grundsatzfragen der strafrechtlichen Verantwortlichkeit von Compliance-Beauftragten in Unternehmen, ZIS 2011, 573 (576 f.).

109 Der Aspekt der **tatsächlichen Aufgabenübernahme** wiederum ist nicht als konstitutives Merkmal der Garantenstellung, sondern allein als „Haftungskorrektiv" anzusehen. Seine Berücksichtigung verhindert, dass nicht bloße Vertragsverletzungen, sondern nur tatsächlich übernommene Pflichten strafbewehrte Erfolgsabwendungspflichten auslösen können.[261]

110 Von vornherein kann eine Garantenpflicht überdies nur so weit reichen, wie eine physisch-reale **Möglichkeit zur Erfolgsabwendung** besteht. Ob bspw. Weisungen bzw. Direktiven erteilt werden können, ist im Wege einer differenzierten Prüfung im Einzelfall festzustellen. So sieht es etwa die Geschäftsverteilung in Unternehmen häufig nicht vor, dass ein Vorstandsmitglied in den Ressortbereich eines anderen Vorstandsmitglieds eingreifen darf. Auch sind Compliance-Beauftragte in der Regel außerhalb der Compliance-Abteilung nicht weisungsbefugt und können daher auf Mitarbeiter niedrigerer Hierarchieebenen oder auf außerhalb des Unternehmens stehende Personen ebenfalls nur eingeschränkt Einfluss nehmen.[262]

111 ▶ **Problem:** Bei der Frage nach Inhalt und Umfang von Garantenpflichten eines Compliance-Beauftragten spielt auch die **Differenzierung zwischen Erfolgs- und Tätigkeitsdelikten** eine Rolle. Für die beschriebene Überwachergarantenstellung ergibt sich nämlich keine Beschränkung auf die Verhinderung von Erfolgsdelikten. Gleichzeitig ist nach § 13 Abs. 1 nur strafbar, *„wer es unterlässt, einen Erfolg abzuwenden"*. Damit entsteht der Eindruck eines Wertungswiderspruchs, zu dessen Korrektur unterschiedliche Vorschläge unterbreitet wurden. Zum einen heißt es, unter Erfolg i.S.d. § 13 Abs. 1 sei allgemein die Verletzung oder Gefährdung eines Rechtsguts zu verstehen.[263] Nach einer anderen Auffassung überschreitet diese Auslegung des § 13 Abs. 1 die Grenzen rechtlicher Bestimmtheit. Schlichte Tätigkeitsdelikte könnten deshalb nicht täterschaftlich durch Unterlassen i.S.d. § 13 begangen werden. Allerdings käme eine Beihilfe durch Unterlassen in Betracht, wenn ein Garant nicht gegen die Begehung eines Tätigkeitsdelikts einschreite. Hier könne die Haupttat als tatbestandsmäßiger **Erfolg einer – durch Unterlassung begangenen – Beihilfe** interpretiert werden. Dies ermögliche, untätig bleibende Compliance-Beauftragte für aus ihrem Unternehmen heraus begangene Tätigkeitsdelikte wegen Beihilfe zu bestrafen.[264] ◀

112 Im Zusammenhang mit dem Pflichtenkreis eines Compliance-Beauftragten ist überdies der **Zeitfaktor** von Bedeutung: Erfolgsabwendungspflichten bestehen in der Regel nur in dem Zeitraum zwischen unmittelbarem Ansetzen zu einer Tat und deren Vollendung bzw. Beendigung. Dabei fallen Vollendungs- und Beendigungszeitpunkt bei Begehungsdelikten regelmäßig zusammen oder weichen nur minimal voneinander ab. Damit wird der zeitliche Bestand von Erfolgsabwendungspflichten auch von der Deliktsart (mit-)beeinflusst. So ist ein Compliance-Beauftragter bspw. bei Betrug bis zum Eintritt

---

261 *Seebode*, Zur gesetzlichen Bestimmtheit des unechten Unterlassungsdelikts, in: Seebode (Hrsg.): Festschrift für Günter Spendel zum 70. Geburtstag, 1992, S. 317, 341, zitiert in: *Schneider/Gottschaldt*, Offene Grundsatzfragen der strafrechtlichen Verantwortlichkeit von Compliance-Beauftragten in Unternehmen, ZIS 2011, 573 (575).

262 *Schneider/Gottschaldt*, Offene Grundsatzfragen der strafrechtlichen Verantwortlichkeit von Compliance-Beauftragten in Unternehmen, ZIS 2011, 573 (574).

263 BayObLG 18.8.1978 – RReg 1 St 147/77, JR 1979, 289 (291), zitiert in: *Schneider/Gottschaldt*, Offene Grundsatzfragen der strafrechtlichen Verantwortlichkeit von Compliance-Beauftragten in Unternehmen, ZIS 2011, 573 (575).

264 *Jescheck*, in: LK StGB, § 13, Rn. 2; *Schneider/Gottschaldt*, Offene Grundsatzfragen der strafrechtlichen Verantwortlichkeit von Compliance-Beauftragten in Unternehmen, ZIS 2011, 573 (575 f.).

des Vermögensschadens, bei Bestechungsdelikten bis zum Zufluss bzw. der Zuwendung des letzten Vorteils zum Einschreiten verpflichtet.[265]

c) Geschäftsherren

Eine Garantenstellung ist auch Voraussetzung dafür, dass Geschäftsherren bzw. Vorgesetzte bei Straftaten ihrer Untergebenen wegen Unterlassens zur Verantwortung gezogen werden können. Dazu wird angemerkt, *„dass niemand für das Verhalten anderer [...] verantwortlich zu machen ist, sofern der andere volljährig und vernünftig ist."*[266] Allerdings hindert die **Eigenverantwortlichkeit** bei einer Tatbegehung nicht an der Zuweisung von (Mit-)Verantwortung an weitere Personen und Verantwortungszuweisung in eine Richtung bedeutet nicht Verantwortungsentlastung in einer anderen Richtung. Für die Verantwortlichkeit des Geschäftsherrn kommt es damit nicht auf die Eigenverantwortlichkeit seiner Mitarbeiter sondern darauf an, ob er **seinerseits Unrecht verwirklicht**. Davon ist insbesondere auszugehen, wenn er eine strafbewehrte Pflicht zur Vermeidung fremder Straftaten vernachlässigt hat, etwa weil er trotz **Weisungsbefugnis oder sogar Organisationsherrschaft**[267] untätig geblieben ist. Eine Anordnungsbefugnis aber besteht gegenüber Untergebenen, die im zugewiesenen Aufgabenbereich tätig werden. Diese **handeln im Interesse des Geschäftsherrn**, der ihnen zudem entsprechende Handlungsmöglichkeiten eingeräumt hat. Deshalb erscheint sachgerecht, mit der h.M.[268] hier eine Überwachergarantenstellung des Geschäftsherrn im Hinblick auf betriebsbezogene Straftaten von Mitarbeitern, d.h. auf Straftaten in innerem und konkret bestimmbaren Zusammenhang mit der betrieblichen Tätigkeit des Mitarbeiters oder mit der Art des Betriebes, anzunehmen.[269]

Dies gilt – wie teilweise angenommen wird[270] – nicht allein für Geschäftsbetriebe, die eine besondere Gefahrenquelle für die Allgemeinheit darstellen (z.B. eine Feuerwerksfabrik). Nicht begründen lässt sich umgekehrt eine weitergehende Verpflichtung von Geschäftsherrn, Mitarbeiter generell an der Begehung von Straftaten oder Ordnungswidrigkeiten zu hindern, zumal mit der Annahme einer Garantenstellung Zurückhaltung geboten ist.[271] In einer Fallbearbeitung ist der Umfang der Garantenpflichten also genau zu prüfen.[272] **Unternehmensinterne Straftaten** (wie z.B. „Mobbing") werden zwar in der Regel nicht in einem zugewiesenen Aufgabenbereich begangen, hier kann jedoch eine Beschützergarantenstellung des (fürsorgeverpflichteten) Arbeitgebers bestehen.[273]

Eine bestehende Garantenstellung kann ein Geschäftsherr zwar nicht generell abgeben, möglich ist aber eine Delegation von abgrenzbaren Garantenpflichten. Der Inhalt der delegierten Pflichten muss dabei genau bezeichnet und dem Delegaten eine Pflichterfül-

---

265 *Schneider/Gottschaldt*, Offene Grundsatzfragen der strafrechtlichen Verantwortlichkeit von Compliance-Beauftragten in Unternehmen, ZIS 2011, 573–577.
266 S. *Tiedemann*, Wirtschaftsstrafrecht, § 5, Rn. 352.
267 Für nähere Einzelheiten dazu s. § 2, Rn. 56 ff.
268 S. dazu *Heger*, in: Lackner/Kühl, StGB, § 13, Rn. 14; *Roxin*, AT II, § 32, Rn. 137 jew. m.w.N.; s.a. *Schünemann*, Die Unterlassungsdelikte und die strafrechtliche Verantwortlichkeit für Unterlassungen, ZStW 96 (1984), 310; *Fischer*, StGB § 13 Rn. 67 ff. m.w.N.; *Roxin*, AT 11 § 32 Rn. 137.
269 Auch der BGH bejaht inzwischen eine solche Garantenstellung, ohne sie jedoch bisher näher eingeordnet zu haben, s. BGH 20.10.2011 – 4 StR 71/11, BGHSt 57, 42 (46).
270 *Jakobs*, AT, Abschn. 29, Rn. 36.
271 *Hellmann/Beckemper*, Wirtschaftsstrafrecht, Rn. 951.
272 *Wittig*, Wirtschaftsstrafrecht, § 6, Rn. 58 d.
273 *Kuhn*, Die Garantenstellung des Vorgesetzten, wistra 2012, 297 (298 f.).

lung möglich sein, auch hat dieser die Pflichten tatsächlich zu übernehmen. Entsprechende Auswahl-, Instruktions-, Kontroll- und Aufsichtspflichten verbleiben beim Geschäftsherrn.[274]

116 Eine Geschäftsherrenhaftung setzt mindestens Eventualvorsatz im Hinblick auf die Nichtverhinderung einer Straftat der Untergebenen voraus. Bejaht werden kann er (etwa unter Berufung auf die „Gleichgültigkeitstheorie"[275] auch bei einer „willful blindness" (mutwilligen Blindheit), bei der Hinweise auf Missstände abgeblockt und Anzeigen ignoriert werden („bad news doesn't flow upstream").[276]

3. Berufsgemäßes Verhalten

a) Einstieg

117 Die Akteure des Wirtschaftsstrafrechts sind nicht selten aus beruflichen Gründen in jene Sachverhalte involviert, die Gegenstand der strafrechtlichen Beurteilung sind. Ein solcher Bezug zur Berufsausübung spielt insbesondere eine Rolle, **wenn „normale" berufliche Aktivitäten** (wie bspw. Bank- oder Finanzdienstleistungen) **Straftaten Anderer** (etwa eine Steuerhinterziehung[277] oder betrügerische Gewinnspiele[278]) **fördern**. Dabei spricht man im Hinblick auf ein berufsgemäßes Förderverhalten auch von „neutralen", „berufsbedingten", „alltäglichen" oder „professionell-adäquaten" Handlungen.[279] Ihnen gilt seit einigen Jahren verstärkt die Aufmerksamkeit der Literatur[280] und Rspr.[281]. Denn erkennt jemand bei einer „normalen", „alltäglichen" oder „professionell adäquaten" Betätigung, dass er anderen dadurch bei der Straftatbegehung hilft (oder nimmt er dies zumindest billigend in Kauf), dann stellt sich die Frage nach seiner eigenen Strafbarkeit.

b) Streitstand zur Strafbarkeit berufsgemäßen Verhaltens

118 Die Suche nach Antworten darauf gerät in einen Zwiespalt: Einerseits nämlich ist eine **Beihilfe nicht auf bestimmte Mittel beschränkt** und kann mit dolus eventualis im Hinblick auf die Haupttat geleistet werden. Damit scheint auch nichts gegen die Strafbarkeit einer Beihilfe durch alltägliche bzw. berufsgemäße Handlungen zu sprechen, wenn deren Nutzen für eine Haupttatbegehung billigend in Kauf genommen wird.[282] Andererseits erscheint **nicht jede Beihilfestrafbarkeit angemessen**, die anhand der vorgenannten Kriterien hergeleitet werden kann. So stellt sich bspw. die Frage, ob es Berufstätige

---

274 BGH 17.7. 2009 – 5 StR 394/08, BGHSt 54, 44 (48 f.); *Wittig*, Wirtschaftsstrafrecht, § 6, Rn. 58 d.
275 S. zu den Vorsatztheorien z.B. *Sternberg-Lieben/Schuster*, in: Schönke/Schröder, § 15, Rn. 72 ff.
276 Dazu *Rönnau/Becker*, Vorsatzvermeidung durch Unternehmensleiter bei betriebsbezogenen Straftaten, NStZ 2016, 569; *Wittig*, Wirtschaftsstrafrecht, § 6, Rn. 59 u. 160.
277 Dazu BGH 1.8.2000 – 5 StR 624/99, BGHSt 46, 107.
278 Vgl. BGH 22.1.2014 – 5 StR 468/12, NZWiSt 2014, 139.
279 *Hassemer*, Professionelle Adäquanz I und II, wistra 1995, 43 ff., 81 ff.
280 S. etwa *Kudlich*, Die Unterstützung fremder Straftaten durch berufsbedingtes Verhalten, Berlin 2004; *Rackow*, Neutrale Handlungen als Problem des Strafrechts, Frankfurt am Main u.a. 2007; *Hartmann*, Sonderregeln für die Beihilfe durch ‚neutrales' Verhalten, ZStW 116 (2004), S. 585 ff.; *Schneider*, Neutrale Handlungen: Ein Oxymoron im Strafrecht? Zu den Grenzlinien der Beihilfe, NStZ 2004, 312 ff.
281 Vgl. BGH 26.10.1998 – 5 StR 746/97, NStZ-RR 1999, 184; BGH 20.9.1999 – 5 StR 729/98, NStZ 2000, 34; BGH 1.8.2000 – 5 StR 624/99, BGHSt 46, 107; BGH 8.3.2001 – 4 StR 453/00, NStZ 2001, 2409; zur Entwicklung der Rspr. *Kudlich*, „Neutrale Beihilfe" bei der Mitwirkung an der Sicherung der innerdeutschen Grenze (Besprechung zu BGH NJW 2001, 2409), JuS 2002, 751 ff.; *Roxin*, AT II, § 26, Rn. 247 ff.
282 BGH 20.9.1999 – 5 StR 729/98, NStZ 2000, 34; *Ogiermann*, in: Achenbach/Ransiek/Rönnau (Hrsg.): Handbuch Wirtschaftsstrafrecht, Heidelberg 2004, IV 3, Rn. 12.

überhaupt angeht, was andere aus ihren legitimen beruflichen Aktivitäten machen.[283] Auch geben gesetzliche Vorgaben einen Rahmen vor, innerhalb dessen der **Gesetzgeber eine Risikoschaffung** – und sei es die Schaffung eines Haupttatrisikos – **akzeptiert**. Somit ist gesondert plausibel zu machen, warum dem Berufsträger bei legitimer Berufsausübung ein anderer „Umgang mit dem Haupttatrisiko" zuzumuten sein soll als dem Gesetzgeber oder der Gesellschaft.[284]

In diesem Spannungsfeld findet eine **breite Diskussion** statt[285], die im vorgegeben Rahmen nur in Grundzügen wiedergegeben werden kann: Manche lehnen mit Blick auf den **Rechtsgüterschutz** vollständig ab, Tätigkeiten wegen ihrer Neutralität bzw. Berufsmäßigkeit bei der Straffrage privilegiert zu behandeln.[286] Die Gegenauffassung[287] hält ein Strafbarkeitskorrektiv mit Rücksicht auf Alltäglichkeit, Neutralität oder professioneller Adäquanz der fraglichen Täterhandlung für möglich. Zur Begründung dafür wird unter anderem auf die Gesichtspunkte der **Sozialadäquanz**[288] und des **erlaubten Risikos**[289] oder auf die **Einschränkungen von Hilfeleistungspflichten** (vgl. §§ 323 c, 13)[290] verwiesen. Argumentiert wird auch auf Ebene des subjektiven Tatbestands, indem die Strafbarkeit bspw. von einem speziellen „Tatförderwillen" oder von über einen Eventualvorsatz hinausgehenden Anforderungen abhängig gemacht wird.[291] Auch ein **Rechtfertigungsgrund** berufsgerechten Verhaltens ist in der Diskussion.[292]

119

c) Rspr. zum berufsgemäßen Verhalten

Differenzierungen in subjektiver Hinsicht spielen auch in der Rspr. eine Rolle: So nehmen die Gerichte eine Strafbarkeit wegen Beihilfe an, wenn der Gehilfe im Hinblick

120

---

283 *Löwe-Krahl*, Das Geldwäschegesetz – Ein taugliches Instrumentarium zur Verhinderung der Geldwäsche?, wistra 1995, 202 ff.
284 *Amelung*, Die „Neutralisierung" geschäftsmäßiger Beiträge zu fremden Straftaten im Rahmen des Beihilfetatbestands, in: Samson u.a. (Hrsg.): Festschrift für Gerald Grünwald zum 70. Geburtstag, Baden-Baden 1999, S. 9, 23 f.
285 S. etwa *Ambos*, Beihilfe durch Alltagshandlungen, JA 2000, 721 ff.; *Beckemper*, Strafbare Beihilfe durch alltägliche Geschäftsvorgänge, Jura 2001, 163 ff.; *Otto*, „Vorgeleistete Strafvereitelung" durch berufstypische oder alltägliche Verhaltensweisen als Beihilfe, in: Eser u.a. (Hrsg.): Festschrift für Theodor Lenckner, München 1998, S. 193 ff.; monographisch *Kudlich*, Die Unterstützung fremder Straftaten durch berufsbedingtes Verhalten, Berlin 2004; *Rackow*, Neutrale Handlungen als Problem des Strafrechts, Frankfurt am Main u.a. 2007; *Wolff-Reske*, Berufsbedingtes Verhalten als Problem mittelbarer Erfolgsverursachung, Baden-Baden 1995; *Wohlleben*, Beihilfe durch äußerliche neutrale Handlungen, München 1997; sowie *Schünemann*, in: LK StGB, § 27, Rn. 17 ff.
286 *Hruschka*, Zur Gehilfenschaft des Rechtsanwalts, der durch falsche Rechtsauskunft eine Straftat fördert, JR 1984, 258 ff.; *Niedermair*, Straflose Beihilfe durch neutrale Handlungen? ZStW 107 (1995), 507 ff.; s.a. *Joecks*, in: MüKo StGB, § 27, Rn. 63 m.w.N.
287 Vgl. etwa *Beckemper*, Strafbare Beihilfe durch alltägliche Geschäftsvorgänge, Jura 2001, 163 ff.
288 S. *Murmann*, Zum Tatbestand der Beihilfe, JuS 1999, 552; *Welzel*, Das deutsche Strafrecht, 11. Auflage, Berlin 1969, S. 55.
289 *Wohlers*, Hilfeleistung und erlaubtes Risiko – zur Einschränkung der Strafbarkeit gemäß § 27 StGB, NStZ 2000, 169 (173); *Jakobs*, Akzessorietät – Zu den Voraussetzungen gemeinsamer Organisation, GA 1996, 253 (260 f.); *Freund*, AT, § 10, Rn. 138.
290 *Tag*, Beihilfe durch neutrales Verhalten, JR 1997, 49 (54 f.); zum Ganzen *Wittig*, Wirtschaftsstrafrecht, § 6, Rn. 155.
291 *Joecks*, in: MüKo StGB, § 27, Rn. 61; BGH 1.8.2000 – 5 StR 624/99, BGH 46, 107; BGH 21.12.2016 – 1 StR 112/16, NStZ 2017, 337.
292 *Tiedemann*, Examensklausur Strafrecht, Jura 1981, 24 (29 f.) Entsprechend kann die Kontroverse um das berufsgemäße Verhalten auf unterschiedlichen Ebenen der Deliktsprüfung angesprochen werden, wobei insbesondere eine Erörterung auf Ebene des objektiven Tatbestandes (etwa bei der Frage nach einem „Hilfeleisten" oder der objektiven Zurechnung) trotz der zum Teil „subjektivierten" Voraussetzungen in Betracht kommt, s. *Wittig*, Wirtschaftsstrafrecht, § 6, Rn. 156.

auf die Haupttat mit sicherem Wissen handelt und lassen bedingten Vorsatz des Hilfeleistenden nur bei besonders gefahrenträchtigen Konstellationen genügen.[293] Zur Etablierung eines solchen „gemischt-objektiv-subjektiven" Ansatzes[294] hat insbesondere ein Beschluss des Bundesgerichtshofs vom 20.9.1999[295] beigetragen. Darin führte der Bundesgerichtshof (in Orientierung an einem Vorschlag von *Roxin*[296]) aus, dass auch eine regelkonforme Berufsausübung Beihilfe sein könne, wenn darin eine „**Solidarisierung**" mit dem Täter liege. Davon wiederum sei auszugehen, wenn der Hilfeleistende Kenntnis davon habe, dass das Handeln des Haupttäters ausschließlich auf die Begehung einer strafbaren Handlung gerichtet sei. Dann könne von einem Alltagscharakter der berufsgemäßen Unterstützungshandlung nicht mehr die Rede sein. Halte es der Berufsträger hingegen lediglich für möglich, dass sein Tun zur Straftatbegehung ausgenutzt werde, mache er sich grundsätzlich nicht wegen Beihilfe strafbar. Davon abweichend käme allerdings eine Bestrafung in Betracht, wenn das vom Unterstützer erkannte Haupttatrisiko derart hoch sei, dass der Gehilfe „*sich mit seiner Hilfeleistung die Förderung eines erkennbar tatgeneigten Täters ‚angelegen sein' ließ[e]*"[297]. Auch nach diesen – in der Folgezeit vielbeachteten[298] – Maßgaben kommt also eine Privilegierung von Unterstützungshandlungen wegen Neutralität bzw. beruflicher Adäquanz in Betracht.

d) Kriterien zur Strafbarkeit berufsgemäßen Verhaltens

121 Grundsätzlich wird die Straffrage hier von unterschiedlichen Kriterien abhängig gemacht: Zunächst liegt eine wesentliche Weichenstellung bei der angesprochenen Differenzierung zwischen einer **positiven Kenntnis** deliktischer Pläne und dem **bloßen Für-Möglich-Halten** einer Haupttatbegehung. Bei einer Hilfeleistung mit Wissen um die verbrecherischen Absichten des Haupttäters liegt eine Strafbarkeit wesentlich näher als in den Fällen, in denen der Hilfeleistende die Förderung einer Straftat lediglich für möglich hält. Dabei ist von Bedeutung, wie hoch das vom Unterstützer erkannte Risiko einer Haupttatbegehung war.[299] Insbesondere kommt eine Strafbarkeit wegen Beihilfe in Betracht, wenn der Unterstützer einen klaren Anhaltspunkt dafür hat, dass gerade die fragliche Leistung einem deliktischen Vorhaben zugutekommt.[300]

122 Zudem spielt (auch für die Einschätzung der subjektiven Tatseite) eine Rolle, ob die als „neutral" geprüfte Verhaltensweise **an spezielle Bedürfnisse des Haupttäters angepasst** wurde: In Betracht kommt eine Privilegierung bei der Straffrage nämlich nur, wenn die Unterstützungshandlung auch „nichtdeliktisch erklärbar" ist und nicht in unüblicher

---

293 BGH 19.12.2017 – 1 StR 56/17, NStZ 2018, 328.
294 *Joecks*, in: MüKo StGB, § 27, Rn. 62 ff.; *Schünemann*, in: LK StGB, § 27, Rn. 17 ff.
295 BGH 20.9.1999 – 5 StR 729/98, NStZ 2000, 34. Im zu Grunde liegenden Sachverhalt ging es um die Strafbarkeit eines Rechtsanwaltes wegen der Mitarbeit an Informationsbroschüren, die selbst in rechtlicher Hinsicht nicht zu beanstanden waren, aber ein unlauter arbeitendes Unternehmen betrafen.
296 S. *Roxin*, AT II, § 26, Rn. 221 ff.
297 BGH 20.9.1999 – 5 StR 729/98, NStZ 2000, 34.
298 Vgl. etwa BGH 1.8.2000 – 5 StR 624/99, BGHSt 46, 107; BGH 8.3.2001 – 4 StR 453/00, NJW 2001, 2409 ff.; *Kudlich*, Anmerkung zur Entscheidung BGH 5 StR 624/99, JZ 2000, 1178; *Lesch*, Anmerkung zu BGH JR 2001, 381, 2001, 383; *Samson/Schillhorn*, Beihilfe zur Steuerhinterziehung durch anonymisierten Kapitaltransfer?, wistra 2001, 1.
299 *Ogiermann*, in: Achenbach/Ransiek/Rönnau (Hrsg.), Handbuch Wirtschaftsstrafrecht, Heidelberg 2004, IV 3, Rn. 12.
300 *Roxin*, AT II, § 26, Rn. 241.

V. Einzelaspekte § 2

Weise auf Vorgaben des Kunden zugeschnitten wurde. Nur dann scheint angebracht, von einem „unangepassten" bzw. „neutralen" Verhalten zu sprechen.[301]

Dies leitet dazu über, dass in der Diskussion um die Strafbarkeit neutraler Beihilfehandlungen insbesondere auf einen **deliktischen Sinnbezug** abgestellt wird.[302] Soweit eine Verhaltensweise (erst) durch ihre Einordnung als Hilfestellung bei einer Straftatbegehung verständlich wird, färbt die negative Bewertung der Haupttat auf das Förderverhalten ab. Wer in Kenntnis eines Straftatvorhabens Unterstützungshandlungen vornimmt, die ohne die Haupttat für den Haupttäter sinnlos sind, kann sich weder von der Haupttatbegehung distanzieren, noch auf die Harmlosigkeit des eigenen Verhaltens berufen.[303]

123

Des Weiteren verdienen **gesetzliche Vorgaben** Augenmerk bei der Einordnung von Unterstützungshandlungen als strafwürdige Pflichtwidrigkeit. So ist bspw. die strafrechtliche Verantwortlichkeit von Online-Providern für illegale Inhalte im Internet Gegenstand von Sonderregeln.[304] Auch kann sich z.B. ein Rechtsanwalt bei Erteilung einer Rechtsauskunft im Rahmen eines gesetzlichen Beratungsauftrags darauf berufen, dass die BRAO alle wahrheitsgemäßen Auskünfte über die Rechtslage gestattet.[305] Selbst wenn die erteilte Auskunft dann zur Begehung von Straftaten motiviert, erscheint dies in einem anderen Licht als etwa eine – selbst nicht verbotene – Überlassung von Gift an Personen, die eventuell erforderliche Besitzberechtigungen nicht haben. Im letztgenannten Fall möchte der Gesetzgeber nämlich das Ergebnis der Unterstützungsleistungen – wie das Erfordernis einer entsprechenden Besitzberechtigung zeigt – ausdrücklich verhindern. Im Fall des Rechtsanwalts hingegen nimmt der Gesetzgeber das mit der Rechtsauskunft verbundene Haupttatrisiko in Kauf. Denn für den Adressaten der Auskunft gelten insoweit keine besonderen Reglementierungen.[306]

124

e) Wiederholungsfragen

1. Worin liegen die Schwierigkeiten bei der (straf-)rechtlichen Bewertung einer Beihilfe durch neutrales Verhalten? *Rn. 117 f.*
2. Wie sind diese Probleme zu lösen? *Rn. 119 ff.*

125

4. Notstand

▶ *Einstiegsfall:* Der Betrieb des B befindet sich in einer wirtschaftlichen Notlage. Die vorhandenen finanziellen Mittel ermöglichen B nicht, seiner Angestellten A weiter Lohn auszuzahlen. Weil er weiß, dass A ihr Gehalt dringend zur Abzahlung ihres Hauses benötigt, kann B sich jedoch nicht dazu durchringen, sie zu entlassen. Um Mittel für Gehaltszahlungen zu erlangen, fälscht er vielmehr die Unterlagen, um bei der X-Bank einen Kredit zu bekommen.

126

---

301 *Beckemper*, Strafbare Beihilfe durch alltägliche Geschäftsvorgänge, Jura 2001, 167.
302 Die Bedeutung dieses Kriteriums hat *Roxin* herausgearbeitet (s. etwa AT II, § 26, Rn. 221 ff.). Seiner Lösung steht auch die oben wiedergegebene neuere Rspr. nahe. Näher zur Bedeutung des deliktischen Sinnbezugs für das Verhaltensunrecht der Beihilfe *Frisch*, Tatbestandsmäßiges Verhalten und Zurechnung des Erfolgs, Heidelberg 2012, S. 280 ff., 301 f.; vgl. auch *Freund*, Erfolgsdelikt und Unterlassen, Köln 1992, S. 233, Fn. 32, 238.
303 S. *Freund*, AT, § 10, Rn. 141 ff.
304 Vgl. §§ 7 ff. TMG S. dazu *Kudlich*, Die Neuregelung der strafrechtlichen Verantwortlichkeit von Internetprovidern, JA 2002, 798 ff.; s. auch LG Frankfurt am Main, 14.5.2012 – 5/28 Qs 15/12, CR 2012, 478.
305 S. dazu a. *Kudlich*: Beihilfe durch berufstypische Handlungen (Praxiskommentar zu BGH Beschl. v. 21.12.2016 – 1 StR 112/16), NStZ 2017, 337 (339).
306 *Rengier*, in: Karlsruher Kommentar zum OWiG, § 11, Rn. 76 ff.

Dieser Kredit wird ihm auf Basis seiner unrichtigen Angaben erteilt, wozu es bei Offenlegung der tatsächlichen Umstände nicht gekommen wäre. Hat sich B nach § 265 b strafbar gemacht? Rn. 128 ◀

127 Die Ebene der Rechtswidrigkeit spielt im Wirtschaftsstrafrecht nur eine untergeordnete Rolle. Soweit ihr Augenmerk gilt, betrifft dies insbesondere den rechtfertigenden Notstand und die behördliche Genehmigung im Wirtschaftsleben.[307] Der rechtfertigende Notstand ist in § 34 bzw. § 16 OWiG geregelt und kann in bestimmten Gefahrensituationen zur Rechtfertigung verhelfen. Eine solche Notstandslage nahm der Bundesgerichtshof[308] etwa für den Fall an, dass Straftaten in einer wirtschaftlichen Notlage zur Aufrechterhaltung der Produktion oder zur Sicherung von Arbeitsplätzen begangen werden. **Produktion und Arbeitsplätze** wurden damit als **notstandsfähig** eingeordnet, wobei die damit verbundenen Interessen auf die Handlungsfreiheit des Einzelnen als notstandsfähiges Rechtsgut zurückgehen. Dem wird als Allgemeininteresse zudem teilweise die „Wirtschaft" an die Seite gestellt[309], die allerdings als Summe von Individualrechtsgütern einzelner Marktakteure erscheint[310].

128 Selbst wenn somit im Ergebnis eine Notstandslage in Betracht kommt, **scheitert eine Rechtfertigung** nach den Notstandsregeln **zumeist auf Ebene der Güter- und Interessenabwägung**. Denn das Täterinteresse muss das beeinträchtigte Interesse wesentlich überwiegen[311], was regelmäßig selbst in wirtschaftlichen Notlagen nicht der Fall ist. Auch in einer solchen Situation haben die Täterbelange kein derartiges Gewicht, dass deshalb die Grenzen der (wirtschaftlichen) Betätigungsfreiheit verschoben werden müssten. Im Gegenteil darf der **Geltungsanspruch von allgemeinverbindlichen Regeln** – etwa zum Wettbewerbs- oder Umweltschutz – nicht entfallen, weil der Rechtsunterworfene eine Regelbefolgung bei der Durchsetzung eigener Interessen als Überforderung empfindet. Die Rechtsordnung nimmt vielmehr bewusst in Kauf, dass nicht jede Interessenverfolgung die Nachteile einer Regelbefolgung verkraftet und Rechtstreue daher auch wirtschaftliche Existenzen zerstören kann. Diese Grundentscheidung darf auch nicht dadurch preisgegeben werden, dass im Einzelfall Korrekturen über § 34 oder § 16 OWiG vorgenommen werden.[312]

▶ **Beispiel:** So kann sich bspw. ein wirtschaftlich angeschlagener Spielzeughersteller nicht auf einen rechtfertigenden Notstand berufen, wenn er **vergiftetes Spielzeug** zur Rettung von Arbeitsplätzen auf den Markt bringt. Denn was hier – wie etwa die allgemeine Handlungsfreiheit oder das Eigentum – im Rahmen der Interessenabwägung nach § 34 für das Unternehmen streitet, hat kein höheres Gewicht als entgegenstehende Belange (so bspw. die Gesundheitsinteressen der Allgemeinheit). ◀

---

307 *Wittig*, Wirtschaftsstrafrecht, § 5, Rn. 12 u. § 7, Rn. 1.
308 BGH 13.3.1975 – 4 StR 28/75, MDR 1975, 723.
309 S. dazu *Wittig*, Wirtschaftsstrafrecht, § 7, Rn. 3.
310 Zur Schwierigkeit einer exakten Rechtsgutbestimmung: *Kindhäuser*, Voraussetzung strafbarer Korruption in Staat, Wirtschaft und Gesellschaft, ZIS 2011, 461–469; *Beckemper*, Vertrauen in die Funktionsfähigkeit der Märkte, ZIS 2011, 318–323.
311 *Seier*, in: Achenbach/Ransiek/Rönnau (Hrsg.): Handbuch Wirtschaftsstrafrecht, Heidelberg 2004, V 2, Rn. 90.
312 Nachweise bei *Erb*, in: MüKo StGB, § 34, Rn. 188; vgl. zu Umweltdelikten BGH 20.11.1996 – 2 StR 323/96, JR 1997, 254; sowie *Schall*, Systematische Übersicht der Rspr. zum Umweltstrafrecht, NStZ 1992, 209 (215); zu Verstößen gegen wirtschaftslenkende Vorschriften der Nachkriegszeit BGH 5.7.1956 – 3 StR 101/56, GA 1956, 382; OGH, 26.2.1949 – StS 79/48, NJW 1949, 472; OGH, 7.12.1949 – I ZS 31/49, NJW 1950, 182; BayObLG 19.6.1953 – 1 St 24/53, NJW 1953, 1602; OLG Hamm 28.3.1952 – 1 Ws 71/52, NJW 1952, 838; OLG Köln 24.9.1953 – Ws 261/53, NJW 1953, 1844; *Rengier*, in: Karlsruher Kommentar zum OWiG, § 16, Rn 41; *Neumann*, in: K/N/P, § 34, Rn. 120; *Perron*, in: Schönke/Schröder, § 34, Rn. 35.

V. Einzelaspekte § 2

Insbesondere wären **massive Wettbewerbsverzerrungen** zu erwarten, wenn rechtliche Verhaltensnormen nicht mehr als verbindlich angesehen werden müssten, sobald der Normadressat ihnen wirtschaftlich nicht mehr gewachsen wäre. Weiterhin Rechtstreue hätten dann erhebliche Nachteile, indem sie die Freiheitseinschränkungen durch die Verhaltensvorgaben nach wie vor hinnehmen müssten. Damit würden auch sie in Überforderungssituationen gedrängt und die entsprechenden Verhaltensnormen damit ad absurdum geführt. Eine Preisgabe der rechtlichen Verhaltensanforderungen kommt daher selbst dann nicht in Betracht, wenn die Negativkonsequenzen einer Normbefolgung groß und die eines rettenden Normverstoßes nur geringfügig wären.[313] In Erwägung zu ziehen sind Ausnahmen davon allenfalls bei individuellen Härten aufgrund von atypischen Besonderheiten, die vom Gesetzgeber offensichtlich nicht einkalkuliert wurden.

▶ **Beispiel:** Zu denken ist daran bspw. bei Verstößen gegen Umweltvorschriften zur Abwendung von Betriebsunfall-Folgen, die eine Existenzbedrohung für das fragliche Unternehmen darstellen. Dabei darf die Zahl der betroffenen Arbeitsplätze keine Rolle spielen, damit kleine Betriebe nicht benachteiligt werden.[314] ◀

Auch B ging es im **Einstiegsfall** um die Sicherung von Arbeitsplätzen, auf einen rechtfertigenden Notstand kann er sich allerdings nicht berufen. Insbesondere überwiegen seine Täterinteressen nicht die beeinträchtigten (Vermögens-)Interessen. Vielmehr ist ihm auch in der geschilderten Situation abzuverlangen, die – etwa von § 265 b strafrechtlich abgesicherten – rechtlichen Verhaltensnormen als verbindlich anzusehen.

5. Behördliche Genehmigung

a) Überblick

Bei Einverständnis oder Einwilligung hängt die Wirksamkeit davon ab, dass der Zustimmende zur Disposition über das preisgegebene Rechtsgut befugt ist.[315] Diese Befugnis fehlt Einzelpersonen bei überindividuellen Rechtsgütern. Darüber wachen allerdings Behörden zum Teil in der Weise, dass sie auch Rechtsgutseingriffe mit tatbestandsausschließender bzw. rechtfertigender Wirkung genehmigen können. Im Wirtschaftsleben spielt dies insbesondere dort eine Rolle, wo die Strafbarkeit von einer Erlaubnis bzw. Genehmigung i.S.v. § 48 Abs. 1 S. 2 VwVfG und damit von einem Verwaltungsakt abhängig ist. Dabei ist zu beachten, dass „Genehmigung" im Verwaltungsrecht nicht wie im BGB eine nachträgliche Zustimmung[316] meint, sondern dies ein **Oberbegriff** für unterschiedliche Formen von Konzessionen seitens einer zuständigen Behörde ist[317]. 129

b) Strafrechtliche Relevanz

Darauf bezogene strafrechtliche Regelungen nennt man auch „**verwaltungsakzessorische**" Tatbestände, so bspw. die §§ 284 ff. und 324 ff. StGB, § 29 BtMG, § 21 StVG, § 53 WaffenG oder § 75 Abs. 1 Nr. 3 IfSG (InfektionsschutzG).[318] Denn ob eine be- 130

---

313   Erb, in: MüKo StGB, § 34, Rn. 188.
314   S. Erb, in: MüKo StGB, § 34, Rn. 189; Rengier, in: Karlsruher Kommentar zum OWiG, § 16, Rn 41; Neumann, in: K/N/P, § 34, Rn. 120; Perron, in: Schönke/Schröder, § 34, Rn. 35 m.w.N.
315   Wessels/Beulke/Satzger, AT, Rn. 566.
316   Vgl. § 184 Abs. 1 BGB.
317   Paeffgen, in: K/N/P, Vor §§ 32 ff., Rn. 201.
318   Paeffgen, in: K/N/P, Vor §§ 32 ff., Rn. 201.

hördliche Genehmigung die strafrechtliche Bewertung beeinflusst, hängt nicht zuletzt von verwaltungsrechtlichen Vorgaben ab. So muss eine behördliche Genehmigung nach den Maßgaben des Verwaltungsrechts **zumindest formelle Bestandskraft** haben, um eine (straf-)rechtliche Wirkung zu entfalten. Ist sie hingegen nichtig[319] oder wegen fehlender Bekanntgabe unwirksam[320], dann spielt sie auch in der strafrechtlichen Bewertung keine Rolle.[321] Bei formeller Bestandskraft allerdings hat eine behördliche Genehmigung auch dann strafrechtliche Relevanz, wenn sie rechtswidrig bzw. materiell unrichtig ist.[322] Davon geht die Rspr. sogar für den Fall aus, dass die behördliche Genehmigung durch Täuschung oder Drohung erlangt wurde.[323]

c) Einbeziehung in die strafrechtliche Prüfung

131 Bedeutung haben behördliche Genehmigungen nach der h.M.[324] sowohl auf Tatbestands- als auch auf Rechtfertigungsebene.[325] So kann das Handeln gegen den Willen der Behörde Tatbestandsvoraussetzung sein, so dass eine behördliche Genehmigung die Verwirklichung des Tatbestands ausschließt. Auch wird der Prüfungsstandort von der Unterscheidung zwischen sog. präventiven Verboten mit Erlaubnisvorbehalt einerseits und repressiven Verboten mit Befreiungsvorbehalt andererseits bestimmt.

132 ▶ **Definition:** Bei **präventiven Verboten mit Erlaubnisvorbehalt** ist das Handeln ohne behördliche Erlaubnis ein negativ gefasstes Tatbestandsmerkmal. An sich ist dabei das strafrechtlich relevante Verhalten sozialadäquat oder aus sonstigen Gründen in der Regel bewilligungsfähig. Eine behördliche Genehmigung dient hier (nur) dazu, eine Kontrolle über möglicherweise entstehende Gefahren zu ermöglichen (weshalb man auch von „Kontrollerlaubnis" spricht). Dabei bewirkt die Erteilung einer zumindest formell bestandskräftigen Genehmigung einen Tatbestands-Ausschluss.[326] ◀

133 ▶ **Definition:** Auf Ebene der Rechtfertigung spielen hingegen die sog. **repressiven Verbote mit Befreiungsvorbehalt** eine Rolle.[327] Hier geht es um strafrechtlich relevantes Verhalten, das an sich verboten ist. Im Einzelfall kann dafür allerdings eine Ausnahmebewilligung nach Abwägung kollidierender Interessen mit Rücksicht auf höherrangige

---

319 Vgl. § 44 VwVfG.
320 S. dazu § 43 Abs. 1 VwVfG.
321 Vgl. BGH 27.4.2005 – 2 StR 457/04, NJW 2005, 2095 (2097); *Schlehofer*, in: MüKo StGB, Vor §§ 32 ff., Rn. 223; *Tiedemann/Kindhäuser*: Umweltstrafrecht – Bewährung oder Reform?, NStZ 1988, 337 (343).
322 Vgl. BGH 27.4.2005 – 2 StR 457/04, NJW 2005, 2095 (2097); *Lenckner/Sternberg-Lieben*, in: Schönke/Schröder, Vor §§ 32 ff., Rn. 62 a. Dieses Abstellen auf die formelle Bestandskraft einer behördlichen Zustimmung wird auch als „Verwaltungsaktsakzessorietät" bezeichnet und ist von einer „Verwaltungsrechtsakzessorietät" zu unterscheiden, bei der die strafrechtliche Relevanz einer behördlichen Zustimmung von einem Einklang mit (materiellen) verwaltungsrechtlichen Wertungen abhängig gemacht wird, s. dazu etwa *Schall*, Umweltschutz durch Strafrecht: Anspruch und Wirklichkeit, NJW 1990, 1263 (1267 f.); *Winkelbauer*, Die behördliche Genehmigung im Strafrecht, NStZ 1988, 201 (205).
323 Vgl. BGH 27.4.2005 – 2 StR 457/04, NJW 2005, 2095 (2097). S. zum Ganzen auch *Wittig*, Wirtschaftsstrafrecht, § 7, Rn. 14.
324 S. etwa BGH 22.7.1993 – 4 StR 322/93, NStZ 1993, 594 (595); *Roxin*, AT I, § 17, Rn. 59 ff.; *Tiedemann*, Wirtschaftsstrafrecht, § 6, Rn. 382.
325 Zu den Gegenauffassungen (nur tatbestandsausschließende oder nur rechtfertigende Wirkung bzw. Behandlung als objektive Strafbarkeitsbedingung) s. *Wittig*, Wirtschaftsstrafrecht, § 7, Rn. 11 m.w.N.
326 *Paeffgen*, in: K/N/P, Vor §§ 32 ff., Rn. 201.
327 Vgl. *Jakobs*, AT, Abschn. 16, Rn. 29; *Lenckner*, Behördliche Genehmigungen und der Gedanke des Rechtsmissbrauchs im Strafrecht, in: von Gamm u.a. (Hrsg.): Festschrift für Gerd Pfeiffer zum Abschied aus dem Amt als Präsident des Bundesgerichtshofes, Köln u.a. 1988, S. 27 ff.; *Winkelbauer*, Zur Verwaltungsakzessorietät des Umweltstrafrechts, Berlin 1985, S. 16 ff.

V. Einzelaspekte § 2

Interessen erteilt werden, wie bspw. den §§ 44 und 45 IfSG[328] oder § 53 Abs. 1 Nr. 3 WaffenG zu entnehmen ist.[329]

▶ **Beispielfall:** Die Firma C ist auf die Entsorgung von chemischen Kampfmitteln spezialisiert. Für ihre Arbeit muss sie regelmäßig im hauseigenen Labor mit Seuchenstoffen experimentieren, unter anderem, um Verfahren zum effektiven Seuchenschutz zu entwickeln. Dafür benötigt sie eine Ausnahmebewilligung. ◀

Auf welcher **Ebene der Deliktsprüfung** eine behördliche Genehmigung berücksichtigt wird, ist nach der herrschenden Irrtumslehre für den Fall von Bedeutung, dass jemand ohne Kenntnis eines Genehmigungserfordernisses, also im **umgekehrten Erlaubnistatbestandsirrtum** handelt.[330] Nach überwiegender Auffassung liegt dann ein Verbotsirrtum vor[331], während sich die Konsequenzen der sonstigen Irrtümer nach h.M. – unabhängig von der Zuweisung zur Tatbestands- oder Rechtfertigungsebene – an § 16 orientieren.

134

▶ **Hinweis zur Fallbearbeitung:** Zunächst sollte im Tatbestand[332] festgestellt werden, ob die fragliche behördliche Genehmigung überhaupt eine strafrechtliche Wirkung entfaltet. Soweit dies der Fall ist, muss in einem zweiten Schritt dann eine Einordnung als Tatbestandsausschluss oder Rechtfertigungsgrund erfolgen.[333] ◀

d) Wiederholungsfragen

1. Was ist ein „verwaltungsakzessorischer" Tatbestand? *Rn. 130 f.*
2. Worin liegt der Unterschied zwischen einem sog. präventiven Verbot mit Erlaubnisvorbehalt einerseits und einem repressiven Verbot mit Befreiungsvorbehalt andererseits? *Rn. 132 f.*

135

6. Tatbestands- und Verbotsirrtümer

▶ *Einstiegsfall:* Unternehmen A ist einer von insgesamt drei Konkurrenten in der Branche X. Bislang herrschte gemessen am Marktanteil ein Gleichgewicht zwischen den Wettbewerbern. Dann setzen die beiden Konkurrenten von A auf eine neue Technik, die sich jedoch als so fehlerhaft erweist, dass sich die wirtschaftliche Situation der betroffenen Unternehmen rapide verschlechtert. A erlangt daraufhin eine marktbeherrschende Stellung. Wenig später verhält sich A in einer Weise, die als Missbrauch i.S.v. § 19 Abs. 2 GWB anzusehen ist.

136

1. Welche Auswirkungen hat es, wenn die zuständigen Mitarbeiter von A zum Zeitpunkt des Missbrauchsverhaltens weiterhin davon ausgehen, dass bei den Marktanteilen ein Gleichgewicht zwischen den drei Konkurrenten bestehe? *Rn. 139 f.*

2. Wie ist zu bewerten, wenn die zuständigen Mitarbeiter von A im fraglichen Zeitpunkt zwar die jeweiligen Marktanteile kennen, aber fälschlich davon ausgehen, nicht der eigene Marktanteil X, sondern erst ein Marktanteil Y bedeute grundsätzlich eine marktbeherrschende Stellung? *Rn. 140, 142* ◀

---

328 Gesetz zur Verhütung und Bekämpfung v. Infektionskrankheiten beim Menschen vom 20.7.2000 (BGBl. I, S. 1045), in Kraft getreten am 1.1.2001.
329 BGH 22.7.1993 – 4 StR 322/93, NStZ 1993, 594; *Paeffgen*, in: K/N/P, Vor §§ 32 ff., Rn. 201.
330 *Paeffgen*, in: K/N/P, Vor §§ 32 ff., Rn. 201.
331 *Heine/Hecker*, in: Schönke/Schröder, § 324, Rn. 14; *Paeffgen*, in: K/N/P, Vor §§ 32 ff., Rn. 201.
332 In seinem Rahmen kann eine behördliche Genehmigung bei der Deliktsprüfung zuerst berücksichtigt werden.
333 *Wittig*, Wirtschaftsstrafrecht, § 7, Rn. 14.

a) Überblick

137 Die Beantwortung der aufgeworfenen Fallfragen hängt davon ab, wie die Fehlvorstellungen von A bei der strafrechtlichen Bewertung zu Buche schlagen. Dabei besteht zwischen einer Unkenntnis des eigenen Marktanteils und einer Fehlinterpretation des Begriffs der marktbeherrschenden Stellung[334] ein grundsätzlicher Unterschied. Er korrespondiert damit, dass im Gesetz (vgl. §§ 16 und 17 StGB[335] bzw. § 11 OWiG) zwischen **Tatbestands- und Verbotsirrtum** unterschieden wird. Diese Differenzierung spielt in Wirtschaftsstrafverfahren (vor allem im Zusammenhang mit Blankettnormen[336] und normativen Tatbestandsmerkmalen[337]) häufig eine Rolle[338], und ist schon deshalb von Bedeutung, weil die beiden Irrtumsvarianten unterschiedliche rechtliche Konsequenzen haben.

b) Tatbestandsirrtümer

138 ▶ **Definition:** Irrt ein Unternehmensmitarbeiter im Hinblick auf rechtlich relevante Tatsachen, so kommt ein **Tatbestandsirrtum** in Betracht. Ein solcher Irrtum liegt gem. § 16 Abs. 1 S. 1 dann vor, wenn der Rechtsunterworfene bei Tatbegehung „*einen Umstand nicht kennt, der zum gesetzlichen Tatbestand gehört.*"[339] ◀

139 Rechtliche Folge ist der **Vorsatzausschluss**[340]; wegen einer Vorsatztat kann dann also nicht mehr bestraft werden. In Betracht kommt allerdings eine Bestrafung wegen Fahrlässigkeit, soweit das Gesetz eine entsprechende Fahrlässigkeitsdelinquenz vorsieht.[341] Das Hauptaugenmerk gilt dabei der Frage, ob die im Verkehr erforderliche Sorgfalt aufgebracht wurde, um zu richtigen Einschätzungen zu gelangen. Anders formuliert muss der Normadressat – um einer Strafe bzw. Geldbuße zu entgehen – alles Gebotene und Zumutbare tun, um Fehleinschätzungen zu vermeiden.[342]

▶ **Beispiel:** Weiß man also bspw. in einem Unternehmen nicht, dass man einen bestimmten Marktanteil X und damit eine marktbeherrschende Stellung innehat, so handelt man bei der Verletzung von besonderen Verhaltenspflichten eines Marktbeherrschers nicht vorsätzlich. Man kennt dann den Tatsachenumstand der eigenen Marktbeherrschung nicht. Als Folgefrage bleibt, ob im Unternehmen alles Gebotene und Zumutbare zur Tatsachenerforschung getan wurde. Denn auch die fahrlässige Verletzung von Sonderpflichten ist bei der marktbeherrschenden Stellung sanktionsbewehrt.[343] ◀

c) Verbotsirrtümer

140 Neben einem solchen Tatbestandsirrtum kann die Fehleinschätzung auch die Einsicht betreffen, Unrecht zu tun. Dann steht ein sog. Verbotsirrtum i.S.d. § 17 in Rede.

---

334 S. dazu § 3, Rn. 721 ff.
335 Sie gelten gem. Art. 1 EGStGB auch für das Nebenstrafrecht.
336 S. § 2, Rn. 7 ff.
337 Dazu § 2, Rn. 143 ff.
338 S. *Wittig*, Wirtschaftsstrafrecht, § 6, Rn 163.
339 S. zum Tatbestandsirrtum auch *Joecks*, in: MüKo StGB, § 16, Rn. 2.
340 S. § 16 Abs. 1 S. 1.
341 S. § 16 Abs. 1 S. 2.
342 *Meyer-Lindemann*, in: Löwenheim/Meessen/Riesenkampff, Kartellrecht, § 81, Rn. 63 ff.
343 S. § 81 Abs. 1 und Abs. 2 Nr. 1 GWB.

V. Einzelaspekte § 2

▶ **Definition:** Ein solcher **Verbotsirrtum** ist allgemein dadurch charakterisiert, dass der Rechtsunterworfene in Kenntnis aller Tatumstände und somit vorsätzlich handelt, sein Tun aber für erlaubt hält, weil er die rechtlichen Maßgaben fehlinterpretiert.[344] ◀

▶ **Beispiele:** Apotheker A packt Tabletten in Schachteln. Rechtlich ist vorgeschrieben, dass ein bestimmtes Arzneimittel in einer Verpackung allenfalls 6 Tabletten enthalten darf. A ist diese Vorschrift nicht bekannt, so dass er beim Verpacken von 8 Tabletten in eine Schachtel nicht davon ausgeht, etwas Verbotenes zu tun. In der ersten Variante des **Einstiegsfalls** liegt ein Irrtum über Tatumstände vor, so dass der Vorsatz entfällt. Die Abwandlung hingegen betrifft einen Fall des (vermeidbaren) Verbotsirrtums. ◀

Ein solcher Irrtum lässt den Vorsatz unberührt, ist aber gem. § 17 S. 1 (bzw. § 11 Abs. 2 OWiG im Ordnungswidrigkeitenrecht) **bei Unvermeidbarkeit** als **Sanktionshindernis** anzuerkennen.[345] Von der maßgeblichen Unvermeidbarkeit ist dabei auszugehen, wenn einer Fehlinterpretation der rechtlichen Maßgaben auch bei Ausschöpfung der zumutbaren Klärungsmöglichkeiten nicht zu entgehen war.[346] Darauf kann sich insbesondere nur berufen, wer Zweifel am Unrechtscharakter seines Tuns erforderlichenfalls durch Einholung verlässlichen und sachkundigen Rechtsrats beseitigt hat.[347] Bei den komplizierten Rechtsfragen des Wirtschaftsstrafrechts müssen damit regelmäßig Rechtsauskünfte eingeholt werden. Sie schützen nur dann vor Bestrafung bzw. Bebußung, wenn sie klar unrechtsverneinenden Charakter haben und nach pflichtgemäßer Prüfung der Sach- und Rechtslage erfolgt sind.[348] Auch muss die Auskunftsperson verlässlich, d.h. sachkundig, zuverlässig und von Eigeninteressen an der Auskunft unbeeinflusst sein. Ist die Auskunft oder ihre Tatsachengrundlage erkennbar unrichtig, so scheidet ein unvermeidbarer Verbotsirrtum ebenso wie bei Einholung eines Gefälligkeitsgutachtens aus.[349]

141

Die Wesentlichkeit einer Unterscheidung zwischen Tatbestands- und Verbotsirrtum wird damit schon beim Vergleich der **Konsequenzen** offenbar: Während beim Tatbestandsirrtum lediglich das Risiko bleibt, wegen einer Fahrlässigkeitstat belangt zu werden, kommt beim Verbotsirrtum auch ein Vorsatzdelikt in Betracht.

142

▶ **Beispiel:** Für die Zuordnung im **Einstiegsfall** (Rn. 136) ist bspw. maßgeblich, ob sich die Fehlvorstellung auf die Begriffsbestimmungen selbst, also die rechtlichen Maßgaben für das Vorliegen einer marktbeherrschenden Stellung, oder die tatsächlichen Umstände bezieht, die dem Gesetzgeber als marktbeherrschende Stellung gem. § 19 GWB gelten.[350] ◀

d) Deskriptive und normative Tatbestandsmerkmale

Dabei gehört eine solche marktbeherrschende Stellung zur Kategorie der sog. normativen Tatbestandsmerkmale, denen die „deskriptiven" Tatbestandsmerkmale gegenübergestellt werden.

143

---

344 *Sternberg-Lieben/Schuster*, in Schönke/Schröder, § 17, Rn. 1.; *Roxin*, AT I, § 12, Rn. 98.
345 § 17 S. 1.
346 *Sternberg-Lieben/Schuster*, in Schönke/Schröder, § 17, Rn. 13.
347 BGH 11.10.2012 – 1 StR 213/10, BGHSt 58, 15 (29).
348 *Vogel*, in: LK StGB § 17, Rn. 78, 85.
349 *Wittig*, Wirtschaftsstrafrecht, § 5, Rn. 15 m.w. N.
350 Vgl. *Meyer-Lindemann*, in: Löwenheim/Meessen/Riesenkampff (Hrsg.): Kartellrecht, § 81, Rn. 63 ff.

144 ▶ **Definitionen:** Ein „**deskriptives**" Tatbestandsmerkmal bezieht sich dabei auf Gegebenheiten oder Vorgänge, die sinnlich wahrgenommen werden können. Demgegenüber werden Merkmale als **normativ** angesehen, wenn ihre Erfassung nur mithilfe einer rechtlichen Bewertung gelingt.[351] ◀

▶ **Beispiele:** So werden die Wegnahme gem. § 242 oder ein Gebäude i.S.d. § 306 als deskriptive Tatbestandsmerkmale, eine Beleidigung nach § 185 oder die Fremdheit des Diebstahlsobjekts bei § 242 hingegen als normative Merkmale angesehen.[352] ◀

145 Die **Grenze zwischen deskriptiven und normativen Merkmalen** tritt nicht trennscharf zu Tage. Denn auch die Erfassung deskriptiver Merkmale kommt nicht ohne Bewertungen aus, wie nicht zuletzt in Zweifelsfällen offenbar wird. Dann nämlich werden solche Merkmale zum Gegenstand einer Auslegung, die sich insbesondere an Normzweckerwägungen und damit an normativen Maßstäben orientiert. Umgekehrt haben normative Merkmale auch deskriptive Anteile.

▶ **Beispiel:** Eine Beleidigung bspw. ist nicht nur als soziales Werturteil, sondern auch in seinen sinnlich wahrnehmbaren Qualitäten – etwa als Schriftstück – zu erfassen.[353] ◀

146 Bedeutung hat die Unterscheidung zwischen deskriptiven und normativen Tatumständen vor allem für die **Vorsatzanforderungen** – und damit auch für die Einordnung von Fehlvorstellungen in das Rechtsfolgensystem der §§ 16 und 17. Denn die von § 16 Abs. 1 angesprochene Tatumstandskenntnis als Wissenselement des Vorsatzes ist bei deskriptiven und normativen Tatumständen an unterschiedliche Bedingungen geknüpft: Während die Kenntnis von **deskriptiven Tatumständen vor allem** durch **sinnliche Wahrnehmung** vermittelt wird, setzt die Erfassung von **normativen Tatumständen** ein **geistiges Verstehen** voraus.[354]

▶ **Beispiele:** Die Existenz eines Gebäudes bspw. kann sinnlich wahrgenommen werden, die Fremdheit einer Diebesbeute hingegen nicht – vielmehr setzt deren Erfassung ein Verständnis für die Eigentumsverhältnisse voraus. ◀

147 Dabei genügt bei **normativen Merkmalen** Klarheit über den sozialen Bedeutungsgehalt im Rahmen einer sog. **Parallelwertung in der Laiensphäre**, einer exakten juristischen Subsumtion bedarf es hingegen nicht. Hat der Täter also Kenntnis vom sozialen Sinngehalt des jeweiligen Tatumstands, reicht dies für eine Vorsatzbejahung. Soweit sich der Bedeutungsgehalt dabei nur anhand einer zutreffenden rechtlichen Bewertung erschließt, ist diese Bewertung Voraussetzung für ein Verständnis des fraglichen Merkmals und damit für einen darauf bezogenen Vorsatz. Eine fehlerhafte rechtliche Bewertung, d.h. ein Rechtsirrtum, kann hier also auch zum Vorsatzausschluss führen.[355]

148 Diese Maßgaben bestimmen insbesondere den Umgang mit sog. **Subsumtionsirrtümern**. Damit sind Fehlvorstellungen gemeint, die auf eine Fehlinterpretation des Rechts zurückgehen. Für die Vorsatzkenntnis haben verfehlte Rechtsauffassungen Bedeutung, wenn sie dem Täter falsche Vorstellungen vom sozialen Sinngehalt seines Tuns vermitteln. Wird dem Täter hingegen trotz fehlerhafter rechtlicher Bewertungen die soziale Bedeutung seines Handelns klar, dann genügt dies für eine Bejahung des

---

351 *Roxin*, AT I, § 10, Rn. 58; *Wessels/Beulke/Satzger*, AT, Rn. 197 f.
352 *Wessels/Beulke/Satzger*, AT, Rn. 197 f.
353 *Roxin*, AT I, § 10, Rn. 59.
354 *Roxin*, AT I, § 12, Rn. 100.
355 *Roxin*, AT I, § 12, Rn. 101 ff.

Vorsatzes. Der Rechtsirrtum kann dann also allenfalls als Verbotsirrtum i.S.d. § 17 zu Buche schlagen. Denn Vorsatzkenntnis verlangt (lediglich) eine Erfassung des sozialen Handlungssinnes und nicht des juristischen Verbotes.[356] Wann aber ein Rechtsirrtum der Erfassung des sozialen Handlungssinnes nicht entgegensteht, wo also bei normativen Tatbestandsmerkmalen die Grenze zwischen Tatbestands- und Verbotsirrtum verläuft, ist oft nicht recht klar.

Rechtsirrtümer können sich somit auf die Vorsatzkenntnis bei normativen Tatbestandsmerkmalen auswirken, müssen dies aber nicht. Dies hat insbesondere vor dem Hintergrund Bedeutung, dass Subsumtionsirrtümer praktisch bei jedem normativen Tatbestandsmerkmal geltend gemacht werden können. Denn eine exakte juristische Subsumtion gelingt dem Laien fast nie.[357] Zugleich wird offenbar, dass die Differenzierung zwischen Tatbestands- und Verbotsirrtümern nicht deckungsgleich ist mit dem Unterschied zwischen Tatsachen- und Rechtsirrtümern. Eine Fehlinterpretation des Rechts kann nämlich einerseits zum Verbotsirrtum nach § 17 führen. Andererseits kann ein **Rechtsirrtum bei normativen Tatbestandsmerkmalen** zur Folge haben, dass dem Täter die in § 16 Abs. 1 vorausgesetzte Kenntnis der Tatumstände fehlt und er sich somit im Tatbestandsirrtum befindet. Bei der Erfassung von deskriptiven Tatbestandsmerkmalen spielen hingegen rechtliche Bewertungen und damit Rechtsirrtümer im Vorsatzbereich von vornherein keine Rolle. Solche Merkmale gelten nämlich (wie angesprochen) als sinnlich wahrnehmbar, ihre Kenntnis ist also von Deutungen des Rechts unabhängig.

e) Rechtsirrtümer im Wirtschaftsstrafrecht

Dass Rechtsirrtümer also bei deskriptiven Tatbestandsmerkmalen für den Vorsatz von vornherein unbeachtlich sind, wird zum Anlass für eine **großzügige Zuordnung zum Bereich der normativen Tatbestandsmerkmale** genommen.[358] Solche Merkmale finden sich in großer Zahl in den strafrechtlichen Vorgaben für das Wirtschaftsleben, so insbesondere in vielen Bereichen des Nebenstrafrechts. Zugleich sind Regelungen im Wirtschafts- bzw. Nebenstrafrecht oft so kompliziert, dass die Gefahr von fehlerhaften Bewertungen groß ist. Solchen Fehleinschätzungen dann beim Vorsatz nicht Rechnung tragen zu können, wird aus kriminalpolitischer Warte als unbefriedigend angesehen. Das **Argument der Rechtskomplexität** kommt dabei vor allem dort ins Spiel, wo Rechtsvorgaben nicht an Spezialisten des jeweiligen Verkehrskreises gerichtet sind.[359]

Allerdings wird auch für sie bei zahlreichen Tatbeständen des (Neben-)Strafrechts nicht ohne Weiteres deutlich, was die Strafwürdigkeit der jeweils inkriminierten Handlungen ausmacht. Im Kernstrafrecht hat dieses Problem eine wesentlich geringere Bedeutung. Bei den hier erfassten Delikten – wie etwa Totschlag oder Diebstahl – ist in der Regel offensichtlich, dass es sich dabei um Unrecht handelt. Zahlreiche (**farblose**) **Tatbestände des Wirtschafts- bzw. Nebenstrafrechts** verdanken ihre Existenz hingegen allein einer Entscheidung des Gesetzgebers und nicht der rechtlichen Anerkennung gewachsener sozialethischer Normen. Hier liegt daher nicht – wie im Kernstrafrecht –

---

356 *Roxin*, AT I, § 12, Rn. 104.
357 *Roxin*, AT I, § 12, Rn. 113.
358 Nachweise extensiver Verwendung normativer Tatbestandsmerkmale bei *Schneider*, Wachstumsbremse Wirtschaftsstrafrecht. Problematische Folgen überzogener Steuerungsansprüche und mangelnder Randschärfe in der wirtschaftsstrafrechtlichen Begriffsbildung, Neue Kriminalpolitik 2012, S. 30–37.
359 Vgl. zu diesem Gesichtspunkt *Kudlich*, in: BeckOK StGB, § 16, Rn. 14–16.

nahe, dass von der Kenntnis aller Tatumstände ein Appell an das Gewissen des Täters ausgeht, sich über das Erlaubt- oder Verbotensein des geplanten Tuns Gedanken zu machen.[360]

Deshalb erscheint die großzügige Berücksichtigung eines fehlerhaften Rechtsbewusstseins auf Seiten des Täters auch eher angebracht als im Kernstrafrecht, wo stärker auf generalpräventive Aspekte Rücksicht zu nehmen ist. Hier dürfen Normen nicht durch Unkenntnis in Frage gestellt werden. Weite Bereiche des Nebenstrafrechts hingegen interferieren nicht mit einem **kollektiven (Unrechts-)Bewusstsein**. Daran ist der Gesetzgeber dann beim Umgang mit unerwünschten Verhaltensweisen auch nicht gebunden. Deshalb wird die Einordnung als Straftat, Ordnungswidrigkeit oder bloßer Anlass für öffentlich-rechtliche bzw. zivilrechtliche Maßnahmen auch zuweilen mit einer gewissen Beliebigkeit abgeändert.[361]

f) Wiederholungsfragen

152
1. Was ist unter normativen Tatbestandsmerkmalen zu verstehen? *Rn. 144*
2. Welchen weiteren Typ von Tatbestandsmerkmal gibt es? *Rn. 144*
3. Wie muss der Vorsatz im Hinblick auf normative Tatbestandsmerkmale ausgestaltet sein? *Rn. 147*

153   Literaturtipps zur Vertiefung:

Beckemper, Strafbare Beihilfe durch alltägliche Geschäftsvorgänge, Jura 2001, S. 163–169.
Beulke/Bachmann, Die „Lederspray-Entscheidung" – BGHSt 37, 106, JuS 1992, S. 737–744.
Dann/Mengel: Tanz auf einem Pulverfass – oder: Wie gefährlich leben Compliance-Beauftragte? NJW 2010, 3265–3269.
Kindhäuser: Zur Abgrenzung des Irrtums über Tatumstände vom Verbotsirrtum, JuS 2019, 953–960.
Kudlich, „Neutrale Beihilfe" bei der Mitwirkung an der Sicherung der innerdeutschen Grenze (Besprechung zu BGH NJW 2001, 2409), JuS 2002, S. 751–755.
Kuhlen, Strafhaftung bei unterlassenem Rückruf gesundheitsgefährdender Produkte, NStZ 1990, S. 566–570.
Lindemann/Sommer: Die strafrechtliche Geschäftsherrenhaftung und ihre Bedeutung für den Bereich der Criminal Compliance, JuS 2015, 1057–1062.
Luther/Zivanic: Schwerpunktbereichsklausur – Wirtschaftsstrafrecht: Clean-Crime – Viel Schmutz beim Straßenputz, JuS 2017, 943–948.
Mosbacher/Dierlamm, Betriebsangehöriger als Überwachungsgarant (zu BGH, 17. 7. 2009 – 5 StR 394/08), NStZ 2010, 268–270.
Rönnau/Wegner: Grundwissen – Strafrecht: Beihilfe und „neutrales" Verhalten, JuS 2019, 527–531.
Schneider, Neutrale Handlungen: Ein Oxymoron im Strafrecht? Zu den Grenzlinien der Beihilfe, NStZ 2004, S. 312–317.

---

360 Etwa *Schneider*, Generalprävention im Wirtschaftsstrafrecht. Voraussetzungen von Normanerkennung und Abschreckung, in: Rengier/Hilgendorf (Hrsg.): Festschrift für Wolfgang Heinz zum 70. Geburtstag, S. 663–676; *ders.*, Über die Erstarrung der deutschen Kriminologie zwischen atypischem Moralunternehmertum und Bedarfswissenschaft, in: Kempf/Lüderssen/Volk (Hrsg.): ILFS Band 6: Wirtschaft – Strafrecht – Ethik, Berlin 2009, S. 61–79.
361 *Joecks*, in: MüKo StGB, § 17, Rn. 90 m.w.N.

§ 3 Teilbereiche des materiellen Wirtschaftsstrafrechts

I. Betrug § 263

▶ *Einstiegsfall:* A betreibt einen Elektrokleinhandel, in dem er auch neueste Fernsehgeräte mit 3D-Technologie verkauft. Er lässt in seinem aktuellsten Werbeprospekt verlauten, die 3D-Fernseher, welche sich bei ihm im Verkauf befänden, würden über eine „3D-Technologie der nächsten Generation" verfügen, so dass ein uneingeschränkter 3D-Fernsehgenuss auch ohne störende 3D-Brille möglich sei, was zahlreiche technische Studien belegten. Es handele sich bei den Geräten um ein „Wunder der modernen Fernsehtechnologie". Durch Verträge mit den Herstellern habe sein Elektrohandel die Exklusivrechte am Verkauf dieser Fernseher. Tatsächlich handelt es sich bei den Fernsehern um gewöhnliche TV-Geräte mit 3D-Technologie, bei denen man ohne eine separat zu erwerbende 3D-Brille keinerlei dreidimensionale Effekte bei der Bildwiedergabe wahrnehmen kann. Die Geräte können in jedem gewöhnlichen Elektromarkt 500 EUR günstiger als bei A erworben werden. Mit den fraglichen Fernsehgeräten macht A einen Bruttogewinn in Höhe von 20.000 EUR.[1] Hat sich A nach § 263 strafbar gemacht? *Rn. 11* ◀

1

1. Überblick

a) Praxisrelevanz

§ 263 ist nicht nur der wichtigste Tatbestand zum Schutz des Vermögens[2], sondern kommt im Gesamtaufkommen der registrierten Kriminalität – mit einem Anteil von etwa 15,1 %[3] – nach § 242 auch am zweithäufigsten vor. Im Wirtschaftsstrafrecht haben Betrügereien schon wegen der dadurch bewirkten Schäden[4] **zentrale Bedeutung** – und dies, obwohl die meisten Betrugtaten **keine Wirtschaftsdelikte** sind.[5] Echter „Wirtschaftsbetrug" ist in der PKS gesondert ausgewiesen[6], wobei hier bei einer Längsschnittbetrachtung ein Rückgang der registrierten Fälle[7] erkennbar wird. Beim Betrugtatbestand zeigt sich auch die zunehmende Europäisierung des Strafrechts, bei-

2

---

1 Vgl. BGH 22.10.1986 – 3 StR 226/86; BGHSt 34, 199.
2 *Rengier,* BT I, § 13, Rn. 1; *Wittig,* Wirtschaftsstrafrecht, § 14, Rn. 1.
3 Ohne ausländerrechtliche Verstöße 15,6 %, PKS 2018 – Bd. 1, S. 12, 17. Hierbei ist jedoch zu berücksichtigen, dass die PKS den Betrug nach § 263 genau genommen nicht gesondert ausweist, sondern in dem PKS-Schlüssel 510000 alle Straftaten nach §§ 263, 263 a, 264, 264 a, 265, 265 a, 265 b enthalten sind, PKS 2018 – Bd. 4, S. 98. Aufgrund der allgemeinen Zuordnung im Bereich des Betrugs, die alle Deliktsformen beinhaltet, sind Aussagen zur Anzahl der Betrugtaten nach § 263 StGB sowohl als allgemeine Kriminalität als auch als Wirtschaftskriminalität somit in der Form nicht möglich.
4 Durch Betrugshandlungen sind im Jahr 2018 insgesamt (also nicht nur im Wirtschaftsleben) Schäden in Höhe von 1,708 Mrd. EUR und durch Betrug im wirtschaftsstrafrechtlichen Zusammenhang in Höhe von 653 Mio. EUR entstanden, s. PKS 2018 – Bd. 4, S. 107 und BKA (Hrsg.), Wirtschaftskriminalität Bundeslagebild 2018, S. 4, 7. Der starke Rückgang der Schadenshöhe (und Fallzahlen) im Vergleich zum Vorjahr (2017: 2,065 Mrd. EUR) steht mit einem abgeschlossenen Umfangsverfahren in Sachsen in Zusammenhang, s. PKS 2018 – Bd. 4, S. 107.
5 S. *Wittig,* Wirtschaftsstrafrecht, § 14, Rn. 1. Auch hinsichtlich der Anzahl der Fälle macht der Betrug innerhalb der Wirtschaftskriminalität den Großteil von 46,7 % (23599 Fälle) aus, während hingegen nur 2,8 % der Betrugsfälle insgesamt in den Bereich der Wirtschaftskriminalität fällt, PKS 2018 – Bd. 4, S. 171.
6 Trotz der hohen Bedeutung des Betrugs im Bereich der Wirtschaftskriminalität existiert allerdings noch keine allgemein anerkannte Definition zur Abgrenzung dieser Betrugsform von seinen weiteren „allgemeinen" Ausprägungen, was auch mit den grundsätzlichen Schwierigkeiten einer allgemein verbindlichen Kennzeichnung von Wirtschaftsstraftaten zusammenhängt, s. dazu § 1, Rn. 1 ff. Vgl. a. Bundesministerium des Innern / Bundesministerium der Justiz (Hrsg.), Zweiter Periodischer Sicherheitsbericht, 2006, S. 227.
7 Nach der PKS 2016 z.B. gegenüber dem Vorjahr um 8 %.

spielsweise ist Art. 325 AEUV zum Schutz von Finanzinteressen der Europäischen Union im Rahmen von § 263 StGB anzuwenden.[8]

b) Normzweck und Struktur

3 § 263 bedroht **vermögensschädigende Täuschungen** mit Strafe und schützt damit das – näher zu bestimmende[9] – Vermögen als Ganzes in seinem wirtschaftlichen Wert.[10] Die bloße Beeinträchtigung der wirtschaftlichen Dispositionsfreiheit genügt für seine Verwirklichung nicht.[11]

4 Betrug ist dabei ein sog. **Selbstschädigungsdelikt** und damit – unter diesem Gesichtspunkt – ein Gegenstück zu Fremdschädigungsdelikten wie dem Diebstahl gem. § 242.[12] Die Trennlinie zwischen Selbst- und Fremdschädigungsdelikten ist im allgemeinen Strafrecht bspw. für die Abgrenzung von Sachbetrug und (Trick-) Diebstahl von Belang, während sich das Wirtschaftsstrafrecht für sie vor allem im Zusammenhang mit dem sog. Forderungsbetrug interessiert.

2. Tatbestandsvoraussetzungen

a) Täuschung

5 § 263 spricht im Hinblick auf die Tathandlung davon, dass der Täter „einen Irrtum erregt oder unterhält", wofür in der Fallprüfung der Begriff der Täuschung üblich ist.

6 ▶ **Definition:** Als eine solche Täuschung gilt ein Verhalten mit Erklärungswert, das im Wege einer Einwirkung auf das intellektuelle Vorstellungsbild eines anderen Menschen eine **Fehlvorstellung über Tatsachen erregen oder unterhalten** soll.[13] ◀

aa) Tatsachen

7 ▶ **Definition:** Gegenstand der Täuschung sind somit **Tatsachen**. Darunter versteht man konkrete Vorgänge oder Zustände der Vergangenheit oder Gegenwart, die objektiv bestimmbar und **dem Beweis zugänglich** sind.[14] ◀

8 ▶ **Problem:** Das Merkmal der Beweiszugänglichkeit erschwert bspw. die Einordnung von Prognosen, d.h. von Einschätzungen künftiger Umstände (wie sie etwa von Anlageberatern abgegeben werden).[15] Denn Zukünftiges ist ungewiss und daher nicht nachweisbar. Allerdings beruhen Prognosen auf Tatsachen, über die ohne Weiteres getäuscht werden kann.[16] ◀

---

8 *Wittig*, Wirtschaftsstrafrecht, § 14, Rn. 3 a; *Satzger*, in: Satzger/Schluckebier/Widmaier, § 263, Rn. 5 ff.; *Gaede*, in: AnwK-StGB, § 263 Rn. 6.
9 S. dazu § 3, Rn. 43 ff.
10 *Perron*, in: Schönke/Schröder, § 263, Rn. 1/2 ff.
11 Vgl. BGH 18.7.1961 – 1 StR 606/60, BGHSt 16, 220 (221); *Fischer*, StGB, § 263, Rn. 3.
12 BGH 13.4.1962 – 1 StR 41/62, BGHSt 17, 205 (209); *Fischer*, StGB, § 263, Rn. 70.
13 S. *Beukelmann*, in: BeckOK, § 263, Rn. 9; *Kühl*, in: Lackner/Kühl, StGB, § 263, Rn. 6; *Satzger*, in: Satzger/Schluckebier/Widmaier, § 263, Rn. 29 f.
14 BGH 8.10.2014 – 1 StR 359/13, BGHSt 60, 1 (6); *Fischer*, StGB, § 263, Rn. 6; *Küper/Zopfs*, BT, S. 314; *Kindhäuser*, StR BT II, § 27, Rn. 4.
15 S.a. § 3, Rn. 106 ff.
16 *Satzger*, in: Satzger/Schluckebier/Widmaier, § 263, Rn. 27; *Perron*, in: Schönke/Schröder, § 263, Rn. 9.

I. Betrug § 263

Tatsache kann auch etwas Unmögliches[17] oder der Umstand sein, dass etwas nicht existiert.[18] Wesentliches Merkmal von Tatsachen ist eine „intersubjektive Nachprüfbarkeit" bzw. „prinzipielle Beweisbarkeit"[19], an der es bei reinen Meinungsäußerungen, bloßen Werturteilen, Rechtsausführungen[20] oder (reklamehaften) Anpreisungen fehlt.[21] Sie enthalten jeweils keinen „**Tatsachenkern**", den die h.M. für eine Einordnung als Tatsache verlangt.[22]

▶ **Beispiele:** Verneint wird ein Tatsachenkern etwa bei werbenden Anpreisungen, die – wie der Werbeslogan „Die längste Praline der Welt" – nach der Verkehrsauffassung von vornherein nicht ernst zu nehmen sind.[23] Ebenfalls keine Tatsachenbehauptung ist darin zu sehen, dass ein Unternehmen im Rahmen von Verkaufsverhandlungen als „wirtschaftlich solider Betrieb mit gesicherter Zukunft" angepriesen wird. Anders liegt es, wenn unter Vorlage von Unterlagen wahrheitswidrig behauptet wird, das Unternehmen habe „zwei große Aufträge im Gesamtvolumen von 250 000 EUR erhalten".[24] ◀

▶ **Anwendungsbezug:** Der Unterschied zwischen Tatsachen und Werturteil ist unter anderem bei Prüfung des § 16 UWG von Bedeutung. Denn der Tatbestand der verbotenen Werbung setzt eine „unwahre Angabe" voraus, die in den Bereich der Tatsachen fällt.[25] ◀

Im **Einstiegsfall** ist sowohl die Behauptung eines Exklusivrechts am Verkauf der Fernseher als auch die Angabe, ein 3D-Fernsehgenuss sei ohne 3D-Brille möglich und durch zahlreiche technische Studien belegt, dem Beweis zugänglich. Dass allerdings deshalb auch die Anpreisung „Wunder der modernen Fernsehtechnologie" einen Tatsachenkern enthält, erscheint nicht zwingend.

bb) Mittel der Täuschung

(1) Grundlagen

Auf welchem Weg auf das Vorstellungsbild eines Anderen eingewirkt wird, ist für das Vorliegen einer Täuschung i.S.d. § 263 unerheblich. Getäuscht werden kann also mündlich ebenso wie per E-Mail, über das Internet oder das Fernsehen.[26] Weil Betrug ein Kommunikationsdelikt ist[27], unterfallen bloße Tatsachenveränderungen oder Objektmanipulationen nach überwiegender Auffassung dem Täuschungsbegriff des § 263 nicht.[28] Deshalb kann beispielsweise nicht schon die Fälschung einer Zulassungsbescheinigung zur Erzielung eines höheren PKW-Kaufpreises Täuschung i.S.d. § 263 sein,

---

17 S. *Satzger*, in: Satzger/Schluckebier/Widmaier, § 263, Rn. 14.
18 Sog. Negativtatsache, vgl. BGH 15.12.2006 – 5 StR 181/06; BGHSt 51, 165 (169), 171.
19 *Küper/Zopfs*, BT, S. 314.
20 *Wittig*, Wirtschaftsstrafrecht, § 14, Rn. 13; *Fischer*, StGB, § 263, Rn. 11.
21 BGH 26.8.2003 – 5 StR 145/03, BGHSt 48, 331 (344 f.); *Graul*, in JZ 1995, 595; *Hilgendorf*, Tatsachenaussagen und Werturteile im Strafrecht, S. 205 ff.; s. 222; *Fischer*, StGB, § 263, Rn. 9 f.
22 BGH 26.8.2003 – 5 StR 145/03, BGHSt 48, 331 (344); *Perron*, in: Schönke/Schröder, § 263, Rn. 9; *Satzger*, in: Satzger/Schluckebier/Widmaier, § 263, Rn. 20.
23 *Satzger*, in: Satzger/Schluckebier/Widmaier, § 263, Rn. 24; *Wittig*, Wirtschaftsstrafrecht, § 14, Rn. 14.
24 Vgl. BGH 6.10.2009 – 4 StR 307/09, NStZ-RR 2010, 146.
25 Vgl. *Kudlich/Oglakcioglu*, Wirtschaftsstrafrecht, Rn. 211.
26 *Fischer*, StGB, § 263, Rn. 16 a f.
27 S. *Tiedemann*, in: LK-StGB, § 263, Rn. 22.
28 *Wittig*, Wirtschaftsstrafrecht, § 14, Rn. 26; s. *Fischer*, StGB, § 263, Rn. 15 m.w.N.

sondern allenfalls die Vorlage der Bescheinigung zur Täuschung beim potenziellen Käufer.[29]

(2) Täuschung durch schlüssiges Verhalten

13 In Form eines aktiven Tuns täuscht nicht nur, wer Wahrheitswidriges ausdrücklich erklärt – so bspw. ein Arzt, der in seiner Honorarabrechnung explizit davon spricht, die angegebenen Leistungen tatsächlich erbracht zu haben[30]. Vielmehr kann eine Täuschung auch in dem liegen, was bei einem bestimmten Verhalten schlüssig „miterklärt" wird.[31]

14 ▶ **Beispiele:** Auf Ausschreibungen hin abgegebene Angebote enthalten grundsätzlich die konkludente Erklärung, nicht auf einer von § 1 GWB verbotenen wettbewerbsbeschränkenden Absprache zu beruhen.[32] Möglich ist auch, dass durch Kombination von zutreffenden Erklärungen ein (konkludent) täuschender Gesamteindruck entsteht. Dies kann z.B. auf Angebotsschreiben zutreffen, die unter Verwendung typischer Rechnungsmerkmale den Eindruck einer Zahlungspflicht vermitteln.[33] Täuschungscharakter hat ein an sich zulässiges Verhalten (wie die Abgabe eines Angebots) nämlich dann, wenn der Täter gezielt Gestaltungsmittel einsetzt, um planmäßig eine Fehlvorstellung des Adressaten zu bewirken, ein Irrtum also Zweck und nicht unerwünschte Folge ist.[34] ◀

15 Die Feststellung einer solchen „konkludenten" Täuschung bereitet oft größeren Aufwand, weil der Erklärungswert des jeweiligen Täterverhaltens unter Berücksichtigung der allgemeinen Verkehrsauffassung und des Empfängerhorizonts herausgedeutet werden muss.[35] Dazu bedarf es unter anderem einer zuverlässigen Vorstellung darüber, was **Anschauung des jeweiligen Verkehrskreises** ist. Denn schlüssig bzw. konkludent wird dasjenige (mit-)behauptet, was sich im betreffenden Kontext von selbst versteht, ohne ausdrücklich erklärt werden zu müssen.[36] Auch wird das Täuschungsrelevante nicht ausdrücklich, sondern stillschweigend erklärt, was dem Täter oft ermöglicht, sich vom objektiven Erklärungsgehalt subjektiv zu distanzieren.

16 Zugleich erfährt der Vermögensschutz durch die Berücksichtigung konkludenter Täuschungen in § 263 eine erhebliche Ausweitung, wie sich gerade im – besonders betrugsanfälligen – Wirtschaftsleben zeigt. Denn hier unterhalten Täter und Opfer regelmäßig Vertrags- und damit Kommunikationsbeziehungen, die einem **Betrug als „Kommunikationsdelikt"** erst den Boden bereiten.[37] Ist der Täter dabei nicht Garant i.S.d. § 13 (was regelmäßig der Fall ist)[38], kommt nur eine Strafbarkeit wegen aktiver Täuschung in Betracht.

---

29 *Wittig*, Wirtschaftsstrafrecht, § 14, Rn. 26; *Tiedemann*, in: LK-StGB, § 263 Rn. 23.
30 S. OLG Hamm 11.7.1996 – 3 Ws 164/96; OLG Hamm NStZ 1997, 130 (131).
31 BGH 26.4.2001 – 4 StR 439/00; BGHSt 47, 1 (3); *Fischer*, StGB, § 263, Rn. 15 a; *Perron*, in: Schönke/Schröder, § 263, Rn. 12.
32 Vgl. BGH 11.7.2001 – 1 StR 576/00; BGHSt 47, 83 (86 f.); s.a. § 3, Rn. 83 ff.
33 Vgl. BGH 26.4.2001 – 4 StR 439/00, s.a. § 3, Rn. 108 ff.
34 S. BGH 26.4.2001 – 4 StR 439/00; OLG Frankfurt a.M., Beschluß vom 13.3.2003 – 1 Ws 126/02; NJW 2003, 3215.
35 BGH 26.4.2001 – 4 StR 439/00; BGHSt 47, 1 (3); *Fischer*, StGB, § 263, Rn. 21; *Tiedemann*, in: LK StGB, § 263, Rn. 28; *Perron*, in: Schönke/Schröder, § 263, Rn. 14/15.
36 S.a. BGH 26.4.2001 – 4 StR 439/00; BGH 14.8.2009 – 3 StR 552/08 (zu 1.); BGH 15.12.2006 – 5 StR 181/06; BGHSt 51, 165 (170); *Kindhäuser*, StR BT II, § 27, Rn. 14.
37 *Kudlich/Oglakcioglu*, Wirtschaftsstrafrecht, Rn. 213.
38 S. zur Täuschung durch Unterlassen auch § 3, Rn. 20 ff.

Dies wiederum verleitet dazu, den Begriff der konkludenten Täuschung weit auszulegen, damit **effektiver Vermögensschutz** gewährleistet ist. Keinesfalls dürfen dabei allerdings die **Grenzen der (Unterlassungs-)Strafbarkeit** umgangen werden, die sich etwa aus dem Erfordernis einer Garantenstellung ergeben. Deshalb ist stets sorgfältig zu prüfen, ob das Täterverhalten nach den Gesamtumständen und dem Empfängerhorizont einen bestimmten Erklärungswert hat. Dabei kann bereits die **Maßstabsbestimmung** erhebliche Schwierigkeiten bereiten; bspw. besteht die Gefahr einer Subjektivierung durch Einbeziehung einseitiger Vorstellungen. Auch darf eine faktische Anschauung nicht mit einer normativen Erwartung verwechselt werden, also bspw. durch Einbeziehung von (z.B. vertraglichen oder gesetzlichen) Verhaltensnormen eine „faktische" zu einer „quasi-normativen" Betrachtungsweise werden.[39]

Kriterien zur Erfassung einer konkludenten Täuschung sind bei rechtsgeschäftlichen Beziehungen bspw. die **Kennzeichen des jeweiligen Geschäftstyps** bzw. der Geschäftsgrundlage[40] oder vertraglich bzw. gesetzlich normierte **Pflichten**.[41] Oft ist allerdings nur schwer zu bestimmen, ob ein Stillschweigen des Täters konkludente Täuschung oder pflichtwidriges Unterlassen bedeutet.[42]

▶ **Beispiel:** Nicht eindeutig ist dies z.B. bei der Abgabe eines Sportwettscheins im Wettbüro, wenn es zuvor gelang, das Spiel (z.B. durch eine entsprechende Vereinbarung mit dem Schiedsrichter) zu manipulieren. Nach dem BGH wird bei einer Sportwette in der Regel konkludent miterklärt, das Sportereignis nicht manipuliert zu haben.[43] ◀

(3) Täuschung durch Unterlassen

Damit ist bereits angeklungen, dass § 263 auch durch Unterlassen verwirklicht werden kann – wenn nämlich entweder die Entstehung oder Verfestigung eines **Irrtums nicht verhindert** oder ein bereits bestehender **Irrtum nicht aufgeklärt** wird.[44] Für ein solches Unterlassungsdelikt gelten die allgemeinen Regeln. Insbesondere werden nur **Garanten i.S.d. § 13** bestraft[45], wobei sich eine solche Garantenstellung bspw. aus Gesetz, Vertrag oder Treu und Glauben ergeben kann.

▶ **Beispiele:** § 28 a SGB IV verpflichtet meldepflichtige Arbeitgeber, gegenüber der Sozialversicherung bestimmte Angaben über ihre Beschäftigten zu machen. Wegen des Grundsatzes der Leistung nach Treu und Glauben gem. § 242 BGB haben Gebrauchtwagenhändler Unfallwagen ungefragt als solche zu bezeichnen.[46] ◀

Aus der Garantenstellung des Täters muss eine betrugsspezifische Garantenpflicht, d.h. eine **vermögensbezogene Aufklärungspflicht** folgen, die gerade dem Schutz des Opfers

---

39 S.a. *Kudlich/Oglakcioglu*, Wirtschaftsstrafrecht, Rn. 213 f.
40 BGH, Beschluß vom 6.9.2001 – 5 StR 318/01; NStZ 2002, 144; *Kasiske*, Die konkludente Täuschung bei § 263 zwischen Informationsrisiko und Informationsherrschaft, GA 09, S. 365 ff.; *Perron*, in: Schönke/Schröder, § 263, Rn. 14/15.
41 BGH 15.12.2006 – 5 StR 181/06; BGHSt 51, 171 f.; RG, 10.10.1890 – 1806/90; RGSt 21, 108; *Perron*, in: Schönke/Schröder, § 263, Rn. 16 e; *Satzger*, in: Satzger/Schluckebier/Widmaier, § 263, Rn. 40.
42 *Fischer*, StGB, § 263, Rn. 21.
43 S. BGH 15.12.2006 – 5 StR 181/06; BGHSt 51, 165 (172); BGH NJW 2007, 782 ff.
44 BGH 16.11.1993 – 4 StR 648/93, BGHSt 39, 392 (398); BGH 8.3.2017 – 1 StR 466/16, wistra 2017, 312; *Fischer*, StGB, § 263, Rn. 38; *Perron*, in: Schönke/Schröder, § 263, Rn. 11 und 18.
45 S. BGH 16.11.1993 – 4 StR 648/93, BGHSt 39, 392 (398); *Tiedemann*, in: LK StGB, § 263, Rn. 51; *Wessels/Hillenkamp/Schuhr*, Strafrecht BT 2, Rn. 503.
46 S. OLG Nürnberg 21.4.1964 – Ws 126/64, OLG Nürnberg MDR 1964, 693.

vor vermögensbezogenen Selbstschädigungen im konkreten Fall dient.[47] Nach allgemeinen Regeln ist dabei auch hier eine **restriktive Auslegung** geboten, da eine Garantenpflicht die allgemeine Zurückhaltung mit Strafdrohungen gegenüber bloßer Untätigkeit durchbricht. Im Wirtschaftsleben kann dies zum Beispiel bei ständigen Geschäftsbeziehungen[48], Verträgen mit besonderem Informations- und Beratungscharakter (etwa im Kontext der Vermögens- und Anlageberatung)[49] oder aufgrund gesetzlicher Vorgaben (s. etwa § 28 a SGB IV zur Meldepflicht von Arbeitgebern gegenüber der Einzugsstelle für Sozialversicherungsbeiträge) geboten sein.[50]

cc) Adressat der Täuschung

23 „Irren ist (nur) menschlich"[51]. Intellektuelle Vorstellungsbilder haben **allein natürliche Personen**, so dass auch nur sie (nicht aber z.B. Computer[52]) getäuscht werden können. Juristische Personen, Personenvereinigungen oder Behörden scheiden damit als taugliche Täuschungsadressaten aus (falsch ist deshalb: „die A-GmbH wurde getäuscht"[53]) – auch wenn sie im Wirtschaftsleben zugleich häufig diejenigen sind, die den Schaden bei betrügerischen Aktivitäten erleiden.[54]

b) Irrtum

24 § 263 setzt voraus, dass die Täuschung „einen Irrtum erregt oder unterhält."

▶ **Definition:** Irrtum ist dabei nach h.M. eine **Fehlvorstellung über Tatsachen**.[55] ◀

Es bedarf dazu also überhaupt einer subjektiven Vorstellung, so dass ihr bloßes Fehlen im Sinne von Unkenntnis (sog. ignorantia facti) anders als ein sog. sachgedankliches Mitbewusstsein nicht als betrugsrelevanter Irrtum anzusehen ist.[56] Zu der Fehlvorstellung des Getäuschten muss die Täuschung einen **Kausalbeitrag** geleistet haben, der Irrtum bzw. sein Fortbestand also auf die Täuschung zurückgehen.[57] Weder das Vorliegen eines Irrtums als solcher noch einer Täuschung allein genügt damit für eine Bestrafung wegen vollendeten Betrugs. Auch lässt ein Irrtum nicht ohne Weiteres auf eine Täuschung schließen, sondern kann andere Ursachen haben[58], was zuweilen in Fallbearbeitungen nicht hinreichend berücksichtigt wird.[59] Soweit ein Irrtum dabei in die **Risikosphäre** des Opfers fällt, ist er dem Täter nicht anzulasten.[60]

---

47 *Satzger*, in: Satzger/Schluckebier/Widmaier, § 263, Rn. 45; *Fischer*, StGB, § 263, Rn. 38; *Tiedemann*, in: LK StGB, § 263, Rn. 51 m.w.N.
48 S. dazu BGH 13.6.1985 – 4 StR 213/85, BGHSt 33, 244 (246).
49 *Wittig*, Wirtschaftsstrafrecht, § 14, Rn. 42.
50 *Wittig*, Wirtschaftsstrafrecht, § 14, Rn. 39 ff.
51 *Kudlich/Oglakcioglu*, Wirtschaftsstrafrecht, Rn. 212.
52 *Fischer*, StGB, § 263 Rn. 66; OLG Karlsruhe 21.1.2009 – 2 Ss 155/08, NStZ 2009, 390; *Wittig*, Wirtschaftsstrafrecht § 14 Rn. 23. Zum Computerbetrug s. § 3, Rn. 122 ff.
53 *Wittig*, Wirtschaftsstrafrecht, § 14, Rn. 22.
54 BGH 6.3.2019 – 3 StR 286/18, NStZ-RR 2019, 180; *Wittig*, Wirtschaftsstrafrecht, § 14, Rn. 22.
55 *Fischer*, StGB, § 263, Rn. 54; BGH 22.11.2013 – 3 StR 162/13, BGHSt 59, 75; OLG Düsseldorf Beschl. v. 27.2.1989 – 2 Ss 50/89–19/89 II; NJW 1989, 2003.
56 *Wittig*, Wirtschaftsstrafrecht, § 14, Rn. 49.
57 BGH 22.10.1986 – 3 StR 226/86; BGHSt 34, 199 (201); BGH 5.12.2002 – 3 StR 161/02; NStZ 03, 313 f.
58 Vgl. dazu etwa *Perron*, in: Schönke/Schröder, StGB, § 263, Rn. 33–35; *Garbe*, Rechnungsähnliche Vertragsofferten als strafbarer Betrug, NJW 1999, 2869.
59 S. dazu a. *Wittig*, Wirtschaftsstrafrecht, § 14, Rn. 20.
60 *Satzger*, in: Satzger/Schluckebier/Widmaier: § 263, Rn. 12 f.

I. Betrug § 263

▶ **Beispiel:** Setzt ein Autohändler einen viel zu hohen Preis für das Fahrzeug an und erklärt dazu bei wahrheitsgemäßer sonstiger Beschreibung, das Fahrzeug sei jeden Cent wert, so liegt eine darauf bezogene Fehlvorstellung des Käufers in dessen Risikosphäre. Anders jedoch, wenn der Autohändler bewusst über verkehrswesentliche Eigenschaften des Wagens (ausdrücklich, konkludent oder durch Unterlassen) täuscht – wie etwa über Kilometerstand, Unfallfreiheit, Anzahl der Vorbesitzer usw. ◀

25

Risikosphären und Pflichtenstellungen sind dabei streng zu trennen: So ändert es am Vorliegen eines Irrtums nichts, dass das Opfer bei hinreichend sorgfältiger Prüfung die Täuschung hätte erkennen können.[61] Denn § 263 **schützt den „exquisit Dummen"**[62] ebenso wie den Leichtsinnigen und damit auch vor plumpen Täuschungen.[63] Solange die Tathandlung beim Opfer tatsächlich eine Fehlvorstellung bewirkt hat, wird somit auch eine offensichtliche und leicht zu durchschauende Täuschung von § 263 erfasst. Denn gerade **leichtgläubige Opfer** werden so davor geschützt, dass ihre Naivität ausgenutzt wird.[64] Dies spricht insbesondere gegen sog. viktimodogmatische Ansätze, die ein Mitverschulden des Opfers (bereits) auf Tatbestandsebene – so etwa bei Feststellung eines Irrtums – statt im Rahmen der Strafzumessung berücksichtigen wollen.[65] In Abkehr von diesen Grundsätzen ist § 263 nach Auffassung des BGH[66] auch nicht deshalb einschränkend auszulegen, weil der EuGH vom Leitbild eines „durchschnittlich verständigen und aufmerksamen" Verbrauchers ausgeht.[67]

26

▶ **Beispielsfall:** T macht sich im Rahmen eines angemeldeten Gewerbebetriebes selbstständig und verspricht ihren gutmütigen und leichtgläubigen Kunden ein Leben voller Erfolg und Zufriedenheit durch Teufelsaustreibung. Sie kassiert mehrere Tausend Euro und erzählt den Kunden, das Geld müsse zusammen mit der Seele des Teufels verbrannt werden. In Wahrheit behält sie das Geld ein und unternimmt nichts.[68] ◀

27

Ob **Zweifel des Getäuschten** am Wahrheitsgehalt der Tätererklärung einen Irrtum ausschließen, wird unterschiedlich beurteilt. Dabei soll nach teilweise vertretener Auffassung jeder Zweifel einen Irrtum i.S.d. § 263 ausschließen[69], während andere verlangen, dass das Opfer die Wahrheit der vom Täter vorgespiegelten Tatsache zumindest für wahrscheinlicher halten müsse[70]. In beidem liegt jedoch „eine **dem Strafrecht fremde Bewertung eines Mitverschuldens**" des Opfers[71], weil es sich trotz Zweifel am Wahrheitsgehalt der Täterangaben nicht vergewissert habe. Daher ist mit der h.M. davon auszugehen, dass Zweifel des Getäuschten am Wahrheitsgehalt der Tätererklärung einen Irrtum nicht ausschließen. Es genügt vielmehr, dass der Täuschungsadressat die

28

---

61 So die h.M., s. etwa BGH 22.10.1986 – 3 StR 226/86; BGHSt 34, 199 (201).
62 Vgl. *Bosch*, „Moderne Vertriebsformen" und Schutz des „exquisit Dummen", in: Recht – Wirtschaft – Strafe, in: Joecks u.a. (Hrsg.), Festschrift für Erich Samson zum 70. Geburtstag, Heidelberg, 2010, S. 241.
63 BGH 5.12.2002 – 3 StR 161/02, BGH NStZ 2003, 313 (314); BGH 22.10.1986 – 3 StR 226/86; BGHSt 34, 199 (201); *Fischer*, StGB § 263, Rn. 55; *Hoyer*, in: SK-StGB, § 263, Rn. 69 ff.
64 BGH 22.10.1986 – 3 StR 226/86; BGHSt 34, 201; NJW 2003, 1199; *Perron*, in: Schönke/Schröder, § 263, Rn. 32 a.
65 S. dazu etwa *Amelung*, Irrtum und Zweifel des Getäuschten beim Betrug, GA 1977, 1; *Schünemann*, Zur Stellung des Opfers im System der Strafrechtspflege, NStZ 1986, 193.ff.
66 BGH 5.3.2014 – 2 StR 616/12, NJW 2014, 2595.
67 *Wittig*, Wirtschaftsstrafrecht, § 14, Rn. 25 m.w.N.
68 Vgl. LG Mannheim 30.4.1992 – (12) 4 Ns 80/91; NJW 1993, 1488.
69 *Amelung*, Irrtum und Zweifel des Getäuschten beim Betrug, GA 1977, 1 (4 ff.).
70 So etwa *Sonnen*, Strafrechtliche Grenzen des Handels mit Optionen auf Warentermin-Kontrakte, wistra 1982, 123 (127 f.).
71 BGH 5.12.2002 – 3 StR 161/02; BGH NStZ 2003, 313.

Möglichkeit der Unwahrheit für geringer hält als die der Wahrheit und sich auf dieser Grundlage zu einer Vermögensverfügung motivieren lässt. Auch dann fällt er der List des Täters zum Opfer.[72] Geht der Täuschungsadressat allerdings bewusst das Risiko ein, auf Basis unrichtiger oder unvollständiger Tatsachen zu handeln, so kann nicht von einem Irrtum gesprochen werden.[73]

29 ▶ **Beispielsfall:** Börsenspekulant B wird von seinem Investmentberater über das Risiko bei der Anschaffung bestimmter Wertpapiere nur unzureichend aufgeklärt. Trotz des Wissens, ein grundsätzlich riskantes Geschäft einzugehen, investiert er 50.000 EUR in die fraglichen Wertpapiere. ◀

30 Die h.M. begnügt sich beim Irrtum i.S.d. § 263 mit einer Fehlvorstellung im Rahmen eines unreflektierten „**sachgedanklichen Mitbewusstseins**", bei dem das Opfer bestimmte Umstände ohne Nachdenken als selbstverständlich voraussetzt und sich damit in beruhigender Sicherheit wiegt. Demnach muss die Täuschung also keinen unrichtigen Gedanken angestoßen haben, der dem Opfer direkt vor Augen steht.[74] An einem Irrtum i.S.d. § 263 fehlt es allerdings, wenn sich der Täuschungsadressat **überhaupt keine Gedanken macht** oder die täuschungsrelevanten Tatsachen nicht kennt (**ignorantia facti**).[75] Entsprechend kann von Bedeutung sein, ob der Täuschungsadressat überhaupt Anlass hatte, sich über bestimmte Tatsachen Gedanken zu machen[76], was auch von eventuellen Prüfungspflichten des Täuschungsadressaten abhängt.[77]

31 ▶ **Beispielfall:** Bauunternehmer B reicht in der Bauverwaltung eine Scheinrechnung über tatsächlich nicht erbrachte Bauleistungen ein. Der zuständige Sachbearbeiter, dessen alleinige Aufgabe es ist, die rechnerische Richtigkeit der Rechnung zu bestätigen (eine materielle Prüfungspflicht ist hingegen nicht vorgesehen), ordnet daraufhin die Auszahlung des vermeintlich geschuldeten Betrages an, was durch die zuständige Zahlstelle geschieht. Da der Sachbearbeiter hier nur die Berechnung in mathematischer Hinsicht zu überprüfen hat, wird er sich in aller Regel keine Vorstellung über die materielle Richtigkeit der Auszahlungsanordnung machen.[78] ◀

c) Vermögensverfügung

aa) Grundlagen

32 Ein Irrtum allein vermag noch keinen Vermögensschaden herbeizuführen. Deswegen besteht Einigkeit darüber, dass Betrug eine sog. Vermögensverfügung i.S.e. „selbstschädigenden" Handlung des Getäuschten voraussetzt.[79] Dieses **ungeschriebene Tatbestandsmerkmal** ist **Bindeglied zwischen Irrtum und Vermögensschaden**[80], wobei auch von einer Transport- oder Bindefunktion der Vermögensverfügung gesprochen wird.[81]

---

72 *Fischer*, StGB, § 263, Rn. 55 m.w.N.; *Eisele*, BT II, Rn. 520 m.w.N.
73 LG Ingolstadt 23.5.2005 – 2 Qs 69/05; NStZ-RR 05, 313.
74 BGH 24.4.1952 – 4 StR 854/51; BGHSt 2, 326 f.; BGH 15.12.2006 – 5 StR 181/06; BGHSt 51, 165 (174); KG Berlin 24.4.1986 – 1 Ss 328/86, 4 Ss 179/86; KG, JR 1986, 469; *Fischer*, StGB, § 263, Rn. 57.
75 BGH 22.8.2006 – 1 StR 547/05; BGH NStZ 2007, 213 (215); *Satzger*, in: Satzger/Schluckebier/Widmaier, § 263, Rn. 124.
76 BGH 5.12.2002 – 3 StR 161/02; NJW 2003, 1198 (1199).
77 BGH 5.3.2008 – 5 StR 36/08, NStZ 2008, 340 (341); *Eisele*, BT II, Rn. 521 ff.
78 Angelehnt an BGH 11.10.2004 – 5 StR 389/04, NStZ 2005, 157 ff.
79 BGH 11.3.1960 – 4 StR 588/59; BGHSt 14, 170 (171); *Kindhäuser*, in: K/N/P, § 263, Rn. 195.
80 RG, 29.4.1913 – II 1221/12; RGSt 47, 151 (152 f.); *Küper/Zopfs*, BT, S. 423; *Kühl*, in: Lackner/Kühl, StGB, § 263, Rn. 21.
81 *Wessels/Hillenkamp/Schuhr*, Strafrecht BT 2, Rn. 515.

I. Betrug § 263

Im allgemeinen Strafrecht hat die Vermögensverfügung insbesondere bei der Abgrenzung von Sachbetrug (§ 263) und Diebstahl (§ 242) eine wichtige Funktion[82], die allerdings für das Wirtschaftsstrafrecht kaum von Bedeutung ist.[83]

▶ **Definition:** Als Vermögensverfügung gilt jedes kausal auf dem Irrtum beruhende rechtliche oder tatsächliche Handeln, Dulden oder Unterlassen, das **unmittelbar zu einer Vermögensminderung führt**.[84] ◀

33

▶ **Beispiele:** Vermögensverfügungen können rechtsgeschäftlicher Natur sein, bspw. indem das Opfer eine vertragliche Verpflichtung eingeht oder ein Schuldanerkenntnis abgibt. Möglich sind aber auch Vermögensverfügungen rein tatsächlicher Art wie etwa das Erbringen einer Arbeitsleistung oder die Herausgabe von Sachen. In Betracht kommt auch ein Unterlassen, so z.B. beim Verzicht auf die Geltendmachung einer Forderung.[85] ◀

34

▶ **Beispielfall:** Unternehmer U lässt Arbeiter A 20 Stunden unentgeltlich „zur Probe" arbeiten und verspricht ihm Chancen auf eine gut bezahlte Festanstellung. Nach getaner Arbeit wird A entlassen. Tatsächlich hatte U nie vor, den A einzustellen. Mit Ableisten der „Probearbeit" hat A eine Vermögensverfügung vorgenommen. ◀

35

bb) Person des Verfügenden

Betrug ist ein Selbstschädigungsdelikt und verlangt eine **Personenidentität zwischen Getäuschtem und Verfügendem**. Der Täuschungsadressat muss also die Vermögensverfügung (unmittelbar) selbst vornehmen. Daran fehlt es bspw., wenn der Getäuschte dem Täter oder Dritten lediglich die Möglichkeit einräumt, durch weitere Handlungen eine Vermögensminderung herbeizuführen.[86] Soweit mehrere natürliche Personen als Täuschungsadressaten in Betracht kommen (wie z.B. oft in arbeitsteilig organisierten Unternehmen), ist zu klären, wer konkret die schädigende Vermögensverfügung vornahm, ob er dazu befugt war und welche Vorstellungen er dabei hatte.[87]

36

▶ **Problem:** Umstritten ist, inwieweit **Kenntnisse** innerhalb einer Belegschaft – in Anlehnung an die zivilrechtlichen Vorschriften[88] – **zuzurechnen** sind. Verfügt bspw. ein im Irrtum befindlicher Untergebener mit Zustimmung eines Vorgesetzten, der zur fraglichen Vermögensverfügung befugt ist und den Irrtum durchschaut, so scheint die Verneinung eines Irrtums i.S.d. § 263 wegen der Verfügungskompetenz und der Kenntnis des Vorgesetzten nahezuliegen. Damit wäre allerdings eine **Wissenszurechnung von „oben nach unten"** verbunden, die **dem Strafrecht grundsätzlich fremd** ist und auch in der geschilderten Fallkonstellation nicht angebracht erscheint. Innerbetrieblichen Vorgängen würde dann nämlich die Eignung zugesprochen, Schutzansprüche des geschädigten Unternehmens als „Opfer" zu reduzieren. Dessen Schutzwürdigkeit ist jedoch nicht dadurch herabgesetzt, dass unter Umständen durch eine bessere Organisation

37

---

82 BGH 13.4.1962 – 1 StR 41/62; BGHSt 17, 205 (209); *Wessels/Hillenkamp/Schuhr*, Strafrecht BT 2, Rn. 515.
83 *Wittig*, Wirtschaftsstrafrecht, § 14, Rn. 64.
84 BGH 29.6.2005 – 4 StR 559/04; BGHSt 50, 174 (178); BGH 11.3.1960 – 4 StR 588/59; BGHSt 14, 170 (171); *Küper/Zopfs*, BT, S. 421; *Satzger*, in: Satzger/Schluckebier/Widmaier, § 263, Rn. 139; *Kindhäuser*, in: K/N/P, § 263, Rn. 197 m.w.N.
85 BGH 28.6.2005 – 4 StR 376/04; NStZ-RR 2005, 311 (312).
86 S. BGH 29.6.2005 – 4 StR 559/04; BGHSt 50, 174 (178).
87 BGH 15.12.2005 – 3 StR 239/05; BGH NStZ 2006, 623 (624).
88 S. §§ 166 ff., 278, 831 BGB.

und Überwachung der Mitarbeiter eine irrtumsbedingte Vermögensverfügung hätte verhindert werden können. Denn der von § 263 abgesicherte und vom Täter verletzte Verhaltensbefehl wird dadurch nicht eingeschränkt oder gar aufgehoben. Der gegenteiligen Ansicht ist insbesondere entgegenzuhalten, dass sich der **Untergebene tatsächlich geirrt hat**.[89] ◄

38 In diesem Zusammenhang stellt sich auch die Frage, wer als Verfügender anzusehen ist, wenn die unmittelbare **Vermögensverfügung von der Zustimmung des Vorgesetzten abhängt**, aber vom Untergebenen vorgenommen wird. Hier kommt es ebenfalls auf den Grundsatz an, dass getäuschte und verfügende Person (im tatsächlichen Sinn) identisch sein müssen.[90] Sachgerecht erscheint damit, einen Betrug am Merkmal des Irrtums scheitern zu lassen, wenn die Verfügungsbefugnis allein bei dem liegt, der keiner Fehlvorstellung unterliegt. Umgekehrt dürfte einem Unternehmen allerdings nicht deshalb der Vermögensschutz zu versagen sein, weil von mehreren Inhabern der fraglichen Verfügungsbefugnis einer die wahren Verhältnisse durchschaut.[91]

39 Hingegen kommt eine Bestrafung wegen Betrugs nicht in Betracht, wenn sich ein verfügungsbefugter Unternehmensangehöriger mit dem Täter **kollusiv zusammenschließt**, um das Unternehmen zu schädigen. Einem Irrtum unterliegt der Unternehmensmitarbeiter dann nämlich nicht. Deshalb kann auch dahinstehen, ob die Verfügung des Unternehmensangehörigen mit Blick auf § 138 Abs. 1 BGB noch als eigenes Handeln der juristischen Person anzusehen ist oder nicht. Denn weder die Einordnung als Fremdschädigung noch ein Missbrauch der Vertretungsmacht können aus dem geschilderten Fall einen (mittäterschaftlichen) Betrug machen, der hier vielmehr – wegen **Fehlens eines Irrtums** – ausscheidet. In Betracht kommt allerdings, den Unternehmensmitarbeiter wegen **Untreue gem. § 266 Abs. 1** und den (externen) Initiator wegen Teilnahme daran zu bestrafen.[92]

40 Wegen der Maßgeblichkeit einer Personenidentität von Getäuschtem und Verfügenden steht einem Betrug nicht entgegen, wenn im umgekehrten Fall einer irrtumsbedingten Verfügung des verfügungsbefugten Vorgesetzten ein **Untergebener die wahren Verhältnisse durchschaut** hat, aber nicht offenlegt. Denn die unmittelbar verfügende Person unterliegt hier einem Irrtum, woran auch das Wissen einer untergeordneten Person nichts ändert.[93]

cc) Erfordernis eines Verfügungsbewusstseins

41 Beim sog. **Sachbetrug**, bei dem der Gewahrsam an einer Sache erschlichen wird, muss die Vermögensverfügung zudem **mit Verfügungsbewusstsein** vorgenommen werden. Anhand dieser Bedingung kann der Betrug – als Selbstschädigungsdelikt – nämlich **vom (Trick-)Diebstahl abgegrenzt** werden, denn ein Verfügungsbewusstsein kommt einem Einverständnis in eine Wegnahme gleich und steht damit der Annahme eines Diebstahls entgegen.[94] Beim Forderungsbetrug oder beim Betrug durch Unterlassen hingegen käme es zu Lücken beim Vermögensschutz, wenn die Strafbarkeit hier von einem Verfügungsbewusstsein des Getäuschten abhinge. Unterlässt das Opfer bspw.

---

[89] *Kudlich/Oglakcioglu*, Wirtschaftsstrafrecht, Rn. 218.
[90] *Fischer*, StGB, § 263, Rn. 71, 79.
[91] BGH 20.12.2007 – 1 StR 558/07; NStZ 2008, 339 (340).
[92] *Eisele*, Wissenszurechnung im Strafrecht – dargestellt am Straftatbestand des Betruges, ZStW 116, S. 30.
[93] *Kudlich/Oglakcioglu*, Wirtschaftsstrafrecht, Rn. 220.
[94] *Perron*, in: Schönke/Schröder, § 263, Rn. 60 m.w.N.

die Geltendmachung einer berechtigten Forderung, weil es von ihr aufgrund einer Täuschung gar nichts weiß, dann ist sich das Opfer der vermögensmindernden Wirkung dieser Unterlassung nicht bewusst. Dieser Bewusstseinsmangel ändert jedoch an der Strafwürdigkeit des Täterverhaltens nichts.[95]

dd) Vermögensminderung und Vermögensschaden

▶ **Hinweis zur Fallbearbeitung:** Die verfügungsbedingte Vermögensminderung darf nicht mit dem **Vermögensschaden gleichgesetzt** werden, sondern fließt (lediglich) in dessen Berechnung ein. Zugleich kann eine Vermögensminderung nur festgestellt werden, wenn sowohl das Vermögen als Bezugsgröße definiert als auch die von der Verfügung betroffene Vermögensposition identifiziert ist. Insbesondere der heftig umstrittene Vermögensbegriff müsste daher eigentlich bereits im Zusammenhang mit der Vermögensverfügung abgehandelt werden, was teilweise auch empfohlen wird, wenn die Auffassungen dazu in der Fallbearbeitung zu unterschiedlichen Ergebnissen gelangen würden[96]. Allerdings liegen Vermögensminderung und Vermögensschaden – auch vom Prüfungsablauf her – so eng nebeneinander, dass es üblich und auch nicht falsch ist, auf den Vermögensbegriff und die konkret betroffene Vermögensposition erst im Zusammenhang mit dem Tatbestandsmerkmal des Vermögensschadens einzugehen.[97] ◀

42

d) Vermögensschaden

aa) Begriff des Vermögens

Dies leitet dazu über, dass die Vermögensverfügung einen Vermögensschaden verursacht haben muss.

43

▶ **Problem:** Als Vermögen galt früher in **rein juristischer Begriffsbestimmung** die Gesamtheit der einer Person zustehenden (subjektiven) Vermögensrechte[98], was bspw. Erwerbschancen oder widerrechtlichen Besitz ausklammert und umgekehrt Rechte ohne Vermögenswert einbezieht. Nunmehr werden von der Rspr. – unter Zugrundelegung eines (rein) **wirtschaftlichen Vermögensbegriffs** – zum strafrechtlich geschützten Vermögen alle geldwerten, d.h. wirtschaftlich werthaltigen Güter einer Person gezählt[99], wobei bei Fehlen eines festen Wertes der von Angebot und Nachfrage bestimmte Marktpreis maßgeblich ist[100]. Die rechtliche Güterzuordnung spielt hier keine Rolle, so dass auch widerrechtlich erlangte Positionen zum (strafrechtlich geschützten) Vermögen gehören können. Dies bezieht bspw. das Eigentum an Geld, Sachen, Forderungen und Rechten ein. Demgegenüber vertritt die Mehrheit in der Strafrechtswissenschaft in verengender Auslegung einen **juristisch-ökonomischen Vermögensbegriff**, wonach die fraglichen Güter Marktwert haben und dem Vermögensinhaber in rechtlich schutzwürdiger Weise zugeordnet sein müssen.[101] Zur Begründung wird dabei unter

---

95 BGH 11.3.1960 – 4 StR 588/59; BGHSt 14, 170 (172); a.A. *Kühl*, in: Lackner/Kühl, StGB, § 263, Rn. 24 u. *Otto*, Die neuere Rspr. zu den Vermögensdelikten – Teil 2, JZ 1993, 652 (655).
96 Dazu *Wittig*, Wirtschaftsstrafrecht, § 14, Rn. 76 m.w.N.
97 S.a. *Kudlich/Oglakcioglu*, Wirtschaftsstrafrecht, Rn. 223.
98 RG v. 2.2.1881 – 3240/80, RGSt 3, 332 (333); RG v. 7.7.1884 – 1568/84, RGSt 11, 72 (73); s.a. *Kindhäuser*, StR BT II, § 26, Rn. 10.
99 RG, 14.12.1910 – II 1214/10, RGSt 44, 230 ff.; BGH 17.11.1955 – 3 StR 234/55; BGH 15.5.1952 – 4 StR 953/51, BGHSt 2, 364 (365); BGH 18.5.1976 – 1 StR 146/76, BGHSt 26, 347.
100 BGH 8.1.1992 – 2 StR 102/91, BGHSt 38, 186 (190).
101 *Samson*, in SK StGB § 263, Rn. 105; *Lackner*, in LK: StGB § 263, Rn. 132; *Cramer*, Die Grenzen des Vermögensschutzes im Strafrecht, JuS 1966, 472 (475). Wovon die rechtliche Schutzwürdigkeit einer Güterzu-

anderem auf die Einheit der Rechtsordnung und den staatlichen Strafanspruch verwiesen, der auch bei einem Fehlverhalten des Opfers (wie einer rechtswidrigen Erlangung von Vermögenswerten) fortbestehe.[102] ◄

44 ▶ **Hintergrundinformation:** Zugleich kommt es auf diese Einschränkung gegenüber dem wirtschaftlichen Vermögensbegriff in der Praxis eher in Ausnahmefällen – wie z.b. bei nichtigen Forderungen aus **verbotenen oder sittenwidrigen** Rechtsgeschäften – an.[103] Bei rein wirtschaftlicher Betrachtungsweise ist ein rechtlicher (aber auch sittlicher oder moralischer) Makel nur ausnahmsweise vermögensrelevant, etwa wenn damit ein besonderes Prozessrisiko einhergeht.[104] ◄

45 Auch **zukünftige Erwerbs- und Gewinnaussichten** (Exspektanzen) können als Teil des Vermögens von § 263 geschützt sein. Sie müssen dazu nach der Rspr. allerdings so konkrete Gestalt angenommen haben, dass ihnen bereits ein **wirtschaftlicher Wert beizumessen** ist.[105] Als Beispiel dafür gilt etwa die Aussicht, bei einer Ausschreibung als günstigster Anbieter den Zuschlag zu erhalten.[106]

bb) Grundlagen der Schadensermittlung

46 ▶ **Definition:** Mit Vermögensschaden i.S.d. § 263 ist eine objektive Minderung des Gesamtvermögens infolge der täuschungsbedingten Vermögensverfügung gemeint.[107] Sie liegt vor, wenn sich beim **Vergleich zwischen Vermögenswert vor und nach der Vermögensverfügung** eine nachteilige Differenz ergibt.[108] Dabei gilt das **Prinzip der Gesamtsaldierung**, wonach neben der verfügungsbedingten Vermögensminderung auch Kompensationen dafür berücksichtigt werden.[109] ◄

47 Erlangte (Vermögens-)Vorteile können also die verfügungsbedingte Vermögenseinbuße mindern oder aufheben.[110] Sie müssen dafür allerdings **unmittelbar im Gegenzug für**

---

ordnung abhängt, ist noch nicht abschließend geklärt. Als maßgeblich wird bspw. eine rechtliche Verfügungsmacht, der Schutz durch die Rechtsordnung oder eine fehlende außerstrafrechtliche Missbilligung angesehen. Mit guten Argumenten wird am gängigen juristisch-ökonomischen Vermögensbegriff zudem das Markterfordernis kritisiert und ein abstraktes Geldwert für einen Vermögensschutz durch § 263 als ausreichend angesehen, s. zum Ganzen *Kindhäuser*, StR BT II, § 26, Rn. 16 f. m.w.N.

102 Daneben gibt es weitere Deutungen wie etwa den sog. personalen Vermögensbegriff (vgl. *Otto*, Betrug bei rechts- und sittenwidrigen Rechtsgeschäften, Jura 1993, 424 ff.) oder den integrierten Vermögensbegriff (*Hefendehl*, Vermögensgefährdung und Exspektanzen, 1994, S. 115 ff.; *Pawlik*, Das unerlaubte Verhalten zum Betrug, 1999, S. 259 ff.); s.a. zum Ganzen *Kindhäuser*, StR BT II, § 26, Rn. 9 ff.
103 *Tiedemann*, in: LK StGB, § 263, Rn. 130; *Kasiske*, Wirtschaftsstrafrecht, Rn. 98.
104 BGH 15.1.2003 – 5 StR 525/02, StV 2003, 447 (448).
105 BGH 22.5.2001 – 5 StR 75/01, wistra 2001, 338 f.; *Fischer*, StGB, § 263, Rn. 93. Vgl. *Hefendehl*, in: MüKo StGB, § 263, Rn. 419 ff. In der Strafrechtswissenschaft wird die Zuordnung von Exspektanzen zum Vermögen verbreitet davon abhängig gemacht, dass die Gewinnerwartung rechtlich begründet ist und über sie durch Rechtsgeschäft wirksam verfügt werden kann, s. *Kindhäuser*, StrafR BT II, § 26, Rn. 24 m.w.N.
106 Vgl. *Hefendehl*, in: MüKo StGB, § 263, Rn. 416 f.
107 BGH 10.7.1952 – 5 StR 358/52, BGHSt 3, 99 (102); BGH 18.7.1961 – 1 StR 606/60, BGHSt 16, 221; NStZ 1994, 341; BGH 10.8.2017 – 3 StR 549/16, wistra 2018, 127.
108 BGH 18.7.1961 – 1 StR 606/60, BGHSt 16, 221;; BGH 7.3.2006 – 1 StR 379/05, BGHSt 51, 10 (15); BGH 16.6.2016 – 1 StR 20/16; NJW 2016, 3543; *Küper/Zopfs*, BT, S. 407; *Satzger*, in: Satzger/Schluckebier/Widmaier, § 263, Rn. 203.
109 BGH 7.3.2006 – 1 StR 379/05, BGHSt 51, 10 (15); BGH 4.3.1999 – 5 StR 355/98, NStZ 1999, 353 (354); BGH 9.3.2017 – 1 StR 350/16, wistra 2017, 310; *Jäger*, Die drei Unmittelbarkeitsprinzipien beim Betrug, JuS 2010, 761 (763 ff.); *Kühl*, in: Lackner/Kühl, StGB, § 263, Rn. 36; *Wessels/Hillenkamp/Schuhr*, Strafrecht BT 2, Rn. 538; *Kindhäuser*, StR BT II, § 27, Rn. 58 ff.
110 Eine solche Schadenskompensation ist schon deshalb von hoher Bedeutung, weil der Verfügende regelmäßig etwas für den verlorenen bzw. abgegebenen Vermögensbestandteil erhält. Dies gilt insbesondere für das Wirtschaftsleben, weil Austauschverhältnisse hier zumeist den Rahmen für betrügerische Hand-

I. Betrug § 263

die Vermögensverfügung zufließen, d.h. einen Schaden als „schadensverhinderndes" Äquivalent von vornherein abwenden. Nach Schadenseintritt zufließende Vermögensvorteile hingegen machen den Schaden allenfalls wieder gut.[111] So liegt es bspw. bei Anfechtungsansprüchen[112], Schadensersatz- und Bereicherungsansprüchen[113], Versicherungsleistungen[114] oder freiwilligen Leistungen Dritter.[115] Sie können nicht bei der Schadensfeststellung, sondern nur bei der Strafzumessung (als Strafmilderungsgründe) zu Buche schlagen. Zu unterscheiden ist somit zwischen einer „**schadensverhindernden**" und einer „**strafmildernden**" Kompensation.[116]

▶ **Beispiele:** Als Kompensationen berücksichtigungsfähig sind im betrachteten Zusammenhang bspw. gesetzlich geregelte bzw. vertraglich vereinbarte Sicherheiten (wie etwa Pfandrechte) oder Rücktrittsmöglichkeiten.[117] Kompensatorische Wirkung haben sie allerdings nur, wenn Ansprüche hieraus unproblematisch realisiert werden können.[118] ◀ 48

Maßgeblicher Zeitpunkt für die Ermittlung des Schadens ist der Moment der Vermögensverfügung. Nachträgliche Werterhöhungen oder -minderungen bleiben hingegen unberücksichtigt.[119] Auf den **Zeitpunkt der Vermögensverfügung** kommt es auch bei der Frage an, welchen Wert einzelne Vermögenspositionen haben. Dafür gilt ein **objektiver Wertmaßstab** in Orientierung am jeweiligen Marktwert. An seine Stelle tritt allerdings der subjektive Parteiwille, soweit die Parteien bereits vor der maßgeblichen Täuschungshandlung wertbezogene vertragliche Vereinbarungen getroffen haben.[120] 49

Schon aus der Orientierung am Zeitpunkt der Vermögensverfügung ergibt sich, dass im bloßen **Ausbleiben einer Vermögensvermehrung** grundsätzlich kein Vermögensschaden zu sehen ist.[121] Ein solcher ist allerdings anzuerkennen, wenn eine bereits zum Vermögen gehörende Aussicht auf Vermögenssteigerung durch eine irrtumsbedingte Vermögensverfügung zerstört wird.[122] 50

---

lungen abgeben, s.a. *Wittig*, Wirtschaftsstrafrecht, § 14, Rn. 102 f.; *Kudlich/Oglakcioglu*, Wirtschaftsstrafrecht, Rn. 226. Welche Arten der Kompensation allerdings zu berücksichtigen sind, ist umstritten. Während sich die sog. Zweckverfehlungslehre daran orientiert, ob der mit der Vermögensverfügung verbundene Zweck erreicht wird, geht die sog. wirtschaftliche Schadenslehre nur in Ausnahmefällen auf den Zweck ein und verrechnet die Vermögensminderung bei Austauschgeschäften mit der Gegenleistung nach Maßgabe des jeweiligen Geldwerts, s. dazu ausführlich *Kindhäuser*, StR BT II, § 27, Rn. 62 ff. m.w.N.

111 BGH 4.3.1999 – 5 StR 355/98, wistra 1999, 263 (265); *Fischer*, StGB, § 263, Rn. 111; *Kühl*, in: Lackner/Kühl, StGB, § 263, Rn. 36; *Wessels/Hillenkamp/Schuhr*, Strafrecht BT 2, Rn. 538, 547 f; diff. *Hefendehl*, in: MüKo StGB, § 263, Rn. 541 ff.
112 S. BGH 14.8.2009 – 3 StR 552/08, BGHSt 54, 69 (124); BGH 28. 11.1967 – 5 StR 556/67, BGHSt 21, 384 (386).
113 RG, 14.12.1910 – II 1214/10, RGSt 44, 239 f.
114 *Kühl*, in: Lackner/Kühl, StGB, § 263, Rn. 48 f.
115 *Fischer*, StGB, § 263, Rn. 155.
116 S.a. BGH 4.3.1999 – 5 StR 355/98, NStZ 1999, 353 (354); *Jäger*, Die drei Unmittelbarkeitsprinzipien beim Betrug, JuS 2010, 761 (763 ff.).
117 BGH 22.10.1986 – 3 StR 226/86, BGHSt 34, 199; BayObLG 17.12.1973 – RReg. 7 St 233/73, JR 1974, 336.
118 *Hefendehl*, in: MüKo StGB, § 263, Rn. 616 ff.; *Kindhäuser*, in: K/N/P, § 263, Rn. 255 m.w.N.
119 *Kühl*, in: Lackner/Kühl, StGB, § 263, Rn. 53.
120 BGH 18.7.1961 – 1 StR 606/60, BGHSt 16, 220.
121 S.a. *Perron*, in: Schönke/Schröder, § 263, Rn. 87 a.
122 BGH 18.7.1961 – 1 StR 606/60, BGHSt 17, 147 (148); BGH 9.6.2004 – 5 StR 136/04, NJW 2004, 2603 (2604).

cc) Persönlicher Schadenseinschlag

51 Die Strafbarkeit nach § 263 setzt einen Vermögensschaden und nicht (allein) Einbußen bei der Dispositionsfreiheit voraus. Damit genügt grundsätzlich nicht, dass das Opfer aufgrund der Täuschung eine irrtumsbedingte Vermögensverfügung vornimmt, die es bei Kenntnis der tatsächlichen Umstände nicht vorgenommen hätte.[123] Gleichwohl gilt auch **persönlichen bzw. nicht-wirtschaftlichen Umständen** auf Opferseite Augenmerk bei der Schadensfeststellung. Mit Rücksicht darauf wird – in Ausnahmefällen – nämlich selbst dann ein Vermögensschaden angenommen, wenn der verfügungsbedingten Vermögensminderung eine wirtschaftlich gleichwertige Gegenleistung gegenübersteht.[124]

52 ▶ **Beispielsfall:** Maßgaben für die Berücksichtigung eines solchen **individuellen oder persönlichen „Schadenseinschlags"** hat der Bundesgerichtshof im sog. „**Melkmaschinen-Fall**" formuliert[125], dem folgender Sachverhalt zugrunde lag: A betätigte sich seit Jahren als Verkaufsvertreter für Melkmaschinen. Als Entgelt für die von ihm vermittelten Vertragsabschlüsse erhielt er von der Lieferfirma Provision. Den von ihm aufgesuchten Landwirten spiegelte er vor, er könne ihnen als „internationaler Propagandist" und im Rahmen einer Sonderaktion zu Werbezwecken die benötigte Anlage weit unter dem normalen Preis als Musteranlage verschaffen. Tatsächlich war der von ihm geforderte und vereinbarte Preis der gewöhnliche Listenpreis für die betreffende Melkmaschine. In einigen Fällen setzte er die Kunden zeitlich unter Druck, indem er deren sofortige Entscheidung verlangte, andernfalls „in einer Stunde ein anderer Bauer den Vorteil hätte." Auf diese Weise gelang es ihm, eine Anzahl von Bauern über die vermeintlich besonders günstige Gelegenheit zum Erwerb einer Melkanlage zu täuschen und zur Bestellung einer solchen Maschine zu veranlassen, die sie bei Kenntnis des wirklichen Sachverhalts jedenfalls zu der fraglichen Zeit nicht gekauft hätten. In allen Fällen kam es A darauf an, sich die Provision zu verschaffen. ◀

53 Laut BGH soll trotz wirtschaftlicher Gleichwertigkeit der ausgetauschten Leistungen ein Vermögensschaden vorliegen, wenn das Opfer

- die Gegenleistung nicht oder nicht in vollem Umfang zu dem vertraglich vorausgesetzten Zweck **verwenden** kann,
- durch die Gegenleistung zu **vermögensschädigenden Maßnahmen** (z.B. der Aufnahme eines teuren Kredits) gezwungen wird oder
- infolge der Verpflichtungen aus dem Geschäft **nicht mehr über die Mittel verfügen** kann, die für eine ordnungsgemäße Erfüllung von Verbindlichkeiten oder eine angemessene Wirtschafts- oder Lebensführung unerlässlich sind.[126]

dd) Bewusste Selbstschädigung des Vermögens

54 Auf persönliche Opferbelange kann es bei der Schadensbewertung auch dann ankommen, wenn das Opfer freiwillig eine Vermögensverfügung trifft, ohne dafür eine kompensatorische Gegenleistung zu erwarten. Dass das Opfer **das eigene Vermögen be-**

---

[123] BGH 7.3.2006 – 1 StR 379/05, BGHSt 51, 10 (15); *Wessels/Hillenkamp/Schuhr*, Strafrecht BT 2, Rn. 538, 544 ff. jew. m.w.N.
[124] BGH 16.8.1961 – 4 StR 166/61, BGHSt 16, 321.
[125] BGH 16.8.1961 – 4 StR 166/61, BGHSt 16, 321.
[126] BGH 16.8.1961 – 4 StR 166/61, BGHSt 16, 321 ff.; BGH 20.2.1968 – 5 StR 694/67, BGHSt 22, 88; vgl. a. OLG Köln 27.1.1976 – Ss 288/75, NJW 1976, 1222.

I. Betrug § 263

wusst selbst mindert, schließt also nicht von vornherein das Vorliegen eines Vermögensschadens aus. Denn die früher überwiegende Auffassung, dass bei einer solchen Selbstschädigung allein die Dispositionsfreiheit (und nicht auch das Rechtsgut Vermögen) verletzt sei[127], teilt die Mehrheit heute nicht mehr. Sie geht nunmehr davon aus, dass bei einer **Verfehlung des mit der Vermögensminderung verfolgten Zwecks** auch wirtschaftlich gesehen eine unvernünftige Ausgabe und damit ein Vermögensschaden vorliegen könne. Davon sei auszugehen, wenn die wirtschaftlich einseitige Zuwendung um einer (bspw. sozialen) Gegenleistung willen erbracht werde, deren Ausbleiben auch wirtschaftlich gesehen relevant sei.[128] Bedeutsam ist dies z.B. beim sog. **Sozialleistungs-, Subventions- oder Spendenbetrug**.[129]

▶ Beispielsfall: A hat es sich mit mehreren Mittätern zum Geschäftsmodell gemacht, in großen Städten in organisierter Weise von Haus zu Haus zu ziehen und bei den Bewohnern Geld für die Caritas zu sammeln. Als sie beim Haus des C ankommen, spiegeln sie dem C mithilfe einer gefälschten „Spenderliste" vor, sämtliche Nachbarn im Haus des C hätten äußerst großzügig jeweils zwischen 50 und 100 EUR gespendet. C gibt daraufhin ebenfalls 100 EUR, um nicht hinter seinen Nachbarn zurückzustehen. A und seine Mittäter behalten das gesamte Geld für sich.[130] ◀

ee) Schadensbegründende Vermögensgefährdung

Auch eine **Gefährdung von Vermögenspositionen** ist unter bestimmten Umständen als Vermögensschaden i.S.v. § 263 anzusehen, weil eine drohende Verschlechterung die Beurteilung eines Vermögenswerts negativ beeinflussen kann. Dazu muss eine **konkrete Gefahr** für bestimmte Vermögensbestandteile bestehen, die bereits vor ihrer Realisierung **wirtschaftlich wertmindernde Auswirkungen** auf das Vermögen hat. In diesem Fall ist die Vermögenslage bereits gegenwärtig verschlechtert[131], bspw. weil sich Negativerwartungen der Marktteilnehmer nachteilig auf den erzielbaren Preis auswirken[132]. Kommt es hier zur Risikoverwirklichung, dann vertieft sich (lediglich) der bereits zuvor aufgetretene Schaden.[133] Man spricht hier auch von einer „schadensgleichen" Vermögensgefährdung[134] oder (genauer) von einer schadensbegründenden Vermögensgefährdung bzw. einem „Gefährdungsschaden".[135]

---

127 S. etwa RG, 22.6.1936 – 3 D 349/36, RGSt 70, 255 f.; *Herzberg*, Bewußte Selbstschädigung beim Betrug, MDR 1972, 93.
128 Sog. Theorie der sozialen Zweckverfehlung, s. BGH 10.11.1994 – 4 StR 331/94, NJW 1995, 539; BGH 18.7.1963 – 1 StR 130/63, BGHSt 19, 37 (45); *Perron*, in: Schönke/Schröder, § 263, Rn. 41 und 101 ff.; *Maurach/Schroeder/Maiwald*, BT 1, § 41, Rn. 121 ff.
129 *Perron*, in: Schönke/Schröder, § 263, Rn. 101 ff.
130 Nach BayObLG 13.2.1952 – RevReg. III 876/51, NJW 1952, 798.
131 *Rengier*, BT 1, § 13, Rn. 184; BGH 18.10.2006 – 2 StR 499/05, BGHSt 51, 100 (121).
132 BVerfG 23.6.2010 – 2 BvR 2559/08, 2 BvR 105/09, 2 BvR 491/09, BVerfGE 126, 170 (223).
133 Dies ist für die Konkurrenzverhältnisse von Bedeutung, s.a. zum Eingehungs- und Erfüllungsbetrug § 3, Rn. 61 ff.
134 Dies ist sprachlich ungenau, weil die beschriebene Gefährdungslage Schaden ist und nicht nur einem solchen gleichkommt. S.a. *Küper*, Anmerkung zum Beschluss des BGH vom 18.2.2009 (1 StR 731/08, JZ 2009, 799) – Vermögensschaden beim Anlagebetrug, JZ 2009, 800 (803).
135 Zum Ganzen s. BGH 20.7.1966 – 2 StR 188/66, BGHSt 21, 112 (113); BGH 9.7.1987 – 4 StR 216/87, BGHSt 34, 394 (395); BGH 21.10.1994 – 2 StR 328/94, BGHSt 40, 296; BGH 15.12.2006 – 5 StR 181/06, BGHSt 51, 165 (177); BGH 5.11.2003 – 1 StR 287/03, wistra 2004, 60; BGH 5.11.2003 – 1 StR 287/03, NStZ 2004, 264 (265); *Fischer*, StGB, § 263, Rn. 156 ff.; *Tiedemann*, in: LK StGB, § 263, Rn. 168 ff.; *Perron*, in: Schönke/Schröder § 263, Rn. 143 ff.; *Hefendehl*, in: MüKo StGB, § 263, Rn. 692 ff.; *Satzger*, in: Satzger/Schluckebier/Widmaier, § 263, Rn. 245 f.; *Fischer*, Der Gefährdungsschaden bei § 266 in der Rspr. des BGH, StraFo 2008, 269; *Nack*, Bedingter Vorsatz beim Gefährdungsschaden – ein „doppelter Konjuktiv"?, StraFo 2008, 277.

57 ▶ **Problem:** Ihn wollte man im Schrifttum zunächst nicht als Form des Vermögensschadens anerkennen, weil man eine Umwandlung des § 263 Abs. 1 von einem Erfolgs- in ein (mit dem Gesetz nicht vereinbares) Gefährdungsdelikt befürchtete.[136] Die Rspr. hingegen akzeptiert seit Langem die Möglichkeit eines Vermögensschadens durch eine **konkrete Gefahr für bestimmte Vermögensbestandteile**.[137] Allerdings bestehen nach wie vor **Unklarheiten im Hinblick auf die Kriterien**, die einen solchen Gefährdungsschaden ausmachen.[138] Maßgaben sind etwa, dass ernstlich mit wirtschaftlichen Nachteilen zu rechnen sein muss bzw. erhebliche Indizien für einen Vermögensverlust bestehen oder eine „Vermeide-Tatherrschaft beim Opfer" liegt.[139] ◀

58 Geboten ist eine **restriktive Handhabung**, die eine **konkrete Schadensfeststellung** unverzichtbar erscheinen lässt. Danach muss bei wirtschaftlicher Betrachtungsweise eine Vermögensminderung zum maßgeblichen Zeitpunkt der Vermögensverfügung bereits eingetreten sein, weil der endgültige Verlust eines Vermögensbestandteils nahe liegt.[140] Ob dies der Fall ist, wird häufig in **Orientierung an typischen Fallgruppen** geprüft.[141]

59 ▶ **Beispiele:** Angenommen wird ein Gefährdungsschaden bspw. bei der Preisgabe von geheimen Zugangsdaten (z.B. Passwort oder PIN)[142], einem gutgläubigen Erwerb vom Nichtberechtigten[143] oder beim Scheck-, Wechsel- und Submissionsbetrug[144]. ◀

60 Die **konkrete Bezifferung** eines solchen „Gefährdungsschadens" bereitet häufig massive Probleme, die regelmäßig – etwa wegen der Unsicherheiten prognostischer Einschätzungen – auch nicht mithilfe von Sachverständigen ausgeräumt werden können.[145]

ff) Eingehungs- und Erfüllungsbetrug

61 Das Augenmerk gilt einer schadensbegründenden Vermögensgefährdung insbesondere bei gegenseitigen Austauschverträgen wie etwa Kauf- oder Kreditverträgen. Ein Ge-

---

Zu neueren Entwicklungen zusammenfassend: *Schünemann*, Zur Quadratur des Kreises in der Dogmatik des Gefährdungsschadens, NStZ 2008, 430 ff.
136 S. dazu *Hoyer*, in: SK, § 263, Rn. 235; *Kindhäuser*, in: K/N/P, § 263, Rn. 301 ff.
137 S. etwa BGH 5.11.2003 – 1 StR 287/03, NStZ 2004, 264 (265). Allerdings besteht insoweit zwischen dem 1. und dem 2. Strafsenat des BGH keine Einigkeit: Der 1. Strafsenat des BGH verweist darauf, dass bei Risikogeschäften die eingegangene Verpflichtung wertmäßig höher sei als die dafür gewährte Gegenleistung. Daher bestehe bereits zum Zeitpunkt der Vermögensverfügung ein tatbestandsmäßiger Schaden, der nicht als schadensbegründende Vermögensgefährdung behandelt werden müsse. Der 2. Strafsenat hält hingegen an der Kategorie der schadensbegründenden Vermögensgefährdung fest und nimmt Restriktionen auf Ebene des subjektiven Tatbestands vor, s. *Kindhäuser*, StR BT II, § 27, Rn. 96 m.w.N.
138 Das BVerfG (s. Urteil vom 23.6.2010 – 2 BvR 2559/08, 105/09, 491/09, NStZ 2010, 626) hat zum Vermögensnachteil bei der Untreue inzwischen Präzisierungen vorgenommen, die auch auf § 263 übertragbar sein dürften.
139 *Kudlich/Oglakcioglu*, Wirtschaftsstrafrecht, Rn. 228.
140 BGH 20.7.1966 – 2 StR 188/66, BGHSt 21, 112 (113); BGH 9.7.1987 – 4 StR 216/87, BGHSt 34, 394 (395); BGH 15.12.2006 – 5 StR 181/06, BGHSt 51, 165 (177); BGH 5.11.2003 – 1 StR 287/03, NStZ 2004, 264.
141 S.z.B. *Fischer*, StGB, § 263, Rn. 163 ff.; *Kühl*, in: Lackner/Kühl, StGB, § 263, Rn. 40 ff.
142 *Fischer*, StGB, § 263, Rn. 173; zum „Phishing" siehe *Graf*, „Phishing" derzeit nicht generell strafbar, NStZ 2007, 129 f.; *Popp*, Von „Datendieben" und „Betrügern" – Zur Strafbarkeit des sogenannten „phishing", NJW 2004, 3517; *ders.*, „Phishing", „Pharming" und das Strafrecht, MMR 2006, 84; zur Preisgabe von Zugangsdaten zu Internet-Anbietern: *Heghmanns*, Strafbarkeit des „Phishing" von Bankkontendaten und ihrer Verwertung, wistra 2007, 167 (168).
143 BGH 15.1.2003 – 5 StR 525/02, wistra 2003, 230, Zur sog. Makeltheorie z.B. BGH, Beschluss vom 19.7.1960–1 StR 213/60, BGHSt 15, 83 (87); *Kühl*, in: Lackner/Kühl, StGB, § 263, Rn. 43.
144 *Fischer*, StGB, § 263, Rn. 166 u. 169.
145 Vgl. BVerfG 7.12.2011 – 2 BvR 2500/09, 2 BvR 1857/10, NStZ 2012, 496 (504); *Kindhäuser*, in: K/N/P, § 263, Rn. 316.

I. Betrug § 263

fährdungsschaden kann nämlich auch durch vertragliche Vereinbarungen herbeigeführt werden, was den sog. **Eingehungsbetrug** kennzeichnet. Bei dieser Betrugsvariante wird § 263 bereits im Rahmen eines Vertragsabschlusses verwirklicht. Dabei täuscht der Täter darüber, dass sich seine Verpflichtung auf eine minderwertige Leistung bezieht – bspw. weil er gar nicht leistungsfähig oder -willig ist –, wodurch dem Opfer ein sog. **Eingehungsschaden** entsteht. Ihn macht die Verpflichtung des Opfers zum Erbringen einer Leistung aus, die wertvoller ist als die Gegenleistung. Zu ermitteln ist dies durch **Vergleich der beiderseitigen Vertragsverpflichtungen**.[146]

Der jeweilige Leistungswert ist dabei aus Warte eines objektiven und vernünftigen Dritten zu bestimmen, nicht nach den persönlichen Vorstellungen von Täter oder Opfer.[147] Vom tatsächlichen Austausch der fraglichen Leistungen hängt das Vorliegen eines Eingehungsbetrugs nicht ab, vielmehr wird zur Begründung eines Vermögensschadens auf eine **schadensbegründende Vermögensgefährdung** verwiesen.[148] Dabei betont man ausdrücklich, dass nicht lediglich eine Schadensgefahr, sondern ein Schaden vorliege, wenn das Opfer mit dem Abschluss eines Vertrages einen Anspruch erlange, der in seinem Wert hinter dem Gegenanspruch des Täters zurückstehe.[149]

▶ **Hintergrundinformation:** Dass damit beim Eingehungsbetrug nicht erst die Vertragserfüllung abgewartet werden muss, um nach § 263 zu bestrafen, **erweitert die Bestrafungsmöglichkeiten** erheblich, wogegen das BVerfG keine verfassungsrechtlichen Bedenken hat.[150] ◀

Beim Eingehungsbetrug erleidet das Opfer also einen Vermögensschaden durch irrtumsbedingten Abschluss eines Vertrages. Beim sog. **Erfüllungsbetrug (Abwicklungsbetrug)** hingegen wird das Opfer erst bei der Vertragsabwicklung (also nach Vertragsabschluss) getäuscht und zwar darüber, dass es **nicht die vereinbarte Leistung** erhält oder erbringt.[151] Der Vermögensschaden wird hier erst durch den Austausch der Leistungen (also der Erfüllung) bewirkt.

▶ **Beispiel:** Die irrtumsbedingte Vermögensverfügung kann bspw. darin liegen, eine minderwertige Leistung als Erfüllung anzunehmen oder mehr als das Vereinbarte zu leisten.[152] ◀

Ausschlaggebend ist allein die **Abweichung vom vertraglich Vereinbarten**, das im Stadium einer Vertragsabwicklung den maßgeblichen Wertmaßstab für die ausgetauschten Leistungen bildet.[153] Damit kommt es auch für die Gradmesser bei der Schadensfeststellung darauf an, zu welchem Zeitpunkt das Opfer getäuscht wurde: Bei einer Täuschung nach Vertragsabschluss ist für die Schadensbemessung ein Vergleich zwischen tatsächlich erbrachter und geschuldeter Leistung maßgeblich. Täuscht der Täter hinge-

---

146 BGH 18.2.1999 – 5 StR 193/98, BGHSt 45, 1 (4).
147 Vgl. BGH 18.7.1961 – 1 StR 606/60, BGHSt 16, 220 (221); BGH 18.2.1999 – 5 StR 193/98, BGHSt 45, 1 (4f.); BGH 14.8.2009 – 3 StR 552/08, BGHSt 54, 69 (122); *Wessels/Hillenkamp/Schuhr*, Strafrecht BT 2, Rn. 539; *Perron*, in: Schönke/Schröder, § 263, Rn. 128 m.w.N.
148 BGH 18.2.1999 – 5 StR 193/98, BGHSt 45, 1 (4f.).
149 BGH 18.2.2009 – 1 StR 731/08, BGHSt 53, 199; *Schlösser*, Zum Schaden bei betrügerisch veranlassten Eingehen eines Risikogeschäfts, NStZ 2009, 663.
150 BVerfG 20.5.1998 – 2 BvR 1385/95, NJW 1998, 2589 (2589 f.); s.a. *Tiedemann*, in: LK StGB, § 263, Rn. 175 ff.
151 BayObLG 30.7.1998 – 3 St RR 54/98, NJW 1999, 663; *Rengier*, Betrugsprobleme bei vorgetäuschter Zahlungsfähigkeit, JuS 2000, 663; *Kühl*, in: Lackner/Kühl, StGB, § 263, Rn. 53.
152 BGH 21.12.1983 – 3 StR 566/83, BGHSt 32, 211 (213 f.).
153 OLG Hamm 2.6.1992 – 3 Ss 203/92, NStZ 1992, 593.

gen bereits bei Vertragsabschluss, sind die beiderseitigen Vertragsverpflichtungen miteinander zu vergleichen.

67 Dieser Maßstabsunterschied besteht auch zwischen echtem und unechtem Erfüllungsbetrug. Einen **echten Erfüllungsbetrug** kennzeichnet dabei eine Täuschung nach Vertragsschluss, während sich beim **unechten Erfüllungsbetrug** eine bei Vertragsabschluss verübte Täuschung im Erfüllungsstadium auswirkt.[154] Beide Betrugsvarianten unterscheiden sich also beim **Täuschungszeitpunkt**, der wiederum nach h.M. den Wertmaßstab bei der Schadensbemessung mitbestimmt: Beim echten Erfüllungsbetrug sei das vom Opfer Geleistete mit dem vom Täter (vertraglich) Geschuldeten, beim unechten Erfüllungsbetrug mit dem vom Täter tatsächlich Geleisteten zu vergleichen.[155] Jeweils erleide das Opfer einen sog. **Erfüllungsschaden** dadurch, dass die von ihm erbrachte Leistung mehr wert sei als die Gegenleistung des Täters.

68 ▶ **Hinweis zur Fallbearbeitung:** Schon wegen der Unterschiede zwischen Eingehungs- und Erfüllungsbetrug (etwa im Hinblick auf den Täuschungszeitpunkt oder die Wertmaßstäbe bei der Schadensbemessung) ist zwischen Vermögensverfügungen auf Ebene des Vertragsabschlusses und der Vertragsabwicklung zu differenzieren. Insbesondere sind das Eingehen und die Erfüllung einer Leistungsverpflichtung bei der Frage nach einer Vermögensverfügung auseinanderzuhalten.[156] ◀

gg) Person des Geschädigten

69 Betrug ist ein Selbstschädigungsdelikt und setzt voraus, dass der Getäuschte auch die Vermögensverfügung vornimmt.[157] Hingegen müssen Verfügender und Geschädigter nicht identisch sein[158], wobei für den Fall einer solchen Personenverschiedenheit (etwa wenn der getäuschte Repräsentant einer juristischen Person über deren Vermögen verfügt) auch der Begriff des „**Dreiecksbetrugs**" gebräuchlich ist. Damit auch hier von einem Selbstschädigungsdelikt die Rede sein kann, muss allerdings die Vermögensverfügung dem Geschädigten aufgrund einer Nähebeziehung zwischen ihm und dem Verfügenden zurechenbar sein.[159] Allgemein bejaht wird dies bei Verfügungen, die von einer **rechtswirksamen Ermächtigung** des geschädigten Vermögensinhabers gedeckt sind.[160] Darüber hinausgehend lässt die Rspr. genügen, dass der Verfügende „im Lager" des Vermögensinhabers steht, weil schon vor der Tat ein – faktisches oder rechtliches – **Näheverhältnis** des Verfügenden zu dem geschädigten Drittvermögen bestand.[161] Im Schrifttum dominiert hingegen die Auffassung, dass dem Geschädigten

---

154 BGH 18.7.1961 – 1 StR 606/60, BGHSt 16, 220; *Hoyer*, in: SK, § 263, Rn. 246.
155 S.a. BGH 18.7.1961 – 1 StR 606/60, BGHSt 16, 220; BGH 21.12.1983 – 3 StR 566/83, BGHSt 32, 211 (213 f.); BayObLG 30.7.1998 – 3 St RR 54/98, NJW 1999, 663; *Kühl*, in: Lackner/Kühl, StGB, § 263, Rn. 53; *Hoyer*, in: SK-StGB, § 263, Rn. 246 jew. m.w.N.; *Fischer*, StGB, § 263, Rn. 177 f.; *Wessels/Hillenkamp*, Strafrecht BT 2, Rn. 539.
156 S.a. *Wittig*, Wirtschaftsstrafrecht, § 14, Rn. 126.
157 S.a. zur Person des Verfügenden § 3, Rn. 36 ff.
158 Für juristische Personen als Vermögensinhaber müssen bspw. natürliche Personen handeln.
159 Vgl. *Tiedemann*, in: LK StGB, § 263, Rn. 114, der von „Zurechnungseinheit" spricht.
160 Gesprochen wird auch von einer Befugnis- oder Ermächtigungstheorie, s. *Amelung*, Irrtum und Zweifel des Getäuschten beim Betrug, GA 1977, 1 (14 f.); *Roxin/Schünemann*, Der praktische Fall. Strafrecht: Der falsche Kommilitone, JuS 1969, 372 (375); *Tiedemann*, in: LK StGB, § 263, Rn. 116.
161 BGH 7.3.2017 – 1 StR 41/17; HRRS 2017 Nr. 687; BGH 22.1.2013 – 1 StR 416/12; HRRS 2013 Nr. 339; RG, 12.4.1894 – 1055/94, RGSt 25, 244 (247); BGH 16.1.1963 – 2 StR 591/62, BGHSt 18, 221 ff. (Lager- oder Nähetheorie).

nur Verfügungen von Personen zuzurechnen seien, die zur tatsächlichen Einwirkung auf sein Vermögen rechtlich befugt seien.[162]

e) Kausalität und funktionaler Zusammenhang

Die vier objektiven Merkmale des Betrugstatbestands – Täuschung Irrtum, Vermögensverfügung und Vermögensschaden – müssen in einem kausalen Zusammenhang stehen.[163] Entsprechend kommt z.B. eine Bestrafung wegen vollendetem Betrug nicht in Betracht, wenn die Täuschung keinen Irrtum erregt oder unterhalten hat oder eine irrtumsbedingte Fehlvorstellung auf eine nachfolgende Vermögensverfügung ohne Einfluss blieb.

Zudem wird die Betrugsstrafbarkeit überwiegend davon abhängig gemacht, dass dem Verfügenden die Schädigungswirkung seines Verhaltens verborgen bleibt. Nur dann nämlich sei er als – sich selbst schädigendes – Werkzeug des Täters anzusehen.[164]

f) Subjektiver Tatbestand

Der (Eventual-)Vorsatz des Täters muss die vier Tatbestandsmerkmale und den Kausalzusammenhang umfassen.[165] Darüber hinaus setzt § 263 Abs. 1 als besonderes subjektives Merkmal die **Absicht** voraus, „sich oder einem Dritten einen rechtswidrigen Vermögensvorteil zu verschaffen". Die Rechtswidrigkeit des angestrebten Vermögensvorteils ist dabei ein objektives Tatbestandsmerkmal, das der Täter entsprechend in seinen Vorsatz aufgenommen haben muss.[166]

▶ **Definition:** **Vermögensvorteil** ist jede Verbesserung der Vermögenslage, die der Täter für sich (eigennützig) oder einen Dritten (fremdnützig) anstrebt.[167] ◀

▶ **Definition:** „**Rechtswidrig**" ist der erstrebte Vermögensvorteil, wenn darauf nach dem materiellen Recht objektiv kein fälliger und einredefreier Anspruch besteht.[168] ◀

▶ **Definition:** Mit **Absicht** ist ein dolus directus 1. Grades, d.h. ein zielgerichtetes Wollen gemeint.[169] ◀

Dem Täter muss es damit zumindest auch auf die Verschaffung des Vermögensvorteils (d.h. eine Bereicherung) ankommen. Dies kann selbst dann der Fall sein, wenn die Vorteilsverschaffung nur ein **Zwischenziel** ist bzw. der Täter noch andere Ziele verfolgt.[170] Ist eine Bereicherung allerdings nur (sicher vorausgesehene) Nebenfolge und nicht primäres Handlungsziel des Täters, so differenziert die Rechtsprechung und bejaht eine

---

162 Sog. Befugnis- oder Ermächtigungstheorie, s. etwa *Schünemann*, Methodenprobleme bei der Abgrenzung von Betrug und Diebstahl in mittelbarer Täterschaft, GA 1969, 46 ff.; *Lenckner*, Anmerkung zum Urteil des OLG Stuttgart vom 14.7.1965, 1 Ss 360/65, JZ 1966, 320 (321); *Geppert*, Zur Abgrenzung von Betrug und Diebstahl, insbesondere in den Fällen des sog. „Dreiecks-Betruges", JuS 1977, 69 (72); s. dazu a. *Kindhäuser*, StR BT II, § 27, Rn. 47 ff.
163 Vgl. *Kindhäuser*, StR BT II, § 27, Rn. 1.
164 *Kindhäuser*, StR BT II, § 27, Rn. 74 f.
165 BGH 23.2.1961 – 4 StR 7/61, BGHSt 16, 1; OLG Frankfurt 8.4.1998 – 3 Ss 419/97, NStZ-RR 1998, 333; BayObLG 21.1.1999 – 1 St RR 265–98, NJW 1999, 1648.
166 BGH 17.10.1996 – 4 StR 389/96, BGHSt 42, 268 (273).
167 *Kindhäuser*, in: K/N/P, § 263, Rn. 356; *ders.*, StrafR BT II, § 27, Rn. 78.
168 *Fischer*, StGB, § 263, Rn. 191 ff.
169 Vgl. nur BGH 23.2.1961 – 4 StR 7/61, BGHSt 16, 1; *Otto*, BT, § 51, Rn. 88; *Selle*, Absicht und internationaler Gehalt der Handlung, JR 1999, 309.
170 BGH 23.2.1961 – 4 StR 7/61, BGHSt 16, 1; *Kühl*, in: Lackner/Kühl, StGB, § 263, Rn. 58 m.w.N.

Bereicherungsabsicht nur bei „erwünschten" Bereicherungsfolgen, nicht aber bei „unerwünschten".[171]

77 Die Bereicherungsabsicht i.S.d. § 263 bezieht sich nur auf solche Vermögensvorteile, die unmittelbare Folge der täuschungsbedingten Vermögensverfügung und damit „**Kehrseite**" bzw. „**Spiegelbild**" des zugefügten Vermögensschadens sind.[172] Mittelbar erlangte bzw. externe Vorteile (wie bspw. eine Provision) werden damit ausgeschlossen, womit das Wesen des Betrugs als **Vermögensverschiebungsdelikt** (nicht: Vermögensschädigungsdelikt) unterstrichen wird.[173] Für dieses ungeschriebene Tatbestandsmerkmal ist auch der Begriff „**Stoffgleichheit**" üblich.[174] Allerdings ist eine vollständige Identität von angestrebtem Vorteil und angerichtetem Schaden nicht erforderlich. Es genügt vielmehr, dass Vorteil und Schaden auf dieselbe Vermögensverfügung zurückgehen und der Vorteil direkt aus dem geschädigten Vermögen zufließt.[175]

78 ▶ **Beispiel:** Vertreter V spiegelt Rentnerin R vor, bei der von ihm vertriebenen Zeitschrift handele es sich um ein Magazin mit Strickanleitungen, woraufhin R begeistert ein Jahres-Abonnement abschließt. Dieses bezieht sich in Wirklichkeit auf ein Magazin über Gaming-Computer, für das R keinerlei Verwendung hat. Erhält V nun eine Provision für das abgeschlossene Abonnement, erlangt er damit einen Vermögensvorteil. Den Vermögensschaden stellt bereits der Abschluss des Abonnement-Vertrages dar (individueller Schadenseinschlag), da R eine Verbindlichkeit eingeht (Eingehungsbetrug). Es fehlt allerdings an der Stoffgleichheit, da der Schaden von R und der Vermögensvorteil von V nicht unmittelbar durch ein und dieselbe Verfügung herbeigeführt wurden. Dennoch kommt hier ein Betrug zugunsten des **Unternehmens in Betracht, welche die Gaming-Zeitschrift vertreibt**. Denn der Vertragsabschluss war für V ein notwendiges und erwünschtes „Zwischenziel" zur Erlangung der Provision, womit eine Drittbereicherungsabsicht zu bejahen ist. Der Vermögensvorteil der Vertriebsfirma (Abschluss des Vertrages) ist die Kehrseite des Vermögensschadens, den R erlitten hat. Eine „Stoffgleichheit" des eingetretenen Vermögensschadens und des von V angestrebten Vermögensvorteils liegt folglich vor. Veranlasst V dann überdies die Vertriebsfirma unter Vorlage der anfechtbaren Verträge zur Auszahlung einer (nicht zustehenden) Provision, verwirklicht er den Betrugstatbestand zweimal.[176] ◀

3. Weitere gesetzliche Vorgaben zur Strafbarkeit

79 Hohe Bedeutung für das Wirtschaftsstrafrecht haben die besonders schweren Fälle des Betrugs, die – nicht abschließend – in **§ 263 Abs. 3** als **Regelbeispiele** beschrieben sind. Oft nämlich ist ein Betrug wegen erschwerender Umstände als Wirtschaftsstraftat anzusehen, bspw. weil die Täter **gewerbsmäßige Betrüger** sind oder **große Vermögensschäden** anrichten.[177]

---

171 BGH 23.2.1961 – 4 StR 7/61, BGHSt 16, 1 (7); OLG Köln 24.2.1987 – Ss 33/87, NJW 1987, 2095; *Wittig*, Wirtschaftsstrafrecht, § 14, Rn. 135 m.w.N.
172 *Küper/Zopfs*, BT, S. 90; *Kühl*, in: Lackner/Kühl, StGB, § 263, Rn. 59 m.w.N.
173 Vgl. *Kindhäuser*, in: K/N/P, § 263, Rn. 352, 359.
174 BGH 2.5.2001 – 2 StR 128/01, NStZ 2001, 534; OLG Stuttgart 8.6.2001 – 2 Ws 68/01, NJW 2002, 384.
175 BGH 29.5.1987 – 3 StR 242/86, BGHSt 34, 379 (391); *Küper/Zopfs*, BT, S. 93; *Wessels/Hillenkamp/Schuhr*, Strafrecht BT 2, Rn. 588; BGH 4.12.2002 – 2 StR 332/02, NStZ 2003, 264.
176 Vgl. BGH 16.8.1961 – 4 StR 166/61, BGHSt 16, 321; *Kindhäuser*, StR BT II, § 27, Rn. 83.
177 *Wittig*, Wirtschaftsstrafrecht, § 14, Rn. 155. Gewerbsmäßig handelt, wer es auf die Verschaffung einer fortlaufenden Einnahmequelle von einiger Dauer und einigem Umfang durch wiederholte Begehung an-

Die gesetzlichen Beschreibungsmerkmale des § 263 Abs. 3 für die einzelnen Regelbeispiele gelten zwar nicht als Tatbestandsvoraussetzungen, aber als tatbestandsähnlich. Wie sonst auch ist die Erfüllung eines solchen Regelbeispiels **nur ein Indiz** für das Vorliegen eines besonders schweren Falls. Diese „Regelwirkung" kann von zusätzlichen Umständen – wie bspw. einer besonderen Leichtgläubigkeit oder Geldgier des Opfers[178] – widerlegt werden mit der Folge, dass es trotz Vorliegens eines Regelbeispiels nicht zur Strafrahmenverschiebung nach § 263 Abs. 3 kommt. Vergleichbares gilt, wenn kein Regelbeispiel erfüllt ist. Dann kann grundsätzlich das Vorliegen eines besonders schweren Falls verneint und der Strafrahmen des § 263 Abs. 1 zu Grunde gelegt werden. Allerdings ist auch diese sog. **„Gegenschlusswirkung" widerlegbar** und trotz Verneinung eines Regelbeispiels ein besonders schwerer Fall möglich.[179]

80

▶ **Hinweis zur Fallbearbeitung:** Da es sich bei § 263 Abs. 3 um eine Strafzumessungsvorschrift handelt, ist darauf **erst nach Prüfung der Schuld** einzugehen. ◀

81

Nach § 263 Abs. 5 ist das Zusammentreffen der Regelbeispiele des gewerbsmäßigen und des bandenmäßigen Betrugs eine Qualifikation, deren Erfüllung als Verbrechen bestraft wird.

82

4. Konkurrenzen im Bereich des Wirtschaftsstrafrechts

Der allgemeine Betrugstatbestand nach § 263 tritt hinter dem **Steuerstrafrecht als Sonderstrafrecht** zurück, so insbesondere bei einer Steuerhinterziehung gem. § 370 AO.[180] Ebenso geht § 266a beim Beitragsbetrug als Spezialregelung § 263 vor.[181] Die §§ 399, 400, 403 AktG und 333 HGB hingegen treten hinter § 263 zurück.[182] Mit § 38 Abs. 2 WpHG und § 16 UWG kann Tateinheit vorliegen.[183]

83

5. Spezifische Erscheinungsformen im Wirtschaftsleben

a) § 263 beim Submissionsbetrug

In vielen Bereichen ist üblich und sogar gesetzlich vorgeschrieben, dass Aufträge nur im Wege der **Ausschreibung (= Submission)** vergeben werden. Dabei sprechen Bieter zuweilen ihre Angebote ab, d.h. es werden sog. **Submissionsabsprachen** getroffen.[184] Diese stehen nicht nur in Widerspruch zu kartellrechtlichen Vorgaben[185], sondern haben auch Bedeutung im Anwendungsbereich des § 263. Werden nämlich trotz Abstimmung voneinander abweichende Angebote abgegeben, so **täuscht** dies die Auftraggeber nach Auffassung des BGH **konkludent** darüber, dass es zuvor eine Preisabsprache gegeben hat. Es entsteht dann der falsche Eindruck, jeder Bieter habe sein Angebot selbstständig und unabhängig kalkuliert.[186] Auf solche Situationen ist § 298 zuge-

84

---

legt, vgl. *Kühl*, in: Lackner/Kühl, StGB, Vor § 52, Rn. 20. Als Vermögensverlust großen Ausmaßes gilt ein Opferschaden von mindestens 50.000 EUR. S. zu § 263 Abs. 3 auch *Kindhäuser*, StR BT II, § 27, Rn. 87 ff.
178 *Fischer*, StGB, § 263, Rn. 227.
179 S. zu Regelwirkungen etwa *Meier*, Strafrechtliche Sanktionen, 5. Aufl. 2019, S. 178 ff.
180 BGH 1.2.1989 – 3 StR 179/88, BGHSt 36, 100; *Fischer*, StGB, § 263, Rn. 237; *Kühl*, in: Lackner/Kühl, StGB, § 263, Rn. 68 jew. m.w.N.
181 *Fischer*, StGB, § 266a, Rn. 37.
182 *Fischer*, StGB § 263 Rn. 237.
183 *Ebert-Weidenfeller*, in: Achenbach/Ransiek/Rönnau, Handbuch Wirtschaftsstrafrecht, III 3, Rn. 58.
184 S. etwa BGH 11.7.2001 – 1 StR 576/00, BGHSt 47, 83 ff.
185 Vgl. etwa § 1 GWB, s. dazu auch § 3, Rn. 662.
186 BGH 11.7.2001 – 1 StR 576/00, BGHSt 47, 83 ff.; zum Ausschreibungs- oder Submissionsbetrug allgemein siehe nur *Satzger*, Der Submissionsbetrug, 1994.

schnitten, der – so die Überschrift – „Wettbewerbsbeschränkende Absprachen bei Ausschreibungen" unter Strafe stellt und 1997 in das Strafgesetzbuch eingefügt wurde.[187] Im Hintergrund standen dabei insbesondere Schwierigkeiten, welche die Feststellung eines Vermögensschadens i.S.d. § 263 beim Submissionsbetrug bereitet.

85 ▶ **Fallbeispiel:** Diese Schwierigkeiten lassen sich anhand des sog. **Rheinausbaufalls** veranschaulichen, mit dem sich der BGH im Jahr 1992 beschäftigte.[188] Gegenstand war ein Angebot, das im Rahmen eines öffentlich-rechtlichen Vergabeverfahrens abgegeben wurde und auf einer rechtswidrigen **(Horizontal-)Absprache gem. § 1 GWB** beruhte.[189] Damit stellte sich – weil § 298 noch nicht existierte – die Frage nach einer Strafbarkeit gem. § 263 Abs. 1. Das Vorliegen einer Täuschung leitete der Bundesgerichtshof dabei aus der oben skizzierten Überlegung her, das Angebot enthalte die schlüssige Erklärung, Ergebnis einer eigenständigen und unabhängigen **Kalkulation ohne vorherige Preisabsprache** zu sein.[190] Vor größere Schwierigkeiten stellte die Feststellung eines Vermögensschadens. Denn auch ein Bieter mit einem zuvor abgesprochenen Angebot kann für den Fall des Zuschlags bereit sein, wirtschaftlich angemessene und damit kompensatorisch wirkende Leistungen zu erbringen. Welcher Preis dabei für eine schadenshindernde Kompensation anzusetzen ist, wird grundsätzlich vom freien Markt bestimmt. ◀

86 ▶ **Problem:** Diese Kalkulationsgrundlage entfällt allerdings, wenn kein Markt existiert – wie etwa für die hochspezifische Leistung, den Rhein auszubauen. Gibt es jedoch (wie häufig in Fällen des Submissionsbetrugs[191]) **keinen „Marktpreis" für die angebotenen Leistungen**, ist für die Wertkalkulation ein rechtmäßig durchgeführtes Vergabeverfahren von überragender Bedeutung. Denn dadurch wird die Wettbewerbssituation geschaffen, die erst die Feststellung eines Preisniveaus sowie eine Auswahl des günstigsten Angebots ermöglicht. ◀

87 Der BGH hat deshalb im Rheinausbaufall statt eines Marktpreises einen „**hypothetischen Wettbewerbspreis**" als Wertmaßstab angesetzt: Als angemessen müsse jene Auftragssumme für die angebotene Leistung gelten, die sich bei rechtmäßigem Vergabeverfahren – und damit **funktionsfähigem Wettbewerb ohne Submissionsabsprache** als günstigstes Angebot – ergeben hätte. Im Rahmen eines Submissionsbetrugs getroffene Absprachen würden hingegen zu einer Manipulation des „Wettbewerbspreises" führen, der durch die Ausschreibung gerade ermittelt werden solle. Indiz für einen überhöhten Zuschlagspreis wäre dabei z.B. die Existenz eines Submissionskartells, weil dies allein auf das Erzielen unangemessen hoher Zugschlagspreise gerichtet sei. Auch würden bspw. Schmiergelder oder Ausgleichszahlungen zwischen den Bietern Hinweise auf vermögensschädigende Zuschlagspreise geben. Im Übrigen könne der Tatrichter den „hypothetischen Wettbewerbspreis" im Rahmen seiner freien Beweiswürdigung gem. § 261 StPO schätzen.[192]

88 Diesen Überlegungen hielt das Schrifttum unter anderem **Beweisschwierigkeiten** entgegen, die mit der Berechnung des hypothetischen Wettbewerbspreises verbunden

---

[187] S. BGBl. I, S. 2038.
[188] BGH 8.1.1992 – 2 StR 102/91, BGHSt 38, 186–196.
[189] S. dazu § 3, Rn. 636.
[190] S.a. BGH 11.7.2001 – 1 StR 576/00, BGHSt 47, 83.
[191] Vgl. *Wittig*, Wirtschaftsstrafrecht, § 14, Rn. 107.
[192] BGH 8.1.1992 – 2 StR 102/91, BGHSt 38, 186 (193). S.a. BGH 11.7.2001 – 1 StR 576/00, BGHSt 47, 83 (88); *Fischer*, StGB, § 263, Rn. 169 f.

I. Betrug § 263

sind.[193] Auch gründet die Strafbarkeit hier auf einem **bloß hypothetisch festgestellten Schaden**, was mit Blick auf das Schuldprinzip problematisch erscheint.[194] Zudem zählt die Möglichkeit, bei ungestörtem Vergabeverfahren einen niedrigeren Zuschlagspreis zahlen zu müssen, zu den **bloßen Erwerbsaussichten**, die nicht ohne Weiteres vom Vermögensbegriff und damit dem Schutzbereich des § 263 umfasst sind.[195] Was der BGH als Hinweis auf einen überhöhten Zuschlagspreis wertet, erscheint ebenfalls fragwürdig. So müssen bspw. Absprachen nicht zwingend eine Preisbildung zum Gegenstand haben, sondern können auch auf die Sicherstellung einer gleichmäßigen Auslastung der beteiligten Firmen gerichtet sein.[196] In der Literatur wird daher die Orientierung an einem hypothetischen Wettbewerbspreis nicht als überzeugende Lösung angesehen.[197] Hier schafft § 298 Abhilfe, der wettbewerbswidrige Submissionsabsprachen unabhängig vom Eintritt eines Vermögensschadens unter Strafe stellt.

b) § 263 beim Anstellungsbetrug

Ähnliche Fragen im Hinblick auf den Vermögensschaden wirft auch der sog. Anstellungsbetrug auf. Hier erreicht der Täter die Übernahme in ein Beschäftigungsverhältnis, indem er **bei seiner Einstellung falsche Angaben** (z.B. über seine Qualifikation) macht.[198]

▶ **Problem:** Auch hier stellt sich (wie beim Submissionsbetrug) die Frage, ob es an einem Vermögensschaden aufgrund einer **kompensatorischen Gegenleistung des Täters** fehlen kann. Denn erbringt der Täter die erwartete Arbeitsleistung, so scheint kein Missverhältnis zwischen der Entlohnung und der dafür erbrachten Gegenleistung vorzuliegen. Überwiegend stellt man in diesem Zusammenhang darauf ab, dass die Höhe der Vergütung nicht nur von der geleisteten Tätigkeit, sondern noch von **weiteren Kriterien** – wie etwa der Qualifikation, einer (leistungsunabhängigen) Vertrauenswürdigkeit **oder Bedingungen für die Einstufung in eine bestimmte Tarifgruppe** – bestimmt wird. Täuscht der Täter über solche Umstände, dann könne dies entsprechend zu einem Missverhältnis von Leistung und Gegenleistung führen.[199] ◀

▶ **Beispiel:** Eine Beamtenstellung etwa basiert auf einem besonderen Vertrauens- bzw. Treuepflichtverhältnis sowie auf der Erfüllung feststehender Voraussetzungen, weshalb ihre irrtumsbedingte Vergabe zu einem Vermögensschaden führt. ◀

89

90

91

c) § 263 beim Darlehens- bzw. Kreditbetrug

Beim Darlehens- bzw. Kreditbetrug nimmt der Täter in Kenntnis seiner Zahlungsfähigkeit **einen Kredit auf**, obwohl er ihn nicht zurückzahlen kann oder will.[200]

▶ **Problem:** Am Vorliegen einer Täuschung können hier Zweifel bestehen, wenn der Täter nicht ausdrücklich zu seiner Bonität befragt wird oder darauf bezogen zutreffen-

92

93

---

193 *Hassemer*, Anmerkungen zum Urteil des BGH vom 8.1.1992, JuS 1992, 616.
194 *Cramer*, Anm. zu BGH 8.1.1992 – 2 StR 102/91, NStZ 1993, 42 ff., S. 42.
195 *Satzger*, in: Satzger/Schluckebier/Widmaier, § 263, Rn. 98.
196 *Hohmann*, Die strafrechtliche Beurteilung von Submissionsabsprachen, NStZ 2001, 566 (569).
197 S. schon *Cramer*, Anm. zu BGH 8.1.1992 – 2 StR 102/91, NStZ 1993, 42 ff., S. 42.
198 Vgl. etwa BGH 18.2.1999 – 5 StR 193/98, 1.
199 S. etwa BGH 18.2.1999 – 5 StR 193/98, BGHSt 45, 1 (13 f.); *Kudlich/Oglakcioglu*, Wirtschaftsstrafrecht, Rn. 295 m.w.N.
200 Vgl. etwa BGH 3.6.1960 – 4 StR 121/60, BGHSt 15, 24 ff.

de Dokumente vorlegt. Mit **Eingehen einer Rückzahlungsverpflichtung** erklärt ein Schuldner allerdings zumindest konkludent, dass er von der eigenen Zahlungsfähigkeit und Zahlungsbereitschaft zum Fälligkeitszeitpunkt ausgeht. Trifft dies in Wahrheit nicht zu, so liegt eine – ohne Weiteres mögliche[201] – Täuschung über innere Tatsachen vor. ◄

94 Für die Feststellung eines Vermögensschadens ist bedeutsam, dass ein Kreditvertrag dem Gläubiger einen **Rückzahlungsanspruch** gibt. Soweit dieser Anspruch verzinst ist, erleidet der Gläubiger eine Werteinbuße durch eine fehlende Rückzahlungsbereitschaft oder -fähigkeit des Täters. Auch kann in einer Gefährdung des Rückzahlungsanspruchs – unabhängig von einer Verzinsung – ein Vermögensschaden liegen.[202] Dabei hängt das Vorliegen einer **schadensbegründenden Vermögensgefährdung** insbesondere von Sicherheiten (wie Hypotheken oder Pfandrechten) ab, die der Gläubiger für die Kreditgewährung erlangt hat. Soweit der Kreditgeber dadurch gegenüber Zahlungsausfällen hinreichend abgesichert ist, fehlt es an einem Vermögensschaden. Bei hinreichender Absicherung gilt dies selbst dann, wenn über die Sicherheiten selbst getäuscht wurde, es sei denn, ein höheres Ausfallrisikos hätte dann einen höheren Zinssatz gerechtfertigt.[203]

95 ▶ **Beispielsfall:** A nimmt bei der B-Bank Darlehen in Höhe von 200.000 EUR für den Kauf von 10 Luxus-Limousinen auf. Die Limousinen werden an die B-Bank zur Sicherung des Darlehens sicherungsübereignet. Jedoch hatte A schon bei Aufnahme des Darlehens vor, die Limousinen ins Ausland zu exportieren und somit dem Zugriff der B-Bank zu entziehen.[204] ◄

96 ▶ **Problem:** Dass nach dem Prinzip der Gesamtsaldierung Sicherheiten unstreitig mit zu berücksichtigen sind, erschwert die **Schadensfeststellung in der Praxis** erheblich, denn der Wert von Sicherheiten ist häufig nicht eindeutig zu bemessen. Um dadurch entstehende Strafbarkeitslücken zu schließen, ist § 265 b nachträglich in das Strafgesetzbuch eingefügt worden.[205] ◄

d) § 263 beim Abrechnungsbetrug

97 Insbesondere im Gesundheitswesen spielt der sog. Abrechnungsbetrug eine große Rolle. Ihn kennzeichnet eine **Betrugshandlung im Rahmen einer Rechnungsstellung**, durch die bspw. dem (Ab-)Rechnungsempfänger ein falscher Eindruck von Umfang bzw. Gegenwert der erbrachten Leistungen vermittelt wird.[206]

98 ▶ **Praxisrelevanz:** Bei diesen Taten war von 2017 zu 2018 im Hellfeld ein starker Rückgang von 45,3 % zu verzeichnen, wobei sich der dabei entstandene Schaden 2018 auf rund 50 Mio. EUR belief.[207] ◄

---

201 S. zur Täuschung § 3 Rn. 5 ff.
202 S.a. § 3, Rn. 56 ff.
203 Vgl. *Perron*, in: Schönke/Schröder, § 263, Rn. 25 ff.
204 Nach BGH, 05.05.09, 3 StR 475/08, wistra 2009, 350 f.
205 S.a. BGH 8.12.1981 – 1 StR 706/81, BGHSt 30, 285 ff.; *Rengier*, Betrugsprobleme bei vorgetäuschter Zahlungsfähigkeit -BayObLG, NJW 1999, 663; JuS 2000, 644–646. Zu § 265 b S. § 3, Rn. 286 ff.
206 *Perron* in: Schönke/Schröder, StGB, § 263, Rn. 16 c.
207 Berechnungen basierend auf Daten des BKA (Hrsg.), Wirtschaftskriminalität Bundeslagebild 2018, S. 2, 5, 64.

I. Betrug § 263

Die Prüfung des § 263 erfordert hier regelmäßig eine vertiefte Befassung mit den Tatbestandsmerkmalen **Täuschung, Irrtum und Vermögensschaden**.

▶ **Problem:** Denn Tatsachen als Gegenstand einer Täuschung i.S.d. § 263[208] müssen bei der (bloßen) Zusammenstellung von Zahlen – wie häufig in einer Rechnung – erst herausgelesen werden. Was dabei als **Erklärungsinhalt einer Rechnung** anzusehen ist, richtet sich insbesondere nach (zwingenden) Vorgaben für die Rechnungsstellung. Gelten bspw. feste Preis- oder Gebührenordnungen, so darf der Rechnungsadressat ihre Beachtung unterstellen. Richtlinienbestimmte Rechnungsbeträge sind also so zu verstehen, dass sie im **Einklang mit der fraglichen Maßgabe** stehen. Für die Abrechnung kassenärztlicher Leistungen bspw. gibt es eine Reihe von sozialgesetzlichen Vorgaben, deren Einhaltung ein Arzt in einer Rechnung über entsprechende Leistungen miterklärt – so etwa, dass die abgerechnete ärztliche Maßnahme dem Sozialrecht gem. medizinisch indiziert war.[209] ◀

▶ **Problem:** Das Vorliegen eines Irrtums kann bei einem Abrechnungsbetrug zweifelhaft erscheinen, wenn sich der konkrete Rechnungsempfänger – bspw. der Sachbearbeiter einer Krankenkasse – nicht mit dem Wahrheitsgehalt des Rechnungsinhalts **explizit auseinandersetzt**. Er wird allerdings nur eine insgesamt richtige und angemessene Rechnung begleichen wollen, so dass eine Fehlvorstellung darüber für das Vorliegen eines Irrtums i.S.d. § 263 ausreicht.[210] ◀

▶ **Problem:** Die Feststellung eines Vermögensschadens i.S.d. § 263 wiederum ist bei der Abrechnung von tatsächlich erbrachten **kassenärztlichen Leistungen** problematisch, die (lediglich) unter Missachtung geltender Abrechnungsrichtlinien erbracht wurden. Eine Lösung wird hier von der Rspr. daraus abgeleitet, dass kassenärztlichen Leistungen nur im Geltungsbereich des einschlägigen Abrechnungssystems ein Wert beizumessen sei.[211] ◀

e) § 263 beim Kapitalanlagebetrug

Dem Begriff „Kapitalanlagebetrug" werden Anlagegeschäfte zugeordnet, bei denen über die Risiken für Anleger in die Irre geführt wird.[212]

▶ **Beispiele:** Dies kann bspw. dadurch geschehen, dass ein Anlageberater seinen Kunden „sichere Aktien" in dem Wissen empfiehlt, dass sich die Aktiengesellschaft in einem Insolvenzverfahren befindet. ◀

▶ **Praxisrelevanz:** Im Bereich der Wirtschaftskriminalität fällt der Kapitalanlagebetrug in die Kategorie „Betrug und Untreue im Zusammenhang mit Beteiligungen und Kapitalanlagen".[213] In diesem Bereich kam es von 2017 auf 2018 im Hellfeld zu einem Rückgang von 80,6 % um 22144 auf 5327 Fälle. Der entstandene Gesamtschaden belief sich 2018 auf 262 Mio. EUR. Kapitalanlagebetrug nach § 263 war dabei mit 5327

---

208 S. zur Täuschung § 3, Rn. 5 ff.
209 BGH 10.3.1993 – 3 StR 461/92, NStZ 1993, 388.
210 BGH 25.11.2003 – 4 StR 239/03, BGHSt 49, 17 (23); BGH 27.4.2004 – 1 StR 165/03, NStZ 2004, 568 ff.
211 *Idler*, Betrug bei Abrechnung ärztlicher Leistungen ohne Kassenzulassung, JuS 2004, 1037 ff.
212 *Fischer*, StGB, § 263, Rn. 124.
213 PKS-Summenschlüssel 893600.

registrierten Fällen im Jahr 2018 das häufigste Delikt in dieser Kategorie, 2017 waren es noch 27471 Fälle.[214] ◄

106 ▶ **Problem:** Abgegrenzt werden muss der vorsätzliche Anlagebetrug von einer bloßen Falschberatung. Die Feststellung einer Täuschung i.S.d. § 263 stellt dabei deshalb vor Schwierigkeiten, weil ein Risiko – als (bloße) Möglichkeit einer Negativauswirkung – eine zukunftsorientierte Kategorie ist. **Risikobewertungen beinhalten Prognosen** als Einschätzungen künftiger – aber (noch) nicht wirklicher und damit nicht tatsächlicher – Umstände, was ihre Zugehörigkeit zu den Tatsachen i.S.d. § 263 fraglich erscheinen lässt. Ohne Weiteres sind als Tatsachen allerdings jene Fakten anzusehen, auf denen die jeweilige prognostische Einschätzung beruht und über die entsprechend auch getäuscht werden kann.[215] ◄

107 Nach den allgemeinen Regeln gilt für die Feststellung eines Vermögensschadens das **Prinzip der Gesamtsaldierung**[216], wobei in den Fällen des Anlagebetrugs der vom Anleger gezahlte Preis mit dem Marktwert der Anlage zu vergleichen ist.[217]

108 ▶ **Problem:** Weil der Anleger mit der Anlage in der Regel eine – wenn auch risikobehaftete – Vermögensposition erhält, stellt sich dabei insbesondere die Frage nach einer **Nachteilskompensation.** Allerdings ist zumeist nicht mehr feststellbar, welchen tatsächlichen Marktwert die fragliche Anlage zum maßgeblichen Zeitpunkt[218] der Vermögensverfügung hatte. Vor allem deshalb orientiert sich die strafrechtliche Bewertung in Fällen eines Anlagebetrugs in der Regel nicht an § 263, sondern am Auffangtatbestand des § 264a, dessen Erfüllung nicht vom Vorliegen eines Irrtums und eines Vermögensschadens abhängt.[219] ◄

f) § 263 beim Insertionsoffertenbetrug

109 Eine weitere Betrugsform im Wirtschaftsleben ist der sog. Insertionsoffertenbetrug. Hier gestaltet der Täter eine wahre Tatsachenaussage gezielt so missverständlich, dass sie **nur bei aufmerksamer Rezeption** richtig und vollständig erfasst werden kann.[220]

110 ▶ **Beispiele:** Beispiel dafür sind Angebotsformulare zu einem Vertragsabschluss (= Insertionsofferten), die den unrichtigen Eindruck einer Zahlungspflicht vermitteln, indem **typische Rechnungsmerkmale** verwendet werden, während der klein gedruckte Hinweis auf den Angebotscharakter völlig in den Hintergrund tritt.[221] In das gleiche Muster fallen „**Kostenfallen**" im Internet, bei denen der durchschnittliche Internetnutzer eine unentgeltliche Leistung zu erhalten glaubt, während er tatsächlich die Annahme kostenpflichtiger Angebote (z.B. von Abonnements) erklärt.[222] ◄

111 ▶ **Problem:** Schwerpunktproblem ist dabei der **Nachweis einer Täuschung** i.S.d. § 263, soweit sich bei genauer Erfassung der Inhalt der Täterbekundungen er-

---

214 PKS 2018 – Bd. 4, S. 99, 107.
215 S.a. § 3, Rn. 8.
216 S. § 3, Rn. 46.
217 S. etwa BGH 28.6.2017 – ff 4 StR 186/16, NStZ 2017, 708.
218 S. dazu § 3, Rn. 49.
219 S. zu § 264a s. § 3, Rn. 236 ff.
220 *Fischer*, StGB, § 263, Rn. 28 m.w.N.
221 *Kühl*, in: Lackner/Kühl, StGB, § 263, Rn. 9 m.w.N.
222 S. etwa OLG Frankfurt 17.12.2010 – 1 Ws 29/09, NJW 2011, 398; *Eisele*, Zur Strafbarkeit von sog. „Kostenfallen" im Internet, NStZ 2010, 193.

I. Betrug § 263

schließt.²²³ Der Bundesgerichtshof hält in diesem Zusammenhang eine konkludente Täuschung auch dann für möglich, wenn bei sorgfältiger Prüfung der wahre Erklärungsgehalt (etwa die Entgeltlichkeit einer Leistung) zu erkennen gewesen wäre.²²⁴ Gehe der Täter nämlich **manipulativ** vor, indem er bspw. ein Vertragsangebot bewusst rechnungsähnlich ausgestalte oder wesentliche Umstände nur im „Kleingedruckten" offenlege, so könne ein dadurch bedingter Irrtum dem Täter anzulasten sein. Insbesondere müsse ein Aufmerksamkeitsdefizit auf Seiten des Opfers nicht zur Durchbrechung des Kausalzusammenhangs oder zur Umverteilung der Risikofolgen führen, zumal § 263 auch den **Leichtsinnigen oder „exquisit Dummen"** schütze.²²⁵ Zugleich wird der Vermögensschutz vor betrügerischen Insertionsofferten nicht auf unerfahrene Teilnehmer am Geschäftsverkehr beschränkt, weil entsprechende Manipulationen unter den Bedingungen des modernen Wirtschaftslebens auch professionelle Marktteilnehmer – schon durch die Masse der Rechnungen und Angebote – in eine Überforderungssituation bringen könnten.²²⁶ ◂

g) § 263 beim Lastschriftbetrug

Bei einem sog. Lastschriftbetrug **missbraucht der Täter das bankenübliche Lastschriftverfahren**, um sich ohne Sicherheiten einen Kredit zu beschaffen. Er gibt dazu seiner Bank den Auftrag, von einem fremden Konto Geld einzuziehen und lässt sich den Betrag auszahlen, sobald er auf seinem Konto gutgeschrieben wird. Widerspricht der Inhaber des fremden Kontos dann der Belastung (womit der Täter fest rechnet), erfolgt eine Rücküberweisung durch die Bank, die dem Täter bis dahin allerdings den fraglichen Betrag zinslos und ohne Sicherheiten überlassen hat.²²⁷

▸ **Problem:** Bei Prüfung einer **Täuschung i.S.d. § 263** stellt sich hier die Frage, was mit Vorlage einer Lastschrift erklärt wird. Dabei kommt es insbesondere darauf an, ob die Erwartung eines fehlenden Widerrufs durch den Inhaber des fremden Kontos zum Erklärungsinhalt zu rechnen ist.²²⁸ Der BGH verbindet mit der Vorlage einer Lastschrift, dass sowohl das Bestehen eines Anspruchs gegenüber dem Inhaber des fremden Kontos als auch das **Fehlen eines Widerrufsrisikos behauptet** werde. Danach kann selbst eine tatsächlich bestehende Forderung Gegenstand eines Lastschriftbetrugs sein, wenn der Täter nämlich mit einem Widerruf durch den Inhaber des fremden Kontos rechnet.²²⁹ ◂

Im Hinblick auf einen Vermögensschaden ist von Belang, dass der Anspruch der Bank beim Lastschriftverfahren zum Zeitpunkt der Tathandlung mit einem **Widerrufsrisiko** behaftet ist.²³⁰

---

223 *Fischer*, StGB, § 263, Rn. 28.
224 BGH 26.4.2001 – 4 StR 439/00, BGHSt 47, 1 ff.; s.a. *Baier*, Anmerkung zu BGH Urt. v. 26.4.2001 – 4 StR 439/00, JA 2002, 364 ff.; *Kindhäuser/Nikolaus*, Der Tatbestand des Betrugs (§ 263), JuS 2006, 193 ff, 195; *Krack*, Anmerkung: BGH Urt. v. 26.4.2001 – 4 StR 439/00, JZ 2002, 613 ff., 614.
225 S. § 3, Rn. 26.
226 BGH 26.4.2001 – 4 StR 439/00, BGHSt 47, 1 ff.; *Baier*, Anmerkung zu BGH Urt. v. 26.4.2001 – 4 StR 439/00, JA 2002, 364 ff.
227 BGH 15.6.2005 – 2 StR 30/05, BGHSt 50, 147 ff.; *Kindhäuser*, in: K/N/P, § 263, Rn. 136 a; *Beukelmann*, in: BeckOK StGB, § 263, Rn. 131 ff. Die Rede ist in diesem Zusammenhang auch von „Lastschriftreiterei".
228 *Beukelmann*, in: BeckOK StGB, § 263, Rn. 131.
229 BGH 15.6.2005 – 2 StR 30/05, BGHSt 50, 147 (153); *Fahl*, Strafbarkeit der „Lastschriftreiterei" nach § 263 StGB, Jura 2006, 733 ff.
230 BGH 15.6.2005 – 2 StR 30/05, NJW 2005, 3008.

h) § 263 beim Subventionsbetrug

115 Subventionsbetrug ist das **Erschleichen von Subventionen oder deren zweckwidrige Verwendung**.[231] Als Subventionen gelten dabei nach der Legaldefinition des § 264 Abs. 7 Leistungen aus öffentlichen Mitteln, die zumindest teilweise „ohne marktmäßige Gegenleistung" gewährt werden.[232]

116 ▶ **Problem:** Mit dieser Einseitigkeit auf Leistungsebene hängt ein Hauptproblem bei der Erfassung eines Subventionsbetrugs nach den Maßgaben des § 263 zusammen. Wenn nämlich bei einer Vermögenshingabe keine Gegenleistung erwartet wird, liegt eine **bewusste Selbstschädigung** vor.[233] Nach teilweise vertretener Ansicht ist hier nicht nach § 263 zu bestrafen, weil dieser Tatbestand das Vermögen und nicht die Dispositionsfreiheit schütze und dem Getäuschten deshalb beim Betrug die Vermögensschädigung verborgen bleiben müsse.[234] Nach der Rechtsprechung und einem Teil des Schrifttums hingegen kann auch bei bewusster Selbstschädigung ein Vermögensschaden i.S.d. § 263 vorliegen, wenn nämlich der mit dem Vermögensopfer verfolgte soziale Zweck verfehlt werde. Dabei werden an die Zweckorientierung allerdings bestimmte und im Einzelnen umstrittene Anforderungen gestellt, auch ist ein Vermögensschaden wegen Zweckverfehlung in der Praxis oft schwer nachweisbar.[235] Deshalb ist nachträglich der **Tatbestand des Subventionsbetrugs mit § 264** in das Strafgesetzbuch eingefügt worden, der unabhängig vom Vorliegen eines Vermögensschadens die bloße Subventionserschleichung unter Strafe stellt.[236] ◀

6. Wiederholungsfragen

117
1. Können juristische Personen Adressat einer Täuschung i.S.v. § 263 sein? *Rn. 23*
2. Kann es sich bei der unterlassenen Geltendmachung einer Forderung um eine Vermögensverfügung handeln? Was kann dem entgegenstehen? *Rn. 34, 41*
3. Was kennzeichnet das Modell des individuellen Schadenseinschlags? *Rn. 51 ff.*
4. Kann eine Vermögensgefährdung einen Vermögensschaden i.S.v. § 263 begründen? *Rn. 56 ff.*

118 Literaturtipps zur Vertiefung:

Becker/Rönnau, Grundwissen – Strafrecht: Der Gefährdungsschaden bei Betrug (§ 263 StGB) und Untreue (§ 266 StGB), JuS 2017, S. 499–502.
Bittmann, Dogmatische Fußangeln bei Betrug und Insolvenzverschleppung – zugleich Besprechung von BGH, Beschl. v. 23.7.2015 (3 StR 518/14), ZWH 2015, S. 373–376.
Eisele/Bechtel: Der Schadensbegriff bei den Vermögensdelikten, JuS 2018, 97–103.
Fischer, Der Gefährdungsschaden bei § 266 in der Rechtsprechung des BGH, StraFo 2008, S. 269–277.
Hohmann, Die strafrechtliche Beurteilung von Submissionsabsprachen, NStZ 2001, S. 566–572.
Jäger, Die drei Unmittelbarkeitsprinzipien beim Betrug, JuS 2010, S. 761–766.

---
231 Vgl. *Hellmann*, in: K/N/P, § 264, Rn. 1; *Heger*, in: Lackner/Kühl, StGB, § 264, Rn. 3 ff.
232 S. ausführlich § 3, Rn. 168 ff.
233 *Hefendehl*, in: MüKo StGB, § 263, Rn. 861.
234 *Rudolphi*, Betrug bei Mitgliederwerbung für eine gemeinnützige Organisation, wenn die Werbung entgegen der Annahme der Eintretenden nicht durch ehrenamtlich, sondern durch mit hohen Kosten kommerziell arbeitende Personen geschieht?, NStZ 1995, 289; *Perron*, in: Schönke/Schröder, StGB § 263 Rn. 41.
235 S.a. *Wittig*, Wirtschaftsstrafrecht, § 14, Rn. 127 ff.
236 Näher dazu § 3, Rn. 160 ff.

II. Betrugsnahe Delikte

Kasiske, Die konkludente Täuschung bei § 263 StGB zwischen Informationsrisiko und Informationsherrschaft, GA 2009, S. 360–370.
Kindhäuser/Nikolaus, Der Tatbestand des Betrugs (§ 263 StGB), JuS 2006, S. 193–198.
Ordner, „Mehraktiges und Gestrecktes" beim Betrug, NZWiSt 2016, S. 228–230.
Schünemann, Zur Quadratur des Kreises in der Dogmatik des Gefährdungsschadens, NStZ 2008, S. 430–434.
Seier/Justenhoven: Schwerpunktbereichsklausur – Wirtschaftsstrafrecht: Kapitalanlagen im Schneeballsystem, JuS 2013, 229–233.

II. Betrugsnahe Delikte

1. Vorbemerkungen

§ 263 Abs. 1 wurde seit seiner Einführung im Jahre 1871 nicht verändert und erscheint – vor dem Hintergrund der fortschreitenden Entwicklung in Wirtschaft und Technik – in seinen **Schutzfunktionen** teilweise unzureichend. Die Rspr. fasst seine Tatbestandsmerkmale im Dienste von Schutzbedürfnissen sehr weit, etwa indem sie konkludente Täuschungen großzügig berücksichtigt, auf ein sachgedankliches Mitbewusstsein bei der Irrtumsfeststellung Bezug nimmt oder eine schadensbegründende Vermögensgefährdung als Tatenfolg anerkennt.[237] Dennoch reicht der Betrugstatbestand nicht weit genug, um sämtliche der als strafwürdig angesehenen Vermögensverschiebungen zu erfassen.[238]   119

Dies erkannte auch der Gesetzgeber. Er hat deshalb zwar nicht den § 263 als Kerntatbestand für die Vermögensverschiebungsdelikte[239] angepasst, aber in das StGB und das Nebenstrafrecht weitere **betrugsähnliche (Auffang-)Tatbestände** eingefügt. Sie werden wegen ihrer Nähe zu § 263 auch als „Betrugsderivate"[240] oder „Kranzdelikte" des Betrugs[241] bezeichnet und sind – wie die nachfolgend vorgestellten §§ 264, 264a und 265b[242] – teilweise auf das Wirtschaftsleben bzw. bestimmte Bereiche davon (so etwa auf den Kapitalmarkt oder das Kreditwesen) zugeschnitten.   120

▶ **Hintergrundinformation:** In der Praxis ermitteln Staatsanwaltschaften häufig zunächst wegen Betrugsderivaten im Vorfeld des § 263 und beziehen sich auf diesen Tatbestand erst dann, wenn die **weitergehenden Betrugsvoraussetzungen doch nachweisbar** erscheinen. Denn von § 263 werden in der Regel fast alle Verhaltensweisen erfasst, die auch in den §§ 264a oder 265b beschrieben sind. Allerdings verlangt eine Bestrafung nach diesen Tatbeständen – anders als bei § 263 – nicht den Nachweis eines Vermögensschadens bzw. eines darauf bezogenen Vorsatzes. So liegt es bspw. beim Anlagebetrug: Häufig ist der Wert einer Beteiligung zum Zeitpunkt der Schädigungshandlung im Nachhinein nicht feststellbar[243], was für den Nachweis eines Vermögensschadens – mit Blick auf das Prinzip der Gesamtsaldierung – allerdings notwendig wäre. Daher steht hier oft nicht § 263 im Zentrum der Ermittlungen, sondern eine Strafbarkeit nach leichter nachzuweisenden Betrugsderivaten im Vorfeld des § 263.[244] ◀   121

---

237 S. dazu § 3, Rn. 13 ff.
238 S.a. *Kudlich/Oglakcioglu*, Wirtschaftsstrafrecht, Rn. 204 f.
239 *Wittig*, Wirtschaftsstrafrecht, § 14, Rn. 4.
240 S. *Joerden*, in: GS-Blomeyer, 2004, S. 373 ff.
241 *Kasiske*, Wirtschaftsstrafrecht, Rn. 78.
242 Im vorliegenden Lehrbuch wird das Kapitalmarktstrafrecht nicht gesondert dargestellt und der Kapitalanlage- und Kreditbetrug entsprechend auch nicht unter diesem Oberbegriff (separat) abgehandelt.
243 S. dazu auch § 3, Rn. 241.
244 *Tiedemann*, Wirtschaftsstrafrecht, § 22, Rn. 995.

2. Computerbetrug § 263 a

122 ▶ *Einstiegsfall:* Geschäftsführer A eröffnet für das Unternehmen T ein Konto bei der B-Bank und erhält die Zulassung zum Lastschriftverfahren. Planmäßig verschafft sich A rechtswidrig die Kontodaten von 30.000 Personen der C-Bank. Durch eine Sicherheitslücke im Onlinebanking-Programm der B-Bank kann A den falschen Eindruck erwecken, die Personen hätten eine Abbuchungserlaubnis erteilt und nimmt im Wege des Lastschriftverfahrens eine Abbuchung in Höhe von 10 EUR von allen 30.000 Personen vor. Hat A sich nach § 263 a strafbar gemacht?[245] *Rn. 139, 155, 158* ◀

a) Überblick

123 Der nachträglich in das StGB eingefügte § 263 a bezieht sich nur zum Teil auf Wirtschaftsstraftaten. Denn ein Schwerpunkt der Bestrafung nach dieser Norm liegt bei **Automatenmanipulationen,** die nicht dem Bereich der Wirtschaftsdelinquenz zuzuordnen sind.[246] Spezifische Anwendungsfälle des § 263 a liefert allerdings auch das Wirtschaftsleben, etwa soweit es um eine unrichtige Programmgestaltung oder die Verwendung von Daten i.S. dieser Vorschrift geht.

124 Wie § 263 **schützt auch** § 263 a **das Vermögen** (als Ganzes in seinem Bestand) und zählt damit zu den Vermögensdelikten. Bloßer Reflex dieses Schutzanliegens sind Positiveffekte für die Funktionsfähigkeit der elektronischen Datenverarbeitung sowie des bargeldlosen Zahlungsverkehrs.[247]

125 Dabei trägt § 263 a Lücken beim Vermögensschutz Rechnung, die mit dem **Einsatz von Datenverarbeitungssystemen** zusammenhängen. Denn bei der Manipulation von elektronischer Datenverarbeitung kommt es häufig nicht zu Täuschung und Irrtum einer natürlichen Person, so dass nach § 263 nicht bestraft werden kann.[248] Eine Bestrafung nach § 263 a hängt hingegen nicht davon ab, dass eine natürliche Person getäuscht und zu einer irrtumsbedingten Vermögensverfügung veranlasst wird. Kennzeichnend ist vielmehr, dass ein Schaden durch die **Manipulation eines Datenverarbeitungssystems** herbeigeführt wird.[249]

126 § 263 a stimmt daher zwar beim Merkmal des Vermögensschadens und beim subjektiven Tatbestand mit § 263 überein. An die Stelle einer Täuschungshandlung treten bei § 263 a jedoch unterschiedliche Formen der **Computermanipulation als Tathandlung.** Zudem ersetzt das Merkmal der Einflussnahme auf das Ergebnis eines Datenverarbeitungsvorgangs in § 263 a die Tatbestandsmerkmale „Irrtum" und „Vermögensverfügung" im strukturgleichen § 263. Entsprechend ist das **Ergebnis eines Datenverarbeitungsvorgangs dabei Angriffsobjekt** bei allen Tathandlungen.[250]

127 Nach § 263 a Abs. 2 sind die Regelungen über den Versuch (§ 263 Abs. 2), den besonders schweren Fall des Betrugs (§ 263 Abs. 3) und dessen Strafantragserfordernisse (§ 263 Abs. 4) beim Computerbetrug entsprechend anzuwenden. § 263 a Abs. 3 stellt auch die Vorbereitung eines Computerbetrugs unter näher beschriebenen Vorausset-

---

245 Nach BGH 22.1.2013 – 1 StR 416/12, NJW 2013, 2608 ff.
246 *Hilgendorf,* in: Satzger/Schluckebier/Widmaier, § 263 a, Rn. 3.
247 BGH 10.11.1994 – 1 StR 157/94, BGHSt 40, 331 (334); *Rengier,* BT I, § 14, Rn. 1; *Kindhäuser,* in: K/N/P, § 263 a, Rn. 2 m.w.N.
248 *Wessels/Hillenkamp/Schuhr,* Strafrecht BT 2, Rn. 601; *Kindhäuser,* in: K/N/P, § 263 a, Rn. 1 m.w.N.
249 *Wessels/Hillenkamp/Schuhr,* Strafrecht BT 2, Rn. 602.
250 S.a. *Wessels/Hillenkamp/Schuhr,* Strafrecht BT 2, Rn. 602; *Hilgendorf,* in: Satzger/Schluckebier/Widmaier, § 263 a, Rn. 3 f.

II. Betrugsnahe Delikte § 3

zungen unter Strafe, wobei die damit verbundene Vorfeldkriminalisierung eine restriktive Auslegung nahelegt.

Aus der Betrugsähnlichkeit des § 263 a[251] wird gefolgert, dass diese Vorschrift **betrugsnah auszulegen** ist.[252] Ihre Anwendung käme nur in Betracht, wenn (hypothetisch betrachtet) ein Betrug nach § 263 vorliege, soweit es sich beim Computer um einen Menschen handeln würde. Für diese Betrugsäquivalenz spricht die weitgehende Struktur- und Wertgleichheit beider Delikte, die mit der Auffangfunktion von § 263 a korrespondiert.[253] In Betracht kommt eine betrugsnahe Auslegung allerdings nur, soweit eine **Betrugsäquivalenz** besteht und der Gesetzeswortlaut nicht entgegensteht.[254] Entsprechend sind auch die Einzelkomponenten der Tathandlungen betrugsspezifisch auszulegen, soweit sie an einer Täuschung i.S.d. § 263 angelehnt sind.[255]

128

b) Mehrfachrelevante Voraussetzungen

§ 263 a kann durch vier Handlungsmodalitäten verwirklicht werden, wobei als Zwischenziel jeweils „das **Ergebnis eines Datenverarbeitungsvorgangs** [...] beeinflusst" werden muss. Dieses Kriterium stellt – mit Irrtum und Vermögensverfügung beim Betrug vergleichbar – das Bindeglied zwischen Tathandlung und Vermögensschädigung dar.

129

▶ **Definition:** Mit **Daten** sind dabei Informationen gemeint, die von einem Computer gelesen und verarbeitet werden können.[256] Dies umfasst nach teilweise vertretener Auffassung nur kodierte Informationen[257], während andere (kodierte und kodierbare) Informationen unabhängig vom Verarbeitungsgrad (so z.B. Zugangs- oder Stammdaten) in den Datenbegriff einbeziehen.[258] Nach beiden Auffassungen ist der Datenbegriff bei § 263 a enger gefasst als bei § 3 BDSG (der jede Information einbezieht) und weiter als bei § 202 a Abs. 2, der sich auf Daten beschränkt, die „nicht unmittelbar wahrnehmbar gespeichert sind oder übermittelt werden."[259] ◀

130

▶ **Definition: Datenverarbeitung** i.S.d. § 263 a ist ein technischer Vorgang, der durch Aufnahme von Daten und ihre Verknüpfung nach Programmen **Arbeitsergebnisse erzielt**. Dabei werden nur Datenverarbeitungsvorgänge in EDV-Systemen einbezogen, nicht auch rein mechanische Abläufe (wie bspw. bei Warenautomaten).[260] ◀

131

---

251 Insbesondere ist die Norm eng am Wortlaut des § 263 angelehnt, s.a. BT-Drucks. 10/5058, S. 30.
252 BGH 22.11.1991 – 2 StR 376/9, BGHSt 38, 120; BGH 21.11.2001 – 2 StR 260/01, BGHSt 47, 160; *Wohlers/Mühlbauer*, in: MüKo StGB, § 263 a, Rn. 3 f.; *Perron*, in: Schönke/Schröder, § 263 a, Rn. 2.
253 BGH 22.11.1991 – 2 StR 376/9, BGHSt 38, 120 (122); zweifelnd *Wohlers/Mühlbauer*, in: MüKo StGB, § 263 a, Rn. 4; s.a. *Lackner*, in: LK StGB, § 263, Rn. 343; *Wittig*, Wirtschaftsstrafrecht, § 15, Rn. 3.
254 *Lackner*, in: LK StGB, § 263, Rn. 86; *Wohlers/Mühlbauer*, in: MüKo StGB, § 263 a, Rn. 4; *Wessels/Hillenkamp/Schuhr*, Strafrecht BT 2, Rn. 602.
255 *Hilgendorf*, in: Satzger/Schluckebier/Widmaier, § 263 a, Rn. 4; *Wohlers/Mühlbauer*, in: MüKo StGB, § 263 a, Rn. 3.
256 *Kindhäuser*, in: K/N/P, § 263 a, Rn. 10.
257 *Wessels/Hillenkamp/Schuhr*, Strafrecht BT 2, Rn. 602; *Fischer*, StGB, § 263 a, Rn. 3; *Wohlers/Mühlbauer*, in: MüKo StGB, § 263 a, Rn. 14; a.A.: *Perron*, in: Schönke/Schröder, § 263 a, Rn. 6; *Heger*, in: Lackner/Kühl, StGB, § 263 a, Rn. 3.
258 *Achenbach*, Die „kleine Münze" des sog. Computer-Strafrechts, Jura 1991, 225 (227); *Rengier*, BT I, § 14, Rn. 4; a.A. OLG Köln 9.7.1991 – Ss 624/90, NJW 1992, 125 (127); *Tiedemann/Valerius*, in: LK StGB, § 263 a, Rn. 21.
259 *Fischer*, StGB, § 263 a, Rn. 3.
260 BT-Drucks. 10/318, S. 21; *Tiedemann/Valerius*, in: LK StGB, § 263 a, Rn. 22 m.w.N.

132 Bei § 263 a ist dies zugleich der konkrete Vorgang, der zur Vermögensschädigung führt.[261] Dabei ist mit Blick auf Schutzbedürfnisse grundsätzlich eine weite Auslegung geboten.[262] Berücksichtigt werden allerdings **nur automatisierte Prozesse in EDV-Systemen**, nicht rein mechanische Abläufe wie etwa bei nicht-digitalisierten Warenautomaten oder Drehkreuzen.[263]

133 ▶ Definition: **Beeinflusst** werden die Ergebnisse eines Datenverarbeitungsvorgangs nach überwiegender Auffassung, wenn die Tathandlung **für das fragliche Verarbeitungsergebnis mitursächlich ist.**[264] ◀

134 ▶ Beispiele: Davon ist bspw. auch auszugehen, wenn das Ergebnis des Datenverarbeitungsvorgangs zu einem anderen Zeitpunkt eintritt, als dies ohne die Tathandlung der Fall gewesen wäre.[265] Auch beeinflusst nach überwiegender Auffassung „das Ergebnis eines Datenverarbeitungsvorgangs", wer diesen Vorgang (z.B. durch Ingangsetzen eines Online-Überweisungsvorgangs mithilfe rechtswidrig erlangter Kontodaten) auslöst.[266] ◀

c) Tathandlungen

aa) Unrichtige Gestaltung des Programms Var. 1

135 Statt auf eine Täuschung wie beim Betrug stellt § 263 a bei der Tathandlung auf die Manipulation eines Datenverarbeitungsprozesses ab.[267] Die unrichtige Programmgestaltung nach der ersten Variante des § 263 a Abs. 1 betrifft dabei die sog. Programmmanipulation.

136 ▶ Definition: Mit „**Programm**" wird in diesem Zusammenhang eine durch Daten fixierte Anweisung an einen Computer bezeichnet.[268] ◀

137 ▶ Definition: Bei einer „**Gestaltung**" wird ein Programm ganz oder zum Teil neu geschrieben, verändert oder gelöscht.[269] ◀

138 ▶ Beispiele: Fälle des § 263 a Abs. 1 Var. 1 sind etwa die Manipulation eines Glücksspielautomaten[270], eines Buchungsprogramms, durch die ein Bankmitarbeiter Geldflüsse auf das eigene Konto umleitet, oder der Einbau sog. Dialer-Programme, die selbstständig und unbemerkt kostenpflichtige Telefondienste anwählen.[271] Auch bei Online-

---

261 *Hilgendorf*, Grundfälle zum Computerstrafrecht, JuS 1997, 130 (131); *Kindhäuser*, in: K/N/P, § 263 a, Rn. 12.
262 *Wohlers/Mühlbauer*, in: MüKo StGB, § 263 a, Rn. 14.
263 *Wittig*, Wirtschaftsstrafrecht, § 15, Rn. 9.
264 BGH 22.11.1991 – 2 StR 376/9, BGHSt 38, 120 (121); *Perron*, in: Schönke/Schröder, § 263 a, Rn. 19; *Wohlers/Mühlbauer*, in: MüKo StGB, § 263 a, Rn. 18.
265 *Fischer*, StGB, § 263 a, Rn. 20.
266 S. BGH 22.11.1991 – 2 StR 376/9, BGHSt 38, 120 (121); a.A. LG Wiesbaden 30.3.1989 – 2 Js 145804/87, NJW 1989, 2551.
267 Entsprechend fallen bloße Veränderungen der ausgegebenen Daten (sog. Outputmanipulationen) nicht unter § 263 a, da hier keine Beeinflussung eines Datenverarbeitungsvorgangs vorliegt, s. *Kindhäuser*, StR BT II, § 28, Rn. 4.
268 *Perron*, in: Schönke/Schröder, § 263 a, Rn. 5.
269 *Fischer*, StGB, § 263 a, Rn. 6.
270 BGH 17.1.2018 – 4 StR 305/17, wistra 2018, 344; BGH 30.8.2016 – 4 StR 203/16, wistra 2017, 101.
271 *Buggisch*, Dialer-Programme – Strafrechtliche Bewertung eines aktuellen Problems, NStZ 2002, 178 (181); *Mühlbauer*, in: MüKo StGB, § 263 a, Rn. 7; *Fischer*, StGB, § 263 a, Rn. 6.

II. Betrugsnahe Delikte § 3

Spielen erscheinen Tathandlungen i.S.d. § 263a möglich, so bspw. die manipulative Übertragung virtueller Gegenstände anderer Spieler auf den eigenen Account.[272]

▶ **Problem:** Die „**Unrichtigkeit**" einer solchen Programmgestaltung kann gerade bei Fällen aus dem Wirtschaftsleben diskussionswürdig sein. Der **objektive (betrugsnahe) Ansatz** der h.L. geht von einer solchen „Unrichtigkeit" aus, wenn das Programm den Computer so manipuliert, dass die Datenverarbeitung zu einem inhaltlich unrichtigen Ergebnis führt.[273] Dabei stellen die Einen auf eine objektive Unrichtigkeit der Programmgestaltung ab, für die Maßstab die Aufgabenstellung des Verarbeitungssystems, nicht hingegen der (subjektive) Wille des Systembetreibers ist.[274] Unrichtig ist ein Programm danach, wenn es der materiellen Rechtslage, dem Zweck der jeweiligen Datenverarbeitung und der Beziehung zwischen den Beteiligten objektiv nicht gerecht werden kann.[275] Für andere hingegen ist – **bei eher subjektiver Orientierung** – die Programmgestaltung nur dann unrichtig, wenn sie dem Willen des verfügungsberechtigten Vermögensinhabers widerspricht.[276] Diese Auffassungen kommen bspw. dann zu unterschiedlichen Ergebnissen, wenn ein Computersystem mit dem Willen des Systembetreibers manipuliert wird.[277] ◀

139

▶ **Beispiel:** A betreibt einen Kies- und Sandgroßhandel. Hier werden die LKW der Kundschaft bei der Fahrt auf das Gelände gewogen, dann beladen und beim Verlassen des Geländes erneut gewogen, um den Umfang der geladenen Kiesmenge zu bestimmen. Der Preis bestimmt sich nach der Differenz des Gewichts. A lässt die digitale LKW-Waage bei der Ausfahrt aber so manipulieren, dass sie stets ein zu hohes Gewicht anzeigt und daher automatisch einen zu hohen Preis berechnet. Den Mehrgewinn streicht er privat ein. Bei Orientierung am Willen von A als „Systembetreiber" ist hier ein Computerbetrug nach § 263a zu verneinen. Zum gegenteiligen Ergebnis kommt, wer sich hier am Maßstab der objektiven Unrichtigkeit des Datenverarbeitungsergebnisses orientiert.[278] ◀

140

bb) Verwendung unrichtiger oder unvollständiger Daten Var. 2

Die in § 263a Abs. 1 Var. 2 beschriebene Handlungsmodalität, die „Verwendung unrichtiger oder unvollständiger Daten", wird auch als **Input- oder Eingabemanipulation** bezeichnet.[279] Maßgeblich dafür ist die **Unrichtigkeit bzw. Unvollständigkeit der verwendeten Daten**.[280] Hier steht das Täuschungsunrecht mit den Daten selbst (genauer: deren Unrichtigkeit und Unvollständigkeit) in Zusammenhang, bei § 263a Abs. 1 Var. 3 hingegen mit der Verwendung von (richtigen und vollständigen) Daten.

141

---

272 *Wessels/Hillenkamp/Schuhr*, Strafrecht BT 2, Rn. 609; anders: AG Augsburg; 30.11.2010 – 33 Ds 603 Js 120422/09 jug.
273 *Hoyer*, in: SK-StGB, § 263a, Rn. 24; *Tiedemann/Valerius*, in: LK StGB, § 263a, Rn. 29ff.; *Mühlbauer*, in: MüKo StGB, § 263a, Rn. 23 m.w.N.
274 *Wessels/Hillenkamp/Schuhr*, Strafrecht BT 2, Rn. 609; *Mühlbauer*, in: MüKo StGB, § 263a, Rn. 23.
275 *Tiedemann/Valerius*, in: LK StGB, § 263a, Rn. 29; *Mühlbauer*, in: MüKo StGB, § 263a, Rn. 23; *Heger*, in: Lackner/Kühl, StGB, § 263a, Rn. 7.
276 *Kindhäuser*, in: K/N/P, § 263a, Rn. 14; *Perron*, in: Schönke/Schröder, § 263a, Rn. 5.
277 *Mühlbauer*, in: MüKo StGB, § 263a, Rn. 23f.; *Hilgendorf*, in: Satzger/Schluckebier/Widmaier, § 263a, Rn. 5 m.w.N.
278 *Rengier*, BT I, § 14, Rn. 7.
279 *Hilgendorf*, in: Satzger/Schluckebier/Widmaier, § 263a, Rn. 6; *Fischer*, StGB, § 263a, Rn. 7.
280 Vgl. *Heger*, in: Lackner/Kühl, StGB, § 263a, Rn. 8f.

142 ▶ **Definition:** **Unrichtig** sind Daten, wenn der durch sie bezeichnete Sachverhalt in Wahrheit nicht oder anders gegeben ist.[281] ◀

143 ▶ **Definition:** Als **unvollständig** gelten solche Daten, die den relevanten Sachverhalt nicht ausreichend erkennen lassen, d.h. bedeutsame Informationen unberücksichtigt lassen.[282] ◀

144 ▶ **Definition:** In enger Auslegung wird als **Verwendung** nur das unmittelbare Einführen von Daten in den Datenverarbeitungsprozess angesehen.[283] Überwiegend betrachtet man allerdings in weiter Interpretation jede Nutzung von Daten als Verwendung.[284] ◀

145 Auf die Befugnis zur Datenverwendung kommt es nicht an, sie wird vielmehr von § 263a Abs. 1 Var. 3 berücksichtigt.[285] Verwirklicht werden kann § 263a Abs. 1 Var. 2 nicht nur eigenhändig, sondern auch (mittelbar) durch die **Einschaltung eines Dritten**, der die Daten eingibt. Nach h.M. muss die „Zwischenperson" dann allerdings gutgläubig sein. Kennt sie hingegen die Unrichtigkeit oder Unvollständigkeit der Daten, ist sie selbst nach § 263a und der Hintermann als Teilnehmer nach den §§ 26, 27 bzw. als Mittäter zu belangen.[286]

cc) Unbefugte Verwendung von Daten Var. 3

146 In der 3. Variante stellt § 263a Abs. 1 die „unbefugte Verwendung von Daten" unter Strafe. Datenverwendung meint dabei das Gleiche wie in § 263a Abs. 1 Var. 2; im Unterschied zu dieser Tatvariante müssen die **Daten bei § 263a Abs. 1 Var. 3 richtig und vollständig** sein, gerade ihre **Verwendung** aber **unbefugt** erfolgen.[287]

147 ▶ **Problem:** Was dabei „unbefugt" heißt, ist streitig.[288] In „**computerspezifischer**" **Deutung** wird dafür ein **besonderer Bezug zum Datenverarbeitungsvorgang** verlangt. Danach sei eine Datenverwendung unbefugt, wenn sie im Widerspruch zu einem Willen des Systembetreibers stehe, der **in das Computerprogramm selbst eingeflossen** sei und der Datenverwendung entgegenstehe. Entweder müsse eine irreguläre Einwirkung auf den Datenverarbeitungsvorgang selbst (d.h. eine Datenmanipulation) vorliegen oder ein Zugang zum Datenverarbeitungsprogramm durch eine unberechtigte Eingabe des Codes erschlichen werden.[289] ◀

148 Den Anwendungsbereich des § 263a soll dies allerdings zu sehr einschränken, wobei insbesondere ein Missbrauch durch kontoüberziehende Berechtigte ausgeklammert

---

281 BGH 22.1.2013 – 1 StR 416/12, BGHSt 58, 119 (125); *Hilgendorf*, in: Satzger/Schluckebier/Widmaier, § 263a, Rn. 6; a.A.: *Perron*, in: Schönke/Schröder, § 263a, Rn 6.
282 *Hilgendorf*, in: Satzger/Schluckebier/Widmaier, § 263a, Rn. 6.
283 *Mühlbauer*, in: MüKo StGB, § 263a, Rn. 35 m.w.N.
284 *Hilgendorf*, Grundfälle zum Computerstrafrecht, JuS 1997, 130 (131).
285 *Fischer*, StGB, § 263a, Rn. 7a.
286 *Tiedemann/Valerius*, in: LK StGB, § 263a, Rn. 36 m.w.N.; *Heger*, in: Lackner/Kühl, StGB, § 263a, Rn. 9.
287 *Tiedemann/Valerius*, in: LK StGB, § 263a, Rn. 40 m.w.N.; *Kindhäuser*, in: K/N/P, § 263a, Rn. 20; *Hilgendorf*, in: Satzger/Schluckebier/Widmaier, § 263a, Rn. 8.
288 *Wessels/Hillenkamp/Schuhr*, Strafrecht BT 2, Rn. 613; *Hilgendorf*, in: Satzger/Schluckebier/Widmaier, § 263a, Rn. 9; *Perron*, in: Schönke/Schröder, § 263a, Rn. 9.
289 *Neumann*, Unfaires Spielen an Geldspielautomaten, JuS 1990, 537; *Arloth*, Computerstrafrecht und Leerspielen von Geldspielautomaten, Jura 1996, 357; *Schmidt*, in: BeckOK StGB, § 263a, Rn. 22. Zu absprachewidrigen Kontoabhebungen s. BGH 23.11.2016 – 4 StR 464/16, wistra 2017, 268; *Ladiges*, Zivilrechtsakzessorietät des Computerbetrugs, wistra 2017, 255.

II. Betrugsnahe Delikte § 3

wird.[290] Andere erklären daher in „**subjektivierender**" Interpretation jede Datenverwendung für unbefugt, die dem tatsächlichen oder mutmaßlichen Willen des Betreibers[291] oder dem „vertraglich vereinbarten Dürfen"[292] widerspricht.[293]

▶ **Beispiel:** Danach fällt bspw. auch die private Nutzung dienstlich zur Verfügung gestellter Internet-Zugänge oder die unbefugte Verwendung einer vom Arbeitgeber zur Verfügung gestellten Mobilfunkkarte unter § 263 a.[294] ◀   149

Dies jedoch – so die Kritik – mache aus dem Computerbetrug eine „allgemeine Computeruntreue", die reines Vertragsunrecht einbeziehe.[295] Literatur und Rspr. favorisieren demgegenüber in Anlehnung an § 263 eine „**täuschungsgleiche**" bzw. „**täuschungsäquivalente**" oder „**betrugsnahe**" Auslegung.[296] Danach gilt eine Datenverwendung nur dann als unbefugt, wenn sie gegenüber einer natürlichen Person Täuschungscharakter hätte. Davon wiederum wird ausgegangen, wenn der Täter eine Verwendungsberechtigung (schlüssig) vorspiegelt und es darauf im konkret betroffenen Aufgabenbereich des Computers ankommt. Für ein solches betrugsspezifisches bzw. betrugsnahes (enges) Verständnis spricht insbesondere die Struktur- und Wertgleichheit von Betrug und Computerbetrug.[297] Gewichtig ist umgekehrt der Einwand, dass sich eine Täuschungsäquivalenz allenfalls jenseits des Datenverarbeitungsvorgangs ergeben kann. Denn bei einer konkludenten Täuschung ist das „Unausgesprochene" maßgeblich, das ein Computer nicht verarbeiten kann. Soweit es aber an einem Zusammenhang zur Datenverarbeitung fehlt, kann auch nicht von einer Datenmanipulation die Rede sein.[298]   150

dd) Unbefugte Einwirkung auf den Ablauf Var. 4

Die vierte Variante der unbefugten Einwirkung auf den Ablauf in § 263 a Abs. 1 wird von manchen als **Auffangtatbestand angesehen**. Er erfasse Begehungsweisen, die in den anderen Tatbestandsvarianten nicht berücksichtigt seien, so dass die Auslegung der übrigen Tatbestandsvarianten auch den Anwendungsbereich von § 263 a Abs. 1 Var. 4 bestimme.[299] Die Gegenauffassung bezieht sich auf den Wortlaut („sonst") und ordnet die vierte Tatmodalität als Grundtatbestand ein. Damit würden alle Begehungsvarianten die Einwirkung auf einen Datenverarbeitungsvorgang voraussetzen, was insbesondere für Var. 3 des § 263 a Abs. 1 von Bedeutung wäre.[300]   151

---

290 Vgl. *Perron*, in: Schönke/Schröder, § 263 a, Rn. 11 f.; *Mühlbauer*, in: MüKo StGB, § 263 a, Rn. 46; *Wessels/Hillenkamp*, Strafrecht BT 2, Rn. 613.
291 BayObLG 28.8.1990 – RReg. 4 St 250/89, NJW 1991, 438 (440).
292 Vgl. dazu *Wessels/Hillenkamp/Schuhr*, Strafrecht BT 2, Rn. 613 m.w.N.
293 S.a. *Ranft*, Zur „betrugsnahen" Auslegung des § 263 a StGB, NJW 1994, 2574; *Kindhäuser*, in: K/N/P, § 263 a, Rn. 27 m.w.N.; *Wittig*, Wirtschaftsstrafrecht, § 15, Rn. 11 und 16; *Bühler*, Geldspielautomatenmißbrauch und Computerstrafrecht, MDR 1991, 14 (16).
294 S. dazu *Wittig*, Wirtschaftsstrafrecht, § 15, Rn. 18.
295 BGH 22.11.1991 – 2 StR 376/9, BGHSt 38, 120; BGH 21.11.2001 – 2 StR 260/01, BGHSt 47, 160; *Wessels/Hillenkamp/Schuhr*, Strafrecht BT 2, Rn. 613 m.w.N.
296 BGH 3.3.2016 – 4 StR 496/15, NJW 2016, 1336; BGH 21.11.2001 – 2 StR 260/01, BGHSt 47, 160 (162); BGH 22.11.1991 – 2 StR 376/9, BGHSt 38, 120 (121), 124; OLG Celle 31.8.2016 – 2 Ss 93/16, BeckRS 2016, 18380; OLG Köln 11.9.2015 – 1 RBs 172/15, BeckRS 2015, 18682; OLG Hamm 8.8.2013 – III-5 RVs 56/13, NStZ 2014, 275; *Fischer*, StGB, § 263 a, Rn. 11; *Heger*, in: Lackner/Kühl, § 263 a, Rn. 2; *Hoyer*, in SK-StGB, § 263 a, Rn. 6 m.w.N.; krit. *Hilgendorf*, in: Satzger/Schluckebier/Widmaier, § 263 a, Rn. 12 f.
297 S.a. *Wessels/Hillenkamp/Schuhr*, Strafrecht BT 2, Rn. 613.
298 S. näher dazu *Kindhäuser*, StR BT II, § 28, Rn. 25 ff.
299 *Fischer*, StGB, § 263 a Rn. 18; *Wessels/Hillenkamp/Schuhr*, Strafrecht BT 2, Rn. 617.
300 *Kindhäuser*, StR BT II, § 28, Rn. 26 ff.

152 § 263 a Abs. 1 Var. 4 soll insbesondere eine Bestrafung von pflichtwidrigen Verhaltensweisen unter **Einsatz von neuen technischen Möglichkeiten** ermöglichen.[301] Allerdings ist technischer Fortschritt eine dynamische Variable und steht damit in einem Spannungsverhältnis zum Bestimmtheitsgrundsatz des **Art. 103 Abs. 2 GG**, weshalb diese Tatmodalität eng auszulegen ist.[302]

153 ▶ **Beispiele:** Beispiele aus dem Anwendungsbereich des § 263 a Abs. 1 Var. 4 sind Outputmanipulationen und Manipulationen an der Hardware von Geräten sowie am Fluss von Daten[303] oder die missbräuchliche Nutzung von Bankkontodaten, die durch password fishing (= phishing) erlangt wurden.[304] ◀

d) Tatererfolge

154 Durch die jeweilige Tathandlung muss „das **Ergebnis eines Datenverarbeitungsvorgangs** […] **beeinflusst**" werden (vgl. § 263 a Abs. 1). Dazu kann es nur kommen, wenn das Täterverhalten einen manipulierten Datenverarbeitungsvorgang auslöst, also Ursache dafür ist.[305] Das Auslösen des Datenverarbeitungsvorgangs entspricht dabei dem Irrtum beim strukturgleichen Betrug nach § 263.[306]

155 § 263 a setzt weiter voraus, dass „das Vermögen eines anderen dadurch beschädigt" wird. Die Einflussnahme des Täters hat also zu einer **vermögensrelevanten Disposition des Computers** („Computerverfügung") zu führen.[307] Dabei gilt als Vermögensschaden – wie beim Betrug – eine objektive Minderung des Gesamtvermögens infolge des tatbestandsrelevanten Täterverhaltens.[308] Ebenfalls in Entsprechung zum Betrug muss das von der Tathandlung beeinflusste Ergebnis des Datenverarbeitungsvorgangs **unmittelbar zu einer Vermögensschädigung führen**.[309]

156 ▶ **Beispiel:** An dieser Unmittelbarkeit fehlt es bspw., wenn das Täterverhalten zu einem Schaden durch unbrauchbare Arbeitsergebnisse oder einen Ausfall der Datenverarbeitungsanlage führt.[310] Eine Ausnahme vom Unmittelbarkeitserfordernis ist für Fälle anerkannt, in denen eine Person das Resultat der Datenverarbeitung ohne eigene Entscheidungsbefugnis und Inhaltskontrolle umsetzt.[311] Möglich ist auch ein Computerbetrug in der Konstellation des Dreiecksbetrugs[312], wenn der Betreiber der EDV-Anlage nicht der Geschädigte ist, aber zwischen beiden ein Näheverhältnis besteht. ◀

---

301 BT-Drucks. 10/318, S. 18 f.; BT-Drucks. 10/5058, S. 30; *Mühlbauer*, in: MüKo StGB, § 263 a, Rn. 88.
302 *Mühlbauer*, in: MüKo StGB, § 263 a, Rn. 89; *Heger*, in: Lackner/Kühl, StGB, § 263 a, Rn. 15.
303 *Duttge*, in: Dölling/Duttge/König/Rössner, § 263 a, Rn. 22.
304 *Wessels/Hillenkamp/Schuhr*, Strafrecht BT 2, Rn. 618 m.w.N.; s.a. *Popp*, Von „Datendieben" und „Betrügern" – Zur Strafbarkeit des sogenannten „phishing", NJW 2004, 3517 (3518). Das Pishing an sich fällt nicht unter § 263 a.
305 BGH 22.11.1991 – 2 StR 376/9, BGHSt 38, 120 (121); *Perron*, in: Schönke/Schröder, § 263 a, Rn. 19; *Mühlbauer*, in: MüKo StGB, § 263 a, Rn. 18; s.a. *Wittig*, Wirtschaftsstrafrecht, § 15, Rn. 20.
306 *Wittig*, Wirtschaftsstrafrecht, § 15, Rn. 22.
307 *Rengier*, BT I, § 14, Rn. 5; *Wittig*, Wirtschaftsstrafrecht, § 15, Rn. 20; *Hilgendorf*, in: Satzger/Schluckebier/Widmaier, § 263 a, Rn. 31.
308 S. § 3, Rn. 46.
309 BGH 22.1.2013 – 1 StR 416/12, BGHSt 58, 119 (128 ff.); *Hilgendorf*, in: Satzger/Schluckebier/Widmaier, § 263 a, Rn. 30 f.
310 *Wessels/Hillenkamp/Schuhr*, Strafrecht BT 2, Rn. 611; *Heger*, in: Lackner/Kühl, StGB, § 263 a, Rn. 25.
311 S.a. Wittig, Wirtschaftsstrafrecht, § 15, Rn. 22 m.w.N; BGH 28.5.2013 – 3 StR 80/13, NStZ 2013, 586 (587).
312 S. dazu § 3, Rn. 69.

e) Subjektive Voraussetzungen

In subjektiver Hinsicht setzt § 263 a – neben Vorsatz – die Absicht voraus, „sich oder einem Dritten einen rechtswidrigen Vermögensvorteil zu verschaffen". Diese Absicht stoffgleicher Bereicherung muss (wie bei § 263) darauf gerichtet sein, den angestrebten Vermögensvorteil unmittelbar durch die Computerverfügung zu erlangen.[313] Objektiv rechtswidrig ist ein Vermögensvorteil dann, wenn der Täter keinen Anspruch auf ihn hat, wobei sich der Vorsatz (auch) auf diese Rechtswidrigkeit beziehen muss.[314]

f) Lösung des Einstiegsfalls

Nach dem BGH[315] erfüllt ein Verhalten wie das von A im **Einstiegsfall** die Merkmale eines (Dreiecks-)Computerbetruges nach § 263 a zum Nachteil der Bankkunden, von deren Konten die Lastschriftbeträge eingezogen wurden. Wer fingierte Forderungen als Lastschriften im Wege des Abbuchungsauftragsverfahrens einreiche, obwohl keine Abbuchungsaufträge erteilt worden seien, verwende unrichtige Daten i.S.d. § 263 a Abs. 1 Var. 2. Denn hier würde schlüssig zum Ausdruck gebracht, der (angeblich) Zahlungspflichtige habe seiner Bank einen entsprechenden Abbuchungsauftrag erteilt. Die Zahlstelle bzw. deren EDV-Anlage prüfe zwar nicht, ob einem Abbuchungsauftrag eine tatsächliche Zahlungsverpflichtung ihres Kunden zu Grunde liege. Geprüft werde aber (heutzutage üblicherweise automatisiert), ob der Zahlstelle ein Abbuchungsauftrag ihres Kunden vorliege. Der Täter beeinflusse bei vollautomatisierten Vorgängen zudem durch die Verwendung der unrichtigen Daten das Ergebnis eines unmittelbar vermögensrelevanten Datenverarbeitungsvorgangs, wenn die EDV-Anlage die Einlösung der Lastschrift bewirke. Mit dieser Einlösung korrespondierende ein Gefährdungsschaden der Kunden: Sie trügen nun das Risiko, die Abbuchung überhaupt zu bemerken, um eine Rückbuchung verlangen zu können.

3. Subventionsbetrug § 264

a) Überblick

▶ **Einstiegsfall:** A erwarb in zwei Gemeinden in Mecklenburg-Vorpommern Forstflächen, die vorher sogenanntes Volkseigentum waren. Dabei entrichtete er unter Berücksichtigung des Entschädigungs- und Ausgleichsleistungsgesetzes (EALG) v. 27.9.1994[316] i.V.m. der „Verordnung über den Erwerb land- und forstwirtschaftlicher Flächen und das Verfahren nach dem Ausgleichsleistungsgesetz" (FlErwV) v. 20.12.1995[317] einen Kaufpreis, der deutlich unter dem tatsächlichen Wert der Flächen lag. § 7 Satz 2 und 3 FlErwV sieht dabei vor, dass „Nachweise, soweit sie der Privatisierungsstelle nicht bereits vorliegen, gemäß den Anlagen zu erbringen" und „subventionserheblich im Sinne des § 264 des Strafgesetzbuches" sind. In den Anlagen zu § 7 FlErwV wiederum ist für einen Erwerb von Forstflächen wie im Fall von A unter anderem die Vorlage von Unterlagen vorgesehen, „aus denen die Selbstbewirtschaftung hervorgeht". Entsprechende Verpflichtungserklärungen und Betriebskonzepte legte A vor. Die Kaufverträge sahen neben einem langjährigen Veräußerungs- und Verfü-

---

313 *Hilgendorf*, in: Satzger/Schluckebier/Widmaier, § 263 a, Rn. 35; *Heger*, in: Lackner/Kühl, StGB, § 263 a, Rn. 24 f.; *Perron*, in: Schönke/Schröder, § 263 a, Rn. 27.
314 *Hilgendorf*, in: Satzger/Schluckebier/Widmaier, § 263 a, Rn. 33 ff.; *Perron*, in: Schönke/Schröder, § 263 a, Rn. 26, 27.
315 S. BGH 22.1.2013 – 1 StR 416/12, NJW 2013, 2608 ff.
316 BGBl. I S. 2624.
317 BGBl. I S. 2072.

gungsverbot eine Verpflichtungserklärung mit wirtschaftlicher Zweckbindung im Sinne des Bundes- und Landeswaldgesetzes durch A vor. Wie jedoch bereits bei Abschluss dieser Verträge beabsichtigt, überließ A die Forstflächen einem selbst vom vergünstigten Erwerb ausgeschlossenen Dritten zur intensiven jagdlichen Nutzung. Ist A damit hinreichend verdächtig i.S.d. § 203 StPO, einen Subventionsbetrug gemäß § 264 begangen zu haben?[318] *Rn. 169ff., 191* ◄

aa) Gesetzgebungsgeschichte

160 § 264 stellt bestimmte Täuschungshandlungen sowie die zweckwidrige Verwendung von Mitteln im Zusammenhang mit der **Vergabe staatlicher Zuschüsse** unter Strafe. In das StGB eingefügt wurde der Tatbestand durch das 1. WiKG vom 29.7.1976[319], um Lücken beim Schutz des Subventionswesens als Instrument staatlicher Wirtschaftslenkung zu schließen.[320]

161 Ein eigener Straftatbestand sollte die Bestrafung einer **Erschleichung und eines Missbrauchs staatlicher Zuwendungen** ermöglichen, ohne dass – wie bei § 263 – Irrtum, Vermögensverfügung, Vermögensschaden oder ein darauf bezogener Vorsatz sowie eine Bereicherungsabsicht nachgewiesen werden müsse. Zudem – so die Gesetzesbegründung[321] – sei § 263 mit seinem Anliegen, das individuelle Vermögen zu schützen, nicht auf das Unrecht eines „Subventionsbetrugs" zugeschnitten, wie er im neuen § 264 erfasst werde. Hier gehe es nämlich nicht um eine Minderung, sondern um eine **Fehlleitung (öffentlichen) Vermögens**. Zwar könne auch dies eventuell unter Rückgriff auf den Gedanken einer Zweckverfehlung als Vermögensschaden i.S.d. § 263 deklariert werden, was allerdings mit Blick auf den Bestimmtheitsgrundsatz des Art. 103 Abs. 2 GG rechtsstaatlich bedenklich sei.[322]

162 Im Schrifttum hält sich die Vermutung, dass § 264 vor allem aus dem pragmatischen Grund eingeführt wurde, den **Schwierigkeiten beim Nachweis der Tatbestandsmerkmale des § 263** zu entgehen. Denn bei missbräuchlichen bzw. manipulativen Verhaltensweisen im Rahmen einer Subventionierung können – wie dargelegt[323] – insbesondere die Feststellung eines Vermögensschadens sowie der subjektiven Tatbestandsmerkmale des § 263 erhebliche Schwierigkeiten bereiten.[324] Zudem ist heute die Ansicht verbreitet, dass der Gesetzgeber jene Strafbarkeitslücken überschätzt hat, die ihn zur Einführung des § 264 motiviert haben.[325]

bb) Praxisrelevanz

163 Wegen seiner geringen praktischen Relevanz wurde in der PKS der Subventionsbetrug in der statistischen Darstellung unmittelbar dem Summenschlüssel „Wirtschaftskriminalität" zugeordnet und nicht gesondert dargestellt.[326]

---

318 Fall nach OLG Rostock 17.1.2012 – I Ws 404/11, NZWiSt 2012, 386 ff.
319 BGBl. I 1976, S. 2034 ff.; s.a. *Fischer*, StGB, § 264, Rn. 1.
320 Zum Ganzen etwa *Ceffinato*, in: MüKo StGB, § 264, Rn. 3; *Hellmann/Beckemper*, Wirtschaftsstrafrecht, Rn. 800.
321 BT-Drucks. 7/5291, S. 3 ff.
322 S.a. *Fischer*, StGB, § 264, Rn. 2, 3.
323 S. § 3, Rn. 115.
324 *Fischer*, StGB, § 264, Rn. 2; *Perron*, in: Schönke/Schröder, § 264, Rn. 2; *Hellmann*, in: K/N/P, § 264, Rn. 5 m.w.N.
325 *Hellmann*, in: K/N/P, § 264, Rn. 3; *Ceffinato*, in: MüKo StGB, § 264, Rn. 15 f.
326 PKS 2018 – Bd. 1, S. 58.

II. Betrugsnahe Delikte § 3

cc) Verfassungsmäßigkeit

§ 264 ist bis heute umstritten, wobei die Vorbehalte bis hin zu **verfassungsrechtlichen Bedenken** reichen. Insbesondere dürfe eine Strafnorm nicht aus rein pragmatischen Gründen eingeführt werden.[327] Für § 264 sei jedoch genau dies zu vermuten, indem er in erster Linie zur Überwindung von Beweisschwierigkeiten geschaffen worden sei. Dabei habe man so weitgehend **auf Nachweiserfordernisse verzichtet,** dass ein bedenklich weiter Anwendungsbereich entstanden sei.[328] Tatsächlich können die – zumeist leicht nachweisbaren – Tathandlungen überwiegend sogar leichtfertig verwirklicht werden (vgl. § 264 Abs. 5) und auf weitergehende (Betrugs-)Merkmale kommt es nicht an. Damit schützt nicht einmal vor Strafe, dass dem Subventionsgeber vermittelte Tatsachen irrtümlich für richtig und vollständig gehalten werden.[329]

164

dd) Normzweck

▶ **Problem:** Auch das **Schutzanliegen des § 264** wird kontrovers diskutiert. Wie bereits angedeutet hatte der Gesetzgeber eine vermögensschützende Funktion vor Augen[330], woraus teilweise abgeleitet wird, dass Schutzgut des § 264 einzig das **Vermögen der öffentlichen Hand** als Subventionsgeber sei.[331] Andere sehen nicht das Vermögen sondern ausschließlich das Gemeinschaftsinteresse an einer wirksamen **staatlichen Wirtschaftsförderung** als geschütztes Rechtsgut an.[332] Überwiegend hält man beides für maßgeblich und bezieht in das Schutzanliegen sowohl das Interesse an effektiver Wirtschaftsförderung als auch das staatliche Vermögen unter Einschluss der Planungs- und Dispositionsfreiheit des Subventionsgebers ein.[333] Gegen die Wirtschaftsförderung als Schutzgut soll allerdings sprechen, dass dieses Gemeinschaftsinteresse nicht durch eine Einzeltat, sondern nur durch eine **vielfache Fehlleitung von Fördermitteln** messbar beeinträchtigt werden könne. Auch müsste dann zudem eine zweckwidrige „**Verschwendung**" **öffentlicher Mittel durch den Subventionsgeber** bestraft werden. Dies ist aber nicht vorgesehen, so dass der Gesetzgeber offensichtlich nicht auch den Schutz der Wirtschaftsförderung bei Einführung des § 264 im Blick gehabt habe.[334] Von Bedeutung ist diese – auch als „überzeichnet" bezeichnete[335]– Kontroverse um das Schutzgut vor allem für das Konkurrenzverhältnis von § 264 zu § 263.[336] ◀

165

ee) Normcharakter

Nach § 264 werden bestimmte Verhaltensweisen bestraft, ohne dass es weitergehend auf den Eintritt eines Erfolgs in Form einer konkreten Rechtsgutsgefährdung oder -verletzung ankommt. Wegen dieser **Unabhängigkeit von (Zwischen-)Erfolgen** ist der Sub-

166

---

327 Vgl. etwa *Ceffinato*, in: MüKo StGB, § 264, Rn. 5 u. 14 ff.
328 Zur Diskussion um die Verfassungsmäßigkeit *Fischer*, StGB, § 264, Rn. 3; *Hellmann*, in: K/N/P, § 264, Rn. 6 ff. jew. m.w.N.
329 *Hellmann/Beckemper*, Wirtschaftsstrafrecht, Rn. 800.
330 S. § 3, Rn. 160.
331 *Hellmann*, in: K/N/P, § 264, Rn. 10 m.w.N.; *Fischer*, StGB, § 264, Rn. 2 b.
332 *Tiedemann*, in: LK StGB, § 264, Rn. 23; *Ceffinato*, in: MüKo StGB, § 264, Rn. 8.
333 OLG Karlsruhe 16.10.1980 – 3 Ss 202/80, NJW 1981, 1383 (1384); OLG Hamburg 3.1.1984 – 2 Ws 459/83, NStZ 1984, 218; *Heger*, in: Lackner/Kühl, StGB, § 264, Rn. 1; *Perron*, in: Schönke/Schröder, § 264, Rn. 4.
334 *Hellmann/Beckemper*, Wirtschaftsstrafrecht, Rn. 801.
335 *Wattenberg*, in: Achenbach/Ransiek/Rönnau (Hrsg.): Handbuch Wirtschaftsstrafrecht, IV 2, Rn. 11.
336 S. dazu § 3 Rn. 236; *vgl. a. Perron*, in: Schönke/Schröder, § 264, Rn. 4; *Wittig*, Wirtschaftsstrafrecht, § 17, Rn. 5.

ventionsbetrug als **abstraktes Gefährdungsdelikt** anzusehen.[337] Teilweise ist auch von einem „Tätigkeitsdelikt"[338], „Kumulationsdelikt"[339] oder „Eignungsdelikt" i.S.e. abstrakt-konkreten bzw. potenziellen Gefährdungsdelikts[340] die Rede, was jeweils die schadensunabhängige Bestrafung einer schlichten Tätigkeit zum Ausdruck bringen soll.[341] Zugleich erscheint mit Blick darauf die amtliche Bezeichnung als „Subventionsbetrug" irreführend.[342] Denn wesentliche Betrugsmerkmale – wie etwa ein Irrtum oder der Eintritt eines Vermögensschadens – spielen bei der Verwirklichung des § 264 gerade keine Rolle.

ff) Normstruktur

167 § 264 ist in neun Absätze untergliedert, von denen der erste Absatz den Grundtatbestand bildet. In Abs. 2 folgen Strafzumessungsregeln, zudem ist durch Abs. 3 über einen Verweis auf § 263 Abs. 5 eine Qualifikation für ein zugleich gewerbs- und bandenmäßiges Handeln vorgesehen. Abs. 4 stellt seit dem 28.6.2019 den Versuch in den Fällen des Abs. 1 Nr. 2 unter Strafe. Durch den fünften Absatz des § 264 wird auch die leichtfertige Begehung der Tathandlungen nach § 264 Abs. 1 Nr. 1 bis 3 unter Strafe gestellt. Der sechste Absatz sieht einen persönlichen Strafaufhebungsgrund vor, während Abs. 7 besondere Anweisungen für die Sanktionsauswahl gibt und die Abs. 8 und 9 Legaldefinitionen enthalten.

b) Subventionen Abs. 8

aa) Allgemeine Hinweise

168 Wie bereits die amtliche Überschrift deutlich macht, stehen „Subventionen" im Zentrum von Straftaten gem. § 264. Was darunter zu verstehen ist, ergibt sich anhand von § 264 selbst. **Abs. 8 bestimmt abschließend einen eigenständigen strafrechtlichen** (auch als „materiell" bezeichneten[343]) **Subventionsbegriff**[344] und unterscheidet dabei zwischen Subventionen nach Bundes- und Landesrecht einerseits (Nr. 1) sowie nach EU-Recht (Nr. 2) andererseits. Maßgeblich sind dabei jeweils **materielle Kriterien**, wohingegen es auf eine Bezeichnung als „Subvention" nicht ankommt.[345] § 264, d.h. der Strafgesetzgeber selbst, bestimmt also den Subventionsbegriff des Subventionsbetrugs und damit den Anwendungsbereich des § 264, der somit keine Blankettvorschrift ist.[346]

bb) Subventionen nach nationalem Recht S. 1 Nr. 1

169 ▶ **Definition:** Subvention nach nationalem Recht ist **gem. § 264 Abs. 8 S. 1 Nr. 1** eine „Leistung aus öffentlichen Mitteln nach Bundes- oder Landesrecht an Betriebe oder

---

337 BGH 20.1.1987 – 1 StR 456/86, BGHSt 34, 265 (267); *Hellmann*, in: K/N/P, § 264, Rn. 11 m.w.N.
338 *Tiedemann*, in: LK StGB, § 264, Rn. 29.
339 *Ceffinato*, in: MüKo StGB, § 264, Rn. 13.
340 *Saliger*, in: Satzger/Schluckebier/Widmaier, § 264, Rn. 2.
341 S.a. *Wittig*, Wirtschaftsstrafrecht, § 17, Rn. 6; *Kudlich/Oglakcioglu*, Wirtschaftsstrafrecht, Rn. 262.
342 *Wittig*, Wirtschaftsstrafrecht, § 17, Rn. 3; *Kudlich/Oglakcioglu*, Wirtschaftsstrafrecht, Rn. 262; *Kasiske*, Wirtschaftsstrafrecht, Rn. 122.
343 *Ceffinato*, in: MüKo StGB, § 264, Rn. 27.
344 *Heger*, in: Lackner/Kühl, StGB, § 264, Rn. 3; *Ceffinato*, in: MüKo StGB, § 264, Rn. 27 f. jew. m.w.N.
345 *Wattenberg*, in: Achenbach/Ransiek/Rönnau (Hrsg.): Handbuch Wirtschaftsstrafrecht, IV 2, Rn. 14; *Tiedemann*, in: LK StGB, § 264, Rn. 40.
346 *Ceffinato*, in: MüKo StGB, § 264, Rn. 27.

II. Betrugsnahe Delikte § 3

Unternehmen, die wenigstens zum Teil a) ohne marktmäßige Gegenleistung gewährt wird und b) der Förderung der Wirtschaft dienen soll." ◄

(1) Aus öffentlichen Mitteln

Durch die Einschränkung auf Leistungen „aus öffentlichen Mitteln" werden nur solche aus **Mitteln der öffentlichen Hand** erfasst. Die Leistung muss damit aus dem Etat einer juristischen Person des öffentlichen Rechts – also von Bund, Ländern, Gemeinden oder einer sonstigen öffentlich-rechtlichen Körperschaft, Anstalt oder Stiftung – erbracht werden.[347] Ausreichend ist der Ansatz in einem Haushaltsgesetz.[348]

170

(2) Nach Bundes- oder Landesrecht

Die Leistung ist nach „Bundes- oder Landesrecht", d.h. auf **Basis von formellen oder materiellen Rechtsnormen** zu erbringen. Als Grundlage reichen dabei auch auf einem Gesetz beruhende Haushaltsansätze.[349]

171

(3) An Betriebe oder Unternehmen

Weil die Leistung „an Betriebe oder Unternehmen" erbracht werden muss, sind Leistungen an Privathaushalte oder Einzelpersonen vom strafrechtlichen Subventionsbegriff nicht erfasst.[350]

172

▶ **Definition:** Mit Betrieb bzw. Unternehmen ist dabei eine – nicht nur vorübergehende – **Zusammenfassung von mehreren Personen** unter einer Leitung gemeint, bei der Sachmittel in gewissem räumlichen Zusammenhang zur Erreichung eines bestimmten (nicht stets wirtschaftlichen) Zweckes eingesetzt werden.[351] ◄

173

In § 265 b Abs. 3 Nr. 1 heißt es zudem, dass „Betriebe und Unternehmen unabhängig von ihrem Gegenstand solche sind, die nach Art und Umfang einen in kaufmännischer Weise eingerichteten Geschäftsbetrieb erfordern", was auch bei § 264 zum Anforderungsprofil gehört. Auf die rechtliche Form[352] kommt es hingegen ebenso wenig wie auf eine Gewinnerzielungsabsicht an.[353] Überdies kann ein **bloß vorgetäuschter Betrieb** oder ein vorgetäuschtes Unternehmen nach allgemeiner Auffassung Leistungsempfänger i.S.d. § 264 Abs. 8 S. 1 Nr. 1 sein[354], auch wenn eine Regelung wie in § 265 b Abs. 1 fehlt.

174

(4) Gewährung ohne marktmäßige Gegenleistung

„Wenigstens zum Teil ohne marktmäßige Gegenleistung" wird eine Leistung erbracht, wenn sie **auf dem Markt nicht unter den gewährten Konditionen erhältlich** wäre.[355] Davon wiederum ist auszugehen, wenn eine Gegenleistung – als der Leistung gegen-

175

---

347 *Ceffinato*, in: MüKo StGB, § 264, Rn. 32; *Fischer*, StGB, § 264, Rn. 7.
348 *Kindhäuser*, StR BT II, § 29, Rn. 4.
349 *Fischer*, StGB, § 264, Rn. 8.
350 *Wohlers/Mühlbauer*, in: MüKo StGB, § 264, Rn. 55; *Fischer*, StGB, § 264, Rn. 11.
351 BGH 8.4.2003 – 5 StR 448/02, NJW 2003, 2179 (2181).
352 Vgl. § 264 Abs. 7 S. 2, der öffentliche und private Unternehmen bzw. Betriebe gleichsetzt.
353 *Ceffinato*, in: MüKo StGB, § 264, Rn. 56; *Fischer*, StGB, § 264, Rn. 11.
354 BGH 8.4.2003 – 5 StR 448/02, NStZ 2003, 54; *Hellmann*, in: K/N/P, § 264, Rn. 46; *Wittig*, Wirtschaftsstrafrecht, § 17, Rn. 17; *Kasiske*, Wirtschaftsstrafrecht, Rn. 123.
355 *Ceffinato*, in: MüKo StGB, § 264, Rn. 36 m.w.N.; zum Ganzen auch *Fischer*, StGB, § 264, Rn. 9.

überstehendes Äquivalent – fehlt oder nicht dem Marktüblichen entspricht.[356] Dabei darf zu den **Gegenleistungen nicht der Förderungszweck** gezählt werden, der Voraussetzung für die Gewährung der Subvention ist.[357] Klassische Subventionen bspw. werden ohne Gegenleistung erbracht, indem geldwerte Leistungen ohne Rückzahlungspflicht gewährt werden.[358] Bei „verdeckten Subventionen" wird zwar eine Gegenleistung erbracht, diese ist aber nicht marktüblich.[359]

176 ▶ **Beispiele:** Verdeckte Subventionen können z.b. Darlehen zu marktuntypisch niedrigen Zinsen oder sog. Realförderungen wie der Verkauf von Gegenständen unter Marktwert sein.[360] ◀

177 ▶ **Problem:** Zuweilen gibt es **keinen Markt für die fragliche Gegenleistung**, etwa weil die Leistung (wie bei staatlichen Garantien oder Bürgschaften) nur vom Subventionsgeber angeboten wird. In einem solchen Fall wird die Gegenleistung von Teilen des Schrifttums dann als marktunüblich angesehen, wenn sie im Ergebnis **nicht kostendeckend und nicht gewinnbringend** ist.[361] Andere stellen – ähnlich wie beim Submissionsbetrug[362] – auf einen „hypothetischen Marktpreis" ab[363] oder gehen davon aus, dass in einer solchen Situation kein Subventionsbetrug möglich sei.[364] ◀

(5) Im Dienst der Wirtschaftsförderung

178 Subvention ist nur, was wenigstens zum Teil „der Förderung der Wirtschaft dienen soll". Zweck muss damit sein, die **Leistungsfähigkeit der Wirtschaft wenigstens partiell zu steigern**. Dies hat nicht der Hauptzweck, aber wenigstens ein nicht zu vernachlässigender Endzweck zu sein, wohingegen es auf die Wirkung der Leistung für das Vorliegen eines Förderungszwecks nicht ankommt.[365]

179 ▶ **Beispiel:** Dem Erfordernis einer förderungsorientierten Zielsetzung genügen bspw. sog. **Schadenssubventionen nicht**, die zur Erfüllung von Entschädigungsansprüchen bei Naturkatastrophen oder Notfällen gewährt werden.[366] ◀

180 ▶ **Definition:** Dass es eine Förderung der „Wirtschaft" sein soll, ist in einem weitreichenden Sinne zu verstehen. Wirtschaft meint hier alle unternehmerisch betriebenen Einrichtungen zur Erbringung von Leistungen, die der **Erfüllung materieller menschlicher Bedürfnisse** dienen.[367] ◀

---

356 „Leistung über dem Marktwert der Gegenleistung": *Fischer*, StGB, § 264, Rn. 9; „keine marktmäßige Gegenleistung": *Ceffinato*, in: MüKo StGB, § 264, Rn. 37.
357 *Heger*, in: Lackner/Kühl, StGB, § 264, Rn. 6; *Hellmann*, in: K/N/P, § 264, Rn. 23.
358 BGH 5.9.1989 – 1 StR 291/89, NStZ 1990, 35 (36): verlorener Zuschuss; *Wohlers/Mühlbauer*, in: MüKo StGB, § 264, Rn. 37 m.w.N.
359 *Ceffinato*, in: MüKo StGB, § 264, Rn. 39.
360 *Hellmann*, in: K/N/P, § 264, Rn. 33; *Ceffinato*, in: MüKo StGB, § 264, Rn. 39 m.w.N.; *Saliger*, in: Satzger/Schluckebier/Widmaier, § 264, Rn. 9.
361 *Fischer*, StGB, § 264, Rn. 9; *Tiedemann*, in: LK StGB, § 264, Rn. 47 ff.
362 Näher dazu § 3, Rn. 83 ff.
363 *Saliger*, in: Satzger/Schluckebier/Widmaier, § 264, Rn. 10; *Hellmann*, in: K/N/P, § 264, Rn. 30 m.w.N.
364 *Hoyer*, in: SK-StGB, § 264, Rn. 27 f.; *Wittig*, Wirtschaftsstrafrecht, § 17, Rn. 21; zum Ganzen s.a. *Hellmann/Beckemper*, Wirtschaftsstrafrecht, Rn. 806.
365 *Ceffinato*, in: MüKo StGB, § 264, Rn. 44 f.; *Hellmann/Beckemper*, Wirtschaftsstrafrecht, Rn. 805; *Wittig*, Wirtschaftsstrafrecht, § 17, Rn. 23.
366 *Hellmann*, in: K/N/P, § 264, Rn. 26; *Perron*, in: Schönke/Schröder, § 264, Rn. 16.
367 BGH 20.6.1986 – 1 StR 184/86, BGHSt 34, 111 (113); *Fischer*, StGB, § 264, Rn. 10.

II. Betrugsnahe Delikte § 3

▶ **Beispiele:** Diese Begriffsbestimmung trifft bspw. auf die Erzeugung, Herstellung oder Verteilung von Gütern zu, nicht jedoch auf Wissenschaft, Kunst, Sport oder soziale Leistungen. Keine Subvention i.S.d. § 264 Abs. 7 sind daher bspw. Leistungen zur Sportförderung oder die Gewährung von Kurzarbeiter- bzw. Schlechtwettergeld[368] sowie von Kinder- und Wohngeld, wofür auch der Begriff „Sozialsubventionen" gebraucht wird.[369] Bei der Förderung von Forschungsaktivitäten muss nach dem Kriterium der Marktnähe unterschieden werden: Reine Grundlagenforschung nämlich gilt nicht als „Wirtschaft" i.S.d. § 264 Abs. 7, marktnahe wirtschaftsorientierte Forschung hingegen schon.[370] ◀ 181

cc) Subventionen nach EU-Recht S. 1 Nr. 2

Gem. **§ 264 Abs. 8 S. 1 Nr. 2** ist Subvention im strafrechtlichen Sinne auch „eine Leistung aus öffentlichen Mitteln nach dem Recht der Europäischen Gemeinschaften, die wenigstens zum Teil ohne marktmäßige Gegenleistung gewährt wird". Man spricht auch von Subventionen nach EU-Recht (statt nach nationalem Recht wie in § 264 Abs. 8 S. 1 Nr. 1 beschrieben).[371] 182

▶ **Beispiele:** Dazu gehören bspw. Ausfuhrerstattungen für landwirtschaftliche Produkte[372] oder Subventionen des Fonds für regionale Entwicklung.[373] ◀ 183

Wesentlich ist dabei vor allem, dass Leistungen „aus öffentlichen Mitteln nach dem Recht der Europäischen Gemeinschaften" in den Schutzbereich des Strafrechts einbezogen werden. Dazu müssen die fraglichen Leistungen im Gesamthaushaltsplan der Europäischen Union[374] vorgesehen sein. Überdies müssen sie von der Europäischen Union oder für deren Rechnung verwaltet werden, was für Leistungen gelten kann, die nicht unmittelbar von der EU, sondern von nationalen Stellen vergeben werden.[375] 184

In dem Begriffsanteil „wenigstens zum Teil ohne marktmäßige Gegenleistung" stimmt die Subvention nach EU-Recht (§ 264 Abs. 8 S. 1 Nr. 2) mit der nach nationalem Recht (§ 264 Abs. 8 S. 1 Nr. 1) überein. Hingegen verlangt das Vorliegen einer EU-Subvention weder, dass die Leistung an einen Betrieb oder ein Unternehmen vergeben wird, noch dass sie einer Förderung der Wirtschaft dienen soll. Dadurch **reicht der Subventionsbegriff bei einer Leistungsgewährung auf europäischer Ebene weiter** als bei einer Vergabe durch nationale Stellen.[376] 185

---

368 Diese Leistungen werden Unternehmen zur Weitergabe an die Arbeitnehmer überlassen, s.a. *Gaede/Leydecker*, Subventionsbetrug mithilfe der Kurzarbeit im Schatten der globalen Finanzmarktkrise, NJW 2009, 3542 ff.
369 BayObLG 23.11.2004 – 1St RR 129/04, NStZ 2005, 172; *Perron*, in: Schönke/Schröder, § 264, Rn. 15; *Heger*, in: Lackner/Kühl, StGB, § 264, Rn. 7.
370 Vgl. BT-Drucks. 7/5291, S. 11; *Fischer*, StGB, § 264, Rn. 10; *Jerouschek*, Strafrechtliche Aspekte des Wissenschaftsbetruges, GA 1999, 425 ff.
371 *Fischer*, StGB, § 264, Rn. 12; *Ceffinato*, in: MüKo StGB, § 264, Rn. 28.
372 S. BGH 5.9.1989 – 1 StR 291/89, NStZ 1990, 35 (36).
373 BGH 25.10.2017 – 1 StR 339/16, wistra 2018, 302; *Fischer*, StGB, § 264, Rn. 12 m.w. N.
374 Sie ist gem. Art. 1 Abs. 3 S. 3 EU-Vertrag Rechtsnachfolgerin der im Gesetz angesprochenen „Europäischen Gemeinschaften".
375 BT-Drucks. 13/10425, S. 11; *Fischer*, StGB, § 264, Rn. 12.
376 *Zieschang*, Chancen und Risiken der Europäisierung des Strafrechts, ZStW 113 (2001), S. 255, 266.

dd) Beschränkung auf direkte Subventionen

186 Sowohl von der Nr. 1 als auch der Nr. 2 des § 264 Abs. 8 S. 1 werden **nur direkte Subventionen** erfasst, d.h. offen als Sonderunterstützung gewährte geldwerte Zuwendungen.[377]

187 ▶ **Beispiele:** Dies kann bspw. eine Filmförderung nach dem Filmförderungsgesetz oder die Gewährung von Sanierungsfördermitteln nach dem Städtebauförderungsgesetz sein, wohingegen es bei bloßen Mittelzuweisungen wie etwa regulären Haushaltszuweisungen schon an der Eigenschaft als Sonderunterstützung fehlt.[378] ◀

188 **Indirekte Subventionen** wie bspw. Steuervergünstigungen oder Tarifermäßigungen **gelten nicht als Subventionen** i.S.d. § 264 Abs. 8, allerdings kann ihre Erschleichung als Steuerhinterziehung nach § 370 AO zu werten sein.[379] Ob eine direkte oder eine indirekte Subvention vorliegt, richtet sich nach der Form der **Leistungsgewährung bzw. Vergabetechnik**, denn bei den wirtschaftlichen Wirkungen bestehen Übereinstimmungen.[380]

c) Subventionsgeber

189 ▶ **Definitionen:** Auch der Begriff des **Subventionsgebers ist legaldefiniert.** Als solcher gilt gem. § 264 Abs. 1 Nr. 1 jede Behörde, die für die Subventionsbewilligung zuständig oder sonst auf Geberseite (wie z.B. ein Kreditinstitut) in das Subventionsverfahren eingeschaltet ist. Die Bewilligungszuständigkeit hat dabei jene organisatorisch-selbstständige Handlungseinheit der nationalen öffentlichen Verwaltung oder EU inne, welche die Endentscheidung über die Subventionsvergabe trifft.[381] „In das Subventionsverfahren eingeschaltet" heißt Beteiligung am Subventionsverfahren in irgendeiner Weise, was auch die Vornahme von Vorprüfungen bedeuten kann.[382] ◀

d) Subventionserhebliche Tatsachen Abs. 9

aa) Allgemeine Hinweise

190 Die Tathandlungen nach § 264 Abs. 1 Nr. 1, 3 und 4 beziehen sich jeweils auf sog. „subventionserhebliche Tatsachen". Sie wiederum sind **in § 264 Abs. 9 legaldefiniert**: Danach kann sich die Subventionserheblichkeit einer Tatsache zum einen aus einer **Bezeichnung als subventionserheblich** (Nr. 1) und zum anderen daraus ergeben, dass die Subventionierung vom fraglichen Umstand **„gesetzlich abhängig"** ist (Nr. 2). Ist also eine Tatsache weder als subventionserheblich bezeichnet worden noch „gesetzliche" Determinante der Subventionierung, dann unterfällt sie auch bei materiellrechtlicher Relevanz für den Subventionsvorgang nicht § 264 Abs. 9 (sondern ggf. § 263 Abs. 1).[383]

---

377 BGH 28.5.2014 – 3 StR 206/13, NJW 2014, 3114 (3115); *Perron*, in: Schönke/Schröder, StGB, § 264, Rn. 10; *Fischer*, StGB, § 264, Rn. 7; *Ceffinato*, in: MüKo StGB, § 264, Rn. 30; *Hellmann*, in: K/N/P, § 264, Rn. 1.
378 *Fischer*, StGB, § 264, Rn. 7; *Hellmann*, in: K/N/P, § 264, Rn. 19.
379 *Hellmann*, in: K/N/P, § 264, Rn. 1.
380 *Tiedemann*, in: LK-StGB, § 264, Rn. 41; *Momsen/Laudien*, in: BeckOK StGB, § 264, Rn. 11.
381 *Fischer*, StGB, § 264, Rn. 20.
382 BGH 25.10.2017 – 1 StR 339/16, wistra 2018, 302; *Ceffinato*, in: MüKo StGB, § 264, Rn. 54.
383 *Hellmann*, in: K/N/P, § 264, Rn. 51; *Wittig*, Wirtschaftsstrafrecht, § 17, Rn. 29.

bb) Bezeichnung als subventionserheblich Nr. 1

Nach § 264 Abs. 9 Nr. 1 sind Tatsachen subventionserheblich, wenn sie „durch das Gesetz" oder „aufgrund eines Gesetzes von dem Subventionsgeber" als solche bezeichnet werden. Hierbei bezieht sich § 264 Abs. 9 (auch in seiner Nr. 2) auf Gesetze im formellen und materiellen Sinn[384], wozu bspw. Rechtsverordnungen oder Satzungen, jedoch nicht Verwaltungsvorschriften, ministerielle Erlasse oder Verträge zwischen EU-Kommission und Beitrittsländern gehören.[385] Dabei muss die fragliche Tatsache nicht ausdrücklich als „subventionserheblich" bezeichnet, jedoch zumindest eine gleichbedeutende Formulierung (z.B.: „für die Bewilligung von Bedeutung") verwendet werden.[386] Das OLG Rostock[387] ging für den geschilderten **Einstiegsfall** davon aus, dass A eines Subventionsbetrugs gemäß § 264 Abs. 1 Nr. 1 hinreichend verdächtig i.S.d. § 203 StPO sei. Insbesondere würden durch das EALG i.V.m. § 7 FlErwV Voraussetzungen für einen möglichen preisvergünstigten Erwerb der fraglichen Forstflächen als subventionserheblich bezeichnet, über die A allem Anschein nach getäuscht habe.

191

Eine Bezeichnung „aufgrund eines Gesetzes" (wie bspw. durch § 2 SubvG) hat **durch den Subventionsgeber** zu erfolgen. Dabei muss eine ausdrückliche Bezeichnung die Subventionserheblichkeit **unmissverständlich** erkennen lassen, weshalb es bspw. nicht ausreicht, die Einordnung als subventionserheblich aus dem Zusammenhang erschließen zu können.[388] Auch ist die Bezeichnung auf den konkreten Fall bezogen (d.h. nicht nur formelhaft) zu wählen.[389]

192

Überdies verlangt § 264 Abs. 9 Nr. 1 („aufgrund eines Gesetzes"), dass der Subventionsgeber durch Gesetz **zur Einordnung als subventionserheblich ermächtigt** ist. Eine solche Ermächtigung sehen zum einen Spezialvorschriften vor, die auf bestimmte Subventionen bezogen sind. Zum anderen enthalten sowohl die Subventionsgesetze der Länder als auch **§ 2 SubvG** allgemeine Regelungen zur Bezeichnungspflicht des Subventionsgebers. Um die Wirkung einer Subventionserheblichkeit herbeizuführen, muss die Bezeichnung als subventionserheblich zudem im **Einklang mit den gesetzlichen Vorgaben** stehen. Bezeichnet der Subventionsgeber eine Tatsache also unzulässigerweise als subventionserheblich, ist ihr diese Eigenschaft auch nicht zuzuerkennen.[390]

193

Generell ist schon deshalb **Strenge bei den Anforderungen an eine Subventionserheblichkeit** angebracht, weil § 264 weitreichende Bestrafungsmöglichkeiten im Zusammenhang mit der Subventionsvergabe gibt, indem er bspw. leichtfertiges Handeln einbezieht (vgl. § 264 Abs. 5). Nicht zuletzt mit Blick auf **Art. 103 Abs. 2 GG** müssen dabei die Grenzen der Strafbarkeit klar erkennbar sein. Deshalb ist durch ein Gesetz oder durch den Subventionsgeber aufgrund eines Gesetzes die Tatsache einer Subventionserheblichkeit ausdrücklich (unter Verwendung des Begriffs „subventionserheblich" oder

194

---

384 *Fischer*, StGB, § 264, Rn. 13; *Perron*, in: Schönke/Schröder, § 264, Rn. 33; *Tiedemann*, in: LK StGB, § 264, Rn. 74.
385 Vgl. BGH 25.10.2017 – 1 StR 339/16, wistra 2018, 302; BGH 11.11.1998 – 3 StR 101/98, BGHSt 44, 233 (237); OLG Celle 7.4.2016 – 2 Ws 14/16; NStZ 2017, 691; *Fischer*, StGB, § 264, Rn. 13.
386 BGH 22.8.2018 – 3 StR 449/17, wistra 2019, 369; BGH 11.11.1998 – 3 StR 101/98, BGHSt 44, 233 (238); BayObLG 30.12.1981 – 5 St 85/81, NJW 1982, 2202; OLG München 1.7.1981 – 2 Ws 668/81, NJW 1982, 457; *Tiedemann*, in: LK StGB, § 264, Rn. 73.
387 Beschluss v. 17.1.2012 – I Ws 404/11, NZWiSt 2012, 386 ff.
388 BGH 11.11.1998 – 3 StR 101/98, BGHSt 44, 233 (237 ff.); LG Düsseldorf, NStZ 1981, 223 (223); *Perron*, in: Schönke/Schröder, § 264, Rn. 30; *Fischer*, StGB, § 264, Rn. 14.
389 BGH 11.11.1998 – 3 StR 101/98, BGHSt 44, 233 (238); *Hellmann*, in: K/N/P, § 264, Rn. 56.
390 *Fischer*, StGB, § 264, Rn. 15 m.w.N.

gleichbedeutender Formulierungen) zu benennen, damit im Zusammenhang mit einer Subventionierung Klarheit über die Vergaberegeln und ihre strafrechtliche Absicherung besteht.[391]

cc) Materielle Subventionserheblichkeit Nr. 2

195 Subventionserheblich kann eine Tatsache überdies auch sein, wenn sie im Gesetz nicht ausdrücklich als solche bezeichnet wird. Dies gilt nach § 264 Abs. 9 Nr. 2 für solche Tatsachen, von denen eine Subventionierung nach dem Gesetz zwingend abhängt. Hier muss das Gesetz hinreichend deutlich zum Ausdruck bringen, dass der fragliche Umstand – eventuell im Zusammenwirken mit anderen Faktoren – **zwingende Voraussetzung einer Subventionierung** ist.[392] An dieser Unabdingbarkeit fehlt es, wenn gesetzliche Regelungen der Verwaltung Ermessen einräumen, weil die subventionsrelevanten Tatsachen dann von der zuständigen Behörde und nicht vom Gesetz bestimmt werden.[393]

196 ▶ **Beispiele:** In der Praxis ist § 264 Abs. 9 Nr. 2 bspw. von Belang, wenn der Subventionsgeber seiner Bezeichnungspflicht nicht nachkommt.[394] Auch hat diese Norm praktische Bedeutung bei unmittelbar durch EU-Stellen vergebenen Subventionen nach EU-Recht, die von der Bezeichnungspflicht nach § 2 SubvG nicht betroffen sind.[395] ◀

e) Tatvarianten Abs. 1

197 § 264 Abs. 1 beschreibt **vier Varianten der Tatbestandsverwirklichung**, nämlich in den Nummern 1, 3 und 4 betrugsähnliche Täuschungshandlungen zur Erlangung staatlicher Zuschüsse sowie in Nr. 2 eine (der Untreue nahe stehende) zweckwidrige Verwendung von Subventionsleistungen:

aa) Unrichtige oder unvollständige Angaben Nr. 1

198 Das in der Nr. 1 von § 264 Abs. 1 beschriebene Unterbreiten von unrichtigen oder unvollständigen Angaben entspricht der – ausdrücklichen oder konkludenten – **Vornahme einer Täuschungshandlung**.[396]

199 ▶ **Definition: Unrichtig** ist eine Angabe dabei, wenn sie objektiv nicht der Wahrheit entspricht, d.h. mit der Wirklichkeit nicht übereinstimmt.[397] ◀

---

391 BT-Drucks. 7/5291, S. 12 f.; BGH 22.8.2018 – 3 StR 449/17, wistra 2019, 369; BGH 11.11.1998 – 3 StR 101/98, BGHSt 44, 233 (238); BayObLG 30.12.1981 – 5 St 85/81, NJW 1982, 2202 (2203).
392 BGH 25.10.2017 – 1 StR 339/16, wistra 2018, 302; BGH 11.11.1998 – 3 StR 101/98, BGHSt 44, 233 (241); *Hellmann*, in: K/N/P, § 264, Rn. 61.
393 BGH 11.11.1998 – 3 StR 101/98, BGHSt 44, 233 (241).
394 OLG München 1.7.1981 – 2 Ws 668/81, NJW 1982, 457; *Hellmann*, in: K/N/P, § 264, Rn. 62 m.w.N.; a.A. *Hoyer*, in: SK-StGB, § 264, Rn. 41.
395 Vgl. auch BGH 5.9.1989 – 1 StR 291/89, NStZ 1990, 35 (36); *Heger*, in: Lackner/Kühl, StGB, § 264, Rn. 12, *Wattenberg*, in: Achenbach/Ransiek/Rönnau (Hrsg.), Handbuch Wirtschaftsstrafrecht, IV 2, Rn. 40.
396 *Mitsch*, BT II/2, § 3, Rn. 51; *Hellmann/Beckemper*, Wirtschaftsstrafrecht, Rn. 810; *Wittig*, Wirtschaftsstrafrecht, § 17, Rn. 38.
397 BGH 20.6.1986 – 1 StR 184/86, BGHSt 34, 111 (115); *Heger*, in: Lackner/Kühl, StGB, § 264, Rn. 17; *Saliger*, in: Satzger/Schluckebier/Widmaier, § 264, Rn. 24.

II. Betrugsnahe Delikte § 3

▶ **Definition: Unvollständig** sind Angaben, die einen falschen Gesamteindruck durch Weglassen von wesentlichen Umständen vermitteln.[398] ◀

Die Angaben müssen sich nach dem Gesetzeswortlaut auf Tatsachen beziehen, die **subventionserheblich**[399] sowie für den Täter oder einen anderen **vorteilhaft** sind.

▶ **Definition: Von Vorteil** sind Angaben dabei, wenn sie die Aussichten auf Bewilligung oder Belassung einer Subvention objektiv verbessern.[400] ◀

▶ **Beispiele:** Davon ist bspw. bei der Behauptung von Tatsachen auszugehen, von denen die Gewährung oder die Höhe einer Subvention abhängt oder mit denen die Chance auf eine Subventionierung nicht unerheblich steigt.[401] Umgekehrt werden subventionsschädliche oder neutrale Angaben ausgeklammert.[402] Die Verringerung von Mitbewerberchancen im Subventionsverfahren ist nur dann als vorteilhaft anzusehen, wenn dadurch zugleich die Wahrscheinlichkeit steigt, dass der Täter die Subvention „für sich oder einen anderen" erlangt.[403] ◀

▶ **Problem:** Ob Falschangaben auch dann vorteilhaft sind, wenn die **fragliche Subvention aus anderen, vom Täter nicht vorgebrachten Gründen hätte gewährt werden müssen**, ist umstritten. Die Rspr.[404] geht davon mit der Begründung aus, dass § 264 auch einer **Umgehung von Beweisschwierigkeiten** auf Ebene des Betrugsschadens diene. Dem wird in der Literatur entgegengehalten, dass hier **keine Besserstellung** im Hinblick auf die Subventionierung bewirkt und somit eine bloße Täuschungsabsicht bestraft würde.[405] Auch wäre eine Falschangabe bei bestehendem Anspruch auf eine Subvention nicht einmal abstrakt gefährlich und das Schutzanliegen des § 264 somit nicht berührt.[406] Bei diesem Tatbestand gehe es um Vermögensschutz und nicht um die Sicherung der Wahrheit im Subventionsverfahren.[407] ◀

▶ **Beispielsfall** (Fall nach BGHSt 36, 373): Landwirt L beantragt für seinen Betrieb Subventionen für die Ausfuhr von Rindfleisch. Die Subventionen können dabei sowohl für Fleisch von bestimmten Rinderrassen als auch für die Ausfuhr in bestimmte Länder gewährt werden. L täuscht vor, das Fleisch stamme von Fleckvieh, während es in Wahrheit vom nicht geförderten Braunvieh stammt. Allerdings müsste die Subvention dem L ohnehin gewährt werden, weil das Fleisch in das förderungsfähige Land R exportiert werden soll. ◀

---

398 BGH 8.3.2006 – 5 StR 587/05, NStZ 2006, 625; *Heger*, in: Lackner/Kühl, StGB, § 264, Rn. 17; *Saliger*, in: Satzger/Schluckebier/Widmaier, § 264, Rn. 24.
399 S. § 3, Rn. 190 ff.
400 *Fischer*, StGB, § 264, Rn. 24; *Hellmann*, in: K/N/P, § 264, Rn. 85.
401 *Tiedemann*, in: LK StGB, § 264, Rn. 101; *Perron*, in: Schönke/Schröder, § 264, Rn. 47; *Wohlers/Mühlbauer*, in: MüKo StGB, § 264, Rn. 85.
402 BGH 8.3.1990 – 2 StR 367/89, NJW 1990, 1921 (1923); OLG Karlsruhe 16.10.1980 – 3 Ss 202/80, NJW 1981, 1383; *Tiedemann*, in: LK StGB, § 264, Rn. 101; *Hellmann*, in: K/N/P, § 264, Rn. 85; *Perron*, in: Schönke/Schröder, § 264, Rn. 47; *Ceffinato*, in: MüKo StGB, § 264, Rn. 84.
403 *Müller-Emmert/Maier*, Das erste Gesetz zur Bekämpfung von Wirtschaftskriminalität, NJW 1976, 1657 (1660); *Perron*, in: Schönke/Schröder, § 264, Rn. 47; *Hellmann*, in: K/N/P, § 264, Rn. 86.
404 BGH 8.3.1990 – 2 StR 367/89, BGHSt 36, 373 (374 ff.); zust. *Ceffinato*, in: MüKo StGB, § 264, Rn. 85 f. m.w.N.
405 *Saliger*, in: Satzger/Schluckebier/Widmaier, § 264, Rn. 26 m.w.N.
406 Vgl. *Kindhäuser*, Zur Auslegung des Merkmals „vorteilhaft" in § 264 Abs. 1 Nr. 1 StGB, JZ 1991, 492 (494 f.); *Heger*, in: Lackner/Kühl, StGB, § 264, Rn. 18; *Perron*, in: Schönke/Schröder, § 264, Rn. 47 jew. m.w.N.; vgl. auch OLG Karlsruhe 16.10.1980 – 3 Ss 202/80, NJW 1981, 1383.
407 *Kindhäuser*, StR BT II, § 29, Rn. 12.

206 ▶ **Definition:** Gemacht werden Falschangaben mit der – ausdrücklichen oder konkludenten – Bekundung von subventionserheblichen Tatsachen. Dies kann schriftlich oder mündlich, nach teilweise vertretender Ansicht auch durch eine bloße Beeinflussung der Außenwelt geschehen.[408] ◀

207 Täter muss dabei nicht der Subventionsnehmer sein. § 264 Abs. 1 ist kein Sonderdelikt, vielmehr wird bestraft, „wer [...] für sich oder einen anderen" Falschangaben macht. Anstelle des Subventionsnehmers selbst kommen somit auch andere – in seinem „Lager" stehende – Personen als Täter in Betracht, so bspw. Vertreter und Angestellte, Steuerberater, Wirtschaftsprüfer oder Rechtsanwälte, soweit sie im Außenverhältnis zum Subventionsgeber in Erscheinung treten.[409]

208 Der **Subventionsgeber** selbst kann hingegen nicht Täter eines Subventionsbetrugs i.S.d. § 264 sein, da die Falschangaben ihm gegenüber gemacht werden müssen. Nach dem Gesetz ist er also in der Rolle eines **Erklärungsempfängers** und kommt damit nicht gleichzeitig als der Erklärende in Betracht.[410] Bestraft werden kann er allerdings wegen Beihilfe zum Subventionsbetrug, täterschaftlich verwirklichter Untreue gem. § 266 oder Bestechlichkeit nach § 332, bspw. wenn er mit dem Subventionsnehmer kollusiv zusammenwirkt.[411] Unter den Amtsträgern kann ohne Weiteres Täter eines Subventionsbetrugs nach § 264 sein, wer nicht auf Seiten des Subventionsgebers tätig wird, bspw. indem er unrichtige Angaben des Antragstellers bestätigt.[412] Auf einen Irrtum beim Adressaten der Falschangaben kommt es nicht an, da § 264 – anders als § 263 – kein entsprechendes Tatbestandsmerkmal vorsieht.

209 ▶ **Problem:** Ob der Täter **bewusst falsche Angaben** machen, also Kenntnis von der Unrichtigkeit oder Unvollständigkeit seiner Angaben haben muss, wird unterschiedlich beurteilt. Überwiegend wird § 264 Abs. 1 Nr. 1 in **Parallele zum Betrug** nur bei bewusst falschen Tatsachenbehauptungen angewendet.[413] Eine im Vordringen begriffene Gegenauffassung sieht ein Täuschungsbewusstsein hingegen nicht als Voraussetzung für eine Bestrafung nach § 264 an und **lässt objektiv falsche Angaben genügen**. Sie verweist dazu auf die unterschiedlichen Formulierungen in den §§ 263 und 264: Machen ließen sich Falschangaben nämlich auch ohne Kenntnis der Fehlerhaftigkeit, was hingegen beim Vorspiegeln, Entstellen oder Unterdrücken von Tatsachen i.S.d. § 263 Abs. 1 schwer vorstellbar erscheine. Zudem seien gem. § 264 Abs. 4 auch leichtfertige Tathandlungen und damit Falschangaben ohne Täuschungsbewusstsein mit Strafe bedroht.[414] ◀

210 Als ungeschriebenes Tatbestandsmerkmal setzt § 264 Abs. 1 überdies voraus, dass die fraglichen Falschangaben dem Subventionsgeber während eines Subventionsverfahrens

---

408 Letzteres bejahend: *Hellmann*, in: K/N/P, § 264, Rn. 86; *Hellmann/Beckemper*, Wirtschaftsstrafrecht, Rn. 811; a.A. etwa *Saliger*, in: Satzger/Schluckebier/Widmaier, § 264, Rn. 23; *Tiedemann*, in: LK StGB, § 264, Rn. 95; *Perron*, in: Schönke/Schröder, § 264, Rn. 43; *Ceffinato*, in: MüKo StGB, § 264, Rn. 60, die eine bloße Manipulation der Außenwelt für nicht ausreichend halten.
409 OLG Hamburg 3.1.1984 – 2 Ws 459/83, NStZ 1984, 218; *Fischer*, StGB, § 264, Rn. 22; *Hellmann*, in: K/N/P, § 264, Rn. 90; *Ceffinato*, in: MüKo StGB, § 264, Rn. 49; *Perron*, in: Schönke/Schröder, § 264, Rn. 49.
410 *Hellmann*, in: K/N/P, § 264, Rn. 89.
411 *Kudlich/Oglakcioglu*, Wirtschaftsstrafrecht, Rn. 267.
412 Vgl. BGHSt 32, 203 (205); *Saliger*, in: Satzger/Schluckebier/Widmaier, § 264, Rn. 27.
413 RG, 18.11.1897 – 2597/97, RGSt 30, 331 (336); BGHSt 5.2.1963 – 1 StR 533/62 18, 235, 237.
414 *Hellmann*, in: K/N/P, § 264, Rn. 74; *Hellmann/Beckemper*, Wirtschaftsstrafrecht, Rn. 810; *Wittig*, Wirtschaftsstrafrecht, § 17, Rn. 39.

unterbreitet werden.⁴¹⁵ Ein solches Verfahren beginnt mit dem Antrag auf Subventionsbewilligung und endet mit der Gewährung oder endgültigen Ablehnung der fraglichen Subvention.⁴¹⁶

▶ **Beispiel:** Entsprechend werden bspw. Falschangaben im Rahmen vorbereitender Erkundungen nicht nach § 264 bestraft.⁴¹⁷ ◀

211

Im Zeitraum des Subventionsverfahrens müssen die fraglichen Falschangaben dem Subventionsgeber **zugehen**, d.h. schriftlich oder mündlich zur Kenntnis gelangen.⁴¹⁸ Bei mündlichen Angaben erfordert dies, dass der Erklärungsempfänger die Erklärung tatsächlich verstanden hat⁴¹⁹; in einem mehrstufigen Verfahren ist die Weiterleitung der fraglichen Angaben an die zuständige Stelle maßgeblich.⁴²⁰

212

bb) In Unkenntnis lassen Nr. 3

Nach § 264 Abs. 1 Nr. 3 wird bestraft, wer den Subventionsgeber „entgegen den Rechtsvorschriften über die Subventionsvergabe über subventionserhebliche Tatsachen in Unkenntnis lässt". Beschrieben ist damit ein **Unterlassungsdelikt**⁴²¹, dessen Tathandlung das pflichtwidrige Unterlassen von Mitteilungen über subventionserhebliche Tatsachen ist.⁴²²

213

Tauglicher Täter kann nur sein, wer durch „Rechtsvorschriften über die Subventionsvergabe" zur Mitteilung verpflichtet ist. Anders als bei § 264 Abs. 1 Nr. 1 geht es hier also um ein **echtes Sonderdelikt** (mit dem Subventionsnehmer als Sonderpflichtigem).⁴²³ Wer dabei tauglicher Täter sein kann, ergibt sich aus „Rechtsvorschriften" i.S.v. materiellen Gesetzen⁴²⁴, die dem Subventionsnehmer besondere gesetzliche Mitteilungspflichten auferlegen.⁴²⁵

214

Solche Mitteilungspflichten sieht vor allem § 3 SubvG vor. Dieser verpflichtet den Subventionsnehmer gegenüber dem Subventionsgeber zu unverzüglichen und umfassenden Mitteilungen über alle Tatsachen, die im Zusammenhang mit einer Subventionierung erheblich sind.⁴²⁶ Dabei besteht eine solche Verpflichtung über das Subventionsverfahren hinaus, indem bspw. unter den beschriebenen Voraussetzungen auch über einen nachträglichen Wegfall der Vergabevoraussetzungen unterrichtet werden muss.⁴²⁷ Ob eine Mitteilungspflicht besteht, ergibt sich anhand der Umstände des Einzelfalls unter Berücksichtigung der Risikosphären.

215

---

415 *Ceffinato*, in: MüKo StGB, § 264, Rn. 52.
416 Vgl. § 2 SubvG; *Wohlers/Mühlbauer*, in: MüKo StGB, § 264, Rn. 53; *Fischer*, StGB, § 264, Rn. 19; *Perron*, in: Schönke/Schröder, § 264, Rn. 48.
417 *Ceffinato*, in: MüKo StGB, § 264, Rn. 52.
418 *Müller-Emmert/Maier*, Das erste Gesetz zur Bekämpfung von Wirtschaftskriminalität, NJW 1976, 1657 (1660); *Fischer*, StGB, § 264, Rn. 22; *Heger*, in: Lackner/Kühl, StGB, § 264, Rn. 16 m.w.N.
419 *Hellmann/Beckemper*, Wirtschaftsstrafrecht, Rn. 811.
420 *Saliger, in:* Satzger/Schluckebier/Widmaier, § 264, Rn. 23; *Perron*, in: Schönke/Schröder, § 264, Rn. 48.
421 *Heger*, in: Lackner/Kühl, StGB, § 264, Rn. 21; *Saliger*, in: Satzger/Schluckebier/Widmaier, § 264, Rn. 30.
422 *Fischer*, StGB, § 264, Rn. 28; *Ceffinato*, in: MüKo StGB, § 264, Rn. 93 ff.; *Perron*, in: Schönke/Schröder, § 264, Rn. 50 f.
423 S.a. *Fischer*, StGB, § 264, Rn. 28.
424 Dazu gehören z.B. Gesetze, Verordnungen, Satzungen oder EU-Vorschriften, nicht jedoch Verwaltungsvorschriften, vgl. *Ceffinato*, in: MüKo StGB, § 264, Rn. 95 f.
425 *Ceffinato*, in: MüKo StGB, § 264, Rn. 95; *Saliger*, in: Satzger/Schluckebier/Widmaier, § 264, Rn. 32.
426 Vgl. BayObLG 30.12.1981 – 5 St 85/81, NJW 1982, 2202; *Ceffinato*, in: MüKo StGB, § 264, Rn. 93 ff. m.w.N.; *Perron*, in: Schönke/Schröder, § 264, Rn. 53.
427 *Hellmann*, in: K/N/P, § 264, Rn. 103.

216 ▶ **Beispiele:** Zur Aufklärung verpflichtet ist bspw. ein Subventionsnehmer, der im Subventionsverfahren ungewollt fehlerhafte Angaben gemacht hat und dies später erkennt. Hingegen ist er nicht zur Korrektur von Fehlern verpflichtet, die dem Subventionsgeber auf Grundlage richtiger Angaben des Subventionsnehmers irrtümlich unterlaufen sind.[428] ◀

217 Bestraft wird nur, wer den Subventionsgeber „in Unkenntnis lässt". Daher kommt eine Bestrafung nach § 264 Abs. 1 Nr. 3 nicht in Betracht, wenn der Subventionsgeber die mitteilungspflichtige Tatsache bereits kennt.[429] Ist (wie zumeist) eine Behörde Subventionsgeber, genügt dabei sowohl eine Kenntnis des Behördenleiters als auch des zuständigen Sachbearbeiters (nicht aber eines anderen Mitarbeiters), um einer Bestrafung nach § 264 Abs. 1 Nr. 3 zu entgehen.[430] Mangels Versuchsstrafbarkeit wird auch nicht bestraft, wer den Subventionsgeber irrtümlich für unwissend hält.[431]

218 Der Inhaber einer Garantenstellung kann neben der Nr. 3 auch die Nr. 1 des § 264 Abs. 1 durch unterlassene Mitteilungen verwirklichen. Auf **Konkurrenzebene** verdrängt § 264 Abs. 1 Nr. 3 in einem solchen Fall jedoch die §§ 264 Abs. 1 Nr. 1, 13, so dass die Milderungsmöglichkeit nach § 13 Abs. 2 nicht zum Tragen kommt.[432]

cc) Gebrauch unrechtmäßig erworbener Bescheinigungen Nr. 4

219 Gem. § 264 Abs. 1 Nr. 4 ist die Verwendung von **erschlichenen Bescheinigungen** über „Subventionsberechtigungen oder subventionserhebliche Tatsachen" strafbar. Zugeschnitten ist dies auf Bestätigungsunterlagen, die auf Falschangaben über subventionserhebliche Tatsachen beruhen. Wird deren Vorlage durch die Bewilligungsbehörde für eine Entscheidung über die Subventionsgewährung veranlasst, so soll ohne § 264 Abs. 1 Nr. 4 eine Strafbarkeitslücke vorliegen.[433]

220 ▶ **Hintergrundinformation:** Allerdings hat diese Vorschrift in der Praxis kaum Bedeutung. Denn Falschangaben gegenüber dem Subventionsgeber **erfasst bereits** § 264 **Abs. 1 Nr. 1**, wohinter eine Verwirklichung des § 264 Abs. 1 Nr. 4 als mitbestrafte Nachtat zurücktritt.[434] In Betracht kommt eine Strafbarkeit nach § 264 Abs. 1 Nr. 4 allenfalls, wenn nicht der Subventionsgeber selbst (wie bei § 264 Abs. 1 Nr. 1), sondern eine andere Stelle getäuscht wird, die daraufhin eine Bescheinigung über subventionserhebliche Tatsachen ausstellt.[435] ◀

dd) Verwendung entgegen Verfügungsbeschränkung Nr. 2

221 § 264 Abs. 1 Nr. 2 stellt die **zweckwidrige Verwendung von Subventionsmitteln** unter Strafe. Der Anwendungsbereich wird dabei nicht ohne Weiteres erkennbar. Denn Subventionsnehmer sind – wie dargelegt – regelmäßig gem. § 3 Abs. 2 SubvG verpflichtet, jeden zweckwidrigen Umgang mit Subventionsleistungen offenzulegen und eine Verlet-

---

428 *Hellmann*, in: K/N/P, § 264, Rn. 104; *Ceffinato*, in: MüKo StGB, § 264, Rn. 97 f.m.w.N.
429 OLG Stuttgart 2.4.1992 – 3 Ss 47/92, MDR 1992, 788; *Perron*, in: Schönke/Schröder, § 264, Rn. 51.
430 *Hellmann*, in: K/N/P, § 264, Rn. 101; *Ceffinato*, in: MüKo StGB, § 264, Rn. 98.
431 *Tiedemann*, in: LK StGB, § 264, Rn. 110.
432 *Hellmann*, in: K/N/P, § 264, Rn. 118.
433 BT-Drucks. 7/3441, S. 26; krit. *Perron*, in: Schönke/Schröder, § 264, Rn. 58; *Saliger*, in: Satzger/Schluckebier/Widmaier, § 264, Rn. 33.
434 *Ceffinato*, in: MüKo StGB, § 264, Rn. 101 m.w.N.; *Hellmann*, in: K/N/P, § 264, Rn. 111.
435 *Hellmann*, in: K/N/P, § 264, Rn. 111; *Perron*, in: Schönke/Schröder, § 264, Rn. 58; *Ceffinato*, in: MüKo StGB, § 264, Rn. 102.

zung dieser Pflicht wird bereits als echtes Unterlassungsdelikt von § 264 Abs. 1 Nr. 3 erfasst (s.o.). Allerdings besteht eine Aufklärungspflicht nach § 3 Abs. 2 SubvG nicht bei **EU-Subventionen**[436]; dadurch entstehende Strafbarkeitslücken soll § 264 Abs. 1 Nr. 2 schließen[437]. Auch wird dieser Vorschrift bei der unterlassenen Mitteilung über eine zweckwidrige Verwendung von Subventionsmitteln teilweise Vorrang gegenüber § 264 Abs. 1 Nr. 3 eingeräumt.[438]

Die Erfüllung von § 264 Abs. 1 Nr. 2 hängt nicht von der Verletzung einer Aufklärungspflicht ab. Verstoßen muss der Täter vielmehr gegen eine **Verwendungsbeschränkung**, die dem Subventionsnehmer im Hinblick auf die Subventionsleistung durch eine Rechtsvorschrift[439] oder den Subventionsgeber auferlegt wurde.[440] Dabei kann sich die Verwendungsbeschränkung aus dem Gesetz, aus dem Förderungszweck oder den Förderungsbedingungen des Subventionsgebers ergeben.[441]

▶ **Beispiel:** Eine zweckwidrige Verwendung liegt bspw. schon dann vor, wenn gewährte Subventionsmittel zunächst zur Erwirtschaftung von Zinsen auf ein Konto eingezahlt statt umgehend i.S.d. Subventionszwecks eingesetzt werden.[442] ◀

Weil der Subventionsnehmer gegenüber dem Subventionsgeber keine Vermögensbetreuungspflicht innehat, wird eine zweckwidrige Verwendung von Subventionen i.S.d. § 264 Abs. 1 Nr. 3 nicht auch vom Untreuetatbestand des § 266 erfasst.[443]

f) Subjektiver Tatbestand

In subjektiver Hinsicht genügt **bedingter Vorsatz** für die Verwirklichung eines Subventionsbetrugs, bei § 264 Abs. 1 Nr. 1 bis 3 gem. § 264 Abs. 4 sogar **Leichtfertigkeit**.

▶ **Definition: Leichtfertiges Handeln** ist dabei (auch hier) ein besonders gleichgültiges oder grob unachtsames Verhalten ähnlich der groben Fahrlässigkeit im Zivilrecht bzw. – in anderer Umschreibung – eine Außer-Acht-Lassung der erforderlichen Sorgfalt in besonders hohem Maße.[444] Sie ist unter Berücksichtigung der persönlichen Fähigkeiten des Täters festzustellen[445] und gegen eine einfache Fahrlässigkeit abzugrenzen.[446] ◀

▶ **Beispiele:** Im Zusammenhang mit einer Subventionierung wird bspw. in der Regel leichtfertig handeln, wer sich **überhaupt keine Gedanken über die Bewilligungsvoraussetzungen** oder das Zutreffen seiner Angaben macht.[447] Auch kann Leichtfertigkeit vorzuwerfen sein, wenn jemand ungeprüft die Angaben seiner Mitarbeiter in einen Bewilligungsantrag übernimmt.[448] Hier kommt es unter anderem auf die Zuverlässigkeit der einbezogenen Mitarbeiter sowie deren Kenntnisse über das Subventionsverfahren

---

436 S.a. BGH 13.5.2004 – 5 StR 73/03, BGHSt 49, 147 (157).
437 Krit. *Hellmann*, in: K/N/P, § 264, Rn. 92; ausführlich *Bock/Grabitz*, StraFo 2011, 73 ff.
438 *Ceffinato*, in: MüKo StGB, § 264, Rn. 96; zur Beschränkung der Strafbarkeit durch § 264 Abs. 1 Nr. 3 StGB s.a. *Hellmann*, in: K/N/P, § 264, Rn. 111.
439 Dazu zählen auch solche der EU und deren Mitgliedstaaten, s. BT-Drucks. 13/10425, S. 6 f.
440 *Hellmann*, in: K/N/P, § 264, Rn. 96.
441 *Ceffinato*, in: MüKo StGB, § 264, Rn. 90; *Fischer*, StGB, § 264, Rn. 25.
442 BT-Drucks. 13/10425, S. 6.
443 *Wittig*, Wirtschaftsstrafrecht, § 17, Rn. 78.
444 BGH 20.5.2010 – 5 StR 138/10, NStZ-RR 2010, 311; BGH 13.12.1988 – VI ZR 235/87, NJW 1989, 974 (975); OLG Hamburg 3.1.1984 – 2 Ws 459/83, NStZ 1984, 218 (219).
445 OLG Hamburg 3.1.1984 – 2 Ws 459/83, NStZ 1984, 218.
446 S. *Duttge*, wistra 2000, 206.
447 OLG Hamburg 3.1.1984 – 2 Ws 459/83; NStZ 1984, 218; *Fischer*, StGB, § 264, Rn. 37.
448 Vgl. BGH 13.12.1988 – VI ZR 235/87, NJW 1989, 974 (975).

an[449], wobei Zweifel oder Unstimmigkeiten stets eine Überprüfung veranlassen sollten.[450]

228 ▶ **Hinweis zur Fallbearbeitung:** Zugleich stellt die **Leichtfertigkeitsvariante** nach § 264 Abs. 5 unter den Vermögensdelikten des StGB eine Ausnahme dar, die **restriktiv zu handhaben ist**. Hier wurde nämlich erstmals im Kernstrafrecht eine fahrlässige Vermögensschädigung unter Strafe gestellt, was systemfremd und – in Verbindung mit dem ohnehin weiten Einsatzfeld des § 264 – kriminalpolitisch sowie verfassungsrechtlich bedenklich ist.[451] ◀

g) Tätige Reue Abs. 6

229 Subventionsbetrug ist ein abstraktes Gefährdungsdelikt und kann unabhängig von der Bewirkung eines Irrtums, einer Vermögensverfügung oder eines Vermögensschadens verwirklicht werden. Der **Vollendungszeitpunkt** ist daher im Vergleich zum Betrug **weit nach vorne verlagert**, weshalb Versuch und Rücktritt keine Rolle spielen.[452]

230 Um den Täter trotz fehlender Rücktrittsmöglichkeit zu einer Verhinderung des Schadenseintritts zu motivieren, sieht **§ 264 Abs. 6 die tätige Reue als persönlichen Strafaufhebungsgrund** vor.[453] Er greift zum einen ein, wenn der Täter freiwillig die tatbestandsrelevante Subventionsgewährung verhindert (S. 1). Zum anderen erkennt das Gesetz freiwillige und ernsthafte Verhinderungsbemühungen als tätige Reue an, wenn die Subventionsgewährung ohne Zutun des Täters unterbleibt (S. 2). Jeweils darf es also noch nicht zur Gewährung der fraglichen Subvention gekommen sein, während nach ihrer Bewilligung eine Strafaufhebung wegen tätiger Reue nicht in Betracht kommt.[454] Wird die Subvention gewährt, nachdem der Täter seine zunächst falschen Angaben richtig gestellt hat, dann fehlt es an einer Kausalität der anfänglichen Falschangaben, so dass auch hier eine tätige Reue als Strafaufhebungsgrund nicht ausgeschlossen ist.[455]

231 Sie verhilft **unabhängig von der subjektiven Tatseite** (Vorsatz oder Leichtfertigkeit) und auch bei Vorliegen eines besonders schweren Falles gem. § 264 Abs. 2 zur Straffreiheit.[456] Hingegen ist eine Strafaufhebung wegen tätiger Reue nach Verwirklichung der Qualifikation gem. § 264 Abs. 3 umstritten. Sie wird teilweise abgelehnt[457], während andere bei wirksamer tätiger Reue eine Bestrafung wegen des Grundtatbestandes für ausgeschlossen halten und damit keine Basis für eine Qualifikationsstrafbarkeit sehen.[458]

---

449 BGH 13.12.1988 – VI ZR 235/87, NJW 1989, 974 (975); *Wattenberg*, in: Achenbach/Ransiek/Rönnau (Hrsg.), Handbuch Wirtschaftsstrafrecht, IV 2, Rn. 62.
450 *Wittig*, Wirtschaftsstrafrecht, § 17, Rn. 64.
451 *Tiedemann*, in: LK StGB, § 264, Rn. 145.
452 *Saliger*, in: Satzger/Schluckebier/Widmaier, § 264, Rn. 42; s.a. *Krack*, Die Tätige Reue im Wirtschaftsstrafrecht, NStZ 2001, 505 ff.
453 *Hellmann*, in: K/N/P, § 264, Rn. 158. Eine entsprechende Regelung enthält bspw. § 264a Abs. 3 S. 1 für den Kapitalanlagebetrug.
454 *Heger*, in: Lackner/Kühl, StGB, § 264, Rn. 28.
455 BGH 9.11.2009 – 5 StR 136/09, NStZ 2010, 327 (329).
456 *Ceffinato*, in: MüKo StGB, § 264, Rn. 117; *Fischer*, StGB, § 264, Rn. 40.
457 *Fischer*, StGB, § 264, Rn. 40; *Eisele*, BT II, Rn. 702 f. m.w.N.
458 *Hellmann*, in: K/N/P, § 264, Rn. 160.

h) Regelbeispiele Abs. 2

§ 264 Abs. 2 enthält drei Regelbeispiele für **besonders schwere Fälle** des Subventionsbetrugs.

Das erste betrifft eine „**Subvention großen Ausmaßes**", die aus grobem Eigennutz oder unter Verwendung nachgemachter oder verfälschter Belege zu Unrecht erlangt wird (§ 264 Abs. 2 S. 2 Nr. 1). Dabei gilt ein Betrag von **50.000 EUR als Anhaltspunkt** für das Vorliegen eines großen Subventionsausmaßes.[459]

▶ **Hinweis zur Fallbearbeitung:** Allerdings ist – wie sonst auch bei den Beschreibungsmerkmalen von Regelbeispielen – zu beachten, dass für das Vorliegen eines besonders schweren Falles letztlich eine **Abwägung der Gesamtumstände** maßgeblich und die genannte Betragsgrenze nur ein Richtwert ist.[460] Auch das Vorliegen der übrigen Merkmale gibt das Ergebnis nicht vor. So kann bspw. ein (unbenannter) schwerer Fall zu bejahen sein, wenn eine Subvention in Höhe von weit mehr als 50.000 EUR gewährt wurde, aber die in § 264 Abs. 2 S. 2 Nr. 1 zusätzlich genannten Umstände nicht vorliegen.[461] ◀

▶ **Definition: Grober Eigennutz** i.S.d. § 264 Abs. 2 S. 2 Nr. 1 setzt voraus, dass der Täter in besonders anstößigem Maße nach einem eigenen Vorteil strebt.[462] Ein einfaches Gewinnstreben, wie es regelmäßig bei vermögensorientierten Täuschungshandlungen anzutreffen ist, genügt dem nicht.[463] Strafrahmenverschiebungen sind nach § 264 Abs. 2 S. 2 überdies vorgesehen, wenn der Subventionsbetrug von einem missbräuchlich handelnden Amtsträger (Nr. 2)[464] oder unter Ausnutzung seiner Mithilfe (Nr. 3) begangen wird. Daneben kommen unbenannte schwere Fälle in Betracht, so etwa die fortgesetzte Verschaffung von ungerechtfertigten Subventionen durch Verwendung manipulierter Belege.[465] ◀

i) Konkurrenzen

Das **Steuerstrafrecht** – so die überwiegende Auffassung – hat als **Spezialnormierung** gegenüber § 264 Vorrang[466], so dass Steuerstrafnormen bei der Erschleichung von direkten Subventionen (und nicht nur bei indirekten[467]) eingreifen können.

▶ **Problem:** Über das **Konkurrenzverhältnis zwischen § 263 und § 264** besteht nach wie vor keine Einigkeit. Zum Teil wird angenommen, dass § 263 auch im Falle eines Subventionsbetrugs anwendbar wäre, da § 264 (zumindest auch) das Allgemeininteresse an einer wirksamen Wirtschaftsförderung schütze.[468] Wären beide Tatbestände verwirklicht, stünden sie entsprechend in Idealkonkurrenz gem. § 52 zueinander. Andere

---

[459] BGH 20.11.1990 – 1 StR 548/90, wistra 1991, 106; *Fischer*, StGB, § 264, Rn. 46; *Heger*, in: Lackner/Kühl, StGB, § 264, Rn. 25.
[460] BGH 10.5.2001 – 3 StR 96/01, NJW 2001, 2485 (2486); *Wohlers/Mühlbauer*, in: MüKo StGB, § 264, Rn. 129.
[461] S. BGH 4.4.2001 – 1 StR 582/00, wistra 2001, 304 (305).
[462] BGH 22.6.1990 – 3 StR 471/89, NStZ 1990, 497 zu § 370 AO; *Heger*, in: Lackner/Kühl, StGB, § 264, Rn. 25; *Perron*, in: Schönke/Schröder, § 264, Rn. 75.
[463] *Ceffinato*, in: MüKo StGB, § 264, Rn. 130.
[464] § 264 Abs. 2 Nr. 2 und Nr. 3 n.F. v. 26.11.2015 erfasst nun auch den „europäischen Amtsträger".
[465] *Kindhäuser*, StR BT II, § 29, Rn. 23 m.w.N.
[466] BT-Drucks. 7/5291, S. 6, 11; *Saliger*, in: Satzger/Schluckebier/Widmaier, § 264, Rn. 43 str.; *Heger*, in: Lackner/Kühl, StGB, § 264, Rn. 30; *Rengier*, BT I, § 17, Rn. 4 jew. m.w.N.
[467] S. dazu § 3, Rn. 188.
[468] S. zum Schutzgut § 3, Rn. 165.

sehen von § 264 (wie von § 263) nur das Vermögen geschützt und schlagen eine differenzierte Lösung vor: Weil ein Subventionsbetrug ein Gefährdungsdelikt sei, trete § 264 im Wege der Subsidiarität hinter einem vollendeten Betrug als Verletzungsdelikt zurück. Hingegen stünden bei bloß versuchtem Betrug und gleichzeitiger Vollendung eines Subventionsbetrugs die §§ 263, 22, 23 und 264 in Tateinheit zueinander. Denn wenn hier allein auf den Betrugsversuch abzustellen wäre, müsste sich die Strafe auch an der Strafmilderungsmöglichkeit des § 23 Abs. 2 orientieren. Dies aber würde der gleichzeitigen Vollendung eines Subventionsbetrugs gem. § 264 – mit der gleichen Strafdrohung wie beim vollendeten Betrug – nicht gerecht. Die h.M. sieht § 264 hingegen als Sondertatbestand an und räumt ihm im Wege der Gesetzeskonkurrenz Vorrang gegenüber § 263 ein. Ist § 264 nicht anwendbar, so sperre dies nicht den Rückgriff auf § 263.[469] ◄

4. Kapitalanlagebetrug § 264 a

a) Überblick

238 ▶ *Einstiegsfall:* A ist Vorstandsvorsitzender der X-AG, einem IT-Unternehmen. Ein Jahr nach Börsengang der X-AG lässt A die – an alle tatsächlichen und potenziellen Anleger gerichtete – Meldung veröffentlichen, die X-AG habe mit der Y-AG ein „Rahmenabkommen" mit einem Auftragsvolumen von ca. 55 Mio. EUR abgeschlossen und damit den „größten Auftrag der Firmengeschichte" erhalten. A wollte damit der Verpflichtung nachkommen, unverzüglich solche Tatsachen zu veröffentlichen, die den Börsenkurs von Aktien der X-AG erheblich beeinflussen (sog. Ad-Hoc-Mitteilung). Tatsächlich hatte das in der Mitteilung angesprochene „Rahmenabkommen" allerdings lediglich die Bestellung von 14000 sog. Surfstationen im Wert von ca. 10 Millionen EUR zum Gegenstand, verbunden mit der Übereinkunft: „Ziel ist es, die heutige Bestellung nach erfolgreichem Test auf mindestens 100000 Stück zu erhöhen." Hat sich A nach § 264 a strafbar gemacht?[470] *Rn. 257* ◄

aa) Gesetzesgeschichte

239 § 264 a stellt den sog. „Prospektbetrug" unter Strafe. Er wurde 1986 durch das 2. WiKG (Zweites Gesetz zur Bekämpfung der Wirtschaftskriminalität) in das Strafgesetzbuch eingefügt und ist ebenfalls[471] eine **Reaktion auf (vermeintliche) Strafbarkeitslücken.** Laut Gesetzesbegründung[472] dient er einer Verbesserung des strafrechtlichen Anlegerschutzes, den der Gesetzgeber durch die §§ 263, 399 Abs. 1 Nr. 3 AktG, § 88 BörsenG a.F.[473] oder § 4 UWG a.F.[474] nicht hinreichend gewährleistet sah.[475]

240 Aufmerksamkeit galt dabei insbesondere dem damals in Ausdehnung begriffenen „grauen Kapitalmarkt".[476] Seinerzeit bezeichnete man damit vor allem jene Bereiche des Kapitalmarktes, die nicht staatlich reguliert und daher besonders missbrauchsanfällig sind. Heute bezieht man den Begriff zunehmend auf Kapitalanlagen, die nicht

---

469 *Wittig*, Wirtschaftsstrafrecht, § 17, Rn. 77.
470 Fall angelehnt an OLG München 1.10.2002 – 30 U 855/0 – NJW 2003, 144 ff.
471 S.a. § 3, Rn. 119 f.
472 BT-Drucks. 10/318, S. 21 f.
473 Heute: §§ 38 Abs. 2, 39 Abs. 1 Nr. 1, 2 i.V.m. 20 a WpHG.
474 Heute: § 16 Abs. 1 UWG.
475 *Wittig*, Wirtschaftsstrafrecht, § 18, Rn. 1 f.; krit. *Hellmann*, in: K/N/P, § 264 a, Rn. 2.
476 *Hellmann*, in: K/N/P, § 264 a, Rn. 1.

von institutionellen Akteuren wie etwa Banken und Versicherungen angeboten werden – so bspw. Beteiligungen an sog. „Abschreibegesellschaften".[477]

▶ **Problem:** Wie für § 264[478] wird allerdings auch für § 264a vermutet, dass es dem Gesetzgeber nicht in erster Linie um die Schließung einer Strafbarkeitslücke, sondern um die **Bewältigung von Beweisproblemen** ging.[479] Denn bei der Täuschung von Kapitalanlegern stellt der Nachweis einer Strafbarkeit nach § 263 zum Teil vor erhebliche Schwierigkeiten, etwa weil sich häufig der Anlagewert zum maßgeblichen Zeitpunkt der Vermögensverfügung im Nachhinein nicht mehr feststellen lässt und deshalb kein Vermögensschaden nach dem Prinzip der Gesamtsaldierung ermittelt werden kann.[480] Jedoch trifft die Etablierung einer Strafnorm aus Beweisgründen auch hier auf verfassungsrechtliche und kriminalpolitische Bedenken.[481] ◀

bb) Schutzgut

▶ **Problem:** Damit zusammenhängend besteht im Hinblick auf das **Schutzanliegen des § 264a** keine Einigkeit. Zum Teil wird allein die **Funktionsfähigkeit des Kapitalanlagemarktes** als Schutzgut betrachtet.[482] Andere sehen dieses Allgemeininteresse nur von einem Schutzreflex erfasst. Denn wenn sich eine Norm sozialschädlichen Verhaltensweisen in einem bestimmten Lebensbereich entgegenstelle, stärke dies zwar das überindividuelle Vertrauen. Darum sei es dem Gesetzgeber mit Einführung des § 264a jedoch offensichtlich nicht gegangen. Vielmehr diene die Norm vor allem einer Überwindung von Beweisschwierigkeiten, die beim Rückgriff auf § 263 bestehen würden. Mit den Mitteln des materiellen Rechts habe der Gesetzgeber auf prozessuale Probleme reagieren, nicht jedoch an ein weiteres Schutzgut anknüpfen wollen.[483] Die h.M. bezieht beide Schutzrichtungen ein und sieht sowohl das **Vermögen der individuellen Kapitalanleger** als auch die Funktionsfähigkeit des Kapitalmarktes als Institution sowie ein darauf bezogenes Vertrauen der Allgemeinheit als von § 264a geschützt an.[484] ◀

cc) Deliktsnatur

Für eine Verwirklichung des § 264a genügt, dass der Täter unrichtige oder unvollständige Angaben gegenüber einem größeren Kreis von Personen macht. Damit wird ein (bloß) abstrakt gefährliches Verhalten bestraft, ohne dass es weitergehend – wie bei § 263 – auf Irrtum, Vermögensverfügung, Vermögensschaden oder Bereicherungsab-

---

477 *Joecks*, in: Achenbach/Ransiek/Rönnau (Hrsg.): Handbuch Wirtschaftsstrafrecht, X 1, Rn. 1.
478 S. dazu § 3, Rn. 160.
479 *Ceffinato*, in: MüKo StGB, § 264a, Rn. 2; *Wittig*, Wirtschaftsstrafrecht, § 18, Rn. 2.
480 *Joecks*, in: Achenbach/Ransiek/Rönnau (Hrsg.): Handbuch Wirtschaftsstrafrecht, X 1, Rn. 3 m.w.N.; *Jaath*, in: FS für Dünnebier, S. 583, 592; *Otto*, in: FS für Pfeiffer, S. 69, 79.
481 Vgl. *Hoyer*, in: SK-StGB, § 264a, Rn. 7; *Joecks*, in: Achenbach/Ransiek/Rönnau (Hrsg.): Handbuch Wirtschaftsstrafrecht, X 1, Rn. 11. S.a. § 3, Rn. 162.
482 *Wohlers/Mühlbauer*, in: MüKo StGB, § 264a, Rn. 6; *Bosch*, in: Satzger/Schluckebier/Widmaier, § 264a, Rn. 1; *Bottke*, Das Wirtschaftsstrafrecht in der Bundesrepublik Deutschland – Lösungen und Defizite, wistra 1991, 1 (8).
483 *Hellmann*, in: K/N/P, § 264a, Rn. 3, 8 ff.
484 OLG Köln, 13.041999 – 2 Ws 97–98/99, 2 Ws 97/99, 2 Ws 98/99, NJW 2000, 598 (600); *Tiedemann/Vogel*, in: LK StGB, § 264a, Rn. 22 f.; *Park*, in: Park (Hrsg.): Kapitalmarktstrafrecht, § 264a, Rn. 3. S.a. BT-Drucks. 10/318, S. 22; *Fischer*, StGB, § 264a, Rn. 2.

sicht ankäme. Auch § 264 a ist damit ein **abstraktes Gefährdungsdelikt im Vorfeld des Betrugs**.[485]

dd) Praxis

244 Strafgerichte wenden § 264 a **relativ selten** an.[486] Wegen seiner geringen praktischen Relevanz wurde der in der PKS speziell als Prospektbetrug bezeichnete Kapitalanlagebetrug in der statistischen Darstellung dem Summenschlüssel „Betrug und Untreue im Zusammenhang mit Beteiligungen und Kapitalanlagen" zugeordnet, während auf eine gesonderte Darstellung verzichtet wurde.[487] Im Zivilrecht ist die praktische Bedeutung dieser Norm wesentlich größer, weil sie **Schutzgesetz i.S.d. § 823 Abs. 2 BGB** ist.[488] Bei Verwirklichung des § 264 a können daher jenseits einer zivilrechtlichen Prospekthaftung Schadenersatzansprüche direkt gegen den Täter geltend gemacht werden.

b) Objektiver Tatbestand

aa) Täter

245 Täter eines Kapitalanlagebetrugs gem. § 264 a kann **jedermann** sein, neben dem Emittenten also bspw. auch ein Anlageberater, Wirtschaftsprüfer oder Bankmitarbeiter.[489]

bb) Anlageobjekte

246 Kapitalanlagebetrug ist ein **schlichtes Tätigkeitsdelikt**, dessen Verwirklichung von Erfolgen wie etwa einem Irrtum oder einem Vermögensschaden unabhängig ist. Damit der strafrechtliche Zugriff nicht zu weit reicht, gibt § 264 a Abs. 1 Bestrafungsmöglichkeit nur im Zusammenhang mit *„Wertpapieren, Bezugsrechten oder […] Anteilen, die eine Beteiligung an dem Ergebnis eines Unternehmens gewähren sollen"*. Damit werden nicht alle, sondern nur solche **Formen von Kapitalanlagen** erfasst, die der Gesetzgeber – insbesondere wegen der Anonymität der Beteiligten – für **besonders täuschungsanfällig** hält.[490] Auf eine Einordnung als inländische oder ausländische Anlageobjekte kommt es nicht an.[491]

(1) Wertpapiere

247 ▶ **Problem:** Über den (nicht im StGB definierten) **Begriff des Wertpapiers** i.S.d. § 264 a Abs. 1 Nr. 1 besteht keine Einigkeit. Zum Teil wird er mit dem des § 2 Abs. 1 WpHG gleichgesetzt, dies stößt jedoch mit Blick auf unterschiedliche Regelungszwecke überwiegend auf Kritik.[492] Insbesondere erfasst § 2 Abs. 1 WpHG auch unverbriefte Wertrechte, was für § 264 a mit Blick auf das Analogieverbot des Art. 103 Abs. 2 GG pro-

---

485 *Knauth*, Kapitalanlagebetrug und Börsendelikte im zweiten Gesetz zur Bekämpfung der Wirtschaftskriminalität, NJW 1987, 28 ff.; *Fischer*, StGB, § 264 a, Rn. 3; *Perron*, in: Schönke/Schröder, § 264 a, Rn. 1; *Bosch*, in: Satzger/Schluckebier/Widmaier, § 264 a, Rn. 2.
486 *Joecks*, in: Achenbach/Ransiek/Rönnau (Hrsg.): Handbuch Wirtschaftsstrafrecht, X 1, Rn. 5 f.
487 PKS 2018 – Bd. 1, S. 58.
488 *Joecks*, in: Achenbach/Ransiek/Rönnau (Hrsg.): Handbuch Wirtschaftsstrafrecht, X 1, Rn. 5 f.; *Wittig*, Wirtschaftsstrafrecht, § 18, Rn. 3.
489 *Perron*, in: Schönke/Schröder, § 264 a, Rn. 38.
490 *Fischer*, StGB, § 264 a, Rn. 4 ff.
491 *Knauth*, Kapitalanlagebetrug und Börsendelikte im zweiten Gesetz zur Bekämpfung der Wirtschaftskriminalität, NJW 1987, 28 ff.; *Perron*, in: Schönke/Schröder, § 264 a, Rn. 4.
492 *Hellmann/Beckemper*, Wirtschaftsstrafrecht, Rn. 2; *Ceffinato*, in: MüKo StGB, § 264 a, Rn. 19.

blematisch erscheint.[493] Die Mehrheit favorisiert deshalb richtigerweise beim Rückgriff auf § 264 a einen eigenständigen strafrechtlichen Wertpapierbegriff. Danach sind Wertpapiere **massenhaft ausgegebene, handelbare Urkunden** über Rechte, die der Kapitalanlage bzw. Kapitalschöpfung dienen.[494] ◂

▸ **Beispiele:** Nach allen Begriffsbestimmungen zählen zu den Wertpapieren i.S.d. § 264 a etwa Aktien, Schuldverschreibungen (wie öffentliche Anleihen und Pfandbriefe) oder Investmentanteile.[495] Hingegen unterfallen bspw. Schecks, Beteiligungen an geschlossenen Immobilienfonds oder Lebensversicherungen nicht dem Wertpapierbegriff des § 264 a Abs. 1.[496] ◂

248

(2) Bezugsrechte

▸ **Problem:** Ebenfalls umstritten ist, was § 264 a Abs. 1 Nr. 1 mit „Bezugsrechten" meint. Teile des Schrifttums verstehen darunter – in Anlehnung an das Gesellschaftsrecht – Rechte auf den Bezug von Leistungen, die aus der Mitgliedschaft in einer Gesellschaft hervorgehen.[497] Von anderen wird auch hier ein **eigenständiges strafrechtliches Begriffsverständnis** in Orientierung am Schutzzweck des § 264 a bevorzugt. Bezugsrecht i.S.d. Vorschrift ist danach ein Recht auf Bezug von Leistungen, die sich aus einem durch Kapitalinvestition erworbenen Stammrecht ableiten.[498] ◂

249

▸ **Beispiele:** Von Bedeutung sind die Begriffsunterschiede z.B. bei unverbrieften Optionsrechten aus Options- und Warentermingeschäften[499], während bspw. Bezugsrechte von Aktionären bei Kapitalerhöhungen gem. § 186 AktG nach beiden Ansichten auch Bezugsrechte i.S.d. § 264 a sind.[500] ◂

250

(3) Unternehmensanteile

▸ **Definition:** Unternehmensbeteiligungen i.S.d. § 264 a Abs. 1 Nr. 1 sind laut Gesetzesbegründung Anlageformen, mit denen „der Anleger entweder selber einen Gesellschaftsanteil an dem Unternehmen [...] erwirbt oder in eine sonstige – unmittelbare – Rechtsbeziehung zum Unternehmen tritt, die ihm eine Beteiligung am Ergebnis dieses Unternehmens verschafft".[501] ◂

251

▸ **Beispiele:** Dies trifft bspw. auf den Erwerb von Kommanditanteilen oder von Anteilen an ausländischen Kapitalgesellschaften sowie auf eine Beteiligung als stiller Gesellschafter zu.[502] ◂

252

---

493 *Ceffinato*, in: MüKo StGB, § 264 a, Rn. 19.
494 *Tiedemann/Vogel*, in: LK StGB, § 264 a, Rn. 40; *Hellmann*, in: K/N/P, § 264 a, Rn. 15; *Park*, in: Park (Hrsg.): Kapitalmarktstrafrecht, § 264 a, Rn. 19.
495 *Wittig*, Wirtschaftsstrafrecht, § 18, Rn. 12.
496 *Fischer*, StGB, § 264 a, Rn. 6; siehe aber Rn. 22; *Wittig*, Wirtschaftsstrafrecht, § 18, Rn. 14; *Kasiske*, Wirtschaftsstrafrecht, Rn. 420; *Hellmann/Beckemper*, Wirtschaftsstrafrecht, Rn. 2.
497 *Ceffinato*, in: MüKo StGB, § 264 a, Rn. 23; *Fischer*, StGB, § 264 a, Rn. 7.
498 *Tiedemann/Vogel*, in: LK StGB, § 264 a, Rn. 44; *Hellmann*, in: K/N/P, § 264 a, Rn. 18.
499 Überblick bei *Ceffinato*, in: MüKo StGB, § 264 a, Rn. 26 m.w.N.
500 *Hellmann*, in: K/N/P, § 264 a, Rn. 18.
501 BT-Drucks. 10/318, S. 22.
502 *Fischer*, StGB, § 264 a, Rn. 8 m.w.N.; *Perron*, in: Schönke/Schröder, § 264 a, Rn. 10.

(4) Erhöhungsangebote

253   Nach § 264a Abs. 1 Nr. 2 kann ein Kapitalanlagebetrug auch im Zusammenhang mit dem Angebot begangen werden, die Einlage auf Wertpapiere, Bezugsrechte und Unternehmensbeteiligungen zu erhöhen.

(5) Treuhandverhältnisse

254   Dabei gewährt § 264a gem. Abs. 2 auch dann strafrechtlichen Schutz, wenn sich die Tat auf treuhänderisch verwaltete Vermögensanteile bezieht. Dies betrifft **nur echte Treuhandverhältnisse**, bei denen ein Unternehmen als vorgeschalteter Treuhänder anstelle des Anlegers Vermögensanteile erwirbt.[503] Bei unechten Treuhandverhältnissen, bei denen der Treuhänder vom Anleger selbst erworbene Anteile lediglich verwaltet, greift ggf. § 264a Abs. 1 ein.[504]

cc) Tatmittel

255   Die Tathandlungen müssen mittels der in § 264a Abs. 1 genannten Werbeträger erfolgen. Tatmittel eines Kapitalanlagebetrugs können danach nur Prospekte und „Darstellungen oder Übersichten über den Vermögensstand" sein.

(1) Prospekte

256   ▶ **Definition:** Mit **Prospekten** sind Schriftstücke gemeint, die auf Investitionsentscheidungen gerichtet sind und den Eindruck vermitteln sollen, sämtliche Angaben zu enthalten, die für die Beurteilung der fraglichen Kapitalanlage erforderlich sind.[505] ◀

257   Erhebt eine Darstellung also von vornherein **nicht den Anspruch der Vollständigkeit**, dann ist sie auch nicht als Prospekt i.S.d. § 264a anzusehen.[506] So liegt es bspw. bei schlichten Werbezetteln, Inseraten oder auch bei Informationsbroschüren, die lediglich grobe Vorstellungen vom Anlageobjekt vermitteln.[507] Daher kommt auch eine Bestrafung von A im **Einstiegsfall** nach § 264a nicht in Betracht. Zwar hat A mit der Ad-hoc-Mitteilung unrichtige Angaben gegenüber einem größeren Kreis von Personen veranlasst. Denn ein Rahmenabkommen über ein Auftragsvolumen von ca. 55 Millionen EUR gab es nicht. Vielmehr hatten sich die X-AG und die Y-AG lediglich auf die Zielvorgabe geeinigt, bei erfolgreichem Ausgang eines bestimmten Tests das Bestellungvolumen auf mindestens 100000 Stück zu erhöhen. Bereits bestellt waren hingegen nur Geräte im Wert von ca. 10 Millionen EUR. Eine Strafbarkeit nach § 264a kommt dennoch nicht in Betracht. Denn die Ad-hoc-Mitteilung ist schon deshalb kein taugliches Tatmittel im Sinne des § 264a, weil sie auf eine bestimmte Information beschränkt ist und somit von vornherein nicht den Eindruck einer gewissen Vollständigkeit vermittelt.[508]

---

503   *Tiedemann/Vogel*, in: LK StGB, § 264a, Rn. 52.
504   *Perron*, in: Schönke/Schröder, § 264a, Rn. 10.
505   *Ceffinato*, in: MüKo StGB, § 264a, Rn. 78 m.w.N.
506   OLG München 1.10.2002 – 30 U 855/01, NJW 2003, 144 (147); *Perron*, in: Schönke/Schröder, § 264a, Rn. 19.
507   *Ceffinato*, in: MüKo StGB, § 264a, Rn. 61 f.
508   Vgl. OLG München 1.10.2002 – 30 U 855/0 – NJW 2003, 144 (147).

II. Betrugsnahe Delikte § 3

(2) Übersichten und Darstellungen

Übersichten über den Vermögensstand sind bspw. förmliche Bilanzen oder Gewinn- und Verlustrechnungen.[509]

258

▶ **Problem:** In Darstellungen über den Vermögensstand bezieht die h.M. in weiter Auslegung auch **mündliche Erklärungen** ein.[510] Dem wird allerdings zu Recht entgegengehalten, dass ein derart weitreichender Darstellungsbegriff die anderen in § 264 a genannten Tatmittel einbeziehen würde und deren Nennung deshalb überflüssig wäre.[511] Auch erwecken mündliche Erklärungen in der Regel nicht den Eindruck, relevante Informationen vollständig wiederzugeben, wie dies jedoch auch für Übersichten und Darstellungen gem. § 264 a zu fordern ist. Als „Darstellung" i.S.d. Vorschrift ist deshalb ein sonstiger Werbeträger wie bspw. eine Internetseite oder ein Tonträger, nicht jedoch eine einzelne Verbaläußerung anzusehen. ◀

259

dd) Tathandlung

(1) Unterbreiten von Falschangaben

Als Tathandlungen sieht § 264 a Abs. 1 Täuschungen in zwei Varianten vor. Die im Gesetz zuerst genannte betrifft ein aktives Tun, nämlich dass der Täter unrichtige vorteilhafte Angaben macht.

260

▶ **Problem:** Zu den Angaben zählen dabei nach der h.M. neben konkreten Tatsachenbehauptungen auch in den Tatmitteln enthaltene **Berechnungen oder Prognosen**[512], die bei § 263 als Werturteile den Tatsachen gegenübergestellt werden[513]. Diese Abkehr vom Tatsachenbegriff wird von Teilen des Schrifttums abgelehnt, da Kapitalanlage"betrug" ein Delikt im Vorfeld des Betrugs sei und über diesen deshalb bei den Anwendungsmöglichkeiten nicht hinausreichen könne. Auch würden nach der h.M. die Tathandlungen des § 264 a Abs. 1 ohne erkennbaren Grund unterschiedliche Gegenstände betreffen, wenn „Angaben" und „Tatsachen" i.S.d. Vorschrift nicht das Gleiche wären.[514] Obwohl damit ein grundlegender Unterschied zwischen beiden Auffassungen zu Tage tritt, dürften die jeweils erzielten Ergebnisse nicht weit auseinander liegen. Denn auch Berechnungen oder Prognosen beruhen auf Tatsachen, die nach beiden Auffassungen vom Begriff der „Angaben" i.S.d. § 264 a Abs. 1 erfasst sind.[515] ◀

261

▶ **Definition: Unrichtig** sind Angaben, die nicht der Wahrheit entsprechen, die also Vorhandenes als nicht gegeben und nicht Vorhandenes als gegeben hinstellen.[516] ◀

262

▶ **Definition:** Als **vorteilhaft** werden Angaben angesehen, wenn sie die konkreten Aussichten auf eine positive Anlageentscheidung zu verbessern geeignet sind.[517] ◀

263

---

509 *Hellmann/Beckemper*, Wirtschaftsstrafrecht, Rn. 7; s.a. *Fischer*, StGB, § 264 a, Rn. 12; *Wittig*, Wirtschaftsstrafrecht, § 18, Rn. 37.
510 *Fischer*, StGB, § 264 a, Rn. 12 m.w.N.; *Ceffinato*, in: MüKo StGB, § 264 a, Rn. 61.
511 *Hellmann*, in: K/N/P, § 264 a, Rn. 29; *Wohlers*, in: MüKo StGB, 2006, § 264 a, Rn. 53; neuerdings aber anderer Ansicht: *Ceffinato*, in: MüKo StGB, § 264 a, Rn. 61.
512 *Joecks*, in: Achenbach/Ransiek/Rönnau (Hrsg.): Handbuch Wirtschaftsstrafrecht, X 1, Rn. 37 ff.; *Fischer*, StGB, § 264 a, Rn. 14.
513 S. § 3, Rn. 9.
514 *Hellmann*, in: K/N/P, § 264 a, Rn. 32.
515 *Joecks*, StK, § 264 a, Rn. 4 f.
516 *Ceffinato*, in: MüKo StGB, § 264 a, Rn. 38.
517 *Ceffinato*, in: MüKo StGB, § 264 a, Rn. 46.

264 ▶ **Problem:** Auch hier ist die **maßgebliche Perspektive** streitig. Teilweise wird auf die **Sicht des Anlegers** abgestellt und von vorteilhaften Angaben bei der Eignung ausgegangen, den Anleger zu einer positiven Anlageentscheidung zu bewegen.[518] Nach der Gegenauffassung ist der **objektive Erklärungsinhalt des Werbeträgers** maßgeblich und dann von einer Vorteilhaftigkeit auszugehen, wenn die fragliche Angabe das Anlageobjekt wirtschaftlich vorzugswürdiger als tatsächlich angebracht erscheinen lässt.[519] ◀

265 In Betracht kommt die Verwirklichung des § 264 a auch durch **unechtes Unterlassen**. Zu denken ist bspw. an die (Überwacher-)Garantenstellung eines Prospektverantwortlichen, der bei entsprechenden Kenntnissen zum Einschreiten gegen die Verbreitung eines unrichtigen oder unvollständigen Werbeträgers verpflichtet sein kann.[520]

(2) Verschweigen von Tatsachen

266 Weitere Möglichkeit der Tatbestandsverwirklichung ist das Verschweigen nachteiliger Tatsachen. Darin sieht die h.M. ein **echtes Unterlassungsdelikt**, das entsprechend ohne eine Garantenstellung verwirklicht werden kann.[521] Auf eine Garantenstellung kommt es auch dann nicht an, wenn man die Verwirklichung der zweiten Tatvariante des § 264 a Abs. 1 mit Teilen des Schrifttums[522] **als Begehungsdelikt interpretiert**. Dies hat einiges für sich, denn (auch) zur Verwirklichung dieser Tatvariante muss der Täter aktiv werden. Hier geht es nämlich um das Verschweigen von Tatsachen in einem Werbeträger, den der Täter aktiv gestalten und dabei mit dem (unrichtigen) Anschein der Vollständigkeit versehen muss. Er unterbreitet also unvollständige Angaben, wenn er – wie bei dieser Tatmodalität vorausgesetzt – „nachteilige Tatsachen verschweigt".[523]

267 Anders als bei der ersten Tathandlungsalternative wird hier übereinstimmend der (engere) Tatsachenbegriff des § 263 für maßgeblich gehalten, also nicht auch auf Prognosen oder Berechnungen abgestellt.[524]

268 ▶ **Definition:** Verschweigen ist das Unterlassen einer Mitteilung, also ein Nichtsagen bzw. Verheimlichen.[525] ◀

269 ▶ **Beispielsfall:** B ist leitender Bankangestellter der C-Bank, die zu einem Emissionskonsortium gehört, das die Aktien der O-AG an der Frankfurter Börse platzieren soll. B ist für die Erstellung des Wertpapierprospekts zuständig. Er übernimmt aus der Bilanz die Angabe, dass die O-AG über Immobilieneigentum im Wert von 23.000.000 EUR verfüge. Nach Drucklegung des Prospekts geht ihm ein Gutachten zu, in dem der Wert der Grundstücke wegen des Verfalls der Immobilienpreise nur noch mit 15.000.000 EUR beziffert wird. B verbreitet den Prospekt jedoch, ohne den Wertberichtigungsbedarf in Höhe von 8.000.000 EUR zu erwähnen.[526] ◀

---

518 *Heger*, in: Lackner/Kühl, StGB, § 264 a, Rn. 12.
519 *Hellmann*, in: K/N/P, § 264 a, Rn. 44; *Hoyer*, in: SK StGB, § 264 a, Rn. 36.
520 *Hellmann*, in: K/N/P, § 264 a, Rn. 69.
521 *Park*, in: Park (Hrsg.): Kapitalmarktstrafrecht, § 264 a, Rn. 11; *Tiedemann/Vogel*, in: LK StGB, § 264 a, Rn. 85; *Bosch*, in: Satzger/Schluckebier/Widmaier, § 264 a, Rn. 16; diff. *Fischer*, StGB, § 264 a, Rn. 15 m.w.N.
522 *Hellmann*, in: K/N/P, § 264 a, Rn. 34; *Hoyer*, in: SK StGB, § 264 a, Rn. 14; *Ceffinato*, in: MüKo StGB, § 264 a, Rn. 47.
523 Vgl. *Hellmann*, in: K/N/P, § 264 a, Rn. 34; *Hoyer*, in: SK StGB, § 264 a, Rn. 14; *Mitsch*, BT II/2, § 3, Rn. 102; *Hellmann/Beckemper*, Wirtschaftsstrafrecht, Rn. 20.
524 *Joecks*, in: Achenbach/Ransiek/Rönnau (Hrsg.): Handbuch Wirtschaftsstrafrecht, X 1, Rn. 42.
525 *Ceffinato*, in: MüKo StGB, § 264 a, Rn. 47; *Perron*, in: Schönke/Schröder, § 264 a, Rn. 27.
526 BGH 15.4.2010 – IX ZR 62/09, ZIP 2010, 933 ff.; s.a. *Hellmann/Beckemper*, Wirtschaftsstrafrecht, Rn. 18–22.

II. Betrugsnahe Delikte § 3

Sind **Angaben (lediglich) schwer verständlich oder versteckt**, dann kann schon mit Blick auf das Analogieverbot des Art. 103 Abs. 2 GG hier nicht von einem Verschweigen die Rede sein.[527] 270

▶ **Definition: Nachteilig** sind Tatsachen, wenn sie die Anlageentscheidung negativ zu beeinflussen geeignet sind.[528] ◀ 271

(3) Erheblichkeit der falschen oder verschwiegenen Angaben

Sowohl die falschen Angaben als auch die verschwiegenen Tatsachen müssen sich laut Gesetz auf Umstände beziehen, die **für eine Anlageentscheidung erheblich** sind. Belanglose Umstände werden also aus dem Kreis der strafbewehrten Angaben ausgegrenzt. 272

▶ **Definition:** Die erforderliche **Erheblichkeit** liegt dann vor, wenn die fraglichen Umstände Einfluss auf Wert, Chancen und Risiken der Kapitalanlage haben.[529] ◀ 273

▶ **Problem: Aus welcher Warte dies zu bestimmen ist**, wird kontrovers diskutiert. Auch hier stellen die einen auf die Sicht eines verständigen und **durchschnittlich vorsichtigen Kapitalanlegers** ab[530], während andere die **Erwartungen des Kapitalmarkts** für maßgeblich halten[531]. Zu deutlich voneinander abweichenden Ergebnissen dürften die unterschiedlichen Auffassungen allerdings nicht führen, da die Erwartungen des Kapitalmarkts insbesondere von potenziellen Anlegern bestimmt werden.[532] ◀ 274

Orientieren kann sich die Bestimmung der Erheblichkeit bspw. an Rechtsvorgaben für den Kapitalmarkt, an Maßstäben der zivilrechtlichen Prospekthaftung, Checklisten oder Zusammenstellungen wie etwa in § 4 der Verordnung über Vermögensanlagen-Verkaufsprospekte.[533] Neben den Interessen des Anlegers darf bei der Bewertung auch nicht aus dem Blick geraten, dass eine **strafrechtliche Absicherung jedweden Risikos dysfunktional** wäre.[534] 275

▶ **Beispiele:** Zu den erheblichen Umständen sind etwa die wirtschaftliche Lage eines Unternehmens, Steuerkonzepte oder Finanzierungspläne zu zählen[535], nicht hingegen Faktoren, die den Wert der Anlage unberührt lassen[536] bzw. sich allein auf Affektionsinteressen beziehen[537]. ◀ 276

▶ **Hinweis zur Fallbearbeitung:** Von Bedeutung sind die Anforderungen an die Erheblichkeit insbesondere beim Verschweigen nachteiliger Tatsachen, weil die Erheblichkeit hier die Reichweite der Mitteilungspflichten und damit der Strafdrohung mitbestimmt.[538] ◀ 277

---

527 BVerfG 29.2.2008 – 1 BvR 371/07, NJW 2008, 1726.
528 *Ceffinato*, in: MüKo StGB, § 264 a, Rn. 49 m.w.N.; OLG Köln, 26.08 1999–1 U 43/99, NZG 2000, 89 (91).
529 BGH 24.6.2014 – VI ZR 560/13, NZG 2014, 949 (952); BGH 8.12.1981 – 1 StR 706/81, BGHSt 30, 285 (291 f.) = NJW 1982, 775 (776) zu § 265 b; *Hoyer*, in SK-StGB, § 264 a, Rn. 35; *Heger*, in: Lackner/Kühl, StGB, § 264 a, Rn. 13.
530 BGH 12.5.2005 – 5 StR 283/04, NJW 2005, 2242 (2245); *Ceffinato*, in: MüKo StGB, § 264 a, Rn. 51; krit. *Bosch*, in: Satzger/Schluckebier/Widmaier, § 264 a, Rn. 17.
531 *Perron*, in: Schönke/Schröder, § 264 a, Rn. 32.
532 *Hellmann*, in: K/N/P, § 264 a, Rn. 61 m.w.N.
533 *Ceffinato*, in: MüKo StGB, § 264 a, Rn. 53; *Tiedemann/Vogel*, in: LK StGB, § 264 a, Rn. 73 ff.
534 *Hellmann/Beckemper*, Wirtschaftsstrafrecht, Rn. 11.
535 *Tiedemann/Vogel*, in: LK StGB, § 264 a, Rn. 75 jew. mit weiteren Beispielen.
536 *Perron*, in: Schönke/Schröder, § 264 a, Rn. 30.
537 *Hellmann*, in: K/N/P, § 264 a, Rn. 59; *Ceffinato*, in: MüKo StGB, § 264 a, Rn. 55.
538 S.a. *Fischer*, StGB, § 264 a, Rn. 15.

ee) Tatmodalitäten

(1) Zusammenhang mit Vertrieb oder Erhöhungsangebot

278 Die Tathandlung nach § 264a Abs. 1 muss entweder mit dem Vertrieb von Anlageobjekten (Nr. 1) oder mit einem Kapitalerhöhungsangebot (Nr. 2) in Zusammenhang stehen.

279 ▶ **Definitionen: Vertrieb** ist dabei eine Tätigkeit, die auf die Veräußerung einer Vielzahl von Anlageobjekten gerichtet ist, also nicht die Abgabe eines einzelnen und individuell zugeschnittenen Angebots.[539] **Kapitalerhöhungsangebote** sind Kapitalsammelmaßnahmen, welche die Erhöhung einer finanziellen Beteiligung und somit Personen betreffen, die bereits Kapitalanteile erworben haben.[540] ◀

280 ▶ **Beispiele:** Der hier in Rede stehende Zusammenhang besteht bspw. bei der Veräußerung von Kapitalanlagen oder bei Werbe- und Absatzmaßnahmen,[541] nicht hingegen bei Pressemitteilungen[542] oder „ad hoc"-Mitteilungen über Unternehmen, deren Aktien bereits gehandelt werden.[543] ◀

(2) Adressatenkreis

281 ▶ **Definition:** Die Tathandlungen müssen „**gegenüber einem größeren Kreis von Personen**" vorgenommen werden (vgl. § 264a Abs. 1). Dies ist dann der Fall, wenn sie an eine so große Zahl von potenziellen Anlegern gerichtet sind, dass deren Individualität gegenüber dem gemeinsamen Interesse an der Kapitalanlage zurücktritt.[544] ◀

282 ▶ **Beispiele:** Eine solche Breitenwirkung kann bspw. durch das Auslegen von Werbematerial in öffentlichen Räumen, massenhaften Prospektversand per Post oder E-Mail, Anpreisungen im Internet oder durch das systematische und gezielte Ansprechen von merkmalsklassifizierten potenziellen Anlegern (wie z.B. Ärzten) erzielt werden.[545] Auch wer als Berufsträger (wie etwa Vermögensberater) einem größeren Kreis von Mandanten Kapitalanlagen empfiehlt, kann § 264a verwirklichen.[546] Individuelle Angebote an Einzelpersonen fallen hingegen nicht unter § 264a, sondern allenfalls unter § 263[547], und Werbemittel müssen den „internen" Bereich der Anlagegesellschaft und ihrer Vertriebsorganisation verlassen haben[548]. ◀

ff) Beendigung

283 Beendet ist eine Tat i.S.d. § 264a bereits dann, wenn Prospekte, Darstellungen oder Übersichten i.S.d. Vorschrift einem **größeren Personenkreis zugänglich gemacht** wur-

---

539 Vgl. BT-Drucks. 10/318, S. 24; *Perron*, in: Schönke/Schröder, § 264a, Rn. 14.
540 *Kindhäuser*, StR BT II, § 30, Rn. 8.
541 BT-Drucks. 10/5058, S. 31.
542 *Joecks*, in: Achenbach/Ransiek/Rönnau (Hrsg.): Handbuch Wirtschaftsstrafrecht, X 1, Rn. 31.
543 OLG München 1.10.2002 – 30 U 855/01, NJW 2003, 144 (147).
544 *Heger*, in: Lackner/Kühl, StGB, § 264a, Rn. 11.
545 *Fischer*, StGB, § 264a, Rn. 17; *Heger*, in: Lackner/Kühl, StGB, § 264a, Rn. 11.
546 *Tiedemann/Vogel*, in: LK StGB, § 264a, Rn. 66.
547 *Kasiske*, Wirtschaftsstrafrecht, Rn. 423.
548 BGH 12.5.2015 – VI ZR 102/14, VersR 2015, 1165; BGH 24.6.2014 – VI ZR 560/13, VersR 2014, 1095; *Perron*, in: Schönke/Schröder, StGB, § 264a Rn. 37. S.a. BT-Drucks. 10/318, S. 23.

den, nicht erst bei Zeichnung oder Zahlung durch die Anleger.[549] Dies ist bspw. für die Verjährungsfrist bedeutsam, die gem. § 78 a S. 1 mit der Tatbeendigung beginnt und gem. § 78 Abs. 3 Nr. 4 fünf Jahre beträgt.[550]

c) Subjektiver Tatbestand

In subjektiver Hinsicht setzt die Verwirklichung des § 264 a mindestens **bedingten Vorsatz** im Hinblick auf die objektiven Tatbestandsmerkmale voraus.[551] Weil darunter **normative Tatbestandsmerkmale** – wie bspw. eine Entscheidungserheblichkeit der Falschangaben – sind, kommen zuweilen komplexe Irrtumsfragen auf.[552] Dabei gilt auch hier, dass der Täter nicht nur die tatsächlichen Umstände kennen, sondern auch damit verbundene rechtliche Wertungen nachvollziehen muss.[553]

284

d) Tätige Reue

Vollendet ist ein Kapitalanlagebetrug bereits mit Verwendung unrichtiger Prospekte, Darstellungen oder Übersichten i.S.d. § 264 a.[554] Als Ausgleich für die **Verlagerung der Strafbarkeit in das Vorfeld des Betrugs** hat der Gesetzgeber auch hier[555] den persönlichen Strafaufhebungsgrund der tätigen Reue eingefügt, um einen Anreiz für Bemühungen um eine Verhinderung der Tatvollendung zu schaffen.

285

e) Konkurrenzen

▶ **Problem:** Wie bei anderen Delikten im Vorfeld des Betrugs[556] bestimmt auch bei § 264 a die **Kontroverse um das Schutzanliegen** die Meinungen zu den Konkurrenzverhältnissen. Wer die Funktionsfähigkeit des Kapitalmarktes (auch) als geschützt ansieht, kann bei gleichzeitiger Verwirklichung eine Tateinheit i.S.d. § 52 zwischen § 264 a und § 263 annehmen.[557] Vom BGH wird für diesen Fall bei gleicher Interpretation des Schutzanliegens allerdings angenommen, dass § 264 a hinter § 263 zurücktritt.[558] ◀

286

Tateinheit wird auch bei einer Verwirklichung von § 264 a und der gleichzeitigen Vornahme von Marktmanipulationen gem. §§ 38 Abs. 1, 39 Abs. 2 Nr. 3, Abs. 3 c, Abs. 3 d Nr. 2 WPHG angenommen.[559] Ebenfalls in Tateinheit mit § 264 a kann eine strafbare Werbung nach § 16 UWG stehen.[560]

287

---

549 OLG Köln 13.4.1999 – 2 Ws 97–98/99, NJW 2000, 598 (600); krit. *Fischer*, StGB, § 264 a, Rn. 18; *Hellmann*, in: K/N/P, § 264 a, Rn. 88: Beendigung erst mit Erbringung der Leistung durch Anleger.
550 Die teilweise kürzeren Verjährungsfristen des Presserechts gelten auch dann nicht, wenn ein Wertpapierprospekt als Presseerzeugnis i.S.d. Pressegesetze anzusehen ist, s. BGH 21.12.1994 – 2 StR 628/94, BGHSt 40, 385 ff.
551 *Heger*, in: Lackner/Kühl, StGB, § 264 a, Rn. 15.
552 S.a. § 2, Rn., 131 ff.
553 *Fischer*, StGB, § 264 a, Rn. 20.
554 *Fischer*, StGB, § 264 a, Rn. 3; s.a. BGH 8.12.1981 – 1 StR 706/81, NJW 1982, 775 f.; *Park*, in: Park (Hrsg.): Kapitalmarktstrafrecht, § 264 a, Rn. 10.
555 S. etwa zum Subventionsbetrug § 3, Rn. 229 f.
556 S. dazu § 3, Rn. 119 f.
557 *Perron*, in: Schönke/Schröder, § 264 a, Rn. 41; *Bosch*, in: Satzger/Schluckebier/Widmaier, § 264 a, Rn. 24.
558 BGH 20.9.2000 – 3 StR 88/00, wistra 2001, 57. S.a. *Wittig*, Wirtschaftsstrafrecht, § 18, Rn. 41.
559 *Hellmann*, in: K/N/P, § 264 a, Rn. 83.
560 *Ebert-Weidenfeller*, in: Achenbach/Ransiek/Rönnau (Hrsg.): Handbuch Wirtschaftsstrafrecht, III 3, Rn. 35; a.A. *Bosch*, in: Satzger/Schluckebier/Widmaier, § 264 a, Rn. 24 m.w.N.

5. Kreditbetrug § 265 b

a) Überblick

aa) Einstiegsfall

288 ▶ *Einstiegsfall:* A ist freiberufliche Ärztin. Aufgrund finanzieller Schwierigkeiten hat sie Steuerschulden und Außenstände bei der Kassenärztlichen Vereinigung. Da ihr ein Kredit verwehrt wurde, beschließt A die Aufnahme eines Darlehens zum Kauf einer Immobilie, deren Kaufpreis niedriger als die Darlehensvaluta ist. Dafür schließt A bei der Sparkasse S einen Darlehensvertrag, ohne dabei eine vollständige Vermögens- und Schuldenaufstellung einzureichen. Zur positiven Beeinflussung der Bewilligungsentscheidung verschweigt sie ein weiteres Darlehen i.H.v. 500.000 EUR. Dabei weiß sie, dass S bei Kenntnis dieser weiteren Darlehensverpflichtungen den Vertrag mit Blick auf die Bonität von A nicht abgeschlossen hätte. Wie erhofft wird A die Darlehensvaluta von S ausgezahlt. Die Differenz zum Kaufpreis nutzt A, um ihre Steuerschulden zu begleichen. Hat sich A nach § 265 b strafbar gemacht?[561] *Rn. 302* ◀

bb) Praxisrelevanz

289 Mit seiner Unabhängigkeit von Vermögensverfügung und Vermögensschaden gehört auch § 265 b zu den Betrugsderivaten, deren Begehung grundsätzlich leichter als eine Strafbarkeit nach § 263 nachzuweisen ist. Dennoch kommt § 265 b **kaum praktische Bedeutung** zu. So steigerte sich die Anzahl der registrierten Kreditbetrugstaten nach § 265 b im Jahr 2012 zwar im Vergleich zum Vorjahr um 8,4 %, belief sich insgesamt jedoch nur auf 426 Fälle.[562] Die **Zahl der Verurteilungen liegt bei etwa 10–20 pro Jahr**; im Jahr 2011 bspw. bei 18 (bei insgesamt 26 Aburteilungen in diesem Jahr).[563] Dieses geringe Ausmaß ist wohl auf eine geringe Anzeigebereitschaft der Banken zurückzuführen[564], was das Erfordernis eines Schutzes der Kreditwirtschaft – in der Diskussion um den Schutzzweck des § 265 b (s. sogleich) – zweifelhaft erscheinen lässt[565].

cc) Normzweck

290 Zu den Institutionen, die besonderen Einfluss auf das Wirtschaftsleben ausüben, gehört – neben bspw. dem staatlichen Subventions- oder dem Anlagewesen – auch das **Kreditwesen**. Auf letztgenanntes nimmt § 265 b Bezug, der durch das 1. WiKG in das StGB eingefügt wurde[566]. Die Motive dafür kamen aus zwei Richtungen: Zum einen heißt es in der Gesetzesbegründung, § 263 erfasse den Unrechtsgehalt von **Kreditbetrügereien größeren Ausmaßes** nicht hinreichend. Zum anderen gebe es beim Rückgriff auf diese Norm **Beweisschwierigkeiten** bei der Bekämpfung von Kreditbetrügereien, so insbesondere beim Nachweis eines Täuschungs- und Schädigungsvorsatzes.[567] Dieser Aspekt der Beseitigung eines Beweisproblems gilt dabei als der wichtigere gegenüber der Motivation, eine materiellrechtliche Strafbarkeitslücke zu schließen.[568] Entsprechend soll § 265 b – ähnlich wie etwa § 264 a – eine Bestrafung im „Vorfeld" des Be-

---

[561] Fall nach BGH 16.11.2010 – 1 StR 502/10, NStZ 2011, 279 f.
[562] Strafverfolgungsstatistik 2017, Fachserie 10, Reihe 3, S. 38 f.
[563] S. Strafverfolgungsstatistik 2017, Fachserie 10, Reihe 3, S. 38 f.
[564] S. *Saliger*, in: Satzger/Schluckebier/Widmaier, § 265 b, Rn. 2; *Kasiske*, in: MüKo StGB, § 265 b, Rn. 6 ff. m.w.N.
[565] *Fischer*, StGB, § 265 b, Rn. 4.
[566] BGBl. I, S. 2034.
[567] BT-Drucks. 7/5291, S. 14.
[568] *Hellmann*, in: K/N/P, § 265 b, Rn. 3 f.

truges auch dann ermöglichen, wenn dem Täter zwar die Täuschung, nicht aber die übrigen Betrugsmerkmale nachgewiesen werden können.[569]

dd) Schutzgut

▶ **Problem:** Was dabei von § 265 b geschützt wird, ist streitig, wobei diese Kontroverse insbesondere für das Konkurrenzverhältnis von § 265 b zu § 263 von Bedeutung ist.[570] Die einen sehen die **Funktionsfähigkeit der Kreditwirtschaft** als Schutzgut an. Hingegen stünde eine Einordnung des Kreditbetrugs als Vermögensdelikt im Widerspruch zum System des strafrechtlichen Vermögensschutzes, weil es bei § 265 b nicht auf den Eintritt eines Vermögensschadens oder einer Vermögensgefährdung ankomme.[571] Andere gehen davon aus, dass allein das **Vermögen der individuellen Kreditgeber** bzw. Finanzdienstleister von § 265 b geschützt werde.[572] Denn eine Gefährdung der Kreditwirtschaft sei nur von der Erschleichung erheblicher Kreditsummen zu erwarten; der Gesetzgeber jedoch habe bewusst auf die Nennung eines Mindestkreditbetrags in § 265 b verzichtet. Auch bedrohe diese Vorschrift nicht die Mitarbeiter von Kreditinstituten mit Strafe, obwohl von diesen ebenfalls Gefahren für die Funktionsfähigkeit des Kreditwesens ausgehen könnten. Der Schutz des Kreditwesens sei danach als bloßer Reflex anzusehen.[573] Trotz dieser jeweiligen Vorbehalte bezieht die wohl h.M. sowohl das Vermögen als auch die Funktionsfähigkeit des Kreditwesens sowie ein darauf bezogenes Vertrauen der Allgemeinheit in den Schutzbereich des § 265 b ein.[574] ◀

291

ee) Normstruktur

Nach § 265 b werden bestimmte Täuschungshandlungen zur Erschleichung eines Kredits bestraft, wobei der Tatbestand gem. § 265 b Abs. 1 in **drei Varianten** erfüllt werden kann. Zwei der beschriebenen Täuschungshandlungen betreffen ein aktives Tun, indem zum einen die Vorlage unrichtiger oder unvollständiger Unterlagen (Nr. 1 a) und zum anderen das Unterbreiten unrichtiger oder unvollständiger Angaben (Nr. 1 b) unter Strafe gestellt ist. Hinzu kommt eine Unterlassungsstrafbarkeit, wenn für das Kreditgeschäft erhebliche Mitteilungen unter näher beschriebenen Voraussetzungen unterbleiben (Nr. 2).[575] Ein Erfolg i.S.e. Verletzung oder konkreten Gefährdung von Schutzgütern – wie etwa ein Vermögensschaden – ist nicht Voraussetzung, weshalb § 265 b als **abstraktes Gefährdungsdelikt** (im Vorfeld des Betruges) anzusehen ist.[576]

292

---

569 *Hellmann/Beckemper*, Wirtschaftsstrafrecht, Rn. 194.
570 Näher dazu § 3, Rn. 335.
571 *Kasiske*, in: MüKo StGB, § 265 b, Rn. 1 f.
572 *Fischer*, StGB, § 265 b, Rn. 3; *Hellmann*, in: K/N/P, § 265 b, Rn. 9.
573 *Hellmann*, in: K/N/P, § 265 b, Rn. 9.
574 BGH 8.10.2014 – 1 StR 114/14, NJW 2015, 423 (424); OLG Celle 12.8.1991 – 1 Ws 183/91, wistra 1991, 359; *Tiedemann*, in: LK StGB, § 265 b, Rn. 10; *Perron*, in: Schönke/Schröder, § 265 b, Rn. 3; *Saliger*, in: Satzger/Schluckebier/Widmaier, § 265 b, Rn. 1; *Momsen/Laudien*, in: BeckOK StGB, § 265 b, Rn. 3.
575 *Heger*, in: Lackner/Kühl, StGB, § 265 b, Rn. 6; *Mitsch*, BT II/2, § 3, Rn. 186; *Saliger*, in: Satzger/Schluckebier/Widmaier, § 265 b, Rn. 16; *Perron*, in: Schönke/Schröder, § 265 b, Rn. 44.
576 BGH 16.11.2010 – 1 StR 502/10, NStZ 2011, 279; BayObLG 15.2.1990 – RReg. 2 St 398/89, NJW 1990, 1677 (1678); *Fischer*, StGB, § 265 b, Rn. 2 m.w.N.; a.A. *Tiedemann*, LK StGB, § 265 b, Rn. 13. Zum Einklang mit Art. 103 Abs. 2 GG s. BGH 8.12.1981 – 1 StR 706/81, BGHSt 30, 285.

b) Betriebskredite als Tatbestand

293 Zentrale Kategorie in Überschrift und Tatbestandsbeschreibung sind „Kredite". Was dazu im vorliegenden Zusammenhang zu zählen ist, bestimmt § 265 b Abs. 3 Nr. 2 (in etwas anderer Weise als § 19 Abs. 1 KWG).

294 ▶ **Definition: Kredite** i.S.d. § 265 b sind danach neben „Gelddarlehen aller Art" (d.h. der vertraglich vereinbarten Überlassung von Geld, das nach einer bestimmten Zeit zurückzuzahlen ist[577]) auch „Akzeptkredite, der entgeltliche Erwerb und die Stundung von Geldforderungen, die Diskontierung von Wechseln und Schecks und die Übernahme von Bürgschaften, Garantien und sonstigen Gewährleistungen." Es geht hier also um Rechtsgeschäfte, durch die einem Kreditnehmer Geld oder geldwerte Mittel zeitweise zur Verfügung gestellt werden.[578] ◀

295 ▶ **Definitionen:** Mit „**Akzeptkredit**" ist dabei ein Kredit gemeint, bei dem sich ein Kreditinstitut für einen Kunden durch Wechselakzept verpflichtet.[579] Der „entgeltliche Erwerb" einer Geldforderung i.S.d. § 265 b Abs. 3 bezieht sich z.B. auf das sog. Factoring. Ein solcher Forderungskauf stellt wirtschaftlich gesehen einen Kredit dar, weil der Verkäufer es dabei auf die Erlangung von Finanzierungsmitteln abgesehen hat.[580] „**Diskontierung von Wechseln und Schecks**" ist der Ankauf von noch nicht fälligen Wechseln oder Schecks. Durch ihn erhält der Verkäufer mit einigen Modifikationen – wie dem Abzug des Zwischenzinses (Diskont) oder von Unkosten und Provision – jenen Betrag, der sich aus Wechsel oder Scheck ergibt.[581] Der Begriff der **Bürgschaft** in § 265 b Abs. 3 korrespondiert mit § 765 BGB, zu den „sonstigen Gewährleistungen" zählen z.B. ein Kreditauftrag (§ 778 BGB), ein Schuldbeitritt oder das Stellen von Sicherheiten für fremde Verbindlichkeiten.[582] ◀

296 Für all diese Kreditvarianten ist im Gesetz **kein Mindestbetrag** festgelegt, so dass grundsätzlich auch Kleinkredite erfasst werden.[583] § 265 b bezieht sich jedoch (wie unten näher beschrieben) nur auf Betriebsmittelkredite, die – auch nach der Vorstellung des Gesetzgebers – in der Regel ein über Kleinbeträge hinausgehendes Volumen haben.[584] Auch werden bei Kleinkrediten oft keine **schriftlichen Unterlagen** vorgelegt, was jedoch eine Verwirklichung des § 265 b voraussetzt (s.u.).[585] Nicht zu den Krediten i.S.d. § 265 b werden gesellschaftsrechtliche Beteiligungen gezählt; sie können Gegenstand eines Kapitalanlagebetrugs i.S.d. § 264 a sein.[586]

297 ▶ **Definition:** § 265 b greift nur bei Krediten ein, die von einem **Betrieb oder Unternehmen** an einen Betrieb oder ein Unternehmen gewährt werden (sollen). Auch dazu enthält § 265 b eine Begriffsvorgabe, indem sein **Abs. 3 Nr. 1** (in Übereinstimmung mit dem KWG) zu Betrieben und Unternehmen – unabhängig von ihrem Gegenstand – nur solche zählt, „die nach Art und Umfang einen in kaufmännischer Weise **eingerichteten Geschäftsbetrieb** erfordern." ◀

---

577 *Momsen/Laudien*, in: BeckOK StGB, § 265 b, Rn. 9.
578 *Kindhäuser*, StR BT II, § 31, Rn. 3.
579 *Momsen/Laudien*, in: BeckOK StGB, § 265 b, Rn. 10. S.a. *Fischer*, StGB, § 265 b, Rn. 12.
580 *Perron*, in: Schönke/Schröder, § 265 b, Rn. 14.
581 *Fischer*, StGB, § 265 b, Rn. 15; *Momsen/Laudien*, in: BeckOK StGB, § 265 b, Rn. 13.
582 *Kasiske*, in: MüKo StGB, § 265 b, Rn. 23.
583 *Perron*, in: Schönke/Schröder, § 265 b, Rn. 20/21.
584 BT-Drucks. 7/5291, S. 15; *Hellmann*, in: K/N/P, § 265 b, Rn. 14.
585 *Perron*, in: Schönke/Schröder, § 265 b, Rn. 20/21.
586 Vgl. *Perron*, in: Schönke/Schröder, § 265 b, Rn. 12 m.w.N.

II. Betrugsnahe Delikte § 3

Das Vorliegen dieses Kriteriums ergibt sich dabei aus Art und Umfang des fraglichen Betriebs bzw. Unternehmens, wobei insbesondere Umsatz und Gewinn, die Höhe des Anlage- und Betriebskapitals, die Zahl der Beschäftigten oder die Art der Geschäftsvorgänge eine Rolle spielen.[587] Weil es nur auf das Erfordernis eines Geschäftsbetriebs ankommt, muss ein solcher **nicht tatsächlich vorhanden** sein.[588]

298

Aufgrund der gesetzlichen Vorgabe in § 265 b Abs. 3 Nr. 1 fallen Kredite an Privatpersonen und Kleinbetriebe aus dem Anwendungsbereich des § 265 b heraus. Weil das deliktische Handeln vielmehr im Zusammenhang mit einem „Betriebskredit" stehen muss[589], wird zugleich eine Einordnung des § 265 b als „Wirtschaftsdelikt" plausibel.[590]

299

▶ **Definition**: Die Begriffe „Betrieb" und „Unternehmen" sind im Gesetz nicht definiert. Man versteht darunter auf Dauer angelegte, räumliche und organisatorische Zusammenfassungen von Personen und Sachmitteln, die zur Erreichung eines bestimmten (nicht notwendig wirtschaftlichen) Zwecks vorgenommen werden.[591] ◀

300

Ob und ggf. worin dabei Unterschiede zwischen einem Unternehmen und einem Betrieb bestehen, ist bisher (wie bei § 14[592]) nicht hinreichend geklärt.[593] Verbreitet wird allerdings als Unternehmen eine Verbindung mehrerer Betriebe angesehen.[594]

c) Täter

Dem Wesen eines Kreditbetrugs ist immanent, dass der **Täter auf der Seite des Kreditnehmers** steht oder selbst der Kreditnehmer ist, wobei als solcher – wie dargelegt – nur ein Betrieb oder Unternehmen i.S.d. § 265 b Abs. 3 Nr. 1 in Betracht kommt.

Zugleich ist § 265 b **kein Sonderdelikt**. Vielmehr kann jeder Täter sein, der im Zusammenhang mit einem Kreditantrag für einen Betrieb oder ein Unternehmen handelt. Er ist dann für ein Fehlverhalten – trotz eines „Handelns für einen anderen" – strafrechtlich verantwortlich, ohne dass es eines Rückgriffs auf § 14 bedarf.[595]

▶ **Hinweis zur Fallbearbeitung**: In diesem Zusammenhang darf ein Handeln von Privatpersonen also keinesfalls mit der – von § 265 b nicht erfassten (s.o.) – Kreditvergabe an Privatpersonen gleichgesetzt werden.[596] ◀

Dabei handelt eine Privatperson dann für einen Betrieb oder ein Unternehmen, wenn der Betrieb oder das **Unternehmen nach einer wirtschaftlichen Betrachtungsweise Kreditnehmer** ist.[597] Nach dem Wortlaut des Gesetzes[598] greift § 265 selbst dann, wenn die Existenz eines Betriebs oder Unternehmens i.S.d. Vorschrift nur vorgetäuscht wird. Dazu zählt, dass der Täter das Erfordernis eines „in kaufmännischer Weise eingerich-

301

---

587 *Fischer*, StGB, § 265 b, Rn. 8.
588 *Park*, in: Park (Hrsg.): Kapitalmarktstrafrecht, § 265 b, Rn. 11 m.w.N.
589 Vgl. *Tiedemann*, in: LK StGB, § 265 b, Rn. 20.
590 S.a. *Kudlich/Oglakcioglu*, Wirtschaftsstrafrecht, Rn. 272.
591 Vgl. *Fischer*, StGB, § 14, Rn. 8, § 264, Rn. 11; *Heger*, in: Lackner/Kühl, StGB, § 11, Rn. 15; *Tiedemann*, in: LK StGB, § 265 b, Rn. 28. S.a. § 3, Rn. 171 f.
592 S. dazu § 2, Rn. 35.
593 *Hellmann/Beckemper*, Wirtschaftsstrafrecht, Rn. 199; *Wittig*, Wirtschaftsstrafrecht, § 19, Rn. 6.
594 *Perron*, in: Schönke/Schröder, § 265 b, Rn. 7; *Radtke*, in: MüKo, § 14, Rn. 92; *Hellmann*, in: K/N/P, § 265 b, Rn. 17.
595 Vgl. BT-Drucks. 7/5291, S. 15; *Hellmann*, in: K/N/P, § 265 b, Rn. 27, 58.
596 Vgl. etwa BGH 16.11.2010 – 1 StR 502/10, NStZ 2011, 279; s.a. *Wittig*, Wirtschaftsstrafrecht, § 19, Rn. 9.
597 *Wittig*, Wirtschaftsstrafrecht, § 19, Rn. 9.
598 Vgl. § 265 b Abs. 1.

teten Geschäftsbetrieb[s]" gem. § 265 b Abs. 3 Nr. 1 bloß vorspiegelt. Um einen „vorgetäuschten Betrieb" oder ein „vorgetäuschtes Unternehmen" i.S.d. § 265 b Abs. 1 geht es hingegen nicht, wenn den Beteiligten bewusst ist, dass der Betrieb oder das Unternehmen (noch) nicht existieren.

302 ▶ **Beispiele:** Wird also bspw. ein **Kredit für die Gründung eines Unternehmens** beantragt, von dem auch der Kreditgeber weiß, dass es noch nicht gegründet ist, dann fällt der Vorgang **nicht unter** § 265 b. Diese Vorschrift greift nämlich nur, wenn als Kreditnehmer ein Betrieb oder Unternehmen (und sei es auch nur scheinbar) auftritt. Wer jedoch erst ein Unternehmen gründen möchte, ohne bereits Inhaber eines solchen zu sein, handelt als Privatperson.[599] Der Täter muss also das Bestehen von Betrieb oder Unternehmen vorspiegeln, die Täuschung über eine Gründungsabsicht genügt nicht.[600]

Im **Einstiegsfall** ist sowohl formell als auch nach einer wirtschaftlichen Betrachtungsweise die A (als Privatperson) Kreditnehmerin. Insbesondere haben sowohl der Erwerb der Immobilie als auch die Begleichung der Steuerschulden privaten Charakter. Daher kann auch dahinstehen, ob die Arztpraxis von A als Betrieb i.S.d. § 265 b Abs. 3 Nr. 1 anzusehen ist. Ein Kreditbetrug kommt nicht in Betracht.[601] ◀

d) Kreditgeber

303 Auch für die Seite der Kreditgeber gilt die **Vorgabe des § 265 b Abs. 3 Nr. 1**. Kreditgeber kann nicht nur ein Kreditinstitut sein, sondern **jeder Betrieb und jedes Unternehmen** i.S.d. § 265 b. Auf den Geschäftsgegenstand kommt es dabei ebenso wenig an[602] wie auf eine Einordnung als öffentliche oder private Institution.[603]

304 ▶ **Beispiele:** Als Kreditgeber können somit z.B. Betriebe des Handelsgewerbes, öffentliche Einrichtungen (so etwa kommunale Sparkassen) oder Freiberufler (wie z.B. Anwaltssozietäten) in Erscheinung treten.[604] Von § 265 b werden damit bspw. auch Warenkredite erfasst, die ein Unternehmen einem anderen gewährt.[605] ◀

e) Tathandlung

aa) Gemeinsamkeiten der Tathandlungen

305 Die Tathandlung kann in einer Täuschung (Abs. 1 Nr. 1) oder dem Unterlassen einer Aufklärung (Abs. 1 Nr. 2) bestehen.[606] Unabhängig davon, aufgrund welcher Variante von § 265 b bestraft werden soll, muss die Tathandlung gem. § 265 b Abs. 1 „im Zusammenhang mit einem Antrag auf Gewährung, Belassung oder Veränderung der Bedingungen eines Kredits" stehen. Zudem betreffen sämtliche Tathandlungen Angaben über wirtschaftliche Verhältnisse des Kreditnehmers, die für diesen vorteilhaft und für die Kreditentscheidung erheblich sind.[607]

---

599 BayObLG 15.2.1990 – RReg. 2 St 398/89, NJW 1990, 1677 (1678); *Saliger*, in: Satzger/Schluckebier/Widmaier, § 265 b, Rn. 4.
600 *Fischer*, StGB, § 265 b, Rn. 9.
601 Vgl. BGH 16.11.2010 – 1 StR 502/10, NStZ 2011, 279 f.
602 Vgl. § 265 b Abs. 3 Nr. 1: „... unabhängig von ihrem Gegenstand ...".
603 *Kasiske*, in: MüKo StGB, § 265 b, Rn. 10.
604 *Kasiske*, in: MüKo StGB, § 265 b, Rn. 10; *Saliger*, in: Satzger/Schluckebier/Widmaier, § 265 b, Rn. 3.
605 *Perron*, in: Schönke/Schröder, § 265 b, Rn. 7.
606 S.a. *Kindhäuser*, StR BT II, § 31, Rn. 7.
607 *Hellmann*, in: K/N/P, § 265 b Rn. 23.

II. Betrugsnahe Delikte § 3

(1) Zusammenhang mit einem Kreditantrag

Durch das Erfordernis des Zusammenhangs mit einem Kreditvertrag wird die – im Vergleich zu § 263 – weite **Strafbarkeitsvorverlagerung etwas eingeschränkt**.[608]

306

Erforderlich ist eine (zeitliche oder sachliche) **Beziehung der Tat zum fraglichen Kreditgeschäft**.[609] Davon wird ausgegangen, wenn sich aus dem Verhalten des Antragstellers ergibt, dass er die Wirkungen seiner Tathandlung bei der Entscheidung des Kreditgebers berücksichtigt wissen will.[610] Seine Angaben oder Unterlagen müssen dazu für das angestrebte Kreditgeschäft relevant sein. Was lediglich auf Einhaltung eines gültigen Kreditvertrags gerichtet ist, erfüllt den Tatbestand hingegen nicht. Der in § 265 b Abs. 1 geforderte Zusammenhang mit einem Kreditantrag kann auch von einem Dritten hergestellt werden; Täter eines Kreditbetruges muss also nicht der Antragsteller oder eine von ihm beauftragte Person sein.[611]

307

▶ **Definition:** Als „Antrag" i.S.d. § 265 b Abs. 1 gilt dabei jede auf Erlangung einer Kreditzusage oder Kreditgewährung gerichtete (ausdrückliche oder konkludente) Erklärung, durch die der Kreditgeber seinerseits zu einer für ihn bereits bindenden Erklärung veranlasst werden soll.[612] ◀

308

Das bloße Inaussichtstellen eines Antrags (etwa im Rahmen von Vorverhandlungen) soll nach der h.M. nicht dazu zählen, wobei in diesem Zusammenhang bspw. die Abgrenzung zu einem lediglich mündlich gestellten Kreditantrag Probleme aufwerfen kann.[613]

309

(2) Wirtschaftliche Verhältnisse

Die fraglichen Unterlagen oder Angaben müssen sich auf „wirtschaftliche Verhältnisse" beziehen.[614] Dies betrifft vor allem tatsächliche Umstände, die für **die Sicherheit des fraglichen Kredits von Bedeutung** sind. Im Wesentlichen geht es hierbei um die **wirtschaftliche Situation des Kreditnehmers**, die bspw. von seinem Vermögensstand, der Art und Höhe von ihm gestellter Sicherheiten oder der künftigen Entwicklung in seinem Betätigungsfeld bestimmt werden kann. Was hingegen die wirtschaftlichen Verhältnisse des Kreditnehmers nicht beeinflusst (so bspw. die Religionszugehörigkeit), ist auch für eine Strafbarkeit wegen Kreditbetrugs irrelevant.[615] Auf wirtschaftliche Verhältnisse von Dritten soll es nach h.M. (ausnahmsweise) ankommen können, wenn diese Verhältnisse mittelbar solche des Kreditnehmers sind, so bspw. die Zahlungsfähigkeit seiner Schuldner.[616] Rechtliche Umstände sind nur insoweit einzubeziehen, als sie wirtschaftliche Auswirkungen haben.[617]

310

---

608 *Kudlich/Oglakcioglu*, Wirtschaftsstrafrecht, Rn. 272.
609 *Wittig*, Wirtschaftsstrafrecht, § 19, Rn. 12; *Kudlich/Oglakcioglu*, Wirtschaftsstrafrecht, Rn. 272; *Kasiske* Wirtschaftsstrafrecht, Rn. 431.
610 *Perron*, in Schönke/Schröder, § 265 b, Rn. 27.
611 *Hellmann/Beckemper*, Wirtschaftsstrafrecht, Rn. 203.
612 *Perron*, in: Schönke/Schröder, § 265 b, Rn. 25.
613 *Fischer*, StGB, § 265 b, Rn. 18.
614 S. § 265 b Abs. 1 „über wirtschaftliche Verhältnisse".
615 *Kasiske*, in: MüKo StGB, § 265 b, Rn. 30.
616 Str., siehe zum Streitstand *Fischer*, StGB, § 265 b, Rn. 23; *Wittig*, Wirtschaftsstrafrecht, § 19, Rn. 22; s.a. *Hellmann/Beckemper*, Wirtschaftsstrafrecht, Rn. 208.
617 *Hellmann*, in: K/N/P, § 265 b, Rn. 28.

311 ▶ **Problem:** Teilweise werden auch Gegebenheiten zu den wirtschaftlichen Verhältnissen i.S.d. § 265 b Abs. 1 gezählt, die eine gesamte Branche betreffen, so bspw. deren Umsatz- und Gewinnerwartungen.[618] Dagegen wenden andere ein, dass § 265 b Abs. 1 (lediglich) vor unrichtigen Tatsachenangaben aus der Sphäre des Kreditnehmers schützen soll, weil der Kreditgeber diese Informationen nicht selbst verifizieren kann. Entsprechend zähle nicht zu den Aufgaben des Kreditnehmers, den Kreditgeber über die wirtschaftlichen Rahmendaten aufzuklären.[619] ◀

(3) Für den Kreditnehmer vorteilhaft

312 ▶ **Definition: Vorteilhaft** sind jene Angaben oder Unterlagen, die objektiv geeignet sind, die konkreten Aussichten des Kreditantrags zu verbessern. Die wirtschaftlichen Verhältnisse müssen also günstiger dargestellt werden, als sie tatsächlich sind.[620] ◀

(4) Für die Entscheidung erheblich

313 Weitere Maßgabe ist eine Erheblichkeit der Falschinformationen für die Kreditentscheidung. Dies korrespondiert mit der Voraussetzung, dass Fehlinformationen „im Zusammenhang" mit einem Kreditantrag unterbreitet werden müssen (s.o.).

314 Entscheidungserheblich sind Unterlagen oder Falschangaben nach h.M. nicht erst dann, wenn sie die konkrete Entscheidung des Kreditgebers tatsächlich beeinflussen. Als ausreichend wird vielmehr eine **generelle Eignung zur Beeinflussung dieser Entscheidung** angesehen.[621] Bestimmt wird diese generelle Eignung ex ante und aus der Sicht eines verständigen, durchschnittlich vorsichtigen Dritten unter Berücksichtigung der Umstände des Einzelfalls[622], wobei z.B. der vom Kreditnehmer erzielte Gewinn oder seine Außenstände und Verbindlichkeiten eine Rolle spielen können.[623] Es genügt also, dass der Täter dem Kreditgeber Fehlinformationen zugänglich gemacht hat und diese von einem durchschnittlich Vorsichtigen bei der Entscheidung über einen Kreditantrag berücksichtigt worden wären.[624]

315 ▶ **Problem:** Teilweise wird in diesem Zusammenhang auch auf Parteivereinbarungen und damit einen **individuellen Maßstab zur Bestimmung der Erheblichkeit** abgestellt.[625] Allerdings bedroht § 265 b nicht bloße Vertragsverletzungen mit Strafe. Auch spricht für das Gebot einer objektiven Auslegung, dass nach dem Wortlaut des § 265 b Abs. 1 die wirtschaftlichen Verhältnisse für einen „solchen" Antrag erheblich sein müssen. Eine Berücksichtigung der Parteivereinbarung lässt zudem Rechtsunsicherheiten erwarten. In der Praxis ist nämlich häufig nicht sicher feststellbar, von welchen (wirt-

---

618 *Mitsch*, BT II/2, § 3, Rn. 183.
619 *Kasiske*, in: MüKo StGB, § 265 b, Rn. 30; *Hellmann*, in: K/N/P, § 265 b, Rn. 29.
620 *Saliger*, in: Satzger/Schluckebier/Widmaier, § 265 b, Rn. 14; *Hellmann*, in: K/N/P, § 265 b, Rn. 30; *Wittig*, Wirtschaftsstrafrecht, § 19, Rn. 23.
621 *Kasiske*, in: MüKo StGB, § 265 b, Rn. 33; *Hellmann/Beckemper*, Wirtschaftsstrafrecht, Rn. 211; *Wittig*, Wirtschaftsstrafrecht, § 19, Rn. 25.
622 BGH 8.12.1981 – 1 StR 706/81, BGHSt 30, 285 (290); BGH 7.2.2002 – 1 StR 222/01, NStZ 2002, 433; *Heger*, in: Lackner/Kühl, StGB, § 265 b, Rn. 5 m.w.N.
623 BGH 8.12.1981 – 1 StR 706/81, BGHSt 30, 285 (291 ff.); *Heger*, in: Lackner/Kühl, StGB, § 265 b, Rn. 5; *Kasiske*, in: MüKo StGB, § 265 b, Rn. 33.
624 *Fischer*, StGB, § 265 b, Rn. 31. i.V.m. 35.
625 S. dazu *Fischer*, StGB, § 265 b, Rn. 31 ff.; ablehnend *Saliger*, in: Satzger/Schluckebier/Widmaier, § 265 b, Rn. 11 m.w.N.; *Perron*, in: Schönke/Schröder, § 265 b, Rn. 42; *Tiedemann*, in: LK StGB, § 265 b, Rn. 81.

II. Betrugsnahe Delikte § 3

schaftlichen) Umständen der Kreditgeber seine Entscheidung tatsächlich abhängig machen wollte.[626] ◂

bb) Schriftliche Falschangaben (§ 265 b Abs. 1 Nr. 1)

(1) Grundlagen

In der Begehungsvariante setzt Kreditbetrug gem. § 265 b Abs. 1 Nr. 1 voraus, dass über wirtschaftliche Verhältnisse unrichtige oder unvollständige Unterlagen vorgelegt (Nr. 1 a) oder schriftliche Falschangaben gemacht werden (Nr. 1 b). Die in § 265 b Abs. 1 Nr. 1 b beschriebene Tathandlung entspricht dabei weitestgehend der Falschangabemodalität des § 264 Abs. 1 Nr. 1. 316

(2) Unterlagen und Angaben

▸ **Definition:** Als **Unterlagen**, mit deren Vorlage ein Kreditbetrug begangen werden kann, nennt § 265 b Abs. 1 Nr. 1 a beispielhaft „Bilanzen, Gewinn- und Verlustrechnungen, Vermögensübersichten oder Gutachten". Grundsätzlich kommen als Unterlagen i.S.d. Vorschrift alle verkörperten Erklärungsträger in Betracht, mit denen die Richtigkeit von Angaben belegt und verdeutlicht werden soll.[627] ◂ 317

▸ **Beispiele:** Darunter fallen bspw. Kontoauszüge, Quittungen, Verträge mit Kunden des Kreditnehmers, Versicherungsverträge, der Anhang zum Jahresabschluss, ein Lagebericht, Rentabilitätsberechnungen oder Betriebsanalysen. Auch elektronische Darstellungen und Augenscheinsobjekte (wie etwa Fotos) werden von der h.M. dazu gezählt.[628] ◂ 318

Demgegenüber sind **Angaben** i.S.d. § 265 b Abs. 1 Nr. 1 b alle sonstigen schriftlichen Aussagen.[629] 319

(3) Unrichtigkeit und Unvollständigkeit

Die fraglichen Unterlagen bzw. Angaben müssen laut Gesetz unrichtig oder unvollständig sein. Entsprechend ist bspw. ein Verstoß gegen Bilanzierungs- und Bewertungsvorschriften[630] für § 265 b nur von Bedeutung, wenn er auch zur sachlichen Unrichtigkeit führt.[631] 320

▸ **Problem:** Falsche Unterlagen bzw. Angaben i.S.d. § 265 b müssen sich nach h.M. nicht auf Tatsachenbehauptungen beziehen, sondern können auch **Bewertungen und Prognosen** zum Gegenstand haben. Dann allerdings soll eine Unrichtigkeit nur bei Unvertretbarkeit vorliegen.[632] Andere sehen nicht die Prognosen bzw. Bewertungen selbst 321

---

626 *Hellmann*, in: Achenbach/Ransiek/Rönnau (Hrsg.): Handbuch für Wirtschaftsstrafrecht, IX 1., Rn. 28; *ders.*, in: K/N/P, § 265 b, Rn. 33.
627 *Heger*, in: Lackner/Kühl, StGB, § 265 b, Rn. 5.
628 *Perron*, in: Schönke/Schröder, § 265 b, Rn. 34.
629 *Kasiske*, in: MüKo StGB, § 265 b, Rn. 29.
630 Vgl. etwa §§ 242 ff. HGB.
631 *Fischer*, StGB, § 265 b, Rn. 28 m.w.N.
632 *Heger*, in: Lackner/Kühl, StGB, § 265 b, Rn. 5; *Perron*, in: Schönke/Schröder, § 265 b, Rn. 39; *Saliger*, in: Satzger/Schluckebier/Widmaier, § 265 b, Rn. 13; a.A. *Fischer*, StGB, § 265 b, Rn. 27 m.w.N.

als Gegenstand der Täuschung an, sondern die jeweils zugrunde liegenden (äußeren und/oder inneren) Tatsachen.[633] ◀

(4) Vermittlung von Falschinformationen

322 ▶ **Definition: Vorgelegt** werden Unterlagen, wenn sie dem Kreditgeber unter ausdrücklicher oder konkludenter Bezugnahme auf den Antrag zugänglich gemacht werden.[634] ◀

323 ▶ **Definition: Unrichtige oder unvollständige Angaben** macht, wer über Tatsachen täuscht.[635] Für die im Gesetz ausdrücklich geforderte Schriftform genügt, dass der Täter ein Protokoll seiner mündlichen Erklärung unterschreibt.[636] ◀

324 ▶ **Problem:** Zur Verwirklichung eines Kreditbetrugs gem. § 265 b Abs. 1 Nr. 1 b müssen die Falschangaben grundsätzlich gegenüber dem Kreditgeber gemacht werden.[637] Werden die **Falschangaben an einen Dritten adressiert** (bspw. an jemanden, der für den Kreditnehmer einen Antrag stellt), so soll nach einer Auffassung – zur Vermeidung von Strafbarkeitslücken – nicht nur dann eine Strafbarkeit nach § 265 b Abs. 1 Nr. 1 b in Betracht kommen, wenn der Täter den Dritten als (z.B. gutgläubiges) Werkzeug benutze. Falsche Angaben mache nämlich auch, wer selbst erstellte Unterlagen im Zusammenhang mit einem Kreditantrag durch einen Dritten einreichen lasse.[638] Die Gegenauffassung sieht dieses Ergebnis hingegen als unvereinbar mit dem Gesetzeswortlaut an und moniert zudem eine zu weitgehende Verlagerung der Strafbarkeit in das „Vorfeld" des Betrugs. In der fraglichen Fallkonstellation sei daher nur zu bestrafen, wenn der Dritte Werkzeug des (mittelbaren) Täters wäre.[639] ◀

(5) Verhältnis von Nr. 1 a und 1 b

325 Von den beiden Begehungsvarianten des Kreditbetrugs in § 265 b Abs. 1 Nr. 1 hat die in **Nr. 1 b** beschriebene die **größere Bedeutung**. Für einen Rückgriff auf Nr. 1 a bleibt demgegenüber nur wenig Raum. Denn schriftliche Angaben macht auch, wer selbst erstellte Unterlagen oder sich zu Eigen gemachte Unterlagen von Dritten vorlegt.

326 ▶ **Beispiele:** So liegt es bspw., wenn Angaben aus Unterlagen Dritter in einen Kreditantrag übernommen werden. Werden hingegen Unterlagen, die von einem Anderen als dem Täter angefertigt wurden, einem Antrag lediglich beigefügt, so greift § 265 b Abs. 1 Nr. 1 a.[640] ◀

cc) Unterlassen nachträglicher Mitteilungen (§ 265 b Abs. 1 Nr. 2)

327 Nach § 265 b Abs. 1 Nr. 2 wird bestraft, wer „Verschlechterungen der in den Unterlagen oder Angaben dargestellten wirtschaftlichen Verhältnisse bei der Vorlage nicht

---

[633] *Hellmann*, in: Achenbach/Ransiek/Rönnau (Hrsg.): Handbuch für Wirtschaftsstrafrecht, IX 1, Rn. 31 f., s.a. § 3, Rn. 8.
[634] *Fischer*, StGB, § 265 b, Rn. 26.
[635] *Hellmann/Beckemper*, Wirtschaftsstrafrecht, Rn. 205; s.a. *Fischer*, StGB, § 265 b, Rn. 28.
[636] *Perron*, in: Schönke/Schröder, § 265 b, Rn. 36.
[637] *Fischer*, StGB, § 265 b, Rn. 35; *Perron*, in: Schönke/Schröder, § 265 b, Rn. 23; a.A. *Tiedemann*, in: LK StGB, § 265 b, Rn. 59.
[638] *Tiedemann*, in: LK StGB, § 265 b, Rn. 110.
[639] *Hellmann*, in: K/N/P, § 265 b, Rn. 42.
[640] *Hellmann/Beckemper*, Wirtschaftsstrafrecht, Rn. 205.

II. Betrugsnahe Delikte § 3

mitteilt". Die h.M. sieht darin ein echtes Unterlassungsdelikt[641], macht die Bestrafung also nicht von einer Garantenstellung abhängig. Ausdrücklich stellt § 265 b Abs. 1 Nr. 2 darauf ab, dass die Mitteilungen „bei der Vorlage" unterbleiben, so dass nur bis dahin eingetretene Verschlechterungen berücksichtigt werden. Erfasst werden also lediglich Fälle, in denen die Verschlechterung der wirtschaftlichen Verhältnisse im Zeitraum zwischen der Erstellung und der Vorlage des Antrags eingetreten sind.[642]

Unter anderem deshalb spielt § 265 b Abs. 1 Nr. 2 in der Praxis kaum eine Rolle.[643] Überdies trägt dazu bei, dass zumeist auch eine konkludente Täuschungshandlung und daher ein Fall von § 263 vorliegt, wenn nicht mehr aktuelle Unterlagen vorgelegt oder überholte Angaben gemacht werden.[644]

328

Unterbleiben Mitteilungen über eine Verschlechterung der wirtschaftlichen Verhältnisse nach dem für § 265 b Abs. 1 Nr. 2 maßgeblichen Vorlagezeitpunkt, so ist an eine Bestrafung wegen Betrugs durch Unterlassen nach den §§ 263 Abs. 1, 13 zu denken. Dann ist – anders als bei dem von der h.M. als echtes Unterlassungsdelikt eingestuften § 265 b Abs. 1 Nr. 2 – neben den sonstigen Voraussetzungen des § 263 gesondert auch das Vorliegen einer Garantenpflicht zu prüfen.

329

Zudem spielt für das Verhältnis von § 265 b Abs. 1 Nr. 1 und Nr. 2 eine wesentliche Rolle, dass für die Richtigkeit und die Vollständigkeit von Unterlagen bzw. Angaben grundsätzlich der Zeitpunkt der Übermittlung an den Kreditgeber maßgeblich ist. Zum Vorlagezeitpunkt überholte Unterlagen bzw. Angaben sind damit in der Regel zugleich unrichtig i.S.v. § 265 b Abs. 1 Nr. 1 und fallen deshalb unter die darin beschriebenen Tatmodalitäten.[645] Die Unterlassungsvariante nach § 265 Abs. 1 Nr. 2 kommt allerdings in Betracht, wenn in der Vorlage veralteter Unterlagen nicht gleichzeitig die (schlüssige) Erklärung liegt, dass die wirtschaftlichen Verhältnisse des Antragstellers zum Vorlagezeitpunkt tatsächlich so beschaffen seien wie in der Unterlage dargestellt.

330

▶ **Beispiel:** Reicht der Täter etwa auf die Aufforderung des Kreditgebers hin ein ganz bestimmtes Schriftstück ein, wird dessen Inhalt nicht vorwerfbar zur Kenntnis gebracht. Eine Pflichtwidrigkeit kann dann einzig darin liegen, dass auf zwischenzeitlich eingetretene, entscheidungserhebliche Veränderungen der Verhältnisse nicht hingewiesen wurde.[646] ◀

331

f) Taterfolg

Wenn im Einzelfall vorgelegte Unterlagen oder falsche Angaben gar nicht zur Kenntnis genommen wurden, steht dies einer Bestrafung nach § 265 b nicht im Wege. Dieser Tatbestand verkörpert nämlich ein **abstraktes Gefährdungsdelikt**, dessen Tathandlung nicht zu einer Gefährdung oder Schädigung von Vermögensinteressen des Kreditgebers geführt haben muss.[647] Entsprechend ist ein Kreditbetrug vollendet, wenn die in

332

---

641 Perron, in: Schönke/Schröder, § 265 b, Rn. 44; Saliger, in: Satzger/Schluckebier/Widmaier, § 265 b, Rn. 16; a.A. Hoyer, in: SK StGB, § 265 b, Rn. 21: Begehungsdelikt.
642 S.a. Kasiske, Wirtschaftsstrafrecht, Rn. 430; Perron, in: Schönke/Schröder, § 265 b, Rn. 47.
643 Heger, in: Lackner/Kühl, StGB, § 265 b, Rn. 6.
644 Vgl. Perron, in: Schönke/Schröder, § 265 b, Rn. 44, 47.
645 Perron, in: Schönke/Schröder, § 265 b, Rn. 44; Heger, in: Lackner/Kühl, StGB, § 265 b, Rn. 6.
646 Tiedemann, in: LK StGB, § 265 b, Rn. 93.
647 Kasiske, in: MüKo StGB, § 265 b, Rn. 24.

§ 265 b Abs. 1 näher beschriebenen Unterlagen vorgelegt bzw. Angaben gemacht wurden.[648]

g) Subjektiver Tatbestand

333 Der Täter muss mit mindestens **bedingtem Vorsatz** gehandelt haben. Ihm muss insbesondere die Unrichtigkeit bzw. Unvollständigkeit der von ihm vermittelten Informationen sowie ihre Erheblichkeit für die Kreditentscheidung bewusst sein. Leichtfertigkeit genügt für eine Strafbarkeit nach § 265 b somit nicht.

h) Tätige Reue

334 Mit dem beschriebenen Vollendungszeitpunkt (s.o.) ist eine weite Vorverlagerung der Strafbarkeit in das Vorbereitungsstadium des § 263 verbunden.[649] Als eine Art Ausgleich[650] eröffnet § 265 b Abs. 2 (wie auch die §§ 264 Abs. 5 und 264 a Abs. 3) die Möglichkeit einer Strafbefreiung wegen tätiger Reue. Sie ist zum einen vorgesehen, wenn der Täter „freiwillig verhindert, daß der Kreditgeber aufgrund der Tat die beantragte Leistung erbringt." Wird diese Leistung ohne Zutun des Täters nicht erbracht, so kann das freiwillige und ernsthafte Bemühen um die Verhinderung einer Leistungserbringung zur Strafbefreiung führen.

i) Konkurrenzen

335 Wird aufgrund einer Täuschungshandlung i.S.d. § 265 b tatsächlich ein Kredit bewilligt und dadurch ein Vermögensschaden des Kreditgebers bewirkt, so liegt sowohl ein **Kreditbetrug nach § 265 b** als auch ein **Betrug nach § 263 Abs. 1** vor. In welchem Konkurrenzverhältnis die beiden Normen dabei zueinander stehen, ist abhängig vom **Schutzanliegen**. Bezieht man darin bei § 265 b auch die Funktionsfähigkeit des Kreditwesens ein[651], dann reicht der Schutzbereich bei § 265 b weiter als bei § 263, der nach allgemeiner Ansicht (lediglich) das Vermögen schützt. Bei gleichzeitiger Verwirklichung sind § 265 b und § 263 dann in Tateinheit zueinander zu sehen.[652] Wer hingegen allein das individuelle Vermögen von § 265 b geschützt sieht, der geht davon aus, dass § 265 b als abstraktes Gefährdungsdelikt hinter dem Verletzungsdelikt des Betrugs i.S.d. § 263 wegen materieller Subsidiarität zurücktritt.[653] Ob dieses Subsidiaritätsverhältnis dabei auch bei einem Betrugsversuch gilt, ist umstritten.[654]

6. Wiederholungsfragen

336
1. Was ist unter unbefugter Verwendung von Daten i.S.v. § 263 a zu verstehen? *Rn. 141 ff.*
2. Bestehen gegen § 264 berechtigte verfassungsrechtliche Bedenken? *Rn. 164*
3. Worin liegt der Normzweck des § 264? *Rn. 165*

---

648 BGH 8.12.1981 – 1 StR 706/81, BGHSt 30, 291; *Fischer*, StGB, § 265 b, Rn. 2.
649 BGH 8.12.1981 – 1 StR 706/81, BGHSt 30, 291; *Fischer*, StGB, § 265 b, Rn. 2 u. 3.
650 *Wittig*, Wirtschaftsstrafrecht, § 19, Rn. 3; ähnlich *Kasiske*, in: MüKo StGB, § 265 b, Rn. 46.
651 S. zum Streitstand § 3, Rn. 289.
652 *Tiedemann*, in: LK StGB, § 265 b, Rn. 113; *Rengier*, BT I, § 17, Rn. 13; *Perron*, in: Schönke/Schröder, § 265 b, Rn. 51; *Saliger*, in: Satzger/Schluckebier/Widmaier, § 265 b, Rn. 19.
653 *Hellmann*, in: K/N/P, § 265 b, Rn. 69 m.w.N.; siehe auch BGH 21.2.1989 – 4 StR 643/88, BGHSt 36, 130.
654 BGH 21.2.1989 – 4 StR 643/88, BGHSt 36, 130; *Heger*, in: Lackner/Kühl, StGB, § 265 b, Rn. 10; *Fischer*, StGB, § 265 b, Rn. 3, 41.

II. Betrugsnahe Delikte §3

4. Was schützt § 264a? *Rn. 242*
5. Was ist ein Wertpapier i.S.d. § 264a? *Rn. 247f.*
6. Was sind Falschangaben in § 264a? *Rn. 260ff.*
7. Aus welcher Perspektive ist die Erheblichkeit der verschwiegenen oder manipulativen Angaben i.S.v. § 264a zu bewerten? *Rn. 274*
8. Welches Rechtsgut wird von § 265b geschützt? *Rn. 291*
9. Wer kommt als tauglicher Täter des § 265b in Betracht? *Rn. 300ff.*

337   Literaturtipps zur Vertiefung:
Arloth, Computerstrafrecht und Leerspielen von Geldspielautomaten, Jura 1996, S. 354–360.
Cramer, Zum Vermögensschaden durch wettbewerbswidrige Preisabsprachen, NStZ 1993, S. 42–43.
Eisele, Vogt: Schwerpunktbereichsklausur – Wirtschaftsstrafrecht: Suspekte Subventionen, JuS 2011, 437–443.
Esser/Rehaag, Zur Strafbarkeit des „Cardsharing" – zugleich Anmerkung zum Beschluss des OLG Celle wistra 2017, 116, wistra 2017, 81–87.
Groß/Lange, Die subventionserhebliche Tatsache nach § 264 Abs. 8 StGB – zugleich Besprechung von OLG Celle, Beschluss vom 7.4.2016 – 2 Ws 14/16, ZWH 2017, S. 47–49.
Hilgendorf, Grundfälle zum Computerstrafrecht, JuS 1997, S. 130–136.
Kraatz, Aktuelle examensrelevante Fälle des Computerbetrugs (§ 263 a StGB), JURA 2016, S. 875–883.
Rönnau, Täuschung, Irrtum und Vermögensschaden beim Submissionsbetrug – BGH, NJW 2001, 3718, JuS 2002, S. 545–550.

III. Untreue § 266

1. Überblick

338   ▶ **Einstiegsfall:** T ist Vereinsvorsitzender des Fußball-Bundesligisten A.B., der in akuter Abstiegsgefahr ist. Am letzten Spieltag muss der Verein gewinnen, um den Klassenerhalt zu schaffen. Daraufhin hebt T vom Vereinskonto 100.000 EUR ab, um die gegnerische Mannschaft von einer Niederlage „zu überzeugen". Einen Beleg für die Barabhebung vom Vereinskonto lässt T manipulieren. Bereits vor dem Spiel zahlt er 20.000 EUR an die gegnerischen Spieler aus, den Rest übergibt er nach der verabredeten Niederlage. Hat sich T nach § 266 strafbar gemacht?[655] *Rn. 423* ◀

a) Kennzeichen

339   Untreue (§ 266) ist eine Schädigung fremden Vermögens durch einen Angriff von „innen" und nicht – wie bei den meisten übrigen Vermögensdelikten – von außen.[656] Untreue wird auch als **vermögensschädigender Fehlgebrauch einer Herrschaft über fremdes Vermögen** beschrieben.[657] Der Täter schädigt hier ein ihm „ausgeliefertes" Vermögen.[658] Auf eine Bereicherungsabsicht kommt es dabei nicht an, so dass Untreue ein reines Fremdschädigungs- und kein Vermögensverschiebungsdelikt ist.[659]

b) Praxisrelevanz

340   Generell spielt § 266 neben dem Betrugstatbestand eine **zentrale Rolle beim Vermögensschutz**.[660] Dies gilt auch für das Wirtschaftsleben. Dessen Akteure greifen nämlich häufig von „innen heraus" auf fremdes Vermögen zu, etwa indem sie für eine juristi-

---

655 Fall angelehnt an BGH 27.2.1975 – 4 StR 571/74, NJW 1975, 1234–1236; LG Bielefeld 9.2.1977 – S 1/75 (XI), JZ 1977, 692.
656 *Schünemann*, in: LK StGB, § 266, Rn. 1.
657 *Dierlamm*, in: MüKo StGB, § 266, Rn. 2.
658 *Kindhäuser*, StR BT II, § 35, Rn. 1 m.w.N.
659 *Saliger*, in: Satzger/Schluckebier/Widmaier, § 266, Rn. 1 m.w.N.; *Wessels/Hillenkamp/Schuhr*, Strafrecht BT 2, Rn. 748.
660 Im Jahr 2018 wurden insgesamt 6611 Untreuedelikte nach § 266 StGB begangen (s. PKS 2018 – Bd. 4, S. 116). Wie viele dieser Fälle der Wirtschaftskriminalität zuzuordnen sind, lässt sich der PKS jedoch nicht entnehmen.

sche Person handeln oder das Geld Anderer verwalten. Dabei bestehen (außerstrafrechtliche Treue-)Pflichten, die im Anwendungsbereich des § 266 in großem Umfang berücksichtigt werden. Aufmerksamkeit zieht die Untreue zudem wegen der damit verbundenen **großen Schäden** auf sich. So haben Untreuehandlungen in jenen Fällen, die im Jahr 2016 von den Strafverfolgungsbehörden registriert wurden, Schäden in Höhe von mehr als 540 Mio. EUR angerichtet.[661]

Schon deshalb hat § 266 im Wirtschaftsstrafrecht eine hohe Bedeutung[662] und gerade in den letzten Jahren (etwa als „**Managerdelikt**") verstärkt Aufmerksamkeit erfahren. Die dogmatischen Schwerpunktprobleme liegen dabei teilweise anders als im allgemeinen Strafrecht. So beschäftigt in Wirtschaftsstrafsachen oft weit mehr als das Vorliegen einer Vermögensbetreuungspflicht i.S.d. § 266 die Frage nach einer Verletzung dieser Pflicht. 341

Mit der zunehmenden Aufmerksamkeit für die Untreue soll auch eine **Ausdehnung des Anwendungsbereichs von § 266** einhergehen. Dies wird unter anderem auf neue Verhaltensformen im Wirtschaftsleben zurückgeführt. Überdies soll Vorgängen in Chefetagen mehr als früher die Aufmerksamkeit der Strafverfolgungsbehörden gelten.[663] 342

c) Verfassungsmäßigkeit

Zugleich gehen die Ausweitungstendenzen beim Rückgriff auf § 266 mit der Gefahr einher, dass Funktion und (verfassungsrechtliche) Prägungen des Strafrechts aus dem Blick geraten. Ohnehin ist der **Untreuetatbestand weit gefasst**, indem er bspw. weder bestimmte Merkmale der Tathandlung noch eine Bereicherungsabsicht – wie etwa der Betrug – voraussetzt. Hinzu kommt, dass zum Teil hochkomplizierte außerstrafrechtliche Bewertungen in die Tatbestandsprüfung einbezogen werden müssen. Z.B. kann die Strafbarkeit von öffentlich-rechtlich oder gesellschaftsrechtlich bestimmten Pflichten des Täters abhängen und der Untreuetatbestand damit **Blankettcharakter** erhalten.[664] 343

Zu Recht wird daher eine **restriktive Auslegung** angemahnt, damit § 266 trotz seiner Unbestimmtheit den Anforderungen des **Art. 103 Abs. 2 GG** genügt.[665] Keinesfalls darf jede Schadensbewirkung durch Verletzung einer außerstrafrechtlichen Pflicht als Untreue gedeutet werden. 344

Zugleich hemme die Rechtsfortbildung, dass gerade bei materiellrechtlichen Herausforderungen (wie sie die Anwendung des § 266 mit sich brächte) bevorzugt **Absprachen** getroffen und Verfahren über die §§ 154, 154 a und 257 c StPO beendet würden. 345

---

661 PKS 2018 – Bd. 4 S. 120.
662 S. etwa *Schünemann* (Der Bundesgerichtshof im Gestrüpp des Untreuetatbestandes, NStZ 2006, 196 (196)), der vom Untreuetatbestand als dem „typischen Wirtschaftsverbrechen unserer Zeit" spricht. S.a. *Fischer*, StGB, § 266, Rn. 2.
663 *Kudlich/Oglakcioglu*, Wirtschaftsstrafrecht, Rn. 328.
664 S. zu Blankettnormen § 2, Rn. 7 ff.
665 Zur Vereinbarkeit von § 266 mit Art. 103 Abs. 2 GG s. BVerfG 10.3.2009 – 2 BvR 1980/07, NJW 2009, 2370; BVerfG 23.6.2010 – 2 BvR 2559/08, 105, 491/09, NJW 2010, 3209 (3212); *Schünemann*, in: LK StGB, § 266, Rn. 27 f.; *Saliger*, in: Satzger/Schluckebier/Widmaier, § 266, Rn. 4; *Kuhlen*, Gesetzlichkeitsprinzip und Untreue, JR 2011, 246 ff.; *Krüger*, Neues aus Karlsruhe zu Art. 103 II GG und § 266 StGB – Bespr. von BVerfG Beschl. v. 23.6.2010 – 2 BvR 2559/08, NStZ 2010, 369; *Safferling*, Anmerkung zum Beschluss des BVerfG vom 23.6.2010 – 2BvR 2559/08; 105/09; 491/09, Bestimmt oder nicht bestimmt? Der Untreuetatbestand vor den verfassungsrechtlichen Schranken, NStZ 2011, 376; *Saliger*, Das Untreuestrafrecht auf dem Prüfstand der Verfassung, NJW 2010, 3195. Zu verfassungsrechtlichen Bedenken s. etwa *Dierlamm*, in MüKo StGB, § 266, Rn. 3 ff.; *Labsch*, Untreue (§ 266 StGB), 1983, S. 177 ff.

Was den Bundesgerichtshof erreiche, werde nicht selten in zu starker Orientierung an Einzelfall oder Kriminalpolitik entschieden.⁶⁶⁶

d) Normzweck und Struktur

346 Im Zentrum des Schutzanliegens stehen beim Untreuetatbestand Gefahren, die sich für einen Vermögensinhaber bei Übertragung der Vermögensverwaltung auf Andere ergeben können.⁶⁶⁷ § 266 schützt dabei nach h.M. **allein das individuelle Vermögen** und nicht bspw. auch ein Vertrauen in die Redlichkeit des Vermögensbetreuungspflichtigen oder Befriedigungsinteressen von Gläubigern.⁶⁶⁸ Auch die Dispositionsbefugnis des Vermögensinhabers soll allenfalls reflexhaft geschützt sein. Allerdings hat der BGH im Zusammenhang mit der Bildung schwarzer Kassen erklärt, dass die „Möglichkeit zur Disposition über das eigene Vermögen [...] zum Kern der von § 266 geschützten Rechtsposition" gehöre⁶⁶⁹ und damit eine Diskussion über die Abkehr von der bisherigen Rspr. entfacht.⁶⁷⁰

347 § 266 beschreibt zwei Formen der Untreue, nämlich einen **Missbrauchstatbestand** (§ 266 Abs. 1 Alt. 1) und einen **Treuebruchstatbestand** (§ 266 Abs. 1 Alt. 2).

348 ▶ **Problem:** Unklar ist dabei, ob die Missbrauchsvariante ein „ausgestanzter" Spezialfall der umfassenderen Treubruchsvariante ist und somit auch nur vom Inhaber einer Vermögensbetreuungspflicht verwirklicht werden kann.⁶⁷¹ Dagegen sprechen sich die Anhänger einer „**dualistischen**" **Theorie** aus, die eine Selbstständigkeit und begriffliche **Verschiedenheit der Tatbestandsalternativen** unterstellen. Jede Missbrauchsuntreue würde nämlich anderenfalls zugleich auch den Treubruchstatbestand verwirklichen und für ihn somit keinen eigenständigen Anwendungsbereich belassen. Auch habe der Täter einer Missbrauchsuntreue (bereits) durch seine Verpflichtungs- bzw. Verfügungsmacht eine besondere Pflichtenstellung.⁶⁷² Die „**monistische Theorie**" der h.M. hingegen sieht im **Missbrauchstatbestand einen speziellen Unterfall des Treubruchstatbestandes** und macht daher von einer Vermögensbetreuungspflicht auch die Verwirklichung des Missbrauchstatbestands abhängig.⁶⁷³ Dafür spreche bereits der Wortlaut des § 266, da die Formulierung „dem, dessen Vermögensinteressen er zu betreuen hat" auf beide Tatbestandsvarianten bezogen sei. Die damit verbundenen Einschränkungen des Täterkreises seien zudem schon mit Blick auf verfassungsrechtliche Vorgaben geboten. Auch dürften an die speziellere Form der (Missbrauchs-)Untreue keine geringeren Anforderungen gestellt werden als an die allgemeinere Treubruchsvariante. Überdies

---

666 Vgl. dazu *Saliger/Sinner*: Abstraktes Recht und konkreter Wille. Anmerkungen zur Einstellung des „Mannesmann"-Verfahrens nach § 153 a StPO, ZIS 2007, 476–482; *Kudlich/Oglakcioglu*, Wirtschaftsstrafrecht, Rn. 330 m.w.N.
667 *Perron*, in: Schönke/Schröder, § 266, Rn. 1.
668 S. BGH 20.7.1999 – 1 StR 668/98, NJW 2000, 154; BVerfG 23.6.2010 – 2 BvR 2559/08, 105, 491/09, NJW 2010, 3209 (3212), BGHSt 43, 293 (297); *Fischer*, StGB, § 266, Rn. 2; *Saliger*, in: Satzger/Schluckebier/Widmaier, § 266, Rn. 1; *Wessels/Hillenkamp/Schuhr*, Strafrecht BT 2, Rn. 747.
669 BGH 29.8.2008 – 2 StR 587/07, BGHSt 52, 323 (338 f.)
670 Bejahend z.B. *Schlösser*, Der Schaden der Siemens-Entscheidung, HRRS 2009, 19 (25); verneinend *Reinhold*, Der Arbeitgeber als Opfer „nützlicher Aufwendungen" seiner Mitarbeiter, HRRS 2009, 109.
671 S. dazu etwa *Kindhäuser*, in: K/N/P, § 266, Rn. 11 ff.; *Fischer*, StGB, § 266, Rn. 6; *Wittig*, in: BeckOK StGB, § 266, Rn. 5 jew. m.w.N.
672 S. dazu *Labsch*, Grundprobleme des Mißbrauchstatbestands der Untreue, Jura 1987, 343 (345 f.).
673 BGH 26. 07.1972 – 2 StR 62/72, BGHSt 24, 386 (387); BGH 6.12.2001 – 1 StR 215/01, BGHSt 47, 187 (192); BGH 21.12.2005 – 3 StR 470/04, BGHSt 50, 331 (342); *Heger*, in: Lackner/Kühl, StGB, § 266, Rn. 4, 21; *Wessels/Hillenkamp/Schuhr*, Strafrecht BT 2, Rn. 749.

III. Untreue § 266

schaffe das Erfordernis einer Vermögensbetreuungspflicht Klarheit bei der Abgrenzung von § 266 gegenüber anderen Tatbeständen, bspw. indem der Missbrauch von Scheck- und Kreditkarten ausschließlich von § 266 b und das Vorenthalten und Veruntreuen von Arbeitsentgelt ausschließlich von § 266 a erfasst werde. Auch die **Missbrauchsuntreue** sei also ein echtes Sonderdelikt, das **nur von Vermögensbetreuungspflichtigen verwirklicht** werden könne.[674] ◀

▶ **Problem:** Ob die Maßgaben für die erforderliche Vermögensbetreuungspflicht bei beiden Tatbestandsalternativen die gleichen sind, ist dabei streitig.[675] So wird für eine Vermögensbetreuungspflicht beim Missbrauchstatbestand als ausreichend angesehen, dass dem Täter die Verfügungs- oder Verpflichtungsbefugnis im Interesse des Vermögensinhabers und nicht zu eigenem Nutzen eingeräumt sei.[676] Dies beuge Strafbarkeitslücken beim Missbrauchstatbestand vor und ermögliche zugleich eine restriktive Auslegung des Treubruchstatbestands. Allerdings werden so dem gleichen Begriff unterschiedliche Bedeutungen zugeordnet, was grundsätzlich zu vermeiden ist.[677] ◀

349

▶ **Hinweis zur Fallbearbeitung:** Folgt man der h.M., so ist der (**speziellere**) **Missbrauchstatbestand vorrangig zu prüfen**. Bei dessen Verwirklichung genügt ein Hinweis auf das Zurücktreten des ebenfalls verwirklichten Treubruchstatbestands im Wege der Gesetzeskonkurrenz (Spezialität).[678] Eines gesonderten Eingehens auf den Treubruchstatbestand bedarf es nur, wenn die Voraussetzungen des Missbrauchstatbestands nicht vorliegen. Auf keinen Fall sollte die Benennung der verwirklichten Untreuevariante(n) unterbleiben, auch wenn dies in Entscheidungen des Bundesgerichtshofs zum Teil der Fall ist.[679] ◀

350

Unabhängig von der geschilderten Kontroverse werden **beim Treubruchstatbestand nochmals zwei Varianten** unterschieden, indem einmal auf eine rechtlich begründete Vermögensbetreuungspflicht und das andere Mal auf ein rein tatsächliches Treueverhältnis als Pflichtenbasis abgestellt wird.[680]

351

---

674 BGH 13.6.1985 – 4 StR 213/85, BGHSt 33, 244 (250); BGH 6.12.2001 – 1 StR 215/01, BGHSt 47, 187 (192); *Dierlamm*, in: MüKo StGB, § 266, Rn. 31. Manche plädieren dabei für eine in Teilaspekten andere Handhabung der Vermögensbetreuungspflicht als beim Treubruchstatbestand, s. dazu etwa *Schlüchter*, Zur unvollkommenen Kongruenz zwischen Kredit- und Scheckkartenmißbrauch – OLG Hamm, NJW 1984, 1633, JuS 1984, 675 (676); *Bringewat*, Anmerkung zu LG Bielefeld, Beschluß vom 8.2.1983 – 1 Kls 21 Js 534/82, NStZ 1983, 457–459.
675 S. etwa BGH, BGH 22.11.2005 – 1 StR 571/04, NStZ 2006, 221 (222); Übersicht bei *Fischer*, StGB, § 266, Rn. 7; *Dierlamm*, in: MüKo StGB, § 266, Rn. 24 ff.; *Heger*, in: Lackner/Kühl, StGB, § 266, Rn. 4 m.w.N.; *Schünemann*, in: LK StGB, § 266, Rn. 21.
676 *Seelmann*, Grundfälle zu den Straftaten gegen das Vermögen als Ganzes. 3. Teil – Erpressung (§ 253 StGB) und räuberische Erpressung (§ 255 StGB), JuS 1982, 914 ff., 917; *Kindhäuser*, StGB BT II, § 35, Rn. 6.
677 Der BGH (NStZ 2006, 221 (222)) spricht hingegen von einer Vermögensbetreuungspflicht i.S.d. Missbrauchstatbestands und einer – damit übereinstimmenden – Vermögensfürsorgepflicht i.S.d. Treubruchstatbestands.
678 *Fischer*, StGB, § 266, Rn. 194.
679 S. z.B. BGH 21.12.2005 – 3 StR 470/04, BGHSt 50, 331 (341); BGH 22.11.2005 – 1 StR 571/04, NStZ 2006, 221; krit. auch *Seier*, in: Achenbach/Ransiek/Rönnau (Hrsg.): Handbuch Wirtschaftsstrafrecht, V 2, Rn. 39 f.
680 *Wessels/Hillenkamp/Schuhr*, Strafrecht BT 2, Rn. 749.

2. Objektiver Tatbestand

a) Täter

aa) Innehaben einer Verfügungs- und Verpflichtungsbefugnis Var. 1

(1) Maßgaben

352 Untreue gem. § 266 ist ein **Sonderdelikt**; sowohl den Missbrauchs- als auch den Treubruchstatbestands kann nur ein Täter mit besonderer Rechts- bzw. Pflichtenstellung verwirklichen.[681] Dazu enthält § 266 Abs. 1 für den Missbrauchstatbestand den Hinweis auf eine dem Täter „durch Gesetz, behördlichen Auftrag oder Rechtsgeschäft eingeräumte Befugnis, über fremdes Vermögen zu verfügen oder einen anderen zu verpflichten". Der Täter muss hier somit einen anderen wirksam mit Verbindlichkeiten belasten (Verpflichtungsbefugnis) oder fremde Vermögensrechte wirksam übertragen, ändern oder aufheben (Verfügungsbefugnis) können.[682]

353 ▶ Beispiele: Eine Befugnis „durch Gesetz" ergibt sich z.B. aus der Vertretungsmacht von Gerichtsvollziehern[683], Insolvenzverwaltern[684] oder Testamentsvollstreckern[685]. Durch behördlichen Auftrag sieht die Rspr. bspw. Bürgermeistern[686] und Landräten[687] Befugnisse eingeräumt, während sich eine Befugnis durch Rechtsgeschäft etwa aus der Vertretungsmacht von Gesellschaftsorganen[688], Handelsvertretern[689] oder Prokuristen[690] ergeben kann. ◀

(2) Rechtswirksamkeit

354 Dem Täter muss eine Verfügungs- oder Verpflichtungsbefugnis „eingeräumt", d.h. (als Rechtsmacht) **rechtswirksam übertragen** worden sein. Eine rein faktische Möglichkeit, auf fremdes Vermögen zuzugreifen, genügt hingegen im Rahmen des Missbrauchstatbestands (anders als beim Treubruchstatbestand) nicht.[691] Auch darf nicht aus der Bindungswirkung von Rechtshandlungen nach den Regeln des Rechtsscheins oder des Gutglaubensschutzes[692] eine entsprechende Handlungsbefugnis hergeleitet werden. Vielmehr ist eine rechtswirksame Begründung der fraglichen Befugnis nach zivil- oder öffentlich-rechtlichen Vorgaben erforderlich.[693]

355 ▶ Beispiele: So muss bspw. eine Vollmacht (§§ 166 Abs. 2, 167 BGB) oder Ermächtigung (§ 185 BGB) wirksam erteilt worden sein[694], wobei Grundlage dafür jeder Vertrag sein kann, der eine natürliche Person zur (offenen oder verdeckten) Vertretung ei-

---

681 Diese Rechts- bzw. Pflichtenstellung ist ein strafbegründendes besonderes persönliches Merkmal i.S.d. § 28 Abs. 1 anzusehen, s. *Kindhäuser*, StR BT II, § 35, Rn. 3 m.w.N.
682 Vgl. *Kindhäuser*, StR BT II, § 35, Rn. 9.
683 S. § 753 ZPO.
684 § 80 InsO.
685 § 2205 BGB.
686 BGH 13.2.2007 – 5 StR 400/06, NStZ 2007, 579 (580).
687 BGH 26.4.2006 – 2 StR 515/05, NStZ-RR 2006, 307.
688 S. etwa § 78 AktG, § 35 GmbHG.
689 Vgl. §§ 84 ff. HGB.
690 §§ 48 ff. HGB.
691 OLG Hamm 18.11.1971 – 2 Ss 685/71, NJW 1972, 298 (299); *Fischer*, StGB, § 266, Rn. 10.
692 Vgl. etwa §§ 932 BGB; 56, 366 Abs. 2 und 3 HGB.
693 *Kindhäuser*, in: K/N/P § 266, Rn. 84; *Saliger*, in: Satzger/Schluckebier/Widmaier, § 266, Rn. 19 f.; *Schünemann*, in: LK StGB, § 266, Rn. 40 m.w.N.; *Fischer*, StGB, § 266, Rn. 19.
694 *Perron*, in: Schönke/Schröder, § 266, Rn. 10.

nes anderen ermächtigt.⁶⁹⁵ Auch die Übertragung eines öffentlichen Amts nach Maßgabe des öffentlichen Rechts geht nicht selten mit einer entsprechenden Verfügungs- bzw. Verpflichtungsbefugnis (hier aufgrund behördlichen Auftrags) einher.⁶⁹⁶ Für die Herkunft einer rechtswirksamen Verfügungs- oder Verpflichtungsbefugnis gibt es also vielfältige Möglichkeiten, so bspw. auch das elterliche Vermögenssorgerecht (§ 1626 BGB) oder gesetzliche Vertretungsbefugnisse⁶⁹⁷. Dabei können Entstehungsgründe auch zusammentreffen und sich überschneiden. ◂

(3) Bezug auf fremdes Vermögen

▸ **Definition:** Beziehen muss sich die Befugnis auf ein „**fremdes**" Vermögen, d.h. ein solches, das – zumindest auch – im Eigentum einer anderen (natürlichen oder juristischen) Person steht.⁶⁹⁸ Festzustellen ist dies nach den Maßgaben des Zivilrechts und öffentlichen Rechts.⁶⁹⁹ ◂

356

▸ **Beispiele:** Fremd ist bspw. das Vermögen einer juristischen Person für mit ihr verbundene natürliche Personen, so etwa das Vermögen einer AG für deren Vorstand, Aufsichtsrat oder Anteilseigner, ebenso das Vermögen einer GmbH für deren Geschäftsführer oder Gesellschafter.⁷⁰⁰ Auch das Gesamthandsvermögen einer KG, OHG oder GbR ist fremd für die einzelnen Gesellschafter, denn diese sind (lediglich) in ihrer gesamthänderischen Verbundenheit Vermögensinhaber⁷⁰¹ – und werden daher im Zivilrecht sogar als teilrechtsfähige Personenverbindung angesehen⁷⁰². ◂

357

bb) Innehaben einer Vermögensbetreuungspflicht Var. 2

(1) Erfordernis

Eine Missbrauchsuntreue setzt den Missbrauch einer eingeräumten Verfügungs- bzw. Verpflichtungsbefugnis voraus. Zudem muss gerade dieser Missbrauch nach überwiegender Auffassung eine dem Täter obliegende Vermögensbetreuungspflicht verletzen.⁷⁰³ **Auch bei der Missbrauchsvariante** wird also mehrheitlich eine Vermögensbetreuungspflicht vorausgesetzt, wofür nach der h.M. die gleichen inhaltlichen Anforderungen wie beim Treubruchstatbestand gelten.⁷⁰⁴ Bei diesem hat die inhaltliche Konkretisierung der Vermögensbetreuungspflicht zugleich größeres Gewicht, weil der Treubruchstatbestand (anders als der Missbrauchstatbestand) von einer Verpflichtungs- und Verfügungsbefugnis unabhängig ist.⁷⁰⁵

358

---

695 *Fischer*, StGB, § 266, Rn. 18.
696 *Fischer*, StGB, § 266, Rn. 17.
697 Vgl. etwa § 1793 BGB (Vormund), § 1896 BGB (Betreuer).
698 *Kindhäuser*, in: K/N/P, § 266, Rn. 30.
699 *Wittig*, Wirtschaftsstrafrecht, § 20, Rn 29.
700 *Kindhäuser*, in: K/N/P, § 266, Rn 30.
701 *Dierlamm*, in: MüKo StGB, § 266, Rn. 35; zum Vermögensnachteil vgl. BGH 6.11.1986 – 1 StR 327/86, BGHSt 34, 221.
702 *Schäfer*, in: MüKo, BGB, § 718, Rn. 2.
703 S. dazu § 3, Rn. 348; vgl. a. *Dierlamm*, in: MüKo StGB, § 266, Rn. 40.
704 BGH 6.12.2001 – 1 StR 215/01, BGHSt 47, 187 (192); BGH 21.12.2005 – 3 StR 470/04, BGHSt 50, 331 (342); *Heger*, in: Lackner/Kühl, StGB, § 266, Rn. 4 m.w.N.
705 *Wessels/Hillenkamp/Schuhr*, Strafrecht BT 2, Rn. 769 m.w.N.

(2) Restriktive Bestimmung

359 Wichtige Maßgabe für die inhaltliche Bestimmung einer Vermögensbetreuungspflicht i.S.d. § 266 ist, dass nicht jede Vertrags- bzw. Pflichtverletzung unter Strafe gestellt werden darf. Vielmehr ist schon **mit Blick auf Art. 103 Abs. 2 GG** eine restriktive Auslegung geboten, bei der die Annahme einer Vermögensbetreuungspflicht nur unter engen Voraussetzungen in Betracht kommt. Vorbehalten ist sie einem **Aufgabenkreis von einigem Gewicht** und einem gewissen Grad von Verantwortlichkeit mit Pflichten in nicht ganz unbedeutenden Angelegenheiten.[706] Weitere Einschränkungen ergeben sich daraus, dass als Vermögensbetreuungspflicht i.S.d. § 266 nur – auf eigenverantwortliche und selbstständige Geschäftsbesorgungen gerichtete – Hauptpflichten anerkannt sind.[707]

(3) Charakter als qualifizierte Hauptpflicht

360 Wann davon auszugehen ist, lässt sich in allgemeiner Form allerdings kaum sagen. Maßgeblich sind vielmehr die **Umstände des Einzelfalls**.[708] Entsprechend nimmt die Rspr. zur Feststellung einer Vermögensbetreuungspflicht i.S.d. § 266 (in weitgehender Übereinstimmung mit der Literatur) eine umfassende Gesamtwürdigung vor.[709]

361 Als wesentlicher Anhaltspunkt für das Vorliegen einer Vermögensbetreuungspflicht gilt dabei ein Hauptpflichtcharakter: Eine Vermögensbetreuungspflicht im Sinne des § 266 Abs. 1 ist eine inhaltlich besonders herausgehobene und nicht nur beiläufige Pflicht zur Wahrnehmung von Vermögensinteressen.[710] Ergeben kann sich eine solche Pflicht kraft Gesetzes, behördlichen Auftrags, Rechtsgeschäfts oder aufgrund eines (faktischen) Treueverhältnisses. Dabei können auch rechtsunwirksame Treueverhältnisse[711] und – zur Vermeidung rechtsfreier Räume – sogar gesetzes- oder sittenwidrige Rechtsgeschäfte ein faktisches Treueverhältnis begründen[712]. Von § 266 erfasst werden nur Hauptpflichten zur Wahrnehmung fremder Vermögensinteressen mit dem typischen und wesentlichen Inhalt einer fremdnützigen Geschäftsbesorgung.[713] Die fragliche Pflicht muss den Vermögensinteressen des Vertragspartners in besonderem Maße dienen und gerade deshalb vereinbart worden sein, also eine **qualifizierte Pflichtenstellung im Hinblick auf das fremde Vermögen** bedingen.[714]

362 ▶ **Beispiele:** Diesen Anforderungen genügen allgemeine zivilrechtliche Pflichten wie die zur Vertragserfüllung oder zur Rücksichtnahme auf die Interessen des Vertragspartners nicht.[715] Auch die Verletzung einfacher Vertragspflichten bei Kauf-, Miet- oder

---

706 *Kindhäuser*, in: K/N/P, § 266, Rn. 32; *Küper/Zopfs*, BT, S. 400 ff.; *Wessels/Hillenkamp/Schuhr*, Strafrecht BT 2, Rn. 752, 769.
707 *Kindhäuser*, StR BT II, § 35, Rn. 26.
708 *Fischer*, StGB, § 266, Rn. 47; *Wessels/Hillenkamp/Schuhr*, Strafrecht BT 2, Rn. 771.
709 BGH 11.12.1957 – 2 StR 481/57, BGHSt 13, 315 (317 ff.); *Fischer*, StGB, § 266, Rn. 37.
710 Vgl. BGH 4.12.2018 – 2 StR 421/18, wistra 2019, 283; BGH 3.3.1953 – 1 StR 5/53, BGHSt 4, 170 (172); BGH 5.7.1968 – 5 StR 262/68, BGHSt 22, 190 (191 f); BGH 13.9.2010 – 1 StR 220/09, NJW 2011, 88.
711 Dazu *Schünemann*, in: LK-StGB, § 266 Rn. 63.
712 BGH 17.11.1955 – 3 StR 234/55, BGHSt 8, 254 (258 f.); BGH 6.12.1983 – VI ZR 117/82, NJW 1984, 800; *Perron*, in: Schönke/Schröder, StGB, § 266 Rn. 31.
713 S.a. *Kindhäuser*, StR BT II, § 35, Rn. 28 ff.
714 *Küper/Zopfs*, BT, S. 400; *Fischer*, StGB, § 266, Rn. 33 m.w.N.; *Wessels/Hillenkamp/Schuhr*, Strafrecht BT 2, Rn. 770. Entsprechend kommt eine Bestrafung wegen Untreue nicht in Betracht, wenn Pflichten zum Schutz von anderen Rechtsgütern als dem Vermögen des Treugebers verletzt werden, s.a. BGH 13.9.2010 – 1 StR 220/09, BGHSt 55, 288 (299 ff.).
715 BGH 3.5.1978 – 3 StR 30/78, BGHSt 28, 20 (23 f.).

III. Untreue § 266

Werkverträgen kommt als Anknüpfungsverhalten für einen Untreuevorwurf nicht in Betracht[716], ebensowenig Fehlleistungen bei einfachen Tätigkeiten wie bspw. Schreibarbeiten oder Botendiensten.[717] Hingegen können bspw. beim Umgang mit Mietkautionen sowohl auf Vermieter- als auch auf Mieterseite Vermögensbetreuungspflichten bestehen.[718] ◄

Die beschriebenen Anforderungen an eine Vermögensbetreuungspflicht erfüllt auch die allgemeine arbeitsrechtliche Treuepflicht in Anstellungs- bzw. Dienstverhältnissen nicht. Vielmehr ist ein **Arbeitnehmer** hier ebenfalls nur dann vermögensbetreuungspflichtig, wenn er in einem Pflichtenkreis von einiger Bedeutung selbstständige Entscheidungen treffen kann.

363

▶ Beispiele: Bejaht hat dies die Rspr. bspw. für den Leiter einer Verkaufsfiliale[719] oder einen Lohnbuchhalter[720], nicht jedoch bei einem Buchhalter ohne Entscheidungskompetenz[721]. Die allgemeine Treuepflicht eines Beamten begründet ebenfalls keine besondere Pflichtenstellung i.S.d. § 266. Diese muss sich vielmehr auch bei Staatsdienern aus dem konkreten Aufgabenbereich ergeben – so bspw. bei einem Amtsträger, der über die Vergabe staatlicher Subventionen entscheidet.[722] ◄

364

Arbeitgeber sind nicht in der Pflicht, das Vermögen ihrer Arbeitnehmer in einem für § 266 relevanten Sinne zu betreuen, wobei dieser Grundsatz bspw. auch bei Lohnpfändungen oder -abtretungen gilt.[723]

365

(4) Eigenverantwortlichkeit des Treunehmers

Weiterer Anhaltspunkt für das Vorliegen einer Vermögensbetreuungspflicht i.S.d. § 266 ist eine gewisse Eigenverantwortlichkeit des Treunehmers. Über deren Anforderungen besteht allerdings keine Einigkeit, wobei insbesondere das Erfordernis eines eigenen **Entscheidungs- bzw. Ermessensspielraums in der Diskussion** ist.[724]

366

▶ Beispiele: So gelten Amtswalter bzw. Angehörige des öffentlichen Dienstes nur dann als vermögensbetreuungspflichtig, wenn sie in ihrem Aufgabenbereich selbstständig über das Vermögen der öffentlichen Hand verfügen[725], was die Rspr. z.B. für Landrä-

367

---

716 BGH 5.7.1968 – 5 StR 262/68, BGHSt 22, 190; BGH 3.5.1978 – 3 StR 30/78, BGHSt 28, 20 (23 f.); *Wessels/Hillenkamp/Schuhr*, Strafrecht BT 2, Rn. 770; *Dierlamm*, in: MüKo StGB § 266, Rn. 102.
717 *Fischer*, StGB § 266, Rn. 37 m.w.N.; *Wessels/Hillenkamp/Schuhr*, Strafrecht BT 2, Rn. 771.
718 S. dazu BGH 23.8.1995 – 5 StR 371/95, BGHSt 41, 224; BGH 2.4.2008 – 5 StR 354/07, BGHSt 52, 182 (185 ff.); OLG Düsseldorf 16.8.1993 – 1 Ws 606/93, wistra 1994, 33; *Heger*, in: Lackner/Kühl, StGB, § 266, Rn. 12 m.w.N.; BayObLG 18.12.1997 – 5St RR 67/97, wistra 1998, 157; krit. z.B. *Satzger*, Untreue des Mieters, JA 1998, 928.
719 BGH 21.10.2003 – 1 StR 544/02, wistra 2004, 105.
720 BGH GA 1979, 143.
721 *Wittig*, Wirtschaftsstrafrecht, § 20, Rn. 115.
722 *Fischer*, StGB, § 266, Rn. 37, 48 f.; BGH 11.12.1957 – 2 StR 481/57, BGHSt 13, 315.
723 BGH 5.10.1954 – 2 StR 447/53, BGHSt 6, 314 (317 f.).
724 Vgl. BGH 3.8.2005 – 2 STR 202/05, NStZ 2006, 38.
725 *Wittig*, Wirtschaftsstrafrecht, § 20, Rn. 114.

te[726], Bürgermeister[727], Behördenleiter[728], Finanzbeamte[729], Gerichtsvollzieher[730], Notare[731], Professoren[732] oder Schulleiter[733] bejaht hat. ◀

368 Zum Teil hält die Rspr. die Begehung einer Untreue allerdings auch für möglich, wenn der Täter selbst nicht frei vermögenswirksame Entscheidungen treffen kann. Von Bedeutung ist dies insbesondere, wenn ihm das **Einkassieren, Verwalten und Abliefern von Geld** obliegt.[734] Statt an einem eigenen Entscheidungsspielraum des Täters orientiert sich der Bundesgerichtshof hier daran, inwieweit der Täter durch bestimmte Maßnahmen eine **Kontrolle seiner eigenen Tätigkeit** ermöglichen muss. Je größer die Unabhängigkeit von solchen kontrollbezogenen Pflichten (wie bspw. Buchführung oder Quittungserteilung) ist, desto eher soll der Betroffene als Täter einer Untreue nach § 266 in Betracht kommen. Ein Fehlen entsprechender Kontrollmaßnahmen spreche also für eine eigenverantwortliche Stellung und damit eine Vermögensbetreuungspflicht.[735]

369 ▶ Beispiel: Ein alleinverantwortlicher Bankkassierer bspw. könne eine Untreue begehen, der Kassierer in einem Selbstbedienungsladen hingegen in der Regel nicht.[736] ◀

(5) Fremdnützigkeit

370 Zu den Hauptkennzeichen einer Vermögensbetreuungspflicht zählt des Weiteren eine **Geschäftsbesorgung in fremdem Interesse**, also eine Fremdnützigkeit. Danach fällt nicht unter § 266 Abs. 1, wenn der Täter in eigenem Interesse oder zu übergeordneten Zwecken tätig wird.[737]

371 ▶ Beispiel: So handeln bspw. die Geschäftspartner bei einem vertraglichen Leistungsaustausch in der Regel im eigenen Interesse und nicht nach der Prämisse fremdnütziger Vermögensfürsorge[738], die allerdings bei einer Geschäftsbesorgung wesentlicher Inhalt des Vertragsverhältnisses sein kann.[739] ◀

(6) Vermögensbetreuungspflicht beim Treubruch

372 Im Hinblick auf die zweite Untreuevariante des Treubruchs ist in § 266 Abs. 1 Var. 2 von einer dem Täter „kraft Gesetzes, behördlichen Auftrags, Rechtsgeschäfts oder eines Treueverhältnisses obliegende[n] Pflicht" die Rede. Anders als bei der Verfügungs- und Verpflichtungsbefugnis i.S.d. § 266 Abs. 1 Var. 1 nennt das Gesetz damit hier auch

---

726 BGH 26.4.2006 – 2 StR 515/05, NStZ-RR 2006, 307.
727 BGH 8.5.2003 – 4 StR 550/02, NStZ 2003, 540; BGH 13.2.2007 – 5 StR 400/06, NStZ 2007, 579; BGH 9.12.2004 – 4 StR 294/04, NStZ-RR 2005, 83.
728 BGH 17.2.1999 – 5 StR 494/98, BGHSt 44, 376.
729 BGH 6.6.2007 – 5 StR 127/07, BGHSt 51, 356; BGH 21.10.1997 – 5 StR 328/97, NStZ 1998, 91.
730 BGH 7.1.2011 – 4 StR 409/10, BGHSt 13, 274.
731 BGH 12.6.1990 – 5 StR 268/89, NJW 1990, 3219; BGH 06.04. 1982 – 5 StR 8/82 –, NStZ 1982, 331.
732 BGH 27.7.1982 – 1 StR 209/82, NJW 1982, 2881 (2882); BGH 23.5.2002 – 1 StR 372/01, BGHSt 47, 295 (298 f.).
733 BGH 6.5.1986 – 4 StR 124/86, NStZ 1986, 455.
734 Vgl. BGH 11.12.1957 – 2 StR 481/57, BGHSt 13, 315 (319); BGH 2.4.1963 – 1 StR 66/63, BGHSt 18, 312 (313).
735 BGH 11.12.1957 – 2 StR 481/57, BGHSt 13, 315; dagegen z.B. *Perron*, in: Schönke/Schröder, § 266, Rn. 24; *Wittig*, Wirtschaftsstrafrecht, § 20, Rn. 109.
736 OLG München 30.11.2009 – 5 StR RR 357/09, wistra 2010, 155 (157).
737 BGH GA 1977, 18 (19); *Wittig*, Wirtschaftsstrafrecht, § 20, Rn. 79, 97.
738 *Dierlamm*, in: MüKo StGB, § 266, Rn. 65.
739 *Kindhäuser*, in: K/N/P, § 266, Rn. 46.

III. Untreue § 266

die Möglichkeit „eines Treueverhältnisses" als Fundament einer besonderen Täterverpflichtung.

Hier kann die Vermögensbetreuungspflicht damit – im Unterschied zur Missbrauchsuntreue – auch eine **rein tatsächliche Grundlage** i.S.e. „Treueverhältnisses" haben, etwa weil das zugrunde liegende Geschäft aus rechtlichen Gründen nichtig ist, aber im Falle der Gültigkeit eine rechtliche Treuepflicht begründen würde.[740] Eine Vermögensbetreuungspflicht i.S.v. § 266 können nach der h.M. auch gesetz- oder sittenwidrige Rechtsverhältnisse begründen.[741]

(7) Vermögensbetreuungspflichten im Wirtschaftsleben

Vermögensbetreuungspflichten bestehen im Wirtschaftsleben häufig. Denn wer hier Zugriff auf fremdes Vermögen hat, ist auch fast immer – nach Gesetz oder Unternehmensstruktur – zur Betreuung dieses Vermögens verpflichtet.[742]

▸ **Beispiele:** So obliegt bei Personengesellschaften und juristischen Personen regelmäßig den Vertretern bzw. Organen eine Vermögensbetreuungspflicht, so etwa dem Aufsichtsrat gegenüber „seiner" AG und den Aktionären[743], den Vorstandsmitgliedern einer AG[744], den (auch stellvertretenden oder faktischen) Geschäftsführern einer GmbH gegenüber der GmbH[745] (nicht aber gegenüber den Gesellschaftern[746]), den Vorstandsmitgliedern eines Vereins[747] oder den geschäftsführenden Gesellschaftern einer GbR.[748] Auch Verwalter können vermögensbetreuungspflichtig sein, so bspw. Vermögensverwalter[749] oder Insolvenzverwalter gegenüber Insolvenzgläubigern und -schuldnern[750]. Ebenso kann eine Vermögensbetreuungspflicht Minister, Landräte, Lehrstuhlinhaber, Kassenärzte, Hauptbuchhalter oder Berater treffen.[751] Dabei kommt eine Vermögensbetreuungspflicht von Beratern allerdings nur in Betracht, wenn diese selbstständig über den Einsatz fremden Vermögens entscheiden können, so bspw. bei selbstständigen Anlagegeschäften eines Anlageberaters[752], dem Erstellen einer Steuerer-

---

740 *Wessels/Hillenkamp/Schuhr*, Strafrecht BT 2, Rn. 769.
741 S. etwa *Heger*, in: Lackner/Kühl, StGB, § 266, Rn. 10 m.w.N. (wg. Rechts- oder Sittenwidrigkeit nichtige Rechtsgeschäfte scheiden als Grundlage eines Treueverhältnisses „häufig, aber nicht notwendig aus").
742 Vgl. *Kudlich/Oglakcioglu*, Wirtschaftsstrafrecht, Rn. 334.
743 BGH 6.12.2001 – 1 StR 215/01, BGHSt 47, 187 (200 ff.); BGH 21.12.2005 – 3 StR 470/04, BGHSt 50, 331; *Geerds*, Zur Untreuestrafbarkeit von Aufsichtsratsmitgliedern kommunaler Gesellschaften, in: Dannecker u.a. (Hrsg.), Festschrift für Harro Otto, Köln u.a., 2007, S. 561; *Fischer*, StGB, § 266, Rn. 48; *Dierlamm*, MüKo StGB, § 266, Rn. 79; *Tiedemann*, Untreue bei Interessenkonflikten, in: Jesckeck und Vogler (Hrsg.), Festschrift für Herbert Tröndle, Berlin, 1989, S. 319, 322.
744 BGHSt 47, 148; BGH NStZ 2006, 224.
745 BGH 17.5.1993 – 1 StR 265/93, wistra 1993, 301; BGH 6.5.2008 – 5 StR 34/08, wistra 2008, 379; *Fischer*, StGB, § 266, Rn. 48.
746 BGH Urt. v. 25.4.2006 – 1 StR 519/05, NJW 2006, 1984. Im Übrigen sind die GmbH-Gesellschafter wirtschaftlicher Eigentümer der GmbH, deren Vermögen für sie also nicht fremd ist, s.a. § 3, Rn. 357.
747 BGH 26.4.2001 – 4 StR 264/00, wistra 2001, 340; vgl. auch *Eisele*, Untreue in Vereinen mit ideeller Zielsetzung, GA 2001, 377.
748 BayObLG 29.4.1971 – RReg. 8 St 34/71, NJW 1971, 1664 (1665); *Kindhäuser*, in: K/N/P, § 266, Rn. 58.
749 *Kindhäuser*, in: K/N/P, § 266, Rn. 58.
750 BGH 16.12.1960 – 4 StR 401/60, BGHSt 15, 342; BGH 14.1.1998 – 1 StR 504/97, NStZ 1998, 246.
751 Vgl. *Wittig*, in: BeckOK StGB, § 266, Rn. 34.1 ff., *Fischer*, StGB, § 266, Rn. 48 jew. m.w.N.
752 BGH 11.8.1993 – 2 StR 309/93, NStZ 1994, 35 (36); *Dierlamm*, in: MüKo StGB, § 266, Rn. 75; umfassend *Mölter*, Untreuestrafbarkeit von Anlageberatern unter spezieller Betrachtung der Vermögensbetreuungspflicht, wistra 2010, 53.

klärung durch Steuerberater[753] oder einer vermögensrelevanten Anspruchsverfolgung durch einen Rechtsanwalt[754]. ◄

376 ► **Hintergrundinformation:** Im **Baugewerbe** geht es beim Untreueverdacht vor allem um die vertragswidrige Verwendung von Baugeldern – so bspw. durch Architekten[755] oder Baubetreuer[756], die unter bestimmten Voraussetzungen gegenüber dem Bauherrn vermögensbetreuungspflichtig sind. Auch kann bspw. einen Bauherrn gegenüber seinen Mietern im Zusammenhang mit Baukostenzuschüssen eine Vermögensbetreuungspflicht treffen[757], ebenso einen freiberuflichen Ingenieur gegenüber öffentlichen Auftraggebern im Hinblick auf Auftragsausschreibung und -vergabe[758]. ◄

b) Tathandlung

aa) Missbrauch

(1) Grundlagen

377 ► **Definition: Missbraucht** wird eine Verpflichtungs- oder Verfügungsbefugnis, wenn der Täter nach außen hin rechtswirksam tätig wird und dabei im Innenverhältnis Beschränkungen missachtet, d.h. im Rahmen eines rechtlichen „Könnens" im Außenverhältnis bewusst die Grenze eines „Dürfens" im Innenverhältnis überschreitet.[759] Der Täter nutzt hier also einen Unterschied zwischen der Reichweite seiner Außenmacht und seiner (dahinter zurückbleibenden) Innenberechtigung aus. ◄

(2) Interne Beschränkungen

378 Dabei wird das **interne „Dürfen"** zum einen von allgemeinverbindlichen Maßgaben wie Sorgfaltspflichten (zum Beispiel denen eines ordentlichen und gewissenhaften Geschäftsführers) oder Rechtsvorgaben (mit-)bestimmt. In Orientierung daran hat die Rspr. beispielsweise die Ausgestaltung des Innenverhältnisses zum Vermögensinhaber für Notare im Hinblick auf die Verwaltung von Anderkonten[760], Unternehmensvorstände beim Sponsoring[761] oder Bankvorstände in Bezug auf die Vergabe von Großkrediten[762] präzisiert.[763] Vor allem aber sind für Befugnisse im Innenverhältnis die mit dem Vermögensinhaber getroffenen Vereinbarungen sowie dessen Zustimmung maßgeblich. Erklärt er sich bspw. mit riskanten Geschäften einverstanden, so können diese im Innenverhältnis zulässig sein.[764] Weil dies bereits auf Tatbestandsebene von Bedeutung ist, wird eine wirksame Zustimmung als tatbestandsausschließendes Einverständnis interpretiert.[765] Ein solches Einverständnis muss vor der Tat[766] von jemandem erklärt werden, der **zur Disposition über das betreute Vermögen befugt** ist.

---

753 BGH 19.6.1985 – IVa ZR 196/83, MDR 1985, 1005; *Dierlamm*, MüKo StGB, § 266, Rn. 118.
754 BGH 11.11.1982 – 4 StR 406/82 (LG Frankenthal), NJW 1983, 461.
755 BayObLG 20.7.1995 – 4 St RR 4/95, NJW 1996, 268 (271).
756 Vgl. BGH 23.4.1991 – 1 StR 734/90, wistra 1991, 266; *Dierlamm*, in: MüKo StGB, § 266, Rn. 77.
757 BGH 22.11.1955 – 5 StR 705/54, BGHSt 8, 271; BGH 10.11.1959 – 5 StR 337/5913, 330.
758 BayObLG 20.7.1995 – 4 St RR 4/95, NJW 1996, 268.
759 *Wessels/Hillenkamp/Schuhr*, Strafrecht BT 2, Rn. 753.
760 BGH 6.4.1982 – 5 StR 8/82, NStZ 1982, 331 f.
761 BGH 6.12.2001 – 1 StR 215/01, BGHSt 47, 187 ff.
762 BGH 15.11.2001 – 1 StR 185/01, BGHSt 47, 148 ff.
763 S.a. *Kindhäuser*, StR BT II, § 35, Rn. 14 m.w.N.
764 *Dierlamm*, in: MüKo StGB, § 266, Rn. 143; s.a. zu Risikogeschäften vgl. § 3, Rn. 392.
765 *Wessels/Hillenkamp/Schuhr*, Strafrecht BT 2, Rn. 758.
766 BGH 21.12.2005 – 3 StR 470/04, BGHSt 50, 331 (342) – Mannesmann m.w.N.

III. Untreue § 266

▶ **Beispiel:** Erklärt also bspw. der Anteilseigner einer Aktiengesellschaft sein Einverständnis auf Grundlage eines Beschlusses der Hauptversammlung, so muss diese ein eigenes Entscheidungsrecht haben.[767] ◀

379

Nicht selten ist die Zuordnung der hier in Rede stehenden Dispositionsbefugnis fraglich, so bspw. beim Vorstand einer Aktiengesellschaft, über dessen entsprechende Kompetenzen im Rahmen seiner Geschäftsführungsbefugnisse gem. § 76 Abs. 1 AktG diskutiert wird.[768] Allgemein richtet sich die Befugnis zur Disposition über das betreute Vermögen danach, wie die **Willensbildung beim Vermögensinhaber rechtlich organisiert ist**.[769]

380

▶ **Problem:** Wertungsprobleme kann es in diesem Zusammenhang insbesondere bei **juristischen Personen mit eigener Rechtspersönlichkeit und eigenem Vermögen** geben, so bspw. bei einer Aktiengesellschaft oder einer GmbH (Gesellschaften in der Rechtsform einer GbR, OHG oder KG sind hingegen keine selbstständigen Vermögensträger[770]). Ist das Gesellschaftsvermögen nämlich einerseits wirtschaftlich den Gesellschaftern zuzurechnen und andererseits rechtlich vom Gesellschaftervermögen zu trennen, ist eine Dispositionsbefugnis der Gesellschafter über das Gesellschaftsvermögen fraglich. Dabei ist für die Aktionäre einer AG bereits die Einwilligungskompetenz als solche umstritten[771], während bei GmbH-Gesellschaftern über die Reichweite dieser Kompetenz diskutiert wird. Das Reichsgericht vertrat dazu eine „**strenge Gesellschaftstheorie**" bzw. „**strenge Körperschaftstheorie**"[772] und sprach den Gesellschaftern – unter Hinweis auf die (etwa aus § 13 Abs. 1 GmbHG abzuleitende) eigene Rechtspersönlichkeit der Gesellschaft – jedwede Befugnis zur Schädigung des Gesellschaftsvermögens ab. Denn Pflichten der Gesellschaft dürften gegenüber den Gläubigern weder vereitelt noch gefährdet werden.[773] Nach der entgegen gesetzten „**strengen**" oder „**uneingeschränkten Gesellschaftertheorie**"[774] ist jedes Einverständnis der Gesellschafter wirksam.[775] Denn die Gesellschafter hätten das letzte Wort bei Regelung der inneren Gesellschaftsangelegenheiten. Wenn sie mit der Schmälerung des eigenen Vermögens einverstanden seien, könne deshalb von einer Untreue gegenüber der Gesellschaft nicht die Rede sein. Selbst das Stammkapital der GmbH genieße nur gegenüber Gläubigern, nicht jedoch den GmbH-Gesellschaftern Bestandsschutz. Auch wenn also das fragliche Geschäft mit Blick auf schutzwürdige Gläubigerinteressen zu beanstanden sei, wäre dies bei der strafrechtlichen Analyse nach den Maßgaben des § 266 unbeachtlich. Die-

381

---

767 *Ransiek*, Untreue durch Vermögenseinsatz zu Bestechungszwecken, StV 2009, 321 ff., 322; *Wittig*, Wirtschaftsstrafrecht, § 20, Rn. 76.
768 Hierzu *Ransiek*, Untreue durch Vermögenseinsatz zu Bestechungszwecken, StV 2009, 321 ff., 322; *Bernsmann*, Untreue und Korruption – der BGH auf Abwegen, GA 2009, 296 ff.; *Satzger*, „Schwarze Kassen" zwischen Untreue und Korruption, NStZ 2009, 297 ff., 301.
769 *Saliger/Gaedein*, Rückwirkende Ächtung der Auslandskorruption und Untreue als Korruptionsdelikt – Der Fall Siemens als Startschuss in ein entgrenztes internationalisiertes Wirtschaftsstrafrecht?, HRRS 2008, 57 ff., 69.
770 S.a. BGH 6.11.1986 – 1 StR 327/86, BGHSt 34, 221; *Heger*, in: Lackner/Kühl, StGB, § 266, Rn. 3, 20 a; Allerdings sei im Zivilrecht inzwischen eine Teilrechtsfähigkeit der Personengesellschaft anerkannt, s. *Wittig*, Wirtschaftsstrafrecht, § 20, Rn. 77 m.w.N.
771 S. dazu *Schünemann*, in: LK StGB, § 266, Rn. 261.
772 S. *Schünemann*, in: LK StGB, § 266, Rn. 249 m.w.N.
773 S.a. BGH 24.6.1952 – 1 StR 153/52, BGHSt 3, 32 (40).
774 *Schünemann*, in: LK StGB, § 266, Rn. 249.
775 *Perron*, in: Schönke/Schröder, § 266, Rn. 21 b m.w.N.; *Labsch*, Einverständliche Schädigung des Gesellschaftsvermögens und Strafbarkeit des GmbH-Gesellschaftsvermögens und Strafbarkeit des GmbH-Geschäftsführers, JuS 1985, 602 ff.

se Norm schütze nämlich nicht die Gläubigerinteressen, sondern nur den Inhaber des betreuten Vermögens.[776] Die meisten Anhänger hat heute die „eingeschränkte Gesellschaftertheorie"[777], wonach es zwar grundsätzlich bei einer Schädigung des Gesellschaftsvermögens auf den Willen der Gesellschafter ankomme. Sie könnten daher prinzipiell auch vermögensschädigenden Handlungen mit tatbestandsausschließender Wirkung zustimmen. Dies gelte allerdings nicht, wenn das Einverständnis gesetzes- oder pflichtwidrig sei.[778] Dabei könne eine Pflichtwidrigkeit bspw. darin liegen, dass die Existenz der Gesellschaft gefährdet[779] bzw. der unantastbare und nicht zur Disposition der Gesellschafter stehende Kernbereich der Gesellschaft angegriffen werde.[780] ◄

382 ▶ **Beispiele:** Danach können sich Gesellschafter bspw. nicht in tatbestandsausschließender Weise mit Maßnahmen einverstanden erklären, die eine Überschuldung herbeiführen oder vertiefen[781], die Liquidität – etwa durch verdeckte Entnahmen – gefährden[782] oder unter Verstoß gegen Kapitalerhaltungsvorschriften Gesellschaftsvermögen vermindern, das zur Erhaltung des Stammkapitals erforderlich ist.[783] ◄

383 Wie die rechtfertigende Einwilligung hängt auch das tatbestandsausschließende Einverständnis von einer **Einwilligungsfähigkeit** sowie der **Freiheit von Willensmängeln** ab.[784] Unter anderem muss bei Erteilung eines Einverständnisses bekannt sein, was der Treuepflichtige beabsichtigt. Ein entsprechendes Wissen kann dabei auch im „Herrschaftsbereich" des eigenen Unternehmens nicht ohne Weiteres vermutet, bspw. eine Kenntnis von „schwarzen Kassen" nicht ohne konkreten Nachweis für diese Kenntnis unterstellt werden.[785]

384 In Betracht kommt ein tatbestandsausschließendes Einverständnis nur bei **Rechtswirksamkeit der Gestattung** durch den Vermögensinhaber. Denn Tathandlung des § 266 ist eine Pflichtverletzung und damit ein normativ charakterisiertes Verhalten. Entsprechend kann sein Unrechtsgehalt auch nur auf normativer Ebene neutralisiert werden und nicht schon durch eine rein tatsächliche bzw. „natürliche" Zustimmung des Vermögensinhabers bzw. seines gesetzlichen Vertreters.[786]

385 ▶ **Problem:** Soweit der Bundesgerichtshof das Vorliegen eines tatbestandsausschließenden Einverständnisses von der **Zustimmung aller Gesellschafter** abhängig macht[787], setzt er sich damit zum Teil in Widerspruch zum Gesellschaftsrecht. Hier bedarf es

---

776 S. zum Ganzen *Dierlamm*, in: MüKo StGB, § 266, Rn. 148 ff.; *Kraatz*, Zur „limitierten Akzessorietät" der strafbaren Untreue, ZStW 2011, 447 ff., 475 ff.; *Labsch*, Einverständliche Schädigung des Gesellschaftsvermögens und Strafbarkeit des GmbH-Gesellschaftsvermögens und Strafbarkeit des GmbH-Geschäftsführers, JuS 1985, 602 ff., 604 ff.
777 *Schünemann*, in: LK StGB, § 266, Rn. 249; *Kindhäuser*, in: K/N/P, § 266, Rn. 71; *Dierlamm*, MüKo StGB, § 266, Rn. 148.
778 BGH 23.10.1981 – 2 StR 477/80, BGHSt 30, 247 (249); BGH 29.5.1987 – 3 Str 263/86, BGHSt 34, 379 (384 f.); BGH 23.10.1981 – 2 StR 477/80, BGHSt 30, 247 (249); BGH 21.12.2005 – 3 StR 470/07, BGHSt 50, 331 (342); BGH 20.7.1999 – 1 StR 668/98, NJW 2000, 154 (155); BGH 18.6.2003 – 5 StR 489/02, NJW 2003, 2996 (2998); *Fischer*, StGB, § 266, Rn. 92 m.w.N.
779 BGH 24.8.1988 – 3 StR 232/88, BGHSt 35, 333 (335 f.); BGH 3.5.2004 – 5 StR 73/03, BGHSt 49, 147 (157 f.).
780 BGH 3.5.2004 – 5 StR 73/03, BGHSt 49, 147.
781 *Kindhäuser*, in: K/N/P, § 266, Rn. 71.
782 BGH 24.8.1988 – 3 StR 232/88, BGHSt 35, 333 ff.
783 BGH 20.6.1999 – 1 StR 668/98, NJW 2000, 154; s.a. *Wittig*, Wirtschaftsstrafrecht, § 20, Rn. 73 f.
784 S. dazu *Wessels/Hillenkamp/Schuhr*, Strafrecht BT 2, Rn. 758; *Wittig*, Wirtschaftsstrafrecht, § 20, Rn. 61.
785 *Wessels/Hillenkamp/Schuhr*, Strafrecht BT 2, Rn. 761.
786 BGH 29.5.1987 – 3 StR 242/86, BGHSt 34, 379 (384); *Wessels/Hillenkamp/Schuhr*, Strafrecht BT 2, Rn. 758.
787 BGH 21.12.2005 – 3 StR 470/04, BGHSt 50, 331 (342) (Mannesmann); so auch *Krekeler/Werner*, Unternehmer und Strafrecht, Rn. 1115.

III. Untreue § 266

einer qualifizierten Mehrheit oder Einstimmigkeit nur dann, wenn das im Gesetz oder im Gesellschaftsvertrag bestimmt ist. Im Übrigen werden Beschlüsse auf Gesellschafterebene grundsätzlich mit einfacher Mehrheit gefasst. Warum jedoch eine solche Mehrheit nicht auch für die wirksame Erteilung eines Einverständnisses ausreichen soll, hat der Bundesgerichtshof bisher nicht dargelegt.[788] ◄

(3) Externe Rechtsmacht

Verwirklicht werden kann eine Missbrauchsuntreue nur im Rahmen einer externen Rechtsmacht, d.h. bei **Deckung der außenwirksamen Täterhandlung von einer Befugnis**.[789] Die Wirksamkeit des Geschäfts muss sich aus der Vertretungs- oder Verfügungsmacht des Täters ergeben, so dass bspw. ein Gutglaubenserwerb nicht genügt.[790] Dem Täter muss also das Recht eingeräumt worden sein, den Treugeber (im Außenverhältnis) rechtswirksam zu verpflichten oder über dessen Vermögen rechtswirksam zu verfügen. Wird der Vermögensinhaber hingegen nach außen nicht rechtlich gebunden, kommt eine Missbrauchsuntreue nicht in Betracht.[791] Die – gegenüber dem Treubruchstatbestand speziellere – Missbrauchsvariante der Untreue setzt also eine Rechtswirksamkeit des Täterverhaltens im Außenverhältnis voraus. Diese bestimmt sich nach den Maßgaben des Zivilrechts oder öffentlichen Rechts; insoweit ist das Strafrecht also **akzessorisch**.[792] Beim Missbrauchstatbestand muss die Schädigung damit im Wege hoheitlichen oder rechtsgeschäftlichen Handelns erfolgen. Bei Untreuehandlungen rein tatsächlicher Art hingegen (wie bspw. einer zweckwidrigen Verwendung fremder Gelder) kommt nur eine Verwirklichung des Treubruchstatbestands in Betracht.[793]

Über die Rechtswirksamkeit eines Verhaltens bestimmt nicht die Verhaltensform als Tun oder Unterlassen. Vielmehr kann **auch ein Unterlassen** rechtsgeschäftlich oder hoheitlich wirken, wie die Beispiele des Schweigens auf ein kaufmännisches Bestätigungsschreiben oder das Verjährenlassen einer Forderung zeigen.[794]

▶ Beispiel: Von Belang ist die externe Rechtsmacht bspw. beim sog. „Kick-Back". Davon spricht man, wenn ein Vertreter im Namen des Vertretenen einen Vertrag aushandelt und dabei mit seinem Verhandlungspartner zugleich verdeckt vereinbart, dass ein Teil der Leistung des Vertretenen als Rückvergütung an den Vertreter zurückfließt.[795] Eine solche Kick-Back-Abrede verstößt gegen das gesetzliche Verbot der Angestelltenbestechlichkeit gem. § 299 Abs. 1 und ist daher gem. § 134 BGB nichtig. Zwar nicht nach dieser Norm, aber wegen eines Verstoßes gegen die guten Sitten – nämlich aufgrund des kollusiven Zusammenwirkens von Vertreter und Geschäftspartner zum Nachteil des Vertretenen – ist gem. § 138 BGB auch der Hauptvertrag nichtig.[796] Der Vertretene ist somit durch das fragliche Geschäft nicht wirksam verpflichtet worden,

---

788 *Dierlamm*, in: MüKo StGB, § 266, Rn. 155; *Ransiek*, Anerkennungsprämien und Untreue – Das Mannesmann" – Urteil des BGH NJW 2006, 814 ff., 815.
789 *Fischer*, StGB, § 266, Rn. 10.
790 *Kindhäuser*, StrafR BT II, § 35, Rn. 12 m.w.N.
791 *Schünemann*, in LK StGB, § 266, Rn. 32 ff.
792 BGH 2.12.2005 – 5 StR 119/05, BGHSt 50, 299 (313 f.); *Dierlamm*, in: MüKo StGB, § 266, Rn. 173.
793 *Fischer*, StGB, § 266, Rn. 51.
794 BGH 11.11.1982 – 4 StR 406/82, NJW 1983, 461 m.w.N; *Fischer*, StGB, § 266, Rn. 32 und 51; *Wittig*, Wirtschaftsstrafrecht, § 20, Rn. 34 und 131.
795 BGH 2.12.2005 – 5 StR 119/05, NStZ 2006, 210 (213 f.); BGH 21.12.2005 – 3 StR 470/04, NStZ 2006, 214; *Fischer*, StGB, § 266, Rn. 26 und 56.
796 BGH 2.12.2005 – 5 StR 119/05, BGHSt 50, 299 (313) – Kölner Müllskandal; BGH 6.5.1999 – VII ZR 132/97, NJW 1999, 2266 (2267); *Fischer*, StGB, § 266, Rn. 27.

so dass eine Strafbarkeit wegen der Missbrauchsvariante von § 266 Abs. 1 nicht in Betracht kommt. ◄

(4) Treubruchskomponente

389 Um von einer Missbrauchsuntreue sprechen zu können, muss nach der „monistischen Theorie" der h.M.[797] im beschriebenen Missbrauch der Verpflichtungs- oder Verfügungsbefugnis zugleich die **Verletzung einer dem Täter obliegenden Vermögensbetreuungspflicht** liegen.[798]

390 ▶ **Hintergrundinformation:** Weil es damit hohe Übereinstimmungen zwischen den Alternativen des § 266 Abs. 1 gibt, lässt die (höchstrichterliche) Rspr. nicht selten offen, welche der beiden Untreueformen im Beurteilungsfall konkret vorliegt.[799] ◄

bb) Treubruch

391 Im Gegensatz zur Missbrauchsvariante kann die Treubruchsvariante nach § 266 Abs. 1 Var. 2 (wie bereits angesprochen[800]) auch durch ein rein tatsächliches Verhalten verwirklicht werden. Tathandlung bei § 266 Abs. 1 Var. 1 ist nämlich (lediglich) die **Verletzung einer Vermögensbetreuungspflicht**, die nicht mit einer Rechtsmacht des Täters im Außenverhältnis korrespondieren muss. Den Treubruch als Verletzung einer Vermögensbetreuungspflicht i.S.d. § 266 Abs. 1 Var. 2 kennzeichnet (allein), dass der Täter sein **rechtliches Dürfen im Innenverhältnis überschreitet**. Einer Täterbefugnis im Außenverhältnis, Handlungen mit Rechtswirksamkeit für den Treugeber vorzunehmen, bedarf es hier hingegen nicht. Entsprechend kann auf die Treubruchvariante des § 266 Abs. 1 Var. 2 zurückgegriffen werden, wenn der Täter ein (z.B. sittenwidriges oder ohne Vertretungsmacht gem. § 179 BGB getätigtes) Rechtsgeschäft ohne externe Rechtswirkung vornimmt oder rein tatsächlich – nicht rechtlich – auf das von ihm betreute Vermögen einwirkt.[801]

392 ▶ **Beispiele:** So hat die Rspr. bspw. die Auszahlung von gesetzeswidrig hohen Sonderboni an Betriebsratsmitglieder[802], das Bezahlen einer gegen Mitarbeiter verhängten Geldstrafe aus Bank- oder Verbandsvermögen[803] oder ein kreditschädigendes Interview[804] als Untreue i.S.d. § 266 Abs. 1 Var. 2 eingestuft. ◄

393 Nicht jede Pflichtverletzung eines Treunehmers ist zugleich auch Verletzung einer Vermögensbetreuungspflicht i.S.d. § 266. Vielmehr muss ein **innerer bzw. funktionaler Zusammenhang** dahin gehend bestehen, dass die besondere Stellung als Vermögensbetreuungspflichtiger die Pflichtverletzung ermöglicht bzw. erleichtert hat.[805] Dazu muss die pflichtwidrige Handlung dem vom Treuverhältnis geformten Aufgabenbereich zuzuordnen sein.[806]

---

797 S. § 3, Rn. 348.
798 *Dierlamm*, in: MüKo StGB, § 266, Rn. 40.
799 *Kudlich/Oglakcioglu*, Wirtschaftsstrafrecht, Rn. 337.
800 S. § 3, Rn. 384.
801 *Fischer*, StGB, § 266, Rn. 25 und 27.
802 BGH 17.9.2009 – 5 StR 521/08, BGHSt 54, 148.
803 BGH 7.11.1990 – 2 StR 439/90, BGHSt 37, 226.
804 BGH 24.1.2006 – XI ZR 384/03, BGHZ 166, 84.
805 *Dierlamm*, in: MüKo StGB, § 266, Rn. 185.
806 OLG Hamm 22.5.1973 – 5 Ss 519/73, NJW 1973, 1809 (1810), *Kindhäuser*, StR BT II, § 35, Rn. 40.

III. Untreue § 266 §3

▶ **Beispiele:** Diese Anforderung erfüllen bspw. allgemeine Pflichtverletzungen wie etwa ein selbstverschuldeter Unfall mit dem Geschäftswagen oder eine mutwillige Sachbeschädigung am Arbeitsplatz nicht.[807] ◀ 394

Um Aufschluss über eine von § 266 erfasste Pflichtverletzung erhalten zu können, müssen insbesondere **Reichweite und Inhalt der (nachgewiesenen) Vermögensbetreuungspflicht** bestimmt werden. Dies aber bereitet im Wirtschaftsstrafrecht oft erhebliche Schwierigkeiten. Beredtes Beispiel dafür sind die – im Wirtschaftsleben hoch bedeutsamen – **Risikogeschäfte**, denen die Ungewissheit über einen „glücklichen" Ausgang anhaftet. Wer bspw. vorleistet (indem er etwa ein Darlehen vergibt) oder spekuliert, kennt das weitere Schicksal seiner Investitionen nicht. Art und Ausmaß der damit verbundenen Unsicherheiten kann jedoch ebenso unklar sein wie die interne Befugnis zur Inkaufnahme dieser Unsicherheiten.[808] 395

Feststellungsschwierigkeiten sind dabei nicht zuletzt mit der **maßgeblichen ex-ante-Perspektive** verbunden. Ist nämlich die weitere Entwicklung bekannt, so vermag dies die Einschätzung anfänglich absehbarer Gefahren zu erschweren. Im Nachhinein kann bspw. – wegen der Kenntnis des Misserfolgs – ein missglücktes Geschäft wesentlich riskanter als zum Zeitpunkt des Geschäftsabschlusses erscheinen. Der zurückschauende Betrachter darf sich jedoch nicht mehr wirtschaftlichen Weitblick anmaßen, als ihn die Geschäftsbeteiligten haben konnten. Maßgeblich sind vielmehr die Risiken, wie sie sich zum Tatzeitpunkt darstellen – später erworbenes Wissen ist also auszublenden, damit nicht aus einer ex ante eine ex post Betrachtung wird.[809] 396

Maßgaben für Konkretisierungen liefern bspw. Risiko-Chancen-Abwägungen oder die Frage nach der **Vertretbarkeit** der eingegangenen Risiken[810], wofür auch der Charakter des Treueverhältnisses von Bedeutung ist[811]. Auch kommt es (nicht nur bei Risikogeschäften) auf Gesetze und Rechtsverhältnisse mit Bezug zur Pflichtenstellung des Treunehmers, bei ihrem Fehlen überdies auf allgemeine Sorgfaltsmaßstäbe (bspw. für einen „ordentlichen Kaufmann" i.S.d. § 347 HGB) an.[812] 397

▶ **Beispiele:** Häufig gelten in Unternehmen bspw. **interne Handlungsanweisungen**, die in der Unternehmenssatzung oder geschäftsspezifischen Richtlinien bzw. Weisungen festgelegt sind. In diesem Zusammenhang spielt auch die „**Business-judgement-Rule**" 398

---

807 OLG Hamm 20.1.2000 – 2 Ss 1293/99, NStZ-RR 2000, 236; *Heger,* in: Lackner/Kühl, StGB, § 266, Rn. 15 m.w.N.
808 Dass das Eingehen von Risiken nicht per se pflichtwidrig ist, offenbart bereits die Vielzahl von gesetzlichen Regelungen zu Risikogeschäften (wie etwa die §§ 488 ff. BGB zum Darlehensvertrag), die eine Legitimität der jeweiligen Geschäftspraxis voraussetzen. Maßgeblich ist die Art des Risikogeschäfts, bei dessen Fehlen einer ausdrücklichen Zustimmung des Vermögensinhabers die Grenze des „erlaubten" Risikos. Sie ist bei Risikogeschäften beispielsweise dann überschritten, wenn das jeweilige Vermögensbetreuungsverhältnis (wie etwa bei der Vermögensfürsorge durch einen Vormund) überhaupt keine riskanten Geschäfte gestattet. Im Übrigen gibt es (bspw. bei unternehmerischen Entscheidungen) erhebliche Unsicherheiten bei der Einordnung von Risikogeschäften als „erlaubt", s. dazu ausführlich *Kindhäuser,* StR BT II, § 35, Rn. 21 m.w.N.
809 *Kudlich/Oglakcioglu,* Wirtschaftsstrafrecht, Rn. 327. Zugleich können umgekehrt auch nach der Tathandlung einsetzende Entwicklungen bei der Klärung eines Untreuevorwurfs auch von großer Bedeutung sein. Ist bspw. ein hochriskantes und dadurch verantwortungsloses Geschäft ein wirtschaftlicher Erfolg, so beeinflusst dies die Frage nach einem tatbestandlichen Vermögensschaden.
810 S. etwa BGH 6.4.2000 – 1 StR 280/99, BGHSt 46, 30 (34).
811 Einem Vormund sind im Umgang mit dem Vermögen seines Mündels bspw. riskante Spekulationsgeschäfte eher zu versagen als einem Bankmitarbeiter bei der Betreuung eines risikofreudigen Kunden, s.a. *Kasiske,* Wirtschaftsstrafrecht, Rn. 150.
812 S. etwa BGH 20.6.2018 – 4 StR 561/17, NStZ-RR 2018, 349; *Kudlich/Oglakcioglu,* Wirtschaftsstrafrecht, Rn. 339.

nach § 93 Abs. 1 S. 2 AktG eine Rolle. Danach sind unternehmerische Entscheidungen von Vorstandsmitgliedern dann pflichtgemäß, wenn sie vernünftigerweise als hinreichend informiertes Handeln zum Wohle der Gesellschaft angesehen werden können. Dabei offenbart sich unter anderem hier der große Stellenwert, den die Informationseinholung und deren Dokumentation in unternehmerischen Entscheidungsprozessen haben. Beim Eingehen von Risiken besteht überdies stets eine Pflicht zur Risikominimierung, wozu bspw. Absicherungen (etwa durch Bonitätsprüfungen oder Sicherheitsleistungen[813]) beitragen können. ◄

399 ▶ **Problem:** Hochumstritten ist, welchen Einfluss die Maßgaben aus anderen Rechtsgebieten auf das Strafrecht haben können oder dürfen, wie weit also die **Orientierung am Zivilrecht oder öffentlichen Recht** (darauf bezogen ist auch von Akzessorietät die Rede) bei der Bestimmung einer Vermögensbetreuungspflicht i.S.d. Strafrechts gehen darf. Einigkeit besteht lediglich über eine sog. „negative" Akzessorietät der Untreue dahin gehend, dass auch im Strafrecht folgenlos bleiben muss, was zivilrechtlich erlaubt ist.[814] In umgekehrter Richtung verbietet sich hingegen ein entsprechender Automatismus schon wegen des verfassungsrechtlichen Bestimmtheitsgebotes in Art. 103 Abs. 2 GG[815], aber auch aufgrund der nachgeordneten Stellung des Strafrechts im System der Sozialkontrolle, wie sie bspw. in der Vorstellung von Strafen als Ultima Ratio zum Ausdruck kommt. Nicht jede zivilrechtliche Pflichtverletzung ist also zu bestrafen. Deshalb wird – statt von einer uneingeschränkt „positiven" – auch (nur) von einer sog. „asymmetrischen Akzessorietät" des Strafrechts gesprochen.[816] ◄

400 In grober Orientierung kommt dabei ein **Rückgriff auf das Strafrecht umso eher** in Betracht, **je schwerwiegender die Pflichtverletzung** ist. Ist also bspw. eine zivilrechtliche Haftung überhaupt nur für den Fall eines gravierenden Pflichtverstoßes vorgesehen, dann legt dies auch strafrechtliche Konsequenzen nahe. Bei unternehmerischen Entscheidungen nimmt der Bundesgerichtshof grundsätzlich einen weiten Ermessensspielraum und eine Strafbarkeit nur bei gravierenden Pflichtverletzungen an[817], wobei insbesondere das Unternehmensinteresse als Orientierung dient[818]. Dass auch solche Bewertungskriterien weite Beurteilungsspielräume belassen, wird bspw. im Zusammenhang mit Sponsoring-Maßnahmen[819] oder der Gewährung von überhöhten Vergütungen an Mitarbeiter[820] deutlich.

c) Taterfolg

aa) Vermögensnachteil

401 Sowohl beim Missbrauchs- als auch beim Treubruchstatbestand muss das treuwidrige Verhalten dem Inhaber des vom Täter betreuten **Vermögens einen Nachteil zufügen**.[821]

---

813 Vgl. dazu etwa die §§ 13 ff. KWG für die Vergabe von Großkrediten durch Banken.
814 *Saliger*, Gibt es eine Untreuemode? Die neuere Untreuedebatte und Möglichkeiten einer restriktiven Auslegung, HRRS 2006, 14; *Dierlamm*, in MüKo StGB, § 266, Rn. 173.
815 S.a. BGH 23.6.2010 – 2 BvR 2559/08, 105, 491/09, BVerfG NJW 2010, 3209 (3211), 3215.
816 *Lüderssen*, Gesellschaftsrechtliche Grenzen der strafrechtlichen Haftung des Aufsichtsrats, in: Dölling (Hrsg.), Jus humanum, Grundlagen des Rechts und Strafrecht, Festschrift für Lampe, S. 727, 729.
817 Vgl. BGHSt 47, 148 (150 ff.); BGHSt 47, 187 (197 f.), BGH NJW 2006, 453 (454 f.).
818 BGH 21.12.2005 – 3 StR 470/04, BGHSt 50, 331 (336).
819 S. BGH 6.12.2001 – 1 StR 215/01, BGHSt 47, 187.
820 S. dazu etwa die sog. „Mannesmann-Entscheidung" des BGH (BGH 21.12.2005 – 3 StR 470/04, BGHSt 50, 331 (336)).
821 *Wessels/Hillenkamp/Schuhr*, Strafrecht BT 2, Rn. 767 und 769.

III. Untreue § 266

▶ **Definition: Nachteil** i.S.d. § 266 ist jede durch die Tathandlung verursachte Vermögenseinbuße.[822] Damit entspricht der Begriff des Vermögensnachteils i.S.d. § 266 weitgehend dem Schadensbegriff beim Betrug gem. § 263 Abs. 1[823], so dass auch eine hohe Übereinstimmung bei den rechtsdogmatischen Präzisierungen – etwa zum Inhalt des strafrechtlich geschützten Vermögens – besteht.[824] Zugleich haben sich bei beiden Tatbeständen spezifische Schadenskonstellationen herausgebildet, die typisch für das jeweilige Delikt sind. ◀

402

Festzustellen ist das Vorliegen eines Vermögensnachteils auch hier nach dem **Prinzip der Gesamtsaldierung** und damit auf Grundlage eines Vergleichs des Vermögensstandes vor und nach der Tathandlung.[825] Entsprechend ist – wie beim Betrug – ein Vermögensnachteil i.S.d. § 266 zu verneinen, wenn die Tathandlung unmittelbar einen **nachteilskompensierenden Vermögenszuwachs** bewirkt, wie dies bspw. bei der Befreiung von einer Verbindlichkeit der Fall sein kann.[826] Wird ein bereits eingetretener Vermögensnachteil hingegen nachträglich ausgeglichen, dann ändert dies nichts mehr am Vorliegen des Taterfolgs von § 266.[827]

403

Das Bundesverfassungsgericht betont, dass der Begriff des **Vermögensnachteils** i.S.d. § 266 mit Rücksicht auf das Bestimmtheitserfordernis des Art. 103 Abs. 2 GG **restriktiv auszulegen** ist.[828] Insbesondere müsse seine Eigenständigkeit gegenüber der Tatbestandsvoraussetzung der Pflichtwidrigkeit deutlich werden; von einer Pflichtverletzung dürfe also nicht vorschnell auf das Vorliegen eines Vermögensnachteils geschlossen werden.[829]

404

▶ **Beispiel:** Vom Vorliegen eines konkreten Vermögensnachteils hängt eine Bestrafung wegen Untreue auch bei der pflichtwidrigen Verwendung von Mitteln der öffentlichen Hand (**Haushalts- bzw. Amtsuntreue**) ab. Die bloße Verletzung haushaltsrechtlicher Grundsätze genügt also nicht[830], ergeben kann sich ein Vermögensschaden jedoch bspw. über die Berücksichtigung eines persönlichen „Schadenseinschlags"[831]. ◀

405

Ein Nachteil muss dem zugefügt werden, „dessen Vermögensinteressen er [der Täter] zu betreuen hat"; das vom Täter betreute muss also das geschädigte Vermögen sein.[832]

406

bb) Schadensbegründende Vermögensgefährdung

Als Vermögensnachteil i.S.d. § 266 ist auch eine schadensbegründende Vermögensgefährdung anerkannt.[833] Damit ist allerdings besondere Zurückhaltung geboten, weil

407

---

822 BGH 27.3.2003 – 5 StR 254/03, NStZ 2004, 205.
823 Näher dazu § 3, Rn. 43 ff.
824 *Dierlamm*, in: MüKo StGB, § 266, Rn. 205; diff. aber *Saliger*, in: Satzger/Schluckebier/Widmaier, § 266, Rn. 69; s. aber BGH 18.10.2006 – 2 StR 499/05, BGHSt 51, 100 (121 ff.); krit. *Sickor*, Die sog. „schadensgleiche Vermögensgefährdung" bei Betrug und Untreue, JA 2011, 109 ff., 110.
825 *Schünemann*, in: LK StGB, § 266, Rn. 168; *Saliger*, in: Satzger/Schluckebier/Widmaier, § 266, Rn. 70 ff.; s. dazu a. § 3, Rn. 46.
826 BGH 27.8.2003 – 5 StR 254/03, NStZ 2004, 205; *Fischer*, StGB, § 266, Rn. 115 a.
827 *Schünemann*, in: LK StGB § 266, Rn. 169.
828 BVerfG 23.6.2010 – 2 BvR 2559/08, 2 BvR 105/09, 2 BvR 491/09, NJW 2010, 3209 ff.
829 S.a. *Wittig*, Wirtschaftsstrafrecht, § 20, Rn. 134; *Kudlich/Oglakcioglu*, Wirtschaftsstrafrecht, Rn. 350.
830 BGH 4.11.1997 – 1 StR 273/97, BGHSt 43, 293 (297 ff); s.a. BGH 29.8.2007 – 5 StR 103/07, NStZ 2008, 87 (88).
831 S. dazu § 3, Rn. 51 ff.; vgl. BGH 4.11.1997 – 1 StR 273/97, BGHSt 43, 293 (297 ff.).
832 BGH 23.5.2002 – 1 StR 372/01, BGHSt 47, 295 (297); *Kindhäuser*, in: K/N/P, § 266, Rn. 95.
833 BVerfG 23.6.2010 – 2 BvR 2559/08, NJW 2010, 3209 (3218); BVerfG 10.3.2009 – 2 BvR 1980/07, NJW 2009, 2370; s. dazu a. § 3, Rn. 56 ff.

der Untreuetatbestand aus Warte des Bestimmtheitserfordernisses nach **Art. 103 Abs. 2 GG** bedenklicher erscheint als der Betrugstatbestand – bspw. weil Untreue auf subjektiver Ebene nicht auf Täter mit Bereicherungsabsicht beschränkt ist.[834] Auch ist der Versuch bei der Untreue (anders als beim Betrug) nicht strafbar, was jedoch bei einer zu weiten Fassung des Erfolgskriteriums umgangen würde, indem man bspw. statt eines Erfolgs eine bloße Gefährdung ausreichen ließe. Denn mit dieser Umdeutung vom Erfolgs- in ein abstraktes Gefährdungsdelikt würde zugleich die Strafbarkeit in das Versuchsstadium vorverlagert.[835] Auch deshalb werden zum Teil andere Fallgruppen der schadensbegründenden Vermögensgefährdung diskutiert als beim Betrug. Dabei sind Gemeinsamkeiten innerhalb von Fallgruppen häufig schwer auszumachen und die **Typologien nach wie vor im Fluss.**

408 ▶ **Beispiele:** In Betracht gezogen wurde eine schadensbegründende Vermögensgefährdung als Vermögensnachteil i.S.d. § 266 bspw. beim Abschluss von Risikogeschäften mit höchst zweifelhaften Gewinnchancen[836] bzw. der Vergabe unzureichend gesicherter Kredite[837], dem Verjährenlassen einer Forderung[838], der Preisgabe von Geschäftsgeheimnissen[839], einer unsachgemäßen Buchführung[840], der Bildung und Fortführung schwarzer Kassen[841] oder der konkreten Gefährdung des Stammkapitals einer GmbH.[842] ◀

409 ▶ **Problem:** Ob der Taterfolg des § 266 schon durch Auslösung von Schadensersatzansprüchen oder Sanktionen herbeigeführt ist, wird kontrovers diskutiert. Dabei ist generell unklar, welche **Kriterien für eine schadensbegründende Vermögensgefährdung** maßgeblich sind.[843] Von der Rspr. wird der Anwendungsbereich des § 266 zunehmend ausgedehnt, ohne dass die Kontur des Vermögensnachteilbegriffs dadurch an Festigkeit gewonnen hat.[844] Das BVerfG[845] mahnte bereits an, auch einen Gefährdungsschaden auf Grundlage von nachvollziehbaren und mithilfe von anerkannten Bewertungsverfahren gewonnenen Einschätzungen so konkret wie möglich zu beschreiben. Dabei dürften in die Annahme eines Vermögensnachteils auch normative Erwägungen einfließen, maßgeblich wäre allerdings eine **wirtschaftliche Betrachtung**, denn Untreue sei ein Vermögensdelikt. Teilweise versucht man, die wesentlichen **Bestimmungskriterien auf subjektiver Ebene** zu isolieren und macht dabei das Vorliegen einer schadensbegründenden Vermögensgefährdung (einschränkend) davon abhängig, dass der Täter nicht nur die konkrete Gefahr für das Vermögen, sondern auch ihre Realisierung in seinen

---

[834] *Fischer*, StGB, § 266, Rn. 159; s. aber BGH 18.10.2006 – 2 StR 499/05, BGHSt 51, 100 (121).
[835] *Fischer*, StGB, § 266, Rn. 159; *Saliger*, Gibt es eine Untreuemode? Die neuere Untreuedebatte und Möglichkeiten einer restriktiven Auslegung, HRRS 2006, 10 ff., 12.
[836] BGH 20.3.1008 – 1 StR 488/07, NJW 2008, 2451 (2452).
[837] BVerfG 20.6.2010 – 2 BvR 2559/08, NJW 2010, 3209 (3218); BGH 6.4.2000 – 1 StR 280/99, BGHSt 46, 30; BGH 15.11.2001 – 1 StR 185/01, BGHSt 47, 148.
[838] *Fischer*, StGB, § 266, Rn. 157.
[839] BayObLG 20.6.1995 – 4 St RR 4/95, NJW 1996, 268 (271).
[840] BGH 26.4.2001 – 5 StR 587/00, BGHSt 47, 8 (11); BGH 7.12.1965 – 5 StR 312/65, BGHSt 20, 304; diff. *Saliger*, in: Satzger/Schluckebier/Widmaier, § 266, Rn. 91.
[841] BGH 18.11.2006 – 2 StR 499/05, BGHSt 51, 100 – Kanther/Weyrauch.
[842] BGH 24.8.1988 – 3 StR 232/88, BGHSt 35, 333 (337); s.a. *Fischer*, StGB, § 266, Rn. 151 ff.; *Perron*, in: Schönke/Schröder, § 266, Rn. 45 a ff. jew. m.w.N.
[843] *Kudlich/Oglakcioglu*, Wirtschaftsstrafrecht, Rn. 347 und 349.
[844] *Kudlich/Oglakcioglu*, Wirtschaftsstrafrecht, Rn. 349.
[845] BVerfG 20.6.2010 – 2 BvR 2559/08, NJW 2010, 3209 (3215).

(Eventual-)Vorsatz aufgenommen hat.[846] Damit muss allerdings ein subjektiv geprägter Sachverhalt nachgewiesen werden, was mit spezifischen Schwierigkeiten (etwa im Umgang mit Schutzbehauptungen) verbunden ist. Auch sind dem Gesetz keinerlei Hinweise in Richtung der vorgeschlagenen subjektiven Maßgaben zu entnehmen.[847] Unter Praktikabilitätsgesichtspunkten liegt daher die von der Literatur vorgeschlagene sog. Unmittelbarkeitslösung näher.[848] Danach sind als schadensbegründende Vermögensgefährdung solche **Gefährdungslagen** anzusehen, **die unmittelbar durch die Untreuehandlung herbeigeführt werden**. Dies wiederum ist der Fall, wenn die maßgebliche Wertminderung des Vermögens unmittelbar von der Pflichtverletzung des Täters selbst herbeigeführt wird, ohne dass es weiterer Handlungen von Täter, Opfer oder Dritten bedarf. ◄

Weitere Präzisierung ergeben sich mit Blick auf Art. 103 Abs. 2 GG und daraus folgende **Restriktionsnotwendigkeiten**. Stets muss die Annahme einer schadensbegründenden Vermögensgefährdung nach den Umständen des Beurteilungsfalls wirtschaftlich nachvollziehbar sein.[849] Dass es dabei – wie vom Bundesverfassungsgericht angenommen[850] – auch auf bilanzrechtliche Bewertungsgrundsätze ankommt, wird teilweise wegen bestehender Unterschiede zwischen Bilanz- und Strafrecht sowie aufgrund von Zweifeln an einem Bestimmtheitsgewinn in Abrede gestellt.[851]   410

cc) Entgangene Vermögensmehrung

Bleibt wegen der Untreuehandlung eine Vermögensmehrung aus, so kann auch darin ein Nachteil i.S.d. § 266 liegen. Dazu muss allerdings nach den Umständen des Einzelfalls bereits eine derart sichere Aussicht auf Erzielung des Vorteils bestanden haben, dass dieser „**Exspektanz**" selbst ein **Vermögenswert** innewohnt – dessen Verlust entsprechend einen Nachteil bedeutet.[852]   411

▶ **Beispiel:** Nach diesen Grundsätzen kann bspw. beim sog. **Kick-Back**[853] ein Vermögensnachteil hergeleitet werden. So wäre die Rückvergütung an den Vertreter in der Regel dem Vertretenen als Geschäftsherrn als Preisnachlass zugute gekommen. Dass der Geschäftsherr tatsächlich einen günstigeren Vertrag hätte abschließen können, ist somit nicht Voraussetzung für die Annahme eines Vermögensnachteils i.S.d. § 266.[854] ◄   412

---

846 BGH 18.11.2006 – 2 StR 499/05, BGHSt 51, 100, NJW 2007, 1760 (1766); s.a. zum subjektiven Tatbestand § 3, Rn. 420 f.
847 *Perron*, in: Schönke/Schröder, § 266, Rn. 50; *Kudlich/Oglakcioglu*, Wirtschaftsstrafrecht, Rn. 349 m.w.N.; s.a. § 3, Rn. 422.
848 *Kudlich/Oglakcioglu*, Wirtschaftsstrafrecht, Rn. 349 m.w.N.
849 BVerfG 20.6.2010 – 2 BvR 2559/08, NJW 2010, 3209 (3230).
850 BVerfG 20.6.2010 – 2 BvR 2559/08, NJW 2010, 3209 (3219 f.) m.w.N.
851 *Wessing/Krawczyk*, Der Untreueparagraf auf dem verfassungsrechtlichen Prüfstand, NZG 2010, 1121 ff., 1124; *Becker*, Das Bundesverfassungsgericht und die Untreue: Weißer Ritter oder feindliche Übernahme?, HRRS 2010, 383 ff., 390 f.
852 BGH 28.1.1983 – 1 StR 820/81, BGHSt 31, 232 (234 f.); *Fischer*, StGB, § 266, Rn. 116 m.w.N.; *Schünemann*, in: LK StGB, § 263, Rn. 167. Teilweise wird auch auf andere Weise dogmatisch hergeleitet, dass bei der Untreue auch der entgangene Gewinn einen Schaden darstellen kann, siehe *Kindhäuser*, in: K/N/P, § 266, Rn. 97 und 101; vgl. auch BVerfG 20.6.2010 – 2 BvR 2559/08, NJW 2010, 3209 (3216)).
853 Näher dazu § 3, Rn. 388.
854 BGH 11.11.2004 – 5 StR 299/03, BGHSt 49, 317 ff.; BGH 13.4.2012 – 5 StR 422/11, NStZ 2012, 698 f.

dd) Schwarze Kassen

413 Ein vielbeachtetes Problem auf Ebene des Vermögensnachteils ist das der sog. „schwarzen Kassen".[855] Darunter versteht man Vermögensbestände, die vor dem Geschäftsherrn verheimlicht werden, ihm aber rechtlich zuzuordnen sind bzw. in seinem Sinne verwendet werden sollen.[856] Das Verwalten einer solchen schwarzen Kasse – das im Zusammenhang mit öffentlichen Haushalten auch unter dem Stichwort der Haushaltsuntreue diskutiert wird[857] – **ordnet der Bundesgerichtshof als strafbares Unterlassen ein**, da die fraglichen Vermögenswerte nicht offengelegt und damit faktisch dem Zugriff des Geschäftsherrn entzogen sind. An diesem Vorwurf ändere sich auch nichts, wenn die Mittel später im Interesse des Geschäftsherrn eingesetzt werden sollten.[858]

414 Kommt es allerdings zu einem solchen Einsatz, kann das **Vorliegen eines Vermögensnachteils i.S.d. § 266 Abs. 1** fraglich sein. Dies gilt insbesondere dann, wenn mithilfe der Gelder Aufgaben des Vermögensinhabers erfüllt und dadurch notwendige Ausgaben in gleicher Höhe erspart werden. Hier erscheint eine unmittelbare Nachteilskompensation[859] denkbar, die umgekehrt von vornherein nicht in Betracht kommt, wenn der Zweck der Aufgabenerfüllung nicht erreicht oder keine Aufwendungen erspart werden.[860]

415 Die Rspr. stellt überdies darauf ab, dass schwarze Kassen Anderen als dem Vermögensinhaber die Möglichkeit verschaffen, über den fraglichen Geldbestand eigenmächtig und unkontrolliert zu verfügen.[861] Daher komme ein Vermögensnachteil i.S.d. § 266 Abs. 1 unabhängig davon in Betracht, ob die Mittel im Interesse des Geschäftsherrn verwendet werden sollen. Dabei sei – in Abgrenzung zur schadensbegründenden Vermögensgefährdung[862] – an einen endgültigen Vermögensnachteil zu denken, weil bereits die Einrichtung einer schwarzen Kasse dem Geschäftsherrn die betreffenden Mittel dauerhaft entziehe.[863] Gegenauffassungen sehen darin allerdings einen **Schutz der Dispositionsbefugnis** über das Vermögen, den § 266 nicht gewähre.[864] Daher fehle es

---

855 S. etwa BGH 6.9.2016 – 1 StR 104/15; ZIP 2016, 75; BGH 29.8.2008 – 2 StR 587/07, BGHSt 52, 323; BGH 18.10.2006 – 2 StR 499/05, BGHSt 51, 100.
856 *Saliger*, in: Satzger/Schluckebier/Widmaier, § 266, Rn. 95 m.w.N.; eingehend zum Begriff *Weimann*, Die Strafbarkeit der Bildung sog. schwarzer Kassen gem. § 266 StGB, 1996, S. 10 ff.
857 BGH 21.10.1994 – 2 StR 328/94, BGHSt 40, 287 (294).
858 BGH 29.8.2008 – 2 StR 587/07, BGHSt 52, 323 (333 f.) – Siemens/ENEL mit Anm. *Ransiek*, NJW 2009, 95 (96); *Jahn*, Untreue durch die Führung „schwarzer Kassen" – Fall Siemens/Enel, JuS 2009, 173 ff.; *Bernsmann*, Untreue und Korruption – der BGH auf Abwegen, GA 2009, 296 ff., 305; ausführlich zur Frage der Pflichtwidrigkeit *Rönnau*, Einrichtung „schwarzer (Schmiergeld-) Kassen" in der Privatwirtschaft – eine strafbare Untreue?, in: Sieber u.a. (Hrsg.), Festschrift für Klaus Tiedemann, Köln u.a., 2008, S. 713 ff., 716 ff.; sowie *Saliger/Gaede*, Rückwirkende Ächtung der Auslandskorruption und Untreue als Korruptionsdelikt – Der Fall Siemens als Startschuss in ein entgrenztes internationalisiertes Wirtschaftsstrafrecht?, HRRS 2008, 57 ff., 68.
859 S. dazu § 3, Rn. 47.
860 Vgl. hierzu BGH. 29.8.2008 – 2 StR 587/07, BGHSt 52, 323 (337).
861 BGH 21.10.1994 – 2 StR 328/94, BGHSt 40, 287 (296); BGH 18.10.2006 – 2 StR 499/05, BGHSt 51, 100.
862 Ihr Vorliegen hat die Rspr. bei schwarzen Kassen früher angenommen, weil die Herbeiführung eines endgültigen Vermögensverlustes allein in der Hand des Täters liege, vgl. BGH 18.10.2006 – 2 StR 499/05, BGHSt 51, 100 (113 f.).
863 BGH 29.8.2008 – 2 StR 587/07, BGHSt 52, 323 (336 ff.); BGH 27.8.2010 – 2 StR 211/09, BGHSt 55, 266 (282 ff.); zust. *Fischer*, StGB, § 266, Rn. 136 f.; krit. *Saliger*, in: Satzger/Schluckebier/Widmaier, § 266, Rn. 96. Vgl. auch *Schünemann*, Zur Quadratur des Kreises in der Dogmatik des Gefährdungsschadens, NStZ 2008, 430 ff.; s.a. BVerfG 23.6.2010 – 2 BvR 2559/08, NJW 2010, 3209 (3216 ff.); zur früheren Rspr. BGH 18.10.2006 – 2 StR 499/05, BGHSt 51, 100 (113).
864 *Satzger*, „Schwarze Kassen" zwischen Untreue und Korruption, NStZ 2009, 297 (301 ff.); *Schünemann*, Der Begriff des Vermögensschadens als archimedischer Punkt des Untreuetatbestandes, StraFo 2010, 1 ff., 9.

III. Untreue § 266

an einem Vermögensnachteil i.S.d. § 266 bei einer Mittelverwendung i.S.d. Vermögensinhabers[865] bzw. beim Bereitstehen von Mitteln zur Kompensation einer Vermögenseinbuße.[866] Trotz Handelns im Interesse des Vermögensinhabers kommt die Verneinung eines Vermögensnachteils von vornherein nicht in Betracht, wenn die konkrete Mittelverwendung – wie bspw. bei sog. Schmiergeldzahlungen – nicht zulässig ist.[867]

d) Kausalität und Zurechnung

Der Vermögensnachteil muss auf die Tathandlung zurückgehen und mit ihr in einem Zurechnungszusammenhang stehen.[868] Nach der allgemeinen Zurechnungsformel von der Schaffung eines missbilligten Risikos und dessen Verwirklichung im Tatertolg setzt dies voraus, dass ein Pflichtenverstoß des Täters nur aus der **Verletzung von Normen** abgeleitet werden kann, **die zumindest mittelbar dem Schutz des Treugebervermögens dienen**.[869] Entsprechend geht auch der BGH nur bei der Verletzung vermögensschützender Pflichten von der Möglichkeit einer Strafbarkeit nach § 266 aus.[870]

416

3. Subjektiver Tatbestand

Der Täter muss mit zumindest **bedingtem Vorsatz** handeln, also die ihm auferlegte Vermögensbetreuungspflicht wissentlich und willentlich verletzen sowie einen dadurch bewirkten Vermögensnachteil i.S.d. § 266 zumindest in Kauf nehmen.[871]

417

Voraussetzung ist damit insbesondere eine Täterkenntnis von der **Vermögensbetreuungspflicht**. Bei dieser Pflicht handelt es sich um ein **normatives Tatbestandsmerkmal**, dessen Vorliegen – den allgemeinen Regeln entsprechend – vom Täter im Rahmen einer Parallelwertung in der Laiensphäre erfasst worden sein muss. Dabei liefert nicht § 266 selbst die wesentlichen Maßgaben dafür, vielmehr muss das Bestehen einer Vermögensbetreuungspflicht aus anderen Vorgaben hergeleitet werden.

418

Auch der **Pflichtenverstoß** muss dem Täter – als Tatbestandsmerkmal – bewusst, sein Verhalten also „erkanntermaßen" und nicht bloß „erkennbar" pflichtwidrig sein.[872] Dass der Täter seinen Pflichtenverstoß tatsächlich erkannt hat, kann dabei allerdings evident sein – bspw. weil die Tathandlung in keinerlei Zusammenhang zu Unternehmensinteressen, sondern nur zu Eigeninteressen gebracht werden kann.[873] Die irrige Annahme pflichtgemäßen Handelns ist in der Regel als (bloßer) **Verbotsirrtum** anzusehen. Ein Tatbestandsirrtum kann allerdings in Fehlvorstellungen liegen, die sich auf die Tatsachengrundlage von Vermögensbetreuungspflicht bzw. Pflichtenverstoß beziehen.[874]

419

Auch im Hinblick auf das Zufügen eines Vermögensschadens bzw. Nachteils genügt bedingter Vorsatz, eine Schädigungsabsicht (etwa vergleichbar mit einer Bereicherungs-

420

---

865 *Saliger*, Parteienuntreue durch schwarze Kassen und unrichtige Rechenschaftsberichte, NStZ 2007, 545 ff., 547; *Saliger*, in: Satzger/Schluckebier/Widmaier, § 266, Rn. 96 m.w.N.; krit. hierzu *Fischer*, StGB, § 266, Rn. 140–149; diff. *Perron*, in: Schönke/Schröder § 266, Rn. 45 c.
866 *Wittig*, Wirtschaftsstrafrecht, § 20, Rn. 161.
867 BGH 29.8.2008 – 2 StR 587/07, BGHSt 52, 323 (337).
868 *Wessels/Hillenkamp/Schuhr*, Strafrecht BT 2, Rn. 767.
869 S.a. *Wessels/Hillenkamp/Schuhr*, Strafrecht BT 2, Rn. 767.
870 BGH 13.4.2011 – 1 StR 94/10; NJW 2011, 1747.
871 *Wessels/Hillenkamp/Schuhr*, Strafrecht BT 2, Rn. 781.
872 *Wessels/Hillenkamp/Schuhr*, Strafrecht BT 2, Rn. 781.
873 BGH 17.9.2009 – 5 StR 521/08, BGHSt 54, 148 (164) mit Anm. *Corsten*, wistra 2010, 206 ff.; *Wessels/Hillenkamp/Schuhr*, Strafrecht BT 2, Rn. 781.
874 Zu den Einzelheiten s. *Schünemann*, in: LK StGB, § 266, Rn. 193 f.

absicht) setzt § 266 nicht voraus. Der Täter muss sich also (lediglich) damit abfinden, dass sein Verhalten dem von ihm betreuten Vermögen einen Nachteil zufügt.[875]

421 Entsprechend ist in den Fällen der **schadensbegründenden Vermögensgefährdung** in subjektiver Hinsicht Voraussetzung, dass sich der Täter mit der Möglichkeit eines schadensbegründenden Verlustrisikos abfindet.[876] Dies hängt nicht allein vom Grad der Wahrscheinlichkeit eines Schadenseintritts ab. Zwar sprechen ein hoher Grad und die schwere Beherrschbarkeit eines Verlustrisikos für eine Billigung der schadensgleichen Vermögensgefährdung durch den Täter. Allerdings kann bspw. das Ausbleiben eines Vermögensnachteils bei jahrelang bestehender Gefährdungslage Indiz dafür sein, dass der Täter ernsthaft auf die Verschonung von nachteiligen Folgen für das betreute Vermögen vertraut hat.[877]

422 ▶ **Problem:** Der 2. Strafsenat des BGH[878] nimmt an, dass sich der Täter nicht nur mit einer schadensbegründenden Vermögensgefährdung, sondern auch **mit einer Realisierung dieser Gefahr,** also einem endgültigen Vermögensverlust **abfinden** muss.[879] Dieses – über einen Gefährdungswillen hinausgehende – Erfordernis wird auch auf ein Unbehagen zurückgeführt, eine schadensbegründende **Vermögensgefährdung** als Vermögensnachteil i.S.d. § 266 anzuerkennen. Ein weitergehender Schädigungswille solle quasi Verwirklichungsdefizite auf Ebene des Vermögensnachteils ausgleichen. Die Frage der Strafbarkeit entscheidet sich allerdings **auf Ebene des objektiven Tatbestands.** Bereits hier ist festzulegen, ob eine schadensbegründende Vermögensgefährdung als Vermögensnachteil i.S.d. § 266 zu gelten hat oder nicht. Verneint man dies, dann kommt eine Bestrafung mit Blick auf die fehlende Versuchsstrafbarkeit nicht in Betracht, weil dann ein Merkmal des objektiven Tatbestands nicht erfüllt ist. Ein solches objektives Verwirklichungsdefizit kann auch nicht auf subjektiver Ebene „geheilt" werden, etwa indem eine Art überschießende Innentendenz als Kompensation angenommen wird. Denn damit lässt sich weder die **fehlende Strafbarkeit eines Untreueversuchs** noch das dogmatische Erfordernis einer Kongruenz von objektivem und subjektivem Tatbestand überwinden. Davon abgesehen gibt es keine Anhaltspunkte für die von der Rspr. behauptete subjektive Anforderung.[880] Deshalb ist davon auszugehen, dass sich der Täter bei der Herbeiführung einer schadensbegründenden Vermögensgefährdung nur mit dem Verlustrisiko und nicht (auch) mit dem Eintritt eines Vermögensnachteils abfinden muss. Allerdings wird nur selten plausibel zu machen sein, dass zwar eine Gefahr, nicht jedoch die Möglichkeit ihrer Realisierung gebilligt wurde. ◀

423 ▶ **Hinweis zur Fallbearbeitung:** Grundsätzlich ist mit Blick auf die objektive Reichweite des Untreuetatbestandes **Zurückhaltung bei der Zuschreibung eines Vorsatzes** – insbesondere bei uneigennützigem Handeln des Täters – geboten.[881] Auch ist der Un-

---

875 BGH 6.4.2000 – 1 StR 280/99, BGHSt 46, 30 (35), s. dazu *Beulke,* JR 2005, 41 ff.; *Wessels/Hillenkamp/Schuhr,* Strafrecht BT 2, Rn. 781 und 783.
876 *Wessels/Hillenkamp/Schuhr,* Strafrecht BT 2, Rn. 783; BGH 6.5.1986 – 4 StR 124/86, NStZ 1986, 455 ff.
877 *Wessels/Hillenkamp/Schuhr,* Strafrecht BT 2, Rn. 783.
878 BGH 18.10.2006 – 2 StR 499/95, BGHSt 51, 100 (121 f.).
879 Der 1. Strafsenat hingegen hält bereits die Figur der schadensbegründenden Vermögensgefährdung für entbehrlich und leitet bei Risikogeschäften einen Schaden aus der Ungleichwertigkeit der Ansprüche ab. Wer diese erkenne, handele mit direktem Vorsatz, s. BGH 20.3.2008 – 1 StR 488/07, NJW 2008, 2451 (2452); *Kindhäuser,* StR BT II, § 35, Rn. 45.
880 S.a. *Wessels/Hillenkamp/Schuhr,* Strafrecht BT 2, Rn. 784 m.w.N.
881 BGH 27.2.1975 – 4 StR 571/74, NJW 1975, 1234 (1236); BGH 23.5.2002 – 372/01, BGHSt 47, 295 (302) – Drittmittel m.w.N.; BVerfG 10.3.2009 – 2 BvR 1980/07, NJW 2009, 2370 (2373); BGH 18.10.2006 – 2 StR 499/95, BGHSt 51, 100 (118 ff.) – Kanther/Weyrauch; *Perron,* in: Schönke/Schröder § 266, Rn. 49 f.

III. Untreue § 266

treuetatbestand mit seinen normativen Tatbestandsmerkmalen anfällig für Irrtumsprobleme.[882]

Im **Einstiegsfall** hat T eine Vermögensbetreuungspflicht nach § 266 Abs. 1 verletzt. Als Vorstandsmitglied ist er über die Vereinssatzung verpflichtet, die Vermögensinteressen des Vereins zu wahren. Dem hat er durch die Preisgabe des Bestechungsgeldes in Höhe von 100.000 EUR zuwider gehandelt. Daran ändert auch die Zwecksetzung nicht, dem Verein mit einem gekauften Klassenerhalt einen vermeintlichen Vorteil zu verschaffen. Insbesondere verfolgt ein Verein neben wirtschaftlichen Interessen auch sportliche und gemeinnützige Zwecke, zu denen sich T in Widerspruch gesetzt hat, indem er gegen die anerkannten Regeln des Verbandes verstieß. Das Vorliegen eines Vermögensnachteils hängt allerdings davon ab, ob die Chance auf Vermögensgewinn (hier: der Erhalt der Bundesligazugehörigkeit für ein weiteres Jahr) die geopferten 100.000 EUR wert ist. Darauf bezogen nahm das Landgericht Bielefeld[883] für die im **Einstiegsfall** geschilderte „Abstiegskonstellation" an, dass der Erhalt der Bundesligazugehörigkeit bei wirtschaftlicher Betrachtungsweise der Auswirkungen auf das Vereinsvermögen weit höher zu bewerten sei als das preisgegebene Bestechungsgeld.

4. Wiederholungsfragen

1. Bestehen berechtigte verfassungsrechtliche Bedenken gegen § 266? *Rn. 343ff.*
2. In welchem Verhältnis stehen Missbrauchs- und Treubruchsvariante in § 266? Welche Konsequenz lässt sich daraus für die Fallbearbeitung ziehen? *Rn. 348*
3. Was kennzeichnet das Merkmal der Vermögensbetreuungspflicht? *Rn. 359ff.*
4. Setzt die Strafbarkeit in beiden Varianten des § 266 eine Vermögensbetreuungspflicht voraus? *Rn. 348, 358*
5. Kann der Alleingesellschafter einer GmbH ein tatbestandsausschließendes Einverständnis im Hinblick auf solches Verhalten erklären, das die Voraussetzungen von § 266 erfüllt? *Rn. 381ff.*
6. Was ist unter dem Begriff des „Kick-Back" zu verstehen? *Rn. 388*
7. Was ist mit Vermögensnachteil i.S.d. § 266 gemeint? Warum postuliert das Bundesverfassungsgericht eine restriktive Handhabe des Tatbestandsmerkmals? Sind davon auch schadensbegründende Vermögensgefährdungen umfasst? *Rn. 402, 404, 407ff.*
8. Was sind „schwarze Kassen"? Stellt deren Bildung eine Untreueverhalten i.S.v. § 266 dar? *Rn. 413ff.*

Literaturtipps zur Vertiefung:

Arnold, Untreue durch Schädigung des Unternehmens durch den Vorstand bzw. die Geschäftsführung, Jura 2005, S. 844–849.
Becker, Das Bundesverfassungsgericht und die Untreue: Weißer Ritter oder feindliche Übernahme?, HRRS 2010, S. 383–393.
Bittmann, Untreue: Erkennbarkeit und Praktikabilität = mehr Rechtssicherheit, WiStra 2017, S. 121–127.
Hellmann, Risikogeschäfte und Untreuestrafbarkeit, ZIS 2007, S. 433–443.
Saliger, Das Untreuestrafrecht auf dem Prüfstand der Verfassung, NJW 2010, S. 3195–3198.
Satzger, „Schwarze Kassen" zwischen Untreue und Korruption, NStZ 2009, S. 297–306.

---

882 *Fischer*, StGB, § 266, Rn. 171 ff.; *Saliger*, in: Satzger/Schluckebier/Widmaier, § 266, Rn. 128 jew. m.w.N.
883 LG Bielefeld 9.2.1977 – S 1/75 (XI), JZ 1977, 692 ff.

§ 3 Teilbereiche des materiellen Wirtschaftsstrafrechts

Schünemann, Der Bundesgerichtshof im Gestrüpp des Untreuetatbestandes, NStZ 2006, S. 196–203.

Solka/Altenburg, Staatliche Sanktionen als Untreuenachteil?, NZWiSt 2016, S. 212–219.

IV. Insolvenzdelikte

426 ▶ **EINSTIEGSFALL**: Die X-GmbH, ein inhabergeführtes Kontaktlinsenstudio mit drei Angestellten, ist durch den steigenden Onlinehandel der Konkurrenz in einer wirtschaftlichen Schieflage. X hat ein Girokonto, dessen Dispositionskredit aufgrund sukzessiver Erweiterungen der Kreditlinie in Höhe von 50.000 um weitere 8.000 Euro überzogen ist. Der Dispositionskredit wurde von der Bank mittlerweile fällig gestellt, Lastschriften werden zurückgewiesen. Die gesetzlichen Krankenkassen der Mitarbeiter haben bereits erfolglos Zwangsvollstreckungsmaßnahmen in Form von Kontopfändungen ergriffen, die fruchtlos geblieben sind. Ein Gespräch mit dem Kreditsachbearbeiter der Bank soll in 14 Tagen stattfinden. Der Geschäftsführer der X-GmbH möchte noch einmal versuchen, die 58.000 Euro aus dem Dispositionskredit in einen besser verzinsten langfristigen Kredit zu überführen. Außerdem hat er ein Konzept für einen Online-Shop entwickelt, mit dem er den Weg aus der Krise finden will.

Noch vor dem Gespräch mit dem Kreditsachbearbeiter der Bank stellt eine der gesetzlichen Krankenkassen einen Insolvenzantrag gegen X. Muss der wirtschaftlich gescheiterte Geschäftsführer von X nun auch noch den Staatsanwalt fürchten? ◀

1. Überblick über die Insolvenzdelikte

427 Im Insolvenzstrafrecht kann zwischen Insolvenzstraftaten im engeren und Insolvenzstraftaten im weiteren Sinne unterschieden werden. **Als Insolvenzstraftaten im engeren Sinne werden die einschlägigen Tatbestände der §§ 283–283 d bezeichnet, sowie die Insolvenzverschleppung gem. § 15 a Abs. 4 InsO**. Mit Insolvenzstraftaten gehen häufig Begleitdelikte einher, die Insolvenzdelikte im weiteren Sinne genannt werden. Insbesondere der Tatbestand des § 266 a (Vorenthalten und Veruntreuen von Arbeitsentgelt) wird dabei vielfach schon Monate vor Beantragung des Insolvenzverfahrens verwirklicht, weil keine Arbeitnehmeranteile mehr an die Versicherungsnehmer gezahlt werden.[884]

Tabelle

§ 283	Bankrott (Grundtatbestand)
§ 283 a	Besonders schwerer Fall des Bankrotts (Regelbeispiel)
§ 283 b	Verletzung der Buchführungspflicht (abstraktes Gefährdungsdelikt)
§ 283 c	Gläubigerbegünstigung (Privilegierung zu § 283)
§ 283 d	Schuldnerbegünstigung
§ 15 a Abs. 4, 5 InsO	Insolvenzverschleppung

---

[884] Für die sonstigen Insolvenzstraftaten im weiteren Sinne siehe insbesondere: Betrug, Subventionsbetrug, Kreditbetrug und Untreue (Vgl. § 3, 1 ff., 159 ff., 288 ff., 338 ff.).

IV. Insolvenzdelikte § 3

2. Praxisrelevanz der Insolvenzdelikte

Im Jahr 2018 wurden 10.454 Insolvenzdelikte polizeilich registriert.[885] Damit sank die Zahl im Vergleich zum Vorjahr (10.640) um 1,7 %.[886] Insgesamt wurde gegen 9.158 Tatverdächtige ermittelt.[887] Der Schaden wird im Jahr 2018 mit 2.221,3 Mio. Euro angegeben.[888] Damit sind die Insolvenzdelikte unter den Delikten der Wirtschaftskriminalität diejenigen, die den größten Schaden verursachen.[889] Die Entwicklung der Insolvenzstraftaten ist weitgehend abhängig von der allgemeinen Wirtschaftsentwicklung. So stieg als Folge der Wirtschaftskrise 2008 die Zahl der Unternehmensinsolvenzen von 2008–2009 um 11,6 % an.[890]

428

3. Bankrott § 283

§ 283 stellt die zentrale Vorschrift des Insolvenzstrafrechts dar. Geschützt wird die etwaige Insolvenzmasse vor unwirtschaftlicher Verringerung, Verheimlichung und ungerechter Verteilung zum Nachteil der Gesamtgläubigerschaft. § 283 dient somit vorrangig dem Schutz der Gläubiger vor einer Beeinträchtigung ihrer Ansprüche.[891] Daneben werden teilweise auch die Funktionsfähigkeit der Gesamtwirtschaft[892] oder der Kreditwirtschaft als überindividuelle Rechtsgüter anerkannt.[893]

429

a) Tatbestandsvoraussetzungen

aa) Krisensituation

Für § 283 muss eine sog. Krisensituation eingetreten sein. Diese ist entweder durch eine **Überschuldung** oder durch eine **eingetretene oder drohende Zahlungsunfähigkeit** gekennzeichnet. Alle drei Merkmale sind in der InsO legaldefiniert.[894]

430

▶ **Definition:** Eine **Überschuldung** liegt nach § 19 Abs. 2 InsO dann vor, wenn das Vermögen des Schuldners die bestehenden Verbindlichkeiten nicht mehr deckt, es sei denn, die Fortführung des Unternehmens ist nach den Umständen überwiegend wahrscheinlich. ◀

431

Es handelt sich dementsprechend um einen zweistufigen Überschuldungsbegriff. Zunächst ist entscheidend, ob die Verbindlichkeiten das Vermögen des Schuldners unter Ansetzung vom Zerschlagungswert (Liquidationswert) übersteigen (rechnerische Überschuldung). Sollte dies der Fall sein, muss für eine Überschuldung zusätzlich die Fortführungsprognose negativ ausfallen.[895] Die prognostischen Elemente und die exekuto-

---

885 PKS 2018, S. 171.
886 PKS 2018, S. 171.
887 PKS 2018, S. 173.
888 PKS 2018, S. 175.
889 Bundeslagebild Wirtschaftskriminalität 2018, S. 4.
890 Bundeslagebild Wirtschaftskriminalität 2009, S. 16.
891 BGHSt 28, 371 (373); *Hellmann*, Wirtschaftsstrafrecht, Rn. 244; *Wittig*, Wirtschaftsstrafrecht, § 23, Rn. 7.
892 *Fischer*, StGB, Vor § 283, Rn. 3.
893 *Tiedemann*, Wirtschaftsstrafrecht, Rn. 413.
894 Umstritten ist, ob hierbei diese zivilrechtlichen Legaldefinitionen für das Strafrecht bindend sind; Überblick bei *Fischer*, StGB, Vor § 283, Rn. 6 m.w.N.; ausführlich *Wegner*, Aktuelle Entwicklungen im Insolvenzrecht, HRRS 2009, 32.
895 Die (Wieder-)Einführung des sogenannten zweistufigen modifizierten Überschuldungsbegriffs war die Reaktion des Gesetzgebers auf die Finanzmarktkrise (vgl. BT-Drucks 16/10600). Infolge der bedeutenden Wertverluste insb. bei Aktien und Immobilien, konnte es unter dem bis 2008 geltenden Überschuldungsbegriff vorkommen, dass Unternehmen zum Insolvenzverfahren gezwungen waren, obwohl für sie eine

rischen stehen bei der Beurteilung der Überschuldung also gleichwertig nebeneinander.[896] Nur bei einer Negativbewertung beider liegt eine Überschuldung vor.

432 ▶ **Definition:** Die eingetretene Zahlungsunfähigkeit liegt vor, wenn der Schuldner nicht in der Lage ist, die fälligen Zahlungspflichten zu erfüllen, § 17 Abs. 2 InsO. ◀

Anders als im Rahmen der Überschuldung ist hier nicht das gesamte Vermögen entscheidend, sondern allein die vorhandenen oder zu beschaffenden Mittel des Schuldners zur Zahlung aller fälligen Zahlungsansprüche.[897] Eine bloß vorübergehende Zahlungsstockung (max. drei Wochen) reicht hierfür ebenso wenig, wie eine geringfügige Unterdeckung (< 10 %), aus.[898] Aufgrund des hohen Rechercheaufwandes begnügt sich die strafrechtliche Praxis zur Feststellung der Zahlungsunfähigkeit zumeist mit wirtschaftskriminalistischen Beweisanzeichen, zum Beispiel Mahn- und Vollstreckungsbescheide, Pfändungsaufträge, Nichtabfuhr von Sozialversicherungsbeiträgen.[899] Nicht mit dem Grundsatz *in dubio pro reo* vereinbar ist die Vermutungsregel des § 17 Abs. 2 S. 2 InsO. Sie findet daher im Strafrecht keine Anwendung.[900]

433 ▶ **Definition:** Eine drohende Zahlungsunfähigkeit liegt nach § 18 Abs. 2 InsO vor, wenn der Schuldner voraussichtlich nicht in der Lage sein wird, die bestehenden Zahlungspflichten im Zeitpunkt der Fälligkeit zu erfüllen. ◀

Hierbei handelt es sich um eine prognostische Entscheidung, ob der Schuldner nach gegenwärtiger Beurteilung zu einem späteren Zeitpunkt ausreichend Mittel zur Verfügung haben wird, um seine Verbindlichkeiten zu begleichen. Im Unterschied zur eingetretenen Zahlungsunfähigkeit sind hier auch die zwar bestehenden, aber noch nicht fälligen Zahlungspflichten miteinzubeziehen.[901]

bb) Täter

434 Täter des § 283 können nur Schuldner sein. Wer Schuldner ist, ist zivilrechtsakzessorisch zu bestimmen.

▶ **Definition:** Schuldner sind Personen, die für die Erfüllung einer Verbindlichkeit haften und Zwangsvollstreckungsmaßnahmen zu dulden haben.[902] ◀

§ 283 ist ein echtes Sonderdelikt und die Schuldnereigenschaft ein besonderes strafbegründendes persönliches Merkmal i.S.d. § 28 Abs. 1.[903] § 283 erfasst grundsätzlich auch Private.[904] Lediglich § 283 Abs. 1 Nr. 5, 7 beschränken den Täterkreis auf Kaufleute. Bei juristischen Personen wird die Schuldnereigenschaft gem. § 14 Abs. 1 den vertretungsberechtigten Organen zugerechnet.[905]

überwiegende Wahrscheinlichkeit bestand, dass sie weiter erfolgreich am Markt operieren konnten; siehe hierzu *Wegner*, Aktuelle Entwicklungen im Insolvenzrecht, HRRS 2009, 32.
896 *Kindhäuser*, in: K/N/P, Vor §§ 283-283 d, Rn. 94.
897 *Wittig*, Wirtschaftsstrafrecht, § 23, Rn. 52.
898 Siehe hierzu: *Hellmann*, Wirtschaftsstrafrecht, Rn. 249; *Wittig*, Wirtschaftsstrafrecht, § 23, Rn. 55 f.
899 *Hellmann*, Wirtschaftsstrafrecht, Rn. 249 m.w.N.; *Tiedemann*, Wirtschaftsstrafrecht, Rn. 425.
900 So auch *Kindhäuser*, in: K/N/P, Vor §§ 283-283 d, Rn. 97; a.A. *Beukelmann*, in: BeckOK, § 283, Rn. 17.
901 *Hellmann*, Wirtschaftsstrafrecht, Rn. 252; *Wittig*, Wirtschaftsstrafrecht, § 23, Rn. 62.
902 *Kindhäuser*, in: K/N/P, Vor §§ 283-283 d, Rn. 38 m.w.N.
903 *Hellmann*, Wirtschaftsstrafrecht, Rn. 245, unter Ablehnung der doppelten Milderung; *Tiedemann*, Wirtschaftsstrafrecht, Rn. 415; *Wittig*, Wirtschaftsstrafrecht, § 23, Rn. 19; a.M. *Heger*, in: Lackner/Kühl, StGB, § 283, Rn. 25.
904 *Petermann*, in: MüKo StGB, § 283, Rn. 4.
905 Vgl. § 2, Rn. 27 ff.

IV. Insolvenzdelikte § 3

cc) Tathandlungen § 283 Abs. 1

§ 283 Abs. 1 Nr. 1

§ 283 Abs. 1 Nr. 1 beschreibt die ersten tauglichen Bankrotthandlungen. 435

Vermögensbestandteile sind alle beweglichen oder unbeweglichen geldwerten Gegenstände, die im Falle der Insolvenzeröffnung zur Insolvenzmasse gehören (vgl. § 35 Abs. 1 InsO).

Sie werden **beiseite geschafft**, wenn sie dem Gläubigerzugriff entzogen werden oder der Zugriff wesentlich erschwert wird.[906] Dies kann sowohl im Wege einer tatsächlichen Veränderung geschehen, als auch durch das Verbringen in eine andere dingliche Rechtslage.[907]

▶ **Beispiele:** Ein Beiseiteschaffen durch eine tatsächliche Veränderung liegt beispielsweise vor, wenn bestimmte Vermögensbestandteile versteckt werden. Auch die Überweisung eines Geldbetrages von einem Geschäfts- auf ein Privatkonto ist eine taugliche Tathandlung. Ebenso die Übertragung von Vermögensbestandteilen auf Verwandte. Bei einer Veräußerung liegt ein Beiseiteschaffen erst im Moment der dinglichen Veräußerung vor, nicht schon mit dem schuldrechtlichen Vertrag.[908] ◀

Das **Verheimlichen** meint ein Verhalten, das darauf abzielt, das Vorhandensein des Vermögensbestandteils der Kenntnis der Gläubiger und nach Eröffnung des Insolvenzverfahrens des Insolvenzverwalters zu entziehen.[909]

▶ **Beispiele** sind das Ableugnen von Vermögenswerten oder das Vorschützen von Rechten Dritter, die den Gläubigerzugriff vermeintlich hindern.[910] ◀

Schließlich umfasst die Nr. 1 auch das **Zerstören, Beschädigen** oder **Unbrauchbarmachen** von Vermögensbestandteilen. Wichtig ist hierbei, dass diese Handlungen entgegen den Grundsätzen eines ordnungsgemäßen Wirtschaftens erfolgen müssen.

▶ Dies ist zum **Beispiel** dann nicht der Fall, wenn die Vermögensbestandteile lediglich einer anderen, aber sinnvollen Verwendung innerhalb des Vermögens zugefügt werden sollen oder aber, wenn sie nutzlos geworden sind.[911] Letztlich fallen daher in der Regel nur mutwillige Handlungen unter die Variante.[912] ◀

§ 283 Abs. 1 Nr. 2

Als **Verlustgeschäfte** werden solche Geschäfte bezeichnet, die nach den Vorauskalkulationen von Ausgaben und Einnahmen zu einer Vermögensminderung führen müssen. 436

Spekulationsgeschäfte liegen vor, wenn Geschäfte mit hohem Verlustrisiko in der Hoffnung eingegangen werden, einen besonders hohen Gewinn zu erzielen.

Differenzgeschäfte mit Waren oder Wertpapieren sind grds. zulässige Termingeschäfte, deren Ausgaben allerdings das Notwendige oder Übliche übersteigen und für den in

---

906 BGHSt 55, 107; *Wittig*, Wirtschaftsstrafrecht, § 23, Rn. 68.
907 *Fischer*, StGB, § 283, Rn. 4.
908 Vgl. zu den Beispielen *Fischer*, StGB, § 283, Rn. 4 m.w.N.
909 *Petermann*, in: MüKo StGB, § 283, Rn. 12 ff.
910 Vgl. auch hier *Fischer*, StGB, § 283, Rn. 5 m.w.N.
911 *Heger*, in: Lackner/Kühl, StGB, § 283, Rn. 11.
912 Vgl. auch *Fischer*, StGB, § 283, Rn. 6.

Betracht kommenden Wirtschaftszeitraum zum Vermögen in keinem angemessenen Verhältnis stehen.

Auch hier müssen die Geschäfte den Anforderungen einer ordnungsgemäßen Wirtschaft widersprechen. Sie sind daher in der Regel dann nicht unwirtschaftlich, wenn sie geführt wurden in der Aussicht auf gewinnbringende Anschlussgeschäfte oder zur Erhaltung von Arbeitsplätzen.[913]

Für die Begriffe **Spiel und Wette** kann auf § 762 BGB verwiesen werden.[914]

Übermäßige Beträge sind **verbraucht**, wenn sie die Leistungsfähigkeit des Täters in unvertretbarer Weise übersteigen.[915]

§ 283 Abs. 1 Nr. 4

437 § 283 Abs. 1 Nr. 4 stellt das Vortäuschen von Rechten anderer oder die Anerkennung erdichteter Rechte in einer Krisensituation unter Strafe. Hiermit soll verhindert werden, dass eine Verkürzung der Befriedigungsquote der Gläubiger durch die fiktive Vermehrung der Passiva stattfindet.[916] Erfasst werden Rechte jeglicher, auch dinglicher Art.

Ein **Vortäuschen** liegt vor, wenn der Täter nach außen, z.B. durch eine falsche eidesstattliche Versicherung, ein nicht oder nicht in dieser Form bestehendes Recht als bestehend ausgibt. Ob er hierbei Erfolg hat, ist irrelevant.[917]

Vom **Anerkennen** eines erdichteten Rechts spricht man, wenn ein Recht, das nie bestanden hat, bestätigt wird.[918]

dd) Weitere Tathandlungen

438 § 283 **Abs. 2** hat nicht zur Voraussetzung, dass sich der Täter in einer Krise befindet, sondern dass der Täter durch eine oder mehrere Bankrotthandlungen (§ 283 Abs. 1 Nr. 1–8) eine Krise vorsätzlich herbeiführt.

Der Versuch der Absätze 1 und 2 ist strafbar, § 283 Abs. 3.

Nach § 283 Abs. 4 ist auch strafbar, wer die Krisensituation des **Abs. 1 fahrlässig** nicht kennt oder die Krisensituation in **Abs. 2 leichtfertig** herbeiführt.

b) Objektive Bedingung der Strafbarkeit

439 Eine Tat nach § 283 ist gem. Abs. 6 nur dann strafbar, wenn der Täter seine Zahlung eingestellt hat oder ein Insolvenzverfahren über sein Vermögen eröffnet ist oder der Eröffnungsantrag mangels Masse abgelehnt wurde. Hierbei handelt es sich um eine ob-

---

913 Vgl. *Wittig*, Wirtschaftsstrafrecht, § 23, Rn. 78 ff.
914 *Fischer*, StGB, § 283, Rn. 12.
915 *Kindhäuser*, in: K/N/P, § 283, Rn. 29 ff.
916 *Petermann*, in: MüKo StGB, § 283, Rn. 37.
917 *Kindhäuser*, in: NK-StGB, § 283, Rn. 52.
918 *Fischer*, StGB, § 283, Rn. 17 f.

IV. Insolvenzdelikte

jektive Bedingung der Strafbarkeit, die dementsprechend weder vorsätzlich oder fahrlässig verwirklicht, noch schuldhaft begangen werden muss.[919]

Die **Zahlungseinstellung** entspricht nicht dem Krisenmerkmal der Zahlungsunfähigkeit. Sie liegt vor, wenn der Schuldner nach außen erkennbar aufgehört hat, seine fälligen Geldschulden zu begleichen, sei es aufgrund eines tatsächlichen oder vermeintlichen dauernden Mangels an Mitteln.[920] Sie ist somit ein rein tatsächliches Verhalten.[921] Auf den Grund für die Zahlungseinstellung kommt es also nicht an.

Die Bedingung der **Insolvenzverfahrenseröffnung** bzw. **Ablehnung mangels Masse** sind hingegen formalrechtliche Akte und richten sich nach der InsO.[922]

4. Besonders schwerer Fall des Bankrotts § 283a

Das Regelbeispiel des § 283a liegt grundsätzlich vor, wenn der Täter des § 283 aus Gewinnsucht handelt (§ 283a Nr. 1) oder wissentlich viele Personen in die Gefahr des Verlustes ihrer ihm anvertrauten Vermögenswerte oder in wirtschaftliche Not bringt (§ 283a Nr. 2).   440

▶ **Definition:** Gewinnsucht liegt vor, wenn das Erwerbsstreben des Täters ein ungewöhnliches, ungesundes und sittlich anstößiges Maß erreicht[923] und so ein Gewinnstreben um jeden Preis vorliegt.[924] ◀   441

Die bloße Gewinnabsicht reicht nicht aus, da sie den Bankrotthandlungen häufig zugrunde liegt und sich somit nicht vom Normalfall abhebt.[925]

▶ **Definition:** Vermögenswerte sind dem Täter **anvertraut**, wenn die dem Täter im Außenverhältnis eingeräumte Möglichkeit, über das Vermögen zu verfügen, mit besonderen Umgangspflichten im Innenverhältnis korrespondiert.[926] ◀   442

Hierunter fallen z.B. Geldeinlagen bei Kreditinstituten, aber auch unter Eigentumsvorbehalt stehende Warenlieferungen.[927]

▶ **Definition:** Eine **Gefahr des Verlustes** liegt bei einer konkreten Gefährdung des Vermögenswertes vor, welche dadurch gekennzeichnet ist, dass der Eintritt des Schadens nur noch von Umständen abhängig ist, auf die der Täter keinen Einfluss hat.[928] ◀   443

Die hier geforderte Vielzahl der Personen ist ab **zehn Personen** erfüllt.[929]   444

---

919 Ganz überwiegende Meinung; *Beukelmann*, in: BeckOK, § 283, Rn. 30; *Kindhäuser*, in: K/N/P, Vor §§ 283-283d, Rn. 101ff.; *Heine/Schuster*, in: Schönke/Schröder, StGB, § 283, Rn. 59; *Petermann*, in: MüKo StGB, Vor §§ 283ff., Rn. 94; *Hellmann*, Wirtschaftsstrafrecht, Rn. 265; *Wittig*, Wirtschaftsstrafrecht, § 23, Rn. 115.
920 *Hellmann*, Wirtschaftsstrafrecht, Rn. 266.
921 *Wittig*, Wirtschaftsstrafrecht, § 23, Rn. 118.
922 *Hellmann*, Wirtschaftsstrafrecht, Rn. 267; *Wittig*, Wirtschaftsstrafrecht, § 23, Rn. 118.
923 BGHSt 1, 388 (389).
924 *Petermann*, in: MüKo StGB, § 283a, Rn. 4.
925 *Heine/Schuster*, in: Schönke/Schröder, StGB, § 283a, Rn. 4.
926 *Petermann*, in: MüKo StGB, § 283a, Rn. 7.
927 Wie hier *Kindhäuser*, in: K/N/P, § 283a, Rn. 5; a.A. *Fischer*, StGB, § 283a, Rn. 43.
928 *Petermann*, in: MüKo StGB, § 283a, Rn. 8.
929 *Fischer*, StGB, § 283a, Rn. 3.

445 ▶ **Definition:** Das Opfer wird in **wirtschaftliche Not** gebracht, wenn es in seiner wirtschaftlichen Lebensführung so eingeschränkt wird, dass es lebenswichtige Aufwendungen nicht mehr bestreiten kann.[930] ◀

Neben den benannten besonders schweren Fällen, kommen auch weitere, unbenannte schwere Fälle in Betracht.[931]

Der erhöhte Strafrahmen beträgt bei § 283 a sechs Monate bis zu zehn Jahre.

5. Verletzung der Buchführungspflicht § 283 b

446 Bei § 283 b handelt es sich um ein abstraktes Gefährdungsdelikt.[932] Das Erfordernis einer wirtschaftlichen Krise muss nicht vorliegen. § 283 b ist daher insbesondere dann von Bedeutung, wenn eine wirtschaftliche Krise nicht nachweisbar ist. Wenn eine wirtschaftliche Krise vorliegt, tritt § 283 b hinter § 283 im Wege der Subsidiarität zurück.

Täter sind alle buchführungs- und bilanzierungspflichtigen Kaufleute. Taten nach § 283 b Abs. 1 Nr. 1 und 3 können gem. § 283 b Abs. 2 vorsätzlich oder fahrlässig begangen werden. Taten nach § 283 b Abs. 1 Nr. 2 dagegen sind nur vorsätzlich strafbar.[933]

Auch hier ist objektive Bedingung der Strafbarkeit, dass der Täter seine Zahlung eingestellt hat oder über sein Vermögen das Insolvenzverfahren eröffnet oder der Eröffnungsantrag mangels Masse abgelehnt worden ist, § 283 b Abs. 3 i.V.m. § 283 Abs. 6.

6. Gläubigerbegünstigung § 283 c

447 § 283 c stellt gegenüber § 283 eine Privilegierung dar. Zwar verringert der Täter die Insolvenzmasse. Er leistet hierbei aber an einen Gläubiger, der einen Anspruch besitzt. Das geschützte Rechtsgut ist also das Vermögensinteresse der anderen Gläubiger hinsichtlich einer ordnungsgemäßen Verteilung der Insolvenzmasse.[934]

Wie bei § 283 handelt es sich bei § 283 c um ein Sonderdelikt. Täter kann also nur der Schuldner sein.

Der tatbegünstigte Gläubiger darf zum Tatzeitpunkt keinen fälligen und einredefreien Leistungsanspruch gegen den Schuldner haben. Es muss eine sog. **Inkongruenz von Anspruch und Leistung** bestehen. Dies ist beispielsweise dann der Fall, wenn der zahlungsunfähige Schuldner vor Fälligkeit erfüllt oder trotz Verjährung des Anspruchs.

Geht die Leistung über die Forderung des Begünstigten hinaus, fehlt es insoweit an der Gläubigerstellung, so dass hinsichtlich des überschießenden Teils § 283 in Betracht kommt.[935] Gem. § 283 c Abs. 3 ist auch hier § 283 Abs. 6 zu beachten.

7. Schuldnerbegünstigung § 283 d

448 Wie § 283, schützt § 283 d die Befriedigungsinteressen der Gläubiger.[936] Anders als § 283 kann § 283 d aber, mit Ausnahme des Schuldners, von Jedermann begangen wer-

---

930 *Kindhäuser*, in: K/N/P, § 283 a, Rn. 8.
931 Siehe hierzu *Petermann*, in: MüKo StGB, § 283 a, Rn. 1.
932 *Wittig*, Wirtschaftsstrafrecht, § 23, Rn. 136.
933 *Heine/Schuster*, in: Schönke/Schröder, StGB, § 283 b, Rn. 1 ff.
934 *Kindhäuser*, in: K/N/P, § 283 d, Rn. 1; *Petermann*, in: MüKo StGB, § 283 c, Rn. 4.
935 *Petermann*, in: MüKo StGB, § 283 c, Rn. 1 ff.
936 *Petermann*, in: MüKo StGB, § 283 d, Rn. 2.

den. Die Tathandlungen entsprechen denen des § 283 Abs. 1 Nr. 1. Der Schulder muss sich in einer wirtschaftlichen Krise befinden. Dies umfasst die drohende und eingetretene[937] Zahlungsunfähigkeit, sowie die Zahlungseinstellung oder die Phase nach Stellung eines Antrags auf Eröffnung des Insolvenzverfahrens.

Der Tatbestand umfasst zwei Alternativen. Der Täter kann objektiv mit Einwilligung (vorherige Zustimmung) des Schuldners handeln oder subjektiv zu dessen Gunsten.

Auch hier ist § 283 d Abs. 4 als objektive Bedingung der Strafbarkeit zu beachten. Hier kommt es aber nicht auf den Gläubiger, sondern wie bei § 283 Abs. 6, auf den Schuldner an.

Der Schuldner kann Anstifter oder Gehilfe sein. Eine Strafbarkeit des Schuldners gem. § 283 Abs. 1 Nr. 1 verdrängt aber §§ 283 d, 26 (oder § 27). Eine Täterschaft bei § 283 d verdrängt die Teilnahme an § 283 Abs. 1 Nr. 1 im Wege der Subsidiarität.[938]

8. Insolvenzverschleppung § 15 a Abs. 4, 5 InsO

Nach § 15 a Abs. 4 InsO macht sich strafbar, wer im Falle der Insolvenz vorsätzlich oder fahrlässig den Antrag auf Eröffnung eines Insolvenzverfahrens nicht, nicht richtig oder nicht rechtzeitig stellt, obwohl er dazu verpflichtet war. Geschütztes Rechtsgut ist das Vermögensinteresse der Gläubiger.[939]

a) Tatbestandsvoraussetzungen

aa) Zahlungsunfähigkeit oder Überschuldung

Eine Insolvenz liegt vor, wenn der Schuldner zahlungsunfähig ist oder eine Überschuldung vorliegt. Die Zahlungsunfähigkeit ist in § 17 Abs. 2 InsO definiert, die Überschuldung in § 19 Abs. 2 InsO. Insoweit kann auf die Ausführungen zu § 283 verwiesen werden (§ 3, Rn. 430).

bb) Täter

Täter kann nur sein, wer eine Antragspflicht besitzt. Dies richtet sich nach § 15 a Abs. 1–3 InsO. Hiernach sind die Mitglieder eines Vertretungsorgans einer juristischen Person antragsverpflichtet (§ 15 a Abs. 1 S. 1 InsO), bzw. im Falle der Führungslosigkeit einer GmbH auch alle Gesellschafter, im Falle einer AG alle Aufsichtsratsmitglieder (Abs. 3).

▶ **Problem: Faktischer Geschäftsführer.** Umstritten ist, ob § 15 a Abs. 1 S. 1 InsO auch auf den faktischen Geschäftsführer einer GmbH anwendbar ist. Ein Fall der faktischen Geschäftsführung liegt vor, wenn jemand, ohne formell zum Geschäftsführer bestellt worden zu sein, die Führung der Gesellschaft übernimmt. Die h.M. bejaht die Anwendung des § 15 a Abs. 1 S. 1 auf den faktischen Geschäftsführer.[940] Diese Ausdehnung sei kriminalpolitisch geboten, da es andernfalls die Gesellschafter in der Hand hätten, die (Vorsatz-)Strafbarkeit der Person, die tatsächlich die Geschäfte der GmbH führt, durch eine fehlerhafte Bestellung zu verhindern. Die Gegenauffassung wiederum sieht

---
937 *Wittig*, Wirtschaftsstrafrecht, § 23, Rn. 176.
938 *Kindhäuser*, in: K/N/P, § 283 d, Rn. 1 ff.
939 *Wittig*, Wirtschaftsstrafrecht, § 23, Rn. 180.
940 BGH NZI 2015, 186 f.; *Klöhn*, in: MüKo InsO, § 15 a, Rn. 75 ff.; *Hellmann*, Wirtschaftsstrafrecht, Rn. 356.

in der Subsumtion des faktischen Geschäftsführers unter § 15 a Abs. 1 S. 1 InsO einen Verstoß gegen das Analogieverbot (Art. 103 Abs. 2 GG).[941] Der faktische Geschäftsführer sei kein Mitglied des Vertretungsorgans im juristischen Sinne. ◄

453 ▶ **Problem: Antragstellung durch Gläubiger.** Problematisch ist, ob die Antragspflicht des Schuldners entfällt, wenn ein Gläubiger einen Insolvenzantrag gestellt hat. Dies kann verneint werden, mit der Begründung, dass die Insolvenzverschleppung als Dauerdelikt erst mit der Eröffnung des Insolvenzverfahrens beendet sei und bis dahin die Antragspflicht des Schuldners unabhängig von einem etwaigen Verhalten der Gläubiger besteht.[942] Vielmehr müsse sich der Schuldner dem Insolvenzantrag des Gläubigers anschließen.[943] ◄

cc) Tathandlung

454 Der Täter muss den Insolvenzantrag nicht, nicht richtig oder nicht rechtzeitig stellen. Nicht richtig ist der Insolvenzantrag, wenn er nicht vollständig oder unter Falschangaben gestellt wurde.[944] Der Antrag ist nicht rechtzeitig gestellt, wenn die Dreiwochenfrist des § 15 a Abs. 1 S. 1 überschritten wurde.

b) Fahrlässige Tatbegehung, § 15 a Abs. 5 InsO

455 Verletzt der Täter die Antragspflicht fahrlässig, etwa weil er die Zahlungsunfähigkeit oder Überschuldung fahrlässig nicht kennt, beträgt die Strafe Freiheitsstrafe bis zu einem Jahr oder Geldstrafe.

Exkurs: Firmenbestattung

456 Von wirtschaftsstrafrechtlicher Relevanz sind sog. Firmenbestattungen, die wie folgt ablaufen und an denen zumeist drei Personen(-gruppen) beteiligt sind[945]:

Zunächst wendet sich der Altgeschäftsführer einer insolvenzreifen Kapitalgesellschaft (§ 15 a Abs. 1 InsO), an der er meist allein oder mit Dritten die Gesellschaftsanteile hält, an den Firmenbestatter. Auf dessen Anweisung werden die Anteile an einen vermögenslosen Dritten, der zum Neugeschäftsführer bestellt wird, für einen symbolischen Preis übertragen. Die Gesellschaftsunterlagen gehen grundsätzlich bei diesen Transaktionen „verloren"[946], d.h. sie werden anderweitig eingelagert und vernichtet. Der Sitz der Gesellschaft wird – oftmals ins Ausland – verlagert. Den Gläubigern werden dann falsche Adressen mitgeteilt, um sie noch effektiver abschütteln zu können. Abschließend stellt der Neugeschäftsführer einen Insolvenzantrag oder die Gesellschaft verbleibt einfach inaktiv. Der Firmenbestatter versucht bei allen Geschäftsakten nicht in Erscheinung zu treten und erhält für seine Tätigkeit ein bar ausgezahltes geringes Sanierungshonorar.

---

941 *Bergmann*, Die Insolvenzverschleppung nach § 15 a Abs. 4 InsO durch einen nur faktischen Geschäftsführer, NZWiSt 2014, 81.
942 BGH NJW 2009, 157.
943 *Klöhn*, in: MüKo InsO, § 15 a, Rn. 137.
944 *Klöhn*, in: MüKo InsO, § 15 a, Rn. 331.
945 Vgl. nachfolgend *Werner*, Die Firmenbestattung, NZWiSt 2013, 418 ff.
946 *Werner*, Die Firmenbestattung, NZWiSt 2013, 418.

IV. Insolvenzdelikte

Maßgebliche Ziele einer solchen Firmenbestattung sind nach Ansicht der Finanzverwaltung[947]:

- Beiseiteschaffen von vorhandenen Vermögensgegenständen,
- Vereinnahmung ausstehender Forderungen,
- Vernichtung aller Beweismittel (z.b. Buchführungsunterlagen, Handels- und Geschäftsbriefe),
- Verschleierung von Verantwortungsverhältnissen,
- Benachteiligung von Gläubiger,
- Schutz des ehemaligen Geschäftsführers vor Haftungsinanspruchnahme sowie
- Behinderung der ordnungsgemäßen Abwicklung des Insolvenzverfahrens.

Bei der Firmenbestattung können sämtliche Delikte des Unternehmers in der Krise relevant werden.[948] Auch Teilnahme ist in den maßgeblichen Konstellationen denkbar. So kann sich ein Notar wegen Beihilfe zu Insolvenzverschleppung strafbar machen, wenn die Beteiligten gegenüber dem Gehilfen ihre Absichten offenbaren und dieser gleichwohl beurkundet.[949]

9. § 266 a Vorenthalten und Veruntreuen von Arbeitsentgelt

Bei § 266 a handelt es sich um kein Insolvenzdelikt im engeren Sinne.[950] Häufig werden bei einer (drohenden) Insolvenz auch mangels Liquidität keine Sozialversicherungsbeiträge mehr abgeführt. Im folgenden wird § 266 a daher als typische Begleittat im Zusammenhang mit den Insolvenzdelikten im engeren Sinne behandelt.

457

§ 266 a gliedert sich in folgende Absätze:

§ 266 a Abs. 1	Vorenthalten von Arbeitnehmerbeiträgen zur Sozialversicherung
§ 266 a Abs. 2	Vorenthalten von Arbeitgeberbeiträgen zur Sozialversicherung
§ 266 a Abs. 3	Einbehalten oder Nicht-Weiterleiten sonstiger Lohnbestandteile
§ 266 a Abs. 4	Strafzumessungsvorschrift (Regelbeispiel)
§ 266 a Abs. 5	Gleichstellung bestimmter Personengruppen als Arbeitgeber
§ 266 a Abs. 6	Strafaufhebungsgründe

---

947 *Schmittmann*, Beurkundung bei Verdacht von Firmenbestattungen, NZI 2016, 124 unter Rückgriff auf OFD München, Vfg. v. 18.2.2004 – S 0123 – 10 St 312; OFD Nürnberg, Vfg. v. 18.2.2004 – S 0127 – 39/St 24, DB 2004, 1127.
948 Vgl. *Schmittmann*, Beurkundung bei Verdacht von Firmenbestattungen, NZI 2016, 124 f.; *Werner*, Die Firmenbestattung, NZWiSt 2013, 421–424: Bankrottdelikte (§§ 283 ff. StGB), Insolvenzverschleppung (§ 15 a Abs. 4 und Abs. 5 InsO), Untreue (§ 266 StGB), (Eingehungs-)Betrug (§ 263 StGB), Nichtabführung von Sozialbeiträgen (§ 266 a StGB), Steuerhinterziehung (§ 370 AO).
949 Vgl. *Schmittmann*, Beurkundung bei Verdacht von Firmenbestattungen, NZI 2016, 124 (125).
950 Vgl. § 3, Rn. 427.

Durch die Absätze 1 und 2 wird nicht das Interesse des Arbeitnehmers, sondern das Interesse der Solidargemeinschaft an der Sicherstellung des Aufkommens der Mittel für die Sozialversicherung geschützt.

Abs. 3 schützt dagegen gerade das Interesse des Arbeitnehmers. Durch letzteren soll insbesondere Schwarzarbeit verhindert werden.[951]

a) Voraussetzungen

aa) Sozialversicherungspflichtiges Beschäftigungsverhältnis

458 Es muss ein sozialversicherungspflichtiges Beschäftigungsverhältnis i.S.v. § 7 SGB IV vorliegen. Für die Beurteilung sind sowohl die tatsächlichen Verhältnisse, als auch sekundär der Wille der Vertragsparteien (str.), nicht aber die vertragliche Bezeichnung maßgeblich.

459 ▶ **Problem: Sozialrechtsakzessorietät des Beschäftigungsverhältnisses.** Der Tatbestand ist sozialrechtsakzessorisch ausgestaltet und setzt das Bestehen eines sozialversicherungspflichtigen Beschäftigungsverhältnisses voraus. Ob ein solches vorliegt, ist in der Praxis vielfach streitig und birgt gewichtige Rechtsunsicherheiten. Die Vertragsparteien entscheiden sich aus unterschiedlichen wirtschaftlichen Gründen häufig gegen die Ausgestaltung der Zusammenarbeit auf der Grundlage eines Arbeitsvertrages. Sie schließen bevorzugt Werkverträge oder freie Dienstleistungsverträge (zum Beispiel Verträge zwischen Kliniken und sogenannten Honorarärzten[952]) ab. Die Deutsche Rentenversicherung prüft in diesen Fällen (z.B. im Rahmen von Betriebsprüfungen nach § 28 p Abs. 1 SGB IV) anhand eines Kriterienkataloges, ob von einer abhängigen Beschäftigung im Sinne des § 7 SGB IV auszugehen ist oder nicht. Zu den wichtigsten Indikatoren für eine Beschäftigung im Abhängigkeitsverhältnis gehören die Eingliederung des Beschäftigten in der Arbeitsorganisation des Arbeitgebers und das Fehlen eines unternehmerischen Risikos auf Seiten des Dienstverpflichteten.[953] Wird – häufig entgegen dem Willen der vertragschließenden Parteien – ein sozialversicherungspflichtiges Beschäftigungsverhältnis bejaht, droht neben der Nachzahlung der Beiträge zur gesetzlichen Kranken-, Pflege-, Renten- und Arbeitslosenversicherung, (für die zurückliegenden 4 Jahre) jeweils in Höhe des Arbeitgeber- und des Arbeitnehmeranteils ggf. zzgl. Säumniszuschlägen und Zinsen, die Einleitung eines Ermittlungsverfahrens nach § 266 a. ◀

bb) Arbeitgeber

460 Täter des § 266 a ist der Arbeitgeber. Dies ist sowohl bei öffentlich-rechtlichen als auch bei privatrechtlichen Arbeitsverhältnissen der nach den §§ 611 ff. BGB Dienstberechtigte, d.h. derjenige, dem der Arbeitnehmer Dienste leistet und zu dem er in einem Verhältnis persönlicher Abhängigkeit und Weisungsgebundenheit steht.[954] Erfasst sind

---

951 *Heger*, in: Lackner/Kühl, StGB, § 266 a, Rn. 1; *Perron*, in: Schönke/Schröder, StGB, § 266 a, Rn. 2; *Radtke*, in: MüKo StGB, § 266 a, Rn. 4; *Wittig*, in: BeckOK, StGB, § 266 a, Rn. 2; *Tag* erkennt darüber hinaus noch für Abs. 1 das Vermögen des Arbeitnehmers als geschütztes Individualrechtsgut an, *Tag*, in: K/N/P, § 266 a, Rn. 8 ff.
952 *Reiserer*, Honorarärzte in Kliniken – Sozialversicherungspflichtige Beschäftigung oder Selbständigkeit, MedR 2012, 102–105.
953 BSG 25.1.2001 – B 12 KR 17/00.
954 *Tag*, in: K/N/P, § 266 a, Rn. 18 ff. m.w.N.

IV. Insolvenzdelikte

auch die für den Arbeitgeber gem. § 14 verantwortlich Handelnden, sowie dem Arbeitgeber nach § 266 a Abs. 5 gleichgestellte Personen.

cc) Tathandlung § 266 a Abs. 1

Der Täter muss Arbeitnehmerbeiträge zur Sozialversicherung vorenthalten haben.

▶ **Definition:** Ein **Vorenthalten** ist gegeben, wenn der Arbeitgeber es vollkommen oder teilweise unterlässt, die entstandenen Arbeitnehmerbeiträge zum Fälligkeitszeitpunkt an die Einzugsstelle abzuführen.[955] ◀

Die Fälligkeit tritt spätestens am 15. des der entgeltauslösenden Beschäftigung folgenden Monats ein (§ 23 Abs. 1 SGB IV). Es werden nur solche Beiträge umfasst, die nach materiellem Sozialversicherungsrecht geschuldet sind (Sozialrechtsakzessorietät).[956]

▶ **Problem: Zahlungsunfähigkeit des Arbeitgebers.** § 266 a Abs. 1 ist ein echtes Unterlassungsdelikt.[957] Zur Tatbestandsverwirklichung ist es daher notwendig, dass dem Täter die Erfolgsabwendung möglich und zumutbar ist. Der Arbeitgeber muss die Möglichkeit haben, die Beiträge abzuführen. Ist der Arbeitgeber zahlungsunfähig, besteht diese Möglichkeit nicht, so dass § 266 a Abs. 1 als echtes Unterlassungsdelikt nicht erfüllt ist. Die Zahlungsunfähigkeit kann folglich zu einem Tatbestandsausschluss führen. Zu beachten ist jedoch, dass die sozialversicherungsrechtlichen Verbindlichkeiten Vorrang gegenüber anderen Verbindlichkeiten des Arbeitgebers genießen.[958] Für den Arbeitgeber kann sich daher die Pflicht ergeben, für den Fall der Erkennbarkeit drohender Zahlungsunfähigkeit im Rahmen des tatsächlich Möglichen und rechtlich Zumutbaren, für das Vorhandensein der Mittel zu sorgen, die zur Erfüllung der Beitragsschuld benötigt werden.[959] Unterbleibt dies, kann sich trotz Zahlungsunfähigkeit des Arbeitgebers zum Fälligkeitszeitpunkt eine Strafbarkeit gem. § 266 a nach dem Rechtsinstitut der **omissio libera in causa** ergeben.[960] Während der dreiwöchigen Insolvenzantragsfrist ist das Vorenthalten der Arbeitgeberbeiträge jedoch gerechtfertigt. So wird die Möglichkeit eingeräumt, Sanierungsversuche durchzuführen.[961] ◀

dd) Tathandlung § 266 a Abs. 2

§ 266 a Abs. 2 stellt das Vorenthalten von fälligen Arbeitgeberbeiträgen zur Sozialversicherung unter Strafe. Einen solchen Arbeitgeberbeitrag stellt z.B. die Unfallversicherung i.S.v. § 150 SGB VII dar. Der Arbeitgeber muss unrichtige oder unvollständige Angaben über sozialversicherungsrechtlich erhebliche Tatsachen machen.

Erhebliche Tatsachen betreffen den Grund und die Höhe der Zahlungspflicht.

Unrichtig sind die Angaben, wenn die dargestellten Informationen falsch sind, d.h. nicht der Wirklichkeit entsprechen.

Die Angaben sind **unvollständig**, wenn Informationen über wahre Tatsachen pflichtwidrig vorenthalten werden.

---

955 *Tag*, in: K/N/P, § 266 a, Rn. 57.
956 *Fischer*, § 266 a, Rn. 9 a.
957 *Wittig*, in: BeckOK, § 266 a, Rn. 15 m.w.N.
958 Krit. hierzu *Fischer*, StGB, § 266 a, Rn. 16.
959 *Radtke*, in: MüKo StGB, § 266 a, Rn. 68.
960 BGH NJW 2002, 2480.
961 BGH NJW 2003, 3787; krit. hierzu *Tag*, in: K/N/P, § 266 a, Rn. 75 ff.

ee) Tathandlung § 266 a Abs. 3

463 § 266 a Abs. 3 erfasst das heimliche Nicht-Abführen eines Teils des Entgelts, den der Arbeitgeber für den Arbeitnehmer an Dritte zu zahlen hat (z.B. Pfändungen, Abtretungen, vermögenswirksame Leistungen, Direktversicherungen, Pensionskassen). Hierdurch verletzt der Arbeitgeber seine treuhänderischen Pflichten gegenüber dem Arbeitnehmer.

b) Irrtum über das Vorliegen eines Beschäftigungsverhältnisses

464 Der Irrtum über das normative Tatbestandsmerkmal der „Arbeitgebereigenschaft" und das Vorliegen eines Beschäftigungsverhältnisses wurde bis zu den Entscheidungen des 1. Senats des BGH vom 24.1.2018, Az.: 1 StR 331/17, und vom 24.9.2019, Az.: 24.9.2019, in der Rechtsprechung[962] als Verbotsirrtum i.S.v. § 17 eingestuft. An die Vermeidbarkeit wurden hohe Anforderungen gestellt. Diese Rechtsprechung, die zudem der Rubrizierung des Irrtums über die Arbeitgebereigenschaft im Steuerstrafrecht widersprach, wurde seitens des 1. Senats (unter Vorsitz von R. Raum) in den beiden oben genannten, Aufsehen erregenden Entscheidungen aufgegeben. Der Irrtum sei nicht als Verbots-, sondern als Tatbestandsirrtum gem. § 16 einzuordnen. Dem entspricht der überwiegende Teil der Literatur, die den Irrtum über ein normatives Tatbestandsmerkmal ebenfalls als Tatbestandsirrtum bewertet.[963] Für das Vorliegen eines Tatbestandsirrtums stellt die Lehre und nunmehr explizit auch der BGH auf eine „Parallelwertung in der Laiensphäre"[964] ab. Vorsätzliches Handeln ist demnach nur dann anzunehmen, wenn der Täter die außerstrafrechtlichen Wertungen des Sozialversicherungsrechts in der Laiensphäre nachvollzogen und die sozialversicherungsrechtliche Abführungspflicht zumindest billigend in Kauf genommen hat. Eine bloße Erkennbarkeit des Vorliegens eines Beschäftigungsverhältnisses und der Stellung als Arbeitgeber reicht nicht aus.

465 Offen ist, welche Bedeutung insofern der Durchführung bzw. dem Unterlassen der Durchführung eines Statusfeststellungsverfahrens § 7 a SGB IV zukommt. Dieses Verfahren wurde zur Beseitigung von Rechtsunsicherheit durch das „Gesetz zur Förderung der Selbständigkeit" vom 12.12.1999 (Kabinett Schröder I) eingeführt und ermöglicht sowohl dem Auftragnehmer, als auch dem Auftraggeber die Klärung des sozialversicherungsrechtlichen Satus. Eine Statistik der DRV zeigt, dass die Statusfeststellungen zunehmend mit dem Ergebnis des Vorliegens eines Beschäftigungsverhältnisses abschließen und mitnichten geeignet sind, freie Beschäftigung zu fördern. Im Zeitraum zwischen 2006 und 2016 hat sich der prozentuale Anteil der Annahme eines Beschäftigungsverhältnisses an den durchgeführten Statusprüfungen (2007: 16.666 Verfahren, 2016: 22.629 Verfahren) verdoppelt[965]. Vielfach wird der Weg des § 7 a SGB IV wegen des erwarteten negativen Ausgangs der Verfahren vermieden (sofern die Parteien die freie Kooperation bevorzugen). Dies gilt insbesondere auch dann, wenn die Verträge

---

[962] BGH 4.9.2013 – 1 StR 94/13; BGH 16.4.2014 – 1 StR 516/13; BGH 7.10.2009 – 1 StR 478/09; anders das LG Ravensburg 26.9.2006 – 4 Ns 24 Js 22865/03; AG Schwetzingen 6.4.2010 – 1 Cs 610 Js 28883/08 – AK 551/09.
[963] *Perron*, in: Schönke/Schröder, StGB, § 266 a, Rn. 17.
[964] *Joecks*, in: MüKo StGB, § 16, Rn. 70; *Sternberg-Lieben/Schuster*, in: Schönke/Schröder, StGB, § 15, Rn. 43 a; *Papathanasiou*, Irrtum über normative Tatbestandsmerkmale, 2014, 202 ff., 267 ff.
[965] BT-Drucks. 18/11982 v. 18.4.2017 (Antwort der Bundesregierung auf die Kleine Anfrage Fraktion Bündnis 90/Die Grünen) und BT-Drucks. 19/749 v. 14.2.2018 (Antwort der Bundesregierung auf die Kleine Anfrage Fraktion Bündnis 90/Die Grünen) und BT-Drucks. 18/11982 v. 18.4.2017.

IV. Insolvenzdelikte § 3

bereits seit geraumer Zeit laufen und daher im Fall der Durchführung des Statusfeststellungsverfahrens die Entdeckung der mangelnden Beitragszahlungen in der Vergangenheit droht. In der Rechtsprechung des 5. Senats (BGH 13.12.2018 – 5 StR 275/18) zeichnet sich die gefährliche Tendenz ab, dem Statusfeststellungsverfahren Vorrang vor der anwaltlichen Auskunft einzuräumen. Hieraus könnte sodann die Schlussfolgerung abgeleitet werden, dass aus dem Unterlassen des Verfahrens nach § 7a SGB IV der Schluss auf das Vorliegen des voluntativen Vorsatzelements gezogen wird.

c) Verjährung

Die Tat nach § 266a verjährt gem. § 78 Abs. 3 Nr. 4 in fünf Jahren. Nach § 78a beginnt die Verjährung mit Beendigung der Tat, das heißt sobald die Pflicht zum Handeln entfällt. Auch hier wurde durch den ersten Senat unter Vorsitz von Raum eine bemerkenswerte liberale Wende ausgelöst. Bis zur Entscheidung des 1. Strafsenats vom 13.11.2019 sah die Rechtsprechung[966] das Entfallen der Handlungspflicht und somit den Verjährungsbeginn im Zeitpunkt des Erlöschens der Beitragspflicht.[967] Die Beitragspflicht erlischt im Regelfall mit Verjährung der Beitragsschuld, die nach § 25 Abs. 1 S. 2 SGB IV bei vorsätzlich vorenthaltenen Beiträgen allerdings erst 30 Jahre nach Ablauf des Kalenderjahres eintritt, in dem sie fällig geworden sind. Dies führte somit zur faktischen Unverjährbarkeit von Taten nach § 266a, weil die fünfjährige strafrechtliche Verjährung erst mit Ablauf der 30-jährigen Beitragsverjährung zu laufen beginnt.[968] Mit der Entscheidung des 1. Strafsenats vom 13.11.2019 – 58/19 kehrte sich der BGH von dieser restriktiven Doktrin ab. Nunmehr beginnt die Verjährung mit Eintritt des Fälligkeitszeitpunktes der Zahlungspflicht zu laufen. Dies ist nicht nur im Interesse des Rechtsfriedens und des Gewichts der Tat, sondern auch deshalb richtig, weil nach Verstreichen des ersten Fälligkeitszeitpunktes für die Beiträge durch weiteres Untätigbleiben keine weitergehende Vertiefung der Rechtsgutsverletzung eintritt.

466

▶ *Falllösung:* Im **Einstiegsfall** könnte sich X gem. § 15a Abs. 4 InsO strafbar gemacht haben. Mangels Kontodeckung kann die X-GmbH ihre Verbindlichkeiten nicht mehr erfüllen, es liegt eine eingetretene Zahlungsunfähigkeit vor (§ 17 Abs. 2 InsO). X ist als Geschäftsführer der X-GmbH verpflichtet, den Insolvenzantrag zu stellen. Diese Pflicht entfällt nach h.M. auch nicht dadurch, dass ein Gläubiger den Antrag gestellt hat. Der Antrag müsste innerhalb von drei Wochen ab Eintritt der Krisensituation gestellt werden. Diese Frist ist hier, soweit aus dem Sachverhalt ersichtlich, jedoch noch nicht abgelaufen, so dass § 15a Abs. 4 InsO nicht erfüllt ist. Allerdings könnte X sich gem. § 266a Abs. 1 strafbar gemacht haben. X müsste als Arbeitgeber Sozialversicherungsbeiträge der Arbeitnehmer der Einzugsstelle vorenthalten haben. Die Einzugsstellen sind hier die gesetzlichen Krankenkassen der Arbeitnehmer. Ihnen hat X keine Beiträge mehr zugeführt und diese somit vorenthalten. Da es sich bei § 266a allerdings um ein echtes Unterlassungsdelikt handelt, müsste dem X die Erfolgsabwendung, hier die Zahlung der Beiträge, möglich gewesen sein. Aufgrund der eingetretenen Zahlungsunfähigkeit war dies jedoch gerade nicht der Fall. Denkbar wäre aber noch eine Strafbarkeit aufgrund eines pflichtwidrigen Vorverhaltens. Allein aus dem Fehlen einer entsprechenden Deckung am Fälligkeitstag der Sozialversicherungsbeiträge kann aber

467

---

[966] BGH 19.12.2018 – 1 StR 444/18; BGH 17.12.2013 – 4 StR 374/13; BGH 7.3.2012 – 1 StR 662/11; BGH 18.5.2010 – 1 StR 111/10; BGH 28.10.2008 – 5 StR 166/08.
[967] Ständige Rspr.: vgl. BGH 19.10.2011 – 1 StR 233/11; BGHSt 57, 28 m.w.N.
[968] Kritisch *Krug/Skoupil*, Die faktische Unverjährbarkeit echter Unterlassungsdelikte im Wirtschaftsstrafrecht, wistra 2016, 139 ff.

noch nicht auf einen schuldhaften Verstoß gegen § 266 Abs. 1 geschlossen werden. Pflichtwidrigkeit liegt nur dann vor, wenn sich ein Liquiditätsengpass abzeichnete und durch entsprechende angemessene finanztechnische Maßnahmen hätte abgewendet werden können. Allerdings muss der Arbeitgeber zur Sicherung keine Kreditmittel beschaffen, wenn die Rückzahlung nicht sichergestellt ist.[969] Die Voraussetzungen für § 266 a liegen daher nicht vor. ◀

V. Korruptionsdelikte

468 ▶ *Einstiegsfall:* Der Gartenarchitekt X erhält einen lukrativen Auftrag vom Fabrikanten Z. Dieser möchte erstens den eigenen Garten neu planen und mit Pflanzen ausstatten lassen. Zweitens bittet er um Neustrukturierung des Parks des Familienunternehmens, einer GmbH, deren Geschäftsführer und alleiniger Gesellschafter Z ist. X vermittelt auftragsgemäß auch die von ihm für Garten und Park im Rahmen der Planungsleistung vorgeschlagenen Pflanzen, u.a. hochpreisige alte winterharte Eukalyptusbäume, für die X einen Züchter Y empfiehlt. X erhält von Z das vorgesehene Honorar für seine planerische Tätigkeit und von Y ein Auftragskickback in Höhe von 10 % des mit Z erzielten Umsatzes, das als Honorar für eine Beratungstätigkeit deklariert wird. ◀

1. Überblick über die Korruptionstatbestände des deutschen StGB

469 Das deutsche Strafgesetzbuch kennt keinen Rechtsbegriff der Korruption, gleichwohl hat sich die Terminologie Korruptions- oder Bestechungsdelikte in der einschlägigen Fachliteratur durchgesetzt und wird auch vorliegend verwendet. Das Wesen der Korruption besteht darin, dass durch eine Vorteilszuwendung (z.B. Geld) bei dem Zuwendungsempfänger ein Dankbarkeitsdruck aufgebaut wird, sich für die Zuwendung erkenntlich zu zeigen.

a) Amtsdelikte – Der Vorteilsnehmer ist Amtsträger

470 Als „Korruptionsdelikte" werden zunächst die als sog. echte **Amtsdelikte** ausgestalteten Straftaten im Amt, d.h. die §§ 331–336 bezeichnet.

471 Da es sich bei der Korruption um einen **gegenseitigen Leistungsaustausch** handelt (z.B. Empfehlung des Pflanzenzüchters Y Zug um Zug gegen das Auftragskickback in Höhe von 10 % des Auftragsvolumens), kommt es auf die Rechtsstellung des Bestochenen an, der als **Vorteilsnehmer** bezeichnet wird. Vorteilsnehmer ist im Ausgangsfall X. Als **Vorteilsgeber** wird demgegenüber derjenige bezeichnet, der dem Bestochenen eine Leistung (zumeist Geld, hier: Zahlung der 10 % des Auftragsvolumens) Zug um Zug gegen eine bestimmte Bevorzugung (hier: Empfehlung gegenüber Z) gewährt. Nach deutschem Strafrecht können beide Seiten der Korruptionsbeziehung strafrechtlich zur Verantwortung gezogen werden. Die Tat des Vorteilsgebers ist strukturell eine zur **Täterschaft hoch gestufte Teilnahme an der Tat des Bestochenen**. Handelt es sich bei dem Bestochenen um einen Amtsträger, was bei dem freiberuflich tätigen Gartenarchitekten im **Einstiegsfall nicht** gegeben ist, macht sich der Vorteilsgeber wegen Bestechung eines Amtsträgers strafbar.

472 Der strafrechtliche Fachterminus des echten oder eigentlichen Amtsdelikts bedeutet, dass der Täterkreis auf Amtsträger und für den öffentlichen Dienst besonders Ver-

---

[969] BGH 28.05.2002 – 5 StR 16/0, NJW 2002, 2480, 2482.

pflichtete beschränkt ist (§ 11 Abs. 1 Nr. 2, 4) und dieser Eigenschaft des Täters eine strafbegründende Bedeutung zukommt. Bei den §§ 331 ff. muss folglich der **Vorteilsnehmer Amtsträger** i.S.d. StGB sein, der **Vorteilsgeber** kann demgegenüber **Jedermann** sein.

Daraus folgt, dass das von §§ 331 ff. geschützte Rechtsgut[970] die „**Lauterkeit des öffentlichen Dienstes**"[971] darstellt und die gesetzlichen Straftatbestände die Verhinderung einer „Verfälschung des Staatswillens" sicherstellen wollen, die von einem sich als käuflich erweisenden Amtsträger droht.

473

Der Begriff des Amtsträgers ist in § 11 Abs. 1 Nr. 2 gesetzlich definiert. Danach sind unproblematisch Amtsträger die Beamten im staatsrechtlichen Sinn (verbeamtete Universitätsprofessoren, Staatsanwälte, verbeamtete Lehrer) oder Richter (§ 11 Abs. 1 Nr. 2 a). Bei Unternehmen im Eigentum der Öffentlichen Hand, die in privatrechtlicher Organisationsform (z.B. als GmbH) am Rechtsverkehr teilnehmen (z.B. Krankenhäuser)[972], gilt § 11 Abs. 1 Nr. 2 c: „Amtsträger ist, wer nach deutschem Recht dazu bestellt ist, bei einer Behörde oder einer sonstigen Stelle oder in deren Auftrag Aufgaben der öffentlichen Verwaltung unbeschadet der zur Aufgabenerfüllung gewählten Organisationsform zu erbringen". Die Handhabung dieser im Zuge des **Korruptionsbekämpfungsgesetzes** 1997[973] (näher: § 1, Rn. 57) „zur Klarstellung"[974] geänderten Regelung wirft in der Praxis schwierige Abgrenzungsfragen auf.[975] Kriminalpolitisch ist die Neufassung des § 11 Abs. 1 Nr. 2 c als Antwort auf die zunehmende **Privatisierung der staatlichen Aufgabenerfüllung**[976] vor allem im Bereich der sog. Leistungsverwaltung zu sehen. Die hiermit verbundene „Ausuferung auf Personengruppen, die in Relation zu den Amtsträgern nach § 11 Abs. 1 Nr. 2 a und Nr. 2 b lediglich in einem schwach ausgeprägten Verhältnis zum Staat und zur Erfüllung seiner Aufgaben stehen"[977], hat der Gesetzgeber wohl aus Gründen der Schließung von Strafbarkeitslücken bewusst in Kauf genommen.

474

b) Der Vorteilsnehmer ist Angestellter oder Beauftragter eines Unternehmens

Handelt es sich bei dem Vorteilsnehmer nicht um einen Amtsträger, kommt eine Strafbarkeit nach der durch das Korruptionsbekämpfungsgesetz im Jahr 1997 vom UWG in das StGB transferierten Vorschrift der **Bestechlichkeit und Bestechung im geschäftlichen Verkehr**" (§ 299) in Betracht. § 299 schützt den Wettbewerb vor unlauteren Einflüssen.[978] Da § 299 Abs. 1 Nr. 1 bzw. Abs. 2 Nr. 1 eine Vereinbarung einer unlauteren Bevorzugung bei dem Bezug von Waren oder Dienstleistungen voraussetzt, ist die Vorschrift enger als die §§ 331, 333.[979] Andererseits fehlt aber ein Genehmigungsvorbehalt, der in den §§ 331 Abs. 3, 333 Abs. 3 vorgesehen ist. Eine Strafschärfung ist in dem durch das Korruptionsbekämpfungsgesetz eingefügten § 300 zu sehen. Praxis-

475

---

970 Die Einzelheiten sind umstritten. Weiterführende Hinweise können den Kommentaren zum StGB entnommen werden, vgl. *Heine/Eisele*, in: Schönke/Schröder, § 331, Rn. 6 ff.; *Korte*, in: MüKo StGB, § 331, Rn. 2 ff.; *Kuhlen*, in: K/N/P, § 331, Rn. 9 ff.
971 Gesetzentwurf der Bundesregierung, BT-Drucks. 7/550, S. 269.
972 Näher *Schneider*, in: Boemke/Schneider, Korruptionsprävention im Gesundheitswesen, S. 31.
973 Gesetz zur Bekämpfung der Korruption vom 13.8.1997, BGBl. I, S. 2038, in Kraft getreten am 20.8.1997.
974 *Knauer/Kaspar*, Restriktives Normverständnis nach dem Korruptionsbekämpfungsgesetz, GA 2005, 385.
975 Einzelheiten unten, § 3, Rn. 467 ff.
976 *König/Benz*, Privatisierung und staatliche Regulierung, S. 398.
977 *Radtke*, in: MüKo StGB, § 11, Rn. 45.
978 Näher zum Rechtsgut des § 299 StGB: *Eisele*, in: Schönke/Schröder, § 299, Rn. 3.
979 Siehe dazu unten, § 3, Rn. 538.

wichtig ist der „Vorteil großen Ausmaßes" (§ 300 S. 2 Nr. 1), dessen Höhe umstritten ist (Parallelproblematik zu § 335[980]).

476 ▶ **Merke:** Im Anschluss an eine Entscheidung des Landgerichts Darmstadt im Korruptionsfall Siemens (LG Darmstadt 14.5.2007 – 712 Js 5213/04–9 KLs, CCZ 2008, 37 ff.) wird in der Strafrechtswissenschaft diskutiert, ob die Zahlung von Bestechungsgeldern durch Organe oder andere Mitarbeiter des Auftragnehmers an einen Angestellten des Auftraggebers z.b. im Rahmen der Auftragsakquise nicht nur unter § 299 Abs. 2 Nr. 1, sondern auch unter § 266 subsumiert werden kann. Die Frage ist nicht ohne praktische Relevanz, weil § 266 gegenüber § 299 das schwerere Delikt darstellt und § 266 die Kriminalisierung von Handlungen im Vorbereitungsstadium der Vorteilszuwendung i.S.d. § 299 Abs. 2 Nr. 1 ermöglicht (z.B. die Bildung schwarzer Kassen) und somit über den Anwendungsbereich der Bestechungsdelikte (auch der §§ 333, 334) hinaus gehen könnte.[981] Außerdem kann § 266 ggf. als Auffangtatbestand herangezogen werden, soweit der Bestochene nicht die gesetzlichen Voraussetzungen der einschlägigen Sonderdelikte erfüllt, weil er – wie z.B. der Vertragsarzt – weder Amtsträger, noch Angestellter oder Beauftragter eines geschäftlichen Betriebes ist. Die Anwendbarkeit des § 266 ist in derartigen Fallkonstellationen umstritten und noch nicht abschließend geklärt. Die Streitfragen betreffen das Merkmal der Pflichtwidrigkeit und die Frage des Vermögensschadens.[982] ◀

c) Der Vorteilsnehmer ist Angehöriger eines Heilberufs

477 Ist der Vorteilsnehmer Angehöriger eines Heilberufs, kommt eine Strafbarkeit gem. den 2016 eingeführten §§ 299 a, b StGB in Betracht. Sie schützen den fairen Wettbewerb im Gesundheitswesen und wurden zur Schließung der Strafbarkeitslücke eingeführt, die sich daraus ergab, dass niedergelassene Vertragsärzte nach zutreffender Ansicht weder Amtsträger i.S.v. §§ 331 ff. StGB noch Angestellte oder Beauftragte gem. § 299 StGB sind.[983]

d) Struktur der Korruptionsdelikte

478 Die §§ 331–336 gliedern sich (ebenso wie § 299 Abs. 1 und Abs. 2 und §§ 299 a,b) danach, ob der Täter Vorteilsnehmer oder Vorteilsgeber ist und differenzieren ferner dahin gehend, ob die Zuwendung für die Dienstausübung oder eine pflichtwidrige Diensthandlung gewährt (versprochen oder angeboten) wurde:

---

980 Siehe § 3, Rn. 520.
981 Siehe zu „schwarzen Kassen" § 3, Rn. 413 ff.
982 Näher: *Ibold*, Unternehmerische Entscheidungen als pflichtwidrige Untreuehandlungen. Dargestellt am Beispiel von Bestechungshandlungen zugunsten eines Unternehmens, 2011.
983 BGHSt 57, 202.

V. Korruptionsdelikte §3

Tabelle 1: Struktur der Korruptionsdelikte   479

Rechtsstatus des Vorteilsnehmers	Strafbarkeit des Vorteilsnehmers	Strafbarkeit des Vorteilsgebers (Jedermannsdelikte)
Amtsträger	§ 331 Abs. 1 (Vorteilsannahme) Vorteilsannahme für die Dienstausübung	§ 333 Abs. 1 (Vorteilsgewährung) Vorteilsgewährung für die Dienstausübung
Amtsträger	§ 332 Abs. 1, Abs. 3 (Bestechlichkeit) Vorteilsannahme für eine pflichtwidrige Diensthandlung	§ 334 Abs. 1, Abs. 3 (Bestechung) Vorteilsgewährung für eine pflichtwidrige Diensthandlung
Angestellter oder Beauftragter eines Unternehmens	§ 299 Abs. 1 Nr. 1 und § 299 Abs. 1 Nr. 2 Bestechlichkeit im geschäftlichen Verkehr	§ 299 Abs. 2 Nr. 1 und § 299 Abs. 2 Nr. 2 Bestechung im geschäftlichen Verkehr
Angehöriger eines Heilberufs	§ 299a Bestechlichkeit im Gesundheitswesen	§ 299b Bestechung im Gesundheitswesen

Für die **Strafbarkeit der Vorteilsgeber** gilt das nachfolgend für die Strafbarkeit der Vorteilsnehmer Ausgeführte entsprechend, weil die Tatbestände **spiegelbildlich aufgebaut** sind und sich nur in den Tathandlungen unterscheiden. Die Vorteilsnehmer fordern einen Vorteil; sie nehmen den Vorteil an oder sie lassen sich ihn versprechen (§§ 331 Abs. 1, 332 Abs. 1, jeweils für sich selbst oder einen Dritten), während die **Vorteilsgeber** den Vorteil anbieten, versprechen oder gewähren (§§ 333 Abs. 1, 334 Abs. 1).   480

Im Zuge des Korruptionsbekämpfungsgesetzes wurden insbesondere der Tatbestand der Vorteilsannahme und spiegelbildlich auch der Tatbestand der Vorteilsgewährung reformiert. Ziel dieser Reform war die Schließung von Strafbarkeitslücken und die Kompensation von Beweisproblemen, weil es in Strafprozessen häufig schwierig war, den Nachweis einer konkreten Handlung des Amtsträgers zu erbringen, die diesem mit einem Vorteil honoriert wurde. In den Gesetzesmaterialien[984] heißt es hierzu wie folgt: 481

> „Um die strafwürdigen und strafbedürftigen Fälle zu erfassen, bei denen die Annahme oder Gewährung eines Vorteils als Gegenleistung „für eine Diensthandlung" nicht nachgewiesen werden kann, wird der Straftatbestand der Vorteilsannahme daher dahin geändert, dass künftig bereits das Fordern, Sichversprechenlassen und Annehmen von Vorteilen „für die Dienstausübung" unter Strafe gestellt wird. Mit dieser Formulierung wird klargestellt, dass weiterhin eine Beziehung zwischen der Vorteilsannahme und den Diensthandlungen des Amtsträgers bestehen muss. Lediglich eine hinreichend bestimmte Diensthandlung als „Gegenleistung" muss nicht mehr nachgewiesen werden".   482

---

[984] BT-Drucks. 13/8079, S. 15.

483 Mit dieser Gesetzesänderung, die verfassungsrechtlich bedenklich ist[985], sind insbesondere Zuwendungen erfasst, die allgemein dem Ziel dienen, „Wohlwollen"[986] und „Entgegenkommen" zu schaffen bzw. den Amtsträger günstig zu stimmen suchen oder allgemein der „Klimapflege"[987] dienen.

484 Da die Vorteilsannahme (bzw. die Vorteilsgewährung) weniger schwer wiegt als die Bestechlichkeit (bzw. die Bestechung), unterscheiden sich auch die Strafrahmen der Delikte: Bestechung und Bestechlichkeit werden mit Freiheitsstrafe von sechs Monaten bis zu 5 Jahren bestraft, während die Vorteilsannahme bzw. die Vorteilsgewährung nur mit Geldstrafe oder mit Freiheitsstrafe von einem Monat bis zu drei Jahren bestraft werden. Nur bei den Tatbeständen der Bestechung und Bestechlichkeit sind in § 335 Strafschärfungen vorgesehen.

485 Ferner wurden durch das Korruptionsbekämpfungsgesetz auch sog. „Drittvorteile" einbezogen. Daher ist nicht mehr erforderlich, dass der Vorteil dem Amtsträger persönlich zugutekommt.

486 Nur bei den Tatbeständen der Vorteilsannahme und Vorteilsgewährung (§§ 331, 333) kann die Genehmigung des Dienstherrn des Amtsträgers die **Rechtswidrigkeit** der Tat ausschließen.[988]

487 Die Verfolgungsverjährung, für deren Beginn gem. § 78a die Beendigung der Tat (d.h. der Erhalt der letzten Vorteilszuwendung) maßgeblich ist, beträgt sowohl bei Taten nach §§ 331 bis 334 als auch bei Taten nach § 299 gem. § 78 Abs. 3 Nr. 4 fünf Jahre.

2. Praxisrelevanz der Korruptionsdelikte

488 Im Jahr 2018[989] wurden 3.804 Korruptionsstraftaten polizeilich registriert. Insgesamt wurde gegen 2.458 Tatverdächtige, Geber (924) und Nehmer (1.534) ermittelt. Die meisten Fälle (994) betrafen § 332 StGB. Auch wurden 618 Fälle des § 331 StGB, 535 Fälle des § 299 StGB, 40 Fälle des § 299a StGB und 29 des § 299b StGB festgestellt. Korruption beschäftigt nicht nur die Instanzen der formellen Sozialkontrolle (Polizei, Staatsanwaltschaften, Gerichte), sondern stellt das Hauptaugenmerk der unternehmensinternen Präventions- bzw. Compliance-Programme dar und ist Gegenstand von Schulungsprogrammen für Mitarbeiter und Führungskräfte. Auch mit Blick auf den „Beratungsmarkt" sind fundierte Kenntnisse in der Branche daher unerlässlich.

---

985 *Schneider*, Unberechenbares Strafrecht – Vermeidbare Bestimmtheitsdefizite im Tatbestand der Vorteilsannahme und ihre Auswirkungen auf die Praxis des Gesundheitswesens, in: Schneider u.a. (Hrsg.): Festschrift für Manfred Seebode zum 70. Geburtstag, Berlin 2008, S. 331 ff.
986 Vgl. die Fallbeispiele bei *Bernsmann*, Anti-Korruptionsregeln – Problemdarstellung anhand von Fallbeispielen. Praktische Hinweise zum Umgang von Hochschulangehörigen mit sog „Drittmitteln", WissR 2002, 8.
987 *Heine/Eisele*, in: Schönke/Schröder, § 331, Rn. 30.
988 Hierzu umfassend *Schneider*, Die Dienstherrengenehmigung des § 331 Abs. 3 StGB. Bedeutung und Reichweite am Beispiel der Kooperation zwischen Ärzten und der Arzneimittel- bzw. Medizinprodukteindustrie, in: Esser u.a. (Hrsg.): Festschrift für Hans-Heiner Kühne zum 70. Geburtstag, Heidelberg 2013, S. 477 ff.
989 Korruption Bundeslagebild 2018, S. 3 f., 11.

V. Korruptionsdelikte § 3

3. Die Amtsdelikte der §§ 331 ff.
a) Gemeinsame Voraussetzungen der §§ 331 ff.
aa) Der Begriff des Amtsträgers

Amtsträger sind zunächst Beamte im staatsrechtlichen Sinne gem. § 11 Abs. 1 Nr. 2 a und Richter. 489

Darüber hinaus ist Amtsträger, wer „sonst dazu bestellt ist, bei einer Behörde oder bei einer sonstigen Stelle oder in deren Auftrag Aufgaben der öffentlichen Verwaltung unbeschadet der zur Aufgabenerfüllung gewählten Organisationsform wahrzunehmen" (§ 11 Abs. 1 Nr. 2 c). 490

Drei Voraussetzungen müssen gegeben sein, damit der Vorteilsnehmer als Amtsträger einzustufen ist: 491

1. Die Tätigkeit muss **Aufgaben der öffentlichen Verwaltung**[990] betreffen. Aufgaben der öffentlichen Verwaltung liegen im Bereich der Eingriffsverwaltung und auch dann vor, wenn das Betätigungsfeld des Unternehmens dem Bereich der „Daseinsvorsorge" unterfällt[991]. Nimmt das Unternehmen Aufgaben der öffentlichen Verwaltung wahr, sind nach Auffassung des BGH soweit die unter 2 und 3 genannten Voraussetzungen vorliegen – alle Mitarbeiter, die „in nicht ganz untergeordneter Funktion" tätig werden, Amtsträger i.S.d. § 11 Abs. 1 Nr. 2 c: „Soweit (…) innerhalb dieses Aufgabenbereichs bestimmte Sachgebiete einzelnen Mitarbeitern auf Dauer zur eigenverantwortlichen Bearbeitung" übertragen sind, „werden diese Mitarbeiter dadurch zu Amtsträgern"[992].

2. Die oben genannten Aufgaben müssen bei einer Behörde (1. Alt.) oder einer sonstigen Stelle wahrgenommen werden (2. Alt.). Da die sonstige Stelle der Behörde nach dem Gesetzeswortlaut gleichgestellt ist, nimmt der BGH[993] zu Recht an, dass eine **staatliche Lenkung der Institution** erforderlich ist. In dem zur Entscheidung stehenden Sachverhalt, betreffend den sog. „Kölner Müllskandal", hatte die Stadt Köln an einer in Form einer städtisch beherrschten Mischgesellschaft betriebenen Abfallverwertungsgesellschaft einen Anteil am Stammkapital in Höhe von 50,1 %. Der Gesellschaftsvertrag sah allerdings bei wichtigen Entscheidungen die Notwendigkeit einer Dreiviertel-Mehrheit vor. Der BGH hat die Amtsträgereigenschaft der Beschuldigten deshalb mit Blick auf die private „**Sperrminorität**" verneint. In der Begründung des Urteils führt das Gericht wie folgt aus: „Als „**verlängerter Arm**" des Staates und damit als „sonstige Stellen" i.s.v. § 11 Abs. 1 Nr. 2 Buchst. c können aber privatrechtlich organisierte Unternehmen im Bereich der Daseinsvorsorge jedenfalls dann nicht mehr verstanden werden, wenn ein Privater an dem Unternehmen in einem Umfang beteiligt ist, dass er durch eine Sperrminorität wesentliche unternehmerische Entscheidungen mitbestimmen kann. In der Rspr. des Bundesgerichtshofs ist anerkannt, dass eine Tätigkeit auf dem Gebiet der Daseinsvorsorge für sich genommen nicht ausreicht, um eine der Behörde gleichgestellte „sonstige Stelle" i.S.v. § 11 Abs. 1 Nr. 2 Buchst. c anzunehmen. Die Tatsache, dass vielfältige der Daseinsvorsorge zugerechnete Aufgaben wie etwa die Energie- und Wasserversorgung oder die Müllentsorgung nach einer Liberalisierung der entsprechenden

---
[990] *Korte*, in: MüKo StGB, § 331, Rn. 45 ff.
[991] BGH 13.1.2016 – 2 StR 148/15, NJW 2016, 1399; *Hecker*, in: Schönke/Schröder, § 11, Rn. 20.
[992] BGH 19.12.1997 – 2 StR 521/97, NJW 1998, 1874.
[993] BGH 2.12.2005 – 5 StR 119/05, NJW 2006, 925 ff.

Märkte auch von privaten Unternehmen erbracht werden und dass die öffentliche Hand daneben in unterschiedlicher Organisations- und Beteiligungsform weiterhin auf diesen Gebieten tätig ist, erfordert jedenfalls im Bereich der Daseinsvorsorge ein aussagekräftiges zusätzliches Unterscheidungskriterium, um privates Handeln von staatlichem Handeln hinreichend abgrenzen zu können. Unabhängig von der Frage, ob jede Beteiligung von Privaten an öffentlich beherrschten Unternehmen schon die Anwendung von § 11 Abs. 1 Nr. 2 Buchst. c hindert, liegt die Gleichstellung eines Unternehmens mit einer Behörde jedenfalls dann fern, wenn der Private durch seine Beteiligung über derart weitgehende Einflussmöglichkeiten verfügt, dass er wesentliche unternehmerische Entscheidungen mitbestimmen kann (...) Räumt der Gesellschaftsvertrag dem Privaten aufgrund der Höhe seiner Beteiligung eine Sperrminorität für wesentliche unternehmerische Entscheidungen ein, kann das Unternehmen nicht mehr als „verlängerter Arm" des Staates und sein Handeln damit nicht mehr als unmittelbar staatliches Handeln verstanden werden."

3. Des Weiteren muss der Täter dazu „bestellt" sein, die unter 1. genannte Aufgabe bei der „sonstigen Stelle" (1. Alt.) oder in deren Auftrag (2. Alt.) wahrzunehmen. Nach der freilich umstrittenen[994] Rspr. des BGH muss die Bestellung den Betroffenen entweder zu einer über den einzelnen Auftrag hinausgehenden längerfristigen Tätigkeit oder zu einer „**organisatorischen Eingliederung in die Behördenstruktur führen**".[995]

492 ▶ **Definition:** Zusammenfassend ist Amtsträger i.S.d. § 11 Abs. 1 Nr. 2 c daher derjenige, der in einer staatlich gelenkten Organisation Aufgaben der Eingriffs- oder Leistungsverwaltung (z.B. Daseinsvorsorge) aufgrund längerfristiger Tätigkeit oder organisatorischer Eingliederung in die Behörden- oder Unternehmensstruktur wahrnimmt. ◀

bb) Der Begriff des Vorteils

493 Ist nach den oben genannten Grundsätzen der Täter Amtsträger i.S.d. § 11 Abs. 1 Nr. 2, sind die weiteren Tatbestandsmerkmale der §§ 331 ff. zu prüfen.

494 § 331 setzt ebenso wie der schwerere Tatbestand der Bestechlichkeit (§ 332) voraus, dass dem Täter ein **Vorteil** versprochen oder gewährt wurde oder dass er einen Vorteil gefordert hat. Der Begriff des Vorteils kommt auch bei §§ 299 ff. vor. Dort gilt das hier Gesagte.

495 ▶ **Definition:** Nach der ständigen Rspr. des Bundesgerichtshofs und der h.M. im strafrechtswissenschaftlichen Schrifttum[996] liegt ein Vorteil i.S.d. Normen des Korruptionsstrafrechts bei jeder Leistung vor, „auf die der Amtsträger keinen Anspruch hat und die seine wirtschaftliche, rechtliche oder auch nur persönliche Lage objektiv verbessert".[997] ◀

---

994 Vgl. *Heger*, in: Lackner/Kühl, § 11, Rn. 6; *Hecker*, in: Schönke/Schröder, § 11, Rn. 24 f.
995 BGH 15.5.1997 – 1 StR 233/96, NJW 1997, 3034 bejaht bei Sachbearbeitern im kaufmännischen Bereich; BGH 10.1.2019 – ff 3 StR 635/17, NStZ 2019, 652, 654 bejaht für das Ausstellen von Sachkundenachweisen für den Umgang mit Waffen und Munition in einem Schießsportverein.
996 *Korte*, in: MüKo StGB, § 331, Rn. 82; *Heine/Eisele*, in: Schönke/Schröder, § 331, Rn. 13; *Heger*, in: Lackner/Kühl, § 331, Rn. 4.
997 BGH 23.5.2002 – 1 StR 372/01, NJW 2002, 2801; BGH 22.3.2018 – 5 StR 566/17, NJW 2018, 1767, 1768 m.w.N.

V. Korruptionsdelikte § 3

Nach den Änderungen durch das Korruptionsbekämpfungsgesetz aus dem Jahr 1997 kommt es nicht darauf an, ob die Vorteile dem Amtsträger persönlich zugute kommen. Ausreichend sind vielmehr ausweislich des Gesetzeswortlauts auch sog. Drittvorteile.[998] Mit dieser Änderung sollte dem Umstand Rechnung getragen werden, dass auch der altruistisch handelnde Amtsträger, soweit überhaupt Vorteile gefordert oder angenommen werden, gegen die Sachlichkeit und Gesetzmäßigkeit der Verwaltung verstößt und damit das von §§ 331 ff. geschützte Rechtsgut verletzt. 496

Die genannte Definition wirft in der Praxis Schwierigkeiten auf, die nachfolgend zusammenfassend und überblicksartig dargestellt werden: 497

▶ **Problem 1: Sozialadäquanz.** Über das Kriterium der Sozialadäquanz[999] sind nicht als Vorteile diejenigen Zuwendungen zu werten, die unterhalb der 25 EUR Grenze liegen.[1000] Nach der von *Hans Welzel* entwickelten Lehre von der sozialen Adäquanz[1001] unterfallen Sachverhalte, die sich innerhalb der „sozialethischen Ordnung des Gemeinschaftslebens" bewegen, niemals einem Straftatbestand.[1002] Methodisch kann das Prinzip der Sozialadäquanz auf die Figur der teleologischen Reduktion zurückgeführt werden. Auch die Einladung zu einer Currywurst mit Pommes Frites und einem Kaltgetränk oder das Geschenk eines Kunststoffkugelschreibers mit Firmenaufdruck stellen Vorteile i.S.d. **Wortlauts** der §§ 331 ff., 299, 299 a f. dar. Es ist aber nicht anzunehmen, dass durch eine derartige Einladung oder ein derartiges Geschenk der Anschein der Käuflichkeit geweckt oder der Wettbewerb beeinträchtigt wird. Der zu weit geratene Wortlaut der Norm wird demnach über den Rückbezug auf das jeweils geschützte Rechtsgut, das durch die Tat nicht beeinträchtigt wird, eingeschränkt. Allerdings vermeidet es die neuere Kommentarliteratur[1003] teilweise, eine Festlegung auf eine bestimmte Wertgrenze in Eurobeträgen zu treffen. Die Grenze sei „im Einzelfall" zu bestimmen. Daraus folgt eine nicht hinzunehmende Rechtsunsicherheit für den Normadressaten, da offenbleibt, unter welchen Prämissen er noch über das Prinzip der Sozialadäquanz abgesichert ist. Der **Trend zum ungenauen Strafrecht** setzt sich daher auch in der Kommentarliteratur fort. Veröffentlichte Rspr. zu geringfügigen Vorteilen existiert zudem nicht, weil über derart bagatellhafte Konstellationen in der Regel nicht durch Urteil entschieden wird. ◀ 498

---

998 OLG Köln 21.9.2001 – 2 Ws 170/01, NStZ 2002, 35 f.; BGH 17.3.2015 – ff 2 StR 281/14, NStZ 2015, 451 453; näher *Cramer*, Zum Vorteilsbegriff bei den Bestechungsdelikten, in: Schünemann u.a. (Hrsg.): Festschrift für Claus Roxin zum 70. Geburtstag, Berlin 2001, S. 945 ff.
999 *Heine/Eisele*, in: Schönke/Schröder, § 331, Rn. 40; *Wessels/Hettinger/Engländer*, Strafrecht BT 1, Rn. 1120; grundlegend: *Friedhoff*, Die straflose Vorteilsannahme, Heidelberg u.a. 2012, S. 70 ff.
1000 Vgl. zu diesem Betrag etwa *Korte*, in: MüKo StGB, § 331, Rn. 138, wonach die Zuwendung ab 25 EUR problematisch sein soll; vgl. ferner zu dieser Grenze: *Rengier*, Strafrecht BT II, § 60, Rn. 14 a (50 EUR); *Fischer*, StGB, § 331, Rn. 26 a (30 EUR bei Werbegeschenken); 2001, Rn. 26 (50 DM); zustimmend zu der 30 EUR Grenze auch *Wittig*, Wirtschaftsstrafrecht, § 27, Rn. 34; Teilweise wird zwischen einer stillschweigenden Zustimmung bei Zuwendungen im Wert zwischen 5 und 10 EUR und der ausdrücklich erklärten Zustimmung des Dienstherrn bis zu einer Wertgrenze von 25 EUR unterschieden; vgl. zum Überblick auch *Reiff*, Von kleinen Aufmerksamkeiten und großen Geschenken – was ist erlaubt? "Eine Tasse Kaffee? Nein Danke!" – Wo fängt Korruption an?, CCZ 2018, 194.
1001 *Welzel*, Studien zum System des Strafrechts, ZStW 58 (1939), 491 ff.
1002 So auch *Roxin*, AT I, § 10, Rn. 33 ff.
1003 Vgl. *Heine/Eisele*, in: Schönke/Schröder, § 331, Rn. 40; *Heger*, in: K/N/P, § 331, Rn. 14.

499 ▶ **Problem 2: Vorteilsbegriff bei Leistungsaustausch aufgrund gegenseitiger Verträge.** Ständige Rspr. und h.M.[1004] gehen davon aus, dass ein Vorteil auch dann vorliegt, wenn der Zuwendung an den Vorteilsnehmer ein gegenseitiger Vertrag (z.B. ein Beratervertrag) zugrunde liegt. Die h.M. arbeitet dabei mit einer Vorverlagerung der strafrechtlichen Verantwortlichkeit in die Sphäre der Abgabe und des Empfangs von Willenserklärungen und kompensiert Beweisprobleme, die dann auftreten, wenn die Vorteilsgeber und Vorteilsnehmer eine Unrechtsvereinbarung durch einen gegenseitigen Vertrag „tarnen". Ein Vorteil i.S.d. Korruptionsdelikte liege – so die Argumentation der h.M. – bereits in dem Angebot auf Abschluss des dem Leistungsaustausch zugrunde liegenden Vertrages. Mithin sei es unerheblich, dass auf die Erfüllung der Gegenleistung in Gestalt des vereinbarten Honorars ein vertraglicher Anspruch bestehe. Im Ergebnis büßt der Begriff des Vorteils in der Dogmatik der Korruptionsdelikte somit seine eigenständige Abgrenzungsfunktion ein und die Strafbarkeit der Tatbeteiligten steht und fällt mit der Tatbestandsvoraussetzung der Unrechtsvereinbarung, für die in der Praxis vor allem Indizien ausschlaggebend sind. Nach dem hier vertretenen Standpunkt[1005] liegt bei einem nicht nur fingierten Leistungsaustausch auf der Grundlage eines gegenseitigen Vertrags deshalb **kein Vorteil** vor. Da die vertraglich geschuldete Leistung u.U. sogar mit Erfolg einklagbar wäre, lässt sich diese Auffassung methodisch auf das Prinzip der asymmetrischen Akzessorietät[1006] stützen. Im **Einstiegsfall** würde die h.M. daher ohne Weiteres das Vorliegen eines Vorteils bejahen. Nach der hier vertretenen Auffassung wäre zu prüfen, ob der Vergütung tatsächlich eine vertraglich geschuldete Beratungsleistung zugrunde lag. Hiergegen spricht die Vergütung, die nicht am Beratungsaufwand, sondern am Umsatz (10 % Kickback) orientiert ist. ◀

500 ▶ **Problem 3: Drittvorteile bei Zuwendung unmittelbar an den Dienstherren.** Nach dem Wortlaut des § 331 ist der Tatbestand auch dann erfüllt, wenn der Vorteil nicht dem Amtsträger, sondern einem Dritten zugute kommt. Dritter kann jede natürliche (Ehefrau, Kind) oder juristische Person (z.B. ein von dem Amtsträger benannter eingetragener Verein) sein. Fraglich ist aber, ob ein Drittvorteil auch dann vorliegt, wenn der Vorteil dem Dienstherren zugutekommt, z.B. wenn der Amtsträger dem Vorteilsgeber mitteilt, ihm persönlich könne und dürfe nichts zugewendet werden, er könne dem Vorteilsgeber aber eine Bankverbindung seiner Anstellungskörperschaft mitteilen, dieser könne der Vorteilsgeber den Betrag spenden. Eine Mindermeinung[1007] will den Vorteil in diesen Fällen zumindest dann verneinen, wenn die Zuwendung nicht „privatnützig" ist bzw. der Amtsträger keinerlei Eigenvorteil hat. Die h.M. bezieht derartige Drittvorteile zu Recht in den Tatbestand ein (Wortlaut), löst die Problematik so-

---

1004 BGH 25.2.2003 – 5 StR 363/02, NStZ-RR 2003, 171; *Krick*, in: MüKo StGB, § 299, Rn. 56; a.A. *Schneider/Ebermann*, Das Strafrecht im Dienste gesundheitsökonomischer Steuerungsinteressen, HRRS 2013, 219 ff.
1005 Ausführlich: *Schneider*, Unberechenbares Strafrecht – Vermeidbare Bestimmtheitsdefizite im Tatbestand der Vorteilsannahme und ihre Auswirkungen auf die Praxis des Gesundheitswesens, in: Schneider u.a. (Hrsg.): Festschrift für Manfred Seebode zum 70. Geburtstag, 2008, S. 331–350 und *Schneider/Ebermann*, Das Strafrecht im Dienste gesundheitsökonomischer Steuerungsinteressen, HRRS 2013, 219–224.
1006 § 3, Rn. 399.
1007 Vgl. etwa *Korte*, Bekämpfung der Korruption und Schutz des freien Wettbewerbs mit den Mitteln des Strafrechts, NStZ 1997, 515.

V. Korruptionsdelikte § 3

dann aber über das Merkmal der Unrechtsvereinbarung oder über die Dienstherrengenehmigung des § 331 Abs. 3.[1008] ◂

cc) Die Tathandlungen der §§ 331 ff.

Nach §§ 331 ff. wird bestraft, wer einen Vorteil für sich oder einen Dritten fordert, sich versprechen lässt oder annimmt. Die genannten Merkmale, die identisch auch in §§ 299 ff. vorkommen, sind selbsterklärend: Unter Fordern versteht man das einseitige Verlangen einer Leistung. Dies kann auch in verdeckter Form erfolgen.[1009] Der Täter lässt sich einen Vorteil versprechen, wenn er ein Angebot einer späteren Leistung annimmt. Annehmen bedeutet die tatsächliche Entgegennahme eines geforderten oder angebotenen Vorteils. Darunter kann auch das Behalten einer zunächst gutgläubig erlangten Zuwendung fallen.[1010]

501

b) Spezifika des Tatbestands der Vorteilsannahme (§ 331) und der Vorteilsgewährung (§ 333)

aa) Der Zusammenhang zwischen Vorteilszuwendung und Dienstausübung – die Unrechtsvereinbarung i.S.d. §§ 331, 333

Nach der Neufassung der gesetzlichen Straftatbestände durch das Korruptionsbekämpfungsgesetz genügt es, dass der Täter **für die Dienstausübung**[1011] einen Vorteil fordert, sich versprechen lässt oder annimmt.

502

Da das Merkmal der Dienstausübung weiter und umfassender ist als der Begriff der Diensthandlung und nur sog. Privathandlungen ausschließt, wird durch den Begriff der Dienstausübung auch die konkrete Diensthandlung umfasst. Deshalb fallen pflichtgemäße Diensthandlungen (also erlaubtes und zulässiges Verhalten) ebenfalls unter den Auffangtatbestand des Tatbestandes der Vorteilsannahme.[1012] Dem Bereich der Dienstausübung unterfallen folglich alle Tätigkeiten, die zu den dienstlichen Obliegenheiten gehören und in amtlicher Eigenschaft vorgenommen werden.[1013]

503

Für die Dienstausübung wird ein Vorteil auch dann gewährt, wenn die Zahlung den Zweck verfolgt, allgemeines Wohlwollen und die Geneigtheit des Amtsträgers zu erkaufen, damit dieser z.B. später noch nicht näher konkretisierte Diensthandlungen i.S.d. Vorteilsgebers vornimmt. So läge es bspw., wenn ein Doktorand dem ihn betreuenden Hochschullehrer einen Scheck mit dem Hinweis überreicht, mit dem Betrag könne er „seine kümmerlichen Bibliotheksmittel" aufstocken und damit auch die Hoffnung verbindet, bevorzugt und besonders wohlwollend betreut und bewertet zu werden.

504

Obwohl demnach durch den Begriff der Dienstausübung der Zusammenhang zwischen der Vorteilsgewährung und der Gegenleistung des Amtsträgers gelockert[1014] worden ist, wird für die Strafbarkeit gem. §§ 331, 333 weiterhin zurecht das Vorliegen einer

505

1008 Ein ähnliches Problem stellt sich auch bei § 299a f. wenn bspw. Zuwendungen eines Pharmaunternehmens an einen Allgemeinmediziner gewährt werden, die dieser direkt an den Patienten weitergibt (z.B. ein Antiallergikum gegen Heuschnupfen).
1009 BGH 30.4.1957 – 1 StR 287/56, BGHSt 10, 237 ff.
1010 BGH 25.7.1960 – 2 StR 91/60, BGHSt 15, 88 (97).
1011 *Heine/Eisele*, in: Schönke/Schröder, § 331, Rn. 31.
1012 Näher zur Umstrukturierung der Norm *Heine/Eisele*, in: Schönke/Schröder, § 331, Rn. 30 ff.
1013 *Korte*, in: MüKo StGB, § 331, Rn. 107.
1014 *Korte*, in: MüKo StGB, § 331, Rn. 104 ff.

Unrechtsvereinbarung oder Parallelvereinbarung[1015] zwischen Vorteilsgeber und Vorteilsnehmer gefordert.[1016] Der Begriff bedeutet, dass Vorteilsnehmer und Vorteilsgeber eine Vereinbarung getroffen haben (z.b. die Zuwendung einer Spende, die Finanzierung einer Fortbildungsveranstaltung), es daneben aber noch eine weitere Vereinbarung gibt, die eine Bevorzugung des Vorteilsgebers durch den Amtsträger zum Gegenstand hat.

506 Für das Vorliegen einer Unrechtsvereinbarung reicht es nach der Rspr. des Bundesgerichtshofs aus, dass „Vorteilsgeber und Vorteilsnehmer sich bei der Gewährung und Annahme des Vorteils für ein künftiges dienstliches Verhalten über die Art der vergüteten Dienste einig sind, auch wenn sie keine genauen Vorstellungen davon haben, wann, bei welcher Gelegenheit und in welcher Weise der Amtsträger die Vereinbarung einlösen will"[1017] (s.o. das Beispiel der Zahlung aus Gründen der „Klimapflege"). Es handelt sich um eine „unscharfe Randzone"[1018] des Straftatbestandes der Vorteilsannahme, die im Hinblick auf den Bestimmtheitsgrundsatz des Art. 103 Abs. 2 GG Fragen der Verfassungskonformität der Vorschrift aufwirft.[1019] Die Praxis stellt im Rahmen einer „Gesamtwürdigung"[1020] auf den Einzelfall und auf Indizien im Hinblick auf die Beziehung der beiden Parteien (Vorteilsnehmer und Vorteilsgeber) ab.

507 ▶ **Problem 1: Unrechtsvereinbarung, Sponsoring und Hospitality.** Die dargelegten Abgrenzungsschwierigkeiten sind vor allen Dingen im Bereich des Sponsorings sowie bei Einladungen (z.B. in die VIP Lounge eines Fußballstadions) praxisrelevant und bergen kaum berechenbare strafrechtliche Risiken für die Beteiligten. Die Grenzen zwischen zulässiger Kooperation und strafbarer Korruption werden anhand von Indizien[1021] abgesteckt, die der BGH in der bekannten „Lutz Claassen Entscheidung" (EnBW Entscheidung[1022]) entwickelt hat: „Plausibilität einer anderen (legitimen) – behaupteten oder sonst in Betracht kommenden – Zielsetzung der Zuwendung, die Stellung des Amtsträgers, die Beziehung des Vorteilsgebers zu dessen dienstlichen Aufgaben, die Vorgehensweise bei dem Angebot, dem Versprechen oder dem Gewähren von Vorteilen sowie die Art, der Wert und die Zahl solcher Vorteile" sowie „die Heimlichkeit des Vorgehens". Weiterhin werden in der Praxis Kodices der jeweiligen Branchen herangezogen (z.B. der Arzneimittelindustrie, AKG-Verhaltenskodex, FSA-Kodex[1023]). In der Tendenz geht die Praxis von einem weitgehenden Luxus- und Spaßverbot aus. Strafrechtlich gilt, je weniger, desto besser! ◀

1015 *Geiger*, Sponsoringverträge im Lichte des FSA-Kodex Fachkreise, A&R 2009, 203 ff., 210.
1016 *Korte*, in: MüKo StGB, § 331, Rn. 116 ff.
1017 BGH 23.5.2002 – 1 StR 372/01, NJW 2002, 2801, 2806.
1018 *Ulsenheimer*, Arztstrafrecht in der Praxis, S. 419.
1019 *Schneider*, Unberechenbares Strafrecht – Vermeidbare Bestimmtheitsdefizite im Tatbestand der Vorteilsannahme und ihre Auswirkungen auf die Praxis des Gesundheitswesens, in: Schneider u.a. (Hrsg.): Festschrift für Manfred Seebode zum 70. Geburtstag, Berlin 2008, S. 331 ff.
1020 Hierzu näher *Knauer/Kaspar*, Restriktives Normverständnis nach dem Korruptionsbekämpfungsgesetz, GA 2005, 395: „Globalabwägung"; *Heine/Eisele*, in: Schönke/Schröder, § 331, Rn. 38 a.
1021 Siehe hierzu auch *Lambers/Schneider*, Compliance Management at the Düsseldorf University Hospital, CEJ 2016, Vol. 2, Nr. 2, 27 ff., 31.
1022 BGH 14.10.2008 – 1 StR 260/08, BGHSt 53, 6 ff.
1023 *Bienert/Hein*, Auf einen Blick. Pharma Verhaltenskodex in der Praxis; näher *Schneider*, in: Boemke/Schneider, Korruptionsprävention im Gesundheitswesen, S. 6 ff.; *Schneider*, Unberechenbares Strafrecht – Vermeidbare Bestimmtheitsdefizite im Tatbestand der Vorteilsannahme und ihre Auswirkungen auf die Praxis des Gesundheitswesens, in: Schneider u.a. (Hrsg.): Festschrift für Manfred Seebode zum 70. Geburtstag, Berlin 2008, S. 331–350.

▶ **Problem 2: Forschung mit Drittmitteln.** Abgrenzungsschwierigkeiten ergeben sich auch bei der universitären Drittmittelforschung.[1024] Einerseits sind eingeworbene Forschungsmittel Drittvorteile i.S.d. der §§ 331, 333, andererseits sieht das Hochschulrecht eine Dienstpflicht des Hochschullehrers zur Einwerbung von Drittmitteln vor (§ 11 Abs. 11 SächsHSFG, Ziff. I, 3.1 VwV Drittmittel[1025], Ziff. 1.2 Drittmittelordnung der Universität Leipzig[1026]). Der BGH löst das Problem über eine teleologische Reduktion bzw. „einschränkende Auslegung"[1027] der §§ 331, 333, die er wie folgt begründet: „Da dort, wo Produktlieferanten Forschung und Lehre durch Zuwendungen fördern, oft die Höhe der Förderung auch von Umfang und Intensität der geschäftlichen Beziehung zum Zuwendungsempfänger abhängt, (…), kann sich für den Hochschullehrer, der dienstlich zur Einwerbung solcher Mittel angehalten ist, ein *Spannungsfeld* zum strafbewehrten Verbot der Vorteilsannahme ergeben. Straftatbestand und die hochschulrechtlich verankerte Aufgabe der Drittmitteleinwerbung *sind deshalb in einen Einklang zu bringen* (…).[1028] Voraussetzung für eine solche Einschränkung des Tatbestandes der Vorteilsannahme ist aber, dass es sich bei den einzuwerbenden Drittmitteln nicht nur der Sache nach um Fördermittel für Forschung und Lehre handelt, sondern dass diese auch dem im Drittmittelrecht vorgeschriebenen Verfahren unterworfen werden (Anzeige und Genehmigung).[1029] ◀

bb) Die Genehmigung gem. §§ 331 Abs. 3, 333 Abs. 3

Die strafrechtsdogmatisch als Rechtfertigungsgrund ausgestaltete Genehmigung durch die zuständige Behörde schließt – sofern sie nicht durch unrichtige Angaben erschlichen ist – die Rechtswidrigkeit[1030] der Vorteilsannahme und damit den Vorwurf der Strafbarkeit aus.[1013]

Bedeutung[1031] und Voraussetzungen der Dienstherrengenehmigung sind umstritten. Die h.M. geht davon aus, die Dienstherrengenehmigung entfalte eine rechtfertigende Wirkung nur dann, wenn sie nach den öffentlich-rechtlichen Voraussetzungen (vgl. z.B. § 42 BeamtStG) rechtmäßig sei. Staatsanwaltschaften und Gerichten komme insoweit uneingeschränkt die Befugnis zu, im Rahmen der Prüfung der §§ 331 Abs. 3, 333 Abs. 3 die verwaltungsrechtliche Rechtmäßigkeit der Dienstherrengenehmigung zu be-

---

1024 Vgl. dazu auch *Kindhäuser/Schramm*, StrafR BT I, § 71, Rn. 33.
1025 Verwaltungsvorschrift des Sächsischen Staatsministeriums für Wissenschaft und Kunst zur Einwerbung, Verwaltung und Verwendung von Mitteln Dritter an den staatlichen Hochschulen im Freistaat Sachsen vom 4.4.2005.
1026 Ordnung für die Beantragung und Durchführung von Drittmittelprojekten an der Universität Leipzig vom 16.3.2010.
1027 *Korte*, Korruptionsprävention im öffentlichen Bereich, in: Dölling (Hrsg.): Handbuch zur Korruptionsprävention, S. 308.
1028 BGH 23.5.2002 – 1 StR 372/01, BGHSt 47, 295, 308.
1029 BGH 23.5.2002 – 1 StR 372/01, BGHSt 47, 295, 306; s. auch *Lambers/ Schneider*, Compliance Management at the Düsseldorf University Hospital, CEJ 2016, Vol. 2, Nr. 2, 27 ff., 31.
1030 Überblick zur Problematik: *Hardtung*, Erlaubte Vorteilsannahme – §§ 331 StGB, 70 BBG, 10 BAT – Zugleich ein Beitrag zur Einheit der Rechtsordnung und zur „Rückwirkung" behördlicher Genehmigungen im Strafrecht, Berlin 1994; Bejahend: st. Rspr.: BGH 10.3.1983 – 4 StR 375/82, NJW 1983, 2509, 2513, OLG Hamburg 14.1.2000 – 2 Ws 243/99, StV 2001, 277, 282 und h.M.: vgl. *Heger*, in: Lackner/Kühl, § 331, Rn. 14; *Otto*, Grundkurs Strafrecht, BT, § 99, Rn. 23 ff.; *Rengier*, Strafrecht BT II, § 60, Rn. 39 ff.; differenzierend *Heine/ Eisele*, in: Schönke/Schröder, § 331, Rn. 59 ff.; a.A. etwa *Bernsmann*, Die Korruptionsdelikte (§§ 331 ff. StGB) – Eine Zwischenbilanz, StV 2003, 521.
1031 Grundlegend: *Schneider*, Die Dienstherrengenehmigung des § 331 Abs. 3 StGB. Bedeutung und Reichweite am Beispiel der Kooperation zwischen Ärzten und der Arzneimittel- bzw. Medizinprodukteindustrie, in: Esser u.a. (Hrsg.): Festschrift für Hans-Heiner Kühne zum 70. Geburtstag, 2013, S. 477 ff.

urteilen. Unter diesen Voraussetzungen gibt eine Dienstherrengenehmigung Vorteilsnehmern und Vorteilsgebern nach h.M. keinerlei Sicherheit. Soweit die Ermittlungsbehörden Indizien für das Vorliegen einer Unrechtsvereinbarung sehen, bestünde die Gefahr, dass sie zugleich auch von einer rechtswidrig erteilten und demnach strafrechtlich unbeachtlichen Genehmigung und damit von der Strafbarkeit der Beteiligten gem. §§ 331, 333 ausgehen.

511 Die Mindermeinung will dieses Ergebnis vermeiden und macht sich die verwaltungsrechtliche Differenzierung zwischen nichtigen und fehlerhaften, bis zu einer Aufhebung aber bestandskräftigen begünstigenden Verwaltungsakten, zu eigen. Danach muss das Strafrecht schon aus Gründen der Rechtssicherheit und des Vertrauensschutzes[1032] die „verwaltungsrechtlich rechtswidrige Erlaubnis als rechtlich verbindlich hinnehmen".[1033] Lediglich gem. § 44 VwVfG nichtige Genehmigungen seien auch im Strafrecht bedeutungslos und entfalteten demnach keine rechtfertigende Wirkung.

512 Nach dem hier vertretenen Standpunkt, der sich insbesondere auf den Wortlaut der §§ 331 Abs. 3, 333 Abs. 3 und die historische Auslegung stützt[1034], kann die Problematik unter Rückgriff auf die verwaltungsrechtliche Figur des Beurteilungsspielraums gelöst werden. Überträgt man diese Lehre auf die im Rahmen der Dienstherrengenehmigung zu treffende Entscheidung, bedeutet dies, dass sich bei Vorliegen der Genehmigung die Wirksamkeitskontrolle der Strafgerichte insbesondere auf das Kriterium des vollständig ermittelten Sachverhalts (Offenlegung aller der Zuwendung zugrunde liegenden Umstände gegenüber dem Dienstherren) begrenzt und die Entscheidung, die Vorteilszuwendung zu genehmigen, ansonsten hinzunehmen ist.

c) Spezifika der Tatbestände der Bestechlichkeit gem. § 332 und Bestechung gem. § 334

513 Der Tatbestand der Bestechlichkeit gem. § 332 ist ebenso wie der spiegelbildlich aufgebaute Tatbestand der Bestechung gem. § 334 ein schwerwiegendes Korruptionsdelikt, das als **Qualifikation**[1035] zur Vorteilsannahme bzw. zur Vorteilsgewährung ausgestaltet ist.

514 Der Regelstrafrahmen des Straftatbestands der Bestechlichkeit sieht keine Geldstrafe mehr vor und enthält einen Strafrahmen von Freiheitsstrafe in Höhe von mindestens sechs Monaten bis zu fünf Jahren. Nur in minder schweren Fällen ist die Strafe Freiheitsstrafe von einem Monat bis zu drei Jahren oder Geldstrafe. Im Unterschied zur Vorteilsannahme und Vorteilsgewährung ist auch der Versuch strafbar. Bei der Bestechung sieht der Strafrahmen eine niedrigere Mindeststrafe von 3 Monaten und – ebenso wie der Tatbestand der Bestechlichkeit – eine Obergrenze von fünf Jahren vor. Diese Unterscheidung in der Untergrenze der Strafrahmen zwischen Bestechung und Bestechlichkeit trägt dem Umstand Rechnung, dass es sich bei § 334 (ebenso wie bei § 333) um eine **zur Täterschaft verselbstständigte Teilnahmetat am Delikt des Amtsträgers** handelt. Dass dieser Gesichtspunkt bei den Tatbeständen der §§ 331, 333 nicht be-

---

1032 *Michalke*, Konfusion als System – die Genehmigung bei der Vorteilsannahme und Vorteilsgewährung, in: Hanack (Hrsg.): Festschrift für Peter Rieß zum 70. Geburtstag, 2002, S. 777.
1033 *Fortun*, Die behördliche Genehmigung im strafrechtlichen Deliktsaufbau, 1997, S. 107.
1034 *Schneider*, Die Dienstherrengenehmigung des § 331 Abs. 3 StGB. Bedeutung und Reichweite am Beispiel der Kooperation zwischen Ärzten und der Arzneimittel- bzw. Medizinprodukteindustrie, in: Esser u.a. (Hrsg.): Festschrift für Hans-Heiner Kühne zum 70. Geburtstag, 2013, S. 477 ff.
1035 *Heine/Eisele*, in: Schönke/Schröder, § 332, Rn. 1; *Korte*, in: MüKo StGB, § 334, Rn. 1; *Kuhlen*, Untreue, Vorteilsannahme und Bestechlichkeit bei der Einwerbung universitärer Drittmittel, JR 2003, 236.

V. Korruptionsdelikte § 3

rücksichtigt wurde, ist rechtspolitisch verfehlt[1036] und wird in der Praxis im Regelfall durch die Strafzumessung im engeren Sinne ausgeglichen. Danach werden die Amtsträger (Nehmer) regelmäßig schwerer bestraft als die Geber.

Inhaltlich besteht der zentrale Unterschied zwischen Vorteilsannahme und Vorteilsgewährung einerseits und Bestechlichkeit und Bestechung andererseits in der Qualität der Unrechtsvereinbarung. Während bei den §§ 331, 333 eine **gelockerte Unrechtsvereinbarung** (Anschein der Käuflichkeit) genügt, muss für die §§ 332, 334 eine **manifeste Unrechtsvereinbarung** dergestalt bestehen, dass eine **pflichtwidrige Diensthandlung**[1037] erkauft wird (z.B.: Die positive Bewertung einer Promotion durch den betreuenden Hochschullehrer Zug um Zug gegen Zahlung eines „Beratungshonorars"[1038], die ungerechtfertigte Gewährung einer Einkommensteuerrückerstattung Zug um Zug gegen Barzahlung an den Finanzbeamten durch den Steuerpflichtigen). Die Diensthandlung selbst kann auch eine Straftat darstellen[1039], z.B. die Strafvereitelung im Amt durch einen „gekauften" Staatsanwalt oder Polizeibeamten oder die Anstiftung oder Beihilfe zur Einkommensteuerhinterziehung durch den o.g. Finanzbeamten).

515

Wichtigster Fall der pflichtwidrigen Diensthandlungen ist die **erkaufte fehlerhafte Ermessensausübung**.[1040] Kann der Amtsträger ein Ermessen ausüben, liegt eine pflichtwidrige Diensthandlung demnach schon im Fall des Ermessensfehlgebrauchs vor, wenn die Entscheidung (z.B. eine Bestellentscheidung bei der Materialbeschaffung[1041] einer Behörde, die Erteilung eines Bauauftrags) auch durch den Vorteil beeinflusst war.

516

Geht es insoweit um eine **zukünftige Diensthandlung**, ist der Tatbestand gem. §§ 332 Abs. 3, 334 schon dann erfüllt, wenn sich der Amtsträger bereit erklärt hat, seine Dienstpflichten zu verletzen (§ 332 Abs. 3) oder wenn er den anderen zu bestimmen versucht, eine Pflichtverletzung zu begehen oder sich bei der Ausübung des Ermessens durch den Vorteil leiten zu lassen.

517

Im Unterschied zu den Delikten der Vorteilsannahme und Vorteilsgewährung gibt es bei den Tatbeständen der Bestechlichkeit und Bestechung **keine Rechtfertigung durch eine Dienstherrengenehmigung**. Dies ist plausibel, denn auch der Dienstherr ist an das Gesetz gebunden und kann rechtswidrige Diensthandlungen und fehlerhafte Ermessensausübungen durch eine Genehmigung nicht „legalisieren".

518

d) Besonders schwere Fälle der Bestechlichkeit und Bestechung gem. § 335

Die Abgrenzung zwischen Vorteilsannahme und Bestechlichkeit bzw. zwischen Vorteilsgewährung und Bestechung ist auch deshalb wichtig, weil nur bei Vorliegen der Voraussetzungen von Bestechlichkeit und Bestechung ein besonders schwerer Fall gem. § 335 in Betracht kommen kann (Regelbeispiel). Auch diese Vorschrift wurde im Zuge der Verschärfung des Korruptionsstrafrechts durch das Korruptionsbekämpfungsgesetz im Jahr 1997 in das StGB aufgenommen.

519

Besonders praxisrelevant ist § 335 Abs. 2 Nr. 1. Danach liegt ein besonders schwerer Fall vor, wenn sich die Tat auf einen Vorteil großen Ausmaßes bezieht (Abs. 2 Nr. 1).

520

[1036] *Wessels/Hettinger/Engländer*, Strafrecht BT 1, Rn. 1135.
[1037] *Heger*, in: Lackner/Kühl, § 332, Rn. 4; *Korte*, in: MüKo StGB, § 334, Rn. 6.
[1038] BGH 26.5.2009 – 3 StR 48/09, BeckRS 2009, 16014.
[1039] So auch *Kindhäuser/Schramm*, StrafR BT I, § 71, Rn. 55.
[1040] Näher dazu *Korte*, in: MüKo StGB, § 332, Rn. 24 ff.
[1041] BGH 14.2.2007 – 5. StR 323/06, wistra 2007, 222 f.

Insoweit sind nur materielle Vorteile relevant. In der Literatur werden für die erforderliche Pauschalierung der Festsetzung des großen Ausmaßes Beträge ab 10.000 EUR[1042] bzw. nach anderer Ansicht erst ab 25.000 EUR[1043] oder ab 50.000 EUR[1044] diskutiert. Der **Begriff** des „**großen Ausmaßes**" ist, wie der BGH in mehreren Entscheidungen hervorgehoben hat, „**für sich gesehen ein unbestimmter**".[1045] Der BGH hat die Normen, in denen der Begriff des „großen Ausmaßes" verwendet wird, nur deshalb als mit Art. 103 Abs. 2 GG vereinbar angesehen, weil es sich um die Strafzumessung betreffende **Regelbeispiele** handelt, die durch Gesamtumstände widerlegbar sind. Da Regelbeispiele die Strafzumessungsseite betreffen, ist die „strenge Bindung der strafenden Staatsgewalt an das Gesetz" gelockert, das Bestimmtheitsgebot gilt hier „in etwas abgeschwächter Form".[1046]

521   Praxisrelevant ist auch der besonders schwere Fall in Gestalt einer **fortgesetzten Annahme von Vorteilen** (§ 335 Abs. 2 Nr. 2). Die fortgesetzte Annahme kann sich dabei auf eine oder mehrere zukünftige pflichtwidrige Diensthandlungen beziehen. Vorausgesetzt wird eine mindestens dreimalige[1047] Vorteilsannahme. Nach überwiegender Auffassung genügt es nicht, wenn sich bei einer ersten Vorteilsannahme feststellen lässt, dass der Vorsatz auf weitere Vorteilsannahmen gerichtet war.[1048]

In der durch die Einführung der §§ 299 a, 299 b entfachten neueren Diskussion wird häufiger auch auf das Regelbeispiel der **bandenmäßigen Begehung** (§ 335 Abs. 2 Nr. 3) abgestellt. Nach herrschender Meinung soll der Zusammenschluss von **drei Personen** ausreichend sein. Diese Personen müssen nicht notwendig in einem „Lager" (Vorteilsgeber- oder Vorteilsnehmerseite) stehen.[1049] Die h.M. überzeugt nicht. Das Drei-Personen-Modell erlangt seine Plausibilität aus der Abgrenzung zur Mittäterschaft (mindestens zwei Personen) und bezieht sich auf Straftatbestände, die von denselben Personen verwirklicht wurden. Bei Vorteilsnahme und Vorteilsgewährung, Bestechung und Bestechlichkeit (bzw. bei § 299 Abs. 1 und Abs. 2 sowie § 299 a und § 299 b) handelt es sich aber um zwei unterschiedliche Tatbestände. Ein Vorteilsgeber und ein Vorteilsnehmer können nicht Mittäter sein. Zudem ist die Korruption eine Beziehungstat, die denknotwendig mindestens zwei Personen, einen Vorteilsnehmer und einen Vorteilsgeber voraussetzt. Daher liegt bandenmäßige Begehung nach hier vertretenem Standpunkt nur dann vor, wenn auf der Seite der Nehmer oder auf der Seite der Geber mindestens drei Personen tätig werden.

1042   *Heger*, in: Lackner/Kühl, § 335, Rn. 2.
1043   *Heine/Eisele*, in: Schönke/Schröder, § 335, Rn. 3.
1044   *Korte*, in: MüKo StGB, § 335, Rn. 9; *Detter*, Zum Strafzumessungsrecht, NStZ 2017, 624 (633).
1045   BGH 7.10.2003 – 1 StR 274/03, NJW 2004, zu § 263 Abs. 3 S. 2 Nr. 2 Alt. 1 (Vermögensverlust großen Ausmaßes bei § 263 StGB) sowie BGH 7.10.2003 – 1 StR 212/03, NJW 2003, 3717 (zum Vermögensverlust großen Ausmaßes bei der Untreue, §§ 263 Abs. 3 S. 2 Nr. 2 Alt. 1 i.V.m. § 266 Abs. 2 StGB).
1046   *Kindhäuser*, in: K/N/P, § 243, Rn. 4; *Roxin*, AT I, § 5, Rn. 82.
1047   *Heine/Eisele*, in: Schönke/Schröder, § 335, Rn. 4.
1048   Näher *Heine/Eisele*, in: Schönke/Schröder, § 335, Rn. 4; *Tödtmann*, Korruption. Heikle Praxis, Wirtschafts-Woche vom 28.1.1999, 88.
1049   *Momsen/Laudien*, in: BeckOK, § 300, Rn. 5: „Erfasst werden auch Zusammenschlüsse von Vorteilsnehmern und -gebern." *Dannecker*, in: K/N/P StGB, § 300, Rn. 20: „Eine Bande ist auch beim Zusammenschluss von Personen auf beiden Seiten der korruptiven Beziehung gegeben." *Krick*, in: MüKo StGB, § 300, Rn. 22: „Bande kann daher auch der gemischte Zusammenschluss von Beteiligten auf beiden Seiten der korrupten Beziehung sein."

V. Korruptionsdelikte § 3

4. Der Straftatbestand der Bestechlichkeit und Bestechung im geschäftlichen Verkehr gem. § 299

a) Normzweck und Struktur des § 299

Der Straftatbestand des § 299 wurde im Zuge des Korruptionsbekämpfungsgesetzes aus dem Jahr 1997 in das Kernstrafrecht aufgenommen und durch das Gesetz zur Bekämpfung der Korruption vom 20.11.2015 ergänzt.[1050] § 299 Abs. 1 Nr. 1 und Abs. 2 Nr. 1 entsprechen im Wesentlichen dem wenig praxisrelevanten früheren § 12 UWG,[1051] und schützen den Wettbewerb vor unlauteren Einflüssen.[1052] § 299 Abs. 1 Nr. 2 bzw. Abs. 2 Nr. 2 schützen demgegenüber das Interesse des Geschäftsherrn an einer loyalen Zusammenarbeit mit seinen Mitarbeitern (Geschäftsherreninteresse).[1053]

522

Voraussetzung für die Strafbarkeit ist auch hier, dass der Vorteilsnehmer für sich oder einen Dritten einen Vorteil fordert, sich versprechen lässt oder annimmt. Hinsichtlich des Begriffs des Vorteils[1054] und der Tathandlungen[1055] kann auf die Ausführungen oben verwiesen werden. Im Unterschied zu § 331 ist für die Strafbarkeit nach § 299 eine konkrete (manifeste) Unrechtsvereinbarung erforderlich, nach deren Inhalt der Vorteilsnehmer den Vorteilsgeber bei dem Bezug von Waren oder gewerblichen Leistungen in unlauterer Weise bevorzugt (Abs. 1 Nr. 1, Abs. 2 Nr. 1) bzw. eine Pflicht gegenüber dem Unternehmen verletzt (Abs. 1 Nr. 2, Abs. 2 Nr. 2).

523

§ 299 enthält mit den Tatbestandsvoraussetzungen „Beauftragter", „Unternehmen", „im geschäftlichen Verkehr", „Dienstleistungen", Bevorzugung in „unlauterer Weise" und „Pflichtverletzung" unbestimmte und interpretationsoffene Rechtsbegriffe, die breite Spielräume vertretbarer Rechtsauffassungen eröffnen. Aus verfassungsrechtlichen Gründen (Art. 103 Abs. 2 GG) ist daher eine einschränkende Auslegung der genannten Tatbestandsmerkmale geboten.

524

Der Strafrahmen des § 299 sieht eine Freiheitsstrafe zwischen einem Monat und drei Jahren oder Geldstrafe vor. Besonders schwere Fälle sind in § 300 geregelt. Insoweit kann auf das zu § 335 Gesagte Bezug genommen werden.[1056] Der Strafrahmen bewegt sich bei Vorliegen der Voraussetzungen des besonders schweren Falles zwischen drei Monaten und fünf Jahren Freiheitsstrafe. Geldstrafe ist nicht vorgesehen und nur über die Regelung des § 47 Abs. 2 möglich.

525

Im Unterschied zu den Korruptionsdelikten der Amtsträger wird eine Straftat nach § 299 nur auf Antrag oder bei Vorliegen eines besonderen öffentlichen Interesses, das von der Staatsanwaltschaft bejaht werden muss, von Amts wegen verfolgt, § 301.

526

b) Sonderdeliktscharakter des § 299 Abs. 1

Bei § 299 sind die Tatbestandsvoraussetzungen für Vorteilsnehmer und Vorteilsgeber in einem Tatbestand geregelt. Entsprechend ist § 299 Abs. 1, der sich auf die Nehmer-

527

[1050] Näher *König/Benz*, Privatisierung und staatliche Regulierung, S. 401; vgl. BGBl I 2015, S. 2025.
[1051] *König/Benz*, Privatisierung und staatliche Regulierung, S. 401; vgl. *Leipold*, Korruptionsdelikte – Eine Bestandsaufnahme, NJW 2007, 423.
[1052] Näher zum Rechtsgut des § 299 StGB: *Eisele*, in: Schönke/Schröder, § 299, Rn. 3; *Passarge*, Aktuelle Entwicklungen in der Gesetzgebung zur Korruptionsbekämpfung, DStR 2016, 482, 483.
[1053] BT-Drucks. 18/ 4350, S. 21; *Fischer*, § 299, Rn. 2 a.
[1054] § 3, Rn. 495.
[1055] § 3, Rn. 501.
[1056] § 3, Rn. 519 ff.

seite bezieht, als Sonderdelikt ausgestaltet. § 299 Abs. 2, der für die Geberseite gilt, ist demgegenüber Jedermanndelikt.

528 Täter des § 299 ist alternativ der Angestellte oder der Beauftragte eines Unternehmens.

aa) Unternehmen

529 ▶ Unter einem Unternehmen versteht man jede auf Dauer betriebene Tätigkeit im Wirtschaftsleben, die den Austausch von Leistung und Gegenleistung zum Gegenstand hat, ohne dass es auf eine Gewinnerzielungsabsicht ankommt.[1057] ◀

530 Unternehmen sind daher z.b. Krankenhäuser, soweit sie im Eigentum einer privaten Betreibergesellschaft stehen (Rhön-Klinikum, Asklepios Gruppe usw.).[1058] Da die Gewinnerzielungsabsicht bedeutungslos ist, fallen auch gemeinnützige GmbHs und z.b. gemeinnützige Genossenschaften unter den Begriff des Unternehmens.[1059]

bb) Angestellter

531 ▶ **Definition:** Angestellter ist, wer in einem Dienstverhältnis zum Geschäftsherrn steht und weisungsgebunden ist.[1060] ◀

532 Geschäftsinhaber fallen daher grundsätzlich nicht unter § 299 Abs. 1. Für sie ist aber § 299 Abs. 2 zu prüfen. Im **Einstiegsfall** ist der Gartenarchitekt X, der als Freiberufler tätig ist, kein Angestellter eines Unternehmens und fällt demnach nicht unter § 299 Abs. 1. Etwas anders gilt dann, wenn das Gartenarchitekturbüro als GmbH geführt wird und X als Angestellter für die GmbH handelt.

533 ▶ **Problem: Alleingesellschafter-Geschäftsführer einer GmbH.** Fraglich ist indessen, ob X auch dann als Angestellter zu qualifizieren wäre, wenn es sich lediglich um eine vom Inhaber geführte Einmann-GmbH handelt. Stellt man insbesondere auf die Weisungsgebundenheit ab, ist der Alleingesellschafter-Geschäftsführer nicht als tauglicher Täter i.S.d. § 299 Abs. 1 zu qualifizieren, weil er einem Geschäftsinhaber, der nicht formal im Angestelltenverhältnis steht, faktisch gleichgestellt ist und Entscheidungen über den Bezug von Waren und Dienstleistungen frei treffen kann. Daher schließt die wohl h.M. beim Alleingesellschafter-Geschäftsführer der GmbH den Anwendungsbereich des § 299 Abs. 1 aus.[1061] Die Gegenposition beruft sich auf die rechtliche Selbstständigkeit der juristischen Person und das Parallelproblem bei § 266.[1062] Denn obwohl dem Alleingesellschafter der GmbH das Unternehmen gehöre, könne er sich, soweit er zugleich auch die Position des Geschäftsführers innehabe, wegen Untreue strafbar ma-

---

1057 BGH 2, 396; 10, 366; *Fischer*, § 299, Rn. 5.
1058 *Schneider*, in: Boemke/Schneider, Korruptionsprävention im Gesundheitswesen, S 36 f.
1059 *Eisele*, in: Schönke/Schröder, § 299, Rn. 7.
1060 *Fischer*, StGB, § 299, Rn. 14.
1061 LG Frankfurt a.M. 22.4.2015 – 5/12 Qs 1/15, NStZ-RR 2015, 215; *Eisele*, in: Schönke/Schröder, § 299, Rn. 11.
1062 *Fischer*, StGB, § 299, Rn. 13.

V. Korruptionsdelikte

chen.[1063] Daher sei es „vertretbar"[1064], ihn auch in den Anwendungsbereich des § 299 Abs. 1 einzubeziehen. ◄

cc) Beauftragter

▶ **Definition:** Beauftragter ist nach dem Wortlaut, wem eine Aufgabe zur Erledigung übertragen wurde. Dies ist im Kontext des § 299 jeder, der ohne Angestellter oder Inhaber des Unternehmens zu sein, vermöge seiner Stellung berechtigt und verpflichtet ist, für den Auftraggeber geschäftlich zu handeln und Einfluss auf die für den Auftraggeber zu treffenden Entscheidungen besitzt.[1065] ◄

Dies ist im Fall des Gartenarchitekten X der Fall. Sowohl im Rahmen seiner planerischen Tätigkeit für den Privatgarten des Z, als auch im Rahmen des Auftrags zur Gestaltung des Parks des als GmbH betriebenen Familienunternehmens handelt X als Beauftragter. Bei der Lösung des Falles besonders zu beachten ist allerdings, von wem X jeweils den Auftrag erhalten hat. Soweit der Privatgarten gestaltet werden soll, ist er Auftragnehmer einer Privatperson. Damit erfüllt er weder das Tatbestandsmerkmal des Angestellten, noch das eines Beauftragten eines Unternehmens. Er kann sich insoweit folglich nicht nach § 299 strafbar machen. Etwas anderes gilt aber, soweit er den Auftrag von der GmbH erhält. Diese ist Unternehmen i.S.d. § 299 Abs. 1. Folglich ist X insoweit Beauftragter eines Unternehmens.

Ein und dasselbe Verhalten – die Vermittlung der im Rahmen der Planung vorgeschlagenen Pflanzen Zug um Zug gegen Annahme des Auftragskickbacks von 10 % des Auftragsvolumens – ist daher in dem einen Fall (Handeln im Auftrag der GmbH) gem. § 299 strafbar, in dem anderen Fall (Handeln im Auftrag der Privatperson) nicht.

Dieses Ergebnis ist mit Blick auf die von § 299 geschützten Rechtsgüter nicht zu rechtfertigen. Denn in beiden Fällen wird der Wettbewerb durch die Zahlung des Schmiergeldes beeinträchtigt und eine Pflicht gegenüber dem Unternehmen verletzt. Die gesetzliche Differenzierung zwischen Unternehmen und Privatpersonen als Auftraggebern ist wohl – die Materialien sind insoweit wenig aussagekräftig – vom ultima ratio Gedanken getragen. Regelmäßig geht es bei Aufträgen von Unternehmen um größere Geschäftsvolumina als bei Aufträgen von Privatpersonen. Daher ist eine Wettbewerbsverzerrung durch Korruption insofern auch wirtschaftlich bedeutsamer als im Fall der möglicherweise geringfügigeren Aufträge von Privatpersonen. Versteht man das Strafrecht als ultima ratio der Sozialkontrolle, muss es demnach nur die gewichtigen Fälle, die den Wettbewerb nachhaltig beeinträchtigen können und schwere Pflichtverletzungen begründen, erfassen. Im Übrigen wird in den meisten Fallgestaltungen des Handelns im Auftrag von Privatpersonen auf § 266 zurückgegriffen werden können.

[1063] Vgl. BGH 29.5.1987 – 3 StR 242/82, BGHSt 34, 379 ff.: „Der Alleingesellschafter einer GmbH, der entgegen § 30 Abs. 1 GmbHG das nach dem Gesellschaftsvertrag ausgewiesene Stammkapital, also das rechnerisch nach Bilanzierung (erforderlichenfalls mit „Zerschlagungswerten") die Verbindlichkeiten übersteigende Reinvermögen in Höhe der Stammkapitalziffer (vgl. BGHZ 76, 326, 335), angreift, begeht Untreue (BGHSt 3, 32, 40; BGHSt 9, 203, 216). Nichts anderes gilt nach dieser Rspr., wenn er die Liquidität der GmbH in Gefahr bringt (BGH GmbHR 1954, 75), eine Forderungspfändung mißachtet (OLG Stuttgart in OLGSt § 266 StGB S. 45) oder sonst schlechthin gegen die Grundsätze eines ordentlichen Kaufmanns verstößt".
[1064] *Fischer*, StGB, § 299, Rn. 13.
[1065] *Schneider*, Anmerkung zu OLG Braunschweig Beschl. v. 23.2.2010 – Ws 17/10, StV 2010, 365 ff., 367.

c) Unlautere Bevorzugung im Wettbewerb (Abs. 1 Nr. 1, Abs. 2 Nr. 1)

538 Die Unrechtsvereinbarung in § 299 Abs. 1 Nr. 1 und Abs. 2 Nr. 1 muss eine unlautere Bevorzugung im Wettbewerb zum Gegenstand haben. Das bedeutet, dass der Vorteil als Gegenleistung für eine künftige unlautere Bevorzugung im Wettbewerb gefordert, angeboten oder gewährt werden muss.[1066]

Eine Wettbewerbssituation liegt vor, wenn auf einem sachlich und räumlich zu definierenden Markt mindestens zwei Anbieter miteinander konkurrieren. Im Zusammenhang mit der räumlichen Marktabgrenzung ist eine nachfragenbezogene Betrachtung vorzunehmen. In weniger angebotsgesättigten Märkten besteht eine Nachfrage in einem größeren räumlichen Gebiet, als in Märkten mit hoher Angebotsdichte. Die sachliche Marktabgrenzung betrifft die Frage, welche Waren/ Dienstleistungen vor dem Hintergrund eines bestimmten Bedarfs zusammengefasst werden können (Bedarfsmarktkonzept).[1067] Der Begriff der Bevorzugung impliziert eine Entscheidung zwischen den Wettbewerbern. Es muss ein wirtschaftliches Konkurrenzverhältnis zwischen ihnen bestehen.[1068]

Die Bevorzugung muss ferner unlauter sein. Dies ist indiziert, wenn eine Verletzung sogenannter Marktverhaltensnormen, d.h. strafrechtsexterner Regelungen, die im weiteren Sinne den freien Leistungswettbewerb schützen, vorliegt. Eine Marktverhaltensnorm, die im Gesundheitswesen relevant ist, stellt bspw. § 128 Abs. 1 SGB V dar. Diese Norm verbietet die Abgabe von Hilfsmitteln (z.B. Hörgeräten) aus einem Depot beim Arzt. Eine unlautere Bevorzugung besteht nur dann, wenn gegen eine derartige Marktverhaltensnorm verstoßen wird. Nach einer anderen Auffassung genügt es für die Unlauterkeit, wenn die Bevorzugung allein aufgrund des Vorteils erfolgt.[1069]

d) Pflichtverletzung (Abs. 1 Nr. 2, Abs. 2 Nr. 2)

539 In § 299 Abs. 1 Nr. 2 und Abs. 2 Nr. 2 muss die Unrechtsvereinbarung eine Pflichtverletzung des Angestellten oder Beauftragten gegenüber dem Unternehmen zum Gegenstand haben. Eine Pflichtverletzung kann jede Handlung oder Unterlassung sein, die geeignet ist, Vermögensinteressen des Geschäftsherrn im Hinblick auf einen konkreten Vorgang des Bezugs von Waren oder Dienstleistungen zu schädigen (z.B. Schlechtlieferungen, Unterlassen von Prüfungen und Mängelrügen).[1070]

540 **Problem Geschäftsherrenmodell:** Der Begriff der Pflichtverletzung in diesem Geschäftsherrenmodell des § 299 Abs. 1 Nr. 2 bzw. Abs. 2 Nr. 2 ist somit sehr weit und seine Auslegung daher problematisch. Hierzu ein Beispielsfall:

Ein Cateringunternehmen schreibt seinen Mitarbeitern vor, während der Arbeit im Kontakt mit den Kunden Schürzen mit dem Logo des Unternehmens zu tragen. Ein Kunde, der seine Geburtstagsfeier von diesem Cateringunternehmen bewirten lässt, zahlt den Mitarbeitern vor Ort jeweils ein großzügiges Trinkgeld in Höhe von 50 Eu-

---

[1066] *Dann*, Und immer ein Stück weiter – Die Reform des deutschen Korruptionsstrafrechts, NJW 2016, 203, 204.
[1067] Im Rahmen der sachlichen Marktabgrenzung wäre demnach z.B. zu prüfen, ob nach Anschauung der Abnehmer die Waren/ Dienstleistungen kategorisiert werden können. Besteht z.B. ein sachlicher Markt von Rasierapparaten, konkurrieren Nass- und Trockenrasierer miteinander.
[1068] *Eisele*, in: Schönke/Schröder, § 299, Rn. 28; *Tiedemann*, in: LK, § 299, Rn. 35.
[1069] So z.B. *Fischer*, § 299, Rn. 22, 27; *Eisele*, in: Schönke/Schröder, § 299, Rn. 33; *Tiedemann*, in: ZStW 86, 990, 1030.
[1070] *Fischer*, § 299, Rn. 36.

V. Korruptionsdelikte § 3

ro, damit sie nicht die Schürzen mit dem Logo ihres Arbeitsgebers tragen. Die Mitarbeiter gehen darauf ein.[1071]

Hier hatten die Angestellten gegenüber dem Cateringunternehmen, ihrem Geschäftsherrn, die Pflicht, die Schürzen mit dem Firmenlogo während des Dienstes und damit bei dem Bezug von Waren und Dienstleistungen zu tragen. Dies haben sie als Gegenleistung für die gewährten 50 Euro unterlassen. Der Tatbestand des § 299 Abs. 1 Nr. 2 StGB ist somit auf Seiten der Mitarbeiter des Cateringunternehmens erfüllt. Spiegelbildlich dazu ist auf Seiten des Kunden des Cateringunternehmens, der seine Geburtstagsfeier veranstaltet und den Vorteil gewährt, § 299 Abs. 2 Nr. 2 StGB erfüllt.

Auch wenn hier eine arbeitsrechtlich relevante Pflichtverletzung vorliegt, erscheint es wenig sachgerecht, den Angestellten wegen der vorliegenden Pflichtverletzung einen Strafrahmen bis zu drei Jahren Freiheitsstrafe in Aussicht zu stellen. Das Beispiel zeigt, dass Nr. 2 rechtspolitisch verfehlt und übermäßig ist. Es handelt sich um eine „Untreue ohne Vermögensschaden", die offensichtlich als Auffangtatbestand herangezogen werden soll, um auch dann strafen zu können, wenn die unlautere Bevorzugung im Wettbewerb nicht nachweisbar ist.[1072] Die Schwäche des Geschäftsherrenmodells wurde im Schrifttum erkannt und es besteht Einigkeit darüber, dass das Merkmal der Pflichtverletzung einschränkend ausgelegt werden muss. Strittig ist allerdings, wie diese einschränkende Auslegung zu erfolgen hat.[1073]

Am überzeugendsten ist die von *Kubiciel*[1074] begründete Position. Nach dieser sind nur solche Pflichtverletzungen tatbestandsmäßig, die sich gegen das Rechtsgut des § 299, den Wettbewerb, richten. Dies grenzt den Kreis der tatbestandsmäßigen Pflichtverletzungen auf die Verletzung von Marktverhaltensnormen (vgl. § 3a UWG) ein. Hierzu gehört die Anweisung des Arbeitgebers im oben dargelegten „Cateringfall", beim Kundenkontakt Schürzen mit einem Logo des Unternehmens zu tragen, nicht. Denn hierdurch sollen lediglich Werbeeffekte für das Unternehmen erzielt und eine Corporate Identity kommuniziert werden. Anders liegt es, wenn z.B. der Angestellte des Cateringunternehmens, der Lebensmittel einkauft, einen Geldbetrag erhält, damit er nicht zugelassenes genetisch verändertes Gemüse kauft und verarbeitet. Die Verletzung der ent-

---

[1071] Dieser Fall wurde von *Rönnau* gebildet, vgl.: *Rönnau/Golombek*, Die Aufnahme des „Geschäftsherrenmodells" in den Tatbestand des § 299 – ein Systembruch im deutschen StGB, ZRP 2007, 193, 194 f.; *Rönnau*, in: Achenbach/Ransiek/Rönnau, Handbuch Wirtschaftsstrafrecht, S. 292 ff.
[1072] Vgl. ebenso kritisch: *Krack*, Die Kleiderordnung als Schutzobjekt des § 299 StGB?, in: Joecks et. Al (Hrsg.): Festschrift für Erich Samson zum 70. Geburtstag, 2010, S. 377 ff.; *Vogel*, Wirtschaftskorruption und Strafrecht – Ein Beitrag zu Regelungsmodellen im Wirtschaftsstrafrecht, in: Heinrich et. al (Hrsg.): Festschrift für Ulrich Weber zum 70. Geburtstag, 2004, S. 395, 399; *Schünemann*, Der Gesetzentwurf zur Bekämpfung der Korruption – überflüssige Etappe auf dem Niedergang der Strafrechtskultur, ZRP 2015, 68, 69; *Rönnau*, Alte und neue Probleme bei § 299 StGB, StV 2009, 302, 308; *von Coelln*, in: Nietsch (Hrsg.): Unternehmenssanktionen im Umbruch, S. 98; a.A. *Kretschmer*, Auslandsbestechung: Strafrechtliche, steuerrechtliche und andere Gedanken zu einem aktuellen Thema, StraFo 2008, 496, 501.
[1073] *Hoven*, Aktuelle rechtspolitische Entwicklungen im Korruptionsstrafrecht – Bemerkungen zu den neuen Strafvorschriften über Mandatsträgerbestechung und Bestechung im geschäftlichen Verkehr, NStZ 2015, 553, 557; *Androulakis*, Die Globalisierung der Korruptionsbekämpfung, Journal of Criminal Law and Criminology 96/2, 2006, 465; ebenso *Tiedemann*, in: LK-StGB (2018), § 299, Rn. 38; *Krack*, Die Kleiderordnung als Schutzobjekt des § 299 StGB?, in: Joecks et. Al (Hrsg.): Festschrift für Erich Samson zum 70. Geburtstag, 2010, S. 377, 386; *Kubiciel*, Bestechung und Bestechlichkeit im geschäftlichen Verkehr. Zu einer wettbewerbsorientierten Umsetzung des sog. Geschäftsherrnmodells in § 299 StGB, ZIS 2014, 667, 670; *Schünemann*, Der Gesetzentwurf zur Bekämpfung der Korruption – überflüssige Etappe auf dem Niedergang der Strafrechtskultur, ZRP 2015, 68, 68 ff.
[1074] *Kubiciel*, Bestechung und Bestechlichkeit im geschäftlichen Verkehr. Zu einer wettbewerbsorientierten Umsetzung des sog. Geschäftsherrnmodells in § 299 StGB, ZIS 2014, 667, 670.

sprechenden EG VO ist eine Marktverhaltensnorm im Sinne des § 3 a UWG.[1075] Allerdings werden durch diese Lösung Auslegungs- und Abgrenzungsfragen des Wettbewerbsrechts in das Strafrecht hineingetragen und sorgen für Rechtsunsicherheit.

541 Sowohl die unlautere Bevorzugung im Wettbewerb als auch die Pflichtverletzung müssen bei dem Bezug von Waren oder Dienstleistungen erfolgen (Marktverhalten).

5. Bestechlichkeit und Bestechung im Gesundheitswesen, §§ 299 a, b

542 Die neu eingeführten §§ 299 a und b gehen auf eine Entscheidung des großen Senats des BGH vom 29.3.2012 zurück, in der entschieden wurde, dass niedergelassene Vertragsärzte als Täter der §§ 299, 331 ff. ausscheiden; sie seien weder Amtsträger noch Beauftragte der Krankenkassen.[1076] Angestellte Ärzte in Kliniken werden jedoch, als Angestellte eines Unternehmens, von § 299 oder, soweit sie in Einrichtungen im Eigentum der öffentlichen Hand arbeiten, als Amtsträger i.S.v. § 11 Abs. 1 Nr. 2 von §§ 331 ff. erfasst. Diese Ungleichbehandlung innerhalb derselben Berufsgruppe sollte beseitigt werden. Daraufhin wurden am 4.6.2016 durch das Gesetz zur Bekämpfung der Korruption im Gesundheitswesen die §§ 299 a und b eingeführt.[1077] Sie dienen den Schutzgütern des fairen Wettbewerbs im Gesundheitswesen und des Vertrauens der Patienten in die Integrität heilberuflicher Entscheidungen, wobei Letzteres bei genauerem Hinsehen nur ein Schutzreflex des Wettbewerbsschutzes ist.[1078] §§ 299 a, b sind spiegelbildlich aufgebaut, § 299 a betrifft die Strafbarkeit des Vorteilsnehmers, während sich § 299 b auf den Vorteilsgeber bezieht.

▶ **Einstiegsfall:** Im Jahr 2020 überlegen der niedergelassene Orthopäde Dr. X, der Apotheker Y und der Inhaber eines Sanitätshauses Z, die in einem „Ärztehaus", das Y gehört, residieren, wie sie ihre Kooperation zum Vorteil aller verbessern können. Damit die Patienten die von X verschriebenen Medikamente bei Y erwerben, vereinbaren sie, dass der Drucker für die von Dr. X ausgestellten Rezepte bei Y steht. Die Patienten brauchen nur über den Fahrstuhl von der Praxis des X in die Apotheke des Y zu fahren. Dort erhalten sie sodann die verschriebenen Medikamente. Im Gegenzug passen Y und X den Mietvertrag an. Dr. X zahlt nur noch rund ein Drittel der ortsüblichen Miete für seine Praxis. Mit Z vereinbart Dr. X eine Beteiligung an der Sanitätshaus GmbH mit jährlichen Gewinnausschüttungen. Dafür wird den Patienten nahegelegt, die entsprechenden Hilfsmittel bei Z zu erwerben. Hierfür liegen bei Dr. X Flyer und Kataloge von Z aus. Aufgrund eines Hinweises eines anderen Apothekers interessiert sich die Staatsanwaltschaft für die Kooperationsvereinbarungen. ◀

a) Angehörige eines Heilberufs

543 Der Vorteilsnehmer und somit Täter des § 299 a muss Angehöriger eines Heilberufs sein, der für die Berufsausübung oder die Führung der Berufsbezeichnung eine staatlich geregelte Ausbildung erfordert. § 299 a ist somit ein **echtes Sonderdelikt**. Demge-

---

1075 *Ohly*, in: Ohly/Sosnitza, § 3 a UWG, Rn. 61.
1076 BGHSt 57, 202.
1077 BT-Drucks. 18/8106 vom 13.4.2016.
1078 H.M.: *Schneider*, Das Gesetz zur Bekämpfung der Korruption im Gesundheitswesen und die Angemessenheit der Vergütung von HCP, medstra 2016, 17; *Schneider*, in: AKG e.V./BPI (Hrsg.): Kooperationen im Gesundheitswesen auf dem Prüfstand - Die §§ 299 a,b StGB und S. 38 f.; *Wittig*, Wirtschaftsstrafrecht, § 26, Rn. 65; *Seifert*, Das Konkurrenzverhältnis zwischen §§ 299 a, 299 b StGB und §§ 299, 331 ff. StGB – Besteht ein „Dreiklassenstrafrecht" der Ärzte und ihrer Kooperationspartner?, medstra 2018, 280 ff., 283. A.A.: BT-Drucks. 18/6446, S. 1, 12 f., 16.

V. Korruptionsdelikte

genüber kann § 299 b von **jedermann** begangen werden. Der Begriff des **Heilberufs** ergibt sich aus § 1 Abs. 2 des Heilpraktikergesetzes. Hiernach liegt ein Heilberuf bei jeder „berufs- oder gewerbsmäßig vorgenommenen Tätigkeit zur Feststellung, Heilung oder Linderung von Krankheiten, Leiden oder Körperschäden bei Menschen, auch wenn sie im Dienste von anderen ausgeübt werden", vor. Zu den Heilberufen zählen diejenigen Berufe, deren Tätigkeit durch die Arbeit am und mit dem Patienten geprägt ist.[1079]

Weiterhin muss für die Führung der Berufsbezeichnung oder die Berufsausübung eine staatlich geregelte Ausbildung erforderlich sein. Hierunter fallen sowohl Ärzte vgl. § 2 Abs. 1 BOÄ, Zahnärzte gem. § 1 Abs. 1 ZHG, Tierärzte nach § 2 Abs. 1 BTÄO, Psychologische Psychotherapeuten gem. § 1 Abs. 1 PsychThG, Kinder- und Jugendlichenpsychotherapeuten gem. § 1 Abs. 1 PsychThG und Apotheker vgl. § 2 Abs. 2 BApO, als auch die sogenannten Gesundheitsfachberufe wie z.B. Gesundheits- und Krankenpfleger, Ergotherapeuten, Logopäden und Physiotherapeuten, deren Ausbildung ebenfalls gesetzlich geregelt ist.[1080]

Hintergrundinformation: Das Herausgreifen einer bestimmten Berufsgruppe als Adressat eines Straftatbestandes im Kernstrafrecht ist ein Fall der symbolischen Gesetzgebung, an dem sich besonders anschaulich der politisch-publizistische Verstärkerkreislauf verdeutlichen lässt.[1081] Das Sonderstrafrecht für Angehörige von Heilberufen lässt sich allenfalls mit der wirtschaftlichen Bedeutung des Gesundheitsmarktes rechtfertigen, der aufgrund von Informationsasymmetrien zwischen Verbrauchern und Heilberuflern mit einem hohen Grad an Verrechtlichung und hiermit korrespondierenden Schlupflöchern besondere Tatgelegenheiten generiert. Entsprechendes kann man aber auch in anderen Branchen beobachten (s.o. das Architektenbeispiel).[1082] Die vom Großen Senat (BGH vom 29.3.2012, BGHSt 57, 202) zu Recht identifizierte Lücke im Schutz vor Korruption hätte der Gesetzgeber auch anders, zum Beispiel im Rahmen der parallel betriebenen Reform des § 299 schließen können. Dies hätte sich politisch aber weniger eindrucksvoll als Kampf für die „Schwachen" (Patienten, Erkrankte) und gegen die Lobby der „Mächtigen" (Ärzte, Pharma- und Medizinprodukteindustrie) inszenieren lassen.

544

b) Vorliegen eines Wettbewerbs- bzw. Marktverhaltens, §§ 299 a, b Nr. 1–3

Erforderlich für die Strafbarkeit ist das Vorliegen eines bestimmten Wettbewerbs- bzw. Marktverhaltens. Dieses ergibt sich aus den Nummern 1 bis 3 der §§ 299 a und b. Der Angehörige eines Heilberufs muss Arznei-, Heil- oder Hilfsmittel verordnen (Nr. 1), beziehen (Nr. 2) oder Patienten oder Untersuchungsmaterial zuführen (Nr. 3).

545

Der Begriff des **Arzneimittels** wird in § 2 AMG definiert, der Begriff der **Heilmittel** in § 32 SGB V i.V.m. Heilmittelkatalog Massagen, Geräteunterstützte Krankengymnastik, auf welche hier verwiesen wird. In der Gesetzesbegründung heißt es:

1079 Eine Auflistung der Gesundheitsberufe findet sich unter: http://www.bundesgesundheitsministerium.de/themen/gesundheitswesen/gesundheitsberufe/gesundheitsberufe-allgemein.html#c931 (zugegriffen am 6.2.2020); *Schneider*, Das Gesetz zur Bekämpfung der Korruption im Gesundheitswesen und die Angemessenheit der Vergütung von HCP, medstra 2016, 195 ff.
1080 *Schneider*, Das Gesetz zur Bekämpfung der Korruption im Gesundheitswesen und die Angemessenheit der Vergütung von HCP, medstra 2016, 195 ff.
1081 § 1 Rn. 74 ff.
1082 § 3 Rn. 14.

„Der Begriff des Heilmittels soll danach ärztlich verordnete Dienstleistungen erfassen, die einem Heilzweck dienen oder einen Heilerfolg sichern und nur von entsprechend ausgebildetem Personal erbracht werden dürfen. Hierunter fallen insbesondere Maßnahmen der physikalischen Therapie, der podologischen Therapie, der Stimm-, Sprech- und Sprachtherapie sowie Maßnahmen der Ergotherapie."[1083]

Der Begriff des **Hilfsmittels** bezieht sich auf § 33 SGB V. Hier werden beispielhaft Hörhilfen, Körperersatzstücke und orthopädische Hilfsmittel genannt. Auch der Begriff der **Medizinprodukte** wird extern definiert, vgl. § 3 MPG.

546 Diese Produkte müssen in **Nr. 1** einem anderen (i.d.R. dem Patienten) **verordnet** werden. Verordnung meint die Verschreibung der oben genannten Produkte, unabhängig davon, ob im Einzelfall eine Verschreibungspflicht besteht. Ebenfalls erfasst sind Tätigkeiten, die mit dem Verordnen in einem engen Zusammenhang stehen, wie bspw. die Übersendung der Verordnung an einen anderen Leistungserbringer.[1084]

547 Der Begriff des **Bezugs** (**Nr. 2**) erstreckt sich auf alle Handlungen, die auf ein entgeltliches oder unentgeltliches Erwerben der genannten Produkte bezogen sind. Es liegt vor, wenn Produkte bestellt, abgenommen oder bezahlt werden.[1085] Der Bezug ist jedoch nur dann tatbestandsmäßig, wenn die bezogenen Produkte zur unmittelbaren Anwendung durch den Heilberufsangehörigen oder einen seiner Berufshelfer bestimmt sind. Daher sind Vorteilszuwendungen von Arzneimittelherstellern an Apotheker nicht tatbestandsmäßig, weil Apotheker Medikamente nur abgeben und nicht unmittelbar anwenden. Ob insofern die Zuführungsvariante einschlägig ist, ist noch nicht geklärt, dürfte im Ergebnis aber zu verneinen sein. Da die Bezugsvariante bei dem Einkauf von Arzneimitteln spezieller ist, darf eine Einschränkung des Tatbestandes nicht durch Rückgriff auf die allgemeinere Variante des Marktverhaltens korrigiert werden. Allerdings stellt § 299 a Nr. 2, § 299 b Nr. 2 einen vom Gesetzgeber wohl nicht gesehenen Systembruch dar, weil Angestellte der Apotheke (z.B. PTA = Pharmazeutisch Technische Assistenten) über § 299 erfasst werden können, der eine der Nr. 2 vergleichbare Einschränkung nicht kennt. De lege lata ist das Problem nur über die Konkurrenzen zu lösen (Sperrwirkung der §§ 299 a, 299 b gegenüber § 299).

548 Mit dem Begriff der **Zuführung** von Patienten gem. **Nr. 3** ist das gezielte Lenken von Patientenströmen in eine bestimmte Richtung oder zu einem bestimmten Anbieter von Gesundheitsdienstleistungen gemeint (z.B. von der Arztpraxis in ein bestimmtes Krankenhaus[1086]). Nach den Vertretern[1087] des extensiven Zuführungsbegriffs stellt unter Berufung auf die Gesetzesbegründung[1088] jede Empfehlung und Überweisung eine tatbestandliche Zuführung dar. Diese Interpretation kollidiert aber mit dem Wortlaut. Denn Zuführen leitet sich vom Verb führen ab und führen ist etwas anderes als emp-

---

1083 BT-Drucks. 18/6446, S. 20.
1084 Näher: *Gaede*, Licht und Schatten – Die materiellrechtlichen Vorschriften des Referentenentwurfs des BMJV zur Bekämpfung von Korruption im Gesundheitswesen, medstra 2015, 263 ff.
1085 *Tsambikakis*, Kommentierung des Gesetzes zur Bekämpfung der Korruption in Gesundheitswesen, medstra 2016, 131 ff.
1086 *Schneider*, Das Gesetz zur Bekämpfung der Korruption im Gesundheitswesen und die Angemessenheit der Vergütung von HCP, medstra 2016, 195 ff.; *Schneider/Ebermann*, Das Strafrecht im Dienste gesundheitsökonomischer Steuerungsinteressen, HRRS 2013, 219, 220.
1087 *Dannecker/Schröder*, in: K/N/P StGB, § 299 a, Rn. 171 ff.; *Wissing/Cierniak*, Strafbarkeitsrisiken des Arztes und von Betriebsinhabern nach dem Entwurf eines Gesetzes zur Bekämpfung von Korruption im Gesundheitswesen, NZWiSt 2016, 41 ff., 45.
1088 BT-Drucks. 18/6446, S. 20.

fehlen. Nur beim Führen wird ein Informationsvorsprung oder ein Autoritätsverhältnis zwischen Führendem und Geführten zur gezielten Lenkung des Patienten ausgenutzt und dessen Autonomie, sich einem Anbieter seiner Wahl zuzuwenden, beeinträchtigt. Deswegen besitzt der Arzt gegenüber seinen Patienten eine Informationspflicht dahin gehend, alle Parameter, die das Patientenvertrauen beeinflussen können, gegenüber dem Patienten offenzulegen. Soweit der Arzt dieser Informationspflicht nachkommt, ist der Patient in der Lage, eine freiverantwortliche Entscheidung zu treffen und wird insofern nicht geführt (sog. restriktiver Zuführungsbgriff[1089]). Eine herrschende Meinung hat sich noch nicht herausgebildet. Es bleibt abzuwarten, welchen Standpunkt die Rechtsprechung ergreift.

Die Problematik des Zuführungsbegriffs ist von erheblicher Bedeutung, u.a. im Zusammenhang mit dem sog. Medizintourismus[1090], aber auch an allen anderen Schnittstellen der Versorgung, z.B. im Entlassmanagement, im Zusammenhang der Empfelungen von Hörgeräteakustikern, der Kooperationen zwischen Einzelnen Fachärzten.

Der Begriff des Untersuchungsmaterials umfasst Blut-, Stuhl- und Urinproben.[1091] Hier geht es in der Praxis vor allem um die Kooperationen zwischen Ärzten im Rahmen der labormedizinischen Diagnostik.

c) Weitere Tatbestandsmerkmale

Für die übrigen Tatbestandsmerkmale des Vorteils (Rn. 489 ff.), der unlauteren Bevorzugung im Wettbewerb (Rn. 534) sowie der Tathandlungen (Rn. 497) wird auf die Ausführungen zu den §§ 331 ff. verwiesen.

d) Konkurrenzen

Die h.M. und die Entwurfsbegründung der Bundesregierung gehen davon aus, dass zwischen §§ 299, 299 a, b Idealkonkurrenz besteht. Dies mag folgerichtig sein, soweit es um das Verhältnis zu den Amtsdelikten geht.[1092] Denn insoweit sind unterschiedliche Rechtsgüter betroffen, der faire Wettbewerb im Gesundheitswesen einerseits und die Lauterkeit des öffentlichen Dienstes und das Vertrauen der Allgemeinheit in diese andererseits. Im Verhältnis zu § 299 Abs. 1 Nr. 1 sind die §§ 299 a, b aber die spezielleren Delikte, so dass nach hier vertretener Auffassung § 299 Abs. 1 Nr. 1 im Wege der Gesetzeskonkurrenz verdrängt wird. Stellt man darauf ab, dass das Sonderdelikt des § 299 a Korruption bei den Angehörigen von Heilberufen inhaltlich und nur bei Vorliegen bestimmter Erscheinungsformen des Marktverhaltens kriminalisieren soll, kann auch von einer Sperrwirkung der §§ 299 a, 299 b gegenüber §§ 299, 331 ff. ausgegan-

---

[1089] Begründet von: *Schneider/Ebermann*, Der Begriff der Zuführung von Patienten in den Tatbeständen Bestechlichkeit und Bestechung im Gesundheitswesen, medstra 2018, 67 ff.; Befürwortet von: *Gaede*, in: Leitner/Rosenau, § 299 a StGB, Rn. 63; *ders.*, Die Anwendung der neuen Korruptionsstraftatbestände in der Praxis, medstra 2018, 264 ff., 267; *Tsambikakis*, Korruption im Gesundheitswesen – insbesondere „Zuführung von Patienten nach §§ 299 a Nr. 3, 299 b Nr. 3 StGB, in: Barton et al. (Hrsg.): Festschrift für Thomas Fischer, München 2018, S. 559 ff., 564 ff.
[1090] Siehe hierzu näher *Schneider/Seifert*, Medizintourismus nach Deutschland – Besteht ein Korruptionsrisiko bei der Zusammenarbeit mit Patientenvermittlern?, medstra 2019, 274 ff.
[1091] *Ders.*, S. 53.
[1092] *Seifert*, Das Konkurrenzverhältnis zwischen §§ 299 a, 299 b StGB und §§ 299, 331 ff. StGB – Besteht ein „Dreiklassenstrafrecht" der Ärzte und ihrer Kooperationspartner?, medstra 2017, 280 ff., 283; *Gaede*, Die Anwendung der neuen Korruptionsstraftatbestände in der Praxis, medstra 2018, 264 ff., 266.

gen werden. Die Einzelheiten sind freilich klärungsbedürftig und können hier aufgrund des Zuschnitts des Werkes nicht erörtert werden.[1093]

551 *Falllösung:* Im **Einstiegsfall** kommt eine Strafbarkeit von Dr. X, Y und Z nach §§ 299 a, b in Betracht. Dr. X ist als Orthopäde Angehöriger eines Heilberufs, der für die Berufsausübung eine staatlich geregelte Ausbildung erfordert. Er hat sich in der Vereinbarung mit dem Apotheker Y einen Vorteil (Minderung der Miete) versprechen lassen. Als Gegenleistung wird Y im Wettbewerb unlauter bevorzugt, indem der Drucker für die Rezepte, die X verordnet, in seiner Apotheke steht. Denn der Patient muss sich zwangsläufig in die Apotheke des Y begeben, wenn er das benötigte Rezept in Empfang nehmen möchte. Insofern wird der Patient folglich im Sinne der Zuführungsvariante (Nr. 3) gesteuert. Die Bevorzugung der Apotheke des Y im Wettbewerb der Apotheken ist unlauter, weil das Verhalten des Dr. X gegen eine Marktverhaltensnorm verstößt. § 31 MBO-Ä, eine Vorschrift, die von allen Landesärztekammern in den jeweiligen Berufsordnungen der Länder umgesetzt wurde, verbietet die Zuweisung von Patienten gegen Entgelt. Die Kooperation mit dem Sanitätshaus, aus der Dr. X eine Gewinnbeteiligung erzielt, dürfte zwar ebenfalls eine Marktverhaltensnorm verletzen. Denn gem. § 128 Abs. 2 SGB V dürfen Leistungserbringer Vertragsärzte nicht gegen wirtschaftliche Vorteile an der Durchführung der Versorgung mit Hilfsmitteln beteiligen oder solche Zuwendungen im Zusammenhang mit der Verordnung von Hilfsmitteln gewähren. Zu den unzulässigen Zuwendungen gehören nach dem Wortlaut des Gesetzes explizit auch Einkünfte aus Beteiligungen an Unternehmen von Leistungserbringern, die Vertragsärzte durch ihr Verordnungs- oder Zuweisungsverhalten selbst maßgeblich beeinflussen (letzteres ist hier fraglich, weil der Sachverhalt im Hinblick auf die Frage der „Maßgeblichkeit" einer Beeinflussung nicht ausermittelt ist). Nach dem hier vertretenen Standpunkt bleiben X und Z allerdings straflos, weil das Auslegen der Flyer zwar als konkludente Empfehlung, nicht aber als Zuführen der Patienten gewertet werden kann.

552 **Problem: Angemessenheit der Vergütung.** Trotz Beteuerungen des Gesetzgebers, §§ 299 a, 299 b verfolgten keinesfalls das Ziel, erwünschte Kooperationen zu kriminalisieren, richtet sich das Augenmerk in der Praxis vor allem auf die strafrechtliche Relevanz des Leistungsaustauschs auf vertraglicher Grundlage zwischen Heilberuflern in der Rolle der Vorteilsnehmer und der Medizinprodukte- und Pharmaindustrie oder Krankenhausbetreibergesellschaften in der Rolle der Vorteilsgeber. Es geht zum Beispiel um klinische Prüfungen von Arzneimitteln und Medizinprodukten, Beraterverträge mit Ärzten zur Weiterentwicklung von Produkten, Verträge über die Durchführung von Schulungsmaßnahmen oder das Abhalten von Vorträgen oder über Tätigkeiten niedergelassener Ärzte in Krankenhäusern. Diese Verträge haben für die Vorteilsgeber häufig einen positiven Marketingeffekt. Das Arzneimittel, über dessen Wirkungen ein Vortrag auf einer Fachkonferenz gehalten wird, verkauft sich besser, wenn ein sogenannter „key opinion leader" (z.B. ein einflussreicher Universitätsmediziner) davon in einem Vortrag schwärmt. Die herrschende Meinung vertritt mit anfechtbarer Argumentation[1094] den Standpunkt, bereits das Angebot auf Abschluss eines Vertrages, mit

---

1093 Grundlegend: *Seifert*, Das Konkurrenzverhältnis zwischen §§ 299 a, 299 b StGB und §§ 299, 331 ff. StGB, medstra 2017, 280 ff.; A.A. *Gaede*, Die Anwendung der neuen Korruptionsstraftatbestände in der Praxis, medstra 2018, 264 ff., 266.
1094 *Schneider*, Unberechenbares Strafrecht – Vermeidbare Bestimmtheitsdefizite im Tatbestand der Vorteilsannahme und ihre Auswirkungen auf die Praxis des Gesundheitswesens, in: Schneider u.a. (Hrsg.): Festschrift für Manfred Seebode zum 70. Geburtstag, 2008, S. 331 ff.

dem Nebeneinnahmen erzielt werden können, stelle einen Vorteil dar.[1095] Daher stehen und fallen Strafbarkeitsrisiken für beide Seiten der Vertragsbeziehung mit dem Vorliegen der Unrechtsvereinbarung. Für diese kommt es darauf an, ob die erzielten Marketingeffekte in der Vergütung enthalten sind und die Vergütung demnach unangemessen hoch ausfällt. Unter diesen Prämissen des marktwirtschaftsfeindlichen Strafrechts befinden Richter und Staatsanwälte nach bislang noch nicht abschließend geklärten Prinzipien über die Angemessenheit der Vergütung anderer Akademiker.[1096] Wer sich diesen Standpunkt der h.M. zu eigen macht, hat eine sog. Zweistufenprüfung vorzunehmen. Zunächst ist zu prüfen, ob die Vergütung gesetzlichen Restriktionen unterliegt. Für sogenannte Anwendungsbeobachtungen regelt beispielsweise § 67 Abs. 6 S. 3 AMG, dass Entschädigungen, die an Ärzte für ihre Beteiligung an Untersuchungen nach Satz 1 geleistet werden, nach ihrer Art und Höhe so zu bemessen sind, dass kein Anreiz für eine bevorzugte Verschreibung oder Empfehlung bestimmter Arzneimittel entsteht. Der Begriff der Entschädigung bedeutet, dass Maßstab für die Vergütungsgrenze der Verdienstausfall ist, den der Arzt anderweitig hätte erzielen können. Vor diesem Hintergrund ist die Anwendung der Gebührenordnung für Ärzte plausibel, die zu Stundensätzen bis max. 120 EUR führt.[1097] Außerhalb derartiger Regelungskorsette kann auf den Grundsatz des fair market value abgestellt werden[1098]. Die Einzelheiten der Vergütungsproblematik sind sehr komplex und sprengen den Rahmen des Lehrbuchs. Einen Überblick finden Sie in meinem Beitrag „*Das Gesetz zur Bekämpfung zur Korruption im Gesundheitswesen und die Angemessenheit der Vergütung von HCP*" (medstra 2016, 195).

e) Exkurs

Toxische Altverträge: Das Problem betrifft die Frage der Reichweite des Rückwirkungsverbotes der §§ 299 a, 299 b. Die Problematik wurde in der Vorlage ausführlich erörtert.[1099] Mittlerweile dürfte sich die Fragestellung allerdings durch Zeitablauf weitgehend erledigt haben.

6. Internationale Dimensionen des Korruptionsstrafrechts

Für international agierende Unternehmen bestehen strafrechtliche Risiken nicht nur hinsichtlich der in Deutschland begangenen Taten, sondern sie müssen auch eine Verfolgung wegen im Ausland verwirklichter Delikte auf nationaler und internationaler Ebene fürchten.

Vorreiter der entsprechenden Entwicklung waren die Vereinigten Staaten von Amerika, die bereits seit 1977 im Ausland begangene Korruptionstaten auf der Grundlage des **Foreign Corrupt Practices Act**[1100] verfolgen und ahnden. Die Strafbarkeit der Bestechung ausländischer Amtsträger ist kriminalpolitisch nicht selbstverständlich. Erweist sich ein ausländischer Amtsträger als käuflich, beeinträchtigt dies schließlich nicht das

---

1095 BT-Drucks. 18/6446, S. 18; *Krick*, in: MüKoStGB, § 299, Rn. 56; *Dannecker*, K/N/P, § 299, Rn. 54.
1096 Grundlegend: *Schneider*, Das Gesetz zur Bekämpfung der Korruption im Gesundheitswesen und die Angemessenheit der Vergütung von HCP, medstra 2016, 195 ff.
1097 Einzelheiten bei *Schneider/Strauß*, Die Zukunft der Anwendungsbeobachtungen, HRRS 2011, 333, 337.
1098 *Geiger*, Das Angemessenheitspostulat bei der Vergütung ärztlicher Kooperationspartner durch die Industrie, A&R 2013, 99, 101.
1099 Siehe *Brettel/Schneider*, Vorauflage § 3, Rn. 549.
1100 Deutschsprachige Fassung unter http://www.justice.gov/criminal/fraud/fcpa/statutes/regulations.html (zugegriffen am 6.2.2020).

Ansehen des Staates, in dem das die Bestechungsgelder auskehrende Unternehmen ansässig ist. Als im Zusammenhang mit der Watergate Affaire (1972) bekannt wurde, dass US-Unternehmen nicht nur rechtswidrige verdeckte Zuwendungen an die Präsident Nixon im Wahlkampf um seine 2. Amtsperiode unterstützende Organisation CREEP („Committee to Re-elect the President") ausgekehrt, sondern dass Unternehmen über schwarze Kassen im Ausland auch ausländische Amtsträger bestochen hatte, wurde die Idee der Kriminalisierung der Auslandsbestechung allmählich mehrheitsfähig. Hintergrund war die Überlegung, dass über die Bestechung ausländischer Amtsträger ggf. mittelbar kommunistische Regime unterstützt werden könnten und Bestechung generell geeignet sein, das Ansehen des Westens im Ausland zu untergraben (vgl. die Äußerung des Senators Frank Church im Senat anlässlich seiner Anhörung am 5.5.1976: „Payments by Lockheed alone may very well advance the communists in Italy (...). The Communist bloc chortles with glee at the sight of corrupt capitalism"). Das frostige Klima des Kalten Krieges war damit der Motor für die Verabschiedung des FCPA, der ein sichtbares Zeichen der **Integrität westlicher Ökonomien** setzen sollte.[1101]

556 Da Unternehmen und Privatpersonen außerhalb des Anwendungsbereichs des FCPA, d.h. z.B. in Deutschland ansässige Unternehmen, deren Aktien nicht zugleich auch an der US-Börse gelistet sind, ohne Verfolgung im Heimatland befürchten zu müssen, Amtsträger fremder Staaten bestechen konnten, wurde das Gesetz in den USA auch als Wettbewerbsnachteil amerikanischer Unternehmen im Kampf um Aufträge im Ausland empfunden. Wollte bspw. ein US-Unternehmen in Osteuropa Mobilfunklizenzen erwerben und bestach es dabei den zuständigen ausländischen Beamten, mussten die handelnden Personen und das Unternehmen mit Strafverfolgung der US-Behörden rechnen, während die Verantwortlichen des Konkurrenzunternehmens aus Deutschland aufgrund der Regelungen in §§ 3 ff. (siehe aber § 9[1102]) nicht zur Verantwortung gezogen werden konnten. Auf Initiative der USA wurde im Anschluss an bestimmte Empfehlungen[1103] der Organisation for Economic Co-operation and Development (OECD) schließlich das „Übereinkommen über die Bekämpfung der Bestechung ausländischer Amtsträger im Internationalen Geschäftsverkehr" von heute 41 Staaten, darunter Deutschland (alle 34 OECD Mitgliedstaaten, 7 Nichtmitgliedstaaten Argentinien, Brasilien, Bulgarien, Kolumbien, Lettland, Russland, Südafrika) im Jahr 1997 unterzeichnet.

557 Das Übereinkommen wurde durch das „Gesetz zur Bekämpfung internationaler Bestechung" (IntBestG)[1104] 1998 in deutsches Recht transferiert. Das IntBestG wurde für den Bereich der Europäischen Union ebenfalls 1998 durch das EU-Bestechungsgesetz (EUBestG)[1105] ergänzt. Diese nebenstrafrechtlichen Regelungen des IntBestG und des EUBestG wurden durch das Gesetz zur Bekämpfung der Korruption vom 20.11.2015 in die §§ 299, 299a, 299b und damit in das Kernstrafrecht übernommen und korre-

---

1101 Näher: *Berghoff*, From the Watergate scandal to the compliance revolution: the fight against corporate corruption in the United States and Germany 1972–2012, Bulletin of the GHI 2013, S. 7 ff.
1102 Zu dieser „nicht unerheblichen Ausdehnung des Territorialgrundsatzes", vgl. *Möhrenschlager*, in Dölling (Hrsg.): Handbuch der Korruptionsprävention, S. 549 f.
1103 OECD C (97) 123/FINAL.
1104 Vom 10.9.1998, BGBl. 1998 II, S. 2327, in Kraft getreten am 15.2.1999.
1105 Vom 10.9.1998, BGBl. 1998 II, S. 2340, in Kraft getreten am 22.9.1998.

spondierend die Strafanwendungsregel des § 5 erweitert.[1106] Hierdurch ist nun auch die unlautere Bevorzugung im ausländischen Wettbewerb strafbewehrt.

Problem Unlauterkeit des Wettbewerbsverhaltens: Schwierigkeiten bei der Anwendung der §§ 299 ff. auf ausländische Sachverhalte wirft das Merkmal der Unrechtsvereinbarung auf. Denn auch auf dem ausländischen Markt, bzw. im ausländischen Wettbewerb ist nicht jede Bevorzugung tatbestandsmäßig, sondern nur eine solche, die unlauter ist. Wie oben bereits gezeigt (§ 3 Rn. 534), kommt es hierfür auf die Verletzung von Marktverhaltensnormen an. Fraglich ist nun, ob im Rahmen des normativen Tatbestandsmerkmals der Unlauterkeit die ausländische Wettbewerbsordnung oder das deutsche Wettbewerbsrecht geprüft werden soll. Nach hier vertretener Auffassung kann nur das ausländische Wettbewerbsrecht zur Anwendung kommen, da es der Auslandsklausel um den Schutz des Wettbewerbsrechts des Landes geht, in dem die Tat verübt wird. Im Ausland haben sich deutsche Unternehmen insoweit am dort geltenden Wettbewerbsrecht zu orientieren.[1107]

558

Über die genannten Regelungen hinaus müssen, wie der bekannte Siemens-Fall eindrucksvoll zeigt, natürliche und juristische Personen eine Strafverfolgung unmittelbar auf der Grundlage des FCPA fürchten. Der Anwendungsbereich des FCPA erstreckt sich zunächst auf alle an der US-Börse gelisteten Unternehmen sowie auf ausländische Tochtergesellschaften amerikanischer Konzerne. Weiterhin gilt das Gesetz für alle natürlichen und juristischen Personen, soweit Tathandlungen das Hoheitsgebiet der USA betreffen (Nutzung eines US-Bankkontos oder US-Mailservers für E-Mail-Korrespondenz genügt). Die Strafverfolgung wegen Taten nach dem FCPA obliegt dem US Department of Justice (DOJ) und der Securities Exchange Commission (SEC).

559

Inhaltlich enthält der FCPA Bestimmungen zur Buchführung und Buchführungskontrolle sowie Regelungen zu den „verbotenen Außenhandelspraktiken" die weiterreichende Bestechungsverbote enthalten (15 U.S.C. § 78dd-1 (a)). Eine praxiswichtige Ausnahme vom Anwendungsbereich des Bestechungsverbots liegt vor, wenn es sich um sog. „**facilitating payments**" handelt, 15 U.S.C. § 78dd-1 (b). Gemeint sind Zahlungen für „routinemäßige Regierungsmaßnahmen" die den Zweck verfolgen, das Verwaltungshandeln zu beschleunigen und auf die ein Anspruch besteht, z.B. Ausstellung von Visa, Arbeitsgenehmigungen, Gewährung von Polizeischutz, Versorgung mit Telefonanschlüssen, Wasseranschlüssen oder Strom usw.[1108] Die Auslegungspraxis zu dem Ausnahmetatbestand der „facilitating payments" ist aber nicht einheitlich, so dass aufgrund der Vorschrift Haftungsrisiken nicht ganz ausgeschlossen werden können. In den letzten zehn Jahren ist eine erhebliche Zunahme von FCPA Fällen und ein sprunghafter Anstieg der verhängten Bußgelder zu registrieren.[1109]

560

Neben dem FCPA ist seit 1.7.2011 der UK Bribery Act zu berücksichtigen, der als das wohl strengste Anti-Korruptionsgesetz bezeichnet werden kann. Der UK Bribery Act

561

1106 *Isfen*, Zwischen Hybris und Symbolik – die neuen Regelungen zur Auslandskorruption, JZ 2016, 228 ff.
1107 Vgl. auch *Schünemann*, Der Gesetzentwurf zur Bekämpfung der Korruption – überflüssige Etappe auf dem Niedergang der Strafrechtskultur, ZRP 2015, 68 ff., der von einer „chauvinistisch-imperialistischen Anmaßung deutscher Strafgewalt über die ganze Welt" spricht; a.A. *Dannecker*, in: K/N/P StGB, § 299, Rn. 74.
1108 „A Resource Guide to the US Foreign Corrupt Practices Act", S. 25: https://www.justice.gov/sites/default /files/criminal-fraud/legacy/2015/01/16/guide.pdf (zugegriffen am 6.2.2020).
1109 Vgl. die Darstellung der einzelnen Fälle einschließlich der verhängten Bußgelder im SEC Enforcement Actions: FCPA Cases: http://www.sec.gov/spotlight/fcpa/fcpa-cases.shtml (zugegriffen am 6.2.2020); vgl. auch Fox, Lessons learned on compliance and ethics, 2012.

erfasst neben der aktiven Bestechung auch Tatbestände der Bestechlichkeit. Gem. § 7 Abs. 5 UK Bribery Act ist das Gesetz auf alle Unternehmen anwendbar, die im United Kingdom Geschäfte oder Teile ihrer Geschäfte betreiben.

562 Die Gemengelage der einzelnen Gesetze wirft zum Teil noch ungelöste dogmatische Fragen, z.B. im Hinblick auf den Grundsatz ne bis in idem, auf. Aufgrund der steigenden Praxisrelevanz der genannten internationalen Gesetze ist dringend anzuraten, diese in die universitären Curricula und Veranstaltungen zum Wirtschaftsstrafrecht aufzunehmen.

7. Wiederholung

563
1. Welche Normen werden als Korruptionsdelikte bezeichnet?[1110]
2. Welche Unterschiede bestehen zwischen §§ 299 f. und 331 ff. hinsichtlich des geschützten Rechtsguts?[1111]
3. Welche Voraussetzungen müssen erfüllt sein, damit ein Vorteilsnehmer oder -geber als Amtsträger einzustufen ist?[1112]
4. Was bedeutet der Begriff der Sozialadäquanz und welche Rolle kommt ihm bei der Beurteilung eines Vorteils zu?[1113]
5. Was beinhaltet die Unrechtsvereinbarung und inwiefern kann deren Vorliegen bei der Einwerbung von Drittmitteln problematisch sein?[1114]
6. Welcher Prüfungsstandort kommt der Genehmigung nach §§ 331 Abs. 3, 333 Abs. 3 zu?[1115]
7. Kann die Strafbarkeit nach § 299 auch durch eine solche Genehmigung ausgeschlossen sein?
8. Ist § 299 als Sonderdelikt ausgestaltet?[1116] Charakterisieren Sie das Sonderdelikt.[1117]
9. Kann der Alleingesellschafter-Geschäftsführer einer GmbH als Angestellter angesehen werden?[1118]
10. Was sind Marktverhaltensnormen und welche Bedeutung kommt ihnen bei §§ 299 Abs. Nr. 1 und Abs. 2 Nr. 1, 299 a, 299 b zu?[1119]
11. Wie kann hinsichtlich des Konkurrenzverhältnisses zwischen §§ 331 ff., 299, 299 a, 299 b argumentiert werden?[1120]
12. Welche arzneimittelrechtlichen Besonderheiten sind bei der Vergütung sog. Anwendungsbeobachtungen in Rechnung zu stellen und welche Bedeutung kommt ihnen in der Dogmatik der §§ 299 a, 299 b zu?[1121]

1110 § 3, Rn. 469 ff.; siehe auch Tabelle unter § 3, Rn. 479.
1111 § 3, Rn. 473, 550.
1112 § 3, Rn 472.
1113 § 3, Rn. 498.
1114 § 3, Rn. 502 ff.
1115 § 3, Rn. 509.
1116 § 3, Rn. 527.
1117 § 1, Rn. 14.
1118 § 3, Rn. 533.
1119 § 3, Rn. 538.
1120 § 3, Rn. 550.
1121 § 3, Rn. 552.

VI. Delikte gegen den Wettbewerb und gegen die Verletzung gewerblicher Schutzrechte

Literaturtipps zur Vertiefung:

Brettel/Duttge/Schuhr, Kritische Analyse des Entwurfs eines Gesetzes zur Bekämpfung von Korruption im Gesundheitswesen, JZ 2015, 929 ff.
Kuhlen, Die Bestechungsdelikte der §§ 331–334 StGB, JuS 2011, 673–680.
Nöckel, Grundprobleme zu § 299 StGB. Bestechlichkeit und Bestechung im geschäftlichen Verkehr, ZJS 2013, 50–56.
Pösl/Walther, Übungsfall: Bestechlichkeit im geschäftlichen Verkehr und Untreue, ZJS 2010, 523–534.
Schneider, Das Gesetz zur Bekämpfung der Korruption im Gesundheitswesen und die Angemessenheit der Vergütung von HCP, medstra 2016, 195–203.
Seifert, Das Konkurrenzverhältnis zwischen §§ 299 a, 299 b StGB und §§ 299, 331 ff. StGB – Besteht ein „Dreiklassenstrafrecht" der Ärzte und ihrer Kooperationspartner?, medstra 2017, 280–283.
Schneider/Seifert, Medizintourismus nach Deutschland – Besteht ein Korruptionsrisiko bei der Zusammenarbeit mit Patientenvermittlern?, medstra 2019, 274–279.

Lesetipp Entscheidung:
BGH, 29.3.2012 – GSSt 2/11, BGHSt 57, 202.
BGH, 23.5.2002 – 1 StR 372/01, BGHSt 47, 295.

VI. Delikte gegen den Wettbewerb und gegen die Verletzung gewerblicher Schutzrechte

1. Praxisrelevanz der Wettbewerbsdelikte

Das Bundeslagebild Wirtschaftskriminalität registriert im Jahr 2018 2174 Wettbewerbsdelikte[1122] und 1577 Tatverdächtige[1123] sowie einen Schaden von 9 Mio. EUR[1124]. Die Polizeiliche Kriminalstatistik (PKS) versteht unter Wettbewerbsdelikten alle Deliktsformen im Zusammenhang mit Verstößen gegen das UWG, Produkt- und Markenpiraterie sowie die Wettbewerbsdelikte des StGB.[1125] Unter der Produkt- und Markenpiraterie versteht man die Verbreitung von Erzeugnissen, Verfahren und Dienstleistungen, die auf einer Verletzung gewerblicher Schutzrechte beruhen. Infrage kommende Schutzrechtsvorschriften sind dabei solche aus dem MarkenG, PatG, UrhG, DesignG oder GebrMG. Nach dem Inkrafttreten des Gesetzes zum Schutz von Geschäftsgeheimnissen (GeschGehG) am 26.4.2019 ist zu erwarten, dass auch Verstöße gegen dieses Gesetz von den Wettbewerbsdelikten erfasst sein werden.

Unter Wettbewerb versteht man in den Wirtschaftswissenschaften allgemein das rivalisierende Streben von mindestens zwei Wirtschaftsakteuren (Wettbewerber) nach einem Ziel.[1126] Unter Leistungswettbewerb versteht man den Versuch, den Vorsprung gegenüber der Konkurrenz durch Qualität und Preiswürdigkeit zu erzielen. Durch Preiswettbewerb wird der Marktvorteil durch günstigere Kostenstrukturen erzielt, durch die ein Produkt zu niedrigeren Preisen angeboten werden kann. Die Konkurrenz der Wettbewerber auf bestimmten Märkten ist nicht nur eine „Konfliktursache"[1127], sondern erfüllt marktwirtschaftlich auch eine Reihe wichtiger, wenngleich in den Wirtschaftswis-

---

1122 Bundeslagebild Wirtschaftskriminalität 2018, S. 4.
1123 Bundeslagebild Wirtschaftskriminalität 2018, S. 4.
1124 Bundeslagebild Wirtschaftskriminalität 2018, S. 4.
1125 Bundeslagebild Wirtschaftskriminalität 2018, S. 10.
1126 *Springer Gabler Verlag* (Hrsg.): Gabler Wirtschaftslexikon, Stichwort: Wettbewerb, https://wirtschaftslexikon.gabler.de/definition/wettbewerb-48719/version-170275 (zugegriffen am 10.3.2020).
1127 *Hobbes*, Leviathan, Philosophische Bibliothek Band 491, 2005, Kap. 13, S. 104.

senschaften zum Teil umstrittener Funktionen. Wettbewerb[1128] ist demnach unter anderem

- Motor für Innovationen,
- Ökonomisches Steuerungsinstrument, das der Versorgung von Märkten mit nachfrageadäquaten Angeboten zu niedrigen Preisen dient,
- Wirtschaftspolitisches Steuerungsinstrument, weil durch Konkurrenz zu großer Macht einzelner Akteure vorgebeugt wird.

568 Recht (Eigentumsgarantie, Gewerbefreiheit usw.) und Justiz (Durchsetzbarkeit von Rechten und Ansprüchen) bilden allgemein die Rahmenbedingungen des funktionsfähigen Wettbewerbs, dessen Grenzen i.S.v. „Mindestregeln"[1129] insbesondere durch das UWG (und das Recht gegen Wettbewerbsbeschränkungen, Kartellrecht, das der Sicherung des freien und funktionsfähigen Wettbewerbs dient) sowie das neue GeschGehG abgesteckt werden.

▶ *Einstiegsfall 1:* Y hat nach dem Referendariat als angestellte Rechtsanwältin in der Kanzlei der A gearbeitet. Nachdem Y von A weiter ausgebildet wurde und auch zahlreiche Mandate eigenständig bearbeitet hat, macht sie sich selbstständig und eröffnet ihre eigene Kanzlei. In den letzten Arbeitstagen bei A kopiert sie die Adressen der Mandanten, mit denen sie im Rahmen ihrer Tätigkeit bei A in Berührung gekommen ist, auf einen Datenträger. Diese Mandanten schreibt sie auf neuem eigenen Briefpapier an und teilt ihnen mit, sie habe ihr eigenes Büro eröffnet und biete nunmehr Rechtsberatung in den neuen Räumlichkeiten an. ◀

▶ *Einstiegsfall 2:* X ist Angestellter der Z GmbH, einem Geschäft für Designerkleidung in der Großstadt L. Die Geschäfte der Z gehen ausgezeichnet. Die verschiedenen von Z vertriebenen Marken sind unter Jugendlichen heiß begehrt. X bekommt mit, dass die Z GmbH die Kleidungsstücke der jeweiligen Designerkollektionen in Istanbul „schwarz" nähen und mit falschen Markenemblemen versehen lässt. In Deutschland werden sie als „echte" Markenware mit erheblichem Gewinn verkauft. X wendet sich an die lokale Presse, berichtet von seinen Beobachtungen. Gegen die Verantwortlichen der Z wird ein Ermittlungsverfahren eingeleitet. ◀

2. Der Schutz nach dem Geschäftsgeheimnisgesetz (GeschGehG)

a) Allgemeines

aa) Historie

569 Seit dem 26.4.2019 ist das Gesetz zum Schutz von Geschäftsgeheimnissen (GeschGehG)[1130] in Kraft, das nunmehr das Kernstück des Schutzes von Geschäftsgeheimnissen darstellt. Damit löst das GeschGehG das UWG als bislang bedeutendstes Gesetz für den strafrechtlichen Schutz von geschäftsbezogenen Geheimnissen ab. Mit dem GeschGehG hat der Bundestag die Richtlinie (EU) 2016/943 des Europäischen Parlaments und des Rates vom 8.6.2016 über den Schutz vertraulichen Know-hows und vertraulicher Geschäftsinformationen (Geschäftsgeheimnisse) vor rechtswidrigem Erwerb sowie rechtswidriger Nutzung und Offenlegung („EU-Know-how-Richtli-

---

1128 *Springer Gabler Verlag* (Hrsg.): Gabler Wirtschaftslexikon, Stichwort: Wettbewerb, https://wirtschaftslexikon.gabler.de/definition/wettbewerb-48719/version-170275 (zugegriffen am 10.3.2020).
1129 *Witting*, in: Volk (Hrsg.): Verteidigung in Wirtschafts- und Steuerstrafsachen, § 23, Rn. 2.
1130 BGBl. I S. 466 ff.

VI. Delikte gegen den Wettbewerb und gegen die Verletzung gewerblicher Schutzrechte § 3

nie"[1131]) umgesetzt. Grund dieser Rechtsangleichung sind die weiter voranschreitenden wirtschaftlichen Verflechtungen auf europäischer Ebene und die damit einhergehenden Grenzüberschreitungen von vertraulichen und geschäftsrelevanten Informationen. Ein unterschiedliches Niveau des Geheimnisschutzes innerhalb der EU wurde diesen Entwicklungen nicht mehr gerecht[1132]. Die bestehenden Rechtsunsicherheiten sollten durch die „Know-how-Richtlinie" ausgeräumt werden.

Der Bundesgesetzgeber hat bei der Schaffung des GeschGehG die Umsetzungsfrist der Richtlinie (9.6.2018) verstreichen lassen und legte dem Bundestag erst im Oktober 2018 einen RegE[1133] vor. Dieser folgte im Wesentlichen dem RefE[1134] des BMJV vom 19.4.2018, dessen Inhalte bereits vor Veröffentlichung „geleakt" worden sind. Dazu passt, dass sich der Gesetzgebungsprozess insbesondere durch Debatten im Zusammenhang mit der rechtlichen Behandlung von Hinweisgebern (sog. „Whistleblower") verzögerte[1135]. Das GeschGehG trat erst am 26.4.2019 in Kraft.

570

bb) Überblick und Systematik des GeschGehG

Das neue GeschGehG stellt das **zentrale Schutzgesetz für Geschäftsgeheimnisse** dar. Es verfolgt dabei im Kern einen zivilrechtlichen Ansatz und regelt in den §§ 6–14 GeschGehG zivilrechtliche Ansprüche bei Rechtsverletzungen im Zusammenhang mit Geschäftsgeheimnissen. Daran schließen sich zivilprozessuale Normen (§§ 15–22 GeschGehG) an. Für die Konkretisierung dieser Vorschriften sind die allgemeinen Bestimmungen der §§ 1–5 GeschGehG unerlässlich. Hier finden sich der Anwendungsbereich (§ 1 GeschGehG), Begriffsbestimmungen (§ 2 GeschGehG), konkret benannte erlaubte Handlungen, Handlungsverbote (§§ 3, 4 GeschGehG) sowie Ausnahmen zu § 4 GeschGehG (§ 5 GeschGehG).

571

Aus strafrechtlicher Sicht ist die **Kernvorschrift** des neuen Gesetzes der § 23 GeschGehG. In der Norm finden sich die verschiedenen strafrechtlichen Tatbestände. Sie ersetzt die bislang im Wettbewerbsstrafrecht zentralen Vorschriften der §§ 17–19 UWG a.F. (siehe hierzu die Vorauflagen des Lehrbuchs). § 23 GeschGehG ist als unechtes **Blankettgesetz** ausgestaltet. Der Gesamtunrechtstatbestand wird in § 23 GeschGehG abgebildet, den die Handlungsverbote aus § 4 GeschGehG ausfüllen. An dieser Stelle wird die gewünschte[1136] Zivilrechtsakzessorietät des strafrechtlichen Schutzes von Geschäftsgeheimnissen deutlich. Das UWG verfolgte bis dato einen strafrechtlichen Schutzansatz. In den §§ 17–19 UWG a.F. fanden sich die zentralen geheimnisschützenden Vorschriften, die als Sanktionsnormen ausgestaltet waren. Ein eigenständiger zivilrechtlicher Schutz existierte nicht[1137] und orientierte sich lediglich an den Vorschriften des UWG. Aus diesem Grund wurde der Schutz von Geschäftsgeheimnissen auch als „Stiefkind" des geistigen Eigentums bezeichnet[1138]. Durch die neuen Regelungen des

572

1131 ABl. L 157, S. 1 ff.
1132 Hierzu vertiefend bei *Gaugenrieder*, Einheitliche Grundlage für den Schutz von Geschäftsgeheimnissen in Europa – Zukunftstraum oder Alptraum, BB 2014, 1987, 1992.
1133 BT-Drucks. 19/4724.
1134 Abrufbar unter: https://www.bmjv.de/SharedDocs/Gesetzgebungsverfahren/Dokumente/RefE_Gesch-GehG.pdf;jsessionid=AC57ACFAA0EF2670A4A8F70CD6165E50.2_cid334?__blob=publicationFile&v=1 (zugegriffen am: 31.1.2020).
1135 Vgl. zu den wesentlichen Punkten des Gesetzgebungsprozesses: https://www.bundestag.de/dokumente/textarchiv/2019/kw12-de-schutz-geschaeftsgeheimnisse-628876 (zugegriffen am: 24.2.2020).
1136 Vgl. die Begründung des Gesetzgebers in BT-Drucks. 19/4724, S. 40.
1137 Ansprüche wurden über deliktische Generalklauseln konstruiert z.B.: § 3 UWG; §§ 823 II, 826, 1004 BGB.
1138 *Ann*, Know-how – Stiefkind des Geistigen Eigentums?, GRUR 2007, 39, 39.

GeschGehG verlässt der „Know-How-Schutz" diese Rolle und manifestiert seine eigenständige Bedeutung im Rechtsverkehr.

b) Die Straftatbestände des § 23 GeschGehG

aa) Überblick

573 Sämtliche Straftatbestände aus den §§ 17–19 UWG a.F. finden sich in § 23 GeschGehG i.V.m. § 4 GeschGehG wieder.

574

Straftatbestand	Vorschrift nach UWG a.F.	Vorschrift GeschGehG
Betriebsspionage	§ 17 II Nr. 1	▪ § 23 I Nr. 1 i.V.m. § 4 I Nr. 1
Eigeneröffnete Geheimnishehlerei	§ 17 II Nr. 2	▪ § 23 I Nr. 2 i.V.m. § 4 II Nr. 1 a, § 4 I Nr. 1
Geheimnisverrat	§ 17 I	▪ § 23 I Nr. 3 i.V.m. § 4 II Nr. 3
Fremderöffnete Geheimnishehlerei	§ 17 II Nr. 2	▪ § 23 II, I Nr. 2 i.V.m. § 4 II Nr. 1 a, § 4 I Nr. 1 § 23 II, I Nr. 3 i.V.m. § 4 II Nr. 3
Vorlagenfreibeuterei	§ 18 I	▪ § 23 III i.V.m. § 4 II Nr. 2 § 23 III i.V.m. § 4 II Nr. 3

bb) Normzweck

575 § 1 Abs. 1 GeschGehG nennt den **Schutz von Geschäftsgeheimnissen** vor unerlaubter Erlangung, Nutzung und Offenlegung als Gesetzeszweck. Dem entspricht der § 23 GeschGehG, indem die verschiedenen Tatbestände Geschäftsgeheimnisse verletzendes Verhalten unter Strafe stellen. Dementsprechend ist der Schutz dieses Vermögensteils auch Hauptziel des § 23 GeschGehG.

576 Außerdem stellt der Gesetzgeber in der Begründung zu § 23 GeschGehG klar, dass die neue Vorschrift den §§ 17–19 UWG a.F. entspricht[1139]. Darin ist auch ein Verweis auf die Fortgeltung der für die §§ 17–19 UWG a.F. anerkannten Normzwecke zu sehen. Diese waren bislang in erster Linie das wirtschaftliche Interesse an der Geheimhaltung eines Geschäfts- oder Betriebsgeheimnisses und in zweiter Linie das Allgemeininteresse an lauterem Wettbewerb. Letzteres wird zuweilen kritisch gesehen[1140], ist aber mit einem Blick auf den Wortlaut der Tatbestände des § 23 GeschGehG überzeugend. Diese fordern über das Handeln mit bedingtem Vorsatz hinaus auch eine spezielle Begehungsabsicht[1141], wobei hier unter anderem das Handeln zur Förderung des eigenen oder fremden Wettbewerbs erfasst ist.

577 Zusammenfassend lässt sich sagen, dass § 23 GeschGehG sowohl **Individualrechtsgüter** (**Geschäftsgeheimnisse**), als auch **das Allgemeininteresse an lauterem Wettbewerb** schützt.

1139 BT-Drucks. 19/4724, S. 40.
1140 Insbesondere *Hohmann*, in: MüKo StGB, Nebenstrafrecht II, § 23 GeschGehG, Rn. 1.
1141 Vgl. Rn. 587.

VI. Delikte gegen den Wettbewerb und gegen die Verletzung gewerblicher Schutzrechte § 3

cc) Gemeinsame Tatbestandsmerkmale
(1) Tatobjekt aller Straftatbestände: Geschäftsgeheimnisse

In den verschiedenen Straftatbeständen des § 23 GeschGehG wird das Erlangen, Nutzen und Offenlegen von Geschäftsgeheimnissen bestraft. **Tatobjekt** aller Sanktionsnormen ist ein **Geschäftsgeheimnis**. Im Vergleich zur alten Rechtslage ist damit insbesondere die für die Praxis als irrelevant kritisierte[1142] Unterscheidung zwischen Geschäfts- und Betriebsgeheimnis aufgelöst und ein einheitliches Tatobjekt geschaffen worden. Außerdem hat der Gesetzgeber in § 2 GeschGehG eine Legaldefinition eingefügt.

Definition: Gemäß § 2 GeschGehG ist ein Geschäftsgeheimnis jede Information,

- die geheim ist und der gerade aus diesem Grund ein wirtschaftlicher Wert zukommt (Nr. 1 a).
- die Gegenstand angemessener Geheimhaltungsmaßnahmen ist (Nr. 1 b).
- an der ein berechtigtes Interesse an der Geheimhaltung besteht (Nr. 1 c).

(a) Nicht allgemein bekannt

Das Merkmal „nicht allgemein bekannt" (geheim) setzt voraus, dass die Informationen nur einem überschaubaren und begrenzten Personenkreis bekannt sein dürfen, so dass ein allgemeines Bekanntwerden nicht zu erwarten ist[1143]. Es kommt folglich nicht auf die Größe des Personenkreises an, sodass auch die Bekanntheit der Informationen bei Kunden, Lieferanten oder gar Mitbewerbern nicht schadet und dennoch ein Geheimnis vorliegen kann. Die allgemeine Bekanntheit ist dann anzunehmen, wenn Informationen ohne Aufwand für Interessierte ohne Weiteres erreichbar sind[1144], zum Beispiel bei Veröffentlichungen auf der Internetseite eines Unternehmens[1145].

Aus der **Geheimheit der Information** muss sich zudem ein wirtschaftlicher Wert ergeben. Dabei ist zur Bestimmung ein weites Verständnis der Begrifflichkeit zu Grunde zu legen[1146]. Der Feststellung eines konkreten Vermögenswertes oder eines Marktwertes bedarf es nicht[1147]. Dies ist auch der Begründung des Gesetzgebers zu entnehmen, nach der sich ein wirtschaftlicher Wert schon dann ergibt, wenn die Erlangung, Nutzung oder Offenlegung der Information ohne Zustimmung des Inhabers dessen wirtschaftliches oder technisches Potenzial, geschäftliche oder finanzielle Interessen, strategische Positionen oder Wettbewerbsfähigkeit negativ beeinflussen[1148]. Es genügt also, wenn durch die verletzende Handlung eine Wettbewerbsposition des Geheimnisinhabers beeinträchtigt wird[1149]. Vermögenswerte Privatinteressen werden nicht erfasst. Die Unternehmensbezogenheit wird zwar im Gegensatz zur Definition nach alter Rechtslage nicht gefordert, allerdings sprechen der Normzweck sowie der anderweitig

---

1142 So zum Beispiel: *Apel/Walling*, Das neue Geschäftsgeheimnisgesetz: Überblick und erste Praxishinweise, DER BETRIEB 2019, 891, 894 f.
1143 RG, 22.11.1935 – II 128/35, RGZ 149,329,334 (Stiefeleisenpresse); BGH 15.3.1955 – I ZR 111/53, GRUR 1955, 424 (425) (Möbelpaste).
1144 OLG Köln GRUR-RR 2010, 480, 480.
1145 Insbesondere *Hohmann*, in: MüKo StGB, Nebenstrafrecht II, § 23 GeschGehG, Rn. 25.
1146 *Wiebe*, Der Geschäftsgeheimnisschutz im Informationsfreiheitsrecht, NVwZ 2019, 1705, 1707.
1147 *Dann/Markgraf*, Das neue Gesetz zum Schutz von Geschäftsgeheimnissen, NJW 2019, 1774, 1775.
1148 BT-Drucks. 19/4724, S. 24; Der Gesetzgeber bezieht sich dabei direkt auf den Erwägungsgrund 14 der Richtlinie (EU) 2016/943.
1149 So im Ergebnis auch: *Wiebe*, Der Geschäftsgeheimnisschutz im Informationsfreiheitsrecht, NVwZ 2019, 1705, 1707; *Goldhammer*, Geschäftsgeheimnis-Richtlinie und Informationsfreiheit, NVwZ 2017, 1809, 1812.

hergestellte Schutz (insbesondere durch § 203 StGB) gegen eine Anwendung der Definition auf diese Rechtsgüter[1150].

(b) Angemessene Geheimhaltungsmaßnahmen

582 Um eine Information als Geschäftsgeheimnis einordnen zu können, muss diese **Gegenstand angemessener Geheimhaltungsmaßnahmen** sein. Die Maßnahmen müssen vom rechtmäßigen Inhaber der Informationen ergriffen werden. Die Aufnahme dieser Voraussetzung stellt eine wesentliche Änderung im Vergleich zur alten Rechtslage dar. Bisher war ein erkennbarer Geheimhaltungswille ausreichend, an den nur geringe Anforderungen zu stellen gewesen sind[1151]. Es reichte aus, dass sich ein solcher Wille aus einem berechtigten Geheimhaltungsinteresse ergab, ohne dass eine ausdrückliche oder konkludente Erklärung erforderlich war[1152]. In Zukunft müssen die Inhaber einer Information positiv nachweisen, dass angemessene Geheimhaltungsmaßnahmen ergriffen worden sind. Problematisch erscheint, dass das Gesetz keinerlei Anhaltspunkte dafür gibt, was im Einzelfall als „den Umständen nach angemessen" gilt. Gerade diese wenig präzise Formulierung scheint dem eigentlichen Zweck der Schaffung des Gesetzes, der Herstellung von Rechtssicherheit, entgegenzulaufen[1153]. Aufgrund der weitreichenden Folgen bei Nichteinhaltung der Anforderungen (Entfallen des Schutzes des GeschGehG) haben sich erste Orientierungslinien herausgebildet, die noch durch Gerichte bestätigt und gegebenenfalls präzisiert werden müssen.

583 Dabei wird sich an der Gesetzesbegründung orientiert, in der Kriterien zur Bestimmung der Angemessenheit genannt sind. So sollen die Art, die konkrete Nutzung, der Wert (einschließlich Entwicklungskosten) sowie die Bedeutung der Informationen Berücksichtigung finden[1154]. Außerdem werden die Größe des Unternehmens, die dort üblichen Geheimhaltungsmaßnahmen, die Kennzeichnung der Informationen sowie gegebenenfalls vertragliche Vereinbarungen mit Arbeitnehmern und Geschäftspartnern als Kriterien genannt[1155]. Dementsprechend erscheint bei der Prüfung der Voraussetzung eine zweigliedrige Vorgehensweise geboten. Zunächst müssen die in Rede stehenden Informationen auf ihre Bedeutung hin untersucht werden[1156]. Im zweiten Schritt sind anhand der im Einzelfall bestehenden Ressourcen des konkreten Unternehmens, orientiert an der zuvor festgestellten Bedeutung der Information, die im Einzelfall zu ergreifenden Maßnahmen zu verifizieren[1157].

584 Insbesondere für größere Unternehmen wird häufig eine Einteilung der Informationen in drei Gruppen mit absteigender Bedeutung angeführt[1158]. So ergeben sich „Kronju-

---

1150 *Scherp/Rauhe*, Datenklau!? – Entwurf eines Gesetzes zum Schutz von Geschäftsgeheimnissen – Teil 1, CB 2019, 20, 23.
1151 Vgl. *Schneider*, in: Vorauflage, § 3, Rn. 592.
1152 Vgl. *Schneider*, in: Vorauflage, § 3, Rn. 592.
1153 Kritisch zu diesem Punkt auch: *Ernst*, Das Geschäftsgeheimnisgesetz, MDR 2019, 897, 898 f.; *Apel/Walling*, Das neue Geschäftsgeheimnisgesetz: Überblick und erste Praxishinweise, DER BETRIEB 2019, 891, 894 f.
1154 BT-Drucks. 19/4724, S. 24 f.
1155 BT-Drucks. 19/4724, S. 25.
1156 *Maaßen*, „Angemessene Geheimhaltungsmaßnahmen" für Geschäftsgeheimnisse, GRUR 2019, 352, 356.
1157 Dazu umfassend: *Ohly*, Das neue Geschäftsgeheimnisgesetz im Überblick, GRUR 2019, 441, 443 f.
1158 *Dann/Markgraf*, Das neue Gesetz zum Schutz von Geschäftsgeheimnissen, NJW 2019, 1774, 1776.

welen", „wichtige Informationen und „sensible Informationen".[1159] Als Geheimhaltungsmaßnahmen kommen solche organisatorischer (bspw. Zuständigkeitsfestlegungen), technischer (insbes. Schutz durch IT-Maßnahmen) und rechtlicher Art (bspw. Verschwiegenheitsvereinbarungen) in Betracht[1160]. Eine Einzelfallbetrachtung wird unerlässlich sein. Die „Angemessenheit" stellt außerdem klar, dass die Bedeutung der Informationen dynamischen Veränderungen unterlegen ist, denen die Geheimhaltungsmaßnahmen immer wieder gerecht werden müssen. Mitarbeiterschulungen sowie die Implementierung von Kontrollmechanismen werden daher unerlässlich sein[1161].

(c) Berechtigtes Geheimhaltungsinteresse

Das berechtigte Interesse an der Geheimhaltung geht über die Anforderungen der Richtlinie (EU) 2016/943 hinaus. In definitorischer Hinsicht räumte der Richtliniengeber der Bundesregierung keinen Umsetzungsspielraum ein, weshalb die Aufnahme des Merkmals diskutiert und zum Teil als EU-rechtswidrig eingestuft wird[1162]. Zu erklären ist die Erweiterung der Definition um das berechtigte Interesse mit dem Drängen von Arbeitnehmer- und Medienvertretern, die einer Verletzung von Arbeitnehmerinteressen sowie einer Einschränkung von investigativem Journalismus entgegenwirken wollten[1163]. Inhaltlich knüpft der Gesetzgeber an die alte Rechtslage an, wonach ein berechtigtes Interesse immer dann besteht, wenn durch die Offenlegung der Information für das Unternehmen Nachteile im Wettbewerb zu befürchten sind[1164].

Beachte: Der früher geführte Streit[1165], inwiefern an rechtswidrigen Informationen ein berechtigtes Geheimhaltungsinteresse bestehen kann, wurde durch die Schaffung der Tatbestandsausnahme des § 5 Nr. 2 GeschGehG[1166] aufgelöst. Danach ist eine Ausnahme von den Handlungsverboten des § 4 GeschGehG gegeben, wenn jemand rechtswidrige Handlungen aufdeckt, um das allgemeine öffentliche Interesse zu schützen. Insofern stellt die Vorschrift klar, dass in diesen Fällen kein Handlungsverbot, wohl aber ein Geschäftsgeheimnis vorliegt.

(2) Subjektiver Tatbestand

Der subjektive Tatbestand aller Straftatbestände des § 23 GeschGehG setzt zum einen voraus, dass der Täter **vorsätzlich** gehandelt haben muss. Dabei reicht bedingter Vorsatz in Bezug auf alle objektiven Tatbestandsmerkmale aus. Weiterhin fordern die Delikte des **§ 23 Abs. 1, 2 GeschGehG**, dass der Täter zur Förderung des eigenen oder fremden Wettbewerbs, aus Eigennutz, zugunsten eines Dritten oder in der Absicht,

---
[1159] *Maaßen*, „Angemessene Geheimhaltungsmaßnahmen" für Geschäftsgeheimnisse, GRUR 2019, 352, 356; *Kalbfus*, Angemessene Geheimhaltungsmaßnahmen nach der Geschäftsgeheimnis-Richtlinie, GRUR 2017, 391, 393.
[1160] *Voigt/Herrmann/Grabenschröer*, Das neue Geschäftsgeheimnisgesetz – praktische Hinweise zu Umsetzungsmaßnahmen für Unternehmen, BB 2019, 142, 145 f.
[1161] So auch: *Dann/Markgraf*, Das neue Gesetz zum Schutz von Geschäftsgeheimnissen, NJW 2019, 1774, 1776.
[1162] Siehe zur Frage der Richtlinienkonformität insbesondere: *Reinbacher*, Der neue Straftatbestand des § 23 GeschGehG und das Whistleblowing, KriPoZ 2019, 148, 152 f.; *Wiebe*, Der Geschäftsgeheimnisschutz im Informationsfreiheitsrecht, NVwZ 2019, 1705, 1707.
[1163] Diese Interessen werden deutlich in: BT-Drucks. 19/8300, S. 11.
[1164] *Schneider*, in: Vorauflage, § 3, Rn. 590.
[1165] *Schneider*, in: Vorauflage, § 3, Rn. 591; außerdem: *Reinbacher*, Der neue Straftatbestand des § 23 GeschGehG und das Whistleblowing, KriPoZ 2019, 148, 148 ff.
[1166] Vgl. dazu § 3, Rn. 604 ff.

dem Inhaber eines Unternehmens Schaden zuzufügen, handelt. Diese subjektiven Merkmale sind **Absichten im engeren Sinne**, so dass es dem Täter auf das Erreichen des jeweiligen Ziels ankommen muss[1167]. Bei der Vorlagenfreibeuterei[1168] nach § 23 Abs. 3 GeschGehG sind lediglich die ersten beiden[1169] Absichtsvarianten genannt.

dd) Betriebsspionage nach § 23 Abs. 1 Nr. 1 i.V.m. § 4 Abs. 1 Nr. 1 GeschGehG

588 In § 23 Abs. 1 Nr. 1 GeschGehG wird bestraft, wenn jemand ein Geschäftsgeheimnis entgegen § 4 Abs. 1 Nr. 1 GeschGehG erlangt. Dabei orientiert sich der Tatbestand der **Betriebsspionage** an der alten Rechtslage und deckt sich weitestgehend mit § 17 Abs. 2 Nr. 1 UWG a.F. Das „Erlangen" entspricht nach dem Gesetzgeberwillen[1170] dem „Sich-Verschaffen" bzw. dem „Sich-Sichern" aus § 17 Abs. 2 Nr. 1 UWG a.F. Es kommt also weiterhin[1171] auf die tatsächliche Kenntniserlangung des Geheimnisses beziehungsweise die Verfügungsgewalt über den Gegenstand, auf der die Information enthalten ist, an. In § 4 Abs. 1 Nr. 1 GeschGehG wird die rechtswidrige Erlangung weiter spezifiziert, indem die Vorschrift die Erlangung durch unbefugten Zugang, unbefugte Aneignung oder unbefugtes Kopieren verbietet.

589 Dabei erfassen die ersten beiden Handlungsvarianten das bisherige „**Sich-Verschaffen**" und meinen die Erlangung der tatsächlichen Verfügungsgewalt über den Geheimnisträger oder das Geheimnis[1172]. Hier begründet sich beispielsweise die Strafbarkeit von „Hacker-Angriffen", bei denen ein Täter durch die Überwindung von Schutzmechanismen elektronisch gesicherte Geschäftsgeheimnisse erfasst. Auch fällt hierunter die Rekonstruktion von zerstörten Papieren mittels eines Computerprogramms (als „wastebasket recovery" bekannte Maßnahme der „competitive intelligence").

Die dritte Handlungsvariante (Kopieren) beschreibt das „**Sich-Sichern**" aus § 17 Abs. 2 Nr. 1 UWG a.F. Gemeint sind Konstellationen, in denen ein Geheimnis(träger) bereits bekannt ist, vom Täter aber körperlich vervielfältigt wird[1173]. Erfüllt werden kann diese Modalität durch das Herstellen jeglicher Arten von Kopien oder Abschriften, wobei die Nutzung technischer Vorrichtungen nicht notwendig ist. Ein bloßes Abzeichnen oder Abschreiben eines Geheimnisses ist dementsprechend ebenso erfasst, wie die Anfertigung von 3-D-Kopien oder das Speichern einer vervielfältigten Datei auf einem USB-Stick oder einem anderen Massenspeicher.

590 **Problem:** Der Wortlaut der Betriebsspionage setzt außerdem ein „unbefugtes" Handeln voraus. Das liegt vor, wenn der Täter das Geschäftsgeheimnis ohne die Zustimmung des Inhabers des Geheimnisses und ohne gesetzliche Erlaubnis erlangt. Unterschiedliche Auffassungen existieren darüber, ob das Merkmal „unbefugt" bereits auf Tatbestandsebene[1174] oder erst bei der Rechtswidrigkeit[1175] Bedeutung entfaltet, eine Zustimmung des Inhabers also bereits ein tatbestandsausschließendes Einverständnis oder

---

1167 *Hohmann*, in: MüKo StGB, Nebenstrafrecht II, § 23 GeschGehG, Rn. 54.
1168 Näher dazu unter § 3, Rn. 599 ff.
1169 Handeln zur Förderung des eigenen und fremden Wettbewerbs oder aus Eigennutz.
1170 BT-Drucks. 19/4724, S. 40.
1171 Vgl. für die alte Rechtslage: *Hohmann*, in: MüKo StGB, Nebenstrafrecht II, § 17 aF, Rn. 47 ff.
1172 Inwiefern sich der unbefugte Zugang und die unbefugte Aneignung unterscheiden, ist nicht ganz klar, wobei eine Differenzierung in der Literatur versucht wird, vgl. dazu *Alexander*, in: Köhler/Bornkamm/Feddersen (Hrsg.): UWG, § 4 GeschGehG, Rn. 16 ff.
1173 *Wabnitz/Janovsky/Schmitt*, Handbuch Wirtschafts- und Steuerstrafrecht 2020, Rn. 175.
1174 So *Alexander*, in: Köhler/Bornkamm/Federsen (Hrsg.): UWG, § 4 GeschGehG, Rn. 22.
1175 *Hohmann*, in: MüKo StGB, Nebenstrafrecht II, § 23 GeschGehG, Rn. 159.

VI. Delikte gegen den Wettbewerb und gegen die Verletzung gewerblicher Schutzrechte § 3

eine rechtfertigende Einwilligung darstellt. Der Wille des Gesetzgebers[1176] in § 4 Abs. 1 Nr. 1 GeschGehG, die alte Rechtslage[1177] fortzuschreiben, spricht dabei für die Einordnung des Merkmals „unbefugt" als allgemeines Deliktsmerkmal der Rechtswidrigkeit. Auch die Ausgestaltung des § 3 Abs. 2 GeschGehG[1178] als Erlaubnisnorm (und mithin als Rechtfertigungsvorschrift) spricht gegen eine eigenständige Bedeutung bereits auf Tatbestandsebene.

ee) Eigeneröffnete Geheimnishehlerei nach § 23 Abs. 1 Nr. 2 i.V.m. § 4 Abs. 2 Nr. 1 a GeschGehG

§ 23 Abs. 1 Nr. 2 i.V.m. § 4 Abs. 2 Nr. 1 a GeschGehG bestraft die früher in § 17 Abs. 2 Nr. 2 Alt. 2 UWG a.F. geregelte **eigeneröffnete Geheimnishehlerei**. Darunter ist die **Nutzung oder Offenlegung** eines nach § 4 Abs. 1 Nr. 1 GeschGehG erlangten[1179] Geschäftsgeheimnisses zu verstehen. Als tauglicher Täter kommt damit nur in Betracht, wer zuvor gegen das Handlungsverbot des § 4 Abs. 1 Nr. 1 GeschGehG (Betriebsspionage) verstoßen hat. Im Gegensatz zur alten Rechtslage[1180] ist eine rechtswidrige Verwirklichung des objektiven und subjektiven Straftatbestandes der Betriebsspionage nicht mehr erforderlich. Dies wird anhand des Verweises nur auf das Handlungsverbot des § 4 Abs. 1 Nr. 1 GeschGehG und nicht auf den Gesamtunrechtstatbestand des § 23 Abs. 1 Nr. 1 GeschGehG deutlich.

591

Nutzen i.S.d. § 4 Abs. 2 Nr. 1 a GeschGehG meint jede Art der Verwendung des Geschäftsgeheimnisses[1181]. Die neue Rechtslage verzichtet auf die früher[1182] explizit geforderte wirtschaftliche Verwertung des Geheimnisses. Insofern geht der Tatbestand des GeschGehG weiter. Nunmehr ist auch die ideelle Nutzung, beispielsweise die Verwendung von Geschäftsgeheimnissen in wissenschaftlichen Veröffentlichungen, strafbewehrt.

592

In der Eröffnung eines selbsterlangten Geheimnisses gegenüber Dritten ist eine **Offenlegung** i.S.d. § 4 Abs. 2 Nr. 1 a GeschGehG zu sehen[1183]. Erforderlich ist, dass der Täter einer dritten Person die Kenntnisahme ermöglicht. Eine weitergehende Nutzung oder das inhaltliche Erfassen des Geheimnisses durch Dritte wird von § 4 Abs. 2 Nr. 1 a GeschGehG nicht gefordert.

593

ff) Geheimnisverrat nach § 23 Abs. 1 Nr. 3 i.V.m. § 4 Abs. 2 Nr. 3 GeschGehG

Der früher in § 17 I UWG a.F. geregelte **Geheimnisverrat** findet sich in § 23 Abs. 1 Nr. 3 i.V.m. § 4 Abs. 2 Nr. 3 GeschGehG. Dabei wird sanktioniert, wenn eine bei einem Unternehmen beschäftigte Person ein Geschäftsgeheimnis, das ihr im Rahmen des Beschäftigungsverhältnisses anvertraut worden oder zugänglich geworden ist, während der Geltungsdauer des Beschäftigungsverhältnisses offenlegt und damit gegen eine ihr zukommende Pflicht zur Geheimhaltung verstößt.

594

1176 BT-Drucks. 18/4724, 40.
1177 Danach kam dem Merkmal „unbefugt" unstrittig erst auf Rechtswidrigkeitsebene Bedeutung zu, vgl. *Schneider*, in: Vorauflage, § 3, Rn. 605.
1178 Näher zu den Rechtfertigungsgründen bei § 3, Rn. 611 ff.
1179 Vgl. § 3, Rn. 588 ff.
1180 Vgl. *Schneider*, in: Vorauflage, § 3, Rn. 607.
1181 BT-Drucks. 19/4724, S. 27.
1182 Vgl. *Schneider*, in: Vorauflage, § 3, Rn. 606.
1183 BT-Drucks. 19/4724, S. 27.

595 Als Täter kommen folglich nur **in einem Unternehmen beschäftigte Personen** in Betracht. Beim Geheimnisverrat handelt es sich damit um ein echtes Sonderdelikt. Die Beschäftigung bei einem Unternehmen ist weit zu verstehen. Es ist jede zum Unternehmen gehörige, weisungsgebundene natürliche Person erfasst, wobei es auf die Entgeltlichkeit der Tätigkeit nicht ankommt. Insofern kommen Angestellte, Arbeitnehmer, Lehrlinge und Praktikanten gleichermaßen als Täter in Betracht. Bei einem Unternehmen nicht beschäftigt sind, ob der mangelnden Weisungsgebundenheit, selbstständig tätige Personen[1184]. Insofern unterfallen beispielsweise Rechtsanwälte, Wirtschaftsprüfer und Steuerberater, die für ein Unternehmen freiberuflich beratend tätig sind, nicht einer Strafbarkeit nach § 23 Abs. 1 Nr. 3 GeschGehG. Für sie kommen allerdings die weitergehenden § 203 Abs. 1 und Abs. 3 S. 2 StGB in Betracht[1185]. Auch Teilhaber, also Aktionäre und Gesellschafter einer AG, GmbH, OHG oder KG sind keine tauglichen Täter, sofern sie nicht zugleich in einem Beschäftigungsverhältnis zum Unternehmen stehen.

596 Um das sich ein Geschäftsgeheimnis als Tatobjekt des Geheimnisverrats qualifiziert, muss es dem Täter **im Rahmen seines Beschäftigungsverhältnisses** anvertraut worden oder zugänglich geworden sein. Ein Geschäftsgeheimnis gilt dem Täter dann als anvertraut, wenn er es vom Unternehmensinhaber oder einer für diesen beschäftigten Person erfahren hat und aus der Mitteilung hervorging, dass eine Geheimhaltung erfolgen soll[1186]. Bei der zweiten Alternative (zugänglich geworden) wird die bloße Kenntnisnahme von der zu schützenden Information gefordert. Dabei muss das Beschäftigungsverhältnis ursächlich für die Zugänglichkeit sein[1187]. Der Täter muss die Möglichkeit der Kenntniserlangung gerade durch die Beschäftigung bekommen haben[1188]. Ohne Bedeutung ist, ob er es auch unabhängig von seinem Dienstverhältnis hätte erfahren können, erfahren hätte oder nachträglich tatsächlich erfahren hat[1189].

597 Die Tathandlung des Geheimnisverrats ist das **Offenlegen** des Geschäftsgeheimnisses, wobei das zur Offenlegung i.S.d. eigeneröffneten Geheimnishehlerei Gesagte gilt[1190]. Diese muss **während der Dauer des Beschäftigungsverhältnisses** geschehen. Hintergrund ist, dass von Personen, die in einem vertraglichen Verhältnis zum Geheimnisinhaber stehen, erwartet werden kann, die Geheimnisse zu schützen und insbesondere nicht an Dritte weiterzugeben. Dementsprechend ist auf die rechtliche Geltung des Verhältnisses abzustellen. Die Norm fordert weiterhin, dass durch die Offenlegung ein Verstoß gegen eine Geheimhaltungspflicht erfolgen muss. Diese können sich insbesondere aus zwischen den Vertragsparteien abgeschlossenen Vertraulichkeitsvereinbarungen, aber auch aus der allgemeinen Pflicht eines Arbeitnehmers zur Geheimhaltung und Loyalität gegenüber dem Arbeitgeber ergeben[1191].

1184 Übersicht bei *Hohmann*, in: MüKo StGB, Nebenstrafrecht II, § 23 GeschGehG, Rn. 75.
1185 Ebenso nach alter Rechtslage, vgl. *Schneider*, in: Vorauflage, § 3, Rn. 593.
1186 *Hiéramente*, in: BeckOK, § 23 GeschGehG, Rn. 33.
1187 Insofern bestehen keine Unterschiede zur alten Rechtslage, vgl. *Schneider*, in: Vorauflage, § 3 Rn. 594.
1188 *Hiéramente*, in: BeckOK, § 23 GeschGehG, Rn. 33.
1189 *Schneider/Schumann*, in: Götting/Meyer/Vormbrock (Hrsg.): Gewerblicher Rechtsschutz, § 33, Rn. 43.
1190 Vgl. § 3, Rn. 591 ff.
1191 BT-Drucks. 19/4724, S. 28.

VI. Delikte gegen den Wettbewerb und gegen die Verletzung gewerblicher Schutzrechte § 3

gg) Fremderöffnete Geheimnishehlerei nach § 23 Abs. 2 i.V.m. § 4 Abs. 1 Nr. 2, Nr. 3 GeschGehG

Für die früher mit der eigeneröffneten Geheimnishehlerei zusammen in § 17 Abs. 2 Nr. 2 Alt. 2 UWG a.F. geregelte **fremderöffnete Geheimnishehlerei** wurde im neuen Gesetz mit § 23 Abs. 2 i.V.m. § 4 Abs. 1 Nr. 2, Nr. 3 GeschGehG ein eigenständiger Straftatbestand geschaffen. Bestraft wird das Nutzen[1192] und Offenlegen[1193] eines Geschäftsgeheimnisses, welches der Täter durch eine eigeneröffnete Geheimnishehlerei[1194] oder einen Geheimnisverrat[1195] einer anderen Person erlangt hat. Erfasst sein sollen Konstellationen, in denen ein Täter ein Geschäftsgeheimnis durch eine der genannten Vortaten einer anderen Person erlangt und die Information wiederum selbst gebraucht oder an Dritte weitergibt. Erforderlich ist ein unmittelbarer Zusammenhang zwischen der Vortat und der Erlangung des Täters der fremderöffneten Geheimnishehlerei. Nicht ausreichend ist es, wenn das Geheimnis durch mehrere ohne Vorsatz handelnde Mittelsmänner an den Täter i.S.d. § 23 Abs. 2 GeschGehG gelangt[1196].

598

hh) Vorlagenfreibeuterei nach § 23 Abs. 3 i.V.m. § 4 Abs. 2 Nr. 2, Nr. 3 GeschGehG

Ein weiterer in § 23 GeschGehG geregelter Tatbestand ist die **Vorlagenfreibeuterei** aus § 23 Abs. 3 i.V.m. § 4 Abs. 2 Nr. 2, Nr. 3 GeschGehG, welche den § 18 UWG a.F. ersetzt. Bestraft wird, wer im geschäftlichen Verkehr anvertraute Geschäftsgeheimnisse, die in geheimen Vorlagen oder geheimen Vorschriften technischer Art verkörpert sind, nutzt oder offenlegt.

599

Der Tatbestand stellt ein **Sonderdelikt** dar. Denn Täter kann nur jemand sein, dem eine Vorlage oder technische Vorschrift im geschäftlichen Verkehr anvertraut worden ist. **Damit scheiden Angehörige des geschädigten Unternehmens grundsätzlich als Täter aus.** Zu ihnen unterhält der Unternehmensinhaber keinen geschäftlichen Verkehr. Da der Tatbestand ein Anvertrauen im geschäftlichen Verkehr verlangt, muss der Anvertrauende der Unternehmer oder ein Beauftragter des Unternehmers sein, der über die Vorlage oder technische Vorschrift verfügt[1197].

600

Die Vorlagenfreibeuterei setzt an das allen Straftatbeständen des § 23 GeschGehG gemeinsame Tatobjekt des „Geschäftsgeheimnisses" höhere Anforderungen, indem nur geheime **Vorlagen** und geheime **Vorschriften technischer Art** erfasst sein sollen. Dabei knüpft der Gesetzgeber direkt an die alte Rechtslage an, wobei die Tatobjekte, bis auf das zusätzliche Erfordernis der Geheimheit, denen des § 18 UWG a.F. entsprechen. Vorlagen sind danach Gegenstände, die dazu bestimmt sind, bei der Herstellung neuer Sachen in der Weise als Vorbild zu dienen, dass seine Benutzung die beabsichtigte Ausführung erst ermöglicht[1198]. Als Beispiele dienen die früher in § 18 UWG a.F. genannten, aber im neuen Tatbestand nicht mehr erwähnten Zeichnungen, Modelle, Schablonen, Schnitte und Rezepte. Vorschriften technischer Art sind Anweisungen oder Lehren, die sich auf technische Vorgänge im weitesten Sinne beziehen. Sind sie schriftlich, in Zeichnungen oder durch Modelle verkörpert, so fallen sie bereits unter den Begriff

601

1192 Vgl. § 3, Rn. 592.
1193 Vgl. § 3, Rn. 593.
1194 Vgl. § 3, Rn. 591 ff.
1195 Vgl. § 3, Rn. 594 ff.
1196 *Alexander*, in: Köhler/Bornkamm/Feddersen (Hrsg.): UWG, § 23 GeschGehG, Rn. 55.
1197 *Schneider/Schumann*, in: Götting/Meyer/Vormbrock (Hrsg.): Gewerblicher Rechtsschutz, § 33, Rn. 79.
1198 *Schneider/Schumann*, in: Götting/Meyer/Vormbrock (Hrsg.): Gewerblicher Rechtsschutz, § 33, Rn. 77.

der Vorlage. Die „Geheimheit" der Vorlagen und Vorschriften technischer Art hat lediglich deklaratorische Bedeutung. Bereits der Wortlaut des § 23 Abs. 3 GeschGehG impliziert, dass die Vorlagen und Vorschriften technischer Art den Charakter eines Geschäftsgeheimnisses haben müssen. Dementsprechend müssen die Voraussetzungen, die eine Information zu einem Geschäftsgeheimnis machen, auch an die qualifizierten Tatobjekte aus § 23 Abs. 3 GeschGehG gestellt werden.

Bezüglich der **Nutzung** und **Offenlegung** gilt das zur eigeneröffneten Geheimnishehlerei Gesagte[1199].

c) Die Tatbestandsausnahmen des § 5 GeschGehG

602 § 5 GeschGehG normiert verschiedene Modalitäten der Erlangung, Nutzung oder Offenlegung von Geschäftsgeheimnissen, die ausnahmsweise nicht unter die Verbotstatbestände des § 4 GeschGehG fallen. Danach soll beim Bestehen eines berechtigten Interesses eben nicht erst eine Strafbarkeit nach § 23 GeschGehG ausgeschlossen sein, sondern **bereits keine tatbestandliche Handlung** i.S.d. § 4 GeschGehG vorliegen. Mit der Formulierung stellt der Gesetzgeber klar, dass es sich bei den Fällen des § 5 GeschGehG um **Tatbestandsausnahmen** und nicht um Rechtfertigungsgründe handelt[1200]. Diskussionen über diese Regelungsstruktur verzögerten die Verabschiedung des GeschGehG erheblich. Der RegE[1201] sah ursprünglich vor, die in § 5 GeschGehG geregelten Fälle als Rechtfertigungsgründe zu normieren. Da § 5 GeschGehG aber insbesondere die Arbeit von Journalisten sowie das Verhältnis von Arbeitnehmern zu Arbeitgebern betrifft, stellten Sachverständige fest, dass ein Ausschluss erst auf Rechtfertigungsebene eine erheblich abschreckende Wirkung auf die Arbeit beziehungsweise das Verhalten der genannten Personengruppen haben könnte[1202]. Dem Druck verschiedener Arbeitnehmer- und Journalistenverbände wurde schließlich nachgegeben und die jetzige Regelungsstruktur geschaffen.

Dabei nennt § 5 GeschGehG Fälle, in denen ein berechtigtes Interesse, welches zum Tatbestandsausschluss führt, angenommen werden kann. Es sind die Offenlegung von Geschäftsgeheimnissen zur Ausübung des Rechts der freien Meinungsäußerung und der Informationsfreiheit (§ 5 Nr. 1 GeschGehG), das „Whistleblowing" (§ 5 Nr. 2 GeschGehG) sowie die Offenlegung durch Arbeitnehmer gegenüber der Arbeitnehmervertretung (§ 5 Nr. 3 GeschGehG) aufgeführt, denen eine Indizwirkung für die Annahme eines berechtigten Interesses immanent sein soll. Keineswegs darf ein solches aber generalisierend angenommen werden. Vielmehr ist eine einzelfallbezogene Interessensabwägung erforderlich, um eine Tatbestandsausnahme bejahen zu können[1203].

aa) Ausübung des Rechts der freien Meinungsäußerung und der Informationsfreiheit

603 Nach § 5 Nr. 1 GeschGehG soll ein berechtigtes Interesse insbesondere dann bestehen, wenn ein Geschäftsgeheimnis **zur Ausübung des Rechts der freien Meinungsäußerung und der Informationsfreiheit**, einschließlich der Achtung der Freiheit und der Pluralität der Medien erlangt, genutzt oder offengelegt wird. Die Ausnahme soll dabei den inves-

---

1199 Vgl. § 3, Rn. 591 ff.
1200 BT-Drucks. 19/8300, S. 14.
1201 Vgl. BT-Drucks. 19/4724, S. 28.
1202 BT-Drucks. 19/8300, S. 14.
1203 *Alexander*, Grundstrukturen des Schutzes von Geschäftsgeheimnissen durch das neue GeschGehG, WRP 2019, 673, 677; Ohly, Das neue Geschäftsgeheimnisgesetz im Überblick, GRUR 2019, 441, 448.

VI. Delikte gegen den Wettbewerb und gegen die Verletzung gewerblicher Schutzrechte § 3

tigativen Journalismus schützen und den Schutz von journalistischen Quellen erhöhen[1204]. Der Gesetzgeber verweist in seiner Begründung zu § 5 Nr. 1 GeschGehG auf die Grundrechtecharta der Europäischen Union[1205]. Dabei ist zum einen der Art. 11 GRCh in den Blick zu nehmen, der auf europäischer Ebene die Meinungs- und Informationsfreiheit herstellen will. Darüber hinaus gelten aber auch die Schrankenregelungen des Art. 52 GRCh, nach denen im Einzelfall auch Eingriffe in die genannten Rechte gerechtfertigt sein können, wenn sie verhältnismäßig sind und der Wesensgehalt des Freiheitsrechts nicht angetastet wird. Bei der Prüfung, ob ein berechtigtes Interesse besteht, sind dementsprechend die Grundrechte des Inhabers des Geschäftsgeheimnisses mit der Bedeutung der Meinungsfreiheit im freiheitlich-demokratischen Rechtsstaat abzuwägen[1206]. Insofern wird sich die Arbeit der Gerichte nicht erheblich ändern, als dass sie bislang bereits dazu angehalten waren, in den Fällen des investigativen Journalismus Einzelfallprüfungen am Maßstab der Grundrechte des Grundgesetzes vorzunehmen[1207].

bb) „Whistleblowing"

Mit der Tatbestandsausnahme des § 5 Nr. 2 GeschGehG hat der Gesetzgeber eine Regelung zur rechtlichen Behandlung von sog. „**Whistleblowern**" geschaffen. Danach soll ein Erlangen, Nutzen oder Offenlegen von Geschäftsgeheimnissen nicht tatbestandsmäßig sein, wenn es zur Aufdeckung einer rechtswidrigen Handlung oder eines beruflichen oder sonstigen Fehlverhaltens dient. Darüber hinaus muss das Verhalten der aufdeckenden Person dazu geeignet sein, das allgemeine öffentliche Interesse zu schützen (§ 5 Nr. 2 GeschGehG). 604

Klarheit über den Begriff der **rechtswidrigen Tat** schafft die Legaldefinition aus § 11 Abs. 1 Nr. 5 StGB. Außerdem sind unter einem **beruflichen Fehlverhalten** Verstöße gegen berufsständische Normen (bspw. WPO, BRAO) zu verstehen[1208]. Im Gegensatz dazu wird nicht direkt deutlich, was der Gesetzgeber mit einem **sonstigen Fehlverhalten** i.S.d. § 5 Nr. 2 GeschGehG meint. Er nennt in seiner Gesetzesbegründung unethisches, aber nicht zugleich rechtsverletzendes Verhalten[1209]. Als Beispiel werden Verhaltensweisen im Ausland genannt, die dort nicht rechtswidrig, aber nach dem hiesigen Verständnis ein Fehlverhalten darstellen (z.B. Kinderarbeit, gesundheits- oder umweltschädliche Produktionsbedingungen)[1210]. Die Ausführungen des Gesetzgebers sind dabei unpräzise und fördern somit nicht die eigentlich gewünschte Rechtssicherheit auf dem Gebiet des Geheimnisschutzes[1211]. Die notwendige Klarheit über die Begrifflichkeit wird wohl erst durch die Rechtsprechung hergestellt werden können, die dazu angehalten ist, die Grenzen dessen, was als sonstiges Fehlverhalten einzuordnen ist, eng 605

1204 BT-Drucks. 19/4724, S. 28.
1205 BT-Drucks. 19/4724, S. 28 f.; BT-Drucks. 19/8300, S. 14.
1206 Vgl. dazu umfassend *Brost/Wolsing*, Presserechtlicher Schutz vor der Veröffentlichung von Geschäftsgeheimnissen, ZUM 2019, 898, 901 ff.
1207 Vgl. den wohl prominentesten Fall, bei dem sich der Investigativjournalist Günther Wallraff als Mitarbeiter bei der „Bild"-Zeitung einschleuste und über seine Erfahrungen ein anprangerndes Buch schrieb, BGH NJW 1981, 1089, 1094 f.; ähnliche Abwägungen fanden auch bei aktuelleren Fällen statt, so z.B. bei einer Entscheidung über die Verbreitung ungenehmigter Filmaufnahmen aus einem Bio-Hühnerstall, BGH NJW 2018, 2877, 2880.
1208 BT-Drucks. 19/4724, S. 29.
1209 BT-Drucks. 19/4724, S. 29.
1210 BT-Drucks. 19/4724, S. 29.
1211 So auch: *Dann/Markgraf*, Das neue Gesetz zum Schutz von Geschäftsgeheimnissen, NJW 2019, 1774, 1777.

zu setzen. Denn wenn auch gerade großen Unternehmen in einer globalisierten Welt eine gesellschaftliche Verantwortung trifft, ihr oftmals für viele Menschen relevantes Verhalten auf eventuelle negative Folgen hin zu überprüfen, so kommt ihnen keine rechtliche Pflicht zu, moralisch in jedem Fall fehlerlos zu handeln[1212]. Wenn also der Gesetzgeber die Ausnahme über die Aufdeckung normwidrigen Verhaltens hinaus weitet, kann nur ein solche Verhalten als sonstiges Fehlverhalten eingeordnet werden, welches zwar nicht am Handlungsort (z.B. Standort im Ausland), aber zumindest nach dem europäischen Rechtsverständnis als rechtswidrig einzuordnen ist[1213]. Um Rechtsunsicherheiten vorzubeugen sind Verhaltensweisen, die herrschenden moralischen Vorstellungen widersprechen, aber vom Gesetzgeber grundsätzlich gebilligt werden, von der Ausnahme des § 5 Nr. 2 GeschGehG nicht zu erfassen[1214].

606 Weiterhin muss die Handlung dazu **geeignet** sein, das **allgemeine öffentliche Interesse zu schützen**. An dieser Stelle hat sich der Gesetzgeber von dem im RegE geforderten Handeln in der Absicht, das öffentliche Interesse zu schützen, verabschiedet[1215]. Dies ist zu begrüßen, weil eine weitere Subjektivierung der Tatbestandsausnahme weitere Rechtsunsicherheiten geschaffen und eine Art Gesinnungsprüfung implementiert hätte. Problematisch ist allerdings, dass der Gesetzgeber nur wenige Anhaltspunkte dafür gibt, festzustellen, wann einem Erlangen, Nutzen oder Offenlegen eines Geschäftsgeheimnisses die geforderte Eigenschaft zukommt. Insofern ist in der Gesetzesbegründung nur unpräzise formuliert, dass ein Fehlverhalten von einem solchen Ausmaß und Gewicht vorliegen muss, welches wiederum ein öffentliches Interesse an der Offenlegung begründet[1216]. Ein derartiges Interesse wird wohl zumindest dann vorliegen, wenn Kollektivgüter, öffentliche Einrichtungen oder eine Vielzahl von Individualrechtsgütern mit großer Intensität der Beeinträchtigung betroffen sind[1217].

607 Auch wenn die Voraussetzungen der Tatbestandsausnahme von § 5 Nr. 2 GeschGehG vorliegen, kann es sein, dass der Täter im Einzelfall dazu angehalten ist, zunächst interne Maßnahmen zur Behebung der Missstände einzuleiten. Ein solcher Vorrang der innerbetrieblichen Klärung leitet sich dabei aus dem durch die Rechtsprechung[1218] anerkannten „Eskalationsmodell" ab, welches sich wiederum auf die Treuepflicht aus § 241 Abs. 2 BGB beruft[1219]. § 1 Abs. 3 Nr. 4 GeschGehG stellt klar, dass derartige Rechte und Pflichten aus dem Arbeitsverhältnis unberührt bleiben.

608 Beachte: Am 16.12.2019 ist die Richtlinie (EU) 2019/1937 des europäischen Parlaments und des Rates vom 23.10.2019 zum Schutz von Personen, die Verstöße gegen das Unionsrecht melden[1220] in Kraft getreten. Die EU-Organe setzen ihre whistleblowerfreundliche Linie fort und geben einen europaweiten Mindestschutz für Hinweisgeber, die auf bestimmte Verstöße gegen EU-Rechtsnormen aufmerksam machen, vor. Die Verbesserung des Schutzes von Whistleblowern steht dabei im Dienste der Steigerung von Entdeckungsrisiken und damit der Prävention von Wirtschaftskriminalität. Es ist erkennbar, dass die EU die grundsätzlich gegenüber Hinweisgebern bestehende

---

1212 *Ernst*, Das Geschäftsgeheimnisgesetz, MDR 2019, 897, 900.
1213 So auch: *Ernst*, Das Geschäftsgeheimnisgesetz, MDR 2019, 897, 900.
1214 *Dann/Markgraf*, Das neue Gesetz zum Schutz von Geschäftsgeheimnissen, NJW 2019, 1774, 1777.
1215 BT-Drucks. 19/4724, S. 29.
1216 BT-Drucks. 19/8300, S. 14.
1217 *Dann/Markgraf*, Das neue Gesetz zum Schutz von Geschäftsgeheimnissen, NJW 2019, 1774, 1777.
1218 EGMR NJW 2011, 3501, 3501 ff.; BAG NJW 2004, 1547, 1547 ff.
1219 Ausführlicher dazu bei: *Dann/Markgraf*, Das neue Gesetz zum Schutz von Geschäftsgeheimnissen, NJW 2019, 1774, 1777.
1220 ABl. L 305, S. 17 ff.

VI. Delikte gegen den Wettbewerb und gegen die Verletzung gewerblicher Schutzrechte § 3

positive Haltung aus dem amerikanischen Recht adaptiert. Deutlich wird das am Regelungskern der Richtlinie. Es werden detaillierte Vorgaben zur Einrichtung von internen und externen Meldesystemen gemacht, die sich bereits im amerikanischen Recht wiederfinden[1221]. Die Richtlinie geht damit weit über die Regelungen des GeschGehG hinaus. Es bleibt abzuwarten, wie der deutsche Gesetzgeber die Vorgaben in die Vorschriften des GeschGehG einarbeitet und welche Änderungen damit einhergehen[1222].

cc) Offenlegung durch Arbeitnehmer gegenüber der Arbeitnehmervertretung

Der dritte Ausnahmetatbestand erfasst Fälle in denen ein Arbeitnehmer gegenüber der Arbeitnehmervertretung ein Geschäftsgeheimnis offenlegt, um die Arbeitnehmervertretung in die Lage zu versetzen, deren Aufgaben erfüllen zu können. Als Arbeitnehmervertretung sind der Betriebs- und der Personalrat sowie bei kirchlichen Arbeitgebern die Mitarbeitervertretung[1223]. Die Vorschrift dient dem Schutz der Wahrnehmung von Arbeitnehmerrechten sowie der Arbeit von Arbeitnehmervertretungen[1224]. Niemand soll durch die drohenden Sanktionen nach dem GeschGehG davon abgehalten werden, seine Arbeitnehmerrechte wahrzunehmen[1225].

609

d) Qualifikationstatbestände

Die in § 17 Abs. 3 UWG a.F. genannten Regelbeispiele sind nunmehr als Qualifikationstatbestände in § 23 Abs. 4 GeschGehG eingefügt worden. Ohne inhaltliche Änderung wird mit Freiheitsstrafe von bis zu 5 Jahren oder mit Geldstrafe bestraft, wer i.S.d. § 23 Abs. 4 Nr. 1 GeschGehG gewerbsmäßig handelt. Der Qualifikationstatbestand ist seinem Wortlaut nach bis auf die Vorlagenfreibeuterei auf alle Straftatbestände des GeschGehG anwendbar. § 23 Abs. 4 Nr. 2 GeschGehG stellt eine Qualifikation nur für die Geheimnishehlereitatbestände sowie für den Geheimnisverrat dar und erhöht den Strafrahmen, wenn der Täter weiß, dass das Geschäftsgeheimnis im Ausland genutzt werden soll. Die tatsächliche Nutzung des Geschäftsgeheimnisses im Ausland qualifiziert nur die eigen- und fremderöffnete Geheimnishehlerei (vgl. § 23 Abs. 4 Nr. 3 GeschGehG).

610

e) Die speziellen Rechtfertigungsgründe des GeschGehG

aa) Rechtfertigungsgründe aus § 3 GeschGehG

Der Gesetzgeber hat in § 3 GeschGehG Handlungen normiert, die entgegen der Verbote aus § 4 GeschGehG erlaubt sind. Diese Handlungen stellen eigenständige Rechtfertigungsgründe dar, die neben denen des allgemeinen Teils des Strafgesetzbuches Bedeutung entfalten. Dabei sind die Erlaubnistatbestände aus § 3 Abs. 1 GeschGehG lediglich auf die Erlangung von Geschäftsgeheimnissen, nicht aber auf die weitergehende Nutzung oder Offenlegung anwendbar. Für diese greift nur § 3 Abs. 2 GeschGehG.

611

Nach § 3 Abs. 1 Nr. 1 GeschGehG darf ein Geschäftsgeheimnis durch **eigenständige Entdeckung oder Schöpfung** erlangt werden. Mit dieser Vorschrift trägt der Gesetzge-

612

[1221] Überblick über den Whistleblowerschutz in den USA bei *Wiedmann/Seyfert*, Richtlinienentwurf der EU-Kommission zum Whistleblowing, CCZ 2019, 12, 14 f., 20.
[1222] Die Richtlinie sieht eine Umsetzungsfrist bis zum 17.12.2021 vor.
[1223] *Hohmann*, in: MüKo StGB, Nebenstrafrecht II, § 23 GeschGehG, Rn. 129.
[1224] BT-Drucks. 19/4724, S. 29.
[1225] *Alexander*, in: Köhler/Bornkamm/Federsen (Hrsg.): UWG, § 5 GeschGehG, Rn. 48.

ber dem Umstand Rechnung, dass ein Geschäftsgeheimnis auch durch die parallele Schöpfung (Doppelschöpfung) verschiedener Personen entwickelt werden kann[1226]. Der Rechtfertigungstatbestand erfasst beispielsweise Fälle, in denen ein Unternehmen zu einem bestimmten Problem eine Lösung entwickelt, die ein Konkurrenzunternehmen bereits zuvor gefunden hat, das ältere Werk allerdings nicht als Vorlage für das jüngere Werk diente.

613 Ein Rechtfertigungsgrund mit in Zeiten von wachsender Produktpiraterie[1227] praktisch größerer Relevanz ist der des § 3 Abs. 1 Nr. 2 GeschGehG. Danach ist die **Erlangung** eines Geschäftsgeheimnisses **durch Beobachten, Untersuchen, Rückbauen oder Testen** eines Produkts oder Gegenstands erlaubt, insofern dieses oder dieser öffentlich verfügbar gemacht wurde (lit. a). Hier wird deutlich, dass bei der Veröffentlichung eines Produktes das sog. „Reverse Engineering" uneingeschränkt zulässig sein soll. Bei der nicht öffentlichen Verfügbarkeit hingegen ist eine Zulässigkeit dann gegeben, wenn kein vertraglicher Ausschluss besteht (vgl. § 3 Abs. 1 Nr. 2 lit. b GeschGehG). In der Legalisierung des „Reverse Engineering" kommt der Grundgedanke zum Ausdruck, dass im Gegensatz zu Patenten oder Urheberrechten keine Exklusivrechte an als Geschäftsgeheimnissen geschützten Informationen bestehen sollen[1228].

614 **Problem:** Zu klären sein wird die Frage, inwiefern ein solcher vertraglicher Ausschluss mittels AGB zulässig ist. Nachvollziehbare Bedenken wurden bereits dahin gehend geäußert, als dass das durch § 3 Abs. 1 Nr. 2 lit. b GeschGehG implementierte Regel-Ausnahme-Verhältnis ins Gegenteil verkehrt werden würde und somit ein Verstoß gegen § 307 Abs. 2 Nr. 1 BGB vorliegen könnte[1229]. Diese Frage sollte eine schnelle Klärung erfahren, weil sie den Weg hin zu Verbotsirrtümern ebnet, die wiederum einer gerichtlichen Würdigung bedürfen und weitere Unsicherheiten hervorrufen.

615 Als weiteren Erlaubnistatbestand nennt § 3 Abs. 1 Nr. 3 GeschGehG das **Erlangen** von Geschäftsgeheimnissen **durch die Ausübung von Informations- und Anhörungsrechten** der Arbeitnehmer **oder Mitwirkungs- und Mitbestimmungsrechte** der Arbeitnehmervertretung. Auch an dieser Stelle kommt zum Ausdruck, dass derartige Rechte nicht mit dem Verweis auf die Erlangung von Geschäftsgeheimnissen eingeschränkt werden können[1230]. Spannungsverhältnisse sollen zugunsten der Arbeitnehmer- und Arbeitnehmervertretungsrechte aufgelöst werden.

616 Die Erlangung, Nutzung oder Offenlegung von Geschäftsgeheimnissen ist auch dann gerechtfertigt, wenn eine **gesetzliche oder vertragliche Gestattung** vorliegt (§ 3 Abs. 2 GeschGehG). Die Vorschrift stellt klar, dass Sonderregelungen in Bezug auf Geschäftsgeheimnisse aus anderen Gesetzen vorgehen[1231].

bb) Rechtfertigungsgrund des § 23 Abs. 6 GeschGehG

617 In § 23 Abs. 6 GeschGehG findet sich ein weiterer Rechtfertigungsgrund speziell für **Medienvertreter.** Danach ist die bloße Entgegennahme, Auswertung oder Veröffentlichung eines Geschäftsgeheimnisses für Personen nach § 57 Abs. 1 S. 1 Nr. 5 StPO (Me-

---

1226 BT-Drucks. 19/4724, S. 25.
1227 Vgl. § 3, 639 ff.
1228 *Ernst,* Das Geschäftsgeheimnisgesetz, MDR 2019, 897, 899.
1229 Zu dieser Fragestellung vertieft: *Apel/Walling,* Das neue Geschäftsgeheimnisgesetz: Überblick und erste Praxishinweise, DER BETRIEB 2019, 891, 896.
1230 BT-Drucks. 19/4724, S. 26.
1231 BT-Drucks. 19/4724, S. 26.

dienangehörige) nicht strafbar. Damit werden bloße Beihilfehandlungen von der Strafbarkeit ausgenommen und somit der Schutz von journalistischer Arbeit erhöht[1232]. Unberührt bleibt die Strafbarkeit des Haupttäters sowie eine mögliche täterschaftliche Begehungsweise durch Medienangehörige[1233].

f) Sonstiges

§ 23 Abs. 5 GeschGehG stellt die Versuchsstrafbarkeit klar. § 23 Abs. 7 S. 1 GeschGehG bejaht die Anwendbarkeit des § 5 Nr. 7 StGB. Unabhängig vom Recht des Tatorts gilt also für Auslandstaten nach § 23 GeschGehG, die sich gegen die in § 5 Nr. 7 StGB genannten Betriebe und Unternehmen richten, deutsches Strafrecht. § 23 Abs. 7 S. 2 GeschGehG lässt die §§ 30, 31 StGB entsprechend zur Anwendung kommen, sofern zur Förderung des eigenen oder fremden Wettbewerbs oder aus Eigennutz gehandelt wird. Abschließend erklärt § 23 Abs. 8 GeschGehG die Tatbestände nach Abs. 1 bis Abs. 3 für Antragsdelikte.

3. Der Schutz nach dem Gesetz gegen den unlauteren Wettbewerb (UWG)

a) Bedeutung des UWG

Gem. § 1 UWG dient das Gesetz gegen den unlauteren Wettbewerb (UWG) „dem Schutz der Mitbewerber, der Verbraucherinnen und Verbraucher sowie der sonstigen Marktteilnehmer vor unlauteren geschäftlichen Handlungen. Es schützt zugleich das Interesse der Allgemeinheit an einem unverfälschten Wettbewerb". Dem GeschGehG kommt zwar auch eine wettbewerbschützende Funktion zu, allerdings geht es dort vorrangig um den Schutz von Geschäftsgeheimnissen als Individualrechtsgütern[1234]. Insofern hat das GeschGehG auch nur die Tatbestände der §§ 17, 18 UWG a.F. ersetzt. Gerade in Bezug auf unlautere Werbung verbleibt dem UWG mit seinem § 16 UWG eine eigenständige Bedeutung. Darüber hinaus sind die Straftatbestände aus §§ 17, 18 UWG a.F. auf Taten, die vor dem 26.4.2019 begangen worden sind, nach § 2 Abs. 3 StGB anwendbar, sofern sie milder sind, als das neue GeschGehG.

b) Die Straftatbestände des § 16 UWG

aa) § 16 Abs. 1 UWG: Unwahre und irreführende Werbung

Zweck des § 16 Abs. 1 UWG ist, der Schutz der Mitbewerber vor Wettbewerbsnachteilen und der Schutz der Verbraucher in ihren Vermögensinteressen.[1235] Hierbei reicht es aus, wenn die Tat einem dieser Zwecke zuwiderläuft. Nicht erforderlich ist hingegen eine Verletzung der geschützten Interessen in Form einer tatsächlichen Benachteiligung des Mitbewerbers bzw. Schädigung des Verbrauchers (abstraktes Gefährdungsdelikt).

Taten i.S.d. § 16 Abs. 1 UWG werden in der Praxis häufiger im Rahmen des Versandhandelsgeschäfts begangen. Opfer sind häufig ältere Menschen oder Personen mit geringerem Bildungsniveau, die den Versprechungen der Täter (z.B. Gewinnmitteilungen und Schenkungsversprechen) in sog. „Mailing-Aktionen" Glauben schenken. Hinsicht-

---

[1232] Insofern solle der Rechtfertigungsgrund die Tatbestandsausnahme aus § 5 Nr. 1 GeschGehG „flankieren", vgl. BT-Drucks. 19/8300, S. 15.
[1233] *Hohmann*, in: MüKo StGB, Nebenstrafrecht II, § 23 GeschGehG, Rn. 162.
[1234] Vgl. § 3, Rn. 577.
[1235] BGH 26.10.1977 – 2 StR 432/77, BGHSt 27, 293, 294 zu § 4 UWG aF; Verbraucherschutz als zentraler Normzweck: *Brammsen*, in: MüKo UWG, § 16, Rn. 13 ff.

lich der gegen die Täter verhängten Sanktionen kommt es neben der Geld- oder Freiheitsstrafe häufig zur Anordnung der Vermögensabschöpfung gem. §§ 73–76 b, wobei der gesamte durch den irregeführten Verbraucher für die beworbene Ware gezahlte Kaufpreis der Vermögensabschöpfung unterliegt.[1236]

622 ▶ **Merke Vermögensabschöpfung**: Gem. §§ 73–76 b wird die Vermögensabschöpfung angeordnet, wenn der Täter einen Ertrag aus einer Straftat erlangt hat. Sinn und Zweck dieser Vorschrift ist es, unrechtmäßig erlangten Vermögenszuwachs abzuschöpfen, also eine rechtswidrige Bereicherung zu beseitigen.[1237] Hierbei gilt das sog. Bruttoprinzip (§ 73 Abs. 1 und § 73 d): Die Vermögensabschöpfung erstreckt sich auf die Gesamtheit des aus einer rechtswidrigen Tat unmittelbar Erlangten. Der Täter darf keine Aufwendungen abziehen, die er zur Begehung der Tat oder zur Vorbereitung aufgewendet hat. Die Vermögensabschöpfung ist keine Strafe, sondern eine Maßnahme eigener Art. Sie unterliegt damit nicht dem Schuldgrundsatz. ◀

623 Der Tatbestand setzt voraus, dass der Täter „durch unwahre Angaben irreführend wirbt".

624 Unter **Angaben** versteht man nur (positive oder negative) **Behauptungen von Tatsachen**, also vergangener oder gegenwärtiger Geschehnisse oder Zustände.[1238] Nicht erfasst sind dagegen bloße Meinungsäußerungen, Werturteile und Prognosen. Auf die Ausdrucksform kommt es nicht an. Daher können Angaben **sprachlich** (mündlich, schriftlich, ausdrücklich, konkludent), **bildlich**, **durch Gebärden**, **Ton** oder **Vorführungen** gemacht werden.[1239]

625 „Unwahr" ist die Angabe, wenn die ihr durch Auslegung zu entnehmende Tatsachenbehauptung einen objektiven Widerspruch zur Realität aufweist. So liegt es z.B. bei einer Gewinnmitteilung in einer Werbesendung, wenn die bezeichneten Gewinne tatsächlich nicht ausgekehrt werden, die behauptete „Jackpotziehung" des „Gewinnberechtigten" nicht stattfindet oder statt der ausgelobten wertvollen Geschenke (Marken-Fernsehgerät, Unterhaltungselektronik) nur „wertloser Plunder" gewonnen werden kann[1240]. Ist eine Angabe für sich genommen zutreffend, kann die Gesamtaussage trotzdem unwahr sein, wenn bestimmte nachteilige Tatsachen nicht erwähnt werden. Dazu muss die Angabe den Eindruck der Vollständigkeit erwecken und konkludent miterklären, die verschwiegenen Tatsachen seien nicht existent.[1241] Regelmäßig wird es im Fall von Werbung allerdings so sein, dass nicht vollständig über die beworbene Ware oder Dienstleistung informiert wird, sondern positive Tatsachen hervorgehoben und negative verschwiegen werden.[1242] Unwahrheit wegen Unvollständigkeit ist daher nur als tatbestandsmäßig anzusehen, wenn die gemachten Angaben den Charakter des Be-

---

1236 Vgl. z.B. BGH 30.5.2008 – 1 StR 166/07, BGHSt 52, 227 ff. (auch als Beispiel für die Strategie der Gewinnmitteilungen und Schenkungsversprechen); vgl. zum Verfall und dieser Entscheidung *Claus*, Die Strafbarkeit der Lüge nach § 16 I UWG, JURA 2009, 440.
1237 Diese Intention des Gesetzes liegt insbesondere auch der Reform vom 1.7.2017 zu Grunde (BGBl I 2017, 872 ff.). Anlass der Reform war eine Vereinbarung im Koalitionsvertrag der letzten Legislaturperiode, sowie die Umsetzung der Richtlinie 2014/42/EU.
1238 H.M., *Rengier*, in: Fezer/Büschner/Obergfell (Hrsg.): Lauterkeitsrecht: UWG, § 16, Rn. 50 ff. m.w.N.
1239 *Schneider/Schumann*, in: Götting/Meyer/Vormbrock (Hrsg.): Gewerblicher Rechtsschutz, § 33, Rn. 4.
1240 BGH 30.5.2008 – 1 StR 166/07, BGHSt 52, 227 ff.
1241 *Brammsen*, in: MüKo UWG, § 16, Rn. 51 f.
1242 BT-Drucks. 15/1487, S. 19.

VI. Delikte gegen den Wettbewerb und gegen die Verletzung gewerblicher Schutzrechte § 3

worbenen verfälscht darstellen, weil die verschwiegene Tatsache diesen wesentlich ändert.[1243]

▸ **Problem:** Umstritten ist, ob § 16 Abs. 1 UWG als unechtes Unterlassungsdelikt verwirklicht werden kann, wenn in Werbung Tatsachen verschwiegen werden. Dazu müsste nach § 13 Abs. 1 eine sog. **Garantenstellung** bestehen. Den Werbenden müsste eine besondere Pflicht treffen, den Adressaten der Werbung das Orientierungsrisiko über die beworbene Ware oder Leistung abzunehmen und sie vor der Gefahr von Fehlvorstellungen zu bewahren.[1244] Die Annahme einer solchen Pflicht widerspricht jedoch der Natur von Werbung. Sofern eine Garantenstellung nicht aus anderen Gründen, wie z.B. Ingerenz, besteht, kann § 16 Abs. 1 UWG nicht durch Unterlassen verwirklicht werden.[1245] ◂

626

Die Werbeaussage muss außerdem „irreführend" sein. Ausreichend ist die Eignung zur Irreführung. Diese liegt vor, wenn die Gefahr besteht, bei einem nicht unerheblichen Teil des mit der Werbung angesprochenen Verkehrskreises Fehlvorstellungen hervorzurufen, die für den Entschluss, die beworbene Ware oder Dienstleistung zu kaufen bzw. in Anspruch zu nehmen, von maßgeblicher Bedeutung sind. Maßstab ist der durchschnittlich informierte und verständige Verbraucher[1246]. Ist die Tatbestandsmäßigkeit der Angaben bejaht worden, gilt es nun zu prüfen, ob mit ihnen auch geworben wurde. Die Angaben müssen daher zu Zwecken des Wettbewerbs im geschäftlichen Verkehr gemacht werden[1247].

627

Ferner müssen Werbeangaben „in öffentlichen Bekanntmachungen oder in Mitteilungen, die für einen größeren Kreis von Personen bestimmt sind", publiziert werden. **Öffentliche Bekanntmachungen** sind Mitteilungen, die von einem nach Zahl und Individuum unbestimmten Personenkreis, also von der Allgemeinheit, wahrgenommen werden können[1248]. Mitteilungen, die für einen größeren Personenkreis bestimmt sind, richten sich an eine nach Zahl und Individualität von vornherein nicht fest begrenzte und bestimmte Mehrzahl von Personen. Der Unterschied zum größeren Personenkreis besteht in dem „von vornherein fest begrenzten engeren Personenkreis"[1249]. Ist die Werbung nur an eine kleine Zahl von Personen oder auch nur an einen einzelnen gerichtet, kann trotzdem der Tatbestand erfüllt sein. Für einen größeren Personenkreis „bestimmt" sind nämlich auch Mitteilungen, die ihrer Art nach zur weiteren Verbreitung geeignet sind[1250]. Auch hier ist die tatsächliche Wahrnehmung der Werbung nicht erforderlich.

628

Im **subjektiven Tatbestand** muss neben dem Vorsatz bezüglich der Verwirklichung der objektiven Tatbestandsmerkmale die „Absicht" bestehen, „den Anschein eines besonders günstigen Angebots hervorzurufen". Der Täter muss es für möglich halten, diesen Anschein gerade durch die tatbestandsmäßigen Angaben zu erwecken. Dass der Anschein auch entsteht, ist nicht erforderlich[1251].

629

1243 *Diemer*, in: Erbs/Kohlhaas UWG, § 16, Rn. 23.
1244 *Schneider/Schumann*, in: Götting/Meyer/Vormbrock (Hrsg.): Gewerblicher Rechtsschutz, § 33, Rn. 7.
1245 So auch *Rengier*, in: Fezer/Büschner/Obergfell (Hrsg.): Lauterkeitsrecht: UWG, § 16, Rn. 74 f.; anders *Diemer*, in: Erbs/Kohlhaas UWG, § 16, Rn. 27.
1246 *Diemer*, in: Erbs/Kohlhaas UWG, § 16, Rn. 29 m.w.N.
1247 BT-Drucks. 15/1487, S. 19.
1248 H.M. RG, 9.4.1929 – I 101/29, RGSt 63, 107, 110.
1249 RG, 12.4.1907 – V 1140/06, RGSt 40, 122, 129 f.
1250 *Witting*, in: Volk (Hrsg.): Verteidigung in Wirtschafts- und Steuerstrafsachen, § 23, Rn. 60.
1251 RG, 13.3.1906 – 1191/05, RGSt 38, 369, 372.

630 Für die besondere Günstigkeit eines Angebots muss kein materieller Vorteil bestehen. Es geht darum, dem verständigen Durchschnittsverbraucher einen Anreiz zu bieten, gerade auf dieses Angebot einzugehen, da nicht nur die Vermögensinteressen der Verbraucher, sondern auch die Mitbewerber vor Benachteiligungen geschützt werden sollen. Die erforderliche Absicht ist daher auch gegeben, wenn ein Preis-Leistungs-Verhältnis tatsächlich vorteilhaft ist, aber z.b. vorgetäuscht wird, es handle sich um ein zeitlich begrenztes Sonderangebot[1252]. Auch wenn suggeriert wird, dass ideelle Bedürfnisse mit der Inanspruchnahme des Angebots befriedigt werden können, weil der Anbieter einen Teil des Erlöses zur Förderung z.b. sozialer Zwecke verwendet, kann auf diese Absicht geschlossen werden[1253]. Dem Täter muss es darum gehen, sein Angebot möglichst günstig erscheinen zu lassen. Daher muss nicht die beworbene Ware oder Dienstleistung selbst als vorteilhaft hingestellt werden, wenn für den Fall ihrer Abnahme ein **anderweitiger vorgeblicher Vorteil** (z.b. die Teilnahme an einem Gewinnspiel oder ein Geschenk) versprochen wird. Ist die Erlangung des weiteren Vorteils rechtlich an die Bestellung der Ware oder die Inanspruchnahme der Dienstleistung gekoppelt, so stellt beides zusammen ein einheitliches Angebot dar[1254].

bb) § 16 Abs. 2 UWG: Progressive Kundenwerbung

631 Die progressive Kundenwerbung tritt in **zwei Strukturvarianten** auf (Schneeballsysteme, Pyramidensysteme), wobei beiden gemeinsam ist, dass Kunden zur Abnahme von Waren, Dienstleistungen oder Rechten geworben werden, indem man ihnen besondere Vorteile verspricht, wenn sie andere zum Abschluss gleichartiger Geschäfte veranlassen, denen ihrerseits solche Vorteile für die entsprechende Anwerbung weiterer Abnehmer in Aussicht gestellt werden. So liegt es z.B. im Fall des Angebots der Mitarbeit im Vertrieb eines Unternehmens, das u.a. Rhetorik- und Motivationsseminare anbietet, soweit das Angebot unter der Bedingung steht, zunächst selbst kostenpflichtig an einem derartigen Seminar teilzunehmen (Schneeballsystem)[1255].

632 Die bezweckte Progression führt zu einer immer **schnelleren Vergrößerung der Kundenzahl** und damit zur **Gefahr des Marktversagens** infolge eines glücksspielartigen Charakters. Denn für die Kunden, die nicht überblicken können, auf welcher Stufe sie sich an dem System beteiligen, besteht die Gefahr, für den „Einstiegspreis", den sie für ihre Beteiligung entrichtet haben, keinen Ausgleich zu erhalten. Zum einen wird durch die Norm somit der Schutz der geschäftlich unerfahrenen Verbraucher, zum anderen aber auch der Schutz von Mitbewerbern, denen durch die Bindung potenzielle Kunden entzogen werden, bezweckt[1256].

633 § 16 Abs. 2 UWG ist ein abstraktes Gefährdungsdelikt und echtes Unternehmensdelikt.

1252 *Rengier*, in: Fezer/Büschner/Obergfell (Hrsg.): Lauterkeitsrecht: UWG, § 16, Rn. 95 f.; anders *Brammsen*, in: MüKo UWG, § 16, Rn. 62 ff.
1253 BGH 7.2.1953 – 2 StR 341/52, BGHSt 4, 44, 45.
1254 BGH 15.8.2002 – 3 StR 11/02, NJW 2002, 3415, 3416.
1255 BGH 24.2.2011 – 5 StR 514/09, BGHSt 56, 174 ff.: „Da die Buchung der Teilnahme an den Motivations- und Ausbildungsseminaren als Bedingung dafür behandelt wurde, dass die Vertriebsmitarbeiter selbst diese Seminare gegen Provisionen vertreiben durften, liegt das Kettenelement vor. Dieser Bedingungszusammenhang erfüllt den Tatbestand des § 16 Abs. 2 UWG, weil der geworbene Mitarbeiter nur dadurch besondere Vorteile erlangen kann, indem er andere zum Abschluss gleichartiger Geschäfte veranlasst. Hierdurch wird nämlich ein Schneeballsystem dergestalt begründet, dass der Vertriebsmitarbeiter ein Produkt erwerben muss und sich nur durch die Einwerbung neuer Kunden refinanzieren kann."
1256 *Schneider/Schumann*, in: Götting/Meyer/Vormbrock (Hrsg.): Gewerblicher Rechtsschutz, § 33, Rn. 21; zentraler Normzweck Verbraucherschutz: *Brammsen*, in: MüKo UWG, § 16, Rn. 14 ff.

VI. Delikte gegen den Wettbewerb und gegen die Verletzung gewerblicher Schutzrechte § 3

▶ **Merke Unternehmensdelikte:** Als Unternehmensdelikt bezeichnet man Straftatbestände, bei denen gem. § 11 Abs. 1 Nr. 6 der Versuch der Vollendung gleichgestellt ist[1257]. Als Konsequenz dieser Gleichstellung entfällt die Strafmilderung des § 23 Abs. 2. Ebenso ist § 24 unanwendbar. Echte Unternehmensdelikte sind neben § 16 Abs. 2 UWG im Kernstrafrecht z.B. §§ 81, 82, 309. Als unechte Unternehmensdelikte werden Tatbestände bezeichnet, die zwar in ihrem Wortlaut nicht ausdrücklich auf das Unternehmen einer Tat abstellen aber durch andere Formulierungen, deren Inhalt durch Auslegung zu ermitteln ist, klarstellen, dass bereits erfolgsgerichtete Tätigkeiten unter Strafe gestellt werden. So liegt es bspw. im Tatbestand der Hehlerei, bei dem nach ständiger Rspr. die Tathandlung des „Absetzens" keinen Absatzerfolg, sondern lediglich das bloße Tätigwerden zum Zwecke des Absatzes voraussetzt[1258]. ◀ 634

Entsprechend der Struktur als echtes Unternehmensdelikt besteht die Tathandlung des § 16 Abs. 2 UWG darin, dass Unternehmen einen Verbraucher (§§ 2 Abs. 2 UWG, 13 BGB) durch das im Tatbestand genannte Versprechen, zur Abnahme von Waren, Dienstleistungen oder Rechten (s. § 2 Abs. 1 Nr. 1 UWG) veranlassen. Erfasst ist nur die Abnahme gegen Entgelt, wobei die genaue Bezeichnung gleichgültig ist (Kaufpreis, Gebühr, Unkostenbeitrag)[1259]. Mittel der Anwerbung der Kunden der ersten Stufe, bei denen es sich – anders als bei denen der weiteren Stufen – um Verbraucher handeln muss, ist das Versprechen, also die Zusage, diese würden in dem im Tatbestand erwähnten Fall besondere „Vorteile" erhalten. Die Vorteile müssen Vermögenswert haben, und zwar einen „besonderen". Mit dem zuletzt genannten Merkmal sollen geringwertige Vorteile, die nicht geeignet sind, zur Teilnahme an einem System progressiver Kundenwerbung zu motivieren, ausgeschlossen werden. Da das Erwerben der Leistung durch den Erhalt eines Vorteils motiviert sein soll, darf der Vorteil nicht mit der Ware oder Dienstleistung identisch sein. 635

Die aufschiebende Bedingung, unter der den Abnehmern der ersten Stufe die besonderen Vorteile versprochen werden, besteht darin, dass „sie andere zum Abschluss gleichartiger Geschäfte veranlassen, die ihrerseits nach der Art dieser Werbung derartige Vorteile für eine entsprechende Werbung weiterer Abnehmer erlangen sollen". Indem sie vorsieht, dass die „anderen", die Teilnehmer der zweiten Stufe, Vorteile für die entsprechende Werbung weiterer Abnehmer, also solche der dritten Stufe, erlangen, enthält sie das die progressive Kundenwerbung kennzeichnende **Kettenelement**. Der Einsatz von Kunden zur Werbung von Neukunden, der dieses Element nicht aufweist und sich z.B. darauf beschränkt, ihnen im Erfolgsfall Prämien zu zahlen oder Preisnachlässe bei künftigen Käufen zu gewähren, fällt nicht unter den Tatbestand[1260]. 636

Indem das Gesetz die Geschäfte, zu denen die Abnehmer der zweiten Stufe veranlasst werden sollen, als mit denen der ersten Stufe „gleichartig" und die Vorteile, die für weitere Anwerbung in Aussicht gestellt werden, als „derartige" bezeichnet, soll den vielfältigen Variationsmöglichkeiten bei den Gegenständen der Abnahme und bei der Art der besonderen Vorteile innerhalb der Kette Rechnung getragen werden. Zugleich soll das Merkmal der Gleichartigkeit der Geschäfte zum Ausdruck bringen, dass nicht nur sog. Schneeballsysteme erfasst sind, bei denen die Teilnehmer aller Stufen der Kette Verträge mit dem Veranstalter abschließen, sondern auch sog. **Pyramidensysteme**, in 637

1257 Vgl. *Roxin*, AT I, § 10, Rn. 125.
1258 Vgl. etwa BGH 19.4.2000 – 5 StR 80/00, NStZ-RR 2000, 266.
1259 H.M., *Rengier*, in: Fezer/Büschner/Obergfell (Hrsg.): Lauterkeitsrecht: UWG, § 16, Rn. 138.
1260 BT-Drucks. 10/5058, S. 39.

denen die Abnehmer der zweiten und der weiteren durch „entsprechende Werbung" hinzukommenden Stufen Verträge mit denen der jeweils vorigen Stufe eingehen. Die Formulierung „nach der Art dieser Werbung" soll klarstellen, dass die Abnehmer der ersten Stufe diejenigen der zweiten und diese der dritten usw. zwar der Anlage des Systems entsprechend regelmäßig, aber nicht notwendigerweise in jedem einzelnen Fall durch das Versprechen von Vorteilen zum Abschluss veranlassen müssen. Es genügt also, wenn das System so ausgerichtet ist, dass typischerweise bei der Werbung von Teilnehmern der zweiten und weiterer Stufen besondere Vorteile in Aussicht gestellt werden[1261].

638   Tatbestandsmäßig ist das Unternehmen der progressiven Kundenwerbung nur, wenn die entsprechende Handlung im geschäftlichen Verkehr vorgenommen wird. Daran fehlt es, wenn jemand ein Kettenbriefsystem lediglich in Gang setzt und alles Weitere den Teilnehmern überlässt[1262].

4. Produktpiraterie

a) Begriff Produktpiraterie

639   Unter Produktpiraterie versteht man das Geschäft mit verbotener Nachahmerware, die der Originalware zum Verwechseln ähnlich sein soll bzw. das Vervielfältigen von Ware, das zu einer Verletzung von Rechten des geistigen Eigentums führt. In der Regel werden Marken- bzw. Musterrechte, Patente, Urheberrechte oder der ergänzende wettbewerbsrechtliche Leistungsschutz dabei vorsätzlich verletzt.[1263]

640   Im Entwurf zum Produktpirateriegesetz von 1990 wird Produktpiraterie auch als die gezielte Verletzung von Urheberrechten und gewerblichen Schutzrechten und das gewerbsmäßige Aneignen fremden geistigen Eigentums definiert.[1264]

641   Auch Originalware kann unter eine weitgefasste Definition von Produktpiraterie gefasst werden, wenn das vom Rechtsinhaber genehmigte Produktionsvolumen überschritten wird.[1265]

b) Umfang

642   Der Umfang der Produktpiraterie nimmt weltweit in erheblichem Maß zu, was nicht zuletzt durch das Internet als geeignete Handelsplattform begünstigt wird und stellt wirtschaftlich ein schwerwiegendes Problem dar.

643   Circa 10 % des Welthandels entfallen auf Fälschungen. Nach Angaben der Europäischen Union beschlagnahmten die Zollbehörden der EU im Jahr 2013 nahezu 40 Mio. Produkte, bei denen eine Verletzung der Rechte des geistigen Eigentums vermutet wurde.[1266] Insgesamt soll sich der weltweite wirtschaftliche Schaden auf 120–370 Mrd. EUR im Jahr belaufen.[1267] In Deutschland entsteht nach einer Schätzung der DIHK jährlich ein volkswirtschaftlicher Schaden von etwa 50 Mrd. EUR.[1268] Dabei

---

1261 BT-Drucks. 10/5058, S. 39.
1262 BGH 29.9.1986 – 4 StR 148/86, BGHSt 34, 171, 179.
1263 *Ellermann*, in: Momsen/Grützner (Hrsg.): Wirtschaftsstrafrecht, 1. Kap., Teil F, Rn. 32.
1264 *Schwab*, in: Achenbach/Ransiek (Hrsg.): Handbuch Wirtschaftsstrafrecht, S. 1560.
1265 *Möller*, in: Wabnitz/Janovsky (Hrsg.): Handbuch des Wirtschafts- und Steuerstrafrechts, 17. Kap., Rn. 3.
1266 http://europa.eu/european-union/topics/customs_de (zugegriffen am 10.3.2020).
1267 *Schwab*, in: Achenbach/Ransiek (Hrsg.): Handbuch Wirtschaftsstrafrecht, S. 1562.
1268 http://www.handelsblatt.com/politik/deutschland/dihk-mahnt-an-produktpiraten-verursachen-millionen-schaden/8126882.html (zugegriffen am 10.3.2020).

VI. Delikte gegen den Wettbewerb und gegen die Verletzung gewerblicher Schutzrechte § 3

sind alle Produktions- und Warenkategorien (Textil-, Accessoire-, Technik- Kosmetik- Lebensmittel- und Medizinbereich) von Nachahmungen betroffen.

Die Fälle der Produkt- und Markenpiraterie bilden den größten Anteil der Wettbewerbsdelikte. Zur Aufklärung und Erfassung ist neben der Polizei der Zoll zur Überwachung des grenzüberschreitenden Warenverkehrs zuständig. Die Bekämpfung der Produkt- und Markenpiraterie fällt ebenfalls zum Großteil in den Zuständigkeitsbereich des Zolls, da die gefälschten Waren und Produkte zum Großteil im Ausland hergestellt und nach Deutschland importiert werden.[1269] Die Vertriebswege gefälschter Waren sind gerade durch den zunehmenden Onlinehandel vielfältig. Unternehmen der Industrie versuchen ihrerseits mit der Entwicklung von Produktsicherungsmaßnahmen, die die Analyse und den Nachbau von Geräten verhindern sollen, der Bedrohung durch Produktpiraterie entgegenzuwirken.[1270]

c) Auswirkungen

Die wirtschaftlichen Konsequenzen der Produktpiraterie sind vielschichtig und gravierend. Neben den immensen finanziellen Verlusten, die die Originalhersteller und Schutzrechtsinhaber durch Umsatz- und Gewinnausfälle und eventuelle Wertverluste der Marken erleiden, ist auch die Allgemeinheit betroffen. Der durch Produktpiraterie entgangene Umsatz führt ebenso zum Verlust von Arbeitsplätzen und Steuereinnahmen. Das wirtschaftliche Wachstum einer Industrie- und Technologiegesellschaft basiert erheblich auf Innovation, Ideen und Investitionen in Forschung und Entwicklung. Durch Produktpiraterie findet eine unfaire Wettbewerbsverzerrung statt, die die Wettbewerbsfähigkeit eines Staates erheblich beeinträchtigen kann. Nicht zu unterschätzen sind Verbraucherschädigungen, die durch mangelhafte Nachahmung von Pharmaprodukten, Kinderspielzeugen oder Nahrungsmitteln verursacht sein können.

d) Überblick über Maßnahmen der Europäischen Zusammenarbeit

Gleich zu Beginn sei darauf hingewiesen, dass weder im deutschen Recht noch im EU-Recht ein spezieller Straftatbestand der Produktpiraterie existiert. Ein solcher einheitlicher Tatbestand wäre aufgrund der diversen Möglichkeiten von Verletzungen von Schutzrechten des geistigen Eigentums weder denk- noch umsetzbar.

Allerdings ist es notwendig, die Investitionen in Zeit, Wissen und Forschung von Unternehmen oder Einzelpersonen hinreichend zu schützen und lohnenswert zu gestalten. Daher muss die Registrierung bzw. das Anmelden gewerblicher Schutzrechte einhergehend mit der gewerblichen Nutzung der Erzeugnisse bzw. der Verfahren auch unter dem Schutz des Strafrechts stehen.

Infrage kommende Straftatbestände für die Verletzung gewerblicher Schutzrechte finden sich in verschiedenen nationalen Gesetzen (DesignG, GebrMG, MarkenG, PatG, UWG, UrhG).

Doch gerade der Fall der Produktpiraterie verdeutlicht das Erfordernis von internationalen bzw. EU-weit einheitlichen Vorschriften. Denn gefälschte Waren werden regelmäßig aus dem Ausland importiert, allerdings ist die Rechtssetzungs- und Ausführungskompetenz der Staaten auf deren Staatsgebiet beschränkt.

1269 Vgl. Bundeslagebild Wirtschaftskriminalität 2018, S. 2, 18.
1270 http://www.spiegel.de/wirtschaft/plagiate-forscher-versuchen-maschinen-schwerer-kopierbar-zu-machen-a-893160.html (zugegriffen am 10.3.2020).

aa) Europäisches Patentabkommen von 1973

650 Das Übereinkommen wurde geschlossen, um die Erteilung von Patenten innerhalb Europas zu zentralisieren. Vom Europäischen Patentamt in München wird daher ein Patent erteilt, welches in den Vertragsstaaten, für die es beantragt und erteilt worden ist, einheitlich und unmittelbar gilt. Ein Europäisches Patent ist folglich ein Bündel nationaler Patente und wirkt in den Vertragsstaaten wie ein nationales Patent.[1271]

bb) Gemeinschaftsmarke von 1994

651 Am 14.1.1994 wurde die Verordnung (EG) NR. 40/94 über die Gemeinschaftsmarke (GMV) veröffentlicht. Diese trat am 15.3.1994 in Kraft und gilt unmittelbar in jedem Mitgliedsstaat. Im Jahr 2009 wurde die GMV mit Verordnung (EG) Nr. 207/2009 kodifiziert.

652 Durch die GMV wird die Anmeldung einer Gemeinschaftsmarke beim Europäischen Markenamt ermöglicht. Neben dem deutschen Markensystem besteht daher ein weiteres Markensystem. Mit der Eintragung einer Gemeinschaftsmarke kann der Schutzrechtsinhaber Markenschutz innerhalb des gesamten Binnenmarktes der Europäischen Union erhalten.[1272]

cc) EU-Richtlinie zur Durchsetzung der Rechte des geistigen Eigentums von 2004

653 Zur Bekämpfung der Produktpiraterie hat das Europäische Parlament am 29.4.2004 die Richtlinie 2004/48/EG zur Durchsetzung der Rechte des geistigen Eigentums geschaffen[1273], die mittlerweile in den einschlägigen nationalen Gesetzen: MarkenG, PatG, DesignG, UrhG umgesetzt ist, wobei die bestehenden nationalen Vorschriften schon zu Großteilen den Vorgaben der Richtlinie entsprachen.[1274] Ziel der Richtlinie ist die bessere Durchsetzung der Rechte des geistigen Eigentums und die effektivere Ahndung von Rechtsverstößen durch Vereinheitlichung und Harmonisierung der Maßnahmen im Kampf gegen Produktpiraterie.

dd) EU-Richtlinie zur Angleichung der Rechtsvorschriften der Mitgliedstaaten über die Marken von 2015

654 Anknüpfend an eine Richtlinie der EU aus 2008 hat das europäische Parlament und der Rat die Richtlinie (EU) 2015/2436 zur Angleichung der Rechtsvorschriften der Mitgliedstaaten über die Marken[1275] erlassen. Die europäische Markenrechtsreform will Einheitlichkeit zwischen den nationalen und unionsweiten Markenrechten schaffen. Außerdem soll mit den Vorschriften die wachsende Produktpiraterie bekämpft werden. Der Bundesgesetzgeber hat die Richtlinie mit dem Markenrechtsmodernisierungsgesetz vom 14.1.2019 in nationales Recht umgesetzt. Die wichtigsten Neuerungen stellen die Erweiterung der Darstellungsmöglichkeiten im elektronischen Regis-

---

[1271] http://www.epo.org/applying/european_de.html (zugegriffen am 10.3.2020); *Tiedemann*, AT, § 13, Rn. 611.
[1272] *Spuhler*, Das System des internationalen und supranationalen Schutzes von Marken und geographischen Herkunftsangaben, S. 131 ff.
[1273] ABl.L 157, S. 45 ff.
[1274] *Pothmann*, in: Stöckel (Hrsg.): Handbuch Marken- und Designrecht, S. 274.
[1275] Abrufbar unter: https://eur-lex.europa.eu/legal-content/de/ALL/?uri=CELEX%3A32008L0095 (zugegriffen am 9.3.2020).

VI. Delikte gegen den Wettbewerb und gegen die Verletzung gewerblicher Schutzrechte § 3

ter[1276], die Einführung einer nationalen Gewährleistungsmarke, die Einführung eines amtlichen Verfalls- und Nichtigkeitsverfahrens und die Einführung einer Regelung für Waren unter zollamtlicher Überwachung dar.[1277]

e) Überblick über nationale Regelungen

aa) Produktpirateriegesetz (1990)

Durch das Gesetz zur Stärkung des Schutzes des geistigen Eigentums und zur Bekämpfung der Produktpiraterie (PrPG) vom 7.3.1990, BGBl. I, S. 422, in Kraft getreten am 1.7.1990, wurden einheitliche Vorschriften in verschiedene Gesetze zum Schutz des geistigen Eigentums eingeführt und Aufklärungsmöglichkeiten verbessert. Nach § 74c Abs. 1 Nr. 1 GVG werden alle Facetten von Verletzungen geistigen Eigentums als Wirtschaftsstraftat eingestuft. 655

Der Strafrahmen der Schutzgesetze für geistiges Eigentum (§§ 143, 143a, 144 MarkenG, §§ 106, 107, 108–108b UrhG, § 51 DesignG, § 142 PatG, § 25 GebrMG) ist auf bis zu 3 Jahre im Normalfall, bei gewerbsmäßigem Handeln auf bis zu 5 Jahre festgelegt worden. 656

In allen Straftatbeständen für die Verletzung gewerblicher Schutzrechte existiert eine Versuchsstrafbarkeit. 657

Das Strafantragserfordernis wurde eingeschränkt. Eine Strafantragstellung ist nur im Falle der nicht gewerbsmäßigen Handlung erforderlich, wobei die Gewerbsmäßigkeit i.S.d. Strafrechts zu verstehen ist.[1278] Jedoch ist auch im Fall der nicht gewerbsmäßigen Handlung bei Vorliegen von besonderem öffentlichen Interesse eine Strafverfolgung von Amts wegen möglich (siehe in § 143 Abs. 4 MarkenG, § 142 Abs. 4 PatG). 658

Piratenwaren und Vorrichtungen (z.B. Maschinen zur Herstellung) können im Strafverfahren eingezogen werden (siehe § 143 Abs. 5 S. 1 MarkenG, § 142 Abs. 5 S. 1 PatG).[1279] 659

bb) Strafbare Verletzungen der Gesetze zum Schutz des geistigen Eigentums

Straftatbestände im Zusammenhang mit Urheberrechtsbestimmungen befinden sich in folgenden Gesetzen: UrhG, MarkenG, UWG, GebrMG, DesignG, KunsturheberG, PatG, HalbleiterSchG. 660

Marken dienen dazu, Produkten und Dienstleistungen Namen und damit Wiedererkennungswert zu geben und Kunden zu binden. **Geschmacksmuster** betreffen das ästhetische Erscheinungsbild von Erzeugnissen, also Muster oder Modelle, Schnitte oder Formgestaltungen. Unter einem **Patent** versteht man ein gewerbliches Schutzrecht für eine technische Erfindung. Auch **Gebrauchsmuster** schützen technische Erfindungen, kleinerer Art, wobei ein solches Gebrauchsmuster schneller und einfacher zu erlangen 661

1276 Register für Patente, Gebrauchsmuster, Marken und Designs.
1277 Überblick über die Entwicklung bei: *Ring*, NJ 2019, 50, 50 ff.
1278 *Tiedemann*, AT, § 13, Rn. 617.
1279 *Möller*, in: Wabnitz/Janovsky (Hrsg.): Handbuch des Wirtschafts- und Steuerstrafrechts, 17. Kap., Rn. 14.

ist.[1280] Die gewerblichen Schutzrechte stehen unabhängig nebeneinander, so dass für ein Produkt mehrere Schutzrechte bestehen können.[1281]

662 Im Folgenden soll in Anlehnung an die Häufigkeit der erfassten Fälle[1282] insbesondere eine Darstellung des Markenstrafrechts erfolgen. Die Straf- und Ordnungswidrigkeitstatbestände der anderen gewerblichen Schutzrechte gleichen sich in Aufbau und Struktur, so dass die Erörterungen zur widerrechtlichen Nutzung von Schutzrechten exemplarisch auch auf die anderen Schutzrechte übertragbar sind.[1283] Bezüglich einer Darstellung des Urheberstrafrechts, welches ebenfalls sehr praxisrelevant ist, soll über die Parallelität der Strafvorschriften hinaus auf einschlägige Sekundärliteratur verwiesen werden.

663 In etwa 20 % der erfassten Fälle von Produktpiraterie[1284] handelte es sich um Verstöße gegen das MarkenG.[1285] Dieses 1995 in Kraft getretene Gesetz regelt die zivilrechtlichen und strafrechtlichen Folgen von Kennzeichnungsverletzungen.

664 Die relevanten Straf- und Ordnungswidrigkeitstatbestände finden sich in den §§ 143 bis 145 MarkenG und dienen der Komplettierung des Markenschutzes.

(1) § 143 MarkenG – Strafbare Kennzeichenverletzung

(a) Objektiver Tatbestand

665 Zunächst setzt § 143 Abs. 1 MarkenG ein **Handeln im geschäftlichen Verkehr** voraus. Unter **Handeln im geschäftlichen Verkehr** fällt jede wirtschaftliche Tätigkeit auf dem Markt, die kein rein privates, amtliches oder geschäftsinternes Verhalten ist und der Förderung eines eigenen oder fremden Geschäftszwecks zu dienen bestimmt ist.[1286]

666 Weiterhin erfordert § 143 Abs. 1 MarkenG die **widerrechtliche Benutzung** der Marke oder der geschäftlichen Bezeichnung. Die Widerrechtlichkeit der Handlung wird zum Teil als objektives Tatbestandsmerkmal[1287], aber auch als Hinweis auf die Rechtswidrigkeit als Deliktsmerkmal[1288] verstanden. Sie ist zu bejahen, wenn

- der Benutzer nicht Rechtsinhaber ist und für seine Benutzung keine Zustimmung vom Berechtigten nachweisen kann,
- der Benutzer zwar eine Lizenz besitzt, er aber die in der Lizenz erlaubte Produktionsmenge überschreitet und die Überschussproduktion selbst vermarktet,
- wenn die Benutzung der Kennzeichnung nicht **durch die Schutzschranken der §§ 20–25 MarkenG** erlaubt ist: so entfällt die Widerrechtlichkeit, wenn zivilrechtliche Ansprüche des Markeninhabers gem. § 20 MarkenG verjähren, oder nach § 21

1280 https://www.dpma.de/service/kmu/praxis/durchsetzung_gbm/index.html (zugegriffen am 10.3.2020): Bei der Eintragung werden Neuheit, erfinderischer Schritt und gewerbliche Anwendbarkeit nicht geprüft. Allerdings können Rechte aus dem Gebrauchsmuster nur bei Vorliegen der Voraussetzungen geltend gemacht werden.
1281 *Möller*, in: Wabnitz/Janovsky (Hrsg.): Handbuch des Wirtschafts- und Steuerstrafrechts, 17. Kap., Rn. 16.
1282 Vgl. PKS 2018, S. 18.
1283 *Möller*, in: Wabnitz/Janovsky (Hrsg.): Handbuch des Wirtschafts- und Steuerstrafrechts, 17. Kap., Rn. 17.
1284 Vgl. PKS 2018, S. 18.
1285 MarkenG vom 25.10.1994, BGBl. I, S. 3082, in Kraft getreten am 1.1.1995.
1286 OLG Frankfurt 16.8.2004 – 6 W 128/04, GRUR-RR 2005, 239; *Ingerl/Rohnke*, Markengesetz, § 14, Rn. 48 ff.; Ferner zur Annahme von Handeln im geschäftlichen Verkehr beim Internet-Handel über e-Bay: *Möller*, in: Wabnitz/Janovsky (Hrsg.): Handbuch des Wirtschafts- und Steuerstrafrechts, 17. Kap., Rn. 18.
1287 *Ingerl/Rohnke*, MarkenG, § 143, Rn. 2.
1288 *Hellmann*, Wirtschaftsstrafrecht, Rn. 572.

VI. Delikte gegen den Wettbewerb und gegen die Verletzung gewerblicher Schutzrechte § 3

MarkenG verwirkt sind, bzw. wenn die Ansprüche nach §§ 22–25 MarkenG nicht mehr durchgesetzt werden können. Die strafrechtlichen Maßnahmen sollen hier keine Ersatzfunktion bei fehlender Durchsetzbarkeit zivilrechtlicher Ansprüche bieten.[1289]

Ein Beispiel für die Verwirkung der Rechte des Markeninhabers nach § 21 Abs. 1 MarkenG ist die Duldung der Benutzung der Marke während eines Zeitraums von fünf aufeinanderfolgenden Jahren in Kenntnis dieser Nutzung.

§ 143 MarkenG ist eine **Blankettstrafnorm**[1290], die an die zivilrechtlichen Verletzungstatbestände der § 14 Abs. 2 und 4 und § 15 Abs. 2 und 3 MarkenG anknüpft. 667

Dabei dient § **143 Abs. 1 Nr. 1 i.V.m** § **14 Abs. 2 S. 1 Nr. 1** MarkenG dem **Identitätsschutz** und untersagt die Benutzung eines mit der Marke **identischen Zeichens für identische Waren- oder Dienstleistungen**. 668

§ **143 Abs. 1 Nr. 1 i.V.m** § **14 Abs. 2 S. 1 Nr. 2** MarkenG schützt vor **Verwechslung** und untersagt die Benutzung eines identischen oder ähnlichen Zeichens, wenn wegen der Identität oder Ähnlichkeit des Zeichens mit der Marke und der Identität oder Ähnlichkeit der durch die Marke und das Zeichen erfassten Waren oder Dienstleistungen für das Publikum die Gefahr von Verwechslungen besteht. 669

§ **143 Abs. 1 Nr. 2 i.V.m.** § **14 Abs. 2 S. 1 Nr. 3** MarkenG betrifft den **Bekanntheitsschutz**. Danach ist es verboten, ein mit der Marke identisches Zeichen oder ein ähnliches Zeichen für Waren oder Dienstleistungen zu benutzen, die nicht denen ähnlich sind, für die die Marke Schutz genießt, wenn es sich bei der Marke um eine im Inland bekannte Marke handelt und die Benutzung des Zeichens die Unterscheidungskraft oder die Wertschätzung der bekannten Marke in unlauterer Weise ausnutzt oder beeinträchtigt. 670

Wann und wie der Markenschutz entsteht, richtet sich nach § **4 MarkenG**. Folglich entsteht Markenschutz 671

- durch die Eintragung eines Zeichens als Marke in das vom Patentamt geführte Register (Nr. 1),
- durch die Benutzung eines Zeichens im geschäftlichen Verkehr, soweit das Zeichen innerhalb beteiligter Verkehrskreise als Marke Verkehrsgeltung erworben hat (Nr. 2), oder
- durch die notorische Bekanntheit einer Marke (Nr. 3).

Dem Entstehungstatbestand der Nr. 3 kommt nur im Fall ausländischer Marken, die im Inland nicht benutzt werden, Bedeutung zu, da eine im Inland benutzte Marke in der Regel Verkehrsgeltung erworben hat und somit bereits nach § 4 Nr. 2 MarkenG Markenschutz genießt.[1291] 672

Durch § **143 Abs. 1 Nr. 4 und 5 MarkenG** wird der strafrechtliche Schutz auch auf geschäftliche Bezeichnungen nach §§ 5, 15 MarkenG erstreckt. Unter **geschäftlichen Bezeichnungen** versteht man Unternehmenskennzeichen (Name einer Firma, besondere 673

1289 *Berlit*, Markenrecht, S. 173.
1290 § 1, Rn. 87 f.
1291 *Ingerl/Rohnke*, MarkenG, § 4, Rn. 27.

Bezeichnung eines Geschäftsbetriebes) und Werktitel (Bezeichnung von Druckschriften, Filmwerken, Tonwerken, Bühnenwerken oder Computerprogrammen).[1292]

(b) Subjektiver Tatbestand

674   Der subjektive Tatbestand setzt vorsätzliches Handeln voraus. In den Fällen des erweiterten Schutzes bekannter Kennzeichen nach § 143 Abs. 1 Nr. 2, 3 b, 5 MarkenG muss zusätzlich Ausnutzungs- oder Beeinträchtigungsabsicht vorliegen.[1293]

(c) Qualifikationen

675   Bei Vorliegen des **Qualifikationstatbestandes** des gewerbsmäßigen Handelns i.S.d. § 143 Abs. 2 MarkenG kommt eine Freiheitsstrafe von bis zu 5 Jahren in Betracht. Gewerbsmäßigkeit setzt voraus, dass sich der Täter durch wiederholte Kennzeichenverletzung eine fortlaufende Einnahmequelle von einigem Umfang und einiger Dauer verschaffen will.[1294]

(d) Antragserfordernis

676   Die Straftatbestände werden in der Regel auf Antrag verfolgt, nur bei Vorliegen eines besonderen öffentlichen Interesses ist nach § 143 Abs. 4 MarkenG jedoch auch ein Einschreiten der Strafverfolgungsbehörden ohne Stellung eines Strafantrags vorgesehen.

(2) Weitere Straftatbestände des MarkenG

677   Die Verletzung der Unionsmarke wird in § 143 a MarkenG unter Strafe gestellt. Der Straftatbestand entspricht dem § 143 MarkenG, der für die deutschen Marken gilt.

In § 144 MarkenG – strafbare Benutzung geographischer Herkunftsangaben – wird die vorsätzliche Verwendung irreführender Angaben über den Ursprung von Waren sanktioniert und so der zivilrechtliche Schutz geographischer Herkunftsangaben gem. §§ 126–139 MarkenG ergänzt[1295].

678   § 145 MarkenG enthält eine Reihe von Bußgeldvorschriften für die vorsätzliche Benutzung staatlicher Zeichen sowie für die Verweigerung von Mitwirkungs- und Duldungspflichten der Betriebsinhaber für die Kontrolle geographischer Herkunftsangaben.

1292 *Berlit*, Markenrecht, S. 41; BGH 9.10.2003 – I ZR 65/00, NJW-RR 2004, 1112: „Eine Unternehmensbezeichnung kann daher auch dadurch verletzt werden, dass sie von einem Dritten als Marke verwendet wird, ebenso wie umgekehrt eine Marke auch dadurch verletzt werden kann, dass ein Dritter, der ähnliche Waren oder Dienstleistungen anbietet, sie als Bezeichnung seines Unternehmens verwendet."
1293 *Ingerl/Rohnke*, MarkenG, § 143, Rn. 4.
1294 *Ingerl/Rohnke*, MarkenG, § 143, Rn. 3.
1295 *Ingerl/Rohnke*, MarkenG, § 144, Rn. 1.

VI. Delikte gegen den Wettbewerb und gegen die Verletzung gewerblicher Schutzrechte § 3

f) Wiederholung

1. Was versteht man unter einem Geschäftsgeheimnis?[1296]
2. Kann ein berechtigtes Interesse an der Geheimhaltung auch angenommen werden, wenn es sich bei der geheimen Tatsache um rechtswidriges Verhalten innerhalb des Unternehmens handelt?[1297]
3. In Deutschland wird seit geraumer Zeit und insbesondere seit dem Fall Heinisch[1298] diskutiert, ob und wie Hinweisgeber („Whistleblower") besser zu schützen sind. Wie wird der Schutz der Hinweisgeber durch das GeschGehG sichergestellt[1299] und ist dies Ihrer Meinung nach ausreichend?
4. Was versteht man unter dem sog. „Reverse Engineering" und welche Aussagen hält das GeschGehG dazu bereit?[1300]
5. Wie hat sich Y im **Einstiegsfall 1** strafbar gemacht?

Die Y könnte sich zunächst durch das Kopieren der Mandantenadressen auf einen Datenträger wegen Betriebsspionage nach § 23 Abs. 1 Nr. 1 i.V.m. § 4 Abs. 1 Nr. 1 GeschGehG strafbar gemacht haben. Dazu müsste es sich bei den Adressen der Mandanten um Geschäftsgeheimnisse i.S.d. § 2 GeschGehG handeln. Zugriff auf die Daten haben lediglich Mitarbeiter der Kanzlei und damit ein begrenzter Personenkreis, weshalb die Geheimheit aus § 2 Nr. 1 GeschGehG zu bejahen ist. Auch ein wirtschaftlicher Wert der Information ist anzunehmen, weil durch die Möglichkeit der Kenntnisnahme der Kontaktdaten der Mandanten der Kanzlei der A, deren Wettbewerbsposition im Vergleich zu anderen Kanzleien verschlechtert wird. Auch ist davon auszugehen, dass die A ihre Mandantendaten i.S.d § 2 Nr. 2 GeschGehG angemessen gesichert hat (z.B. durch Verschwiegenheitsvereinbarungen und die Nutzung technisch gesicherter Mandantendatenbanken). Aufgrund der drohenden Abwerbung der Mandanten der A durch die Y drohen außerdem erhebliche wirtschaftliche Nachteile (Bearbeitung einer geringeren Anzahl an Mandaten), weshalb ein berechtigtes Interesse an der Geheimhaltung (§ 2 Nr. 3 GeschGehG) zu bejahen ist. Bei den Daten handelt es sich folglich um Geschäftsgeheimnisse i.S.d. § 2 GeschGehG. Diese Daten müsste Y auch erlangt haben. Dies ist in Form des Kopierens (Sich-Sichern) gegeben, weil die Y die Daten auf einen Datenträger verschob und damit vervielfältigte. Der Y kam es gerade auf die Sicherung dieser Informationen an, weshalb ein Handeln mit dolus directus ersten Grades anzunehmen ist. Außerdem wollte sie durch das Kopieren ihrer eigenen Kanzlei Mandanten beschaffen (ihren eigenen Wettbewerb fördern) und dadurch ihre wirtschaftliche Situation verbessern (Eigennutz). Auch die von § 23 GeschGehG geforderten speziellen Absichten liegen dementsprechend vor. Aufgrund des Nichtvorliegens eventueller Tatbestandsausnahmen nach § 5 GeschGehG oder

---

1296 Vgl. § 3, Rn. 579.
1297 Vgl. § 3, Rn. 586.
1298 Brigitte Heinisch ist examinierte Altenpflegerin und machte auf Missstände an ihrem Arbeitsplatz (2 Pflegeheime) aufmerksam. So beklagte sie unter anderem, dass Heimbewohner bis zum Mittag in Urin und Kot lagen oder andere ohne richterlichen Beschluss in ihren Betten fixiert wurden. Nach der erfolglosen Bestreitung des Rechtsweges gegen ihren damaligen Arbeitgeber erstritt sie ein Urteil vom EGMR, der darin erste Grundsätze für die Behandlung von „Whistleblowern" festsetzte; vgl. EGMR 21.7.2011 – Nr. 28274/08.
1299 Vgl. § 3, Rn. 604 ff.
1300 Vgl. § 3, Rn. 613.

Rechtfertigungsgründe nach § 3 GeschGehG ist die Strafbarkeit wegen Betriebsspionage zu bejahen.

Durch die tatsächliche Kontaktaufnahme mit den Mandanten hat die Y außerdem die zuvor entgegen den § 4 Abs. 1 Nr. 1 GeschGehG erlangten Geschäftsgeheimnisse zur Anwerbung verwendet und damit i.S.d. § 4 Abs. 2 Nr. 1 a GeschGehG genutzt. Dementsprechend hat sich Y auch wegen eigeneröffneter Geheimnishehlerei nach § 23 Abs. 1 Nr. 2 i.V.m. § 4 Abs. 2 Nr. 1 a GeschGehG strafbar gemacht.

6. Warum ist § 16 Abs. 1 UWG ein abstraktes Gefährdungsdelikt?[1301]
7. Kann § 16 Abs. 1 UWG durch Unterlassen verwirklicht werden, wenn in der Werbung Tatsachen verschwiegen werden?[1302] Begründen Sie ihre Entscheidung.
8. Was versteht man unter progressiver Kundenwerbung? In welchen zwei Strukturvarianten tritt diese auf und was charakterisiert sie?[1303]
9. Warum ist § 143 MarkenG eine Blankettstrafnorm?[1304]
10. Prüfen Sie, ob im **Einstiegsfall 2** ein strafrechtlicher Verstoß gegen das MarkenG vorliegt.

Der Geschäftsführer der Z-GmbH könnte sich nach § 143 Abs. 1 Nr. 1, Abs. 2 i.V.m. § 14 Abs. 2 Nr. 1 MarkenG strafbar gemacht haben. Durch das Anbringen falscher Markenembleme, welche ein identisches Aussehen mit der Originalmarke aufweisen, an den Kleidungsstücken der nachgeahmten Kollektionen, wurden identische Zeichen für Waren benutzt, die mit denjenigen identisch sind, für die die Marke Schutz genießt. Somit liegt ein Verstoß gegen § 143 Abs. 1 Nr. 1 i.V.m. § 14 Abs. 2 Nr. 1 MarkenG vor. Das Handeln im geschäftlichen Verkehr ist zu bejahen, da die Kleidungsstücke im Einzelhandel verkauft werden. Aufgrund der hohen Beliebtheit der Marken ist ebenfalls davon auszugehen, dass der Markenschutz nach § 4 MarkenG zumindest durch die Verkehrsgeltung der Marke (Nr. 2) entstanden ist. Zuletzt müsste die Benutzung der Marke widerrechtlich sein. Da die Z-GmbH nicht Markeninhaberin ist und weder eine Lizenz der Rechtsinhaber noch eine Einschränkung des Schutzes nach §§ 20–25 MarkenG vorliegt, ist dies der Fall. Auch der Qualifikationstatbestand des § 143 Abs. 2 MarkenG ist erfüllt, da sich der Geschäftsführer der Z-GmbH durch den Verkauf der Kleidungsstücke eine fortlaufende Einnahmequelle von einigem Umfang und einiger Dauer verschafft hat. Eine Strafbarkeit des Geschäftsführers der Z-GmbH nach § 143 Abs. 1 Nr. 1, Abs. 2 i.V.m. § 14 Abs. 2 Nr. 1 MarkenG ist daher zu bejahen.

680 Literaturtipps zur Vertiefung:

Apel/Walling, Das neue Geschäftsgeheimnisgesetz: Überblick und erste Praxishinweise, DER BETRIEB 2019, 891 ff.

Dann/Markgraf, Das neue Gesetz zum Schutz von Geschäftsgeheimnissen, NJW 2019, 1774 ff.

Ernst, Das Geschäftsgeheimnisgesetz, MDR 2019, 897 ff.

Ohly, Das neue Geschäftsgeheimnisgesetz im Überblick, GRUR 2019, 441 ff.

Stage, Die Modifizierung der Straftatbestände gegen Wirtschaftsspionage im Gesetz zum Schutz von Geschäftsgeheimnissen (GeschGehG), juris-PR-StrafR 12/2019, Anm. 1.

[1301] Vgl. § 3, Rn. 620.
[1302] Vgl. § 3, Rn. 626.
[1303] Vgl. § 3, Rn. 631 ff.
[1304] Vgl. § 3, Rn. 667.

VII. Kartellbußgeldrecht

1. Überblick

a) Begriffsbestimmungen

Sowohl gem. § 1 des Gesetzes gegen Wettbewerbsbeschränkungen (GWB) als auch nach Art. 101 Abs. 1 des Vertrags über die Arbeitsweise der Europäischen Union (AEUV) sind *„Vereinbarungen zwischen Unternehmen, Beschlüsse von Unternehmensvereinigungen und aufeinander abgestimmte Verhaltensweisen"* verboten, die *„eine Verhinderung, Einschränkung oder Verfälschung des Wettbewerbs bezwecken oder bewirken"*. Hier klingt an, was allgemein ein **„Kartell"** kennzeichnet, nämlich ein unternehmerisches Zusammenwirken mit dem Ziel oder der Wirkung einer Wettbewerbsbeschränkung[1305]. 681

Gegenstand rechtlicher Vorgaben sind Kartelle insbesondere deshalb, weil innerhalb der Europäischen Gemeinschaft ein freier und unverfälschter Wettbewerb angestrebt wird[1306]. Dem stehen Kartelle entgegen, weshalb ihnen das Augenmerk von Rechtsnormen gilt, die auf den Erhalt eines unverfälschten bzw. ungehinderten Wettbewerbs gerichtet sind. Dieses **„Kartellrecht"** enthält eine Reihe von Verboten, die neben den bereits angesprochenen Kartellen durch *„Vereinbarungen [...], Beschlüsse und aufeinander abgestimmte Verhaltensweisen"* i.S.v. Art. 101 Abs. 1 AEUV bzw. § 1 GWB insbesondere dem Missbrauch einer marktbeherrschenden Stellung[1307] begegnen wollen. Dabei spielen Bußgeldsanktionen[1308] namentlich bei sog. **Hardcore-Kartellen** eine Rolle, d.h. bei Vereinbarungen zwischen Wettbewerbern, die ausschließlich eine Festsetzung einheitlicher Preise, Kunden- und Gebietsaufteilungen oder Produktionsbeschränkung zum Gegenstand haben[1309]. 682

b) Rechtsgut

Schutzgut ist dabei der **Wettbewerb mit seinen Steuerungs- und Verteilungsfunktionen im Wirtschaftsleben,** dessen Einschränkungen verhindert werden sollen.[1310] Dabei entsteht ein Wettbewerb dann, wenn Rechtssubjekte von ihrer Handlungsfreiheit im Wirtschaftsverkehr Gebrauch machen.[1311] Diese wettbewerbliche Handlungsfreiheit im Hinblick auf alle Wettbewerbsparameter zu erhalten, ist Kernanliegen des Kartellrechts.[1312] 683

Ein Schutz des Wettbewerbs mit seinen Steuerungs- und Verteilungsfunktionen[1313] kommt dabei sowohl dem **Wettbewerb als Institution** – und damit dem allgemeinen Interesse an gleichmäßiger Machtverteilung in Wirtschaft und Gesellschaft – als auch Individualinteressen von Verbrauchern und Wettbewerbern als Marktteilnehmer[1314] zugute. Konsumenten bspw. sind an Innovation, Produktauswahl, eigener Souveränität,

---

[1305] *Kling/Thomas*, Kartellrecht, § 19, Rn. 1.
[1306] *Kling/Thomas*, Kartellrecht, § 1, Rn. 1.
[1307] Vgl. Art. 102 AEUV, §§ 19, 20 GWB.
[1308] S. zu den Folgen von Kartellrechtswidrigkeiten § 5 V. 2.
[1309] *Kling/Thomas*, Kartellrecht, § 19, Rn. 97, 243.
[1310] *Büdenbender*, Einführung in das nationale wie das europäische Kartellrecht, JA 2008, 481 ff.
[1311] *Emmerich*, Kartellrecht, § 1, Rn. 2.
[1312] *Kling/Thomas*, Kartellrecht, § 5, Rn. 167.
[1313] Vgl. *Wittig*, Wirtschaftsstrafrecht, § 32, Rn. 1.
[1314] *Emmerich*, Kartellrecht, § 1, Rn. 9, 10.

Preisreduktion oder allgemein dem Erhalt ihrer Kaufkraft, (potenzielle) Wettbewerber an Marktzutritt bzw. Möglichkeit der Wettbewerbsteilnahme interessiert.

c) Rechtsgrundlagen

aa) Europäisches Kartellrecht

684 Schon die bis hierher zitierten Normen verdeutlichen, dass es sowohl deutsches als auch europäisches Kartellrecht gibt. Normatives Fundament des europäischen Kartellrechts sind dabei die **Art. 101 und 102 AEUV**. Auf Grundlage von Art. 103 Abs. 2 lit. e) AEUV wurde dazu konkretisierendes Sekundärrecht erlassen, innerhalb dessen für das Kartellbußgeldrecht insbesondere die **Verordnung (EG) 1/2003** (im Folgenden: „VO 1/2003") von Bedeutung ist[1315].

bb) Nationales Kartellrecht

685 Kartellrechtliche Maßgaben für Deutschland enthält vor allem das **GWB**. Es hat durch die – am 30.6.2013 in Kraft getretene – 8. GWB-Novelle[1316] teilweise erhebliche Änderungen (etwa bei den §§ 18 bis 20 GWB[1317]) erfahren, auf die noch zurückzukommen sein wird. Für den Bereich der Kartellbußen ist insbesondere § 81 GWB von Bedeutung, der Bußgeldvorschriften zur Ahndung von Verstößen gegen die Verbots- und Gebotsnormen des AEUV und des GWB zusammenfasst.[1318]

686 Die Abs. 1 bis 3 des § 81 GWB erfassen dabei – als Blanketttatbestände[1319] – **Zuwiderhandlungen** gegen das (europäische und nationale) Kartellrecht. Welche **Rechtsfolgen** die hier beschriebenen Verstöße haben, ist in § 81 Abs. 4 bis 6 GWB bestimmt[1320]. § 81 Abs. 7 GWB ermächtigt das Bundeskartellamt, allgemeine **Verwaltungsgrundsätze** über die Ausübung seines Ermessens bei der Bemessung der Geldbuße festzulegen, was bspw. in Form der Kronzeugen- bzw. Bonusregelung i.S.d. Bekanntmachung Nr. 68/2000 geschehen ist[1321]. § 81 Abs. 8 GWB ergänzt und modifiziert die **Verfolgungsverjährung** des § 31 OWiG. § 81 Abs. 9 GWB normiert eine dem § 33 OWiG entsprechende Ausnahme von der Verjährungsfrist des § 31 OWiG in Fällen des § 81 Abs. 1 GWB, sofern die europäische Kommission mit der betreffenden Sache befasst ist. § 81 Abs. 10 GWB schließlich bestimmt, wer als nationale Verfolgungsbehörde i.S.d. § 36 Abs. 1 Nr. 1 OWiG anzusehen ist und weist dabei die Kompetenz zur Verfolgung der Kernordnungswidrigkeiten nach den Absätzen 1, 2 und 3 des § 81 GWB dem Bundeskartellamt bzw. der zuständigen obersten Landesbehörde zu.

cc) Verhältnis der Rechtssysteme

687 Zwischen dem europäischen und dem deutschen Kartellrecht bestehen **hohe Übereinstimmungen**, so etwa die bereits angesprochenen (und bis zum Wortlaut reichenden) zwischen § 1 GWB und Art. 101 Abs. 1 AEUV. Vorgaben der VO 1/2003 – durch die

---

1315 Daneben enthält auch Art. 14 Fusionskontrollverordnung (FKVO) Bußgeldtatbestände des europäischen Kartellrechts.
1316 BGBl.I 2013, Nr. 32, S. 1738.
1317 S. zu den Rechtsfolgen von Kartellrechtsverstößen § 3, Rn. 661 ff.
1318 Wettbewerbsbeschränkende Absprachen bei Ausschreibungen werden darüber hinaus unter den Voraussetzungen des § 298 StGB bestraft.
1319 S. dazu § 2, Rn. 7 ff.
1320 S. dazu § 5 V. 2.
1321 *Achenbach*, in: Achenbach/Ransiek/Rönnau (Hrsg.): Handbuch Wirtschaftsstrafrecht, III. 5., Rn. 66.

VII. Kartellbußgeldrecht § 3

nationale Wettbewerbsbehörden insbesondere verpflichtet werden, die Art. 101 und 102 AEUV bei solchen Kartellverstößen anzuwenden, die den Handel zwischen den Mitgliedstaaten der Europäischen Union zu beeinträchtigen geeignet sind[1322] – wurden im Zuge der 7. **GWB-Novelle**[1323] vom 15.7.2005 in das deutsche Bußgeldrecht eingefügt. Verstöße gegen die Art. 101 Abs. 1, 102 AEUV sind nunmehr gem. § 81 Abs. 1 GWB auch Ordnungswidrigkeiten nach deutschem Recht.

Zugleich ist dem europäischen Kartellrecht gegenüber den rechtlichen Maßgaben der jeweiligen EU-Mitgliedstaaten teilweise ein **Anwendungsvorrang** zugewiesen. So darf gem. Art. 3 Abs. 2 VO 1/2003 die Anwendung nationalen Rechts grundsätzlich nicht zu Ergebnissen führen, die vom EU-Recht abweichen: Was also das europäische Recht zulässt, ist nicht nach dem GWB zu verbieten. Ebenso setzen sich die europäischen Wettbewerbsregeln durch, wenn umgekehrt ein bestimmtes Verhalten nach den Art. 101 und 102 AEUV verboten und nach deutschem Recht erlaubt ist.[1324]

688

Eine Ausnahme gilt für **einseitige Handlungen**[1325], die wegen Art. 3 Abs. 2 S. 2 VO 1/2003 strengeren nationalen Regeln als nach europäischem Recht unterliegen können. Dies betrifft insbesondere den Missbrauch einer marktbeherrschenden Stellung: Um ihn zu verhindern oder zu ahnden, können die Mitgliedstaaten für ihr Hoheitsgebiet rigidere Vorschriften erlassen. Hier wird also bei Unterschieden zwischen europäischem und nationalem Kartellrecht nicht dem Gemeinschaftsrecht Vorrang eingeräumt.[1326]

689

d) Zuständigkeiten bei der Rechtsanwendung

Nationales Kartellrecht ist allein von den mitgliedstaatlichen Wettbewerbsbehörden, europäisches Kartellrecht hingegen von nationalen Behörden und Europäischer Kommission gemeinsam durchzusetzen.[1327] Dass Europäische Kommission und nationale Kartellbehörden damit parallel zuständig sein können, macht Abstimmungen erforderlich. Dazu enthält **Kapitel IV der VO 1/2003** Verfahrensregeln zur Gewährleistung reibungsloser Kooperation und einheitlicher Rechtsanwendung.

690

2. Täter von Kartellrechtswidrigkeiten

Teilweise können Kartellordnungswidrigkeiten von **jedermann** begangen werden, so etwa die von § 81 Abs. 3 Nr. 3 GWB erfassten Fälle.[1328] Bei einer Reihe von Verstößen gegen kartellrechtliche Vorgaben kommen – auch entgegen der offenen Formulierung in § 81 GWB („Wer") – jedoch als Täter **nur Unternehmen**(-vereinigungen) bzw. ihre Organe und Vertreter in Betracht. Insbesondere sind allein Unternehmen bzw. Unternehmensvereinigungen Normadressaten der Art. 101 und 102 AEUV.[1329]

691

1322 Sog. Zwischenstaatlichkeitsklausel, s. Art. 3 Abs. 1 VO 1/2003. Vgl. *Achenbach*, in: Achenbach/Ransiek/Rönnau (Hrsg.): Handbuch Wirtschaftsstrafrecht, III. 5., Rn. 5.
1323 BGBl. I 2005, Nr. 42, S. 1954.
1324 *Kling/Thomas*, Kartellrecht, § 17, Rn. 18.
1325 Dies sind solche Maßnahmen, denen keine Willensübereinstimmung des Handelnden und des Adressaten zugrunde liegt (wie z.B. die Lieferverweigerung eines marktstarken Unternehmens), s. *Kling/Thomas*, Kartellrecht, § 17, Rn. 18.
1326 *Achenbach*, in: Achenbach/Ransiek/Rönnau (Hrsg.): Handbuch Wirtschaftsstrafrecht, III 6., Rn 8.
1327 Vgl. Art. 4 ff. VO 1/2003. S.a. Bekanntmachung der Kommission ABl. 2004 C 101, 43.
1328 *Achenbach*, in: FK-KartR, § 81 GWB, Rn. 254.
1329 S. dazu § 3, Rn. 681.

▶ **Beispiel:** Entsprechend gilt dies auch bei den in § 81 Abs. 1 und 2 Nr. 1 GWB erfassten Fehlverhaltensweisen. Denn Unternehmen bzw. Unternehmensvereinigungen haben jene Verhaltenspflichten nach den Art. 101 Abs. 1 AEUV und Art. 102 S. 1 AEUV zu beachten, deren Missachtung gem. 81 Abs. 1 GWB Ordnungswidrigkeiten darstellen. Solche Normwidrigkeiten mit Einschränkungen beim tauglichen Täterkreis sind als Sonderdelikte anzusehen.[1330] ◀

692 Unternehmen bzw. Unternehmensvereinigungen können jedoch nach deutschem Recht nicht selbst Täter einer Ordnungswidrigkeit sein.[1331] Auf nationaler Ebene ist daher zur Begründung einer Täterschaft auf § 9 OWiG[1332] zurückzugreifen. Unter darin näher bestimmten Voraussetzungen werden besondere persönliche Merkmale (hier: eine Unternehmensträgerschaft bzw. Unternehmensinhaberschaft) einer handelnden natürlichen Person zugerechnet, soweit diese zum Kreis der in § 9 OWiG aufgezählten Funktionsträger zählt.[1333]

693 Die Frage nach der Täterschaft darf nicht mit der nach dem Sanktionsadressaten gleich gesetzt werden. Auch wenn Unternehmen bzw. Unternehmensvereinigungen im deutschen Ordnungswidrigkeitenrecht nicht selbst Täter sein können, kommen sie (etwa nach § 30 OWiG oder § 81 Abs. 4 GWB[1334]) als Adressaten einer (Verbands-)Geldbuße in Betracht. Im europäischen Kartellbußgeldrecht, wo natürliche Personen schon nicht Zurechnungsobjekt des vorwerfbaren Verhaltens sein können, sind Unternehmen(svereinigungen) alleinige Bußgeldadressaten.

3. Einzelne Kartellrechtswidrigkeiten
a) Kartellrechtswidrigkeiten nach AEUV
aa) Normadressaten

694 Die Art. 101 und 102 AEUV beziehen sich auf ein Wettbewerbsverhalten mit der Eignung, den **Handel zwischen Mitgliedstaaten zu beeinträchtigen**. Normadressaten sind dabei Unternehmen bzw. Unternehmensvereinigungen. Dabei ist der hier maßgebliche Unternehmensbegriff nicht im AEUV selbst bestimmt, sondern hat sich im Gemeinschaftsrecht in autonomer und weiter Auslegung eigenständig entwickelt.[1335]

▶ **Definition:** Als **Unternehmen** gelten danach (natürliche oder juristische) Personen sowie rechtsfähige Personengesellschaften, die sich selbstständig im weitesten Sinne wirtschaftlich betätigen, indem sie als Anbieter oder Nachfrager von Waren oder Dienstleistungen gegen Entgelt am Wirtschaftsleben beteiligt sind.[1336] Dabei kommt es weder auf die Rechtsform noch eine Gewinnerzielungsabsicht, den Umfang der Tätigkeit oder die Art ihrer Finanzierung an[1337]; auch genügt eine nur gelegentlich ausgeübte wirtschaftliche Tätigkeit, die allerdings von gewisser Dauer sein muss[1338]. ◀

1330 *Tiedemann*, Wirtschaftsstrafrecht, § 18, Rn. 773. *Hellmann/Beckemper*, Wirtschaftsstrafrecht, Rn. 670.
1331 Vgl. *Achenbach*, in: Achenbach/Ransiek/Rönnau (Hrsg.): Handbuch Wirtschaftsstrafrecht, III. 5., Rn. 10 f.; s.a. § 2, Rn. 18 ff.
1332 S. dazu § 2, Rn. 25 ff.
1333 Vgl. *Achenbach*, in: Achenbach/Ransiek/Rönnau (Hrsg.): Handbuch Wirtschaftsstrafrecht, III. 5., Rn. 10 f.
1334 S. dazu § 3, Rn. 735.
1335 *Kling/Thomas*, Kartellrecht, § 5, Rn. 4.
1336 BGH 23.10.1979 – KZR 22/78, NJW 1980, 1046 u.a.; *Kling/Thomas*, Kartellrecht, § 4, Rn. 18, Rn. 4; *Hellmann/Beckemper*, Wirtschaftsstrafrecht, Rn. 669.
1337 EuGH 23.4.1991 – Rs. C-41/90, Slg. 1991, I-1979 Tz. 21 – Höfner und Elsner/Macroton u.a.
1338 EuGH 13.7. 1962 – verb. Rss. 17/61 und 20/61, Slg. 1962, 653 (687) – Klöckner/Hoesch u.a.; *Hellmann/Beckemper*, Wirtschaftsstrafrecht, Rn. 669.

VII. Kartellbußgeldrecht § 3

▸ **Beispiel:** Betätigt sich **der Staat** im geschäftlichen Verkehr, kann auch er als Unternehmer gelten. Dazu muss er im Wettbewerb mit anderen Anbietern stehen, während es auf die Form seines Handelns (als privat- oder öffentlich-rechtlich) nicht ankommt.[1339] Keine Wettbewerbssituation besteht hingegen bei hoheitlichem Handeln, das daher ebenso wenig dem Unternehmensbegriff unterfällt wie etwa der **private Verbrauch**.[1340] ◂

bb) Art. 101 Abs. 1 AEUV

Art. 101 Abs. 1 AEUV spricht ein umfassendes Kartellverbot aus und benennt drei Varianten verbotenen Marktverhaltens, nämlich 695

- Vereinbarungen zwischen Unternehmen,
- Beschlüsse von Unternehmensvereinigungen und
- aufeinander abgestimmte Verhaltensweisen,

„welche den Handel zwischen Mitgliedstaaten zu beeinträchtigen geeignet sind" und eine Wettbewerbsbeschränkung innerhalb des Gemeinsamen Marktes bewirken oder bezwecken.

(1) Vereinbarungen gem. Art. 101 Abs. 1 AEUV

▸ **Definition:** Mit „Vereinbarung" ist dabei jede Verständigung über eine wettbewerbsbeschränkende Praxis gemeint[1341]. ◂ 696

Entsprechend muss sich die erzielte Willensübereinkunft auf ein (zumindest bestimmbares) Verhalten mit Wettbewerbsrelevanz beziehen, also eine Verständigung über **wettbewerbsrelevantes Verhalten** zustande kommen.[1342] Wie dabei die Willensübereinstimmung herbeigeführt wird, ist ebenso unerheblich wie die Ausdrucksform, soweit der Wille der Beteiligten hinreichend konkret deutlich wird.[1343] Auch auf eine Rechtswirksamkeit des Vereinbarten kommt es nicht an, vielmehr genügen bspw. rechtlich unverbindliche „Gentlemen´s agreements" oder „Frühstückskartelle" soweit sie durch Ausübung eines gesellschaftlichen oder sozialen Drucks durchsetzbar sind.[1344] Ausreichend ist eine Einigung der Beteiligten mit **Bindungswillen**[1345], so dass vielgestaltige Formen von Übereinkünften dem Begriff der Vereinbarung i.S.d. Art. 101 AEUV unterfallen.[1346] 697

(2) Beschlüsse gem. Art. 101 Abs. 1 AEUV

Auch „*Beschlüsse von Unternehmensvereinigungen*" können „*mit dem Binnenmarkt unvereinbar und verboten*" sein (s. Art. 101 Abs. 1 AEUV). Durch die Wahl eines Beschlusses als Handlungsform lässt sich also nicht das Verbot wettbewerbsbeschränkender Vereinbarungen zwischen Unternehmen umgehen.[1347] 698

1339 BGH 14.3.1990 – – KVR 4/88.
1340 *Kling/Thomas*, Kartellrecht, § 5, Rn. 7.
1341 Vgl. *Emmerich*, in: Immenga/Mestmäcker, EU-Wettbewerbsrecht, Art. 101 Abs. I AEUV, Rn. 55.
1342 *Kling/Thomas*, Kartellrecht, § 5, Rn. 53.
1343 *Eilmannsberger*, Die Adalat-Entscheidung des EuGH, ZWeR 2004, 285 ff., 289.
1344 *Hellmann/Beckemper*, Wirtschaftsstrafrecht, Rn. 672; *Wittig*, Wirtschaftsstrafrecht, § 32, Rn. 13.
1345 OLG Frankfurt 20.1.1992 – 6 Ws (Kart) 5/91.
1346 *Kling/Thomas*, Kartellrecht, § 5, Rn. 55 a.E.
1347 *Kling/Thomas*, Kartellrecht, § 4, Rn. 20 a.E.

▶ **Definition:** Dabei ist **Beschluss** im vorliegenden Zusammenhang jeder Gesamtwille, der im Wege des organisationsrechtlich vorgesehenen Verfahrens zustande kommt und für die Mitglieder der Unternehmensvereinigung faktisch verbindlich ist[1348]. ◀

▶ **Definition:** „Unternehmensvereinigung" wiederum meint einen beliebig strukturierten Zusammenschluss mehrerer Unternehmen, der unter anderem zur Wahrnehmung der Mitgliederinteressen herbeigeführt wurde. Darunter kann jede verbandsmäßige Organisation von Unternehmen fallen, ohne dass es auf die gewählte Rechtsform oder die Art und Weise des Zu-Stande-Kommens ankommt.[1349] ◀

(3) Aufeinander abgestimmte Verhaltensweisen gem. Art. 101 Abs. 1 AEUV

699 Als weitere Variante eines marktinkompatiblen und verbotenen Wettbewerbsverhaltens benennt Art. 101 Abs. 1 AEUV ausdrücklich *„aufeinander abgestimmte Verhaltensweisen"*. Dabei handelt es sich um einen **Auffangtatbestand**, auf den auch dann zurückgegriffen werden kann, wenn eine ausdrückliche **Parteivereinbarung fehlt** oder nicht nachweisbar ist, also ein Wettbewerbsverstoß nur anhand von äußeren Umständen (wie etwa zeitgleiche Preiserhöhungen) und nicht auch aufgrund von Belegen für eine Vereinbarung oder einen Beschluss i.S.d. Art. 101 Abs. 1 AEUV nachweisbar ist.[1350]

700 ▶ **Definition:** In Abgrenzung zu solchen Vereinbarungen bzw. Beschlüssen ist mit dem Begriff der „**aufeinander abgestimmten Verhaltensweisen**" i.S.d. Art. 101 Abs. 1 AEUV eine bewusste Zusammenarbeit gemeint, die nicht – wie bei einer Vereinbarung oder einem Beschluss i.S.d. Art. 101 Abs. 1 AEUV – auf eine inhaltlich konkrete Verständigung zurückgehen muss.[1351] **Aufeinander abzustimmen** heißt dabei, Verhaltensweisen so zu koordinieren, dass an die Stelle eines risikobehafteten Wettbewerbs eine praktische Zusammenarbeit bzw. praktische Koordination des Wettbewerbsverhaltens tritt. Ohne dazu verpflichtet zu sein machen Marktteilnehmer hier ihr Verhalten voneinander abhängig bzw. richten es aufeinander aus.[1352] ◀

▶ **Beispiel:** Dies geschieht am häufigsten in der Form, dass sich Unternehmen vorab gegenseitig über ihr künftiges Verhalten informieren.[1353] ◀

701 Stets muss das korrespondierende Marktverhalten Folge einer Abstimmung (als „Abstimmungserfolg") sein[1354]. **Bloßes Nachahmen** fremden Wettbewerbsverhaltens kann hingegen nicht als *„aufeinander abgestimmte Verhaltensweise"* i.S.d. Art. 101 Abs. 1 AEUV gelten[1355]. Das Verbot der Verhaltensabstimmung ist also gegen ein bloßes **Parallelverhalten** abzugrenzen, bei dem Marktteilnehmer sich bewusst gleichförmig verhalten, ohne dass es vorher eine Abstimmung gegeben hat. Eine solche bloße Anpassung an festgestelltes oder erwartetes Konkurrentenverhalten gilt nicht als wettbewerbswidrig.[1356]

1348 *Kling/Thomas*, Kartellrecht, § 5, Rn. 60 a.E., 63.
1349 *Kling/Thomas*, Kartellrecht, § 4, Rn. 20, § 5, Rn. 43.
1350 *Emmerich*, in: Immenga/Mestmäcker, EG-WettbR, Bd. I, Art. 101 Abs. 1, Rn. 99.; *Kling/Thomas*, Kartellrecht, § 5, Rn. 68.
1351 *Kling/Thomas*, Kartellrecht, § 5, Rn. 69.
1352 EuGH 14.7.1972 – Rs. 48/69, Slg. 1972, 619, u.a.; *Kling/Thomas*, Kartellrecht, § 19, Rn. 32.
1353 *Kling/Thomas*, Kartellrecht, § 19, Rn. 33 f.
1354 *Kling/Thomas*, Kartellrecht, § 5, Rn. 72.
1355 EuGH 16.12.1975 – verb. Rss. 40/73 u.a. Slg. 1975, 1663 Tz. 173/174 – Suiker Unie.
1356 EuGH 16.12.1975 – verb. Rss. 40/73 u.a., Slg. 1975, 1663 Tz. 173/174 – Suiker Unie.

VII. Kartellbußgeldrecht

(4) Wettbewerbsbeschränkungen

Bei allen drei Tatbestandsvarianten des Art. 101 Abs. 1 AEUV muss „eine Verhinderung, Einschränkung oder Verfälschung des Wettbewerbs innerhalb des Binnenmarkts" bezweckt oder bewirkt sein. Diese – nicht trennscharf gegeneinander abgrenzbaren – **Auswirkungen auf den Wettbewerb** werden häufig auch unter dem Begriff der Wettbewerbsbeschränkung zusammengefasst.[1357]

▶ **Definition**: Eine **Wettbewerbsbeschränkung** in diesem Sinn liegt dann vor, wenn wenigstens eines der beteiligten Unternehmen seine wirtschaftliche Handlungsfreiheit am Markt einschränkt.[1358] Davon wiederum ist auszugehen, wenn zwar im Rechtssinne eine unternehmerische Entschließungsfreiheit besteht, der Gebrauch dieser Freiheit aber – wegen vertraglicher oder anderweitiger Bindungen – zu wirtschaftlichen Nachteilen führt.[1359] ◀

Fünf klassische Fallgruppen einer solchen Wettbewerbsbeschränkung (sog. „Kernbeschränkungen") zählt Art. 101 Abs. 1 a) bis e) – ohne Anspruch auf Vollständigkeit – selbst auf. Dabei wird auch hier deutlich, dass Kennzeichen einer Wettbewerbsbeschränkung die Entstehung von Wettbewerbsbedingungen ist, die nicht den normalen Bedingungen des fraglichen Marktes entsprechen.[1360]

(5) Bezwecken und Bewirken von Wettbewerbsbeschränkungen

▶ **Definition**: I.S.d. Art. 101 Abs. 1 AEUV **bezweckt** ist eine Wettbewerbsbeschränkung, wenn das fragliche Verhalten typischerweise Nachteile für den Wettbewerb auf dem relevanten Markt hat.[1361] ◀

▶ **Beispiele**: Davon ist bei einer Verhaltenskoordination zwischen Wettbewerbern in demselben Markt (**Horizontale Koordination**[1362]) auszugehen, wenn Vereinbarung, Beschluss oder Verhaltensabstimmung allein auf die Beeinflussung des Wettbewerbsverhaltens der Beteiligten gerichtet ist und nicht mit Blick auf einen anderen (kartellrechtsneutralen) Zweck erforderlich und angemessen erscheint.[1363] Bei der Abstimmung zwischen Partnern auf verschiedenen Marktstufen (**vertikale Koordination**[1364]) ist von der Zielsetzung einer Wettbewerbsbeschränkung bspw. bei einer Marktaufteilung auszugehen. Eine solche steht nämlich im Widerspruch zur angestrebten Freiheit des Waren- und Dienstleistungsaustauschs auf dem Binnenmarkt.[1365] ◀

Um eine bezweckte Wettbewerbsbeschränkung annehmen zu können, müssen stets konkrete Tatsachen den Schluss zulassen, dass dem fraglichen Verhalten die **objektive Eignung einer Wettbewerbsbeeinträchtigung** innewohnt. Zu realisieren hat sich eine solche Beeinträchtigung nicht, die Tatbestandsalternative des Bezweckens ist also als Gefährdungsdelikt einzuordnen.[1366]

[1357] *Hellmann/Beckemper*, Wirtschaftsstrafrecht, Rn. 673; *Kling/Thomas*, Kartellrecht, § 5, Rn. 89; *Emmerich*, in: Immenga/Mestmäcker, EU-Wettbewerbsrecht, Art. 101 Abs. I AEUV, Rn. 106.
[1358] BGH 14.1.1997 – KZR 41/95, WRP 1997, 768; *Hellmann/Beckemper*, Wirtschaftsstrafrecht, Rn. 673; *Kling/Thomas*, Kartellrecht, § 5, Rn. 90.
[1359] BGH 22.4.1980 – KZR 4/79, NJW 1980, 2813; *Hellmann/Beckemper*, Wirtschaftsstrafrecht, Rn. 673.
[1360] EuGH 28.5.1998 – Rs. C-7/95 P, Slg. 1998, I-3111 Tz. 87 – Deere; *Kling/Thomas*, Kartellrecht, § 5, Rn. 90.
[1361] *Kling/Thomas*, Kartellrecht, § 5, Rn. 97.
[1362] *Hellmann/Beckemper*, Wirtschaftsstrafrecht, Rn. 668; *Kling/Thomas*, Kartellrecht, § 19, Rn. 126.
[1363] *Kling/Thomas*, Kartellrecht, § 5, Rn. 97.
[1364] *Kling/Thomas*, Kartellrecht, § 19, Rn. 126.
[1365] *Kling/Thomas*, Kartellrecht, § 5, Rn. 97.
[1366] *Hellmann/Beckemper*, Wirtschaftsstrafrecht, Rn. 682.

▶ **Definition:** Das **Bewirken einer Wettbewerbsbeschränkung** i.S.v. von Art. 101 Abs. 1 AEUV setzt hingegen eine – aktuelle oder potenzielle – Beschränkung des Wettbewerbs voraus.[1367] Sie ist durch Vergleich mit fiktiven Wettbewerbsverhältnissen festzustellen, die ohne die betreffende Maßnahme bestünden (sog. Als-ob-Wettbewerb).[1368] ◀

706 Jeweils sind das Bezwecken oder Bewirken einer Wettbewerbsbeschränkung **für den relevanten Markt** nachzuweisen. Er ist also (vorab) zu bestimmen, wenn ein wettbewerbswidriges Verhalten festgestellt werden soll.[1369]

Definition: Relevant ist dabei jener Markt, auf dem eine von Vereinbarung, Beschluss oder Verhaltensabstimmung bezweckte oder bewirkte Wettbewerbsbeschränkung eintritt oder einzutreten droht, wobei als klassische Beschreibungsdimensionen die sachliche, räumliche und zeitliche Ebene gelten.[1370]

(6) Zwischenstaatlichkeitsklausel

707 Der einschränkende Bezug von Art. 101 Abs. 1 AEUV auf Verhaltensweisen, „*welche den Handel zwischen Mitgliedstaaten zu beeinträchtigen geeignet sind*", wird auch als Zwischenstaatlichkeitsklausel bezeichnet.[1371] Sie trägt zum einen – i.S.e. Zuständigkeits- bzw. Kollisionsnorm – zur **Abgrenzung zwischen den Anwendungsbereichen** von europäischem und nationalem Kartellrecht bei.[1372] Zum anderen wird dadurch der Anwendungsbereich des Art. 101 Abs. 1 AEUV **auf wettbewerbswidriges Verhalten beschränkt**, das die Verwirklichung des Binnenmarktes verhindert.

708 ▶ **Definitionen:** Zum **Hindernis bei der Verwirklichung des Binnenmarktes** wird ein Verhalten dabei mit der Eignung, zur Errichtung von Handelsschranken beizutragen und dadurch die gegenseitige Durchdringung der Märkte erschweren zu können, so dass der Handel zwischen den Mitgliedsstaaten – in einer für die Ziele des Gemeinsamen Marktes nachteiligen Weise – beeinträchtigt wird.[1373] **Handel** meint dabei das Angebot und die Nachfrage nach Waren oder Dienstleistungen jeglicher Art.[1374] ◀

709 ▶ **Definition:** Die im vorliegenden Zusammenhang maßgebliche **Handelsbeeinträchtigung** ist in gemeinschaftsrechtlicher Orientierung zu bestimmen und liegt vor, wenn der Handel unter Bedingungen stattfindet, die nicht dem Grundsatz der Freiheit des Handels und der freien Bildung der Warenpreise entsprechen[1375]. Dies wiederum geht auf die fragliche Wettbewerbsbeeinträchtigung zurück, wenn diese Handelsströme in eine andere Richtung lenkt oder lenken kann.[1376] ◀

1367 *Kling/Thomas*, Kartellrecht, § 19, Rn. 52.
1368 *Kling/Thomas*, Kartellrecht, § 5, Rn. 104.
1369 *Kling/Thomas*, Kartellrecht, § 5, Rn. 105.
1370 S. *Kling/Thomas*, Kartellrecht, § 5, Rn. 105.
1371 *Zimmer*, in: Immenga/Mestmäcker, EU-Wettbewerbsrecht, Art. 101 Abs. I AEUV, Rn. 194.
1372 S. zu dieser Abgrenzung § 3, Rn. 620 ff.
1373 Siehe EuGH 13.7.1966 – verb. Rss. 56/64 und 58/64, Slg. 1966, 322 LS 6 – Consten und Grundig/Kommission; *Kling/Thomas*, Kartellrecht, § 3, Rn. 25.
1374 *Kling/Thomas*, Kartellrecht, § 3, Rn. 25.
1375 EuGH 15.5.1975 – Rs. 71/74, Slg. 1975, 563 Tz. 37/38; *Kling/Thomas*, Kartellrecht, § 3, Rn. 25.
1376 EuGH 15.5.1975 – Rs. 71/74, Slg. 1975, 563 Tz. 37/38; *Kling/Thomas*, Kartellrecht, § 3, Rn. 25.

VII. Kartellbußgeldrecht §3

(7) Spürbarkeit

Weitere – ungeschriebene – **Tatbestandsvoraussetzung** des Art. 101 Abs. 1 AEUV ist nach der ständigen Rspr. des EuGH eine Spürbarkeit des in Rede stehenden Wettbewerbsverstoßes.[1377]

▶ **Definition:** Spürbar ist eine Marktbeeinflussung dann, wenn sie eine – zumindest prognostizierbare – merkliche Auswirkung auf den Markt hat[1378]; sie darf also nicht bloß theoretischer Natur sein.[1379] ◀

Maßgaben dafür sind der **de minimis Bekanntmachung der Kommission** zu entnehmen;[1380] vor allem kommt es bei der Feststellung einer Spürbarkeit auf den Marktanteil der beteiligten Unternehmen an.[1381] Stets sind die Umstände des Einzelfalls wie etwa die Marktstellung der konkret Beteiligten oder die Qualität der Wettbewerbsbeschränkung maßgeblich.[1382]

▶ **Definition:** Von der Spürbarkeit einer Wettbewerbsbeschränkung ist die **Spürbarkeit einer Handelsbeeinträchtigung** zu unterscheiden. Zweitgenannte liegt vor, wenn sich der Handel ohne die fragliche Wettbewerbsbeeinträchtigung wesentlich anders entwickelt hätte[1383], wofür es vor allem auf den Marktanteil der beteiligten Unternehmen ankommt[1384]. ◀

Durch das Kriterium der Spürbarkeit werden somit **Bagatellkartelle** ohne Eignung zur Wettbewerbs- bzw. Handelsbeeinflussung aus dem Anwendungsbereich des Art. 101 Abs. 1 AEUV herausgehalten.[1385]

(8) Keine Ausnahme vom Kartellverbot nach Art. 101 Abs. 3 AEUV

Auch wenn die Voraussetzungen des Art. 101 Abs. 1 AEUV erfüllt sind, kann eine darunter fallende Verhaltensweise dennoch erlaubt sein. Entsprechende Ausnahmen sind nämlich in Art. 101 Abs. 3 AEUV vorgesehen, dessen Erfüllung – als **quasi negatives Tatbestandsmerkmal** – entsprechend zur Feststellung eines Kartellverbots zu prüfen ist. Liegen die Voraussetzungen des Art. 101 Abs. 3 AEUV vor, dann beseitigt dies ein an sich bestehendes Kartellverbot automatisch. Es kommt also zum **Tatbestandsausschluss**, wobei man auch von einer (Kartell-)Freistellung spricht.[1386]

Eine solche Freistellung hängt davon ab, dass **kumulativ vier Voraussetzungen** erfüllt sind: Zum einen muss der auf seine wettbewerbsbeschränkende Wirkung hin untersuchte Vorgang (wie bspw. eine Vereinbarung i.S.v. Art. 101 Abs. 1 bzw. 3 AEUV) *„zur Verbesserung der Warenerzeugung oder -verteilung oder zur Förderung des techni-*

1377 EuGH 30.6.1966 – Rs. 56/65, Slg. 1966, 281 – LTM/MBU u.a.
1378 Zu Art. 81 Abs. 1 EG s. EuGH 9.7.1969 – Rs. 5/69, Slg. 1969, 295 Tz. 7 – Völk/Vervaecke; *Kling/Thomas*, Kartellrecht, § 19, Rn. 57.
1379 *Kling/Thomas*, Kartellrecht, § 19, Rn. 57.
1380 BegrRegE 7. GWB Novelle, BT-Drucks. 15/3640, S. 28; *Kling/Thomas*, Kartellrecht, § 19, Rn. 61.
1381 *Emmerich*, in: Immenga/Mestmäcker, EU-Wettbewerbsrecht, Art. 101 Abs. I AEUV, Rn. 153.
1382 *Kling/Thomas*, Kartellrecht, § 19, Rn. 62.
1383 *Kling/Thomas*, Kartellrecht, § 3, Rn. 29.
1384 *Wittig*, Wirtschaftsstrafrecht, § 32, Rn. 15. Von Seiten der EU Kommission gibt es eine Bekanntmachung zur prüfbaren Handelsbeeinträchtigung, vgl. NAAT (= no appreciable affectation of trade)-Regelungen, Bekanntmachung der Kommission vom 27.4.2004 (2004/C 101/07).
1385 *Kling/Thomas*, Kartellrecht, § 3, Rn. 29.
1386 S. etwa *Achenbach*, in: Achenbach/Ransiek/Rönnau (Hrsg.): Handbuch Wirtschaftsstrafrecht, III. 17., Rn. 14.

schen oder wirtschaftlichen Fortschritts beitragen". Dabei ist von einem solchen Beitrag bei der Erzielung von sog. Effizienzvorteilen bzw. **Effizienzgewinnen** auszugehen: Mit dem fraglichen Kartell müssen tatsächlich und spürbar objektive Vorteile für den Verbraucher erzielt werden, welche die kartellbezogenen Nachteile deutlich überwiegen. Dies wiederum ist durch einen Vergleich der vermuteten Vor- und Nachteile des fraglichen Kartells festzustellen.[1387] Verbraucher i.S.d. Art. 101 Abs. 3 AEUV sind dabei sämtliche Kunden der Vertragspartner bzw. Käufer der betroffenen Produkte.[1388]

714 Sie sind – als weitere Bedingung einer Freistellung nach Art. 101 Abs. 3 AEUV – angemessen am erzielten Gewinn zu beteiligen.

▶ **Definition:** Dabei unterfällt dem Begriff des **Gewinns** hier jedweder Vorteil, den die wettbewerbsbeschränkende Vereinbarung bzw. Maßnahme für die Abnehmer mit hoher Wahrscheinlichkeit bringt.[1389] ◀

▶ **Definition:** „**Angemessen**" ist eine Gewinnbeteiligung der Verbraucher, wenn durch sie insgesamt die Nachteile ausgeglichen werden, die mit der fraglichen Wettbewerbsbeschränkung für den Verbraucher verbunden sind.[1390] ◀

715 Was den beteiligten Unternehmern an Beschränkungen auferlegt wird, muss zur Zielerreichung überdies unerlässlich sein, womit der **Verhältnismäßigkeitsgrundsatz** ins Spiel kommt: Sicherzustellen ist, dass die erwünschten Effekte nicht auch mit Maßnahmen erreicht werden können, die den Wettbewerb weniger beschränken. Die angestrebten Vorteile dürfen also nicht ohne die vorgesehene Wettbewerbsbeschränkung erreichbar sein. Mit einem Verzicht auf das fragliche Kartell muss die Wahrscheinlichkeit sinken, erhoffte Effizienzgewinne realisieren zu können.[1391]

716 Schließlich setzt eine Freistellung nach Art. 101 Abs. 3 lit. b) AEUV voraus, dass trotz der in Rede stehenden Wettbewerbsbeschränkung weiterhin „*für einen wesentlichen Teil der betreffenden Waren*" die Möglichkeit eines Wettbewerbs besteht. Erhalten bleiben soll ein **funktionsfähiger Wettbewerb,** der seine elementaren Steuerungs- und Koordinierungsfunktion (noch) erfüllen kann.[1392]

717 Bestimmte Arten von Vereinbarungen sind durch sog. Gruppenfreistellungsverordnungen generell vom Kartellverbot des Art. 101 Abs. 1 AEUV ausgenommen, weil sie typischerweise die Voraussetzungen des Art. 101 Abs. 3 AEUV erfüllen.[1393] Umgekehrt beschreibt **Art. 4 Vertikal-Gruppenverordnung** in fünf Einzeltatbeständen (lit. a bis lit. e) das **Verbot sog. Kernbeschränkungen** für Vereinbarungen, die nicht freistellungsfähig sind. Für sie geht die Europäische Kommission davon aus, dass damit verbundene Nachteilswirkungen für den Wettbewerb grundsätzlich nicht durch Effizienzgewinne aufgewogen werden könnten, so dass die Voraussetzungen des Art. 101 Abs. 3 AEUV nicht erfüllt sind. Betroffen davon sind insbesondere bestimmte Formen der Preisbindung sowie Vereinbarungen über einen absoluten Gebietsschutz, die auch als „**schwarze Klauseln**" bezeichnet werden.[1394]

1387 *Kling/Thomas*, Kartellrecht, § 5, Rn. 275 und 276.
1388 *Kling/Thomas*, Kartellrecht, § 5, Rn. 285.
1389 *Kling/Thomas*, Kartellrecht, § 5, Rn. 287.
1390 *Kling/Thomas*, Kartellrecht, § 5, Rn. 288.
1391 *Kling/Thomas*, Kartellrecht, § 5, Rn. 290.
1392 *Kling/Thomas*, Kartellrecht, § 5, Rn. 294.
1393 Dazu *Mohr/König*, Freistellung von wettbewerbsbeschränkenden Vereinbarungen, JURA 2012, 343 f.
1394 *Kling/Thomas*, Kartellrecht, § 5, Rn. 353.

VII. Kartellbußgeldrecht § 3

Augenmerk verdienen in diesem Zusammenhang auch **Beweisregeln**: Wer sich nämlich auf das Vorliegen einer Freistellung nach Art. 101 Abs. 3 AEUV beruft, soll dafür nach Art. 2 Satz 2 VO 1/2003 auch die Beweislast tragen. Für das deutsche Bußgeldverfahren erscheint dies allerdings problematisch, weil hier gem. § 46 Abs. 2 OWiG i.V.m. § 160 Abs. 1 StPO der Amtsermittlungsgrundsatz bzw. die Unschuldsvermutung und der rechtsstaatliche Grundsatz in dubio pro reo gilt.[1395]

718

cc) Art. 102 S. 1 AEUV

(1) Relevanter Markt

Im Zentrum von Art. 102 AEUV steht die missbräuchliche **Ausnutzung einer marktbeherrschenden Stellung**. Eine solche Stellung lässt sich von vornherein nur feststellen, wenn der relevante Markt als wesentliche Bezugsgröße hinreichend bestimmt ist. Vorrangige Aufgabe (und Herausforderung) bei der Prüfung einer marktbeherrschenden Stellung ist damit eine hinreichend präzise Beschreibung des „sachlich und räumlich relevanten" Marktes.[1396]

719

▶ **Definition**: Zum **selben sachlichen Markt** gehören solche Leistungen, die sich nach Eigenschaften, Verwendungszweck und Preislage nahe stehen und deshalb von Verbrauchern im Zusammenhang mit einer Bedarfsdeckung als gegeneinander austauschbar angesehen und abwägend miteinander verglichen werden.[1397] In **räumlicher Hinsicht** kommt es auf das Gebiet an, in dem sich die objektiven Wettbewerbsbedingungen hinsichtlich des fraglichen Produkts für alle Unternehmen gleichen.[1398] ◀

720

(2) Innehaben einer marktbeherrschenden Stellung

▶ **Definition**: Das deutsche Kartellrecht enthält in § 18 GWB eine Begriffsbestimmung zum **Innehaben einer marktbeherrschenden Stellung**. Danach beherrscht ein Unternehmen den relevanten Markt, wenn es auf diesem relevanten Markt als Anbieter oder Nachfrager keine Wettbewerber hat, keinem wesentlichen Wettbewerb ausgesetzt ist oder eine überragende Marktstellung im Verhältnis zu seinen Wettbewerbern innehat. ◀

721

▶ **Definition**: Der AEUV enthält eine vergleichbare Definition nicht. Der EuGH sieht für das **europäische Kartellrecht** die Kennzeichen einer **marktbeherrschenden Stellung** darin, dass das fragliche Unternehmen einen wirksamen Wettbewerb auf dem relevanten Markt verhindern kann und gegenüber seinen Wettbewerbern, Abnehmern und den Verbrauchern im Wesentlichen unabhängig ist.[1399] ◀

722

1395 S. etwa *Achenbach*, in: Achenbach/Ransiek/Rönnau (Hrsg.): Handbuch Wirtschaftsstrafrecht, III. 5., Rn. 17 a.E. In diesem Sinne hat die deutsche Bundesregierung in dem Verfahren zur Schaffung der VO 1/2003 eine Protokollerklärung abgegeben, derzufolge entsprechende Beweislastregeln nach dem AEUV keine ausreichende Rechtsgrundlage für Eingriffe in nationale Strafrechtssysteme darstellt, s. *Achenbach*, in: Achenbach/Ransiek/Rönnau (Hrsg.): Handbuch Wirtschaftsstrafrecht, III 5, Rn. 17 m.w.N.
1396 S.a. § 18 GWB.
1397 St. Rspr., EuGH 11.12.1980 – Rs. 31/80, Slg. 1980, 3775 (3793); *Kling/Thomas*, Kartellrecht, § 5, Rn. 127 sub. II. 1.
1398 *Hellmann/Beckemper*, Wirtschaftsstrafrecht, Rn. 700.
1399 EuGH 8.6.1971 – Rs. 78/80, Slg. 1971, 487 – Deutsche Grammophon; u.a.; *Kling/Thomas*, Kartellrecht, § 6, Rn. 46, 49; *Hellmann/Beckemper*, Wirtschaftsstrafrecht, Rn. 701.

Dabei kommt es auf eine Beherrschung des **gemeinsamen Marktes oder eines wesentlichen Teils davon** an. Eine marktbeherrschende Stellung auf kleinen, lokalen oder regionalen Märkten hingegen gefährdet den gemeinsamen Markt nicht und soll deshalb der Aufsicht der Kommission entzogen sein.[1400] Damit erforderliche Abgrenzungen können sich am Kriterium der Relevanz des fraglichen Marktes für den Wettbewerb der Gemeinschaft orientieren.[1401]

(3) Missbrauch einer marktbeherrschenden Stellung

723 Konsequenzen knüpft das Gesetz nicht schon an die Erlangung oder das Innehaben einer marktbeherrschenden Stellung, sondern erst an deren missbräuchliche Ausnutzung.

▶ **Definition: Missbräuchlich ausgenutzt** wird eine marktbeherrschende Stellung, wenn sie ohne sachlichen Grund für ein wettbewerbsschädliches Verhalten instrumentalisiert wird. Dies kann sowohl auf Anbieter- als auch Nachfragerseite geschehen.[1402] ◀

Kennzeichnend für einen solchen Missbrauch ist bei einer **Einzelmarktbeherrschung**[1403] die Einwirkung auf einen Wettbewerb, der wegen der Teilnahme des marktbeherrschenden Unternehmens ohnehin bereits geschwächt ist. Einen solchen (Rest-)Wettbewerb behindert der Marktbeherrscher beim Missbrauch seiner Position durch die Verwendung von Mitteln, die nicht zu einem normalen leistungsbasierten Wettbewerb gehören.[1404]

724 Eine missbräuchliche Verhaltensweise muss sich damit **kausal in Form einer Wettbewerbsbeeinträchtigung** auf dem relevanten Markt auswirken. Dann liegt ein Marktmissbrauch auch vor, wenn das marktbeherrschende Unternehmen eine Wettbewerbsbeeinträchtigung gar nicht beabsichtigt.[1405] Die vier Missbrauchshandlungen mit dem größten Verbreitungsgrad sind in Art. 102 S. 2 lit. a) bis d) AEUV in einer – nicht abschließenden[1406] – Aufzählung von Missbrauchsformen näher beschrieben[1407]; zu ihnen gehört z.B. die Erzwingung von unangemessenen Preisen oder Geschäftsbedingungen.

(4) Zwischenstaatlichkeitsklausel

725 Art. 102 S. 1 AEUV enthält – ebenso wie Art. 101 Abs. 1 AEUV – eine *„Zwischenstaatlichkeitsklausel"*[1408], indem seine Erfüllung unter anderem von einer Beeinträchtigung des *„Handel[s] zwischen Mitgliedstaaten"* abhängt. Für diese Klausel gilt das zu Art. 101 Abs. 1 AEUV Dargelegte.

1400 *Kling/Thomas*, Kartellrecht, § 6, Rn. 64.
1401 EuGH 16.12.1975 – Rs. 40/73, Slg. 1975, 1663 Tz. 441/442 ff. – Suiker Unie u.a.; *Kling/Thomas*, Kartellrecht, § 6, Rn. 64.
1402 *Kling/Thomas*, Kartellrecht, § 18, Rn. 210.
1403 Zur Oligopolmarktbeherrschung s. *Kling/Thomas*, Kartellrecht, § 6, Rn. 65–79.
1404 EuGH 13.2.1979 – Rs. 85/76, Slg. 1979, 461 LS 6 und Tz. 91 – Hoffmann/LaRoche/Kommission (=Vitamine); u.a.; *Kling/Thomas*, Kartellrecht, § 6, Rn. 80.
1405 *Kling/Thomas*, Kartellrecht, § 6, Rn. 80 ff.
1406 S. Art. 102 S. 2: „insbesondere".
1407 *Hellmann/Beckemper*, Wirtschaftsstrafrecht, Rn. 702.
1408 S. § 3, Rn. 639.

VII. Kartellbußgeldrecht § 3

b) Kartellrechtswidrigkeiten nach § 81 GWB

aa) Vorbemerkungen

§ 81 GWB beinhaltet „Bußgeldvorschriften", die sich sowohl auf Verletzungen der Rechtspflichten nach dem AEUV (s. Abs. 1) als auch dem GWB (vgl. Abs. 2 und 3) beziehen. Dabei werden insbesondere wettbewerbswidrige Vereinbarungen, Beschlüsse und Verhaltensabstimmungen sowie der Missbrauch einer marktbeherrschenden Stellung – auf **nationaler wie auf europäischer Ebene** – als Ordnungswidrigkeiten eingestuft.   726

Unter inhaltlichen Gesichtspunkten lassen sich die in den Abs. 1 bis 3 des § 81 GWB beschriebenen Fälle **einteilen** in Verstöße gegen materielle gesetzliche Verbote (§ 81 Abs. 1, 2 Nr. 1 und Abs. 3 GWB), gegen behördliche Verfügungen (§ 81 Abs. 2 Nr. 2 a, 2 b und 5 GWB) sowie gegen Auskunfts- und Meldepflichten (§ 81 Abs. 2 Nr. 3, 4 und 6 GWB).[1409] Eine Weichenstellung ergibt sich auch aus der Eignung einer Kartellrechtswidrigkeit, den Handel zwischen den Mitgliedstaaten zu beeinträchtigen. Liegt sie vor, gilt § 81 Abs. 1 GWB, anderenfalls bleibt nur der Rückgriff auf § 81 Abs. 2 und 3 GWB. Dabei haben von den in § 81 GWB berücksichtigten Kartellrechtswidrigkeiten die Verstöße gegen Wettbewerbsregeln der Art. 101, 102 AEUV (§ 81 Abs. 1 GWB), Zuwiderhandlungen gegen das Kartellverbot und gegen die Missbrauchs- und Diskriminierungsverbote des Gesetzes (§ 81 Abs. 2 Nr. 1 GWB) sowie Verstöße gegen § 21 Abs. 1 und 2 (§ 81 Abs. 3 GWB) die größte praktische Bedeutung.   727

bb) § 81 Abs. 1 GWB

§ 81 Abs. 1 GWB erfasst die Zuwiderhandlung gegen Art. 101 Abs. 1 AEUV (s. Nr. 1) sowie den Missbrauch einer marktbeherrschenden Stellung nach Art. 102 S. 1 AEUV (vgl. Nr. 2) als Ordnungswidrigkeiten. **Verstöße gegen Art. 101 und 102 AEUV** können somit unmittelbar nach deutschem Recht als Ordnungswidrigkeiten geahndet werden, wenn die Tat im Inland begangen wurde oder sich hier auswirkt.[1410] In solchen Konstellationen haben daher sowohl die deutschen Kartellbehörden und Gerichte als auch die europäische Kommission (und möglicherweise auch Wettbewerbsbehörden anderer Mitgliedstaaten der EU) Verfolgungsbefugnisse. Zu beachten ist, dass Normadressaten der Art. 101 und 102 AEUV Unternehmen bzw. Unternehmensvereinigungen sind[1411], die nach deutschem Recht nicht selbst Ordnungswidrigkeiten begehen können. Die Unternehmenseigenschaft muss somit im Falle einer Bebußung Unternehmensorganen, -vertretern oder -beauftragten nach § 9 OWiG zugeordnet werden.[1412]   728

cc) § 81 Abs. 2 Nr. 1 GWB

(1) Bezug auf § 1 GWB

Die Abs. 2 und 3 des § 81 GWB erfassen Verstöße gegen deutsches Kartellrecht. § 81 **Abs. 2 Nr. 1 GWB** ordnet dabei unter anderem Zuwiderhandlungen gegen das umfassende nationale „*Verbot wettbewerbsbeschränkender Vereinbarungen*" des § 1 GWB   729

1409 *Dannecker/Biermann*, in: Immenga/Mestmäcker, § 81 GWB, Rn. 6.
1410 *Achenbach*, in: Achenbach/Ransiek/Rönnau (Hrsg.): Handbuch Wirtschaftsstrafrecht, III. 6., Rn 8; zu Abweichungen zwischen dem Wortlaut des § 81 Abs. 1 GWB und Art. 101 AEUV s. Wittig, Wirtschaftsstrafrecht, § 32, Rn. 13.
1411 S.o. Rn. 630.
1412 S. dazu § 2, Rn. 27 ff.

als schwerwiegende Kartellordnungswidrigkeiten ein. § 1 GWB wiederum ist **weitgehend mit Art. 101 Abs. 1 AEUV identisch**, so dass auf die Ausführungen dazu[1413] verwiesen werden kann. Allerdings fehlt in § 1 GWB eine Zwischenstaatlichkeitsklausel; auch sind keine Regelbeispiele genannt, wie man sie in Art. 101 Abs. 1 AEUV findet.

(2) Bezug auf § 19 GWB

730 § 81 Abs. 2 Nr. 1 nimmt des Weiteren auf § 19 Abs. 1 GWB Bezug, der im Zuge der 8. **GWB Novelle** – durch die Neufassung der §§ 18 bis 20 GWB – wesentlich verändert wurde. Dabei ging es dem Gesetzgeber laut Gesetzesbegründung darum, die Missbrauchsaufsicht „*systematisch einfacher, anwenderfreundlicher und verständlicher*" zu gestalten. Nicht verändert werden sollte der materiellrechtliche Gehalt der Vorschriften, weshalb auch „*die bisherige umfangreiche Rspr. weiterhin maßgeblich*" bleiben soll.[1414]

Durch die Novelle wurden die Definition der Marktbeherrschung, die Marktbeherrschungsvermutungen des § 19 Abs. 2 GWB a.F. und die gesetzlichen Vermutungstatbestände des § 19 Abs. 3 GWB a.F. in einen **neuen § 18 GWB** überführt. Darin findet sich nun eine Begriffsbestimmung zur Marktbeherrschung; § 19 GWB n.F. regelt jetzt das Verbot des Missbrauchs einer marktbeherrschenden Stellung, während § 20 GWB n.F. die entsprechenden Regelungen für Unternehmen mit relativer oder überlegener Marktmacht zusammenfasst.[1415]

731 § 19 Abs. 1 GWB verbietet wie Art. 102 S. 1 AEUV die missbräuchliche **Ausnutzung einer marktbeherrschenden Stellung**[1416], wobei das in diesem Abschnitt VI. des § 3 unter 3. a) cc) Dargelegte auch hier gilt. Insbesondere richtet sich die Marktabgrenzung zur Feststellung einer marktbeherrschenden Stellung i.S.d. § 18 GWB nach den gleichen Grundsätzen wie im EU-Kartellrecht.[1417]

732 § 18 Abs. 3 GWB nennt Kriterien, die „*bei der Bewertung der Marktstellung eines Unternehmens im Verhältnis zu seinen Wettbewerbern*" namentlich zu berücksichtigen sind. Auch enthält § 18 GWB Vermutungen für das Innehaben einer marktbeherrschenden Stellung (vgl. etwa § 18 Abs. 4 GWB). Diese **Marktbeherrschungsvermutungen** gelten allerdings im Kartellrecht aus verfassungsrechtlichen Gründen nicht. Denn hier kann auf Vermutungstatbestände zulasten des Täters wegen der **in dubio pro reo Maxime** bzw. des Amtsermittlungsgrundsatzes nicht zurückgegriffen werden. Die mit Vermutungsregeln einhergehende Umkehr der Beweislast ist somit eingeschränkt.[1418]

733 Der generalklauselartige Missbrauchsbegriff des § 19 Abs. 1 GWB wird durch **Beispiele in § 19 Abs. 2 GWB** konkretisiert. Diese Beispiele gelten als gesetzliche Definition eines Missbrauchs, so dass bei Erfüllung der jeweiligen Beschreibungsmerkmale ein Missbrauch vorliegt (und nicht lediglich indiziert ist).[1419] Dabei erfasst § 19 Abs. 2

1413 S. § 3, Rn. 627 ff.
1414 BR-Drucks. 176/12, S. 24.
1415 BR-Drucks. 176/12, S. 24.
1416 In Art. 102 S. 1 AEUV ist wörtlich von der „missbräuchliche[n] Ausnutzung einer beherrschenden Stellung auf dem Binnenmarkt oder auf einem wesentlichen Teil desselben" die Rede.
1417 *Kling/Thomas*, Kartellrecht, § 16, Rn. 46.
1418 BR-Drucks. 176/12, S. 23. S.a. § 3, Rn. 650.
1419 *Kling/Thomas*, Kartellrecht, § 18, Rn. 215.

VII. Kartellbußgeldrecht §3

GWB nahezu alle in der Fallpraxis auftretenden Konstellationen, weshalb eine direkte Anwendung des Missbrauchsverbots des § 19 Abs. 1 GWB eher selten ist.[1420]

(3) Bezug auf § 20 GWB

Nicht nur für marktbeherrschende Unternehmen sondern auch für solche mit *„relativer oder überlegener Marktmacht"* (vgl. § 20 GWB) gelten besondere Verhaltenspflichten.

▶ **Definition:** Dabei ist nach der Legaldefinition des § 20 Abs. 1 S. 1 GWB von einer **relativen Marktmacht** auszugehen, soweit von dem fraglichen Unternehmen *„kleine oder mittlere Unternehmen als Anbieter oder Nachfrager einer bestimmten Art von Waren oder gewerblichen Leistungen in der Weise abhängig sind, dass ausreichende und zumutbare Möglichkeiten, auf andere Unternehmen auszuweichen, nicht bestehen".* ◀

Für die Einordnung als *„kleine[s] oder mittlere[s] Unternehmen"* kommt es in diesem Zusammenhang auf eine Relation zu den übrigen Marktteilnehmern an. Die Größenverhältnisse sind also relativ zu bestimmen, indem das fragliche Unternehmen mit der Größe seiner Wettbewerber auf dem selben Markt (**horizontaler Größenvergleich**) bzw. – bei einer unternehmensbedingten Abhängigkeit – mit jenem Unternehmen zu vergleichen ist, auf das sich die Abhängigkeit bezieht (**vertikaler Größenvergleich**).[1421]

Als maßgeblich für das Innehaben einer marktbeherrschenden Stellung wird von der Rspr. angesehen, dass ein Unternehmen bei einzelnen Marktaktionen oder Marktstrategien einen **dominierenden einseitigen Verhaltensspielraum** innehat.[1422] Im Übrigen richtet sich das Vorliegen einer überlegenen Marktmacht grundsätzlich nach denselben Kriterien, wie sie auch bei Prüfung einer Marktbeherrschung herangezogen werden. Insbesondere setzt auch die Feststellung einer Marktüberlegenheit die (vorangehende) **Bestimmung des relevanten Marktes** voraus.[1423] § 20 Abs. 1 Satz 2 GWB enthält eine **Abhängigkeitsvermutung**, auf die im Falle einer Kartellordnungswidrigkeit allerdings wegen des Grundsatzes in dubio pro reo nicht zurückgegriffen werden kann.

Unternehmen mit *„relativer oder überlegener Marktmacht"* dürfen bspw. nicht zur Gewährung von sachlich ungerechtfertigten Vorteilen auffordern (sog. **passive Diskriminierung**, vgl. § 81 Abs. 2 Nr. 1 i.V.m. § 20 Abs. 2 i.V.m. § 19 Abs 1, 2 Nr. 5 GWB[1424]) oder Wettbewerber mit unterlegener Marktmacht nicht unbillig behindern, wie dies etwa bei Niedrigpreisaktionen von Großunternehmen aus Warte von Einzelhändlern der Fall sein kann.[1425]

dd) § 81 Abs. 2 Nr. 2 bis 7 GWB

Die Nummern 2 bis 7 des § 81 Abs. 2 GWB beziehen sich auf ein **Fehlverhalten gegenüber der Kartellbehörde**. Dabei können im Wesentlichen zwei Typen von Tatbeständen gegeneinander abgegrenzt werden: Auf der einen Seite stehen **Zuwiderhandlungen ge-**

1420 *Kling/Thomas*, Kartellrecht, § 18, Rn. 211.
1421 *Kling/Thomas*, Kartellrecht, § 16, Rn. 31.
1422 *Kling/Thomas*, Kartellrecht, § 18, Rn. 40.
1423 BKartA, Bekanntmachung Nr. 124/2003 zu § 20 Abs. 4 S. 2, S. 3; s. zur Bestimmung des relevanten Marktes s. § 3, Rn. 651 ff.
1424 Vorher § 20 Abs. 3 S. 2 GWB.
1425 *Kling/Thomas*, Kartellrecht, § 18, Rn. 12.

gen unanfechtbare Verwaltungsakte der Kartellbehörde (vgl. § 81 Abs. 2 Nr. 2a und Nr. 5 GWB), die zugleich – mit Blick auf die Bußgeldandrohung in Abs. 4 Satz 1 und 2 GWB – als schwerwiegend anzusehen sind. Zum anderen sind **eher verfahrensbezogene, leichtere Kartellordnungswidrigkeiten** erfasst.[1426] Die Nr. 7 des § 81 GWB wurde dabei im Rahmen der 8. GWB-Novelle vom 26.7.2013 neu eingefügt.[1427]

739 ▶ **Problem:** Im Zusammenhang mit den schwerwiegenden verwaltungsakzessorischen Bußgeldtatbeständen in § 81 Abs. 2 Nr. 2a GWB kann die Frage gestellt werden, ob ein **fehlerhafter Verwaltungsakt** der Kartellbehörde im Sinn des § 43 Abs. 3 VwVfG verbindlich ist oder – in Abkehr von verwaltungsrechtlichen Maßgaben wie den Nichtigkeitsgründen nach § 44 Abs. 1 VwVfG – nur bei inhaltlicher Richtigkeit für eine strafrechtliche Sanktion maßgeblich sein kann.[1428] ◀

ee) § 81 Abs. 3 GWB

740 Sämtliche Tatbestände des § 81 Abs. 3 GWB beschreiben **schwerwiegende Kartellordnungswidrigkeiten**.[1429] § 81 Abs. 3 GWB bezieht sich unter anderem auf die Boykottaufforderung (vgl. Nr. 1 i.V.m. § 21 Abs. 1 GWB), d.h. die Aufforderung zu Liefer- und Bezugssperren, um bestimmte Unternehmen unbillig zu beeinträchtigen[1430] sowie die Anwendung von Druck- und Lockmitteln zur Veranlassung von Wettbewerbsbeschränkungen (vgl. Nr. 2 i.V.m. § 21 Abs. 2 GWB).

ff) Subjektive Tatseite

741 § 81 GWB stellt ausdrücklich **auch die fahrlässige Begehung** unter eine Bußgeldandrohung. Dies darf allerdings nicht darüber hinwegtäuschen, dass zahlreiche Tathandlungen schon begrifflich nicht fahrlässig verwirklicht werden können, so bspw. das Bezwecken von Wettbewerbsbeschränkungen.[1431]

742 ▶ **Problem:** Bei Prüfung der (subjektiven) Anforderungen spielen angesichts der **Komplexität der objektiven Tatmerkmale** insbesondere Fehlvorstellungen des Täters eine Rolle. Zugleich ist deren rechtliche Behandlung und Einordnung nicht auf den ersten Blick eindeutig: Einerseits werden etwa die Kriterien einer Kartellfreistellung i.S.d. Art. 101 AEUV als tatbestandsausschließende normative Merkmale angesehen mit der Konsequenz, dass darauf bezogen ein Tatbestandsirrtum in Betracht gezogen wird.[1432] Nach anderer Auffassung gibt die Einordnung des § 81 Abs. 1 GWB als Blanketttatbestand den Ausschlag mit der Folge, dass bei Irrtümern über die Kartellrechtswidrigkeit nicht ein Tatbestandsirrtum, sondern ein Verbotsirrtum nach § 11 Abs. 2 OWiG vorliegt.[1433] ◀

1426 *Achenbach*, in: Achenbach/Ransiek/Rönnau (Hrsg.): Handbuch Wirtschaftsstrafrecht, III. 5., Rn. 45.
1427 *Schöner*, in: Kölner Kommentar zum Kartellrecht, § 81 GWB, Rn. 110 f.
1428 *Achenbach*, in: Achenbach/Ransiek/Rönnau (Hrsg.): Handbuch Wirtschaftsstrafrecht, III. 5., Rn. 46.
1429 *Achenbach*, in: Achenbach/Ransiek/Rönnau (Hrsg.): Handbuch Wirtschaftsstrafrecht, III. 5., Rn. 41.
1430 *Achenbach*, in: FK-KartR, § 81 GWB, Rn. 422.
1431 *Achenbach*, in FK-KartR, § 81 GWB, Rn. 64.
1432 *Reher*, in: Kölner Kommentar zum Kartellrecht, GWB, vor § 81, Rn. 99.
1433 *Böse*, Vorsatzanforderungen bei Blankettgesetzen am Beispiel des Kartellrechts, in: Paeffgen/Böse/u.a. (Hrsg.) Festschrift für Ingeborg Puppe zum 70. Geburtstag, Berlin 2011, S. 1353 ff.

gg) Verjährung

Verjährungsregeln enthält § 81 Abs. 8 GWB, der insbesondere der presserechtlichen Verjährungsfrist von drei Monaten vorgeht, soweit eine Kartellordnungswidrigkeit durch Veröffentlichung oder Verbreitung von Druckwerken begangen wird.[1434]

743

Literaturtipp zur Vertiefung:
Büdenbender, Einführung in das nationale wie das europäische Kartellrecht, JA 2008, S. 481–492.
Volmar/Kranz: Einführung ins Kartellrecht, JuS 2018, 14–17.

1434 *Achenbach*, in: FK-KartR, § 81 GWB, Rn. 628.

§ 4 Maßnahmen zur Prävention aus der Unternehmensperspektive – Compliance

1 ▶ **Einstiegsfall:** In einer juristischen Fachzeitschrift finden Sie folgende Stellenanzeige: „**Chief Risk & Compliance-Officer (m/w/d)**

Zielsetzungen der Stelle:

Sicherstellung hoher Risikotransparenz auf Geschäftsleitungsebene sowie eines adäquaten Steuerungsgrades aller Risiken wirtschaftlicher und rechtlicher Natur, Begrenzung des Risikos von Gesetzesverstößen durch Unternehmen des X-Konzerns bzw. ihrer Führungskräfte und Mitarbeiter, Aufrechterhaltung moderner Risk & Compliance-Strukturen und -Prozesse im Konzern.

Ihre Aufgaben im Einzelnen:

Aufbau und Führung einer Zentralfunktion Risk & Compliance; Leitung und Fortentwicklung des konzernweiten Compliance-Managements sowie Implementierung der entsprechenden Zentralfunktion; Weiterentwicklung von Präventionsmaßnahmen für Korruptions- und Kartellrechtsrisiken; Beratung der Verantwortungsträger anderer Compliance-Risikobereiche (z.B. Außenwirtschaft, Datenschutz, Arbeitsschutz, Umwelt, usw.) bzgl. Methoden des Compliance-Managements; Durchführung von Schulungen für Risk Owners (Mitarbeiter und Führungskräfte) bzgl. Compliance-Risiken und Präventionsmaßnahmen; Durchführung von Awareness-Kampagnen; Erster Ansprechpartner für alle Führungskräfte und Mitarbeiter bei Fragen zu Verhaltensrichtlinien, insbesondere im Bereich Korruption und Kartellrecht; Gemeinsam mit der Rechtsabteilung Beratung bzgl. der Compliance-konformen Lösung von Einzelsituationen; Wirksamkeitsüberwachung der ergriffenen Maßnahmen

Wir erwarten von Ihnen:

Wirtschafts- oder rechtswissenschaftliches Studium und/oder Abschluss als Steuerberater/in oder Wirtschaftsprüfer/in.

Haben wir Ihr Interesse an dieser Position geweckt?"

Nach erfolgreich bestandenen Examina bewerben Sie sich und werden zum Vorstellungsgespräch eingeladen. Wie bereiten Sie sich auf das Gespräch vor? ◀

I. Begriff

2 Der aus der angelsächsischen Rechtsterminologie stammende Begriff Corporate Compliance kennzeichnet den Inbegriff der Maßnahmen, die von einem Unternehmen zur Einhaltung und Befolgung des geltenden Rechts und darüber hinausgehender ethischer Standards ergriffen werden. Compliance leitet sich von dem englischen Verb „to comply with" ab, das „befolgen" bzw. „gehorchen" bedeutet. Compliance meint daher die „Befolgung bzw. Einhaltung" bestimmter Vorgaben und wurde zunächst in der Medizin als Ausdruck zur Kennzeichnung der Therapietreue des Patienten gegenüber den ärztlichen Empfehlungen verwendet.[1] Durch das Adjektiv „Corporate", das sich vom Substantiv „Corporation" (Unternehmen, Gesellschaft) ableitet, wird klargestellt, dass

---

1 *Schneider*, Compliance-Anforderungen an den Vertragsarzt. Konsequenzen des Richtungswechsels in der Rechtsprechung, in: Voit (Hrsg.): Kommunikation und Transparenz im Gesundheitswesen, Marburger Schriften zum Gesundheitswesen Band 22, Marburg 2012, S. 83 ff.

im rechts- und betriebswirtschaftlichen Kontext mit Compliance die Einhaltung von ethischen Standards, Regeln, Verordnungen und Gesetzen **durch das Unternehmen und seine Mitarbeiter** gemeint ist.

Im engeren Sinne bezieht sich Compliance auf Maßnahmen zur Einhaltung der Strafgesetze und meint damit **Kriminalitätsprophylaxe**. Insofern beginnt sich vor allem im deutschsprachigen Schrifttum der Begriff „Criminal Compliance" zu etablieren.[2] „The Criminal" ist ein englisches Substantiv und bedeutet „der Verbrecher/die Verbrecherin". In wörtlicher Übersetzung würde Criminal Compliance daher das „Gehorchen des Verbrechers" bedeuten. Hinter der missverständlichen Formulierung steht das berechtigte Anliegen, die Debatte um Compliance wissenschaftlich zu diversifizieren und für den Bereich der Befolgung der Strafgesetze die Definitionsmacht und Zuständigkeit der Strafrechtswissenschaft und Kriminologie (z.B. in Abgrenzung zur Wirtschaftsethik) zu behaupten. Soweit demnach das Ziel von Compliance-Maßnahmen in der Prävention von Straftaten besteht, sollen **Betriebs- und Unternehmenskriminalität**[3], d.h. solche Erscheinungsformen der Wirtschaftskriminalität verhindert werden, die Straftaten der Mitarbeiter zum wirtschaftlichen Nachteil oder zum Vorteil des eigenen Arbeitgebers zum Gegenstand haben.

Im Entwurf des Verbandssanktionengesetzes (E-VerSanG) des BMJV aus dem Jahr 2019[4] wird vielfach auf Compliance-Maßnahmen Bezug genommen. So verfolgt der Entwurf das Ziel „rechtssichere Anreize für Investitionen in Compliance" zu schaffen. Gemäß § 13 Abs. 2 E-VerSanG kann dem Verband die Weisung auferlegt werden, Compliance-Strukturen zu schaffen. Das Vorhandensein von Compliance ist ein Zumessungsgrund für die Bemessung der Verbandsgeldsanktion, § 16 Abs. 2 Nr. 7 E-VerSanG und wird bei der Frage des Absehens von der Verfolgung des Verbands wegen Geringfügigkeit berücksichtigt, § 36 f. E-VerSanG. Eine erhebliche Aufwertung erhalten ferner interne Untersuchungen, das heißt Maßnahmen der Aufklärung von Straftaten durch das Unternehmen oder von ihm beauftragte Dritte (vgl. § 17 E-VerSanG). Die interne Aufklärung wird bei der Strafzumessung berücksichtigt, §§ 16 Abs. 2 Nr. 7, 18 E-VerSanG. Gemäß § 42 E-VerSanG ist es ferner möglich, von der Verfolgung bis zum Abschluss einer verbandsinternen Untersuchung abzusehen, wenn der Verband anzeigt, eine verbandsinterne Untersuchung durchzuführen. Das Gericht hat die Möglichkeit, die unternehmensinterne Untersuchung als besonderen Umstand zu bewerten und den Verband mit „Verbandsgeldsanktionsvorbehalt" zu verwarnen.

II. Funktionen von Compliance

1. Präventive Funktionen

Noch nicht abschließend erforscht und zum Teil umstritten ist die **Funktion von Compliance aus der Unternehmensperspektive**. Insofern bietet es sich an[5], die Differenzierung des bekannten amerikanischen Soziologen Robert King *Merton* zwischen mani-

---

2 *Rotsch*, in: Achenbach/Ransiek/Rönnau (Hrsg.): Handbuch Wirtschaftsstrafrecht, S. 78 f.; *Bock*, Criminal Compliance; näher *Timm*, Criminal Compliance vor den Aufgaben der Zukunft, ZIS 2013, 249: Criminal Compliance als „Modebegriff".
3 § 1, Rn. 15 f.; § 2, Rn. 19 ff.
4 Dazu *Jungermann*, Does Germany need a new corporate Sactioning Act?, CEJ 2019, Vol. 5 Nr. 2, 2 ff.; *Schneider*, Discipline and Punish, CEJ 2019, Vol. 5 Nr. 2, 11 ff.; *Grützner/Momsen/Menne*, Draft Bill on German Corporate Sanctions Act, CEJ 2019, Vol. 5 Nr. 2, 26 ff.
5 Vgl. *Kißling*, Die latente Funktion von Compliance: Eine Analyse der Wirkungszusammenhänge von Compliance Maßnahmen auf das Dunkelfeld der Wirtschaftskriminalität, Marburg 2016.

festen und latenten Funktionen fruchtbar zu machen.[6] Manifeste Funktionen sind Folgen von Handlungen, Maßnahmen, Ritualen usw., die von den Handelnden beabsichtigt sind und gewünscht werden (z.b. das Erzeugen von Regen beim Ritual des Regentanzes der Cherokee-Indianer im Südosten der USA). Als latente Funktionen bezeichnet *Merton* demgegenüber die nicht beabsichtigten und den Handelnden in der Regel auch nicht bewussten Folgen ihrer Handlungen und Rituale (z.b. die Stärkung des Gruppenzusammenhalts im Rahmen der oft aufwändigen Zeremonie und Feierlichkeit des Regentanzes). Übertragen auf die Thematik „Corporate Compliance" lässt sich daraus folgendes ableiten:

6 Zu den **manifesten Funktionen,** die vom Unternehmen nach außen kommuniziert werden und nunmehr auch im E-VerSanG Beachtung finden, gehören die **Ziele der Kriminalitäts- und Risikoprophylaxe und der Haftungsvermeidung,** die als präventive Funktionen zusammengefasst werden können. Hierauf bezogen ist auch das Stellenprofil in der Stellenausschreibung im **Einstiegsfall.** Der Compliance-Officer soll Risiken adäquat steuern und begrenzen sowie Strukturen der Risikoprävention errichten, aufrechterhalten und überprüfen.

7 Im strafrechtlichen Schrifttum wurde im Zuge des Aufkommens der Compliance-Welle demgegenüber teilweise vertreten, Compliance-Maßnahmen seien in Wahrheit nicht auf die Reduktion der Unternehmenskriminalität ausgerichtet, sondern dienten – wie seitens der Entscheidungsträger im Unternehmen beabsichtigt (s.o., „manifeste Funktion") – lediglich der „äußerlichen Verbrämung"[7] und der Erzeugung einer Kulisse der **„Scheinberuhigung"**[8], hinter der sich der „totale Verfall gesinnungsethischer Norminternalisierung"[9] verberge.

8 In dieser Allgemeinheit wird sich der Vorwurf des „window-dressings" mit dem ausschließlichen Ziel der Reputationssteigerung durch Compliance nach unseren empirischen Erkenntnissen allerdings nicht aufrechterhalten lassen. Die Untersuchungsergebnisse zeigen[10], dass die Ernsthaftigkeit, mit der Compliance betrieben wird, in den Unternehmen sehr unterschiedlich ausfallen kann. Ein wichtiger Indikator hierfür besteht (neben dem Umfang der Berichtspflicht und der Gestaltung des Führungsstils im Unternehmen[11]) in den **Qualitätsanforderungen und der Ausrichtung, die an die Stelle des Compliance-Officers** gekoppelt sind. In mittelständischen Unternehmen kommt es häufig vor, dass die Unternehmensleitung einen Mitarbeiter neben seinem bisherigen

---

6   *Schneider,* Kann die Einübung in Normanerkennung die Strafrechtsdogmatik leiten? Eine Kritik des strafrechtlichen Funktionalismus, Berlin 2004, S. 315 ff. unter Bezug auf *Merton,* Manifest and latent functions, in: ders. (Hrsg.): Social theory and social structure, New York 1968, S. 19 ff.
7   *Schünemann,* Brennpunkte des Strafrechts in der entwickelten Industriegesellschaft, in: Hefendehl (Hrsg.): Symposium für Bernd Schünemann zum 60. Geburtstag, Köln 2005, S. 361.
8   *Hefendehl,* Corporate Governance and Business Ethics: Scheinberuhigung oder Alternativen bei der Bekämpfung der Wirtschaftskriminalität?, JZ 2006, 119.
9   *Schünemann,* Brennpunkte des Strafrechts in der entwickelten Industriegesellschaft, in: Hefendehl (Hrsg.): Symposium für Bernd Schünemann zum 60. Geburtstag, Köln 2005, S. 361.
10 *Schneider/Boemke/Grau/Kißling,* Evidenzbasierte Kriminalprävention im Unternehmen. Wirksamkeit von Compliance Maßnahmen in der deutschen Wirtschaft – Ein empirisches Forschungsvorhaben, Denkströme Journal der Sächsischen Akademie der Wissenschaften 9/2012, 79 ff.; *Schneider/Grau/Kißling,* „Der Schock von Berlin saß tief!" – Ergebnisse eines empirischen Forschungsvorhabens zu Compliance im Gesundheitswesen und der Pharmaindustrie, CCZ 2/2013, 48 ff.; *Schneider/Kißling,* Compliance im Unternehmen – Wo steht die Pharmaindustrie? Ergebnisse eines empirischen Forschungsvorhabens zur Verbreitung und Wirkung von Compliance Instrumenten in deutschen Unternehmen, A&R 2012, 261 ff.
11 Näher *Schneider/Kißling,* Compliance im Unternehmen – Wo steht die Pharmaindustrie? Ergebnisse eines empirischen Forschungsvorhabens zur Verbreitung und Wirkung von Compliance Instrumenten in deutschen Unternehmen, A&R 2012, 261 ff.

Tätigkeitsspektrum (und ohne zusätzliche Vergütung) mit der Compliance-Funktion beauftragt, ohne dass Rechte und Pflichten in einer Stellenbeschreibung konkretisiert sind. Hat diese Person nicht den Rückhalt der Geschäftsführung, wird sie als „*Spaß- und Wachstumsbremse*" verstanden und muss auf ein Ermittlungsverfahren hoffen, um sich mit ihren Vorstellungen von Compliance Gehör verschaffen zu können. In diesen Fällen ist die halbherzige Initiative des Unternehmens, sich mit der Thematik Compliance zu beschäftigen, „Scheinberuhigung" (in den Worten unserer Gesprächspartner im Rahmen der o.g. Untersuchung: „*Feigenblatt Compliance*"[12]) und der Versuch, mit geringstem finanziellen Einsatz Anstrengungen im Bereich Compliance zu suggerieren. In anderen Fällen sind die entsprechenden Maßnahmen demgegenüber durchaus ernst zu nehmen. Soweit sich die Stellenausschreibung auch an Juristen wendet, werden die üblichen Anforderungen (z.B. Prädikatsexamina, Auslandserfahrungen usw.) gestellt und vergleichbare Gehälter gezahlt wie in der Rechtsabteilung. Soweit weiterhin ein komplexes Compliance-Management-System implementiert, verstetigt, evaluiert und fortlaufend verbessert wird (siehe die Stellenausschreibung im Ausgangsfall), sich die Geschäftsführung selbst der Prüfung durch das Compliance-Office unterstellt und die Berichtspflicht an den Aufsichtsrat vorsieht, ist demgegenüber von einem reellen Präventionsanliegen auszugehen. Die genannten weichen Erfolgsfaktoren von Compliance, wie Führungsstil und Persönlichkeit bzw. Ethos des Compliance-Verantwortlichen sowie der Organe der Gesellschaft werden in der aktuellen Diskussion zunehmend hervorgehoben. „Compliance 1.0" habe versagt, weil es trotz prämierter Codes of Ethics (Enron),[13] ausgefeilter Organisationsstrukturen, Genehmigungsprozessen und insgesamt erheblicher Investitionen der Unternehmen in Compliance nicht gelungen sei, eine „Culture of Compliance" zu implementieren. Vielmehr bildeten die Compliance Anforderungen eine Parallelwelt im Unternehmen, gegen die sich Mitarbeiter und verantwortliche Leitungspersonen erfolgreich abschotten („motivated blindness"[14]) und gegen die sie Neutralisierungsstrategien[15] entwickeln. Dies gelte insbesondere dann, wenn wirtschaftliche Ziele und Compliance Ziele miteinander nicht kompatibel sind.[16] Compliance 2.0 betont daher das moralische Fundament von Compliance.[17] Es gehe um den Erwerb, Erhalt oder die Wiedererlangung einer „Reputation für integeres Verhalten"[18], das Grundlage für die Handlungsressource Vertrauen sei. Compliance-Maßnahmen müssen demgemäß darauf abzielen, dass Mitarbeiter eine intrinsische Motivation für Compliance und Integrität entwickeln und so die Unternehmenskultur auf allen Hierarchieebenen formen. Hierzu dienen Compliance-Schulungen, die beispielsweise anhand von Dilemma-Situationen die moralische Komponente

---

12 *Schneider/Kißling*, Compliance im Unternehmen – Wo steht die Pharmaindustrie? Ergebnisse eines empirischen Forschungsvorhabens zur Verbreitung und Wirkung von Compliance Instrumenten in deutschen Unternehmen, A&R 2012, 261 ff.
13 *Grüninger/Schöttl*, Rethinking Compliance, CEJ 2017 Vol. 3 Nr. 2, 3 ff.
14 *Bazerman/Tenbrunsel*, Harvard Business Review (2011), 59, 61 „*It's well documented that people see what they want to see and easily miss contradictory information when it's in their interest to remain ignorant—a psychological phenomenon known as motivated blindness. This bias applies dramatically with respect to unethical behavior. At Ford the senior-most executives involved in the decision to rush the flawed Pinto into production not only seemed unable to clearly see the ethical dimensions of their own decision but failed to recognize the unethical behavior of the subordinates who implemented it.*"
15 S. hierzu § 1, Rn. 126 f.
16 Beispiel bei *Bazerman/Tenbrunsel*, Harvard Business Review (2011), 59, 61: „*It's a good idea to look at what you're encouraging employees to do. A sales goal of $147 an hour led auto mechanics to „repair" things that weren't broken.*"
17 *Grüninger*, in: Wieland/Steinmeyer/Grüninger (Hrsg.): Handbuch Compliance-Management, S. 47 ff.
18 *Grüninger*, in: Wieland/Steinmeyer/Grüninger (Hrsg.): Handbuch Compliance-Management, S. 47 ff.

des wirtschaftlichen Handelns freilegen und Neutralisierungsstrategien („I did what is business") konsequent vereiteln.

9 Allerdings ist die Nachfrage für derartige Compliance Produkte fraglich. Sie wird von den Befürwortern der Compliance 2.0 grundsätzlich bejaht. Vielfach ist aber erkennbar, dass es um deutlich profanere Ziele als die Durchdringung mit einem hohen Grad an Integrität geht. Möglicherweise ist zwischen einzelnen Unternehmenskonzepten zu unterscheiden. Der Compliance-Ansatz 2.0 kann integraler Bestandteil des Geschäftsmodells und Merkmal des vertriebenen Produktes bzw. der wirtschaftlichen Ausrichtung des Unternehmens sein („branded house"). Als Beispiel kann auf die Firma „Lush" verwiesen werden, bei der es gerade der „selling point" ist, bestimmte ethische Standards zu verwirklichen und gesetzliche Grenzen zu übertreffen (keine Tierversuche, keine Verpackung, frisch und handgemacht usw.). In anderen Unternehmen geht es demgegenüber schlicht um Gesetzesakzeptanz und Haftungsvermeidung. Compliance hat damit die Aufgabe der **Grenznavigation** und die Bedeutung, die rechtlichen Handlungsmöglichkeiten zuverlässig abzustecken. Ob dabei risikofreudig oder risikoavers vorgegangen werden soll, ist eine unternehmerische Entscheidung, in den Worten eines Compliance-Officers im qualitativen Interview[19]: *„Je weiter ich von der Leitplanke weg bin, desto schneller kann ich fahren!"*. Compliance hängt daher auch „am Tropf des Strafrechts"[20] und wird durch die Sanktionswahrscheinlichkeit und die Sanktionshärte beeinflusst[21], vgl. die Äußerung eines Organs der Geschäftsführung im Rahmen einer Gruppendiskussion: *„Je näher die Einschläge kommen, desto mehr interessiert man sich für Compliance!"*.

10 Im Übrigen sind die Vorstellungen über Struktur, Umfang und Inhalt von Compliance im Detail in den Unternehmen sehr unterschiedlich ausgerichtet und stehen im engen Zusammenhang mit der beruflichen Herkunft und Sozialisation des für Compliance verantwortlichen Mitglieds der Geschäftsführung und des Compliance-Officers. Verankert als Teil der internen Revision wird Compliance von den verantwortlichen Revisionisten meist als Maßnahme der Kontrolle und Überwachung verstanden (**retrospektiver Ansatz, Compliance by Detection**). Der Revisionist als Compliance-Officer ist ein *„Harter, der den Wolf im Schafspelz vermutet"*[22].

11 ▶ **Hintergrundinformation Interne Revision:** Unter der Internen Revision versteht man eine unabhängige, objektive Einheit innerhalb eines Unternehmens, die mit der Durchführung von Prüfungs- und Beratungstätigkeiten betraut ist. Die interne Revision unterstützt so die Unternehmensleitung in ihrer Überwachungstätigkeit und trägt zu Prozessoptimierungen und zum Aufzeigen von Risiken bei. ◀

---

19 *Schneider/Grau/Kißling*, „Der Schock von Berlin saß tief!" – Ergebnisse eines empirischen Forschungsvorhabens zu Compliance im Gesundheitswesen und der Pharmaindustrie, CCZ 2/2013, 48 ff., 53.
20 *Schneider*, Generalprävention im Wirtschaftsstrafrecht. Voraussetzungen von Normanerkennung und Abschreckung, in: Rengier/Hilgendorf (Hrsg.): Festschrift für Wolfgang Heinz zum 70. Geburtstag, S. 663 ff.; *Schneider/Boemke/Grau/Kißling*, Evidenzbasierte Kriminalprävention im Unternehmen. Wirksamkeit von Maßnahmen in der deutschen Wirtschaft – Ein empirisches Forschungsvorhaben, Denkströme Journal der Sächsischen Akademie der Wissenschaften 9/2012, 79 ff.
21 *Schneider*, Generalprävention im Wirtschaftsstrafrecht. Voraussetzungen von Normanerkennung und Abschreckung, in: Rengier/Hilgendorf (Hrsg.): Festschrift für Wolfgang Heinz zum 70. Geburtstag, S. 663 ff.
22 Äußerung eines Beteiligten im Rahmen einer Gruppendiskussion, *Schneider/Boemke/Grau/Kißling*, Evidenzbasierte Kriminalprävention im Unternehmen. Wirksamkeit von Compliance Maßnahmen in der deutschen Wirtschaft – Ein empirisches Forschungsvorhaben, Denkströme Journal der Sächsischen Akademie der Wissenschaften 9/2012, 79 ff.

Eine eigenständige Compliance-Organisation versteht ihre Aufgabe demgegenüber mehr in der Einwirkung auf die Wertorientierung und das Wertebewusstsein der Mitarbeiter (**prospektiver Ansatz, Compliance by Design**). Ein Compliance-Officer mit diesem Schwerpunkt wird von seinen Kollegen aus der Innenrevision oft als „*Weicher*" belächelt, „*der an intrinsische Motivation glaubt*"[23]. Soweit Juristen Compliance-Funktionen wahrnehmen, verstehen sie Compliance insbesondere als beratende Tätigkeit im Vorfeld riskanter Transaktionen. Ihr persönliches Risikobewusstsein (auch im Hinblick auf eine eigene strafrechtliche Verantwortlichkeit oder zivilrechtliche Haftung) und die Erwartung der Unternehmensleitung determiniert, wie weit die Grenzen der gesetzlich vorgegebenen Spielräume ausgereizt werden.

2. Repressive Funktionen

Eine repressive oder latente Funktion – Einzelheiten müssten freilich erforscht werden – besteht in der fortschreitenden Entwicklung eines unternehmensinternen „Schattenstrafrechts" und damit einer neuen riskanten Ordnung außerhalb der schützenden Formen des staatlichen Strafrechts und der Strafprozessordnung. Da der Ausgang des staatlichen Ermittlungsverfahrens ungewiss ist, dieses üblicherweise lange dauert, Zufallsfunde bei Durchsuchungen und anderen Ermittlungsmaßnahmen drohen und Reputationsverluste im Fall der Medienberichterstattung zu befürchten sind, haben Unternehmen auch unabhängig von einer Kooperation mit den Ermittlungsbehörden ein Interesse daran, Betriebs- und insbesondere Unternehmenskriminalität selbst aufzuklären oder durch „forensic services" der Wirtschaftsprüfungsgesellschaften aufklären zu lassen.[24] Aufklären des Sachverhaltes bedeutet faktisch die Durchführung eines Ermittlungsverfahrens durch Private einschließlich der Befragung von Tatverdächtigen und Zeugen („Interview"), der Sicherstellung und Auswertung von Beweismaterial und der Erstellung eines umfangreichen Abschlussberichts (Surrogat der Anklageschrift), mit dem insbesondere bei einer folgenden arbeitsrechtlichen Auseinandersetzung Druck aufgebaut werden kann.

Bei der Durchführung **interner Untersuchungen** ist die StPO nicht unmittelbar anwendbar, weil kein Ermittlungsverfahren im eigentlichen Sinne vorliegt. Daher bestehen Abwehrrechte des Einzelnen lediglich in den Bestimmungen des Datenschutzrechts und des Arbeitsrechts, die auf derartige Konfliktsituationen aber nicht zugeschnitten sind.[25] Keine Anwendung finden die prozessualen Bestimmungen der §§ 55, 136, 136a StPO (str.)[26]. Nach dem gegenwärtigen Diskussionsstand gelten hinsichtlich der Durchführung interner Untersuchungen folgende Maßgaben: Es besteht Teilnahmepflicht und Auskunftspflicht gegenüber dem Arbeitgeber und den eingeschalteten Ermittlern soweit sich die Fragen auf die betriebliche Tätigkeit und den Aufgabenbereich des Mitarbeiters beziehen. Fragen müssen wahrheitsgemäß und vollständig beantwor-

---

23 Erkenntnis aus der Gruppendiskussion, *Schneider/Boemke/Grau/Kißling*, Evidenzbasierte Kriminalprävention im Unternehmen. Wirksamkeit von Compliance Maßnahmen in der deutschen Wirtschaft – Ein empirisches Forschungsvorhaben, Denkströme Journal der Sächsischen Akademie der Wissenschaften 9/2012, 79 ff.
24 Zu den internen Untersuchungen bzw. Internal Investigations, siehe § 4, Rn. 4.
25 *Schneider*, The Enterprise in Testudo Formation, CEJ 2017, Vol. 3 Nr. 1, 43 ff.; *Wimmer*, Company-intern Study from a Public Prosecutor's Perspective, CEJ 2017, Vol. 3 Nr. 1, 32 ff.; *Süße/Püschel*, Collecting Evidence in Internal Investigations in the Light of Parallel Criminal Proceedings, CEJ 2016, Vol. 2 Nr. 1, 26 ff.
26 *Naber/Ahrens*, Befragung von Mitarbeitern im Rahmen von Internal Investigations, CZZ 2020, 36 ff.; *Teicke*, Gute Unternehmenspraxis für Internal Investigations, CCZ 2019, 298 ff.; *Bittmann*, Internal Investigations Under German Law, CEJ 2015, Vol. 1 Nr. 1, 74 ff.

tet werden. Bezüglich Wahrnehmungen, die über den eigenen vertraglichen Arbeitsbereich hinausgehen, besteht eine eingeschränkte Auskunftspflicht unter der Voraussetzung, dass der Arbeitgeber ein berechtigtes Interesse an der Beantwortung der Frage hat. Die Bundesrechtsanwaltskammer zählt es zu den Standards, dass dem befragten Mitarbeiter das Recht eingeräumt wird, einen Rechtsanwalt hinzuzuziehen.[27] Der Betroffene sollte über sein Recht auf Begleitung durch einen Rechtsbeistand belehrt werden, wenn es um die Aufklärung eines strafrechtlich relevanten Vorwurfs gegen den jeweiligen Mitarbeiter geht oder gegen diesen bereits ein behördliches Ermittlungsverfahren eingeleitet ist. Ferner soll dem Mitarbeiter auch dann die Möglichkeit gegeben werden, sich anwaltlich begleiten zu lassen, wenn der Arbeitgeber die „interne Sphäre" verlässt, indem er die Befragung einem externen Berater/Rechtsanwalt überlässt. Es besteht keine gesetzliche Belehrungspflicht, aber Belehrungen können dem Fairnessgebot entsprechen (betrifft die spätere Verwertbarkeit der Angaben). Im Falle von Belehrungen sollte auf die Einheitlichkeit der Belehrung unter den Arbeitnehmern geachtet werden. Mögliche Themenbereiche der Belehrung sind die Klarstellung, dass es sich um eine Befragung unter Privaten und keine amtliche Vernehmung handelt, der Hinweis auf mögliche arbeitsrechtliche Konsequenzen bei unberechtigter Auskunftsverweigerung, die Möglichkeit der Hinzuziehung eines Rechtsanwalts und/oder Betriebsrats, das Recht, eine Niederschrift über die Befragung aufnehmen zu lassen, diese einzusehen und zu genehmigen, die Möglichkeit der Weitergabe der Befragungsaufzeichnung an die Ermittlungsbehörden und dortige Verwertung zum Nachteil des Beklagten, sowie die fehlende Möglichkeit zur Gewährung einer strafrechtlichen Amnestie durch das Unternehmen.

Die Anhörung ist schriftlich zu dokumentieren. Die Aussagen der Befragten sollen in der Mitschrift unverfälscht wiedergegeben und im Anschluss vom Mitarbeiter unterschrieben werden, um nachträgliche Streitigkeiten zu vermeiden. Die Durchführung interner Untersuchungen kann sowohl Informations- als auch Beteiligungsrechte des Betriebsrats berühren (ggf. Prüfung, ob Betriebsvereinbarungen die Einbindung des Betriebsrats regeln). Der Betriebsrat hat ein Informationsrecht um prüfen zu können, ob Mitbestimmungsrechte nach BetrVG bestehen. Die Informationen beziehen sich auf die Anzahl der befragten Mitarbeiter, die Standorte, den Gegenstand sowie die Art und Weise der Befragung, nicht aber auf das Ergebnis.

15 Der Entwurf des VerSanG enthält in § 18 Abs. 1 Nr. 5 nunmehr einige Hinweise zur Durchführung einer internen Untersuchung, die sich an die bisherigen Standards anlehnen: „Das Gericht kann die Verbandssanktion mildern, wenn die verbandsinterne Untersuchung unter Beachtung der Grundsätze eines fairen Verfahrens durchgeführt wurde, insbesondere a) Mitarbeiter vor ihrer Befragung darauf hingewiesen werden, dass ihre Auskünfte in einem Strafverfahren gegen sie verwendet werden können, b) Befragten das Recht eingeräumt wird, einen anwaltlichen Beistand oder ein Mitglied des Betriebsrats zu Befragungen hinzuzuziehen, und die Befragten auf dieses Recht vor der Befragung hingewiesen werden und c) Befragten das Recht eingeräumt wird, die Auskunft auf solche Fragen zu verweigern, deren Beantwortung sie selbst oder die in § 52 Absatz 1 der Strafprozessordnung bezeichneten Angehörigen gefährden würde, wegen einer Straftat oder einer Ordnungswidrigkeit verfolgt zu werden, und die Be-

---

27 Stellungnahme der Bundesrechtsanwaltskammer abrufbar unter: https://www.brak.de/zur-rechtspolitik/stellungnahmen-pdf/stellungnahmen-deutschland/2010/november/stellungnahme-der-brak-2010-35.pdf (zugegriffen am 3.3.2020).

fragten auf dieses Recht vor der Befragung hingewiesen werden." Weiterhin klärungsbedürftig ist die Frage, welche Auswirkungen das neue Datenschutzrecht auf die Durchführung interner Untersuchungen hat (DSGVO)[28].

Auch in materiellrechtlicher Hinsicht gibt es Ansätze für ein „Schattenstrafrecht" und eine Ausweitung strafrechtlicher Verantwortlichkeit durch Compliance. Da unternehmensinterne Richtlinien Mitarbeitern Pflichten auferlegen können, die zum Teil über die durch Gesetz bestimmten Regelungen hinausgehen, besteht die Gefahr der strafrechtlichen Aufwertung der unternehmensinternen Pflichtverletzung durch eine prozeduralisierte Auslegung[29] entsprechender strafrechtlicher Rechtsbegriffe, z.B. bei § 266. In diese Richtung weist bereits eine Entscheidung des LG Darmstadt.[30] Das Gericht leitete aus der Übertretung einer Unternehmensrichtlinie die Verletzung einer Vermögensbetreuungspflicht im Sinne des § 266 ab. Vor diesem Hintergrund können Unternehmen daher Haftungsrisiken für ihre Mitarbeiter vermeiden, wenn sie in ihren Compliance-Richtlinien die durch das Gesetz aufgestellten Pflichten nicht überschreiten.

16

▶ **Merke Prozeduralisierung:** Unter Prozeduralisierung ist ein charakteristisches Prinzip der Auslegung wirtschaftsstrafrechtlicher Normen (durch die Judikatur) zu verstehen. Dabei werden die Grenzen interpretationsoffener Rechtsbegriffe, die sich aus den Straftatbeständen selbst nicht ergeben, außerhalb des Strafrechts gesucht. Die einschlägigen Straftatbestände werden folglich als Blankette interpretiert und Verfahrensregelungen des Sozial- oder Verwaltungsrechts übernehmen die Funktion der Voraussetzungen der Strafbarkeit. Diese Bindung des Strafrechts an außerstrafrechtliche Normen, Verwaltungsverfügungen, Dienstvorschriften oder Satzungen bedeutet die bedenkliche Ermöglichung von Dynamik und Wandel der Strafbarkeitsrisiken je nach den Bedürfnissen des Marktes.[31] ◀

17

III. Compliance-Management im Unternehmen

1. Hindernisse und mögliche Fehlinterpretationen

Die Errichtung und Erhaltung von Compliance-Strukturen bedeutet für ein Unternehmen eine nicht unerhebliche finanzielle und organisatorische Anstrengung und benötigt bei der Umsetzung im Rahmen des „change managements" viel Fingerspitzengefühl. Es ist darüber hinaus erforderlich, das Compliance-Management-System regelmäßig zu auditieren. Hierfür bestehen verschiedene Prüfstandards, die Sollzustände definieren und eine Bewertung zulassen.[32]

18

---

28 Hierzu *Ströbel/Böhm/Breunig/Wybitul*, Beschäftigtendatenschutz und Compliance, CCZ 2018, 14 ff.
29 Nachweise zur Prozeduralisierung bei *Schneider*, Wachstumsbremse Wirtschaftsstrafrecht. Problematische Folgen überzogener Steuerungsansprüche und mangelnder Randschärfe in der wirtschaftsstrafrechtlichen Begriffsbildung, Neue Kriminalpolitik 2012, 30 ff.; hierzu auch *Timm*, Criminal Compliance vor den Aufgaben der Zukunft, ZIS 2013, 251 ff. unter Bezug auf den Vortrag von Hans Theile auf der 2. Tagung des CCC – Center for Criminal Compliance der Justus-Liebig-Universität Gießen am 7.12.2012 zu dem Thema „Unternehmensrichtlinien aus rechtstheoretischer und strafrechtlicher Perspektive".
30 LG Darmstadt 14.5.2007 – 712 Js 5213/04–9 KLs, BeckRS 2007, 16611.
31 *Schneider*, Wachstumsbremse Wirtschaftsstrafrecht, NK 2012, 32 f.
32 IDW Prüfungsstandard: Grundsätze ordnungsgemäßer Prüfung von Compliance-Management Systemen, IDW PS 980, Stand: 11.3.2011, Compliance-Management-Systeme – Leitlinien, DIN ISO 19600, Dezember 2016, Managementsysteme zur Korruptionsbekämpfung – Anforderungen mit Leitlinien zur Anwendung, DIN ISO 37001, Mai 2018; TR CMS 101:2015 und TR CMS 100:2015 Compliance-Management-Systeme-Standard und Leitfaden, TÜV Media Rheinland Stand: 2015; zusammenfassend: *Tabbert*, Internationale Standards und Leitfäden zum Compliance Risikomanagement – eine Analyse des gemeinsamen Nenners für fortlaufendes Monitoring, CCZ 2020, 46 ff.

19 Fingerspitzengefühl ist insbesondere auch dann erforderlich, wenn bei der Implementierung einzelner Compliance-Maßnahmen die Zustimmung des Betriebsrates erforderlich ist und etwa eine Anti-Korruptionsrichtlinie als Betriebsvereinbarung arbeitsrechtlich umgesetzt werden soll.[33] Endet dieser Prozess in der Einigungsstelle, können sich die Kosten vervielfachen und die Einführung der Compliance-Maßnahmen verzögert sich maßgeblich.

20 ▶ **Hintergrundinformation Einigungsstelle:** Bei Meinungsverschiedenheiten zwischen Arbeitgeber und Betriebsrat sieht das Betriebsverfassungsgesetz in § 76 BetrVG die Bildung einer Einigungsstelle als Schlichtungsorgan vor. Die Einigungsstelle besteht aus Vertretern der Betriebsparteien und einem neutralen Vorsitzenden und soll eine Einigung herbeiführen. Ist eine solche nicht möglich, so ersetzt in den Fällen des erzwingbaren Einigungsstellenverfahrens nach § 76 Abs. 5 BetrVG der Spruch der Einigungsstelle die fehlende Einigung. Die Kosten der Einigungsstelle sind dabei nach § 76 a Abs. 1 BetrVG vom Arbeitgeber zu tragen. ◀

21 Für den Arbeitgeber, der sich für die Einführung von Compliance, soweit hierzu keine unmittelbare rechtliche Verpflichtung[34] besteht, aus freien Stücken entschlossen hat, gibt es außerdem vielfach keinen direkt sichtbaren „return on investment". Im Gegenteil: Da die Compliance-Maßnahmen insbesondere zu Beginn der „Lebenszeit" des Compliance-Management-Systems in erster Linie das Entdeckungsrisiko steigern und es zu einem Transfer vom Dunkelfeld der nicht festgestellten, in das (relative) Hellfeld der vom Unternehmen registrierten Kriminalität kommt[35], erweisen sich die Maßnahmen und Investitionen in Compliance vermeintlich als kontraproduktiv oder zumindest ineffizient. Denn soweit die Wirkungsmechanismen von Compliance[36] den Verantwortlichen im Unternehmen nicht bekannt sind, wird die Veränderung der Dunkelzifferrelation als Anstieg der Kriminalitätsbelastung und demnach als Versagen des Compliance-Management-Systems fehlinterpretiert.

2. Compliance-Organisation

22 Die Compliance-Organisation stellt den personellen und organisatorischen Rahmen für die Verwirklichung einzelner Compliance-Maßnahmen dar. Die Geschäftsführung des Unternehmens identifiziert und dokumentiert die für den jeweiligen Geschäftsbereich, in dem das Unternehmen tätig ist, charakteristischen Risiken (Beispiel: Bestechung ausländischer Amtsträger beim Einkauf von Mobilfunklizenzen in Osteuropa) und legt die Compliance-Ziele fest. Weiterhin bestimmt die Geschäftsführung die Aufgaben und die Mitarbeiterstärke des Compliance-Office oder – bei einer verzweigten Konzernstruktur – der Compliance-Offices („Local COs") und entwickelt Stellenbeschreibungen für die Position des Compliance-Officers, dem die Leitung des Compli-

---

33 *Boemke*, in: Boemke/Schneider: Korruptionsprävention, S. 97 ff., 135.
34 Zur Frage der Rechtspflicht der Implementierung von Compliance-Strukturen: *Reichert/Ott*, Non Compliance in der AG, ZIP 2009, 2174; *Hauschka*, in: ders. (Hrsg.): Corporate Compliance, § 1, Rn. 22 f.; *Schneider, U.*, Compliance als Aufgabe der Unternehmensleitung, ZIP 2003, 648 f.; kritisch hierzu *Hauschka*, ZIP 2004, Compliance am Beispiel der Korruptionsbekämpfung – Eine Erwiderung aus der Praxis auf Uwe H. Schneiders Vorschläge, 877 ff.; *Grosskopf/Momsen*, Outsourcing bei Berufsgeheimnisträgern – strafrechtliche Verpflichtung zur Compliance?, CCZ 2018, 98 ff.
35 Näher *Schneider/John*, Das Unternehmen als Opfer von Wirtschaftskriminalität. Eine viktimologische Untersuchung: Public und Private Sector im Vergleich.
36 § 4, Rn. 30.

ance-Office und die Verantwortung für die Verwirklichung der Compliance-Ziele sowie der Risikoerkennung und -berichterstattung obliegt.[37]

Ferner werden die Kommunikationswege für das periodische oder anlassabhängige Compliance-Reporting (von den einzelnen Abteilungen des Unternehmens zur Compliance-Organisation, innerhalb der Compliance-Organisation und von der Compliance-Organisation zum Vorstand bzw. zur Geschäftsführung), die inhaltliche Ausgestaltung der Compliance-Instrumente und die Maßnahmen zur Überwachung und Verbesserung der Funktionsfähigkeit des gesamten Compliance-Management-Systems festgelegt.

3. Compliance-Instrumente

Zu den wesentlichen Compliance-Instrumenten in der Unternehmenspraxis gehören neben der Compliance-Organisation und den oben bereits aufgeführten Risiko- und Gefährdungsanalysen insbesondere folgende „tools":

- (Krisen-) Reaktionspläne
- Kontrollprinzipien für Geschäftsprozesse
- Verhaltenskodex (Code of Conduct)
- Mitarbeiterschulungen/Anti-Korruptions- und auch Anti-Kartell-Trainingsprogramme
- Hinweisgebersystem
- Durchführung von wiederkehrenden und verdachtsunabhängigen Compliance-Audits
- Verfolgung von Verdachtsfällen
- Null-Toleranz-Politik/Sanktionierung bei Verstößen
- Berichtspflicht bis zum Aufsichtsrat
- Externe Wirksamkeitsprüfungen

4. Compliance-Kultur

Die Compliance-Kultur[38] bezieht sich auf die Problematik, ob es gelingt, im Unternehmen ein Bewusstsein für die Verwirklichung der Compliance-Ziele zu entwickeln und aufrecht zu erhalten. Zu den Maßnahmen, die sich positiv auf die Compliance-Kultur auswirken sollen, gehören etwa das „mission statement" der Geschäftsführung bzw. des Vorstands gegenüber den Mitarbeitern[39] (z.B. anlässlich web-basierter Compliance-Trainings im Internetauftritt des Unternehmens oder im Vorwort zu den Business Ethics Guidelines), der „Tone from the Top" (Bekenntnisse und Stellungnahmen der Vorgesetzen zu Compliance-Themen im täglichen Umgang mit ihren Mitarbeitern), die

---

37 Zur Implementierung eines Beauftragten-Systems: *Bürkle*, in: Hauschka (Hrsg.): Corporate Compliance, § 36; *Inderst*, in: Inderst/Bannenberg/Poppe (Hrsg.): Compliance, S. 107 ff.
38 *Nestler/Salvenmoser/Bussmann*, Compliance und Unternehmenskultur – Zur aktuellen Situation in deutschen Großunternehmen, S. 27 f.; *Bussmann*, Integrität durch nachhaltiges Compliance Management über Risiken, Werte und Unternehmenskultur, CZZ 2016, 50 ff.
39 *Inderst*, in: Inderst/Bannenberg/Poppe (Hrsg.): Compliance, S. 108 f.; *Jüttner*, Die 42 der Compliance, CZZ 2018, 168 ff.; *Kraft/Winkler*, Zur Garantenstellung des Compliance-Officers – Unterlassungsstrafbarkeit durch Organisationsmangel?, CCZ 2009, 29 ff.

Regelungen im Code of Conduct[40] sowie der konsequente Umgang mit Non-Compliance.[41]

5. Kommunikationsrichtung

26 Unter Kommunikationsrichtung versteht man den Informationsfluss zwischen Geschäftsführung und Arbeitnehmern. Die Kommunikationsrichtung kann Top-Down oder Bottom-Up verlaufen. Beide Kommunikationskanäle sind essentiell für das Funktionieren von Compliance, weil einerseits die Strukturvorgaben und Inhalte von Compliance bei den Mitarbeitern ankommen müssen (Change Management, Kenntnis- und Nachhaltigkeitssicherung) und andererseits die Mitarbeiter auch in Compliance-Fragen Augen und Ohren der Geschäftsführung darstellen.

27 Insoweit ist zu berücksichtigen, dass das Hinweisgebersystem das einzige Compliance-Instrument für eine unmittelbare Bottom-Up Kommunikation darstellt. Insbesondere bei einem ausgeprägten **autokratischen Führungsstil**, der in mittelständischen und insbesondere auch in Familienunternehmen aber auch bei bestimmten Branchen (Krankenhäuser, Rüstungsindustrie) noch verbreitet ist, besteht in der Praxis die Gefahr des Bottom-Up Kontrollvakuums.[42] Hinweise auf Compliance-Verstöße dringen an die Unternehmensspitze (oder – im Fall des Top Management Frauds – an den Aufsichtsrat) nicht vor, weil die Mitarbeiter auf einen Dienstweg verwiesen werden, Informationen dort stecken bleiben oder weil die Mitarbeiter Informationen aus Furcht vor Repressionen nicht weitergeben.

28 ▶ **Hintergrundinformation Führungsstile:** Der autokratische Führungsstil ist gekennzeichnet durch das uneingeschränkte Herrschen der Führungsperson. Diese hält zu den Mitarbeitern Distanz und weist Aufgaben ohne Beteiligung der Mitarbeiter zu. Der Mitarbeiter wird nicht als gleichwertige und wertvolle Person, sondern als ausführende Kraft wahrgenommen, die der Führungsperson gegenüber zu Gehorsam verpflichtet ist. Zeitgemäßer und effektiver erscheint dagegen ein demokratischer Führungsstil, der auf Vertrauen, Gerechtigkeit, Kommunikation, Vorausplanung, Umsichtigkeit, Integration und Motivation beruht.[43] ◀

29 Das Hinweisgebersystem ist – obwohl vielfach von einer missbräuchlichen Verwendung die Rede ist[44] – daher ein unverzichtbares Element des Compliance-Management-Systems, weil es, insbesondere sofern auch anonyme Meldungen zugelassen werden, die **Blockade des Bottom-Up Kontrollvakuums** überwinden kann.

30 Hinsichtlich der Ausgestaltung des Hinweisgebersystems bestehen erhebliche Gestaltungsspielräume, siehe die nachfolgende (unvollständige) Übersicht[45]:

---

40 *Kock*, Compliance im Unternehmen, ZIP 2009, 1406 ff.; *Maschmann*, Vermeidung von Korruptionsrisiken aus Unternehmenssicht: Arbeits- und Zivilrecht, Corporate Governance, München 2007.
41 *Bussmann/Matschke*, Die Zukunft der unternehmerischen Haftung bei Compliance-Verstößen, CCZ 2009, 136; *Reichert/Ott*, Non Compliance in der AG, ZIP 2009, 2173 ff.
42 Näher *Schneider/John*, Das Unternehmen als Opfer von Wirtschaftskriminalität. Eine viktimologische Untersuchung: Public und Private Sector im Vergleich.
43 *Schneider/John*, Das Unternehmen als Opfer von Wirtschaftskriminalität. Eine viktimologische Untersuchung: Public und Private Sector im Vergleich, S. 15.
44 *Schneider/Boemke/Grau/Kißling*, Evidenzbasierte Kriminalprävention im Unternehmen. Wirksamkeit von Compliance-Maßnahmen in der deutschen Wirtschaft – Ein empirisches Forschungsvorhaben, Denkströme Journal der Sächsischen Akademie der Wissenschaften 9/2012, 92.
45 *Schneider/John*, Das Unternehmen als Opfer von Wirtschaftskriminalität. Eine viktimologische Untersuchung: Public und Private Sector im Vergleich, S. 34.

III. Compliance-Management im Unternehmen § 4

Tabelle 1: Hinweisgebersystem

Hinweisgebersystem	Kennzeichen	Vorteile/Nachteile
Vorgesetzte Stelle im Unternehmen	Mitarbeiter melden Verstöße und Verdachtsfälle ihrem direkten Vorgesetzten. Hilfsweise wenden sie sich an den Chief-Compliance-Officer, wenn der Vorgesetzte selbst involviert ist oder sich der Mitarbeiter aus anderen Gründen nicht an seinen direkten Vorgesetzten wenden möchte.	Verursacht fast keine Kosten und lässt sich leicht kommunizieren. In der Regel sind aber keine anonymen Meldungen möglich, daher Gefahr des Kontrollvakuums, wenn sich der Mitarbeiter nicht aus der Deckung traut. Vorgesetzter ist im staatlichen Ermittlungsverfahren Zeuge und muss aussagen.
Compliance-Beauftragter jeweils von Arbeitgeber und Arbeitnehmerseite	Zwei Compliance-Beauftragte, die den Mitarbeitern als Ansprechpartner zur Verfügung stehen. Je ein Compliance-Beauftragter wird von Arbeitgeberseite und Arbeitnehmerseite/Betriebsrat benannt.	Hohe Akzeptanz auf Unternehmensseite, Gefahr des Bottom-Up Kontrollvakuums reduziert. Auch hier ist der Compliance-Beauftragte Zeuge und kann kein Zeugnisverweigerungsrecht für sich beanspruchen.
Chief-Compliance-Officer oder Compliance-Office	Hinweise werden unmittelbar an den CCO oder das Compliance-Office gerichtet.	Wenn zugleich eine beratende Funktion gegenüber den Mitarbeitern besteht, Gefahr der Interessenkonflikte. Auch der CCO kann sich in der Zeugenrolle wiederfinden.
Korruptionsbeauftragter	Ein fester Ansprechpartner, der Mitarbeitern unmittelbar als Ansprechpartner zur Verfügung steht. Diese Funktion ist eher in Unternehmen des Public Sector anzutreffen.	Wenn zugleich eine beratende Funktion gegenüber den Mitarbeitern besteht, Gefahr der Interessenkonflikte. Auch der Korruptionsbeauftragte kann sich in der Zeugenrolle wiederfinden.
Ombudsmann	Ein fester externer Ansprechpartner, der Mitarbeitern und häufig auch Externen unmittelbar als Ansprechpartner zur Verfügung steht. Er ist in der Regel berufsrechtlich zur Verschwiegenheit verpflichtet.	Verursacht laufende Kosten. Einzige Lösung, die das Bottom-Up Kontrollvakuum zuverlässig durchbrechen kann. Soweit Rechtsanwalt, besteht Zeugnisverweigerungsrecht, d.h. Unternehmen behält die Kontrolle über den Sachverhalt.

6. Wirkungsrichtung

31 Als Maßnahmen der Kriminalitätsprophylaxe entfalten Compliance-Maßnahmen unterschiedliche Wirkungen. Mit einiger Vereinfachung lassen sich drei Ebenen der Prävention unterscheiden (linke Tabellenspalte), denen die in der folgenden Übersicht genannten Compliance-Maßnahmen (rechte Spalte) und deren Wirkungsrichtung (mittlere Spalte) zugeordnet werden können:

Tabelle 2: Prävention durch Compliance

Ebene der Prävention	Wirkungsrichtung	Compliance-Maßnahme
Primäre Prävention	▪ Prävention von Straftaten aus Unkenntnis der Grenzen zwischen erlaubtem und verbotenem Verhalten ▪ Einwirkung auf die Wertorientierung der Mitarbeiter ▪ Schärfung der Awareness für die Themen Compliance und Kriminalitätsprophylaxe	▪ Code of Conduct ▪ Mitarbeiterschulungen zu Compliance-Produkten und strafrechtsrelevanten Fragestellungen ▪ Anti-Korruptions-Trainingsprogramme
Sekundäre Prävention	▪ Verbesserung der Aufsicht über bedrohte Rechtsgüter ▪ Steigerung des Entdeckungsrisikos	▪ Vorhandensein einer Compliance-Organisation ▪ Vorhandensein von Hinweisgebersystemen
Tertiäre Prävention	▪ Konsequente Sanktionierung entdeckter Verstöße	▪ Einleitung von Strafverfahren und arbeitsrechtlichen Maßnahmen

Quelle: *Schneider/Boemke/Grau/Kißling*, Evidenzbasierte Kriminalprävention im Unternehmen. Wirksamkeit von Compliance Maßnahmen in der deutschen Wirtschaft – Ein empirisches Forschungsvorhaben, Denkströme Journal der Sächsischen Akademie der Wissenschaften 9/2012, S. 84.

7. Effizienz

32 In empirischen Untersuchungen könnte bestätigt werden, dass die geschilderten Compliance-Maßnahmen positive Effekte auf die Kriminalitätsbelastung im Unternehmen haben. Auf das **Kontrollparadoxon**[46] ist es zurückzuführen, dass Unternehmen, die über keine Compliance-Instrumente verfügen, regelmäßig weniger Kriminalität registrieren, als Unternehmen, die sich bereits für die Einführung von Compliance-Maßnahmen entschieden haben. Da durch Compliance auch das Entdeckungsrisiko für begangene Taten steigt, sehen Unternehmen, die Compliance eingeführt haben, Rechtsverstöße, die bei Unternehmen, für die Compliance noch ein Fremdwort ist, im Dunkelfeld verbleiben.

33 In der Praxis bedeutet dies, dass Unternehmen ein „Tal des Jammers" durchschreiten und akzeptieren müssen, dass sich echte Präventionseffekte mit einem nachweislichen

---

46 *Bussmann*, Sozialisation im Unternehmen durch Compliance, in: Hellmann/Schröder (Hrsg.): Festschrift für Hans Achenbach zum 70. Geburtstag, Heidelberg 2011, S. 61.

IV. Wiederholung

Rückgang der Kriminalitätsbelastung erst bei einem ausgereiften Compliance-Management-System, einer langfristigen Laufzeit der Maßnahmen und konsequenter Reaktion auf Non-Compliance einstellen.[47] Bei „anlaufendem" Compliance-Management-System kommt es „nur" zu einer Verschiebung vom Dunkelfeld in das Hellfeld der vom Unternehmen registrierten Betriebs- und Unternehmenskriminalität, die – wie oben dargelegt – eine Quelle für Fehlinterpretationen darstellt und insbesondere von den Kritikern von Compliance argumentativ herangezogen werden kann, um den Ausbau des Compliance-Management-Systems zu verhindern. Tatsächlich handelt es sich aber lediglich um ein notwendiges Durchgangsstadium bis zum Erreichen des vollen Schutzes durch Compliance. So wurde in der Untersuchung „Das Unternehmen als Opfer von Wirtschaftskriminalität. Eine viktimologische Untersuchung: Public und Private Sector im Vergleich"[48] festgestellt, dass 31 % der Unternehmen, die über **keine** Compliance Instrumente verfügten, im Untersuchungsintervall davon berichteten, viktimisiert worden zu sein. Hatten die Unternehmen aber **alle** erfragten Compliance-Instrumente implementiert, betrug die Quote der viktimisierten Unternehmen nur 25 %. Der Unterschied von 6 % mag auf den ersten Blick gering erscheinen. Insofern ist aber in Rechnung zu stellen, dass die Unternehmen ohne Compliance ohnehin nur einen kleinen Teil der Viktimisierungen überhaupt erkannt haben und insofern die Viktimisierungsrate in Wahrheit deutlich höher ausgefallen sein dürfte.

IV. Wiederholung

1. Stellenausschreibung: Haben Sie sich auf die oben genannte Stellenausschreibung[49] beworben und sind Sie zum Vorstellungsgespräch eingeladen, ist es sinnvoll, sich zuvor über die branchenspezifischen Risiken zu vergewissern. Weiterhin sollten Sie anhand des Internetauftritts des Unternehmens versuchen, einzelne Compliance-Instrumente in Erfahrung zu bringen (z.B. das Hinweisgebersystem, einen Code of Conduct usw.). Fragen könnten sich auf die Verzahnung mit anderen Abteilungen (Innenrevision, Rechtsabteilung), die Berichtslinie der Compliance-Abteilung oder die Einbindung in Prozesse und Meetings beziehen.
2. Benennen Sie die manifesten Funktionen von Compliance.[50]
3. Worin könnte die latente Funktion von Compliance bestehen?[51]
4. Beschreiben Sie die Wirkungsrichtung einzelner Compliance-Instrumente.[52]
5. Beschreiben Sie die Kommunikationsrichtung einzelner Compliance-Instrumente.[53]

Literaturtipps zur Vertiefung

Bues, Compliance Tech: Tools for a modern compliance framework, CEJ 2016, Vol. 2 Nr. 1, 78-84.

Rotsch, Compliance, in: Achenbach/Ransiek/Rönnau (Hrsg.): Handbuch Wirtschaftsstrafrecht, 5. Auflage, Heidelberg 2019.

---

47 *Schneider/John*, Das Unternehmen als Opfer von Wirtschaftskriminalität. Eine viktimologische Untersuchung: Public und Private Sector im Vergleich.
48 *Schneider/John*, Das Unternehmen als Opfer von Wirtschaftskriminalität. Eine viktimologische Untersuchung: Public und Private Sector im Vergleich.
49 § 4, Rn. 1.
50 § 4, Rn. 5 ff.
51 § 4, Rn. 13 ff.
52 § 4, Rn. 31.
53 § 4, Rn. 26 ff.

Schneider/John, Das Unternehmen als Opfer von Wirtschaftskriminalität. Eine viktimologische Untersuchung: Public und Private Sector im Vergleich.
Wieland, Josef/ Steinmeyer, Roland/ Grüninger, Stephan: Handbuch Compliance-Management, 2. Auflage, Berlin 2014.
Grüninger/Schöttl, Rethinking Compliance – Essential Cornerstones for more Effectiveness in Compliance Management, CEJ 2017, Vol. 3 Nr. 2, 3-17.

§ 5 Sanktionen

I. Überblick

▶ *Einstiegsfall:* A war alleiniger Geschäftsführer der A-GmbH, einer Bauunternehmung im Hoch- und Gewerbebau. Im September 2018 zahlte A in dieser Eigenschaft aus dem Vermögen der A-GmbH ohne vertragliche Grundlage 50.000 € an G, den zuständigen Geschäftsführer der Firma B, damit dieser bei der A-GmbH bestimmte Bau- und Modernisierungsmaßnahmen in Auftrag gibt. Dies tat G – von der Zahlung geleitet – anschließend auch, wobei die A-GmbH durch den Auftrag der Firma B einen wirtschaftlichen Gesamtvorteil im Wert von 500.000 € erzielte. A wurde deshalb rechtskräftig wegen Bestechung im geschäftlichen Verkehr gem. § 299 Abs. 2 Nr. 1 StGB zu einer Freiheitsstrafe von zwei Jahren auf Bewährung verurteilt. Im Verfahren stellte sich heraus, dass A spielsüchtig ist und sich von der Aussicht auf eine Provision zu seiner Straftat verleiten ließ. Bevor er Geschäftsführer bei der A-GmbH wurde, hatte er bereits mehrere Arbeitsstellen gekündigt, um Untersuchungen wegen weiterer (nicht geahndeter) Bestechungshandlungen sowie Bilanzfälschungen zu entgehen. Mit diesen Taten wollte er sich jeweils materielle Vorteile zur Finanzierung seiner Spielsucht verschaffen. Im Verfahren teilte A dazu mit, dass er dem Drang zu spielen – ebenso wie der Versuchung beruflicher „Mauscheleien" – zwar eine Zeitlang widerstehen könne. Dann aber „packe" es ihn regelmäßig so, dass er sich Spiel- bzw. Tatanreizen hilflos ausgeliefert fühle, ohne dass er sich bisher um therapeutische Hilfe bemüht habe.

1. Kann gegen A ein Berufsverbot verhängt werden? *Rn. 16*
2. Kann der dem A gehörende PKW eingezogen werden, mit dem A zu den Treffen mit G gefahren ist? *Rn. 36*
3. Könnte ein von A entsprechend genutzter, im Eigentum der A-GmbH stehender Dienstwagen eingezogen werden? *Rn. 36*
4. Kann gegen die A-GmbH eine Geldbuße verhängt werden? *Rn. 73*
5. Kann der wirtschaftliche Vorteil abgeschöpft werden, den die A-GmbH durch den Auftrag der Firma B erzielt hat, wenn die Firma B gegen die A-GmbH wegen der Umstände der Auftragserteilung Erstattungsansprüche in Höhe von 600.000 € in einem noch nicht abgeschlossenen Zivilverfahren geltend macht? *Rn. 54* ◀

Auch bei den kriminalrechtlichen Konsequenzen von Wirtschaftsdelikten gilt – wie bei den Voraussetzungen der Strafbarkeit – kein **„Sonderkriminalrecht"**, sondern das bereichsübergreifend Verbindliche des allgemeinen Strafrechts. Was in den §§ 38 ff. genannt ist, kommt also auch im Wirtschaftsstrafrecht als Rechtsfolge einer Straftat in Betracht, so insbesondere die Verhängung einer Kriminalstrafe in den Formen der Freiheitsstrafe (§§ 38 f.) oder der Geldstrafe (§§ 40 ff.) sowie die Anordnung einer Maßregel der Besserung und Sicherung (§§ 61 ff.). Bei Ordnungswidrigkeiten können **Geldbußen** – auch gegen juristische Personen und Personenvereinigungen (s. § 30 OWiG[1]) – verhängt werden, für deren Bemessung § 17 OWiG Vorgaben enthält.[2]

---

1 Siehe Abschnitt § 5 V.
2 Neben solchen kriminalrechtlichen Sanktionen hat deliktisches Verhalten im Wirtschaftsleben eventuell auch andere Konsequenzen, z.B. auf berufsrechtlicher Ebene (etwa den Verlust der Zulassung zur Rechtsanwaltschaft gem. § 14 BRAO oder zur vertragsärztlichen Versorgung nach § 95 Abs. 6 SGB V), nach dem Beamtenrecht (beispielsweise indem ein Beamtenverhältnis gem. § 41 Abs. 1 BBG beendet wird) sowie in wettbewerbs-, gewerbe- oder unternehmensrechtlicher Hinsicht (z.B. in Gestalt eines Ausschlusses von Vergabeverfahren gem. § 16 II Nr. 3 der Vergabe- und Vertragsordnung für Bauleistungen [VOB/A] oder einer Gewerbeuntersagung wegen Unzuverlässigkeit nach § 35 Gewerbeordnung) bis hin zur Auflösung eines Unterneh-

§ 5 Sanktionen

3 In diesem Möglichkeitsraum hinterlässt das Wirtschaftsstrafrecht mit seinen Schwerpunkten bei der Sanktionierung ein **charakteristisches Muster**. So spielen beispielsweise **Unternehmenssanktionen** naturgemäß eine wesentlich größere Rolle als im allgemeinen Strafrecht, auch kommen zum Beispiel die Verhängung von Berufsverboten als Maßregel (s. § 70 und nachfolgend Abschnitt II.) oder die Anordnung von strafrechtlichen **Nebenfolgen** wie der Einziehung[3] oder von Maßnahmen der Gewinnabschöpfung[4] gehäuft bei Wirtschaftsdelikten vor. Solche Sanktionen mit besonderer Bedeutung für das Wirtschaftsstrafrecht stehen im Mittelpunkt der nachfolgenden Darstellung.

4 Sie berücksichtigt insbesondere, dass auch Unternehmen (nach deutschem und europäischem Recht) Adressaten von straf- und ordnungswidrigkeitenrechtlichen Rechtsfolgen sein können. In Betracht kommt beispielsweise die **Einziehung** von Tatprodukten oder Tatmitteln, die im Eigentum von Unternehmen stehen. Auch ermöglicht das Gesetz die Verhängung von **Geldbußen** gegen Unternehmen oder Maßnahmen zur Abschöpfung von Gewinnen, die Unternehmen aus einer Straftat oder Ordnungswidrigkeit zugeflossen sind.

5 Hingegen sieht das geltende deutsche Strafrecht – anders als zahlreiche ausländische Strafrechtsordnungen[5] – im Moment **keine Kriminalstrafen gegen Unternehmen** vor.[6] Aktuell steht allerdings der Entwurf eines „Gesetzes zur Sanktionierung von verbandsbezogenen Straftaten" (auch: **Verbandssanktionengesetz**, VerSanG) zur Diskussion, mit dem die Sanktionierung von juristischen Personen und Personenvereinigungen (Verbänden) auf eine eigenständige gesetzliche Grundlage gestellt werden soll.[7] Begründet wird die Initiative damit, dass die Verhängung einer Geldbuße nach dem OWiG bei Unternehmenskriminalität keine angemessene Verbandssanktion darstelle, etwa weil sie finanzkräftige Konzerne nicht empfindlich treffe. Auch würden sachgerechte Zumessungsregeln für Verbandsgeldbußen ebenso fehlen wie rechtssichere Anreize für Investitionen in Compliance-Maßnahmen. Das für bloßes Verwaltungsunrecht konzipierte OWiG biete zudem auf verfahrensrechtlicher Ebene keine zeitgemäße Grundlage mehr für die Verfolgung und Ahndung kriminellen Verbandsverhaltens, zum Beispiel weil die Verfolgung auch schwerster Unternehmenskriminalität im behördlichen Ermessen liege, was zu einer uneinheitlichen und unzureichenden Ahndung führe. Deshalb soll das „Gesetz zur Sanktionierung von verbandsbezogenen Straftaten" ausreichend schwerwiegende und zugleich flexible **Verbandssanktionen** bei Straftaten bereitstellen, die aus Verbänden heraus begangen werden.[8] Der Entwurf benennt dazu als „Verbandssanktionen" die **Verbandsgeldsanktion** (deren Höhe sich unter näher be-

---

mens (vgl. etwa § 396 AktG, § 64 GmbHG). Gefürchtet sind auch Konsequenzen mit „Prangerwirkung" wie etwa die Veröffentlichung von Maßnahmen durch die Bundesanstalt für Finanzdienstleistungsaufsicht (§§ 40 b ff. WpHG) oder von Namen durch das Bundeskartellamt (vgl. *Kahlenberg/Hempel* WuW 2006, 127). Die – im Wirtschaftsstrafrecht häufig verhängten – Auflagen oder Weisungen nach § 153 a StPO haben zwar Sanktionscharakter, sind aber keine Kriminalstrafen, s. *Wittig*, WirtStr 2017, Rn. 4 m.w. N.
[3] S. Abschnitt § 5 III.
[4] S. Abschnitt § 5 IV.
[5] Vgl. etwa „corporate criminal liability" im angloamerikanischen Recht.
[6] S.a. § 2 IV. 1. Der Entwurf eines „Gesetzes zur Einführung der strafrechtlichen Verantwortlichkeit von Unternehmen und sonstigen Verbänden", der 2013 vom Justizministerium des Landes Nordrhein-Westfalen vorgelegt wurde und unter anderem Unternehmensgeldstrafen vorsah, wurde in der 18. Legislaturperiode nicht umgesetzt, s. dazu *Hellmann*, Wirtschaftsstrafrecht, Rn. 1086 m.w. N.
[7] S.a. § 4 II. 2.
[8] S. Referentenentwurf eines „Gesetzes zur Stärkung der Integrität in der Wirtschaft" des Bundesministeriums der Justiz und für Verbraucherschutz (Bearbeitungsstand 20.4.2020), S. 1.

stimmten Voraussetzungen am durchschnittlichen Jahresumsatz orientieren kann) sowie die **Verwarnung mit Sanktionsvorbehalt**.[9] Auch sieht der Gesetzesentwurf verbandsspezifische Zumessungskriterien[10], ein **Verbandssanktionenregister**[11] sowie Anreize dafür vor, dass Unternehmen mit internen Untersuchungen zur Aufklärung von Straftaten beitragen[12]. Überdies enthält der Entwurf verbandsspezifische **Einstellungsvorschriften**[13], die Verfolgungsflexibilität gewährleisten und die Berücksichtigung von Compliance-Maßnahmen sicherstellen sollen.

II. Berufsverbot nach den §§ 70 ff.

1. Ausgangspunkt

Ein **Berufsverbot** nach § 70 wird zum Schutz der Allgemeinheit vor den Gefahren verhängt, die von einer Berufsausübung durch hierfür nicht hinreichend zuverlässige Personen ausgehen.[14] Als reine **(Sicherungs-)Maßregel** darf ein Berufsverbot nur aus spezialpräventiven Gründen und nicht zum Schuldausgleich, wegen Sühnebedürfnissen oder generalpräventiven Gesichtspunkten verhängt werden.[15]

2. Voraussetzungen

a) Anlasstat

Ein Berufsverbot nach § 70 kommt nur bei Begehung einer „rechtswidrigen" (also nicht unbedingt schuldhaften) Tat i.S.d. § 11 Abs. 1 Nr. 5 in Betracht, die zudem bestimmte Voraussetzungen erfüllt. So muss der Täter gem. § 70 Abs. 1 S. 1 die Tat entweder „unter **Missbrauch** seines Berufs oder Gewerbes" oder „**unter grober Verletzung der mit ihnen verbundenen Pflichten**" verwirklicht haben.

Ein „Missbrauch" von Beruf oder Gewerbe ist dabei anzunehmen, wenn der Täter Möglichkeiten oder Befugnisse bewusst und planmäßig zur Begehung von Straftaten ausnutzt, die ihm sein Beruf oder Gewerbe gibt.[16] Nicht ausreichend dafür ist, dass sich der Täter zur Tatbegehung lediglich äußere Gelegenheiten zunutze macht, die sich anlässlich der Berufsausübung ergeben.[17] Die Tat muss vielmehr „Ausfluss der jeweiligen Berufs- oder Gewerbetätigkeit" sein und einen „**berufstypischen Zusammenhang**" erkennen lassen[18]. Ein solcher „Missbrauch" von berufsbedingten Möglichkeiten kann zum Beispiel darin liegen, dass ein Rechtsanwalt das ihm entgegengebrachte berufsspezifische Vertrauen ausnutzt, um Betrugshandlungen zu begehen.[19] Nicht unter den Missbrauchsbegriff des § 70 fällt, wenn der Täter ganz allgemein für einen Beruf erworbene Kenntnisse oder Fähigkeiten bei der Begehung von Straftaten verwertet hat.[20]

---

9 S. § 8 VerSanG-E.
10 § 15 VerSanG-E.
11 §§ 54 ff. VerSanG-E.
12 S. etwa § 15 Abs. 3 Nr. 7 VerSanG-E.
13 S. etwa §§ 35 ff. VerSanG-E.
14 BGH 19.11.2019 – 1 StR 364/19, NStZ-RR 2020, 75; BGH 25.4.2013 – 4 StR 296/12, HRRS 2013 Nr. 532.
15 *Heger*, in: Lackner/Kühl, StGB, § 70, Rn. 1; *Bockmühl*, in: MüKo StGB, § 70, Rn. 2.
16 BGH 6.6.2003 – 3 StR 188/03, BeckRS 2003, 05883; BGH 17.5.1968 – 2 StR 220/68, BGHSt 22, 144; *Stoll*, in: BeckOK, § 70, Rn. 4.
17 BGH 20.4.1983 – 2 StR 175/83, NJW 1983, 2099.
18 BGH 6.6.2003 – 3 StR 188/03, wistra 2003, 423.
19 BGH 9.3.2011 – 2 StR 609/10, HRRS 2011 Nr. 524; s.a. *Kraatz*, Wirtschaftsstrafrecht, Rn. 91 f.
20 BGH 17.5.1968 – 2 StR 220/68, BGHSt 22, 144.

9 In einem „Missbrauch" i.S. d. § 70 Abs. 1 S. 1 liegt nicht selten **gleichzeitig auch eine grobe Verletzung der Pflichten**, die mit Beruf oder Gewerbe verbunden sind. Diese zweite Variante des § 70 Abs. 1 S. 1 bezieht sich auf sämtliche Pflichten, die aus der Berufs- oder Gewerbetätigkeit erwachsen, nicht nur auf berufs-„spezifische" Pflichten.[21]

▶ **Definition:** „Grob" ist eine Verletzung von Pflichten, wenn der Verstoß besonders schwer wiegt oder eine besonders gewichtige Pflicht betroffen ist.[22] ◀

10 § 70 Abs. 1 S. 1 setzt weiter voraus, dass der Täter wegen der Anlasstat „verurteilt oder nur deshalb nicht verurteilt [wird], weil seine Schuldunfähigkeit erwiesen oder nicht auszuschließen ist".

b) Gefahrenprognose

11 Neben bestimmten Anforderungen an die Anlasstat ist nach § 70 Abs. 1 S. 1 eine **Gefahrenprognose** wesentliche Voraussetzung für die Verhängung eines Berufsverbotes als strafrechtliche Maßregel. Eine Gesamtwürdigung des Täters und der Tat muss die Gefahr erkennen lassen, dass der Täter bei weiterer Berufs- oder Gewerbeausübung „erhebliche" rechtswidrige Taten nach Art der Anlasstat(en) begehen wird. Die Erheblichkeitsschwelle trägt dabei dem Umstand Rechnung, dass ein Berufsverbot in die **Berufsfreiheit nach Art. 12 Abs. 1 GG** eingreift und von existenzieller Bedeutung ist.[23] Aus diesem Grund kommt eine Verhängung überdies nur in Betracht, wenn die nahe liegende Gefahr erheblicher Rechtsverletzungen im Sinne der Anlasstat besteht.[24]

3. Rechtsfolgen

12 Der Eingriff in Art. 12 Abs. 1 GG kommt auch auf Rechtsfolgenseite noch einmal ins Spiel: § 70 Abs. 1 S. 1 ist nämlich eine „Kann-Vorschrift", das zuständige Gericht hat also nach pflichtgemäßem **Ermessen** zu entscheiden, ob ein Berufsverbot angeordnet wird oder nicht. Dabei ist – wie § 62 für die Maßregeln der Besserung und Sicherung ausdrücklich betont – der Grundsatz der **Verhältnismäßigkeit** und damit die große Eingriffsintensität eines Berufsverbots (als Eingriff in die Berufsfreiheit nach Art. 12 Abs. 1 GG) zu berücksichtigen. Berufsverbote sind sehr einschneidende und existenzbedrohende Sanktionen.

13 Ein **vorläufiges** Berufsverbot kann nach § 132a StPO auch schon im Rahmen des Ermittlungsverfahrens angeordnet werden, wenn „dringende Gründe" – d.h. eine hohe Wahrscheinlichkeit – für die spätere Anordnung eines (nicht nur vorläufigen) Berufsverbotes spricht.

14 Berufsverbot heißt gem. § 70 Abs. 1 S. 1, dass „die Ausübung des Berufs, Berufszweiges, Gewerbes oder Gewerbezweiges" für eine bestimmte Dauer untersagt wird. Regelfall ist dabei eine **zeitliche Begrenzung** des Verbots auf eine Dauer von einem Jahr bis zu fünf Jahren (s. § 70 Abs. 1 S. 1). Ist allerdings zu erwarten, dass „die gesetzliche Höchstfrist zur Abwehr der von dem Täter drohenden Gefahr nicht ausreicht", kann das Berufsverbot gem. § 70 Abs. 1 S. 2 auch „für immer" angeordnet werden.

---

21 *Stoll*, in: BeckOK, § 70, Rn. 5.
22 *Kinzig*, in: Schönke/Schröder, § 70, Rn. 11.
23 *Bockemühl*, in: MüKo StGB, § 70, Rn. 18.
24 Vgl. *Heger*, in: Lackner/Kühl, StGB, § 70, Rn. 6.

III. Einziehung (von Tatprodukten, Tatmitteln und Tatobjekten) § 5

Wirksam wird ein Berufsverbot gem. § 70 Abs. 4 S. 1 mit der Rechtskraft des Urteils, in dem es angeordnet wird. Möglich ist gem. § 70a auch eine **Aussetzung** des Verbots zur Bewährung. Wer einem Berufsverbot durch Berufs- oder Gewerbeausübung zuwiderhandelt, macht sich unter den Voraussetzungen des § 145c strafbar.

4. Einstiegsfall: Verhängung eines Berufsverbotes

A wurde wegen einer Straftat (Bestechung im geschäftlichen Verkehr gem. § 299 Abs. 2 Nr. 1) verurteilt. Diese Tat beging A „unter Missbrauch seines Berufs oder Gewerbes" i.S. d. § 70 Abs. 1 S. 1, indem er bewusst Möglichkeiten zur Tatbegehung ausnutzte, die sich ihm als alleinigem Geschäftsführer der A-GmbH boten. Auch liegt in der Tathandlung eine besonders schwerwiegende und damit grobe Verletzung der Pflichten gem. § 70 Abs. 1 S. 1, die mit dem Beruf von A verbunden sind. Überdies lässt hier eine Gesamtwürdigung die nahe liegende Gefahr erkennen, dass A bei weiterer Berufs- oder Gewerbeausübung „erhebliche" rechtswidrige Taten nach Art der Anlasstat begehen wird. Nicht zuletzt bekennt er sich selbst dazu, entsprechenden Tatanreizen regelmäßig hilflos ausgeliefert zu sein. Da somit die Voraussetzungen für die Verhängung eines Berufsverbotes gem. § 70 Abs. 1 S. 1 erfüllt sind, ist über eine Verbotsanordnung nach pflichtgemäßem Ermessen zu entscheiden. Dabei ist insbesondere der Grundsatz der Verhältnismäßigkeit und damit die große Eingriffsintensität eines Berufsverbots (als Eingriff in die Berufsfreiheit nach Art. 12 Abs. 1 GG) zu berücksichtigen. Hier kommen im Fall von A beispielsweise – von den Umständen des Einzelfalls abhängige – Therapiemöglichkeiten ins Spiel, mit denen die Erforderlichkeit eines Berufsverbotes stehen und fallen kann.

5. Wiederholungsfragen

1. Welchem Zweck dient die Verhängung eines Berufsverbotes? *Rn. 6*
2. Kommt die Verhängung eines Berufsverbotes bei jeder rechtswidrigen Tat in Betracht? *Rn. 7ff.*
3. Wie wirkt sich Art. 12 GG auf die Anwendung des § 70 aus? *Rn. 11ff.*
4. Was bedeutet die Verhängung eines Berufsverbotes für den davon Betroffenen? *Rn. 14f.*

Literaturtipps zur Vertiefung:
Kretschmer, Die Reichweite des strafrechtlichen Berufsverbotes für Rechtsanwälte, NStZ 2002, 576–580.
Lemke-Küch, Strafrechtliche Nachsorge – das Tätigkeitsverbot als Nebenfolge eines Strafurteils, StRR 2014, 482–486.
Parigger, Urteilsfolgen neben der Strafe, StraFo 2011, 447–458.

III. Einziehung (von Tatprodukten, Tatmitteln und Tatobjekten)

1. Überblick

Nebenfolge einer Straftat kann auch und vor allem im Wirtschaftsstrafrecht die **Einziehung** von **Vermögensvorteilen** (§§ 73 ff.) oder von **Gegenständen** (§§ 74 ff.) sein.[25] Ein-

---
[25] Mit dem Gesetz zur Reform der strafrechtlichen Vermögensabschöpfung vom 13.4.2017 (BGBl. I 2017 [Nr. 22 v. 21.4.2017], S. 872 ff.), das die strafrechtliche Vermögensabschöpfung (unter anderem zur Umsetzung der RL 2014/42/EU vom 3.4.2014 [ABl. 2014 L 127, 39]) umfassend reformierte, hat sich auch die Terminologie geändert. Die „Einziehung von Tatprodukten, Tatmitteln und Tatobjekten" hieß früher nur „Ein-

ziehung bedeutet dabei **Übergang des Eigentums auf den Staat** (vgl. § 75 Abs. 1 S. 1), vor allem um Tätern oder Teilnehmern – im Sinne eines „Verbrechen lohnt sich nicht" – möglichst keine materiellen Vorteile aus einer Straftat zu belassen.[26]

2. Voraussetzungen

a) Gegenstand der Einziehung

19 Das Gesetz unterscheidet die Einziehung von **Tatprodukten, Tatmitteln und Tatobjekten** (vgl. § 74).

20 ▶ Definitionen: **Tatprodukte** („producta sceleris") sind nach der Legaldefinition des § 74 Abs. 1 Gegenstände, die (wie zum Beispiel verfälschte Urkunden) durch eine vorsätzliche Straftat hervorgebracht wurden. Hingegen bezeichnet man im Unterschied zu den Tatprodukten als **Früchte** einer Straftat („scelere quaesita") das durch die Tat Erworbene (wie etwa den Erlös aus einem Drogengeschäft oder gestohlenes Geld), das nach den §§ 73 ff. abgeschöpft werden kann.[27] Als **Tatmittel** bzw. **Tatwerkzeuge** („instrumenta sceleris") gelten nach § 74 Abs. 1 Gegenstände, die zur Begehung oder Vorbereitung einer Straftat gebraucht worden oder bestimmt gewesen sind. Dies kann zum Beispiel eine Waffe oder ein Firmencomputer sein, der bei der Begehung eines Betrugs zur Abgabe einer täuschenden Erklärung benutzt wird[28]. ◀

21 Davon zu unterscheiden sind sogenannte **Beziehungsgegenstände**, die zwar auch notwendiger Teil des tatrelevanten Geschehens, aber nicht Tatwerkzeuge sind, so zum Beispiel ein Auto beim Fahren ohne Fahrerlaubnis.[29] Beziehungsgegenstände sind passive Objekte der Tat.[30]

22 ▶ Definition: Als „**Tatobjekte**" bezeichnet das Gesetz (s. § 74 Abs. 2) Gegenstände, „auf die sich eine Straftat bezieht". Das ist der Fall, wenn der Gegenstand (wie zum Beispiel Geld bei der Geldwäsche[31]) zwar in die Tat verstrickt, aber weder Mittel noch Produkt ist. Dies kommt insbesondere dann in Betracht, wenn der Täter mit der Tat eine Verbotsnorm überschreitet, die gerade den Gebrauch oder die Verwendung des Gegenstandes untersagt.[32] ◀

23 Abgrenzungen sind hier zuweilen schwierig, weil der Begriff des Tatwerkzeugs unscharf und in Orientierung am Zweck des § 74 Abs. 1 auszulegen ist.[33] Dabei wird für die Einordnung als Tatwerkzeug nicht jeder Zusammenhang mit der Tat als ausreichend angesehen, sondern auf **Zusatzkriterien** abgestellt, so beispielsweise auf die Kausalität der Gegenstandsverwendung für die Tatbegehung oder die Absicht des Täters, den Gegenstand als eigentliches Mittel der Tatbestandsverwirklichung einzusetzen[34]. Als Beziehungsgegenstand (und nicht als Tatwerkzeug) hat das OLG Düsseldorf[35] bei-

---

ziehung", die heutige „Einziehung von Taterträgen" vormals „Verfall", s.a. *Hellmann*, Wirtschaftsstrafrecht, Rn. 1088.
26 *Streng*, Sanktionen, 2012 Rn. 366.
27 S. etwa BGH 30.10.2002 – 2 StR 366/02, NStZ-RR 2003, 57; *Joecks*, in: MüKo StGB, § 74, Rn. 12.
28 S. dazu Beispiel bei *Hellmann*, Wirtschaftsstrafrecht, Rn. 1096.
29 BGH 5.12.1956 – 4 StR 406/56, LMRR 1956, 38.
30 *Joecks*, in: MüKo StGB, § § 74, Rn. 19.
31 BGH 25.3.2010 – 5 StR 518/09, NStZ-RR 2011, 338.
32 *Hellmann*, Wirtschaftsstrafrecht, Rn. 1090 m.w. N.
33 *Joecks*, in: MüKo StGB, § 74, Rn. 19 f.
34 BGH 5.12.1956 – 4 StR 406/56, BGHSt 10, 28.
35 OLG Düsseldorf 31.8.1992 – 1 Ws 790/92, NJW 1992, 3050.

spielsweise einen Computer eingeordnet, auf dem ein beleidigendes Schreiben abgefasst wurde.

Die Einziehung von **Tatobjekten** unterliegt gemäß § 74 Abs. 2 besonderen Vorschriften und muss **ausdrücklich vorgesehen** sein. Dies ist z.B. in § 261 Abs. 7 S. 1 für Geldwäschegegenstände oder gem. § 33 S. 1 BtMG für Betäubungsmittel der Fall.

b) Von der Einziehung Betroffener

Nach § 74 Abs. 3 S. 1 dürfen Gegenstände grundsätzlich nur eingezogen werden, wenn sie zur Zeit der Einziehungsentscheidung dem Täter bzw. Teilnehmer (als Eigentümer) „gehören" oder (als Inhaber des Rechts) „zustehen".

Allerdings gestatten die §§ 74a und 74b unter näher beschriebenen Voraussetzungen auch eine Einziehung bei „anderen" als Tätern oder Teilnehmern, § 74a zum Beispiel beim Verweis eines Gesetzes auf diese Norm (ein solcher findet sich beispielsweise in den §§ 261 Abs. 7 S. 2 StGB, 375 Abs. 2 AO oder 33 S. 2 BtMG).

Möglich ist eine Einziehung nach § 74a zudem nur unter bestimmten Voraussetzungen im Hinblick auf denjenigen, dem der Einziehungsgegenstand zum Zeitpunkt der Einziehungsentscheidung gehört bzw. zusteht. Er muss **mindestens leichtfertig** dazu beigetragen haben, dass der Gegenstand zum Tatmittel oder Tatobjekt geworden ist (§ 74a Nr. 1) oder er muss den Gegenstand „in Kenntnis der Umstände, welche die Einziehung zugelassen hätten, in verwerflicher Weise erworben" haben (§ 74a Nr. 2).

Darüber hinaus ist gem. § 74b bei anderen als schuldhaft handelnden Tatbeteiligten auch eine sogenannte **Sicherungseinziehung** zulässig. Sie betrifft Gegenstände, die nach ihrer Art und nach den Umständen die Allgemeinheit gefährden oder bei denen die Gefahr besteht, dass sie der Begehung rechtswidriger Taten dienen werden. Hier ist die Einziehung eine **Sicherungsmaßnahme**[36], während ihre Anordnung gegen schuldhaft handelnde Tatbeteiligte als **Strafübel** wirken soll.[37] Allerdings wird auch einer Sicherungseinziehung i.S. d. § 74a ein strafähnlicher Charakter zugeschrieben[38], wenn sie sich an andere als Tatbeteiligte richtet, die schuldhaft die Verwendung ihrer Gegenstände zugelassen haben.[39]

§ 74e trifft zudem eine **Sonderregelung für juristische Personen, nicht rechtsfähige Vereine und rechtsfähige Personengesellschaften**. Weil sie nicht selbst handeln und deshalb auch nicht Täter oder Teilnehmer einer Straftat sein können, kommt eine Einziehung ihres Eigentums nach § 74 Abs. 3 nicht in Betracht. Diese Einziehung ermöglicht jedoch § 74e bei Handeln von bestimmten (Leitungs-)Personen mit der Befugnis oder dem Auftrag, die jeweilige juristische Person, Personengesellschaft bzw. den Verein zu vertreten. Dem Vertretenen wird dabei über den Personenkreis des § 14 hinaus ein Fehlverhalten **zugerechnet**, indem zum Beispiel auch Generalbevollmächtigte oder Prokuristen in leitender Stellung (s. § 74e S. 1 Nr. 1 bis 5) erfasst sind. Der Vertreter muss dazu im Rahmen seines allgemeinen Geschäftsbereichs und in einem inneren Zusammenhang mit seiner Stellung als Organ oder Vertreter[40] gehandelt haben.[41] In solchen

---

36 OLG Schleswig 15.3.1988 – 1 Ss 85/88, StV 1989, 156.
37 BGH 18.10.1951 – 4 Str 530/51, NJW 1952, 191.
38 BGH 20.3.1956 – 1 StR 498/55, BGHSt 9, 164.
39 S.a. Wittig, Wirtschaftsstrafrecht, § 11 Rn. 2 m.w. N.
40 S.a. § 2 IV. 2.
41 BGH 18.7.1996 – 1 StR 386/96, NStZ 1997, 30.

Fällen ermöglicht § 74e die Einziehung von Tatprodukten, Tatmitteln und Tatobjekten, die im Eigentum von juristischen Personen bzw. Personenvereinigungen stehen (bzw. die Einziehung eines Wertersatzes).

c) Vorsatztat

30   Die Einziehung von Tatprodukten und -mitteln bei Tätern und Teilnehmern ist gem. § 74 Abs. 3 S. 1 bei **vorsätzlichen Taten zulässig**.

d) Verhältnismäßigkeit

31   Soweit eine Einziehung nicht zwingend vorgeschrieben ist, steht sie gemäß § 74f unter dem Vorbehalt der **Verhältnismäßigkeit**. Ihre Wirkungen für den Betroffenen müssen also in einem angemessenen Verhältnis zum Unrechtsgehalt der Tat und der Schuld des Täters stehen.

3. Rechtsfolge

32   Nach § 74 Abs. 1 „können" Gegenstände eingezogen werden, die Einziehung von Tatprodukten, -mitteln und -objekten steht danach also im pflichtgemäßen **Ermessen** des Gerichts, das bei seiner Entscheidung insbesondere den Grundsatz der Verhältnismäßigkeit (§ 74f) zu beachten hat[42]. Manche Vorschriften (wie z.B. § 150 für Falschgeld) schreiben eine Einziehung für bestimmte Gegenstände auch zwingend vor.

33   Wird die Einziehung eines Gegenstandes angeordnet, so geht mit **Rechtskraft** dieser Entscheidung das Eigentum an der Sache oder das Recht unter den in § 75 näher bestimmten Voraussetzungen **auf den Staat** über. Ist die Einziehung eines Tatproduktes, Tatmittels und Tatobjektes nicht möglich, weil der Täter oder Teilnehmer sie (z.B. durch Veräußerung oder Verbrauch des Gegenstands) vereitelt hat, so kann das Gericht gem. § 74c Abs. 1 die Einziehung eines Geldbetrages anordnen, der dem Wert des Gegenstandes entspricht. Mit Rechtskraft einer solchen Anordnung entsteht ein **staatlicher Anspruch** auf Zahlung, der wie eine Geldstrafe beigetrieben wird.

4. Verfahren

34   Die Entscheidung ergeht **grundsätzlich in dem subjektiven Verfahren** gegen den Tatbeteiligten der vorsätzlichen Straftat. Unter den Voraussetzungen des § 76a ist auch die **selbstständige Anordnung der Einziehung in einem sog. objektiven Verfahren** zugelassen. Die juristische Person hat dabei ein Schweigerecht, das durch die in § 74a genannten Personen ausgeübt wird.[43]

5. Einziehung aus Anlass von Ordnungswidrigkeiten

35   Eine Einziehung kommt auch als **Nebenfolge einer Ordnungswidrigkeit** in Betracht, was gemäß § 22 Abs. 1 OWiG grundsätzlich eine ausdrückliche gesetzliche Zulassung im jeweiligen Bußgeldtatbestand (wie z.B. in § 123 OWiG) voraussetzt. Im Übrigen stimmen die Regelungen über die Einziehung in den §§ 22 bis 29a OWiG im Wesentlichen mit den strafrechtlichen Vorschriften überein.

---

42 BVerfG 22.5.1995 – 2 BvR 195/92, NJW 1996, 246; BGH 28.11.2008 – 2 StR 501/08, BGHSt 53, 69.
43 S.a. *Hellmann*, Wirtschaftsstrafrecht, Rn. 1102.

IV. Gewinn- bzw. Vermögensabschöpfung

6. Einstiegsfall: Einziehung des PKW

A hat zwar eine Straftat begangen und ist (nach der ersten Fallfragenvariante) auch Eigentümer des in Rede stehenden PKW, so dass eine Einziehung nicht an § 74 Abs. 3 S. 1 scheitert. Der Wagen, mit dem A zu den Treffen mit G fuhr, ist jedoch kein tauglicher Gegenstand einer Einziehung i.S. d. § 74. Denn im Rahmen der gebotenen Auslegung in Orientierung am Zweck des § 74 Abs. 1 ist das Fahrzeug weder als Tatprodukt, noch als Tatmittel anzusehen, weil es weder durch die Straftat von A „hervorgebracht", noch zu ihrer Begehung oder Vorbereitung gebraucht oder dazu bestimmt wurde. Insbesondere müsste für eine Einordnung des PkW als Tatmittel neben einem Zusammenhang mit der Tat ein Zusatzkriterium (wie etwa die Eigenschaft als eigentliches Mittel der Tatbestandsverwirklichung) erfüllt sein, was hier aber nicht der Fall ist. Auch eine Einziehung als Tatobjekt kommt hier nicht in Betracht, da es dafür gemäß § 74 Abs. 2 einer ausdrücklichen gesetzlichen Grundlage bedarf, die hier fehlt. Aus diesen Gründen könnte der PKW auch nicht eingezogen werden, wenn er im Eigentum der A-GmbH stünde. Die Voraussetzungen für eine Einziehung nach § 74 e[44] wären dann schon deshalb nicht erfüllt, weil eine Einziehung „unter den übrigen Voraussetzungen der §§ 74 bis 74c" vorliegend nicht in Betracht kommt.

7. Wiederholungsfragen

1. Was hat den Gesetzgeber dazu bewogen, als Nebenfolge einer Straftat auch eine Einziehung vorzusehen? *Rn. 18*
2. Wem müssen Gegenstände gehören bzw. zustehen, damit sie eingezogen werden können? *Rn. 25 ff.*
3. Welchen Anforderungen muss die Anlasstat bei einer Einziehung genügen? *Rn. 30*
4. Was bedeutet Einziehung für den Adressaten dieser Maßnahme? *Rn. 18, 33*

Literaturtipps zur Vertiefung:

Feldmann, Probleme im Zusammenhang mit der Sicherungseinziehung von gefälschten Kunstwerken am Beispiel des Giacometti-Verfahrens, GA 2014, 333–348.
Janovsky, Einziehung und Verfall, Kriminalistik 2000, 483–487.
Julius, Einziehung, Verfall und Art. 14 GG, ZStW 109 (1997), 58–102.

IV. Gewinn- bzw. Vermögensabschöpfung

1. Überblick

Damit sich Wirtschaftsdelikte nicht lohnen („crime does not pay"[45]), sollen dadurch erlangte wirtschaftliche Vorteile den Nutznießern (auch Unternehmen) im Wege einer **Gewinn- bzw. Vermögensabschöpfung** entzogen werden. Dazu ermöglichen die §§ 73 ff. bei Straftaten eine „Einziehung von Taterträgen", die früher als „Verfall" bezeichnet wurde. Mit dieser konditionsähnlichen „Maßnahme eigener Art"[46] sollen deliktisch erzielte Vermögensvorteile auf eine Weise abgeschöpft werden, die dem zivilrechtlichen Bereicherungsrecht (§§ 812 ff. BGB) ähnelt und die **rechtswidrige Vermö-**

---

44 § 22 OWiG bezieht sich nach Abs. 1 dieser Vorschrift auf eine Einziehung von Gegenständen „als Nebenfolge einer Ordnungswidrigkeit" (nicht einer Straftat).
45 *Theile*, Grundprobleme der strafrechtlichen Verfallsvorschriften nach den §§ 73 ff. StGB, ZJS 2011, 333.
46 BVerfG 14.1.2004 – 2 BvR 564/95, NJW 2004, 2073 (2074); BT-Dr 11/6623, S. 4 ff. u. 8, BT-Dr 12/989, S. 1, 23; s. zur Diskussion über die Strafähnlichkeit wegen des Bruttoprinzips Abschnitt IV. 2.

gensverschiebung ausgleicht[47]. Ziel ist im Dienste der Prävention[48] die Beseitigung des Tatanreizes, der von einer Belassung der „Tatbeute" ausginge.[49] Über die eigentliche Ahndung der Tat hinausgehend soll deutlich werden, dass sich Straftaten auch finanziell nicht lohnen[50], um unlauterem Gewinnstreben vorzubeugen.

39 Taterträge von Ordnungswidrigkeiten werden in der Regel über die **Geldbuße** abgeschöpft, so dass es keiner (zusätzlichen) Anordnung einer Vermögensabschöpfung bedarf. Eine **besondere Form der Vermögensabschöpfung** ist im „Gesetz zur weiteren Vereinfachung des Wirtschaftsstrafrechts" (Wirtschaftsstrafgesetz 1954, nachfolgend: „WiStrG") mit der „Abschöpfung des Mehrerlöses" vorgesehen.

2. Einziehung von Taterträgen (Verfall) bei Straftaten

a) Anknüpfungstat der Einziehung

40 Die Einziehung knüpft an „rechtswidrige" (vgl. § 73 Abs. 1), nicht unbedingt gegen das Vermögen gerichtete Taten an, was Fahrlässigkeits- oder Versuchstaten einschließt[51]. Ob diese Anknüpfungstat **schuldhaft** begangen worden sein muss, ist **umstritten**. Teilweise wird dies mit dem Argument bejaht, dass eine Vermögensabschöpfung nach dem Bruttoprinzip[52] nicht allein präventiv, sondern jenseits des Nettoprinzips wie eine Strafe wirke und daher Verschulden voraussetze[53], was die Rechtsprechung verneint[54].

b) Gegenstand der Einziehung

41 Gegenstand der Einziehung ist der „**Tatertrag**". Darunter versteht das Gesetz gem. § 73 Abs. 1 „etwas" (als messbare Erhöhung des wirtschaftlichen Vermögenswertes[55]), das „durch" eine Tat (d.h. unmittelbar aus der Tatbestandsverwirklichung[56]) oder „für" eine Tat (d.h. als Gegenleistung bzw. Entgelt für das rechtswidrige Handeln[57]) „erlangt" wurde (sog. scelere quaesita). „**Erlangt**" ist dabei grundsätzlich derjenige Tatvorteil, der aus einer rechtswidrigen Tat in irgendeiner Phase des Tatablaufs (von der Vorbereitungshandlung bis zur Beendigung) unmittelbar, d.h. ohne weitere Zwischenschritte in die faktische (Mit-)Verfügungsgewalt des Täters oder Teilnehmers übergegangen ist, und sei es auch nur für einen kurzen Zeitraum.[58] Darüber hinausgehend hat die Rechtsprechung auch schon Tatvorteile als im Sinne des § 73 Abs. 1 „er-

---

47 BGH 19.1.2012 – 3 StR 343/11, BGHSt 57, 79 (83).
48 BGH 16.5.2006 – 1 StR 46/06, BGHSt 51, 65 (67).
49 BVerfG 14.1.2004 – 2 BvR 564/95, NJW 2004, 2073 (2074) m.w. N.
50 BGH 19.1.2012 – 3 StR 343/11, BGHSt 57, 79 (83).
51 BGH 19.1.2012 – 3 StR 343/11, BGHSt 57, 79 (81); BGH 29.6.2010 – 1 StR 245/09, NStZ 2011, 83; BGH 5.9.2013 – 1 StR 162/13, NJW 2014, 401 (405).
52 S. dazu a. Abschnitt § 5 IV. 5.
53 *Schuster*, in: Schönke/Schröder, Vor § 73, Rn. 16 f.; s.a. *Heger*, in: Lackner/Kühl, StGB, § 73, Rn. 1: Der Gesetzgeber habe in § 73 d n.F. versucht, durch Vorgaben bei der Berechnung des Einziehungsbetrags eine Überbelastung des Betroffenen auszuschließen, die nicht durch den Zweck der Vermögensabschöpfung zu rechtfertigen sei.
54 BGH 18.2.2004 – 1 StR 269/03, NStZ-RR 2004, 214; s. zum Ganzen a. *Wittig*, Wirtschaftsstrafrecht, § 9 Rn. 3 u. 10.
55 BGH 19.1.2012 – 3 StR 343/11, BGHSt 57, 79 (82); *Heger*, in: Lackner/Kühl, StGB, § 73, Rn. 3.
56 BGH 11.6.2015 – 1 StR 368/14, NZWiSt 2016, 281; BGH 27.11.2013 – 3 StR 5/13, BGHSt 59, 80; BGH 28.10.2010 – 4 StR 215/10, BGHSt 56, 39 (45); BGH 16.5.2006 – 1 StR 46/06, BGHSt 51, 65.
57 BGH 2.12.2005 – 5 StR 119/05, BGHSt 50, 299 (309 f.).
58 BGH 2.7.2015 – 3 StR 157/15, NStZ-RR 2015, 310; BGH 4.2.2009 – 2 StR 504/08, BGHSt 53, 179; BGH 10.9.2002 – 1 StR 281/02, NStZ 2003, 198.

IV. Gewinn- bzw. Vermögensabschöpfung

langt" angesehen, die zunächst nicht dem Täter oder Teilnehmer, sondern einem **anderen Tatbeteiligten** zugeflossen sind.[59] Auf Besitz- und Eigentumsverhältnisse kommt es nicht an, so dass auch Gegenstände eingezogen werden können, die dem Täter nicht gehören[60]. Der Umfang des erlangten Vermögensvorteils muss unter Umständen geschätzt werden.[61]

Die erforderliche **Kausalbeziehung** zwischen der Tat und dem Erlangten richtet sich allein nach den Grundsätzen des Bereicherungsrechts, eine unmittelbare Kausalbeziehung ist nicht erforderlich.[62] Dies klingt auch im Gesetzeswortlaut an, indem § 73 Abs. 1 von dem „durch" eine Tat (und nicht wie früher vom „aus" einer Tat) Erlangtem spricht.

42

Um eine lückenlose Gewinnabschöpfung (insbesondere im Bereich der organisierten Kriminalität) zu ermöglichen, lässt § 73 a Abs. 1 im Rahmen einer „erweiterte[n] Einziehung" auch die Einziehung von Gegenständen eines Täters oder Teilnehmers zu, die **durch eine „andere"** (als die jeweils verfahrensgegenständliche) **rechtswidrige Tat** erlangt wurden. Ein eingezogener Vermögensgegenstand muss also nicht unbedingt aus der abgeurteilten, sondern (lediglich) **aus irgendeiner rechtswidrigen Tat** stammen.

43

c) Adressat der Einziehung

Einziehungsadressaten können nicht nur Täter oder Teilnehmer der rechtswidrigen Tat (s. §§ 73, 73 a), sondern unter den Voraussetzungen des § 73 b – in „Vertretungsfällen" (Abs. 1 S. 1 Nr. 1), „Verschiebungsfällen" (Abs. 1 S. 1 Nr. 2 a und b) und „Erbfällen" (Abs. 1 S. 1 Nr. 3 a und b)[63] – **auch „andere"** (wie z.B. drittbegünstigte Unternehmen) sein. Dies ermöglicht insbesondere eine Gewinnabschöpfung bei organisierter Kriminalität sowie bei Straftaten von Unternehmensmitarbeitern zugunsten ihres Arbeitgebers.[64] Keine Gewinnabschöpfung sieht § 73 b für die sogenannten „Erfüllungsfälle" vor, in denen **gutgläubige Dritte** von Tatbeteiligten etwas in Erfüllung einer nicht bemakelten entgeltlichen Forderung erlangen, die in keinem Zusammenhang mit der Tat steht.[65]

44

d) Rechtsfolgen

Im Hinblick auf die Wirkungen gibt es keine Unterschiede zwischen einer Einziehung von Taterträgen und einer Einziehung von Tatprodukten, Tatmitteln und Tatobjekten. Mit Rechtskraft der Einziehungsanordnung geht das Eigentum am Einziehungsgegenstand auf den Staat über. Einzuziehen ist nach dem Willen des Gesetzgebers „die Gesamtheit der wirtschaftlich messbaren Vorteile, die dem Täter oder Teilnehmer durch oder für die Tat zugeflossen sind".[66] Grundsätzlich hat damit in Orientierung am Gesamterlös eine Vermögensabschöpfung nach dem „Bruttoprinzip" zu erfolgen.

45

---

59 *Hellmann*, Wirtschaftsstrafrecht, Rn. 1104 m.w.N.
60 BT-Drucks. 18/9525, S. 62; BGH 12.8.2003 – 1 StR 127/03, NStZ 2004, 440.
61 S. dazu etwa BGH 5.5.2004 – 5 StR 139/03, NStZ-RR 2004, 242 (244).
62 BT-Drucks. 18/9525, S. 46 f., 55 f., 62.
63 BT-Drucks. 18/9525, 66; *Hellmann*, Wirtschaftsstrafrecht, Rn. 1108.
64 S.a. BT-Drucks. 18/9525, 66; *Hellmann*, Wirtschaftsstrafrecht, Rn. 1108; *Kraatz*, Wirtschaftsstrafrecht, Rn. 103.
65 S.a. *Wittig*, Wirtschaftsstrafrecht, § 9 Rn. 34.
66 BT-Drucks. 18/9525, S. 61.

46 Allerdings sind gem. § 73 d Abs. 1 „Aufwendungen des Täters, Teilnehmers oder des anderen" **abzuziehen**, soweit sie nicht für die Tatbegehung bzw. -vorbereitung oder zur Erfüllung von Verbindlichkeiten gegenüber dem Verletzten der Tat erbracht wurden.

47 Was in einem konkreten Fall einzuziehen ist, muss damit in zwei Schritten bestimmt werden: Zunächst sind alle „**wirtschaftlich messbaren Vorteile**" zu erfassen, die der Einziehungsadressat durch die Tat erlangt hat. Dieses „Erlangte" ist anschließend mit **abzugsfähigen Aufwendungen** nach den Maßgaben des § 73 d zu verrechnen. Dabei gilt gem. § 73 d Abs. 1 S. 2 – in Anlehnung an den Rechtsgedanken des § 817 S. 2 BGB – ein **Abzugsverbot** für „bemakelte" Aufwendungen, die „für die Begehung der Tat oder für ihre Vorbereitung aufgewendet oder eingesetzt" wurden, „soweit es sich nicht um Leistungen zur Erfüllung einer Verbindlichkeit gegenüber dem Verletzten der Tat handelt." Auf diese Weise soll die Einziehung auf den Anteil des Erlangten beschränkt werden, der das Unwerturteil der Tat ausmacht und auch als „**realisierter Sondervorteil**" bezeichnet wird. Eingezogen werden sollen Vorteile, die der Tatteilnehmer oder Dritte nach dem **Schutzzweck der Strafnorm** nicht erlangen und behalten dürfen soll, weil sie von der Rechtsordnung als Ergebnis einer rechtswidrigen Vermögensverschiebung bewertet werden.[67] Ist ein Vorgang (wie z.B. ein Betäubungsmittelgeschäft) insgesamt verboten, kann der gesamte Erlös der Einziehung unterliegen.[68]

48 Wird nach § 73 Abs. 1 eine Einziehung von Taterträgen angeordnet, dann bezieht dies nicht per se **Nutzungen im Sinne der §§ 99, 100 BGB** ein. Deren Einziehung ist vielmehr gesondert anzuordnen.[69] Dies ermöglicht § 73 Abs. 2, wonach als „Tatertrag" auch eine aus dem Erlangten gezogene Nutzung als Gegenstand der Einziehung in Betracht kommt. Eingezogen werden können darüber hinaus gem. § 73 Abs. 3 auch **Surrogate des Erlangten**, d.h. Gegenstände, die durch Veräußerung des Erlangten, als Ersatz dafür oder aufgrund eines erlangten Rechtes erworben wurden[70]. Möglich ist unter den Voraussetzungen des § 73 c zudem eine – in der Praxis häufig vorkommende – **Einziehung des Wertes von Taterträgen** (d.h. die Einziehung eines Geldbetrages, der dem Wert des Erlangten entspricht), zum Beispiel wenn ein rechtswidrig erlangter Gegenstand wegen seiner Beschaffenheit nicht selbst eingezogen werden kann. Als Tatertrag im Sinne der §§ 73 ff. eingezogen werden kann – unter Einschluss von Nutzungen, Surrogaten und dem Wert des Tatertrages – folglich **alles, was als Vermögensvorteil aus einer rechtswidrigen Tat zugeflossen ist**, während weitere mittelbare Vorteile nicht erfasst sind. Erlangtes oder daraus gezogene Nutzungen sind dabei gem. § 73 Abs. 1 und 2 zwingend einzuziehen, wenn die Voraussetzungen dafür vorliegen. Hingegen besteht bei der Einziehung von Surrogaten gemäß § 73 Abs. 3 („kann") ein Ermessensspielraum (wie auch bei der Einziehung von Tatprodukten, Tatmitteln und Tatobjekten, vgl. § 74 Abs. 1).

3. Gewinnabschöpfung bei Ordnungswidrigkeiten

49 Eine Geldbuße „soll" gem. **§ 17 Abs. 4 S. 1 OWiG** den wirtschaftlichen Vorteil übersteigen, „den der Täter aus der Ordnungswidrigkeit gezogen hat", wofür das gesetzliche Höchstmaß der Geldbuße auch überschritten werden darf (s. § 17 Abs. 4 S. 2

---

67 BGH 19.1.2012 – 3 StR 343/11, BGHSt 57, 79; S.a. BGH 27.1.2010 – 5 StR 224/09, NJW 2010, 339; BGH 2.12.2005 – 5 StR 119/05, BGHSt 50, 299 (310).
68 BGH 27.1.2010 – 5 StR 224/09, NJW 2010, 339 (341).
69 BT-Drucks. 18/9525, S. 62.
70 Vgl. zum Begriff des Surrogats auch § 818 Abs. 1 BGB.

IV. Gewinn- bzw. Vermögensabschöpfung § 5

OWiG). Geldbußen können also mit einem – nach dem Nettoprinzip bestimmten[71] – Abschöpfungsanteil (s. § 17 Abs. 4 OWiG) verhängt werden, der als unselbstständiger Teil und Faktor bei der Bußgeldbemessung zu dem eigentlichen Sanktionsanteil (vgl. § 17 Abs. 3 OWiG) hinzukommt.[72] Für den Fall, dass keine Geldbuße festgesetzt wird, „kann" eine Einziehung des Wertes von Taterträgen unter den Voraussetzungen des § 29 a OWiG angeordnet werden. Diese Anordnung steht also im pflichtgemäßen Ermessen der Verwaltungsbehörde oder des Gerichts, ihre übrigen Voraussetzungen entsprechen strukturell den Vorgaben der §§ 73 ff. Insbesondere kommt als Adressat einer Einziehungsanordnung nach § 29 a OWiG gem. Abs. 2 S. 1 dieser Vorschrift – unter den gleichen Bedingungen wie bei § 73 Abs. 3 – jemand in Betracht, „**der nicht Täter ist**".

Eine Entziehung deliktisch erlangter wirtschaftlicher Vorteile bezweckt auch die **Unternehmensgeldbuße** gem. § 30 OWiG. Deshalb ist nach Abs. 5 dieser Vorschrift eine Einziehungsanordnung nach den §§ 73, 73 c StGB, 29 a OWiG neben der Verhängung einer Unternehmensgeldbuße ausgeschlossen. 50

Für die Gewinnabschöpfung bei **Kartellrechtsverstößen** gelten nach dem dabei maßgeblichen § 81 GWB Sonderregeln. So „kann" nach Abs. 5 S. 1 dieser Vorschrift über die Geldbuße der wirtschaftliche Vorteil abgeschöpft werden, während dies sonst bei Ordnungswidrigkeiten so sein „soll" (s. § 17 Abs. 4 OWiG) und Geldbußen wegen einer Kartellordnungswidrigkeit **rein ahndenden Charakter** haben[73]. Jedoch enthalten die §§ 34 Abs. 1 S. 1 und 34 a Abs. 1 GWB zusätzliche Möglichkeiten zur Abschöpfung von wirtschaftlichen Vorteilen eines Kartellrechtsverstoßes. 51

4. Abschöpfung des Mehrerlöses nach dem Wirtschaftsstrafgesetz

Eine „**Abschöpfung des Mehrerlöses**" als besondere Form der Vermögensabschöpfung ist im WiStrG vorgesehen. Dieses strafrechtliche Nebengesetz erfasst als Straftaten oder Ordnungswidrigkeiten unter anderem (in der Nachkriegszeit bedeutsame) Verstöße gegen Vorschriften, über die eine Grundversorgung der Bevölkerung im Spannungs- und Verteidigungsfall gewährleistet werden soll, aber auch Verstöße gegen Preisabsprachen oder Mietpreisüberhöhungen. Heute hat das WiStrG nur noch eine untergeordnete Bedeutung. 52

Sein § 8 sieht als Abschreckungsmittel zur Sicherung eines angemessenen Preisgefüges[74] die „**Abführung eines Mehrerlöses**" vor. Er tritt nach Abs. 4 dieser Norm an die Stelle einer Einziehung von Taterträgen nach den §§ 73 ff. StGB bzw. 29 a OWiG. Abzuführen ist gem. § 8 Abs. 1 S. 1 WiStrG der **Mehrerlös als Unterschiedsbetrag** zwischen dem zulässigen und dem erzielten (überhöhten) Preis, was vor allem der Abschreckung im Dienste der Sicherung eines angemessenen Preisgefüges dienen soll. Die Verpflichtung zur Abführung eines Mehrerlöses kann als Unternehmenssanktion auch juristische Personen oder Personengesellschaften treffen, wenn diese nämlich gem. § 10 Abs. 2 WiStrG Inhaber eines Betriebes sind, in dem die Anlasstat begangen wurde. 53

---

71 So die Mehrheitsauffassung, s. etwa BGH 18.5.2017 – 3 StR 103/17, BeckRS 2017, 115055; *Sackreuther*, in: BeckOK, OWiG, § 17, Rn. 120 f. m.w.N.
72 *Hellmann*, Wirtschaftsstrafrecht, Rn. 1125; *Wittig*, Wirtschaftsstrafrecht, § 9 Rn. 6.
73 BT-Drucks. 15/3640, S. 42.
74 OLG Karlsruhe 2.2.1982 – 3 REMiet 11/81, NJW 1982, 1161 (1162); *Wittig*, Wirtschaftsstrafrecht, § 10 Rn. 1 m.w. N.

Empfänger des Mehrerlöses ist das Land oder (auf dessen Antrag) der Geschädigte (s. § 9 Abs. 1 WiStrG).

5. Einstiegsfall: Möglichkeit der Gewinnabschöpfung

54 Gegen die A-GmbH kann nach den §§ 17 Abs. 4, 30 Abs. 3 OWiG eine Geldbuße mit einem Abschöpfungsanteil verhängt werden, der als unselbstständiger Teil und Faktor bei der Bußgeldbemessung zu dem eigentlichen (ahndenden) Sanktionsanteil (vgl. § 17 Abs. 3 OWiG) hinzukommt. Eine Einziehungsanordnung nach den §§ 73, 73c StGB, 29a OWiG ist hingegen im Falle der Verhängung einer Verbandsgeldbuße gem. § 30 OWiG nach Abs. 5 dieser Vorschrift ausgeschlossen. Wird keine Geldbuße festgesetzt, kommt eine Einziehung des Wertes von Taterträgen über § 29a OWiG in Betracht. Bei der Bestimmung des wirtschaftlichen Vorteils spricht zwar die intendierte Gleichstellung mit den §§ 73 ff. StGB für eine Anwendung des Bruttoprinzips. Der BGH und die überwiegende Meinung in der Literatur halten demgegenüber unter Hinweis auf den Wortlaut des § 17 Abs. 4 S. 1 OWiG und den Willen des historischen Gesetzgebers das Netto-Prinzip für maßgebend.[75] Danach sind von dem Erlangten die zur Erlangung eingesetzten Aufwendungen in Abzug zu bringen. Die verbleibende Differenz stellt dann den abzuschöpfenden wirtschaftlichen Vorteil dar.[76] Mögliche (zivilrechtliche) Erstattungsansprüche Dritter bleiben außer Betracht. Dies gilt auch dann, wenn § 30 OWiG (wie hier) auf der Tatbestandsseite nicht an eine Ordnungswidrigkeit, sondern an eine Kriminalstraftat anknüpft und somit eine strafrechtliche Bewertung von Unrecht und Schuld maßgeblich ist.[77] Eine Abschöpfung des wirtschaftlichen Gesamtvorteils, den die A-GmbH durch den Auftrag der Firma B erzielte, kommt hier also unter Abzug der zur Erlangung eingesetzten Aufwendungen in Betracht. Auf eventuelle Erstattungsansprüche der Firma B wegen der Umstände der Auftragserteilung kommt es dabei nicht an.

6. Wiederholungsfragen

55
1. Was ist die Grundidee, die hinter der Gewinn- bzw. Vermögensabschöpfung steht? *Rn. 38*
2. Können auch Taterträge von Ordnungswidrigkeiten abgeschöpft werden? *Rn. 39, 49 ff.*
3. Welchem Zweck dient eine „Abschöpfung des Mehrerlöses"? *Rn. 52 f.*
4. Bei welchen Straftaten kommt eine Einziehung von Taterträgen in Betracht? *Rn. 40*
5. Wie wird bestimmt, was in einem konkreten Fall einzuziehen ist? *Rn. 47*

Literaturtipps zur Vertiefung:

Bittmann, Vom Annex zur Säule: Vermögensabschöpfung als 3. Spur des Strafrechts, NZWiSt 2016, 131–138.

Gebauer, Reform der strafrechtlichen Vermögensabschöpfung, ZRP 2016, 101–104.

Lindemann/Ordner, Die Bestimmung des Verfallsgegenstands bei Wirtschaftsdelikten, Jura 2014, 18–27.

Schmidt, Ungelöste Probleme des Verfalls und vorläufiger Sicherungsmaßnahmen, NZWiSt 2015, 401–409.

---

75 BGH 18.5.2017 – 3 StR 103/17, BeckRS 2017, 115055; BGH 8.12.2016 – 5 StR 424/15, StV 2018, 43.
76 *Sackreuther*, in: BeckOK, OWiG, § 17, Rn. 120.
77 BGH 18.5.2017 – 3 StR 103/17, BeckRS 2017, 115055.

V. Verbandsgeldbußen

1. Geldbußen nach § 30 OWiG

a) Verhängung

§ 30 OWiG ermöglicht, unmittelbar gegen juristische Personen und Personenvereinigungen (Verbands-)Geldbußen zu verhängen. Die Zielsetzung dabei wird in **Ahndung bzw. Repression und Gewinnabschöpfung**[78], aber auch in der **Generalprävention** gesehen, indem Verbände zur Auswahl rechtstreuer Leitungspersonen angehalten werden sollen.[79]

aa) Adressaten einer Verbandsgeldbuße

Die möglichen **Adressaten** einer solchen Verbandsgeldbuße benennt § 30 Abs. 1 OWiG abschließend, nämlich juristische Personen (wie zum Beispiel eine GmbH, eine Genossenschaft oder ein eingetragener Verein), nicht rechtsfähige Vereine (beispielsweise Gewerkschaften oder politische Parteien) und rechtsfähige Personengesellschaften (etwa eine OHG oder KG). Auch **ausländische Unternehmen** kommen als Adressaten einer Geldbuße nach § 30 OWiG in Betracht, wenn ihre Unternehmensverfassung einer deutschen juristischen Person bzw. Personenvereinigung vergleichbar ist und die Anlasstat der deutschen Sanktionsgewalt unterliegt.[80] Ebenso kann eine Geldbuße – unter den Voraussetzungen des § 30 Abs. 2a OWiG – gegen den oder die **Rechtsnachfolger** einer juristischen Person bzw. eines Personenverbandes festgesetzt werden, wenn die Anlasstat nach Inkrafttreten der 8. GWB-Novelle am 1.7.2013 begangen wurde.[81] Dies soll Unternehmen erschweren, Bußgeldern durch Umstrukturierungsmaßnahmen zu entgehen.[82]

bb) Verbandsbezogene Anknüpfungstat

Stets setzt die Verhängung einer Geldbuße nach § 30 OWiG voraus, dass eine der in Abs. 1 genannten Unternehmensorgane oder -vertreter – aus der gleichen Personengruppe wie bei § 74e[83] – eine **(schuldhafte) Straftat** oder **(vorwerfbare) Ordnungswidrigkeit** begangen hat, durch die eine Pflicht der juristischen Person bzw. der Personenvereinigung verletzt oder die Person(envereinigung) bereichert wurde bzw. bereichert werden sollte. Die anlassgebende Straftat oder Ordnungswidrigkeit (auch: Anlasstat, Anknüpfungstat oder Bezugstat) muss also von einer – nicht unbedingt konkret identifizierten[84] – Leitungsperson i.S.d. § 30 Abs. 1 OWiG im Interesse bzw. im Namen „ihrer" juristischen Person oder Personengesellschaft begangen worden sein und damit **Verbandsbezug** haben. Dann kann die Anknüpfungstat dem Verband (über die Verlet-

---

78 S. dazu § 5 IV.
79 *Meyberg*, in: BeckOK, OWiG, § 30, Rn. 8 ff.; *Wittig*, Wirtschaftsstrafrecht, § 12 Rn. 9 jew. m.w. N.
80 S. dazu §§ 3 ff. StGB, 5 OWiG; OLG Celle 30.11.2001 – 322 Ss 217/01 (OWiz); *Kraatz*, Wirtschaftsstrafrecht, Rn. 117.
81 § 30 Abs. 2a OWiG wurde im Zuge der 8. GWB-Novelle vom 26.6.2013 (BGBl. I, S. 1738) eingeführt.
82 *Mühlhoff*, Lieber der Spatz in der Hand... oder: Nach der Novelle ist vor der Novelle! Zu den wesentlichen Änderungen des allgemeinen Ordnungswidrigkeitenrechts und des Kartellordnungswidrigkeitenrechts durch die 8. GWB-Novelle, NZWiSt 2013, 321 (323 f.).
83 S. dazu Abschnitt § 5 III. 2.
84 § 30 Abs. 1 OWiG verlangt, dass „jemand" als Organ oder Vertreter gehandelt hat, so dass nur die Zugehörigkeit des Akteurs zum Kreis der Leitungspersonen i.S.d. § 30 OWiG, nicht unbedingt seine konkrete Identität feststehen muss.

zung von verbandsbezogenen Pflichten oder eine Verbandsbereicherung) zugerechnet werden.

59 In dieser Zurechnung wird mehrheitlich auch das Regelungsanliegen des § 30 OWiG gesehen, der überwiegend als **Zurechnungsnorm** und nicht als eigener Ordnungswidrigkeitentatbestand interpretiert wird.[85]

60 Der Zurechnungsgrund einer Verletzung von verbandsbezogenen Pflichten bezieht sich dabei auf (betriebsbezogene) Pflichten, die den Verband als Normadressaten (etwa als Anlagenbetreiber, Arbeitgeber oder Exporteur) treffen und sich aus dem **besonderen Wirkungskreis des Betriebes** ergeben.[86] Diese Bedingungen können auch **Allgemeinpflichten** (wie etwa Verkehrssicherungspflichten) erfüllen, wenn sie im Zusammenhang mit der Betriebsführung stehen. In der Praxis wird vor allem dann nach § 30 OWiG zugerechnet, wenn eine Leitungsperson eine (ggf. nach § 14 StGB oder § 9 OWiG zugeordnete[87]) Aufsichtspflicht nach § 130 OWiG verletzt hat.[88]

61 Die Zurechnungsvariante der bewirkten oder angestrebten Bereicherung verlangt, dass ein **Vermögensvorteil** für den Verband **in unmittelbarem Zusammenhang** zur Anknüpfungstat eingetreten ist oder eintreten sollte. Eine bloße Kausalität zwischen Anlasstat und Bereicherung reicht dafür nicht aus, vielmehr bedarf es eines direkten und engen Zusammenhangs.[89]

62 Zugerechnet wird im Übrigen nur, wenn die Leitungsperson i.S. d. § 30 Abs. 1 OWiG die Anlasstat gerade **in Wahrnehmung ihrer Funktion** und nicht nur bei Gelegenheit ihrer Tätigkeit für das Unternehmen begangen hat. Zudem muss die Anknüpfungstat (so die Mehrheitsauffassung[90]) zumindest **auch im Interesse des Unternehmens** und nicht ausschließlich im Eigeninteresse des Täters begangen worden sein. Deshalb berücksichtigt § 30 OWiG keine Pflichtverletzungen, die gegen den eigenen Verband gerichtet sind.[91] Keine Bedingung für eine Zurechnung nach § 30 OWiG ist, dass die Anknüpfungstat geahndet wurde oder geahndet wird (vgl. § 30 Abs. 4 S. 1 OWiG).

cc) Ermessen

63 Im Einklang mit dem **Opportunitätsprinzip** (§ 47 OWiG) im Ordnungswidrigkeitenrecht stellt § 30 OWiG als „Kann"-Vorschrift die Verhängung einer Verbandsgeldbuße in das pflichtgemäße **Ermessen** des zuständigen Gerichts[92] bzw. der zuständigen Verwaltungsbehörde[93]. So kann beispielsweise Berücksichtigung finden, wenn der „Anlasstäter" (etwa als Geschäftsführer und gleichzeitig Gesellschafter einer GmbH) selbst am Gesellschaftsvermögen beteiligt ist und deshalb von einer Verbandsgeldbuße – zusätzlich zu einer Kriminalstrafe – wirtschaftlich getroffen würde.[94]

---

85 S. etwa BGH 5.12.2000 – 1 StR 411/00, BGHSt 46, 207 (211); *Meyberg*, in: BeckOK, OWiG, § 30, Rn. 16.
86 Dazu a. *Wittig*, Wirtschaftsstrafrecht, § 12 Rn. 19; *Kraatz*, Wirtschaftsstrafrecht, Rn. 118.
87 S. dazu § 2 IV. 2.
88 S. § 2 III. 3; S.a. *Tiedemann*, Die „Bebußung" von Unternehmen nach dem 2. Gesetz zur Bekämpfung der Wirtschaftskriminalität, NJW 1988, 1169–1174.
89 S.a. *Meyberg*, in: BeckOK, OWiG, § 30, Rn. 90; *Kraatz*, Wirtschaftsstrafrecht, Rn. 118; *Wittig*, Wirtschaftsstrafrecht, § 12 Rn. 20.
90 S. etwa BGH 18.7.1996 – 1 StR 386/96, NStZ 1997, 30.
91 *Helmrich*, Straftaten von Mitarbeitern zum Nachteil des „eigenen" Unternehmens als Anknüpfungstaten für eine Verbandsgeldbuße?, wistra 2010, 331–335; *Hellmann*, Wirtschaftsstrafrecht, Rn. 1146 f.
92 S. zur gerichtlichen Zuständigkeit etwa § 444 StPO.
93 Vgl. § 88 Abs. 2 OWiG.
94 Beispiel bei *Wittig*, Wirtschaftsstrafrecht, § 12 Rn. 23.

V. Verbandsgeldbußen

b) Bemessung

Für die Bemessung einer Unternehmensgeldbuße gilt § 30 Abs. 2 S. 2 OWiG, der unterschiedliche Bußgeldrahmen für vorsätzliche und fahrlässige Straftaten sowie für Ordnungswidrigkeiten vorhält.[95] Bei Ordnungswidrigkeiten bestimmt sich dabei grundsätzlich auch die **Obergrenze** einer Unternehmensgeldbuße gem. § 30 Abs. 2 S. 2 OWiG nach dem Bußgeldrahmen der Anknüpfungstat. Verweist der Bezugsbußgeldtatbestand allerdings auf § 30 Abs. 2 S. 3 OWiG, kann nach dieser Norm die Obergrenze der Unternehmensgeldbuße verzehnfacht werden. Eine solche Verzehnfachung ist wegen eines entsprechenden Verweises in § 130 Abs. 3 S. 2 OWiG beispielsweise bei Aufsichtspflichtverletzungen in Unternehmen möglich.

Die **konkrete Festsetzung** einer Geldbuße innerhalb des maßgeblichen Bußgeldrahmens richtet sich **nach den allgemeinen Kriterien** (s. § 17 Abs. 3 OWiG), soweit diese auf Verbände anwendbar sind. Dazu gehören zum Beispiel der Unrechtsgehalt der Anknüpfungstat oder verbandsbezogene Umstände wie wirtschaftliche Verhältnisse oder Organisationsmängel.

§ 30 Abs. 3 OWiG verweist auf § 17 Abs. 4 OWiG, dem Unternehmen sollen mit einer Verbandsgeldbuße also auch durch die Anlasstat erlangte wirtschaftliche Vorteile entzogen werden. Diese Vorteile stellen rechnerisch die untere Grenze der Geldbuße dar.[96] Die **zusätzliche Verhängung einer Einziehungsanordnung** nach den §§ 73, 73c neben einer Verbandsgeldbuße nach § 30 OWiG ist hingegen nach Abs. 5 dieser Vorschrift **ausgeschlossen**.

2. Geldbußen bei Kartellrechtsverstößen

a) Unternehmensgeldbußen nach dem GWB

Rechtsfolgen der Ordnungswidrigkeiten nach den § 81 Abs. 1 bis 3 GWB sind in den **Abs. 3a bis 6 des § 81 GWB** bestimmt. Ahndende Sanktionen sind dabei auch hier Geldbußen.[97] Mit der Zumessung einer solchen Geldbuße befasst sich dabei § 81 Abs. 4 und 4a GWB, während § 81 Abs. 5 GWB in Verbindung mit § 17 Abs. 4 OWiG die **Abschöpfung** des aus der Tat gezogenen wirtschaftlichen Vorteils ermöglicht. Wird dieser Vorteil bei Kartellrechtsverstößen nicht mit einer Geldbuße abgeschöpft (vgl. § 81 Abs. 5 S. 2 GWB), kommt eine **Gewinnabschöpfung nach § 34 GWB** in Betracht. § 81 Abs. 6 GWB sieht kraft Gesetzes die Verzinsung einer Unternehmensgeldbuße aus einem noch nicht rechtskräftigen Bußgeldbescheid vor, damit Unternehmen nicht allein zur Erlangung von Zinsvorteilen die Vollstreckbarkeit von Bußgeldbescheiden (etwa durch Einsprüche dagegen) verzögern.[98]

Beim Blick auf die in § 81 Abs. 4 GWB angedrohten Konsequenzen wird deutlich, dass die in § 81 Abs. 1 und Abs. 2 Nr. 1, 2 a und Nr. 5 sowie Abs. 3 des § 81 GWB erfassten Normübertretungen vom Gesetzgeber als **besonders gravierend** angesehen werden. In den genannten Fällen kann nämlich mit Geldbußen in Höhe von bis zu 1 Mio. EUR geahndet werden. Für die Bemessung von Unternehmens- bzw. Verbandsgeldbußen wegen der genannten Kartellordnungswidrigkeiten gilt sogar gem. § 81 Abs. 4 S. 2

---

95 Für Unternehmensgeldbußen wegen Kartellordnungswidrigkeiten gelten die speziellen Vorgaben des § 81 Abs. 4 S. 2 GWB; s. § 5 V. 2.
96 *Meyberg*, in: BeckOK, OWiG, § 30, Rn. 98.
97 *Achenbach*, in: Achenbach/Ransiek/Rönnau (Hrsg.): Handbuch Wirtschaftsstrafrecht, III. 6., Rn. 40.
98 RegE 7. GWB-Novelle, BT-Drucks. 15/3640, S. 42 und S. 91 Nr. 20.

GWB eine umsatzbezogene Bußgeldobergrenze von 10 % des „Gesamtumsatzes", den der Bußgeldadressat im Jahr vor der Behördenentscheidung erzielt hat. Damit wird hier der Bußgeldrahmen des § 30 Abs. 2 OWiG modifiziert, im Übrigen bleibt § 30 Abs. 1 OWiG die Grundlage für die Verhängung einer Unternehmensgeldbuße.[99] Mit Gesamtumsatz ist dabei gem. § 81 Abs. 4 S. 3 GWB der weltweite Umsatz aller natürlichen und juristischen Personen sowie Personenvereinigungen gemeint, die als **wirtschaftliche Einheit** operieren. Dass hier kein fester Betrag, sondern ein (variabler) Umsatz die Bußgeldobergrenze bildet[100], widerspricht nach Auffassung von BGH und Bundeskartellamt nicht dem Bestimmtheitsgebot.[101] In den übrigen Fällen kommt gem. § 81 Abs. 4 S. 5 GWB (lediglich) eine Geldbuße von bis zu 100.000 EUR in Betracht. Für die Bemessung des ahndenden Teils von Geldbußen bei Kartellrechtsverstößen hat das Bundeskartellamt auf Grundlage des § 81 Abs. 7 GWB Bußgeldleitlinien[102] erlassen.

69 § 81 Abs. 4 GWB sieht also sowohl die Verhängung eines Bußgeldes **gegen natürliche Personen** (vgl. §§ 9, 130 OWiG[103]) als auch **gegen Unternehmensträger** (§ 30 OWiG) vor. Geldbußen sollen größtenteils sogar vorrangig die Unternehmen und nur sekundär natürliche Personen treffen.[104] Eine direkte strafrechtliche Verantwortlichkeit von Unternehmen ist im deutschen Ordnungswidrigkeitenrecht allerdings nicht vorgesehen. Hier besteht einzig die Möglichkeit, wegen des Fehlverhaltens eines Unternehmensvertreters (nicht des Unternehmens) eine Unternehmensgeldbuße nach § 30 OWiG zu verhängen bzw. dem Unternehmensvertreter unter den Voraussetzungen des § 9 OWiG („Handeln für einen anderen") die Pflichten des Unternehmens zuzurechnen.[105]

70 Dabei haften nach § 81 Abs. 3 a GWB nunmehr im Fall von **Kartellrechtswidrigkeiten** auch „weitere juristische Personen oder Personenvereinigungen, die das Unternehmen zum Zeitpunkt der Begehung der Ordnungswidrigkeit gebildet haben und die auf die juristische Person oder Personenvereinigung, deren Leitungsperson die Ordnungswidrigkeit begangen hat, unmittelbar oder mittelbar einen bestimmenden Einfluss ausgeübt haben". § 81 Abs. 3 a GWB fasst damit unterschiedliche Akteure (normativ) zu einer wirtschaftlichen Einheit zusammen, die als tatverantwortlich und sanktionstauglich behandelt wird. Darin liegt eine **Übernahme des europäischen Unternehmensbegriffs** bzw. Zurechnungskonzepts unter Aufgabe des konzernrechtlichen Trennungsprinzips. Muttergesellschaften können nunmehr aufgrund gesellschaftsrechtlicher Verbindung Sanktionsadressaten sein, wenn aus einer ihrer Tochtergesellschaften heraus eine Kartellrechtswidrigkeit begangen wurde, ohne dass ein eigenes Fehlverhalten von Mitarbeitern der Muttergesellschaft erforderlich ist. Die dem „Täterunternehmen" zu-

---

99 S.a. *Hellmann*, Wirtschaftsstrafrecht, Rn. 1142 m.w. N.
100 Am Vorjahresumsatz orientiert sich beispielsweise auch die Bußgeldobergrenze nach § 120 Abs. 18 S. 2 Nr. 1 WpHG oder nach § 39 WpHG.
101 BGH 26.2.2013 – KRB 20/12; BGHSt 58, 158; a.A. *Heinichen*, Auslegung des Kartellrechts – zugleich Anmerkung zu BGH Beschl. v. 26.2.2013 – KRB 20/12. NZWiSt 2013, 161 ff.; s. zur Verfassungsmäßigkeit der Bußgeldobergrenze a. BGH 17.7.2013 – 2 StR 255/13, BGHSt 59, 1; *Brettel*, Aktuelle Rechtsprechung zur Bebußung von Kartellordnungswidrigkeiten. In: Zeitschrift für Wettbewerbsrecht, ZWeR 2013, 200–229; *Brettel/Thomas*, Unternehmensbußgeld, Bestimmtheitsgrundsatz und Schuldprinzip im novellierten deutschen Kartellrecht, ZWeR 2009, 25–64.
102 S. Leitlinien für die Bußgeldzumessung in Kartellordnungswidrigkeitenverfahren vom 25.6.2013.
103 S. dazu § 2, Rn. 27 ff.
104 *Kling/Thomas*, Kartellrecht, § 19, Rn. 243.
105 Näher dazu § 2, Rn. 25 ff.; s.a. *Beck/Valerius*, Fälle zum Wirtschaftsstrafrecht, München 2009, Fall 4, Rn. 54. Zur – gerade im Kartellrecht bedeutsamen – Rechtsnachfolgehaftung s. den neu eingefügten § 30 Abs. 2 OWiG.

V. Verbandsgeldbußen § 5

zurechnende Ordnungswidrigkeit löst also eine **gemeinschaftliche Bußgeld-Verantwortlichkeit** aus, bei der auch ein „rechtmäßiges Alternativverhalten" der Obergesellschaft nicht zum Haftungsausschluss führt. Dies ist allerdings mit Blick auf Fundamentalprinzipien der Sanktionierung **hochproblematisch**. Insbesondere verlieren „verklammerte" Organisationseinheiten nicht wegen der Zugehörigkeit zu einer wirtschaftlichen Einheit anerkannte Rechtspositionen (wie etwa ihren Grundrechtsstatus). Sie können sich deshalb beispielsweise auf das Verantwortungsprinzip berufen, wonach nur Tatverantwortliche auch Adressaten einer Sanktion sein dürfen.[106]

b) Unternehmensgeldbußen nach Art. 23 der Verordnung (EG) Nr. 1/2003

Auch von europaweit geltenden Maßgaben werden Geldbußen angedroht und verhängt, um Unternehmen bzw. Unternehmensvereinigungen zur Einhaltung der kartellrechtlichen Vorgaben anzuhalten.[107] Dabei können Geldbußen nach **Art. 23 der Verordnung (EG) Nr. 1/2003** (nachfolgend: „VO 1/2003") bei Kartellrechtsverstößen nur gegen Unternehmen und Unternehmensvereinigungen, **nicht gegen natürliche Personen** verhängt werden. Dies gründet auf der – von der deutschen Rechtsordnung abweichenden – Vorstellung, dass Unternehmen selbst schuldfähig und ihre Handlungen in Tätigkeiten zu sehen sind, die natürliche Personen im Rahmen der vom Unternehmen eingeräumten Befugnisse vollziehen. Diese Tätigkeiten werden dem Unternehmen bzw. der Unternehmensvereinigung **direkt zugerechnet**, ohne dass auf Regelungen wie in den §§ 9, 30, 130 OWiG[108] zurückgegriffen werden muss. 71

Über die Rechtsnatur der Geldbußen nach Art. 23 VO 1/2003 wird **gestritten**, mehrheitlich werden sie als Sanktionen des Ordnungswidrigkeitenrechts eingeordnet.[109] Auch hier gilt ein umsatzbezogener Bußgeldrahmen, der im Einzelfall von der EU-Kommission in Orientierung an Schwere und Dauer der Zuwiderhandlung konkretisiert wird. Dabei unterscheidet Art. 23 VO 1/2003 (wie auch Art. 81 Abs. 4 GWB) zwischen **leichten und schweren Kartellordnungswidrigkeiten** mit unterschiedlichen Bußgeldrahmen. Für Verletzungen des materiellen Kartellrechts (Art. 101 Abs. 1, 102 AEUV) sowie Verstöße gegen Entscheidungen nach Art. 8 und 9 VO 1/2003 sind gem. Art. 23 II VO 1/2003 Geldbußen in Höhe von bis zu 10 % jenes Gesamtumsatzes vorgesehen, der von dem einzelnen an der Zuwiderhandlung beteiligten Unternehmen im letzten Geschäftsjahr erzielt wurde.[110] Nach Abs. 1 des Art. 23 VO 1/2003 werden vorsätzliche und fahrlässige Verfahrensverstöße hingegen mit Geldbußen von bis zu einem Prozent des im vorausgegangenen Geschäftsjahr erzielten Gesamtumsatzes geahndet. 72

3. Einstiegsfall: Festsetzung einer Verbandsgeldbuße

Gegen die A-GmbH kann eine Geldbuße nach § 30 Abs. 1 OWiG festgesetzt werden. Denn A war zum Zeitpunkt der Tat als Geschäftsführer vertretungsberechtigtes Organ 73

---

106 S. zum Ganzen *Brettel/Thomas*, Der Vorschlag einer bußgeldrechtlichen „Konzernhaftung" nach § 81 Abs. 3 a RefE 9. GWB-Novelle, WUW 2016, S. 336 ff.
107 Erwägungsgrund 29 VO 1/2003; Lettl, Kartellrecht, § 4, Rn. 20.
108 S. dazu § 2 IV. 2. und 3.
109 S. *Hellmann*, Wirtschaftsstrafrecht, Rn. 1166 m.w. N.
110 Zu Einwänden dagegen s. *Brettel/Thomas*, Unternehmensbußgeld, Bestimmtheitsgrundsatz und Schuldprinzip, ZWeR 2009, 25 ff.

der A-GmbH (§ 30 Abs. 1 Nr. 1). Sie wurde durch die Straftat von A auch bereichert, darüber hinaus verletzte A mit seiner Bestechungshandlung betriebsbezogene Pflichten.

4. Wiederholungsfragen

74
1. Mit welchem Ziel werden Geldbußen nach § 30 OWiG verhängt? *Rn. 56*
2. Wer kommt als Adressat einer Geldbuße nach § 30 OWiG in Betracht? *Rn. 57*
3. Unter welchen Voraussetzungen muss ein Verband mit einer Geldbuße nach § 30 OWiG rechnen? *Rn. 58 ff.*
4. Wie werden Verbandsgeldbußen nach § 30 OWiG bemessen? *Rn. 64 ff.*
5. Wie werden Verbandsgeldbußen bei Kartellordnungswidrigkeiten bemessen? *Rn. 67 ff.*
6. Welche, vom Verständnis der nationalen Rechtsordnung abweichende Vorstellung liegt der Verhängung von Unternehmensgeldbußen nach Art. 23 der Verordnung (EG) Nr. 1/2003 zugrunde? *Rn. 71*

Literaturtipps zur Vertiefung:
Eidam, Die Verbandsgeldbuße des § 30 Abs. 4 OWiG – eine Bestandsaufnahme, wistra 2003, 448–456.
Krumm, Gewinnabschöpfung durch Geldbuße, NJW 2011, 196–197.
Laue, Die strafrechtliche Verantwortlichkeit von Verbänden, Jura 2010, 339–346.
Noak, Einführung ins Ordnungswidrigkeitenrecht – Teil 2 Rechtsfolgen, ZJS 2012, 329–334.
Theile/Petermann, Die Sanktionierung von Unternehmen nach dem OWiG, JuS 2011, 496–501.
Tiedemann, Die „Bebußung" von Unternehmen nach dem 2. Gesetz zur Bekämpfung der Wirtschaftskriminalität, NJW 1988, 1169–1174.
Többens, Die Bekämpfung der Wirtschaftskriminalität durch die Troika der §§ 9, 130 und 30 des Gesetzes über Ordnungswidrigkeiten, NStZ 1999, 1–8.
Trüg, Die Verbandsgeldbuße gegen Unternehmen, ZWH 2011, 6–13.
Weck, Sanktionen für Unternehmen: Theorie und Praxis, wistra 2017, 169–174.

Definitionen

Tatbestandsmerkmal	Definition
§ 263	
Täuschung	Als Täuschung gilt ein Verhalten mit Erklärungswert, das im Wege einer Einwirkung auf das intellektuelle Vorstellungsbild eines anderen Menschen eine Fehlvorstellung über Tatsachen erregen oder unterhalten soll. *§ 3, Rn. 6*
Tatsache	Unter Tatsache versteht man einen konkreten Vorgang oder Zustand der Vergangenheit oder Gegenwart, der objektiv bestimmbar und dem Beweis zugänglich ist. *§ 3, Rn. 7*
Irrtum	Irrtum ist nach h.M. eine Fehlvorstellung über Tatsachen. *§ 3, Rn. 24*
Vermögensverfügung	Als Vermögensverfügung gilt jedes kausal auf dem tatbestandsrelevanten Irrtum beruhende rechtliche oder tatsächliche Handeln, Dulden oder Unterlassen, das unmittelbar zu einer Vermögensminderung führt. *§ 3, Rn. 33*
Vermögensschaden	Mit Vermögensschaden i.S.d. § 263 ist eine objektive Minderung des Gesamtvermögens infolge der täuschungsbedingten Vermögensverfügung gemeint. *§ 3, Rn. 46*
Vermögensvorteil	Vermögensvorteil ist jede Verbesserung der Vermögenslage, die der Täter für sich (eigennützig) oder einen Dritten (fremdnützig) anstrebt. *§ 3, Rn. 73*
§ 263 a	
Daten	Mit Daten sind Informationen gemeint, die von einem Computer gelesen und verarbeitet werden können. *§ 3, Rn. 130*
Datenverarbeitung	Datenverarbeitung i.S.d. § 263 a ist ein technischer Vorgang, der durch Aufnahme von Daten und ihre Verknüpfung nach Programmen Arbeitsergebnisse erzielt. Dabei werden nur Datenverarbeitungsvorgänge in EDV-Systemen einbezogen, nicht auch rein mechanische Abläufe (wie bspw. bei Warenautomaten). *§ 3, Rn. 131*
Programm	Mit „Programm" wird eine durch Daten fixierte Anweisung an einen Computer bezeichnet. *§ 3, Rn. 136*
Programmgestaltung	Bei einer „Gestaltung" wird ein Programm ganz oder zum Teil neu geschrieben, verändert oder gelöscht. *§ 3, Rn. 137*
Unrichtige Daten	Unrichtig sind Daten, wenn der durch sie bezeichnete Sachverhalt in Wahrheit nicht oder anders gegeben ist. *§ 3, Rn. 142*
Unvollständige Daten	Als unvollständig gelten solche Daten, die den relevanten Sachverhalt nicht ausreichend erkennen lassen, d.h. bedeutsame Informationen unberücksichtigt lassen. *§ 3, Rn. 143*
§ 264	
Betrieb	Mit Betrieb bzw. Unternehmen ist eine – nicht nur vorübergehende – Zusammenfassung von mehreren Personen unter einer Leitung gemeint, bei der Sachmittel in gewissem räumlichen Zusammenhang zur Erreichung eines bestimmten (nicht stets wirtschaftlichen) Zweckes eingesetzt werden. *§ 3, Rn. 173*

Definitionen

Tatbestandsmerkmal	Definition
Wirtschaft	Wirtschaft i.S. d. § 264 meint alle unternehmerisch betriebenen Einrichtungen zur Erbringung von Leistungen, die der Erfüllung materieller menschlicher Bedürfnisse dienen. *§ 3, Rn. 180*
Leichtfertiges Handeln	Leichtfertiges Handeln ist ein besonders gleichgültiges oder grob unachtsames Verhalten bzw. – in anderer Umschreibung – eine Außer-Acht-Lassung der erforderlichen Sorgfalt in besonders hohem Maße. *§ 3, Rn. 226*
Grober Eigennutz	Grober Eigennutz setzt voraus, dass der Täter in besonders anstößigem Maße nach einem eigenen Vorteil strebt. *§ 3, Rn. 235*
§ 264 a	
Unternehmensbeteiligung	Unternehmensbeteiligung ist eine Anlageform, mit der ein Anleger entweder selber einen Gesellschaftsanteil an dem Unternehmen erwirbt oder in eine sonstige – unmittelbare – Rechtsbeziehung zum Unternehmen tritt, die ihm eine Beteiligung am Ergebnis dieses Unternehmens verschafft. *§ 3, Rn. 251*
Prospekt	Mit Prospekt ist ein Schriftstück gemeint, das auf Investitionsentscheidungen gerichtet ist und den Eindruck vermitteln soll, sämtliche Angaben zu enthalten, die für die Beurteilung der fraglichen Kapitalanlage erforderlich sind. *§ 3, Rn. 256*
Verschweigen	Verschweigen ist das Unterlassen einer Mitteilung, also ein Nichtsagen bzw. Verheimlichen. *§ 3, Rn. 268*
Vertrieb	Vertrieb ist eine Tätigkeit, die auf die Veräußerung einer Vielzahl von Anlageobjekten gerichtet ist, also nicht die Abgabe eines einzelnen und individuell zugeschnittenen Angebots. *§ 3, Rn. 279*
Kapitalerhöhungsangebot	Kapitalerhöhungsangebot ist eine Kapitalsammelmaßnahme, welche die Erhöhung einer finanziellen Beteiligung und somit Personen betrifft, die bereits Kapitalanteile erworben haben. *§ 3, Rn. 279*
§ 265 b	
Kredit	Kredit ist ein Rechtsgeschäft, durch das einem Kreditnehmer Geld oder geldwerte Mittel zeitweise zur Verfügung gestellt werden, z.B. ein Gelddarlehen (d.h. die vertraglich vereinbarte Überlassung von Geld, das nach einer bestimmten Zeit zurückzuzahlen ist). *§ 3, Rn. 294*
Akzeptkredit	Kredit, bei dem sich ein Kreditinstitut für einen Kunden durch Wechselakzept verpflichtet. *§ 3, Rn. 295*
Antrag	Als „Antrag" i.S.d. § 265 b Abs. 1 gilt jede auf Erlangung einer Kreditzusage oder Kreditgewährung gerichtete (ausdrückliche oder konkludente) Erklärung, durch die der Kreditgeber seinerseits zu einer für ihn bereits bindenden Erklärung veranlasst werden soll. *§ 3, Rn. 308*
Vorteilhafte Angaben	Vorteilhaft sind jene Angaben oder Unterlagen, die objektiv geeignet sind, die konkreten Aussichten des Kreditantrags zu verbessern. *§ 3, Rn. 312*
Vorlegen von Unterlagen	Vorgelegt werden Unterlagen, wenn sie dem Kreditgeber unter ausdrücklicher oder konkludenter Bezugnahme auf den Antrag zugänglich gemacht werden. *§ 3, Rn. 317*

Definitionen

Tatbestandsmerkmal	Definition
§ 266	
Fremdes Vermögen	Vermögen, das – zumindest auch – im Eigentum einer anderen (natürlichen oder juristischen) Person steht. *§ 3, Rn. 356*
Missbrauch einer Verpflichtungs- oder Verfügungsbefugnis	Missbraucht wird eine Verpflichtungs- oder Verfügungsbefugnis, wenn der Täter nach außen hin rechtswirksam tätig wird und dabei im Innenverhältnis Beschränkungen missachtet, d.h. im Rahmen eines rechtlichen „Könnens" im Außenverhältnis bewusst die Grenze eines „Dürfens" im Innenverhältnis überschreitet. *§ 3, Rn. 377*
Vermögensnachteil	Vermögensnachteil i.S.d. § 266 ist jede durch die Tathandlung verursachte Vermögenseinbuße. *§ 3, Rn. 402*
§ 299	
Angestellter	Angestellter ist, wer in einem Dienstverhältnis zum Geschäftsherren steht und weisungsgebunden ist. *§ 3, Rn. 531.*
Annehmen	Annehmen bedeutet die tatsächliche Entgegennahme eines Vorteils. *§ 3, Rn. 501.*
Beauftragter	Beauftragter ist nach dem Wortlaut, wem eine Aufgabe zur Erledigung übertragen wurde. *§ 3, Rn. 534.*
Fordern	Unter Fordern versteht man das einseitige Verlangen einer Leistung. *§ 3, Rn. 501.*
Unternehmen	Unter einem Unternehmen versteht man jede auf Dauer betriebene Tätigkeit im Wirtschaftsleben, die den Austausch von Leistung und Gegenleistung zum Gegenstand hat, ohne dass es auf eine Gewinnerzielungsabsicht ankommt. *§ 3, Rn. 529.*
Sich-Versprechen-Lassen	Der Täter lässt sich einen Vorteil versprechen, wenn er ein Angebot einer späteren Leistung annimmt. *§ 3, Rn. 501.*
Unrechtsvereinbarung	Der Vorteil muss als Gegenleistung für eine künftige unlautere Bevorzugung im Wettbewerb gefordert, angeboten oder gewährt werden. *§ 3, Rn. 538.*
Vorteil	Jede Leistung, auf die kein Anspruch besteht und welche die wirtschaftliche, rechtliche oder auch nur persönliche Lage objektiv verbessert. Auch Drittvorteile sind erfasst. *§ 3, Rn. 495.*
§§ 331, 333	
Amtsträger	Amtsträger i.S.d. § 11 Abs. 1 Nr. 2 c ist derjenige, der in einer staatlich gelenkten Organisation Aufgaben der Eingriffs- oder Leistungsverwaltung (z.B. Daseinsvorsorge) aufgrund längerfristiger Tätigkeit oder organisatorischer Eingliederung in die Behörden- oder Unternehmensstruktur wahrnimmt. *§ 3, Rn. 492.*
Dienstausübung	Dem Bereich der Dienstausübung unterfallen alle Tätigkeiten, die zu den dienstlichen Obliegenheiten gehören und in amtlicher Eigenschaft vorgenommen werden. *§ 3, Rn. 503.*
Dienstherrengenehmigung	Nach h.M. ein Rechtfertigungsgrund. *§ 3, Rn. 509.*
Tathandlungen i.S.d. §§ 331, 333	Siehe § 299
Unrechtsvereinbarung	Siehe § 299

Definitionen

Tatbestandsmerkmal	Definition
§ 335	
Fortgesetzte Annahme von Vorteilen, § 335 Abs. 2 Nr. 2	Vorausgesetzt wird eine mindestens dreimalige Vorteilsannahme. *§ 3, Rn. 521.*
Vorteil großen Ausmaßes, § 335 Abs. 2 Nr. 1	Je nach Auffassung ab 10.000 EUR, 25.000 EUR oder 50.000 EUR. *§ 3, Rn. 520.*
§ 143 MarkenG	
Geschäftliche Bezeichnungen, § 143 Abs. 1 Nr. 4 und 5	Hierunter versteht man Unternehmenskennzeichen (Firma, besondere Bezeichnung eines Geschäftsbetriebes) und Werktitel (Bezeichnung von Druckschriften, Film-, Ton- und Bühnenwerken oder Computerprogrammen). *§ 3, Rn. 673.*
Gewerbsmäßigkeit, § 143 Abs. 2	Setzt voraus, dass sich der Täter durch wiederholte Kennzeichenverletzung eine fortlaufende Einnahmequelle von einigem Umfang und einiger Dauer verschaffen will. *§ 3, Rn. 675.*
Handeln im geschäftlichen Verkehr	Jede wirtschaftliche Tätigkeit auf dem Markt, die kein rein privates, amtliches oder geschäftsinternes Verhalten ist und der Förderung eines eigenen oder fremden Geschäftszwecks zu dienen bestimmt ist. *§ 3, Rn. 665.*
Widerrechtliche Benutzung der Marke oder der geschäftlichen Bezeichnung	Ist zu bejahen wenn, ■ der Benutzer nicht Rechtsinhaber ist und für seine Benutzung keine Zustimmung vom Berechtigten nachweisen kann ■ der Benutzer eine Lizenz besitzt, jedoch die darin erlaubte Produktionsmenge überschreitet und die Überschussproduktion selbst vermarktet ■ die Benutzung nicht durch die Schutzschranken der §§ 20–25 MarkenG erlaubt ist. *§ 3, Rn. 666.*
§ 16 UWG	
Angaben	Behauptung von Tatsachen, also vergangener oder gegenwärtiger Geschehnisse oder Zustände. *§ 3, Rn. 624.*
Irreführend	Es genügt die Eignung zur Irreführung. Sie liegt vor, wenn die Gefahr besteht, bei einem nicht unerheblichen Teil des mit der Werbung angesprochenen Verkehrskreises Fehlvorstellungen hervorzurufen, die für den Entschluss, die beworbene Ware oder Dienstleistung zu kaufen bzw. in Anspruch zu nehmen, von maßgeblicher Bedeutung sind. *§ 3, Rn. 627.*
Öffentliche Bekanntmachungen	Öffentliche Bekanntmachungen sind Mitteilungen, die von einem unbestimmten Personenkreis wahrgenommen werden können. *§ 3, Rn. 628.*
Unwahr	Unwahr ist eine Angabe, wenn die ihr durch Auslegung zu entnehmende Tatsachenbehauptung einen objektiven Widerspruch zur Realität aufweist. *§ 3, Rn. 625.*
Vorteile, § 16 Abs. 2	Gemeint sind besondere Vermögenswerte. Jene, die nicht geeignet sind, zur Teilnahme am System progressiver Kundenwerbung zu motivieren, sind ausgeschlossen. *§ 3, Rn. 635.*
Werben	Äußerung der Angaben zu Zwecken des Wettbewerbs im geschäftlichen Verkehr. *§ 3, Rn. 627.*

Definitionen

Tatbestandsmerkmal	Definition
Art. 101 AEUV	
Unternehmen	Unternehmen sind natürliche oder juristische Personen sowie rechtsfähige Personengesellschaften, die sich selbstständig im weitesten Sinne wirtschaftlich betätigen, indem sie als Anbieter oder Nachfrager von Waren oder Dienstleistungen gegen Entgelt am Wirtschaftsleben beteiligt sind. *§ 3 Rn. 694.*
Unternehmensvereinigung	Eine Unternehmensvereinigung ist jeder beliebig strukturierte Zusammenschluss mehrerer Unternehmen, der unter anderem zur Wahrnehmung der Mitgliederinteressen herbeigeführt wurde. Darunter kann jede verbandsmäßige Organisation von Unternehmen fallen, ohne dass es auf die gewählte Rechtsform oder die Art und Weise des Zu-Stande-Kommens ankommt. *§ 3 Rn. 698.*
Vereinbarung	Eine Vereinbarung ist jede Verständigung über eine wettbewerbsbeschränkende Praxis. *§ 3 Rn. 696.*
Beschluss	Ein Beschluss ist jeder Gesamtwille, der im Wege des organisationsrechtlich vorgesehenen Verfahrens zustande kommt und für die Mitglieder der Unternehmensvereinigung faktisch verbindlich ist. *§ 3 Rn. 698.*
Wettbewerbsbeschränkung	Eine Wettbewerbsbeschränkung liegt vor, wenn wenigstens eines der beteiligten Unternehmen seine wirtschaftliche Handlungsfreiheit am Markt einschränkt. Davon wiederum ist auszugehen, wenn zwar im Rechtssinne eine unternehmerische Entschließungsfreiheit besteht, der Gebrauch dieser Freiheit aber – wegen vertraglicher oder anderweitiger Bindungen – zu wirtschaftlichen Nachteilen führt. *§ 3 Rn. 702.*
Bezwecken	Bezweckt ist eine Wettbewerbsbeschränkung, wenn das fragliche Verhalten typischerweise Nachteile für den Wettbewerb auf dem relevanten Markt hat. *§ 3 Rn. 704.*
Art. 102 AEUV	
Marktbeherrschende Stellung	Ein Unternehmen beherrscht den relevanten Markt, wenn es auf diesem relevanten Markt als Anbieter oder Nachfrager keine Wettbewerber hat, keinem wesentlichen Wettbewerb ausgesetzt ist oder eine überragende Marktstellung im Verhältnis zu seinen Wettbewerbern innehat. *§ 3 Rn. 722.*
Missbräuchliches Ausnutzen	Missbräuchlich ausgenutzt wird eine marktbeherrschende Stellung, wenn sie ohne sachlichen Grund für ein wettbewerbsschädliches Verhalten instrumentalisiert wird. Dies kann sowohl auf Anbieter- als auch Nachfragerseite geschehen. *§ 3 Rn. 723.*
§ 23 GeschGehG	
Anvertraut	Ist ein Geheimnis dem Täter dann, wenn er es vom Unternehmensinhaber oder einer für ihn beschäftigten Person erfahren hat und aus der Mitteilung hervorging, dass eine Geheimhaltung erfolgen soll. *§ 3, Rn. 595.*
Bei einem Unternehmen beschäftigte Person	Als bei einem Unternehmen beschäftigt ist jede weisungsgebundene natürliche Person anzusehen, wobei es auf die Entgeltlichkeit der Tätigkeit nicht ankommt. *§ 3, Rn. 596.*
Berechtigtes Geheimhaltungsinteresse, § 2 Nr. 1 lit. c GeschGehG	Zu bejahen, wenn die Preisgabe des Geheimnisses Nachteile im Wettbewerb für das Unternehmen befürchten lässt. *§ 3, Rn. 585.*

Definitionen

Tatbestandsmerkmal	Definition
Geschäftsgeheimnis, § 2 GeschGehG	Ein Geschäftsgeheimnis ist jede Information, die geheimen Bezug zur wirtschaftlichen Tätigkeit eines Unternehmens aufweist, tatsächlich geheim ist und der Unternehmer bezüglich der Tatsache ein berechtigtes wirtschaftliches Geheimhaltungsinteresse sowie einen erkennbaren Geheimhaltungswillen hat. *§ 3, Rn. 579.*
Im Rahmen des Dienstverhältnisses	Das Dienstverhältnis muss für die Zugänglichkeit des Geheimnisses ursächlich sein. *§ 3, Rn. 596.*
Nicht allgemein bekannt, § 2 Nr. 1 lit. a GeschGehG	Eine Information ist nicht allgemein bekannt, wenn der Personenkreis, der sie kennt oder Zugang zu ihr hat, aufgrund seiner Überschaubarkeit und Begrenztheit ein allgemeines Bekanntwerden nicht erwarten lässt. *§ 3, Rn. 580.*
Erlangung durch Kopieren, § 4 I Nr. 1 Var. 3 GeschGehG	Der Täter erlangt ein Geschäftsgeheimnis durch Kopieren, wenn er einen Geheimnisträger körperlich vervielfältigt. *§ 3, Rn. 589.*
Erlangung durch unbefugten Zugang bzw. unbefugte Aneignung, § 4 I Nr. 1 Var. 1, Var. 2 GeschGehG	Der Täter erlangt ein Geschäftsgeheimnis durch unbefugten Zugang bzw. durch unbefugte Aneignung, wenn er sich die tatsächliche Verfügungsgewalt über das Geheimnis verschafft hat. *§ 3, Rn. 589.*
Unbefugt i.S.d. § 4 I Nr. 1 GeschGehG	Bezeichnet das allgemeine Deliktsmerkmal der Rechtswidrigkeit. *§ 3, Rn. 590.*
Nutzung, § 23 I Nr. 2 GeschGehG	Nutzen meint jede Art der Verwendung des Geschäftsgeheimnisses. *§ 3, Rn. 592.*
Offenlegung, § 23 I Nr. 2 GeschGehG	Offenlegung meint die Eröffnung eines selbsterlangten Geheimnisses gegenüber Dritten. *§ 3, Rn. 593.*
Vorlage, § 23 III GeschGehG	Eine Vorlage ist ein Gegenstand, der dazu bestimmt ist, bei der Herstellung neuer Sachen in der Weise als Vorbild zu dienen, dass seine Benutzung die beabsichtigte Ausführung erst ermöglicht. *§ 3, Rn. 601.*
Vorschriften technischer Art, § 23 III GeschGehG	Vorschriften technischer Art sind Anweisungen oder Lehren, die sich auf technische Vorgänge im weitesten Sinne beziehen. *§ 3, Rn. 601.*

Stichwortverzeichnis

Die fetten Zahlen verweisen auf die Paragrafen, die mageren auf die Randnummern.

283 d **3** 448

7. GWB-Novelle **3** 687
8. GBW Novelle **3** 730
8. GWB-Novelle **3** 685

Abführung eines Mehrerlöses **5** 53
Abschöpfung **5** 3, 20, 38 f., 43 ff., 49, 51 f., 56, 67
Abschöpfung des Mehrerlöses **5** 39, 52
Absicht **3** 72, 75, 157
Abstrakte Gefährdungsdelikte **2** 16, 85
Akzeptkredit **3** 295
Akzessorietät **2** 7
Allzuständigkeit **2** 71
Als-ob-Wettbewerb **3** 705
Amtsdelikt **3** 470, 472, 489
Amtsermittlungsgrundsatz **3** 718, 732
Amtsträger **1** 14, 58, 94; **3** 472, 474, 479, 489, 491 f., 514, 555
Amtsuntreue **3** 405
Angabe **3** 623 f., 627, 629, 677
– falsche Angabe **3** 321
– unrichtige Angabe **3** 199, 262, 320, 323
– unvollständige Angabe **3** 200, 320, 323
– vorteilhafte Angabe **3** 202, 263, 312
Angemessene Geheimhaltungsmaßnahmen **3** 579, 582
Angemessenheit der Vergütung **3** 552
Angestellter **3** 479, 531
Anstellungsbetrug **3** 89
Anstiftung **2** 55
Antrag **3** 308
Anvertraut **3** 596
Äquivalenzformel **2** 78, 87
Arbeitnehmer **3** 363, 365
Arbeitsvertrag **2** 104
Argument der Rechtskomplexität **2** 150
Arzneimittel **3** 545
Asymmetrische Akzessorietät **3** 399
Aufeinander abgestimmte Verhaltensweise **3** 695, 699 f.
Aufgabendelegation **2** 28
Aufsichtspflichtverletzungen § 130 OWiG **2** 40, 102
– Aufsichtserfordernisse **2** 44

– Betriebs- oder Unternehmensinhaber **2** 43
– objektive Bedingung einer Ahndung **2** 48
– Subsidiarität **2** 42
Automatenmanipulation **3** 123

Bagatellkartelle **3** 711
Bankrott **3** 429
Beauftragter **1** 94; **3** 479, 534
Beendigung **3** 283
Behördliche Genehmigung **2** 129
Beiziehungsgegenstand **5** 21
Bekanntmachung Nr. 68/2000 **3** 686
Berechtigtes Geheimhaltungsinteresse **3** 585
Berechtigtes Interesse an der Offenlegung **3** 602
Bereicherungsabsicht **3** 77, 161, 243, 339, 343, 407, 420
Berufsfreiheit **5** 11 f.
Berufsgemäßes Verhalten **2** 117
Berufsverbot **5** 3, 6 f., 11 f., 14
Berufsverbot, vorläufiges **5** 13
Beschlüsse von Unternehmensvereinigungen **3** 698
Beschützergarant **2** 103, 114
Besonderes Vertrauensverhältnis **2** 104
Bestechlichkeit **1** 14; **3** 484, 494, 513, 519, 561
Bestechlichkeit und Bestechung im geschäftlichen Verkehr **3** 475, 522
Bestimmtheitsgrundsatz **2** 6, 10
Betrieb **3** 10, 173 f., 185, 205, 297, 300 ff.
Betriebskredit **3** 299
Betriebsspionage **3** 574, 588, 590 f., 679
Betrug **3** 1, 4, 16, 32, 36, 38 ff., 69, 78 f., 105, 128 f., 150, 155, 209, 229, 237, 335, 343, 402 f., 407
Beweislast **3** 718
Bezug **3** 547
Bezugsrechte **3** 246, 249 f., 253
Binnenmarkt **3** 708
Blankettcharakter **3** 343
Blankettmerkmale **2** 8
Blankettnorm **1** 87 f.

Blankettstrafgesetz 2 8
- Außenverweisung 2 9
- Binnenverweisung 2 9
- Blankettnorm im engeren Sinne 2 9
- Blankettnorm im weiteren Sinne 2 9
- dynamische Verweisung 2 11
- Verweisungskette 2 11
- Vorsatzanforderungen 2 14
Boykottaufforderung 3 740
Bruttoprinzip 5 45
Business-judgement-Rule 3 398
Bußgeldbemessung 5 64 f.
Bußgeldrahmen 5 64

Compliance 2 45, 99
- Begriff 4 2 f.
- Funktionen 4 5 f., 10, 12 f.
- Instrumente 1 128; 4 24, 27, 32 f.
- Kultur 4 25
- Management 1 129; 4 18, 21, 23, 29, 33
- Officer 4 6, 9 f., 12, 30
- Organisation 4 12, 22 f.
Computerbetrug 3 122, 127, 140, 150
Computermanipulation 3 126
Contergan-Fall 2 77, 83
Corporate crimes 1 16
Culture of Competition 1 116

Darlehen 3 95, 176, 395
Darstellungen über den Vermögensstand 3 259
Daten 3 123, 130 f., 136, 141 ff., 153, 336
Datenverarbeitung 3 124 f., 131, 139
Datenverarbeitungssystem 3 125
Datenverarbeitungsvorgang 3 147, 154
de minimis Bekanntmachung der Kommission 3 710
Delegation von rechtlichen Einstandspflichten 2 106
Deliktischer Sinnbezug 2 123
Deskriptive Tatbestandsmerkmale 2 144
Diensthandlung/Dienstverhältnis 3 478, 482, 503, 505, 515 f.
Dienstherrengenehmigung *siehe* Genehmigung gemäß §§ 331 Abs. 3, 333 Abs. 3
Drohende Zahlungsunfähigkeit *siehe* Zahlungsunfähigkeit

Effizienzgewinne *siehe* Effizienzvorteile
Effizienzvorteile 3 713
Eigeneröffnete Geheimnishehlerei 3 591

Eigenverantwortlichkeit 2 100, 113
Eingehungsbetrug 3 61, 63 f., 78
Eingeschränkte Gesellschaftertheorie 3 381
Eingetretene Zahlungsunfähigkeit *siehe* Zahlungsunfähigkeit
Einigungsstelle 4 19 f.
Einseitige Handlungen 3 689
Einwilligungsfähigkeit 3 383
Einzelmarktbeherrschung 3 723
Einziehung 5 3, 18 f., 25 ff., 30, 32 ff., 38, 40 f., 43 ff., 47 ff., 53, 66
Einziehung, Sicherungseinziehung 5 28
Entgangene Vermögensmehrung 3 411
Erfolgsdelikte 2 111
Erfüllungsbetrug 3 61, 64, 67 f.
Erheblichkeit 3 272 f., 275, 277, 313, 315, 333, 336
Erhöhungsangebote 3 253
Erlangung 3 43, 78, 197, 295, 308, 575, 581, 588 f., 598, 602, 611, 613, 615 f., 630, 723
Eskalationsmodell 3 607
Externe Rechtsmacht 3 386

Fallbearbeitung 3 42, 68, 81, 228, 234, 277, 301, 350, 423 f.
Falschangaben 3 204, 206 ff., 219 f., 230, 260, 284, 314, 316, 324, 336
Falsche Angaben 3 89, 209, 332
Freistellung nach Art. 101 Abs. 3 AEUV 3 712, 716
Fremderöffnete Geheimnishehlerei 3 598
Fremdnützigkeit 3 370
Frühstückskartelle 3 697
Funktionen
- latente 4 5, 13
- manifeste 4 5

Garantenstellung 2 93, 100
Garantenstellung kraft Organisationszuständigkeit 2 40
Gebrauch unrechtmäßig erworbener Bescheinigungen 3 219
Gebrauchsmuster 3 661
Gefährdungsdelikt 1 84 f.; 3 57, 166, 229, 237, 243, 292, 332, 335, 407, 446, 620, 633
Gefahrenprognose 5 11
Geheimnisverrat 3 594

Stichwortverzeichnis

Geldbußen 5 2, 39, 49, 51, 56, 64 ff., 70 ff.
Gelegenheitssucher/Gelegenheitsergreifer 1 118
Genehmigung gemäß §§ 331 Abs. 3, 333 3 475, 486, 500, 509 f., 512, 518
Generalklauseln 2 6
Generalverantwortung 2 71
Gentlemen´s agreements 3 697
Gesamtsaldierung 3 46, 96, 107, 121, 241, 403
Geschäftlicher Betrieb 1 94; 3 529, 535
Geschäftsgeheimnis 3 579
Geschäftsherrenhaftung 2 67
Geschmacksmuster 3 661
Gesetzliche Vermutungen 2 18
Gesetzlichkeitsprinzip 2 17
Gestattungsvorbehalt 2 96
Gewinn 3 714
Gewinnbeteiligung 3 714
Grobe Pflichtverletzung 5 7, 9
Grober Eigennutz 3 235
Größerer Kreis von Personen 3 243, 281

Handel 3 708
Handelsbeeinträchtigung 3 709
– spürbare 3 711
Hardcore-Kartelle 3 682
Haushaltsuntreue 3 405
Heilberuf 3 543
Heilmittel 3 545
Hierarchische Organisationsstrukturen 2 55
Hilfsmittel 3 545
Holzschutzmittel-Fall 2 77
Horizontale Verhaltenskoordination 3 704
Horizontaler Größenvergleich 3 735

in dubio pro reo *siehe* Zweifelssatz
In Unkenntnis lassen 3 213, 217
Ingerenz 2 94
Innehaben einer marktbeherrschenden Stellung 3 732
Insertionsoffertenbetrug 3 109
Insolvenz 3 450
Insolvenzdelikte 3 427, 429, 440, 446 ff.
Insolvenzverschleppung 3 449
Interne Revision 4 10 f.

Investigativer Journalismus 3 603
Irrtum 3 5, 14, 20, 24, 28, 30, 32 f., 37, 39 f., 99, 111, 125 f., 129, 161, 166, 208, 243, 246

Kapitalanlage 3 105, 240, 246, 280, 282
Kapitalanlagebetrug 3 103, 105, 246, 253, 285
Kapitalanlagemarkt 3 242
Kapitalerhöhungsangebot 3 278
Kartell 3 681 f.
Kartellfreistellung 3 712
Kartellordnungswidrigkeiten 3 740
Kartellrechtsverstoß 5 51, 67, 70 ff.
Kassenärztliche Leistungen 3 102
Kausalität 3 70, 230, 416
Kausalität bei Kollegialentscheidungen 2 86
Kausalzusammenhang 2 77
Kernbeschränkungen 3 703
Kick-Back 3 388, 412, 424
Kompensation 3 108
Konkurrenzen 3 83, 236, 286, 335
Kontrollerlaubnis 2 132
Kontrollparadoxon 4 32
Kredit 3 92, 112, 293 ff., 299, 302, 335, 408
Kreditbetrug 3 92, 316 f., 332, 335
Kreditgeber 3 94, 291, 302 ff., 308, 311, 314 f., 322, 324, 330, 334
Kreditgeschäft 3 292, 307
Krisenkriminalität 1 108, 110, 112, 120
Krisensituation 3 430
Kumulative Kausalität 2 86

Lastschriftbetrug 3 112
Lederspray-Fall 2 77, 86 ff.
Legalitätsprinzip 2 26
Lehre von der gesetzmäßigen Bedingung 2 80, 90
Leichtfertigkeit 3 225 ff., 231, 333
Leipziger Verlaufsmodell Wirtschaftskriminellen Handelns 1 117
Leitungsperson 5 62
Liefer- und Bezugssperren 3 740

Marke 3 661
Marktbeeinträchtigung
– spürbare 3 710
Marktbeherrschende Stellung 3 721

363

Marktbeherrschung *siehe* Innehaben einer marktbeherrschenden Stellung
Marktbeherrschungsvermutungen 3 732
Marktpreis 3 43, 86, 177
Maßregeln der Besserung und Sicherung 5 2 f., 6
Missbrauch 3 39, 148, 348, 358, 377, 389
Missbrauch einer marktbeherrschenden Stellung 3 682, 689, 719, 723 f., 726, 728, 730 f.
Missbrauch von Beruf oder Gewerbe 5 7 f.
Missbrauchstatbestand 3 347 f., 350, 352, 358, 386
Mittäterschaft 2 53
Mittelbare Täterschaft 2 56
Mobbing 2 114

Nebenfolge 5 3, 18, 35
Nebentäterschaft 2 100
Nettoprinzip 5 49
Neutrales Verhalten *siehe* berufsgemäßes Verhalten
Neutralisierungstechniken 1 110, 119, 131
Normative Tatbestandsmerkmale 2 10, 144
Nutzung 3 592

Occupational crimes 1 16
Offenlegen 3 597
Offenlegung 3 593
Opportunitätsprinzip 5 63
Ordnungswidrigkeiten 2 3
Organ- und Vertreterhaftung § 14 2 29
– besondere persönliche Merkmale 2 35
– faktische Geschäftsführung 2 37
– Funktionsmodell 2 39
– Interessentheorie 2 39
– Pflichttheorie 2 32
– Zurechnungsmodell 2 39
Organisationsherrschaft 2 56
– Einwände 2 57
– Fungibilität 2 56
Oridnungswidrigkeit, Nebenfolgen 5 35

Parallelwertung in der Laiensphäre 2 147
Parlamentsvorbehalt 2 11
Passive Diskriminierung 3 737
Patent 3 661
Pflichtverletzung 3 539
Pflichtwidriges Vorverhalten 2 94

PKS 3 2, 428
Politisch-publizistischer Verstärkerkreislauf 1 70, 74, 77, 80, 82, 90
Präventive Verbote mit Erlaubnisvorbehalt 2 132
Praxisrelevanz 3 2, 98, 105, 244, 289, 340, 428
Preisabsprache 3 84 f.
Presserechtliche Verjährungsfrist 3 743
Private Investigations 1 101
private law enforcement 1 48
Privater Verbrauch 3 694
Produkt 3 639, 643, 661
Prognosen 3 8, 106, 261, 267, 321
Programm 3 122, 136 f., 139
Prospektbetrug 3 239
Prospekte 3 255 f., 283, 285
Prozeduralisierung 4 17
Pyramidensystem 3 631, 637

„Qualifiziert riskantes" Vorverhalten 2 96
Quasi-Kausalität 2 78

Rechtfertigender Notstand 2 127
– Güter- und Interessenabwägung 2 128
– notstandsfähige Rechtsgüter 2 127
– Notstandslage 2 127
Rechtsbegriffe
– unbestimmte 1 40, 93, 109; 3 524; 4 17
Rechtsirrtum 2 149
Rechtswidrig 3 74
Regelbeispiele 3 79 f., 82, 232
Relative Marktmacht 3 734
Relevanter Markt 3 706, 719
Repressive Verbote mit Befreiungsvorbehalt 2 133
Ressortprinzip 2 70
Reverse Engineering 3 613
Richterliche Beweiswürdigung 2 83
Risikoerhöhungslehre 2 81

Sachgedankliches Mitbewusstsein 3 119
scelere quaesita 5 20, 41
Schaden 3 23, 47, 56, 62, 77 f., 88, 98, 125, 156
Schneeballsystem 1 75; 3 631, 637
Schuld 3 81
Schuldgrundsatz 2 18, 24, 32
Schuldprinzip *siehe* Schuldgrundsatz
Schutz von journalistischen Quellen 3 603
Schwarze Kassen 3 413, 415, 424

Schwarze Klauseln 3 717
Selbstschädigung 3 54, 116
Sonderdelikt 1 13 f., 94; 2 5, 30; 3 434, 447, 527, 600, 691
Sozialadäquanz 3 498
Steuerstrafrecht 3 83, 236
Stoffgleichheit 3 77 f.
Strafrecht
– ultima-ratio-Funktion 2 6
Strafrechtliche Produkthaftung 2 77, 93
Strenge Gesellschaftertheorie 3 381
Strenge Gesellschaftstheorie 3 381
Strenge Körperschaftstheorie 3 381
Submissionsbetrug 3 59, 84, 90, 177
Subsumtionsirrtümer 2 148
Subvention 3 115, 168 f., 175 f., 178, 181 ff., 185 f., 188, 193, 196, 202 ff., 210, 221, 224, 230, 233 f., 236, 364
– direkte Subvention 3 186
– indirekte Subvention 3 188
Subventionsbetrug 3 115, 166, 177, 208, 229, 237
Subventionserheblichkeit 3 190, 192 ff.
Subventionsgeber 3 164 f., 177, 189, 191 ff., 196, 207 f., 210, 212 f., 215 ff., 220, 222, 224

Tatbestandsausschließendes Einverständnis 3 378
Tatbestandsirrtum 2 138
Tatertrag 5 41
Tatherrschaft 2 53, 65
Tätige Reue 3 229 f., 285, 334
Tätigkeitsdelikte 2 111
Tatmittel 5 20, 23
Tatobjekt 5 22
Tatprodukt 5 20
Tatsachen 3 6 ff., 11, 24, 28, 30, 93, 100, 106, 164, 190 f., 195, 201, 203, 206, 209, 213, 215, 219 f., 261, 266, 271 f., 277, 321, 323
– nachteilige Tatsachen 3 271
– subventionserhebliche Tatsachen 3 190 f., 195
Tatwerkzeug 5 20, 23
Täuschung 3 5 ff., 12 f., 15 ff., 20, 23 f., 26, 30, 41, 51, 66 f., 85, 93, 99 f., 106, 111, 113, 117, 125, 128, 241, 290, 302, 321
Täuschungshandlung 3 49, 126, 198, 328, 335

Toxische Altverträge 3 553
Treuebruch 3 372, 391
Treuebruchstatbestand 3 347 f., 351, 354, 358, 386, 401
Treueverhältnis 3 372
Treuhandverhältnisse 3 254
Übernahmeverantwortlichkeit des Produzenten 2 97
Überschuldung 3 431, 450
Übersichten 3 255, 258 f., 283, 285
Überwachergarant 2 97, 113
Umgehungsklauseln 2 17
Umkehr der Beweislast 3 732
Unbefugtes Handeln 3 590
Uneingeschränkte Gesellschaftertheorie 3 381
Unlauter 3 538
Unrechtsbewusstsein 2 151
Unrechtsvereinbarung 1 94, 108; 3 499 f., 505 ff.
Unterlagen 3 317
Unterlassen 3 18, 20, 25, 33 f., 41, 213, 265, 268, 327, 329, 387, 413, 461
Unternehmen 3 10, 36, 38 f., 169, 172 ff., 185, 251, 254, 280, 297, 300 ff., 398, 694
Unternehmensanteile 3 251
Unternehmensbeteiligungen 3 251, 253
Unternehmensdelikt 3 633 f.
Unternehmensgeldbuße *siehe* Verbandsgeldbuße
Unternehmenssanktion 5 3, 50, 53, 64, 67, 70 f.
Unternehmensstrafe 2 22
Unternehmensvereinigung 3 698
Untreue 3 39, 105, 197, 208, 339 f., 342, 344, 347, 352, 368 f., 381, 386, 392, 399, 405, 407, 409

Verantwortlichkeit i.S.d. § 12 OWiG 2 47
Verantwortungsprinzip 2 53, 57
Verbandsbezug 5 58
Verbandsgeldbuße 2 21, 25; 5 56 ff.
Verbandsgeldsanktion 5 5
Verbandssanktion 5 5, 56, 66
Verbandssanktionengesetz 5 5
Verbandssanktionenregister 5 5
Verbandsstrafe *siehe* Unternehmensstrafe
Verbot sog. Kernbeschränkungen 3 717

Verbot wettbewerbsbeschränkender Vereinbarungen 3 729
Verbotsirrtum 2 140; 3 419
Verbraucher 3 713
Verfolgungsverjährung 3 686
Verfügungsbefugnis 3 352, 355
Verhältnismäßigkeitsgrundsatz 3 715
Verjährung 3 743
Verkehrssicherungspflichten 2 97
Vermögen 3 3, 42 f., 50, 54, 56, 77, 124, 155, 161, 165, 237, 242, 291, 335, 339 f., 346, 352, 354, 356 f., 361, 365, 367, 374, 378, 380 f., 386, 391, 406, 409, 415, 420 f.
- fremdes Vermögen 3 357
Vermögensbestandteile 3 435
Vermögensbetreuungspflicht 3 224, 341, 348 f., 351, 358 ff., 363, 366, 368, 370, 372 ff., 389, 391, 393, 395, 399, 417 ff., 424
Vermögensgefährdung 3 56, 61 f., 94, 117, 119, 291, 407 ff., 415, 421 f.
Vermögensnachteil 3 401 f., 407 ff., 412 ff., 420 ff., 424
Vermögensschaden 3 32, 42 f., 46, 50 f., 53 f., 56 f., 62, 64, 77 f., 84 f., 88 ff., 94, 99, 102, 107 f., 114, 116 f., 121, 126, 155, 161 f., 166, 229, 241, 243, 246, 289, 291, 335, 405, 420
Vermögensschädigung 3 129, 132, 155, 228
Vermögensverfügung 3 28, 32 f., 35 ff., 41 ff., 46 f., 49 ff., 54, 58, 65, 68 f., 77, 108, 117, 125 f., 129, 161, 229, 241, 243, 289
Vermögensvorteil 5 61
Verordnung 3 546
Verordnung (EG) 1/2003 3 684
Verpflichtungsbefugnis 3 352, 354 f., 358, 372
Verschweigen 3 266, 268, 270, 277
Verschweigen von Tatsachen 3 266
Vertikale Verhaltenskoordination 3 704
Vertikaler Größenvergleich 3 735
Vertrauensgrundsatz 2 70
Vertrieb 3 278 f.
Verwaltungsakzessorietät 2 130
Verwarnung mit Sanktionsvorbehalt 5 5
Verwendung entgegen Verfügungsbeschränkung 3 221
VO 1/2003 3 690

Vorfelddelikt 1 9
Vorlagen 3 601
Vorlagenfreibeuterei 3 587, 599, 601, 610
Vorsatz 3 72, 157, 161, 225, 231, 284, 333, 409, 417, 420
Vorschriften technischer Art 3 601
Vorteil
- Definition 3 495
- Drittvorteil 3 500, 508
Werbeträger 3 255, 259, 264 ff.
Werbung 3 574, 625 ff., 631
Wertpapier 3 29, 247, 253
Wettbewerb 3 87, 538, 683
Wettbewerbsbehörde 3 690
Wettbewerbsbeschränkung 3 702
- bewirken 3 705
- bezweckte 3 704
Wettbewerbsrelevantes Verhalten 3 697
Whistleblowen 3 604, 608, 679
White Collar Crime 1 12, 15, 25, 114
Wirtschaft 3 180 f.
Wirtschaftliche Einheit 5 68
Wirtschaftliche Verhältnisse 3 310, 312, 315, 327, 329 f.
Wirtschaftlicher Vorteil 5 67
Wirtschaftskriminalität 1 6
Wirtschaftsleben
- Aufgabendelegation 2 5
- Dynamik 2 4
Wirtschaftsstrafgesetz 5 39, 52
Wirtschaftsstrafrecht
- Begriff 1 5, 8, 11, 15, 18, 21
- Geschichte 1 27
- Hell- und Dunkelfeld 1 124, 126; 4 21, 33
- Prävention 1 17, 103, 130; 4 3, 31
- Strukturmerkmale 1 104
- Umfang 1 124
- Ursachen 1 13, 117
Wirtschaftsstraftaten
- Nebenstrafrecht 2 3
- Strafgesetzbuch 2 3

Zahlungseinstellung 3 439
Zahlungsunfähigkeit 3 432, 450
Zuführung 3 548
Zugänglich geworden 3 596
Zurechnung 3 416
Zuschüsse 3 160, 197
Zweifelssatz 2 18, 84; 3 718, 732
Zwischenstaatlichkeitsklausel 3 707, 725